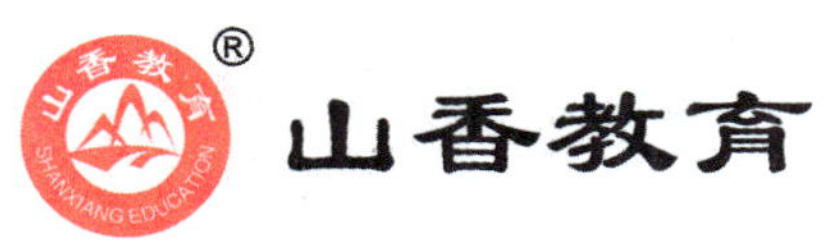

浙江省
中小学教师招聘考试专用教材
语文

山香教师招聘考试命题研究中心　主编

图书在版编目(CIP)数据

浙江省中小学教师招聘考试专用教材.语文/山香教师招聘考试命题研究中心主编.--北京:首都师范大学出版社,2022.9

ISBN 978-7-5656-7159-3

Ⅰ.①浙… Ⅱ.①山… Ⅲ.①语文课—教学法—中小学—教师—聘用—资格考试—教材 Ⅳ.①G451.1

中国版本图书馆CIP数据核字(2022)第168025号

浙江省中小学教师招聘考试专用教材
YUWEN
语文
山香教师招聘考试命题研究中心 主编

策划编辑 张文强
责任编辑 杨林玉 曹亮亮 封面设计 山香教育
首都师范大学出版社出版发行
地 址 北京市海淀区西三环北路105号
邮 编 100048
咨询电话 010-68418523(总编室) 010-68982468(发行部)
网 址 http://cnupn.cnu.edu.cn
印 刷 河南黎阳印务有限公司
经 销 全国新华书店
版 次 2022年9月第1版
印 次 2022年11月第1次印刷
开 本 889mm×1194mm 1/16
印 张 31
字 数 742千
定 价 59.00元

中小学语文学科专业知识是浙江省各地市中小学语文教师招聘考试的必考内容，主要考查考生作为准教师应具备的职业素养、专业水平、教学技能等。近年来，国家越来越重视教育行业的发展，教师成为令人羡慕的职业，然而教师招聘考试的难度逐渐加大。

针对中小学语文学科专业知识内容多、复习难、要求高的特点，山香教育结合多年研究成果和教学反馈，深入分析制约考生得高分的因素，对教材进行精心编排，旨在帮助考生通过阅读和学习收到理想的备考效果。

3大特色 破解学科专业知识

特色1 立足考纲与真题，归纳核心知识

考情最能体现命题人的思想。通过对考纲与真题的分析梳理，整理出各部分的考点分布规律、命题特点和解题方法，以此作为教材的核心内容，做到"考什么，讲什么"。再对教材内容进行分析整理，通过文字、表格等的结合，知识结构清晰明了，在重要知识点后通过"考点再拔高"，整个知识体系成为一个闭环，帮助考生快速高效学习，做到真正的"字斟句酌，精益求精"。

特色2 融合教学经验，传授解题技法

考生要想在选拔性考试中顺利"圆梦"，途径只有一个：考高分。每一道题的正误都决定着是否能够顺利"吃面"。本书的编写摈弃了简单枯燥的说教模式，倡导大家进行互动式学习，融合山香老师多年教学经验，通过"真题面对面""小香有话说""记忆有妙招"等多模块设计，做到"有讲、有解、有练"，讲学练相结合，帮助考生快速掌握知识。

特色3 视频微课助学，强化巩固提升

鉴于传统文字讲解的局限性，本书针对重难点配备了微课视频，由山香名师进行视频讲解，实现"读"和"讲"的完美结合。同时，本书在章后设置"达标测评"，甄选典型试题，探索考试真谛，实现图书与考试的零距离。

愿诸君能够善用山香图书这件"利器"，在即将到来的教师招聘考试中打好有准备之战。望大家在有限的时间内选择最恰当最有效的方法备考。祝早日走上心目中的三尺讲台！

山香图书研发部

说　明

★：标星的知识点为重要考点，星星越多重要程度越高，最高为三颗星。

黑体字：知识点中需要重点掌握的词语。

波浪线：复习时需要重点掌握的句子。

红色句子：比画波浪线的句子更重要，需要着重掌握。

使用图解

思维导图
- 梳理知识脉络
- 勾勒认知地图

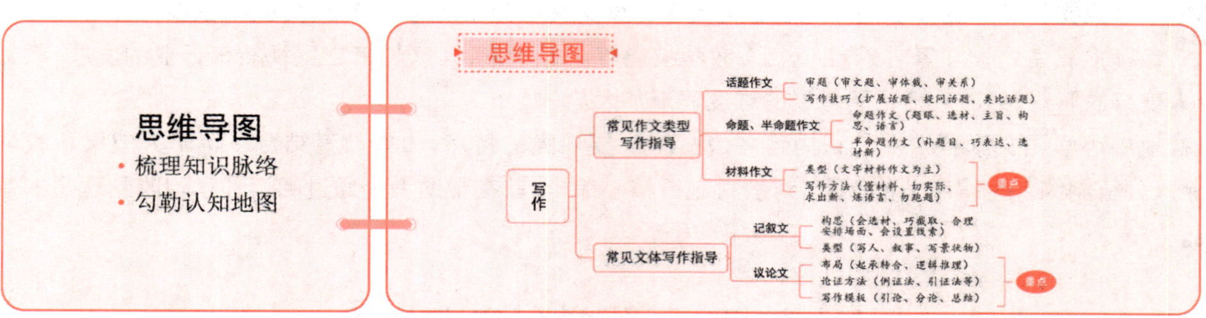

浙江考向

本章属于学科专业知识的应用性章节，也是浙江省中小学语文教师招聘考试重点考查的章节，内容有条理，需要理解的知识较多，在考试中常以主观题的形式考查。现对本章浙江考向分析如下：

考点类型	地区	高频考点	常考题型	能力层级	考查热度
常规考点	统考	材料作文	写作	运用	★★★
		议论文	写作	运用	★★★
	非统考	话题作文	写作	运用	★★★
		命题、半命题作文	写作	运用	★★

浙江考向
- 探究命题规律
- 精准预测考向

核心考点

第一节　文言实词

一、通假字【判断】★★★

通假字是古人在书写时用同音代替的办法写成的别字，有三种情况：一是**同音通假**，如“以”通“已”；二是**双声通假**（两个字声母相同），如“胡”通“河”；三是**叠韵通假**（两个字韵相同）如“见”通“现”等。这是古汉语中特有的一种语言现象，常见的通假字表现形式为“×通×”（或“×同×”）。通假字与本字一定要是音同

核心考点
- 立足真题考情
- 归纳核心考点

达标测评

建议用时	实际用时	测评总分	实际得分
15分钟	____分钟	20分	____分

一、单选题（每小题2分，共10分）

1. 下列加点字与“道之所存，师之所存也”中“道”字意思不相同的一项是（　　）

A. 师者，所以传道受业解惑也　　B. 其闻道也亦先乎吾

C. 彼与彼年相若也，道相似也　　D. 吾师道也

达标测评
- 精准模拟真题
- 详解答题思路
- 测评学习结果

真题面对面

- 再现历年真题
- 还原考场体验

真题面对面

[2022年6月杭州中小学,基础知识,3分]填入下面一段话中的关联词最恰当的一项是(　　)

好读书这个习惯的养成是很重要的。(　　)根本不读书或不喜欢读书,那么,(　　)说什么求甚解或不求甚解就(　　)毫无意义了。(　　)不读书就不了解什么知识,不喜欢读书也就不能用心去了解书中的道理。

A. 因为　无论　都　因为　　B. 即使　无论　也　所以

C. 如果　无论　都　因为　　D. 如果　尽管　也　因为

答案:C。根据后文的"那么",第一空选择"如果"与其搭配。第二、三空是一个条件复句,选择"无论……都"。第四空选"因为",对前文做解释。

小香有话说

- 重难点解读
- 易错点提示
- 易混点辨析

易混点辨析

部首和偏旁的关系

部首和偏旁的关系是部分与整体的关系,部首是偏旁,但偏旁(又称"部件")不一定是部首。部首是字书中各部领头的部件或笔画,具有字形归类作用,而偏旁则除了一部分表示词义分类外,更多的是字的表音成分。例如:"江""河"两个字的"氵""工""可"都是偏旁,"氵"是这两个字所属的部首,而"工""可"只是表音的偏旁而不是部首。因此,偏旁的数目比部首多,不可把两者等同起来。

记忆有妙招

- 编写速记口诀
- 强化联想记忆

记忆有妙招

古诗词意象识记口诀:

松梅竹菊寓高洁,借月托雁寄乡思。杜鹃鹧鸪啼凄凄,梧桐叶落透悲意。

别时长亭柳依依,落花流水传愁绪。乌鸦燕子系兴衰,草木仍在人事移。

考点再拔高

- 开阔考生视野
- 完善知识体系

考点再拔高

▼ 韵母个数

《汉语拼音方案》中的韵母共35个。普通话中的韵母共39个,比前者多了舌尖元音韵母-i(前)、-i(后),卷舌音韵母er和舌面元音韵母ê。小学语文教材为了降低儿童学习拼音的难度,减轻记忆"方案"规定的使用y、w的拼写规则这个负担,在不违背《汉语拼音方案》的原则下,韵母数改为24个,分别为:ɑ,o,e,i,u,ü,ɑi,ei,ui,ɑo,ou,iu,ie,üe,er,ɑn,en,in,un,ün,ɑng,eng,ing,ong。

视频二维码

- 山香名师录播
- 助力视频学习

考点1 字音的辨析方法

1. 形声字读音辨析

(1)注意与声旁读音不同的字

由于古今语音的变化和汉字写法的变化,现代汉语中已有大量的形声字不能根据其声旁确定读音。如果按照"读半边"的习惯去读,往往会造成形声字误读。

字音的辨析方法

(2)以点连线记重点

"点"指形声字的声旁,"线"指声旁相同的形声字。以声旁为点向外扩散,可以将很多形声字连成一条

目 录

高效备考从扫码开始……

扫码听讲的4个理由

1 海量真题免费刷！

2 参加模考体验佳！

3 时政打卡天天有！

4 备考咨询专业答！

第一部分 学科专业知识

第三章　阅　读

本章考题约占试卷总分值的9%～26%，考查题型主要为古诗词鉴赏、文言文阅读、现代文阅读。

第四章　儿童文学

本章考题约占试卷总分值的1%～5%，考查题型主要为单选、填空、简答等。

第五章　中外文学

本章考题约占试卷总分值的1%～5%，考查题型主要为单选、填空、判断、简答等。

第六章　写　作

本章考题约占试卷总分值的20%～35%，考查题型主要为写作。

第二部分　课程与教学论

第一章　语文课程标准

本章考题约占试卷总分值的1%～7%，考查题型主要为单选、填空、简答等。

第二章　语文教学基础知识

本章为辅助性章节，没有明确的考题。

第三章　语文教学基本能力

本章考题约占试卷总分值的6%～20%，考查题型主要为教学设计和案例分析。

索 引

核心考点索引

专家微课视频索引

（扫描正文中下列知识点处的二维码，即可获取专家微课视频）

积累与拓展文档索引

（扫描正文中下列知识点处的二维码，即可获取积累与拓展文档）

教师招聘考试
考情分析与解读

考情分析

浙江省教师招聘考试目前主要有省统考、地市统考、地市或县区单独招考等形式。其中，省统考一般由浙江省教育行政部门组织实施，地方统考一般由各地市教育部门或人事部门组织实施，地市或县区单独招考一般由各地市或县区自主命题进行考试。

从笔试内容来看，浙江省教师招聘考试主要可分为以下两类：第一类考查语文专业知识，如浙江省（统考）、杭州市（统考）、金华市永康市等地；第二类考查教育理论基础知识和语文学科专业知识，如绍兴市诸暨市等地。多数地区以考查学科专业知识为主。

题型解读

一、学科专业知识

学科专业知识是浙江省教师招聘考试中考查内容最多的部分，是整个浙江省教师招聘考试知识体系的基础。该部分知识侧重于对语文学科基本知识、基本能力的考查。该部分知识点较为琐碎，考试题型多样，分值占比跨度较大，需要考生在备考中多识记、多积累。

近三年考试中学科专业知识各章节知识点的常考题型、分值占比和考查内容情况，见下表：

知识点	题型	分值占比	考查内容
现代汉语	单选、填空、简答	1%～7%	字音、字形、笔画、笔顺、词语辨析、句子辨析、修辞、标点符号等
古代汉语	单选、填空、判断	1%～3%	实词、虚词、句式、古代文化常识等
阅读	古诗词鉴赏、文言文阅读、现代文阅读	9%～26%	古诗词作品的思想感情、文言文的断句和翻译、现代文文中信息的筛选和整合等
儿童文学	单选、填空、简答	1%～5%	重要作家作品等
中外文学	单选、填空、判断、简答	1%～5%	文学时期、流派分类、作家作品等
写作	写作	20%～35%	材料作文、话题作文等

真题示例

1. [2022 杭州中小学]下列词语中加点的字，读音全部正确的一项是（　　）

A. 吐槽(tù)　　攥紧(zuàn)　　潜移默化(qián)　　厉兵秣马(mò)

B. 载体(zǎi)　不啻(chì)　嗤之以鼻(chī)　荆钗布裙(chāi)

C. 浆糊(jiàng)　河蚌(bàng)　书声琅琅(láng)　莘莘学子(shēn)

D. 卡点(kǎ)　龅牙(bào)　火中取栗(lì)　踔厉奋发(chuō)

解析:A项,吐槽(tǔ)。B项,载体(zài)。D项,卡点(qiǎ),龅牙(bāo)。

答案:C

2. [2022杭州中小学]下列关于文学文化常识的表述,不正确的一项是(　　)

A. 西汉史学家司马迁撰写的《史记》是中国历史上第一部纪传体通史,其中《陈涉世家》第一篇记载了中国历史上第一次大规模农民起义,"王侯将相宁有种乎"吼出被压迫者的心声。

B. 北宋哲学家周敦颐在《爱莲说》中将"莲"比作"君子",实际是托物言志,表明自己的人生志向是不同流合污,永远保持自己清白正直的操守。

C.《儒林外史》是清代小说家吴敬梓创作的一部长篇讽刺小说,反映科举制度下读书人与官绅的活动和精神面貌。语文教材中《范进中举》一篇节选自本书。

D.《我的叔叔于勒》的作者莫泊桑,是法国优秀的批判现实主义作家,他与俄国的契诃夫,美国的马克·吐温并称为"世界三大短篇小说之王"。

解析:D项,"世界三大短篇小说之王"分别是法国的莫泊桑、俄国的契诃夫和美国的欧·亨利。

答案:D

3. [2022宁波市江北区小学]"登山则情满于山,观海则意溢于海。"下面是小溪以"古人山水田园的情怀"为专题整理的诗文材料,请在画线处填写相应的古诗文名句,并在【甲】处写上恰当的评点。

主题	古诗文名句	评点	出处
言志	①＿＿＿＿＿＿,一览众山小。	豪情万丈登高峰	杜甫《望岳》
	②＿＿＿＿＿＿,若出其里。	凌云壮志伴海来	曹操《观沧海》
明心	③＿＿＿＿＿＿,坐看云起时。	逍遥自在	王维《终南别业》
	涧户寂无人,④＿＿＿＿＿＿。	万事随缘	王维《辛夷坞》
寄情	⑤＿＿＿＿＿＿,万里送行舟。	你我皆有不舍	李白《渡荆门送别》
	⑥＿＿＿＿＿＿,＿＿＿＿＿＿。	我心另有所属	欧阳修《醉翁亭记》
悟道	政入万山围子里,⑦＿＿＿＿＿＿。	无惧艰难	杨万里《过松源晨炊漆公店》
	⑧＿＿＿＿＿＿,江春入旧年。	【甲】＿＿＿＿＿＿	王湾《次北固山下》

答案:①会当凌绝顶;②星汉灿烂;③行到水穷处;④纷纷开且落;⑤仍怜故乡水;⑥醉翁之意不在酒;在乎山水之间也;⑦一山放出一山拦;⑧海日生残夜;【甲】蕴含哲理

4. [2021杭州小学]以下诗句,表述正确的请打"√",表述错误的请打"×"。

边塞诗是唐代诗歌的主要创作题材,如边塞诗人代表王昌龄《逢入京使》所写诗句:青海长云暗雪山,孤城遥望玉门关。(　　)

解析："青海长云暗雪山，孤城遥望玉门关"是王昌龄《从军行》中的诗句，《逢入京使》是唐代边塞诗人岑参的作品。

答案：×

5. [2022宁波市江北区小学]祥子因不喜欢虎妞而离开，不久又回来了；简·爱因得知罗切斯特的妻子还活着而选择离开，但最终又回到他身边。他们的"回来"分别刻画了怎样的人物形象？请结合小说内容简要分析。

参考答案：(1)虎妞的"怀孕"让祥子深感焦虑，老马的经历让他感到前程暗淡，而辛苦积攒的买车钱又被孙侦探敲诈，他只好回到人和车厂，表现了祥子屈从现实的懦弱性格。(2)简·爱一直深爱着罗切斯特，得知他被火烧伤、疯妻过世，义无反顾地回到他身边，与至爱共担风雨，刻画了简·爱专一执着、勇敢的形象。

6. [2022宁波市江北区小学]文言文阅读。

尽管有了"健康码"，但很多同学依然担忧，纷纷表示还是不清楚伤寒感冒和新型冠状肺炎的区别，语文老师找出了张仲景的《伤寒论》，摘录了其中一些文字，和大家一起学习。

阴阳大论云：春气温和，夏气暑热，秋气清凉，冬气冷冽，此则四时正气之序也。

冬时严寒万类深藏君子固密则不伤于寒。触冒之者，乃名伤寒耳。其伤于四时之气，皆能为病。以伤寒为毒者，以其最成杀厉之气也。中而即病者，名曰伤寒；不即病者，寒毒藏于肌肤，至春变为温病，至夏变为暑病。暑病者，热极重于温也。是以辛苦之人，春夏多温热病，皆由冬时触寒所致，非时行之气也。

尺寸[①]俱浮者，太阳受病也，当一二日发。以其脉上连风府[②]，故头项痛，腰脊强。尺寸俱长者，阳明受病也，当二三日发。以其脉侠鼻、络于目，故身热目疼，鼻干不得卧。尺寸俱弦者，少阳受病也，当三四日发。以其脉循胁，络于耳，故胸胁痛而耳聋。此三经皆受病，未入于腑者，可汗而已。

尺寸俱沉细者，太阴受病也，当四五日发。以其脉布胃中，络于嗌[③]，故腹满而嗌干。尺寸俱沉者，少阴受病也，当五六日发。以其脉贯肾，络于肺，系舌本，故口燥舌干而渴。尺寸俱微缓者，厥阴受病也，当六七日发。以其脉循阴器络于肝，故烦满而囊缩。此三经皆受病，已入于腑，可下而已。

【注】①尺寸：尺部寸部的脉象。②风府：穴位名。③嗌(ài)：咽喉。

(1)语文老师想考考大家断句的能力，将画线句子的标点去除，这并不能难倒你，请你给下面这个句子断句并翻译。(限断三处)

冬 时 严 寒 万 类 深 藏 君 子 固 密 则 不 伤 于 寒

翻译：

(2)阅读完文章后，同学们发表了自己的看法。下列说法正确的一项是( )

A. 如果被寒邪而伤，立刻发出的是伤寒，如果没有发作，随着免疫力的提高，也就好了。

B. 寒毒邪气藏于肌肤之内，四季都可发病，但是春天发病更加可怕，比夏天发病更严重。

C. 春夏季也会得伤寒，但基本上都是由于在冬季触犯了寒邪，寒邪伏藏所致。

D. 口腹部胀满，咽喉干涩，多发于四五日之时，是因为太阴而得病的，是病还没有进入肺腑，所以可以靠自身运动治愈。

(3)请你结合下列材料，联系生活，谈一谈伤寒和新型冠状肺炎的异同。

材料：

新型冠状肺炎以发热、乏力、干咳为主要表现；少数患者有鼻塞、流涕、咽痛和腹泻等症状；重症患者多在发病一周后出现呼吸困难或低氧血症，严重者快速进展为急性呼吸窘迫综合征，脓毒症休克，难以纠正的新陈代谢性酸中毒和凝血功能障碍及多器官功能衰竭。

(1)参考答案：冬时严寒／万类深藏／君子固密／则不伤于寒

翻译：冬季严寒，自然界各种生物深深地潜藏、伏匿，懂得养生的人防护周密，所以不会被寒邪所伤。

(2)解析：A项，根据第二段中的“不即病者，寒毒藏于肌肤，至春变为温病，至夏变为暑病”可知“随着免疫力的提高，也就好了”表述有误。B项，根据第二段中的“暑病者，热极重于温也”可知“春天发病更加可怕，比夏天发病更严重”表述有误。D项，根据末段中的“此三经皆受病，已入于腑，可下而已”可知“病还没有进入肺腑，所以可以靠自身运动治愈”表述有误。

答案：C

(3)参考答案：不同之处：①新型冠状肺炎最长潜伏期一般认为是14天，但是伤寒有的冬季感染，到春夏才会发作。②普通伤寒基本可以靠自身出汗或者下泻治愈，而新型冠状肺炎一般情况下需要住院治疗。③新型冠状肺炎是病毒所致，而伤寒是由于寒气入身。

相同之处：两种疾病发病时都会有干咳、鼻塞、流涕、咽痛和腹泻等症状。

7.［2022宁波市江北区小学］文学类文本阅读。

好记性的人

（瑞士）彼得·比克塞尔

①我认识这样一个人，他能背得出整个列车运行时刻表。他把时间都消磨在车站上，整天观察火车如何进站、出站。他总是呆呆地注视车厢，注意车头牵引力的大小和车轮的尺寸，对那些列车开动之际一跃而上的乘务员，对车站的站长，他都羡慕不已。铁路，这是能给他的生活带来乐趣的唯一事物。

②他能识别每一列火车，知道它从何处开来，又驶向何方；他清楚每一列火车的编号，知道它挂不挂餐车，带不带邮车。他能随口报出买一张到弗拉乌恩法尔特，到奥尔登，到尼特比普或任何一个小站的车票的票价。

③他不上馆子，不进电影院，不散步。他没有自行车，没有收音机和电视机。他不读书，不看报，即使收到信也不拆开信封，他没有时间。他在车站上度日。只有五月或十月，列车运行时刻表变换的时候，才有几个星期不见他露面。

④在此期间，他在家中将新的列车运行时刻表从第一页审阅到最后一页，每发现一个变更之处，心中都有说不尽的高兴。然后，他把新的运行时刻表滚瓜烂熟地背将出来。

⑤偶尔也会有旅客向他打听某趟火车的开车时刻。这下，他满脸熠熠生辉。而向他打听开车时刻的人便无法脱身，非得误车不可。他不但告诉别人开车时间，还如数家珍地说出该趟车的车次，车厢的号码，有可能中转的站名，抵离各站的时刻。他会不厌其烦地告诉提问者，乘坐这趟车也可以去巴黎，可是得在什么什么地方倒车，然后什么什么时刻到达……可是提问者对这些都不感兴趣。对此，他实在大惑不解，倘若有谁在他炫耀完他的真才实学之前置他于不顾，抽身而去，他就会火冒三丈，口出不逊，他会冲着离去的背影

乱喊:“您对铁路旅行一窍不通!”

⑥他自己却从未乘过一次火车。

⑦“坐不坐火车无关紧要。”他这样说道。他认为,有关铁路的一切,他早就了如指掌。“只有记性不好的人才乘火车,”他说,“假如他们有个好记性,就完全可以像我一样记住各列火车的抵离时间,这样,他们就大可不必为了消磨时间去乘坐火车了。”

⑧我试图开导开导他,对他说:“有些人喜爱旅行,喜欢坐火车,他们向车窗外张望,看看他们都经过什么地方……”

⑨可是他勃然变色,以为我在取笑他。他说道:“这些都在行车时刻表上印着呢!喏,他们将经过路特巴赫,经过德汀根、万恩、尼特比普、云希恩、上布赫西顿、艾格尔克恩,还有海根多夫。”

⑩“也许他们得坐火车赶到什么地方去呢。”“这也不对!”他说道,“差不多所有的人总要坐火车回来的,有些人甚至早晨乘车去,晚上又乘车回,他们的记性差到这种程度。”

⑪他开始在车站上诟骂旅客。他朝着旅客的后背大骂:“你们这些白痴!你们完全丧失了记忆!”有时他大声喊道:“你们会经过海根多夫!”如果乘客一笑置之,他就上前把人家从车厢踏脚板上往下拖,一面恳求人家听听他的忠告:“我会把一切都说给你们听!你们在十四点二十七分经过海根多夫,这一点我知道得清清楚楚,你们把钱白白扔在铁路上!听我说,列车时刻表上什么都有……”甚至发展到要打人的地步。他喊道:“谁不听我的,让他尝尝味道!”

⑫这一来站长没有其他办法了,只好明确地向他提出警告:假如再这样行为不端,就禁止他到站上来。他被唬住了。不来车站,那他就无法活下去。他一句话也不说,整天坐在长凳上,看着火车开进开出,不时耳语般地背诵着一些数字。他的目光尾随着进站的旅客,觉得怎么也无法理解他们。

⑬故事似乎应到此为止。

⑭可是,多年以后,这个车站新开设了一个问事处。那窗口后面,坐着一个身穿制服的职员,他对铁路方面的任何问题都能回答。那位好记性的人不相信这一点。他每天都到问事处去,提出极复杂的问题,来考考那位职员。

⑮他问道:“夏季每星期日于十六时二十四分到达吕伯克的那列火车的号码是多少?”那位职员查阅了一本小册子,给了他答案。不管他问什么,那职员都很快回答了他。

⑯于是,这位好记性的人走回家去,把他所有的列车时刻表一把火烧光。

⑰有一回他问那职员:“车站的台阶一共多少级?”那职员回答道:“这我可不知道。”他高兴得一蹦老高,在车站上边跑边叫:“他不知道这个!他不知道这个!”他跑到车站前的台阶旁,数清了台阶的级数,把数字牢牢地印在他的记忆里。此刻,在他的记忆里,所有关于列车的事都荡然无存了。

⑱打这以后,再也不见他在车站露面了。

⑲他在城里数台阶,从这一家到那一家,把数字记得牢牢的。现在,他记住了世界上任何书本上都没有的数据。

⑳把全城每家每户的数据都记住了以后,他来到火车站,走到售票处买了一张车票,生平第一次登上了火车。他要到另一个城市,直至数尽这个世界上所有的台阶。他想知道别人所不知道的、无论哪个职员也

无法从书上查到的事情。

（选自《世界微型小说选》，有删改）

（1）根据小说内容，补全“好记性的人”的情绪变化图。

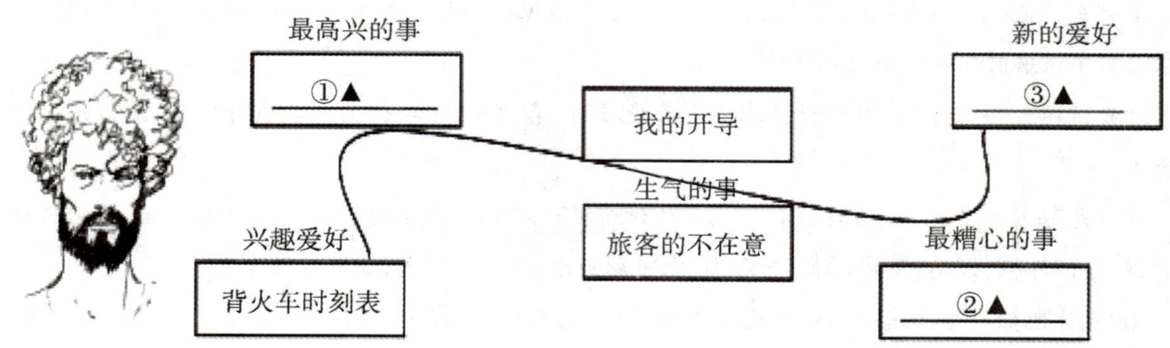

“好记性的人”情绪变化图

（2）好记性的人“能背得出整个列车运行时刻表”甚至滚瓜烂熟，但是第⑰段又说“在他的记忆里，所有关于列车的事都荡然无存了”。这样的情节安排是否矛盾？结合文章内容简述理由。

（3）优秀的小说精于刻画人物形象。综合下列两段文字，参考提示，分析“好记性的人”的形象。

①他不上馆子，不进电影院，不散步。他没有自行车，没有收音机和电视机。他不读书，不看报，即使收到信也不拆开信封，他没有时间。他在车站上度日。

（提示：加点字突出了“好记性的人”怎样的生活？）

②他说道：“这些都在行车时刻表上印着呢！喏，他们将经过路特巴赫，经过德汀根、万恩、尼特比普、云希恩、上布赫西顿、艾格尔克恩，还有海根多夫。”

（提示：如何看待“好记性的人”——细数这些地名的行为？）

（4）小说用喜剧的形式讲述了“好记性的人”的故事。联系链接材料，结合小说内容，探究作品喜剧形式背后隐含的深意。

【链接材料】

喜剧是戏剧的一种类型，以夸张的手法、巧妙的结构、诙谐的台词及对喜剧性格的刻画，从而引起人们对丑的、滑稽的嘲笑，对正常的人生和美好的理想予以肯定。

——百度百科

参考答案：（1）①发现新列车运行时刻表的变更。②问事处的职员能回答铁路方面的任何问题。③记住每一处台阶的级数。

（2）不矛盾。问事处职员能回答铁路方面的任何问题，使“好记性的人”感到自己的地位受到威胁，大为恼火，于是决定放弃记铁路信息这项爱好，转而全身心投入记台阶级数这项新爱好。他对前一项爱好的主动放弃和在数台阶一事中投入全部精力，使他记忆里“所有关于列车的事都荡然无存了”，是合情合理的。

（3）①这一句连续使用“不”“没有”等否定词，写出“好记性的人”与社会生活脱节，将全部精力都投入到记忆铁路信息一事的生活状态，写出他荒唐可笑的特点，也为下文他转而数台阶级数这一情节起到铺垫作用。

②“好记性的人”细数这些地名，可见他对铁路信息的透彻了解。他只记铁路信息，却反对坐火车去做任何事，可见他的知识和观点与社会生活脱离，是纸上谈兵和无意义的行为，突出了本文对这种人、这种现象进行讽刺的主旨。

(4)链接材料提示了喜剧以夸张的手法、诙谐的台词等，引发人们对生活中丑的事物的嘲笑。本文中“好记性的人”将全部精力投入到记忆铁路信息中，不参与任何社会生活，并且反对坐火车，他的想法和做法都是与社会生活脱节的。当他感觉这件事无法证明自己时，就转而进行数台阶级数这一件更没有意义的事情上。作者以此讽刺了那些仅为证明自己，行为却脱离生活实际、毫无意义的人及现象。

8. [2022宁波市江北区小学]阅读下面的文字，按要求写作。

所谓“我在”，是“我在场”，是我在看、在听、在感受、在坚持。

所谓“我在”，是“有我在”，是对真相与正义的信念，是担当，是责任。

所谓“我在”，是“我还在”，是渡尽劫波人还在、爱还在。

——2021年《南方周末》新年献词《哪怕世界在历史三峡中漂流，你我有彼此在》(节选)

上述材料引发了你哪些联想与思考？请你写一篇文章，可以讲述经历，可以阐述观点，也可以抒发感想。

要求：(1)立意自定，题目自拟。(2)文体自选，诗歌除外。(3)不少于600字。(4)文中不得出现个人信息。

参考例文：

我在

大风泱泱，看百年征途，激流浩荡；大潮滂滂，揽今朝胜景，磅礴万丈。征途已启，宏图已展，吾辈青年当乘风而上九万里，步时代之青云。

我在，从勇担责任，心怀家国开始。乌飞兔走，岁月变迁，每一代人都有不同的责任，但无论哪一代人，责任中必将镌刻“家国”二字。这是一种血性，是五四青年“誓死力争，还我青岛”的血性；这是一种气魄，是青年毛泽东“孩儿立志出乡关，学不成名誓不还”的气魄；这是一种志向，是周恩来“为中华之崛起而读书”的志向；这是一种定力，是邓稼先坚守大漠数十年，研制两弹一星的定力；这是一种情怀，是袁隆平让人类摆脱饥荒的情怀；这是一种挚爱，是戍边战士“清澈的爱，只为中国”的挚爱……时光流转，一代代中国人勇担责任，薪火相传。如今，应当交到我们手上！

我在，从砥砺自我，拼搏实干开始。何必仰头看青天？何必低头看白水？只需一步一步踏在泥土上，在其上打上深深的脚印。山河锦绣的时代画卷中，我看到了人的力量，我看见了实干的力量：当举国上下共同抗疫，众志成城之时；当脱贫攻坚战取得全面胜利的钟声敲响，全面建成小康社会取得伟大成就之时；当“嫦娥”上九天揽月，科技创新捷报频传之时……一个个砥砺奋斗的身影赫然显现，一个个拼搏实干的灵魂得以升华，这是“我在”最好的范例。

“愿中国青年都摆脱冷气，只是向上走，不必听自暴自弃者流的话。”只有“我”在这里，只有“我”一直在，只有我们每一个人都摆脱冷气，“我”才能向上走，祖国才能一直向上走！

我可以在，在哪里？当下之中国便有最好的答案：改革开放蒸蒸日上，各行各业都需要人才；科技创新捷报频传，但高精尖技术还总会被“卡脖子”；新冠疫情反反复复，不仅需要医疗工作者，也需许许多多的志愿者、支援者……社会主义的方方面面，都缺不了“我”、“我们”的存在。中华民族披荆斩棘、浴火重生，开拓出社会主义新境界，史无前例。这个时代便是一个个“我”大展身手的舞台。

这个时代，我应当在！我一直在！我们都在！

二、课程与教学论

课程与教学论是浙江省教师招聘考试中的重要内容，要求考生系统掌握课程与教学论的基本理论和答题技巧，能够运用所学的基本理论和答题技巧解决实际问题。

课程与教学论部分共分为三章，包括语文课程标准、语文教学基础知识和语文教学基本能力。

该部分知识侧重于考查对知识的理解与运用。考生在备考时，应结合浙江省各地区考情，加强学习的针对性，加深对教学案例和理论知识的理解。

近三年考试中课程与教学论各章节知识点的常考题型、分值占比和考查内容情况，见下表：

知识点	题型	分值占比	考查内容
语文课程标准	单选、填空、简答	1%～7%	《义务教育语文课程标准》、《普通高中语文课程标准》课程性质、课程目标与内容、教学建议等
语文教学基础知识	—	—	无明确考题
语文教学基本能力	教学设计、案例分析	6%～20%	教学目标设计、整篇文教学设计、教学案例评析等

真题示例

1. [2021金华市永康市小学]综合性学习既符合语文教育的传统，又具有现代社会的学习特征，有利于学生在感兴趣的自主活动中全面提高语文素养，有利于培养学生(　　)的精神，应该积极提倡。

A. 坚强人格、百折不回、应付环境　　B. 追求信念、成就未来、勇于担责

C. 主动探究、团结合作、勇于创新　　D. 持之以恒、咬牙苦熬、直面困难

解析：课标表明，综合性学习既符合语文教育的传统，又具有现代社会的学习特征，有利于学生在感兴趣的自主活动中全面提高语文素养，有利于培养学生主动探究、团结合作、勇于创新的精神，应该积极提倡。

答案：C

2. [2022宁波市江北区小学]2022版《义务教育课程方案和课程标准》于2022年________月________日正式发布。此《义务教育课程方案和课程标准》以习近平________为指导，全面贯彻党的教育方针，遵循教育教学规律，落实________根本任务，发展素质教育。以人民为中心，扎根中国大地办教育。坚持________，提升________，加强________，落实________。

答案：4；21；新时代中国特色社会主义思想；立德树人；德育为先；智育水平；体育美育；劳动教育

3. [2021金华市、绍兴市诸暨市中小学]追求语文课堂“有效教学”,关注学生发展是课改热点问题,请简要说说有效的语文课堂应包含哪些基本要素。

参考答案:①以促进学生发展为中心。有效的语文课堂应充分体现学生是课堂的主人,促进全体学生全面发展。

②有效的语文课堂,要求广大语文教师必须钻研教材,要正确、到位地理解和把握教材。钻研好教材之后,还要确定准确、适度的教学目标。

③语文课程的基本特点是工具性与人文性的统一。所以有效的语文课堂,一定要体现语文课程工具性与人文性的统一。

④积极倡导自主、合作、探究的学习方式,让学生由被动学习转变为主动学习,把课堂还给学生,让学生做课堂真正的主人。

⑤学生是语文学习的主体,教师是学习活动的组织者和引导者。因此,教师在课堂上应该组织学生进行自主学习,引导学生学得快乐、学得高效。

⑥要调动学生学习的积极性,让学生参与到学习中去,并充分发展学生的个性。

(言之有理即可)

4. [2022宁波市江北区小学]请为部编版三年级下册13课《花钟》第一自然段的教学设计一份教学方案。

鲜花朵朵,争奇斗艳,芬芳迷人。要是我们留心观察,就会发现,一天之内,不同的花开放的时间是不同的。凌晨四点,牵牛花吹起了紫色的小喇叭;五点左右,艳丽的蔷薇绽开了笑脸;七点,睡莲从梦中醒来;中午十二点左右,午时花开花了;下午三点,万寿菊欣然怒放;下午五点,紫茉莉苏醒过来;月光花在七点左右舒展开自己的花瓣;夜来香在晚上八点开花;昙花却在九点左右含笑一现……

参考答案:教学方案:

环节一:创设情境,激趣导入

播放花卉视频,引起学生兴趣,提出问题:这篇课文题目为什么叫“花钟”?怎么解释这个题目?让学生带着疑问学习第一自然段。

环节二:初读文段,认识生字

1. 学生自由朗读第一自然段,圈画生字词,借助工具书解决。

2. 教师板书:芬芳、蔷薇、茉莉、昙花等词,指名学生大声朗读这些词语,教师相机指导。

环节三:品读感悟,交流体验

1. 小组讨论寻找第一自然段的中心句,并将它画出来。

2. 第一自然段围绕中心句写了几种花?

3. 看图复述,什么花在什么时间开。

环节四:读读看看,谈感悟

1. 将自己说的和课文内容对比一下,看哪一种说法好。

2. 选择自己最喜欢的一句话,想象当时的情景,并和同桌交流。

环节五:小结

学了第一自然段,大家知道了不同的花开花时间不同,为什么会出现这种情况呢?让我们接着学习下面的内容。

备考策略

(一)立足真题,掌握考情

真题是掌握考情的关键。通过对浙江省各地区历年真题进行分析整理,我们可以知道考试重点、命题特点和考查频次,能为全面备考及复习作铺垫。为此,我们特组织编写了“考情分析与解读”模块,总结各部分的考试重点、具体考情,帮助考生把握命题趋势,明确备考目标。

(二)夯实考点,熟练技法

凡事都要从基础做起,基础抓得牢,才能追求更高层次的进步。在浙江省教师招聘考试中,基础知识占据了很大比重,所以,考生在复习中,一定要完善自己的知识体系,尽可能做到全面备考,不要图多和快,要把硬性知识点掌握牢固。同时,本书中总结了一些备考技巧和解题技法,有助于考生快速掌握考点,提升成绩。

(三)强化练习,巩固提升

强化练习要注意技巧和方法。考生在做完题后,要深入研究题目的内在规律,明白错误的选项为什么错,学会分析命题思路和考查方向。同时,考生切忌一味地运用题海战术,要有针对性地训练,对易错薄弱内容,进行专门性强化练习,并注意分析和总结。

第一部分

学科专业知识

内容导学

浙江省教师招聘考试学科专业知识部分，共六章。

第一、二章主要是现代汉语和古代汉语的相关知识，考查题型偏重于客观题；

第三章主要介绍古诗词鉴赏、文言文阅读、现代文阅读和现代诗歌阅读的技巧与方法，考查题型偏重于主观题；

第四、五章主要介绍儿童文学和中外文学的相关内容，考查题型偏重于客观题；

第六章主要介绍写作的相关内容，考查题型偏重于主观题。

该部分的六章内容均为考试时常涉及的考查重点，考生在备考时，应结合历年真题与自身实际，有针对性地进行复习。

第一章　现代汉语

思维导图

- 现代汉语
  - 基本概述
    - 普通话和方言——七大方言
    - 现代汉语的特点——语音、词汇和语法三方面
  - 拼音
    - 拼音基础知识——声母和韵母的发音、音节的拼写规则
    - 常用汉字的标准注音——辨析（形声字、形近字、多音字）与识记方法【易错点】
  - 汉字
    - 汉字的结构——笔顺、部首【易混点】
    - 汉字字体的演变——甲骨文、金文、篆书、隶书、楷书、草书、行书
    - 汉字的特点
    - 汉字六书——造字法（象形、指事、会意、形声）、用字法（转注、假借）
    - 汉字字形的识记和正确书写——归类析异、形旁辨析、据义定形等【重点】
  - 词汇
    - 词汇单位——语素、词和短语【易混点】
    - 词类——名词、动词、形容词等
    - 常见词语的正确运用——关联词、谦辞与敬辞、成语的运用【重点】
  - 句子
    - 短语的辨析——主谓短语、动宾短语、偏正短语等
    - 句子的分类——句类（陈述句、疑问句、祈使句等）、句型（单句、复句）
    - 句子的表达——句子排序【重点】
    - 病句的辨析与修改——语序不当、搭配不当等六大类型【易混点】
  - 修辞
    - 常见的修辞格及表达效果——比喻、比拟、借代等
    - 易混修辞格辨析
  - 标点符号
    - 标点符号的分类——点号和标号
    - 常考标点符号注意事项——问号、叹号、冒号等【易错点】

浙江考向

本章属于学科专业知识的基础章节，也是浙江省中小学语文教师招聘考试重点考查的章节，内容广泛，需要识记的知识较多，在考试中常以单选、填空、简答等形式考查。现对本章浙江考向分析如下：

<table>
<tr><th>考点类型</th><th>地区</th><th>高频考点</th><th>常考题型</th><th>能力层级</th><th>考查热度</th></tr>
<tr><td rowspan="8">常规考点</td><td rowspan="4">统考</td><td>普通话和方言</td><td>填空、简答</td><td>识记</td><td>★★</td></tr>
<tr><td>常用汉字的准确标准注音</td><td>单选、填空</td><td>识记</td><td>★★★</td></tr>
<tr><td>汉字的结构</td><td>填空、简答</td><td>识记</td><td>★★</td></tr>
<tr><td>常考标点符号注意事项</td><td>单选</td><td>理解</td><td>★★★</td></tr>
<tr><td rowspan="4">非统考</td><td>常用汉字的准确标准注音、
汉字字形的识记和正确书写</td><td>单选、填空</td><td>识记</td><td>★★★</td></tr>
<tr><td>常见词语的正确运用</td><td>单选、简答</td><td>理解</td><td>★★★</td></tr>
<tr><td>句子的表达、
病句的辨析与修改</td><td>单选</td><td>理解</td><td>★★★</td></tr>
<tr><td>标点符号的使用</td><td>单选</td><td>理解</td><td>★★★</td></tr>
<tr><td rowspan="3">预测考点</td><td>统考</td><td>常用汉字的准确标准注音、
汉字字形的识记和正确书写</td><td>单选、填空</td><td>理解</td><td>★★★</td></tr>
<tr><td rowspan="2">非统考</td><td>易混修辞格辨析</td><td>单选</td><td>理解</td><td>★★</td></tr>
<tr><td>拼音基础知识</td><td>单选、填空</td><td>识记</td><td>★★</td></tr>
</table>

核心考点

第一节　基本概述

一、普通话和方言　【填空、简答】★★

现代汉语有狭义与广义两种解释。狭义的现代汉语只指现代汉民族共同语——普通话。广义的现代汉语包括现代汉民族共同语——普通话和方言。

1. 普通话

普通话是现代汉民族的共同语，以北京语音为标准音，以北方话为基础方言，以典范的现代白话文著作为语法规范。普通话是现代汉民族最重要的交际工具，同时又是国家法定的全国通用语言。

2. 方言

方言是语言的变体，根据性质，方言可分**地域方言和社会方言**。

地域方言是语言因地域方面的差别而形成的变体，是全民语言在不同地域上的分支，是语言发展的不平衡性在地域上的反映。

社会方言是同一地域的社会成员因为在职业、阶层、年龄、性别、文化教养等方面的社会差异而形成的不同的社会变体。

根据方言间在语音、词汇、语法上的一些重要差异，分为**七大方言**。即北方方言（官话方言）、吴方言、湘方言、赣方言、客家方言、粤方言、闽方言。

分类	代表	分布
北方方言 （北方话、官话方言）	北京话	长江以北地区，长江南岸九江以东镇江以西沿江地带、湖北（东南除外）、四川、云南、贵州、广西西北部、湖南西北部，占整个汉语地区的四分之三。
吴方言（吴语）	上海话、苏州话	上海市、浙江省和江苏省南部。
湘方言（湘语）	长沙话	湖南省大部分地区，以及广西北部。
赣方言（赣语）	南昌话	江西省中部和北部，及其毗连的湖南东部、湖北东南部、安徽西部等。
客家方言（客家话）	梅县话	广东省东部和中部，以及毗连的赣南、闽西、湘东南地区、台湾西北部一些市县，另外广西、四川还有一小片的分布。
粤方言（粤语）	广州话	广东珠江三角洲，广西东南部和香港、澳门地区。
闽方言（闽语）	福州话、厦门话	福建省、海南地区、台湾地区、广东潮汕地区和雷州半岛等地区。

3. 普通话与方言的关系

广义上来说，普通话是方言的一种，方言和普通话是同一种民族语。方言是现代汉民族共同语（即普通话）的地域分支，它不是同普通话并列的独立语言，而是从属于民族共同语的地方变体。普通话是高级形式，方言（地方话）属于现代汉语的低级形式。但是普通话和各种方言一样，都是人们日常生活中使用的语言变体，与方言是兄弟姐妹关系，而非一般与个别的关系。普通话是提炼多种方言，尤其是北方方言后的结晶，是方言的升华。因为北京近千年来一直是我国的政治和文化中心，以北京话为代表的北方方言在全国影响最大，所以才形成了普通话这种“以北京语音为标准音，以北方话为基础方言，以典范的现代白话文著作为语法规范”的现代汉民族共同语。

真题面对面

[2019统考小学，填空，2分]粤方言以________为代表，赣方言以________为代表。

答案：广州话；南昌话

二、现代汉语的特点 【简答】 ★

现代汉语的特点-语音方面

1. 语音方面

（1）没有复辅音。在一个音节内，无论开头或结尾，都没有两个或三个辅音连在一起的现象。因此，汉语音节的界限分明，音节的结构形式比较整齐。

（2）元音占优势。汉语音节中可以没有辅音，但不能没有元音。一个音节可以只由一个单元音或者一个复元音构成，同时，由复元音构成的音节也比较多，因元音是乐音，所以汉语语音乐音成分比例大。

（3）有声调。每个音节都有一个声调，声调可以使音节和音节之间界限分明，又富于高低升降的变化，于是形成了汉语音乐性强的特殊风格。

2. 词汇方面

（1）汉语语素以单音节为基本形式。

（2）广泛运用词根复合法。汉语运用复合法，使用词根语素构成的合成词最多，如“火车”“山峰”等。使用附加法，用词缀语素加词根语素构成的词较少，如“袜子”“石头”等。

(3)双音节词占优势。如“目—眼睛”“石—石头”。有些多音节短语也被缩减为双音节词，如“外交部部长—外长”“彩色电视机—彩电”。新创造的词也多为双音节词，如“离休”“电脑”。三音节词很少。

3. 语法方面

(1)语序和虚词是表达语法意义的主要手段。如汉语“她爱我”和“我爱她”里面的两个代词“她”和两个“我”，不管是作主语还是作宾语，词的形态不变，而用语序表示不同的语法关系。

(2)词、短语和句子的结构原则基本一致。无论是语素组成合成词，还是词组成短语，词或短语形成句子，都有主谓、动宾、补充、偏正、联合五种基本语法结构关系，如词“地震”，短语“地面震动”，句子“地面震动了”，都是陈述关系的主谓结构。

(3)词类和句法成分关系复杂，并非简单对应。

(4)量词和语气词丰富。如“一个人、一头牛、一张纸、一粒米”等。语气词常常出现在句末，表示各种语气的细微差别，例如，“是他吗?”(疑问)、“是他吧!”(推测)、“是他啊!”(惊奇)。

[2019统考小学，简答，5分]现代汉语语音具有哪些特点?

参考答案：参见上文。

第二节　拼　音

一、拼音基础知识　【单选、填空】★★

考点1　声母

1. 声母的定义

声母指音节中位于元音前头的那部分，大多是音节开头的辅音。汉语普通话拼音中声母有21个，也有一种说法认为普通话声母有22个，包括1个零声母。详见下表：

b	p	m	f	d	t	n	l
g	k	h		j	q	x	
zh	ch	sh	r	z	c	s	

2. 声母的发音

(1)按发音部位的不同划分

①双唇音b、p、m；②唇齿音f；③舌尖前音z、c、s；④舌尖中音d、t、n、l；⑤舌尖后音(又称卷舌音或翘舌音)zh、ch、sh、r；⑥舌面前音(舌面音)j、q、x；⑦舌面后音(舌根音)g、k、h。

(2)按发音方法的不同划分

①从阻碍方式分

根据形成阻碍和解除阻碍的方式不同，可以把声母分成以下几类：

A. 塞音b、p、d、t、g、k；B. 擦音f、h、x、sh、r、s；C. 塞擦音j、q、zh、ch、z、c；D. 鼻音m、n；E. 边音l。

②从声带是否振动分

发音时声带振动的是带音，又叫浊音；声带不振动的是不带音，又叫清音。浊音有m、n、l、r，其余的辅音声母都是清音。

③从气流的强弱分

塞音、塞擦音有送气音和不送气音的分别。发送气音时，肺部（声门以下）呼出的气流比较强，共有p、t、k、q、ch、c六个；发不送气音时，肺部呼出的气流比较弱，共有b、d、g、j、zh、z六个。

考点 2 韵母

1. 韵母的定义

韵母指音节里声母后面的部分。《汉语拼音方案》的韵母表收录了35个舌面元音韵母，详见下表：

韵母表

	i	u	ü
a	ia	ua	
o		uo	
e	ie		üe
ai		uai	
ei		uei	
ao	iao		
ou	iou		
an	ian	uan	üan
en	in	uen	ün
ang	iang	uang	
eng	ing	ueng	
ong	iong		

（1）i行的韵母，前面没有声母的时候，写成yi，ya，ye，yao，you，yan，yin，yang，ying，yong。

u行的韵母，前面没有声母的时候，写成wu，wa，wo，wai，wei，wan，wen，wang，weng。

ü行的韵母，前面没有声母的时候，写成yu，yue，yuan，yun；ü上两点省略。

ü行的韵母跟声母j，q，x拼的时候，写成ju，qu，xu，ü上两点也省略；但是跟声母n，l拼的时候，仍然写成nü，lü。

（2）iou，uei，uen前面加声母的时候，写成iu，ui，un。如niu，gui，lun。

（3）在给汉字注音的时候，为了使拼式简短，ng可以省作ŋ。

考点再拔高

▼ 韵母个数

《汉语拼音方案》中的韵母共35个。普通话中的韵母共39个，比前者多了舌尖元音韵母-i（前）、-i（后），卷舌音韵母er和舌面元音韵母ê。小学语文教材为了降低儿童学习拼音的难度，减轻记忆“方案”规定的使用y、w的拼写规则这个负担，在不违背《汉语拼音方案》的原则下，韵母数改为24个，分别为：a，o，e，i，u，ü，ai，ei，ui，ao，ou，iu，ie，üe，er，an，en，in，un，ün，ang，eng，ing，ong。

2. 韵母的发音

(1)按结构分

①单元音韵母-i(前)、-i(后)、a、o、e、ê、er、i、u、ü;②复元音韵母ai、ei、ao、ou、ia、ie、iao、iou、ua、uo、uai、uei、üe;③带鼻音韵母an、en、ang、eng、ian、in、iang、ing、uan、uen、uang、ueng、ong、üan、ün、iong。

考点再拔高

▼ 韵母的分类

按韵母的结构特点,一般把韵母分为三类,即:单韵母、复韵母和鼻韵母。

(1)单韵母。由单元音构成的韵母叫单韵母。现代汉语里有6个单韵母,它们是:a,o,e,i,u,ü。

(2)复韵母。复韵母是由复合元音充当韵母的。复合元音是由一串元音音素复合而成的,从听觉上已经复合成一个固定的音组。普通话中复韵母有13个,按主要元音所处的前后位置的不同可分为前响复韵母、后响复韵母、中响复韵母。前响复韵母指主要元音在前的复韵母,有4个:ai,ei,ao,ou;后响复韵母指主要元音在后的复韵母,有5个:ia,ie,ua,uo,üe;中响复韵母指主要元音位居中间的韵母,有4个:iao,iou,uai,uei。

(3)鼻韵母。以鼻辅音n或ng作为韵尾的韵母叫鼻韵母。鼻韵母分为前鼻音韵母和后鼻音韵母,以鼻辅音n为韵尾构成的韵母叫前鼻音韵母,以鼻辅音ng为韵尾构成的韵母叫后鼻音韵母。

(2)按韵母开头的元音发音口形分

①开口呼-i(前)、-i(后)、a、o、e、ê、er、ai、ei、ao、ou、an、en、ang、eng;②齐齿呼i、ia、ie、iao、iou、ian、in、iang、ing;③合口呼u、ua、uo、uai、uei、uan、uen、uang、ueng、ong;④撮口呼ü、üe、üan、ün、iong。

真题面对面

[2021金华永康小学,单,2分]下列说法正确的一项是(　　)

A. “r、z、c、s”都是声母　　B. “a、o、e、x”都是韵母

C. “ai、ei、zh”都是复韵母　　D. “an、en、ing、ong”都是前鼻音韵母

答案:A。B项,“x”是声母。C项,“zh”是声母。D项,“ing、ong”是后鼻音韵母。

考点3 声韵拼合规律

1. 双唇音b、p、m和舌尖中音d、t能跟开口呼、齐齿呼、合口呼韵母拼合,不能跟撮口呼韵母拼合。双唇音拼合口呼限于u。

2. 唇齿音f,舌面后音g、k、h,舌尖前音z、c、s和舌尖后音zh、ch、sh、r等声母能跟开口呼、合口呼韵母拼合,不能跟齐齿呼、撮口呼韵母拼合。唇齿音拼合口呼限于u。

3. 舌面前音j、q、x同上述四组声母相反,只能跟齐齿呼、撮口呼韵母拼合,不能跟开口呼、合口呼韵母拼合。

4. 舌尖中音n、l能跟四呼韵母拼合。零声母音节在四呼中都有。

记忆有妙招

声韵拼合口诀如下：

双唇d、t排撮口，双唇合口限于u。舌面后、舌尖前后拼开合，舌面相反拼齐撮。

唯有n、l拼得全，零声音节拼四呼。唇齿合口同u拼，齐齿撮口没关系。

考点4 音节的拼写规则

1. 省写

（1）韵母iou、uei、uen的省写

《汉语拼音方案》在"韵母表"后面的说明中作了这样的规定：iou、uei、uen前面加辅音声母的时候，写成iu、ui、un。如d–iōu→diū（丢），x–iōu→xiū（修），zh–uēi→zhuī（追）。

iou、uei、uen跟声母相拼之后，中间的元音o或e（ê）有时变得不明显，实行省写，既能反映语音的实际情况，又能使拼式简短。

（2）ü上两点的省略

ü跟n、l以外的声母相拼时都省写两点。如j–ǚ→jǔ（举），q–üè→què（却），x–üān→xuān（宣）。

不能省写两点的，只限于韵母ü单独出现在声母n、l后面。因为如果省了，这些音节就会发生混淆。如nǚ（女）–nǔ（努），lǘ（驴）–lú（炉）。

为什么有的可省写，有的要保留呢？因为声母j、q、x不能跟合口呼韵母相拼，省写了两点也不会误认为是合口呼的韵母"u"，音节不致发生混淆。

2. 音节连写

同一个词的几个音节要连写，词与词的音节要分写。如Cànlàn yángguāng pǔzhào dàdì（灿烂阳光普照大地）。

3. 大写规则

（1）句子开头的第一个字母。如Bìyù zhuāngchéng yí shùgāo（碧玉妆成一树高）。

（2）专用名词的第一个字母。如Běijīng（北京）。

（3）姓和名的第一个字母。如Máo Zédōng（毛泽东）。

（4）标题、商标、店铺的牌子一般全部用大写，也可每个词开头的字母大写，而声调符号可省略。如XIANKE DIANZI（先科电子）。

考点5 声调符号

汉语普通话中有**四个声调**：第一声，又叫**阴平或平调**，声调符号是"ˉ"；第二声，又叫**阳平或升调**，声调符号是"ˊ"；第三声，又叫**上声或上音**，声调符号是"ˇ"；第四声，又叫**去声或去音**，声调符号是"ˋ"。

每个汉字都是由韵母和声母配合构成一个音节，在韵母上部应该标出声调，有时为了方便也可以省略。

汉语拼音中标声调的位置有几个规则：声调符号要标在一个音节的韵腹上；在韵腹符号省略的iu，ui中，调号标在后一个元音符号上；调号位于i上时，省略上面的点；轻声不标调；文章标题中经常不标调。

记忆有妙招

标调口诀如下：

a母出现不放过，（即韵母中凡是有a的，标在a上）

没有a母找o e。（没有a，但有o或e的，标在o或e上）

i u并列标在后，（i和u并列时，标在后面）

单个韵母不必说。（单个的韵母，就标在这个韵母上面）

考点6 隔音符号

以“a、o、e”开头的零声母音节，由于前面没有“y、w”等字母，容易产生混淆，必要时可加隔音符号“’”隔开。如ku’ai（酷爱）-kuai（快），dang’an（档案）-dangan（单干）。

考点7 语流音变

1. 变调

在朗读中，有些音节的声调起了一定的变化，与单念时调值不同，这种变化叫作变调。变调是一种自然的音变现象，对语言的表达没有影响。常见的变调主要有以下几种类型：

真题面对面

[2021金华永康小学，填空，1分]在语流中，有些音节的声调起了一定的变化，与单读时调值不同，这种变化叫作________。

答案：变调

（1）上声的变调

①上声音节的字单念或在词语的末尾的时候，调值不变。

②两个上声相连，前一个上声调值变阳平（35）；在原为上声改读轻声的字音前，则有两种不同的变调，有的变阳平（35），有的变半上声（21）。例如：

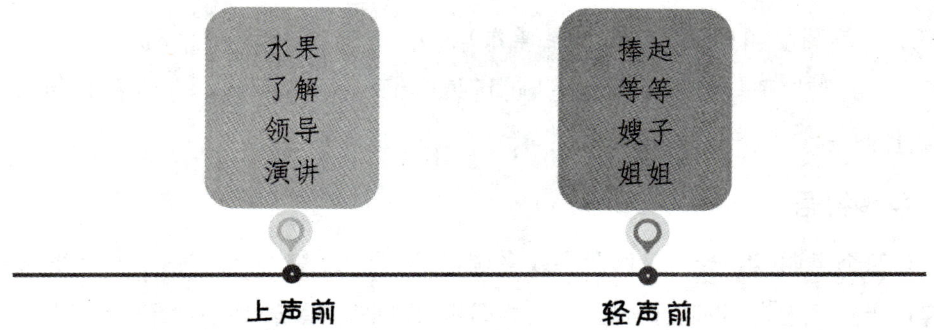

③三个上声相连，根据词语内部层次的不同有两种变调：一种是第一音节调值变读为半上声，第二音节调值变读为阳平；另一种是前两个音节调值都变读为阳平。例如：

很勇敢、小老虎。（21 35 214）　　展览馆、管理组。（35 35 214）

④在非上声(阴平、阳平、去声)的前面,调值由214变为21,在原为非上声改读轻声的字音前,变调情况也相同。例如:

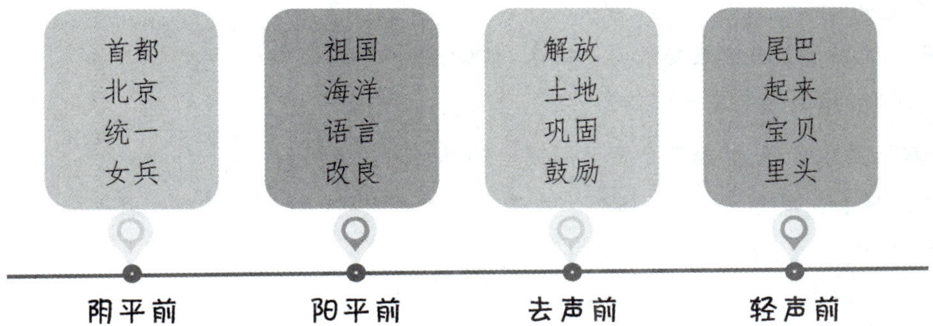

(2)去声的变调

两个去声相连,前一个如果不是重读音节则变读为半去声(53)。例如:“信念、变化、办事”等。

(3)特殊字音“一、不”的变调

①“一、不”单念或用在词句末尾,以及“一”在序数中,声调不变,仍读原调:“一”念阴平,“不”念去声。例如:“第一”“偏不”等。

②在去声前,一律读阳平。例如:“一样”“不够”等。

③在非去声(阴平、阳平、上声)前,“一”“不”都读去声。例如:“一般”“不吃”等。

④“一、不”嵌在相同的动词的中间,读轻声。例如:“想一想”“来不来”等。

⑤“不”在可能补语中读轻声。例如:“做不好”“来不了”等。

2. 儿化

儿化指一个音节中,韵母带上卷舌色彩的一种特殊音变现象,这种卷舌化了的韵母就叫作“儿化韵”。

儿化的作用主要有以下三种:

儿化

①区别词义。例如:头(脑袋)—头儿(领头的)。

②区分词性。例如:画(动词)—画儿(名词)。

③表示细小、轻松或表示亲切、喜爱的感情色彩。例如:“皮球儿”“小河儿”“小王儿”等。

3. 轻声 ★

一般地说,新词、科学术语没有轻声音节,口语中的常用词才有读轻声音节的。下面一些成分,在普通话中通常读轻声。

(1)助词“的、地、得、着、了、过”和语气词“吧、嘛、呢、啊”等。例如:

领路的　愉快地　学得(好)　看过　算了吧　放心吧　好嘛

(2)部分单纯词中的叠音词和合成词中重叠式的后一音节。例如:

猩猩　饽饽　妈妈　星星　坐坐

(3)构词后缀“子、头”和表示群体的“们”等。例如:

鸽子　燕子　石头　馒头　我们

但是,“原子、光子、孢子、男子、窝窝头”等词的“子、头”都是实语素,不读轻声。

(4)名词、代词后面表示方位的语素或词。例如：

马路上　山下　村子里　前边

(5)动词、形容词后面表示趋向的词“来、去、起来、下去”等。例如：

送来　进来　过去　上去　热起来　夺回来　跑过去　挑回去

中间加“得、不”的趋向动词不读轻声。

(6)有一批常用的双音节词，第二个音节习惯上要读轻声。例如：

云彩　蘑菇　护士　事情　脑袋　胳膊　东西　买卖　窗户　消息　西瓜　牡丹　动静　招呼　清楚

(7)下面词语里加着重号的字一律读轻声。例如：

来来去去　打打闹闹　黑不溜秋　傻不愣登　糊里糊涂　啰里啰嗦

4. 语气词“啊”的音变

语气词“啊”(ā)发音时往往受前字读音的影响而产生音变。现举例列表如下：

前字音节末尾音素+a	“啊”的音变	规范写法	举例
i、ü、o(不包括ao、iao)、e、ê、a+a	ya	呀	鸡呀、鱼呀、写呀、他呀
u(包括ao、iao)+a	wa	哇	苦哇、好哇
n+a	na	哪	难哪、新哪、弯哪
ng+a	nga	啊	娘啊、香啊、红啊
-i(后)、er+a	ra	啊	是啊、店小二啊
-i(前)+a	za	啊	死啊、儿子啊

考点 8　普通话的音节结构特点

1. 一个音节最多可以用四个音素符号来拼写(如“窗”)。

2. 元音在音节中占优势。每个音节总要有元音，元音符号可以多至三个，并且须连续出现，分别充当韵头、韵腹和韵尾(如“郊”)。如果一个音节只有一个音素，这个音素除极个别外都是元音。

3. 音节可以没有辅音(如“俄”)。辅音大都在音节的开头或末尾出现(如“窗”)，在音节末尾出现的辅音只限于n和ng。没有两个辅音相连的音节。

4. 汉语音节不能没有声调，不能没有韵腹(主要元音)；可以没有辅音声母、韵头和韵尾。

二、常用汉字的标准注音　【单选、填空】★★★

常见易错字音集录

考点 1　字音的辨析方法

1. 形声字读音辨析

(1)注意与声旁读音不同的字

由于古今语音的变化和汉字写法的变化，现代汉语中已有大量的形声字不能根据其声旁确定读音。如果按照“读半边”的习惯去读，往往会造成形声字误读。

字音的辨析方法

(2)以点连线记重点

“点”指形声字的声旁，“线”指声旁相同的形声字。以声旁为点向外扩散，可以将很多形声字连成一条

线，形成一个整体记忆。

2. 形近字读音辨析

汉语有的字字形相似，一旦对其字形识记不扎实，就会出现误读。如“赝品”的“赝”(yàn)误读为“yìng”，“床笫”的“笫”(zǐ)误读为“dì”，“庇护”的“庇”(bì)误读为“pì”。

3. 多音字读音辨析

(1)根据字义辨析

一般情况下，字义不同，读音也不同。如“攒”字，表示“积累”的意义时读zǎn，如“积攒”；表示“聚集”的意义时读cuán，如“人头攒动”。

(2)根据词性辨析

词性不同，读音可能也不同。如“劲”字，作名词时应读jìn，如“干劲儿”；作形容词时应读jìng，如“疾风劲草”。

(3)根据语体色彩辨析

有些多音字在书面语和口语中读音也有所不同。如“剥”字，剥(bō)削，剥(bāo)橘子。

(4)根据专用词语辨析

有些多音字，用于地名时，读音与其他不同。如“莞尔一笑”的“莞(wǎn)”，在“东莞”这一地名中读guǎn。

(5)设计语境辨析

有些读音较多的字，可根据字义，将其放在一定的语境中记忆。如“弄”字：我警告你，别在弄(lòng)堂里拨弄(nòng)是非，影响邻里关系。

(6)记少推多辨析

有的多音字往往有一种读音比较少见，可以用记少不记多的办法来辨析。如“冯”，在“暴虎冯河”中读píng，其他情况下都读féng。

考点2 字音的识记方法

1. 据义记忆

古人认为“音生于义，义著于形”，对于多音字来说，往往是由于同一字有了不同的义，从而有了不同的音，所以我们应该在把握字义的基础上来确定多音字的读音。例如：“曲”与“弯曲”意思相关时，读“qū”，如“弯曲”“曲折”；与“歌曲”意思相关时，读“qǔ”，如“歌曲”“曲调”。

2. 特例记忆

特例记忆也叫“记少不记多”，多音字中有些音的词条很少，记住少量的特例，就能迅速掌握。例如：“倔”只有在“倔强”中读“jué”，其余读“juè”。

3. 联想记忆

学习应“告诸往而知来者”，也就是要善于联想，学会举一反三，形成“记忆串”。

(1)形似字联想

这是对形声字来说的，由一个字可以联想到与它偏旁相同的几个字，例如：由“呕(ǒu)吐”可以联想到“讴(ōu)歌”“殴(ōu)打”“浮沤(ōu)”“沤(òu)肥”“怄(òu)气”。

(2)意象联想

一个字，我们可以根据它的字义或字形联想一个与其读音相关的意象，来帮助我们记忆。例如："戊""戌""戍"："戊"中间"一无所有"，读"wù"；"戌"中间为"-"，可以联想到阴平，读"xū"；"戍"中间为"、"，让我们想到去声，读"shù"。

4. 组词记忆

古人云："字不离词，词不离句。"一个字的读音可能拿不准，但如果把它放入词组中，便会柳暗花明。例如："犄"与"掎"，两个字的读音很容易混，但如果将其放入词组中就简单多了——"犄(jī)角""掎(jǐ)角之势"。

5. 语法记忆

这种方法适用于多音字。语法功能（词性）不同，读音也往往不同。例如："处"，作名词时一般读"chù"，如"到处""处所""政教处"等；作动词时一般读"chǔ"，如"处置""处罚""惩处"等。

易错点提示

一些汉字在作为姓氏时，读音往往与常用读音不同。经常容易误读的姓氏有：

①"仇"读qiú，不读chóu；②"单"读shàn，不读dān；③"舍"读shè，不读shě；④"朴"读piáo，不读pǔ；⑤"区"读ōu，不读qū；⑥"查"读zhā，不读chá。

特别需要注意的是一小部分姓氏有两种读音，如：

①"乐"可读lè，也可读yuè；②"宓"可读fú，也可读mì。

真题面对面

1. [2021年1月杭州小学，基础知识，3分]下列词语中加点的字，读音完全正确的一项是(　　)

A. 角(jiǎo)逐　聒(guō)噪　搞噱(xué)头　相形见绌(chù)

B. 匕(bǐ)首　谄(chǎn)媚　鄱(bó)阳湖　面面相觑(qù)

C. 洗濯(zhuó)　讪(shàn)笑　绵亘(gèn)蜿蜒　越俎(zǔ)代庖

D. 召(zào)唤　翌(yì)日　新冠(guān)病毒　莘莘(shēn)学子

答案：C。A项，角(jué)逐。B项，鄱(pó)阳湖。D项，召(zhào)唤。

2. [2020年1月杭州中学，基础知识，3分]下列词语中，加点字的读音都不相同的一项是(　　)

A.膝髁／脚踝　雾霭／和蔼　交柯错叶／百舸争流

B.盘踞／居心　着重／着陆　窸窸窣窣／稀稀疏疏

C.矗立／伫立　星宿／整宿　孑然一身／截然不同

D.阡陌／纤巧　关隘／谥号　诲人不倦／后悔不已

答案：D。A项，加点字分别读作kē／huái，ǎi／ǎi，kē／gě。B项，加点字分别读作jù／jū，zhuó／zhuó，sū／shū。C项，加点字分别读作chù／zhù，xiù／xiǔ，jié／jié。D项，加点字分别读作qiān／xiān，ài／shì，huì／huǐ。

3. [2019统考小学，填空，2分]"宓"和"查"作为姓氏使用，分别读________和________。

答案：fú(mì)；zhā

4.[2019统考小学,单,2分]“撸起袖子拼命干”,拼音正确的一项是(　　)

A. Lùqǐ xiùzi pīnmìng gàn　　B. Lǔqi xiùzi pīngmìn gàn

C. Lūqi xiùzi pīnmìng gàn　　D. Lúqi xiùzi pīngmìn gàn

答案:C。该句应该是“Lūqi xiùzi pīnmìng gàn”,故选C。

方法技巧 遇到字音辨析题时,首先要掌握多音字,判断在选项中是否是正确读音,然后要善于使用排除法,根据题干要求,判断是排误还是排正。

第三节　汉　字

一、汉字的结构 【填空、简答】 ★★

考点 1 汉字的笔画

汉字的基本笔画有五种:“横(一)、竖(丨)、撇(丿)、点(丶)、折(㇕)”。现代汉语中常用笔画见下表:

汉字笔画名称表

笔画	名称	例字	笔画	名称	例字
丶	点	广	㇆	横折钩	月
一	横	王	㇈	横斜钩	飞
丨	竖	巾	㇈	横折弯钩	九
丿	撇	木	㇋	横撇弯钩	那
㇏	捺	八	㇍	横折折折	凸
㇀	提	打	㇌	横折折折钩	奶
㇛	撇点	巡	㇉	竖折折钩	与
㇙	竖提	农	㇄	竖弯	四
㇊	横折提	论	㇍	横折弯	沿
㇁	弯钩	家	㇕	横折	口
亅	竖钩	小	㇗	竖折	山
㇟	竖弯钩	屯	㇜	撇折	云
㇂	斜钩	浅	㇇	横撇	水
㇃	卧钩	蕊	㇋	横折折撇	建
㇖	横钩	写	㇞	竖折撇	专
㇞	竖折折	鼎	㇅	横折折	凹

考点 2 汉字的笔顺

笔顺,就是书写汉字时笔画的先后顺序。一个汉字,不论是独体,还是合体,总是由基本笔画构成的,且先写什么,后写什么,是有一定的规律的。

1. 基本规则

(1)从上到下,例如:"言、主、三、草"。

(2)从左到右,例如:"衔、州、好、故"。

(3)先横后竖,例如:"正、喜、十、丁"。

(4)先撇后捺,例如:"衣、人、分、文"。

(5)先外后内,例如:"周、母、问、闻"。

(6)先进后关,例如:"国、固、围、回"。

(7)先中间后两边,例如:"水、小、办"。

2. 其他规则

分类	书写顺序	举例
"点"	①点在上、左,就先写。	义、主、头、为
	②点在内、右上,就后写。	叉、瓦、栽、式
两面包围结构的字	①"辶、廴"包围结构,先里后外	近、进、建、延
	②其他左下包围结构,先外后里	题、起、爬、昶
	③上左包围结构,先外后里	厅、质、盾、库
	④"勹、气"等构成外框的上右包围结构,先外后里	司、旬、虱、氧
	⑤由"丁、弋、戈"构成,或以"弋、戈"为主件构成外框的上右包围结构,先上后里再右	可、式、戒、武
三包围结构的字	①缺口向上的,先里后外。	凶、幽
	②缺口向下的,先外后里。	同、周
	③缺口向右的,先上后里再左下。	区、叵、臣

真题面对面

[2018统考小学,简答,5分]什么是汉字的基本笔顺?汉字笔顺的规则是什么?

参考答案:笔顺是指笔画书写的先后顺序。汉字的基本笔顺是横、竖、撇、点、折。汉字笔顺的基本规则为:从上到下、从左到右、先横后竖、先撇后捺、先外后内、先进后关、先中间后两边。

考点 3 汉字的部首

部首是具有字形归类作用的部件,是字书中的各部的首字。一般地说,部首是表意的偏旁。

易混点辨析

部首和偏旁的关系

部首和偏旁的关系是部分与整体的关系,部首是偏旁,但偏旁(又称"部件")不一定是部首。部首是字书中各部领头的部件或笔画,具有字形归类作用,而偏旁则除了一部分表示词义分类外,更多的是字的表音成分。例如:"江""河"两个字的"氵""工""可"都是偏旁,"氵"是这两个字所属的部首,而"工""可"只是表音的偏旁而不是部首。因此,偏旁的数目比部首多,不可把两者等同起来。

小香有话说

真题面对面

[2021台州(北片)小学,单,1.2分](　　)又叫部件,是构成合体字的基本单位。

A. 笔画　　B. 笔顺　　C. 偏旁　　D. 结构

答案:C。偏旁是汉字的合体字中不可分解的构字符号,这个不可分解的构字符号也叫“部件”。

1. 部首查字法的一般规则

(1)形声字要查“形”不查“声”。比如查“晴”要查“目”部,不查“青”字。

(2)上下都是部首的合体字,一般是查上不查下。如“另”字就要查“口”部。但如果上部不是独体字就查下部。如“碧”字上面的“珀”不是独体字,而下面“石”是独体字,所以就选“石”部。

(3)左右都是部首的字,一般是查左不查右。如“找”字要查“扌”部,不查“戈”部。

(4)内外都是部首的合体字,一般是查外不查内。如“困”字要查“囗”部,不查“木”部。

(5)上下左右外五个部位均无部首可查,那就查中座部位。如“兆”字可查“儿”部。

(6)可做部首用的独体字,要查整体不查部分。如“寸”“走”“羊”“身”等。

(7)分不清部首的独体字,可查“起笔”。如“为”“临”字应分别查“丶”“丨”部。

(8)半部没有部首,中座无部首的查一角。如“聚”查左上角的“耳”部或右上角的“又”部,“器”查一角“口”部。

(9)笔画中藏有部首的独体字,应查“部首部分”。

2. 常见的汉字部首

笔画数	部首
1画	丨、亅、丿、乛、一、乙、丶、乚
2画	十、厂、匚、刂、卜、冂、亻、八、人、入、勹、儿、匕、几、亠、冫、丷、冖、讠、凵、卩、阝、刀、力、又、厶、廴
3画	干、艹、屮、彳、巛、川、辶、寸、大、飞、彑、工、弓、廾、广、己、彐、巾、口、马、门、宀、女、犭、山、彡、尸、饣、士、扌、氵、纟、巳、土、囗、兀、夕、小、忄、幺、弋、尢、夂、子
4画	贝、比、灬、长、车、歹、斗、厄、方、风、父、戈、卝、户、火、旡、见、斤、耂、毛、木、牛、牜、爿、片、攴、攵、气、欠、犬、日、氏、礻、手、殳、水、瓦、王、韦、文、无、毋、心、牙、爻、曰、月、爫、支、止、爪、车
5画	白、癶、甘、瓜、禾、钅、立、龙、矛、皿、母、目、疒、鸟、皮、生、石、矢、示、罒、田、玄、疋、业、衤、用、玉
6画	臣、虫、而、耳、缶、艮、虍、臼、老、耒、米、糸、齐、肉、色、舌、糹、网、西、覀、行、血、羊、页、衣、羽、聿、至、舟、竹、自
7画	辰、赤、辵、豆、谷、龟、角、里、卤、麦、身、豕、辛、言、邑、酉、豸、走、足
8画	采、鱼、齿、非、阜、金、隶、黾、青、鱼、雨、隹、釒
9画	革、骨、鬼、韭、面、食(飠)、首、香、音
10画	髟、高、鬲
11画	黄、鹿、麻
12画	鼎、黑、黍
13画	鼓、鼠

续表

笔画数	部首
14画	鼻
17画	龠

真题面对面

[2018统考小学,填空,2分]静的笔画是十四,部首查________,音节查字法应查________。

答案:青;jing

二、汉字字体的演变

汉字是我国先民发明的记载工具,是世界上最古老的文字之一,拥有4500年以上的历史,其使用最晚始于商代,历经甲骨文、金文、篆书、隶书、楷书、草书、行书诸般书体变化。

字体		时期	特点
甲骨文		殷商时代	刻写在龟甲兽骨上,笔形是细瘦的线条,拐弯多是方笔,外形参差不齐、大小不一。
金文		西周	刻写在青铜器上的文字,笔画丰满粗肥,外形比甲骨文方正、匀称。
篆书	大篆	春秋战国时期的秦国	字形比金文整齐,笔画均匀。
	小篆	秦始皇统一六国时期	字形更匀称、整齐,笔画圆转、简化。
隶书	秦隶	秦代	把小篆圆转弧形的笔画变成方折平直的笔画,基本摆脱了古文字象形的特点。
	汉隶	汉代	字形规整,折、捺、长横有波磔,很少有篆书的残存痕迹。
楷书		兴于汉末,盛行于魏晋,一直沿用至今	字形方正,笔画没有波磔,书写方便。
草书	章草	东汉章帝时盛行	是隶书的草写体,笔画有汉隶的波磔,虽有连笔,但字字独立。
	今草	东汉末	形体连绵,字字顾盼呼应,贯通一气,笔形没有波磔。
	狂草	唐代	变化多端,极难辨认,变成了纯艺术品。
行书		产生于东汉末,一直运用至今	形体近楷不拘,近草不放,笔画连绵,各字独立,易写好认。

三、汉字的特点

表意性是汉字的本质特征,汉字是形音义的统一体;汉字字数繁多,结构复杂,缺少完备的表音系统;从书写形式看,汉字是二维的平面型方块体汉字;汉字具有一定的超时空性;汉字记录汉语不实行分词连写。

四、汉字六书 【单选】 ★

六书是古人分析汉字而归纳出来的六种条例,即象形、指事、会意、形声、转注、假借。其中,象形、指事、会意、形声是造字法,转注和假借是用字法。

考点 1 象形

《说文解字·叙》中指出："象形者，画成其物，随体诘诎，日月是也。"象形造字法指用线条来描绘实物形状的造字法。象形字是独体字。比如"日"写成太阳的样子，"月"写成月亮的样子，"木"画成树的样子，"火"画成火苗的样子，复杂的如"象"字和"虎"字等，也属于象形字。

考点 2 指事

《说文解字·叙》中指出："指事者，视而可识，察而见意，上下是也。"不管象形的笔画怎么简化，必须描画出事物之形。但客观事物纷繁复杂，具体的事物画得出来，抽象的事物却画不出来。于是人们就想出另一种造字的方法，就是"指事"。指事字是独体字。

指事字可分为两类：一类是纯符号性的字，比如"上"和"下"，就在一条长线的上下分别画一条短线来表示。另一类是在独体象形字的基础上添加或减少指事符号的字，如"本"和"刃"，树和刀好画，但树的根部和刀的锋刃却不好画，于是就在"木"下加一短线表示树根，在刀口处加一短线表示刀刃。

考点 3 会意

《说文解字·叙》中指出："会意者，比类合谊，以见指撝，武信是也。"指事字已由单纯象形过渡到突出表意，这就给人们新的启发，把两个或两个以上象形字或指事字拼合在一起，并且把它们的意义结合成一个新的意义，这种造字法就是"会意"。会意字是合体字。比如"采"字，下边是个"木"字，表示树，上边画个"爪"，表示正在抓取东西的手，"采"的意思就一目了然了。再如"休"，由一个人字和一个木字组成，表示人靠在树上休息。

考点 4 形声

《说文解字·叙》中指出："形声者，以事为名，取譬相成，江河是也。"用前面三种方法造出来的字总体来说都是表意的。但是语言毕竟是用声音来反映各种事物的，这些用表意的方法很难造出来。这也促使人们想出一种新的办法，即用一个字的一半符号表示意义，另一半符号表示声音，这种造字法就是"形声"。形声字是合体字。如"桃、梅、松、柳"等，其中的形符都是"木"，表示跟树有关，但是声符不同，就各自表示不同的树。由于形声字能区别同音字和多义字，而且很容易造出来，因此也就越来越多，最终成为汉字的主体。现代汉字中形声字的比例最高。

考点 5 转注

《说文解字·叙》："转注者，建类一首，同意相受，考老是也。"转注属于用字法，是同一词根分化出来的同义的字，用来互相训释。例如："老"字的解释是"考"，"考"字的解释是"老"。"考""老"二字，本义都是长者。当两个字用来表达相同的东西，词义一样时，它们会有相同的部首或部件。再如："颠""顶"二字，本义都是"头顶"；"穷""空"二字，本义都是"孔"。

考点 6 假借

《说文解字·叙》："假借者，本无其字，依声托事，令长是也。"假借也是用字法，是指语言中某些词有音无字，借用已有的同音字来表示。例如：借当皮衣讲的"求"（即"裘"字）为请求的"求"；借作黄昏讲的"莫"（即

"暮"字)为否定副词"莫"等。

五、汉字字形的识记和正确书写 【单选、填空】 ★★★

常见易错字形集录

1. 归类析异法

有些字的字形十分相像,只是一笔之差,或是某一笔、几笔的长短曲直略有不同。如果把这些字集中起来加以比较,找出各自笔画的特点,是可以帮助记忆的。例如:"己""已""巳",笔画的特点是左边竖笔的长短有所不同,可以概括为"开口己,半口已,闭口巳"。

2. 形旁辨析法

汉字中绝大多数是形声字,许多音同音近的形声字都有共同的声旁,区别只在形旁。所以抓住形旁加以辨析,就可以避免用错字。例如:"澡""噪""燥""躁"。形旁为"水",就有"澡盆""洗澡";形旁为"口",就有"噪声""鼓噪";形旁为"火",就有"干燥""燥热";形旁为"足",就有"急躁""暴躁"。

3. 据义定形法

汉字的基本特点是音、形、义统一。要正字,就应从三者的关系入手,以义为纲,据义定形。例如:"重(叠、迭)","叠"为"一层加上一层"之意,"迭"为"一次又一次"之意,所以"重迭"是错误的,"重叠"才正确。

4. 结构推断法

对词语(包括成语)结构的分析,可以帮助我们准确而迅速地推断出字形的正误。例如:"脉搏"这个词是主谓结构,意思是"动脉跳动",如果把"搏"换成"膊",动词变成名词,其语法结构就被破坏了,由此可推断写成"膊"是错误的。

5. 语境辨析法

有些汉字应根据词语(包括成语)的组合情况或根据语句的意思来确定用字。例如:"变换"与"变幻莫测"。"变换"是事物的一种形式或内容换成另一种,如"变换一下位置"。"变幻莫测"是变化多端,难以揣测,如"那变幻莫测的魔术表演,深深吸引了我们"。

6. 造字法分析法

了解汉字造字法知识,可以帮助我们准确识记汉字字形。例如:"残羹冷炙"的"炙"不能写成"灸"。"炙"是会意字,是把肉放在火上烤,本义为用火烤肉,可组成相关的词语"炙手可热""炙热"等。"灸"是由"久"和"火"构成的一个形声字,可组成相关的词语"针灸"。

7. 文化知识分析法

汉字的文化内涵非常丰富,很多字形可以从历史文化常识的角度加以分析。例如:不刊之论——古代把字刻在龟甲、兽骨或写在竹简上,有错误就得用刀一类的工具将错误笔迹刮掉,所以现代汉语还有"刊刻"的说法。发展到现在,"刊"就有"削除,修改"之意了。"不刊之论"用来形容不能改动或不可磨灭的言论。所以"刊"不能写成"堪"。

8. 典故分析法

很多词语特别是成语中都包含典故,弄清这些典故的出处,对于识记字形特别重要。例如:"世外桃源"出自陶渊明的《桃花源记》,讲的是晋太元中,武陵郡的一个人捕鱼时发现一个与世隔绝、没有战乱的地方的故事,所以是"桃花源"而非"桃花园",是"世外桃源"而非"世外桃园"。

9. 生活经验分析法

语文学科是人文学科，语文与生活的联系非常密切。很多词语反映了实际生活，是对实际生活的总结，识记字形，可以充分调动生活经验。例如：书声琅琅——联想我们的生活经验，玉发出的声音美妙动听，“琅琅”指金石相击发出的清脆的声音，比喻响亮的读书声是很恰当的，包含着对读书的一种肯定，所以“琅琅”不能写成“朗朗”。

10. 情感认同分析法

任何民族对现实生活中的一些事物总会有褒贬好恶的情感态度，这些也会体现在语言中，我们可以据此识记字形。

真题面对面

1. [2022宁波市江北区小学，基础常识，4分]请阅读下面的语段，根据拼音写出相应的汉字，在括号内选一个恰当的字填入。

人类只有一个地球，各国共处一个世界，我们是“人类命运共同体”。jiàn①________行“青山绿水就是金山银山”的理念，坚持在发展中保护、在保护中发展。经济发展不是消耗自然资源的“jié②________泽而渔”，生态保护也不是贫守青山的“缘木求鱼”，让黑土地长出“金元宝”、生态环境yùn③________育“摇钱树”、田园风光变成“聚宝盆”，让百姓的“钱袋子”鼓起来，不断增强人民群众的生态环境意识，才能让绿水青山与金山银山的统一，变得更为名④________(A. 符；B. 副)其实。

(选自《工人日报》夏浩然)

答案：①践；②竭；③孕；④B

2. [2022年6月杭州中小学，基础知识，3分]下列词语中，没有错别字的一项是(　　)

A. 砥砺　奔溃　戈壁滩　痛心疾首　　B. 驰援　福祉　捉迷藏　仗义直言

C. 贻误　边陲　交谊舞　寥若晨星　　D. 吆喝　绪论　舶来品　展露头角

答案：C。A项，“奔溃”应为“崩溃”。B项，“仗义直言”应为“仗义执言”。D项，“展露头角”应为“崭露头角”。

3. [2021金华、绍兴诸暨中小学，单，1分]下列成语加点字有误的一项是(　　)

A. 纨绔膏粱　爱屋及乌　急于星火　栩栩如生

B. 鱼目混珠　当仁不让　罪不容诛　城下之盟

C. 怙恶不悛　明火执仗　蚕食鲸吞　一曝十寒

D. 惨淡经营　筚路篮缕　白衣苍狗　耳提面命

答案：D。D项，“筚路篮缕”应为“筚路蓝缕”。

方法技巧　字形类辨析题，有三种解题方法：①音辨法。逐个审读容易出错的字，从中可以辨析出一些“形近而音不同”的别字。②形辨法。如果怀疑某个字是别字，可以写出几个同音字来比较，也可以写出几个形似字来比较。③义辨法。通过掌握的词语意义，或通过分析形声字的形旁来推导这个字的含义，再放到这个词语中去判定是否相符。

第四节　词　汇

一、词汇单位

考点 1　语素

语素是语言中最小的音义结合体。

语素按音节分类，可分为单音节语素、双音节语素和多音节语素。

1. 单音节语素

由单音节构成的语素，称为“单音节语素”。如天、地、跑、跳、红、白、民、朋、思等。

2. 双音节语素

双音节语素主要包括联绵词和音译外来词。其中联绵词可分为双声联绵词、叠韵联绵词、非双声叠韵联绵词。

①双声，即声母相同的联绵词。如琵琶、乒乓、踯躅、踌躇、参差、仿佛等。

②叠韵，即韵腹和韵尾相同的联绵词。如从容、葱茏、葫芦、糊涂、匍匐、灿烂等。

③其他非双声叠韵联绵词。如珊瑚、蚯蚓、奚落、茉莉、伉俪、蝴蝶、提溜等。

外来词，即由汉语以外的其他语种音译、借形过来的词语。如涤纶、的士、尼龙、吉普、坦克、芭蕾、吐司、沙发、苏打等。

3. 多音节语素

多音节语素主要是拟声词和音译外来词。如喜马拉雅、珠穆朗玛、奥林匹克、白兰地、凡士林、噼里啪啦、淅淅沥沥等。

考点 2　词

词是由语素构成，比语素高一级的语言单位。词是句中最小的能够独立运用的语言单位。“独立运用”是指能够单独成句或单独做句法成分。

考点 3　固定短语

固定短语是词与词的固定组合，一般不能任意增减、改换其中词语。

考点 4　略语

略语是语言中经过压缩和省略的词语。为了称说简便，人们常把形式较长的名称或习用的短语化短，成为略语。例如：家用电器——家电。

易混点辨析

词与短语的异同

短语是词和词的语法组合，它和词都表示一定的意义，也是造句成分，可以单说或单用，但短语不是“最小的”能够独立运用的语言单位，短语是可以分离的，中间往往能插入别的造句成分，固定短语除外。

二、词类

划分词类的依据是词的语法功能、形态和意义三方面，就汉语来说，语法功能是主要依据，形态和意义是参考依据。下面仅列举常用的部分词类。

词类	举例	语法特征
名词	①普通名词：朋友；②专有名词：黄河；③集合名词：群众；④抽象名词：道德；⑤物质名词：阳光；⑥时间名词：明年；⑦处所名词：北京；⑧方位名词：东边。	①经常作主语和宾语；②前面一般能加表示物量的数量短语，不能加副词；③名词不能用重叠式表示某种共同的语法意义；④部分表人的名词后面能加“们”表示群体，不加“们”的名词可以是个体，也可以是群体。
动词	①动作行为动词：走、看；②心理活动动词：羡慕、希望；③判断动词：是；④能愿动词：愿意、应该；⑤趋向动词：上来、过。	①动词能作谓语或谓语中心词，多数能带宾语；②动词前能加副词“不”，多数不能加程度副词，只有表心理活动的动词和一些能愿动词前能够加程度副词；③动词多数可以后带“着、了、过”等表示动态；④有些动词可以重叠，表示短暂、轻微（动作的动量少或时量短），限于表示可持续的动作动词。
形容词	①性质形容词：伟大、优秀；②状态形容词：笔直、迅速、安静；③不定量形容词：少、全。	①形容词能作谓语或谓语中心词和定语，多数能够直接修饰名词；②性质形容词大都能受程度副词修饰；③形容词不能带宾语，但是有些性质形容词兼动词，作动词时能带宾语；④有些性质形容词可以重叠，重叠后用法同状态形容词，可表示程度加深。
副词	①表示程度：十分；②表示范围：都；③表示时间、频率：已经；④表示处所：到处；⑤表示肯定、否定：有、没有；⑥表示情态、方式：忽然、悄悄；⑦表示语气：简直、居然。	①副词大都能作状语，程度副词“很、极”还可以作补语；②副词一般不能单说，附着性较强，只有“不、别、没有、马上、也许、一点儿”等在省略句中可以单说；③部分副词能兼有关联作用。
代词	①人称代词：我们；②疑问代词：什么、哪儿；③指示代词：那里。	①人称代词：第一人称、第二人称、第三人称和其他代词；②指示代词用来指代人或事物；③疑问代词的主要用途是表示有疑而问或无疑而问。
介词	自从、按照、因为、由于、对于、被。	①介词不能单独作句法成分，总要构成介词短语作状语，少数还可以构成介词短语作补语和定语；②在同一个句子里，可用特定的介词标明名词与动词之间特定的语义关系；③介词大都是由及物动词虚化而来的，不少介词处于过渡状态，有的介词与动词同形，只能根据语境和意义判别它是动词还是介词。
连词	和、同、而且、不但、如果。	①没有实在的词汇意义，只表示一定的语法意义；②不能充当句子成分，只能连接词、短语、分句，表示被连接的两个语法单位之间的各种关系，不起任何修饰或补充的作用；③不能单独回答问题。

三、常见词语的正确运用 【单选、简答】 ★★★

考点1 近义词和反义词

1. 辨析近义词的方法

辨析角度	分类	举例
意义方面	①词义的范围大小不同。	“边疆”的范围广，指靠近国界的领土，而“边境”的范围窄，只指靠近边界线的地方。
	②词义的轻重不同。	“处罚”词义轻，指一般的处理、惩治；“惩罚”词义重，指严厉的处罚。
	③个体概念与集体概念不同。	“河、信、树”是个体概念，而“河流、信件、树木”则是集体概念。

续表

辨析角度	分类	举例
色彩方面	①词的感情色彩不同。	“赞扬”是褒义词，“吹捧”是贬义词。
	②词的语体色彩不同。	“惦记”为口语，“思念”是书面语。
	③词的谦敬色彩不同。	“全力”用于自己帮助别人，“鼎力”用于感谢别人帮助自己。
用法方面	①词的搭配对象不同。	“交流”的对象多是抽象的“心得、思想”等，而“交换”的对象多是具体的“物资、货币”等。
	②词性与句法功能不同。	“阻碍”是动词，作谓语，可以支配宾语；“障碍”是名词，多作宾语。

2. 反义词的注意事项

反义词就是两个意思相反的词，包括绝对反义词和相对反义词。如：真—假、动—静、拥护—反对，这类反义词所表达的概念意义互相排斥；黑—白、高山—平地，这类反义词没有矛盾对立关系，但对比鲜明。反义词的注意事项有：

（1）组成反义词的一对词必须属于同一意义范畴，如：长—短（长度）、开头—结尾（过程）、古—今（时间）。

（2）不是任何一个词都有反义词，表示具体事物的名词（如书、笔）大部分没有反义词。

（3）多义词可以有几个跟不同义项相配的反义词，如：快—慢／钝、清淡—浓郁／油腻。

（4）只有广泛意义上的形容词才有反义词，确定的动词、名词之类的没有反义词，如：“飞”没有反义词，“鸟”没有反义词。

考点 2 关联词语的选用

1. 关联词的种类

关系类型	解释	关联词语	例句
并列	表示两种或两种以上的情况都存在，且平行并列、程度相当。	既A，又B　又A，又B　有时A，有时B　一方面A，一方面B　一边A，一边B　一会儿A，一会儿B　不是A，而是B　并非A，而是B　是A，不是B	天安门广场西侧的人民大会堂既高大，又庄严。
递进	表示后一种情况的程度更深一层。	不但A，而且B　不但不A，反而B　尚且A，何况B　别说A，连B也	他不但成绩优秀，而且品德高尚。
转折	表示情况与预想相反，或者前后逻辑关系对立。	虽然（虽是、虽说、虽则、虽、尽管、固然）A，但是（可是、然而、但、却、还、也、而）B	这里的花虽然很多，但是没有奇花异草。
因果	表示一事物是另一事物出现的原因或结果。	因为A，所以B　之所以A，是因为B　既然A，那么B	她之所以今天没到校，是因为生病了。
承接	表示事情或动作的发生前后连贯、有秩序。	首先（起先、先）A，然后（后来、随后、再、又）B　刚A，就B　一A，就B	我一出门，就遇见了我的同学。
条件	表示事情或动作的发生需要或排斥某条件。	只要（只需、一旦）A，就（都、便、总）B　只有A，才B　无论A，都B	你只要在这签字，就能享受八折优惠购买本商场任何一款商品。

续表

关系类型	解释	关联词语	例句
选择	表示两种或两种以上情况不同时存在。	或者A,或者B 是A,还是B 不是A,就是B 要么A,要么B 要不A,要不B 与其A,不如B 宁可A,也不B	我比他身体强壮,这项任务与其交给他,不如让我去完成。
假设	表示假定某种情况出现了,就会引发另一种情况。	如果(假如、假使、假若、假设、倘若、倘使、若是、若、要是、万一)A,就(那么、那、便、则)B 即使A,也B 再A,也B	如果明天下雨,我就去栽树。

2. 关联词的注意事项

(1)同一个句子,运用不同的关联词语,作用就不同,表达的意思也就不一样,要懂得各类关联词语的作用。

(2)有些关联词语是要求**配对使用**的,不可随意改换,要注意配对使用关联词语。

(3)关联词语的**位置不能放错**。

(4)该用关联词的地方不能缺少关联词,有一部分配对使用的关联词,可根据情况省略其中的前一个,但一般不能省去后一个。

(5)特殊关联的种类需要根据语意确定。如"即使……也……",可能表示转折,也可能表示假设。

真题面对面

[2022年6月杭州中小学,基础知识,3分]填入下面一段话中的关联词最恰当的一项是(　　)

好读书这个习惯的养成是很重要的。(　　)根本不读书或不喜欢读书,那么,(　　)说什么求甚解或不求甚解就(　　)毫无意义了。(　　)不读书就不了解什么知识,不喜欢读书也就不能用心去了解书中的道理。

A. 因为　无论　都　因为　　　B. 即使　无论　也　所以

C. 如果　无论　都　因为　　　D. 如果　尽管　也　因为

答案:C。根据后文的"那么",第一空选择"如果"与其搭配。第二、三空是一个条件复句,选择"无论……都"。第四空选"因为",对前文做解释。

考点3　选词填空

1. 拿捏词义的轻重

有些词语虽然表达的意思相近,但在表现事物的某种特征或程度上,往往有轻重之别。例如:"损坏""毁坏""破坏"其表现的程度就层层升级,依次加重。

2. 限定词义的范围

有些近义词虽指同一事物,但所指范围却有大有小,这种分别也是辨析近义词的一个标准。例如:"边疆""边境""边界"范围是越来越小。

3. 揣摩词义侧重

有些词语由于词素构成不同往往所指的侧重点不同,使用就有所不同。例如:"景色"与"景点"。"景色"

侧重指景象、情景;“景点”侧重指景物的地点。

4. 分清词性和语法功能

近义词一般词性相同,但也有词性不同或不完全相同的。例如:“诞生”与“诞辰”,前者为动词,后者为名词。词性不同,用法自然就不同了。也有的因词性不同,句法功能也就不同,例如:“突然”(形容词,作状、谓、定语),“猛然”(副词,作状语)。

5. 找准对象

主要是谈话人或陈述对象所处的地位不同而使用的词语不同。例如:“爱戴”与“爱护”都可用于人,但“爱戴”只用于下对上,“爱护”用于同志间或上对下,有时还用于物。

6. 色彩的过滤

词语的色彩分为感情色彩与语体色彩。感情色彩即要区分是褒义词、贬义词,还是中性词。如“妄想”“梦想”“理想”分别是贬义词、中性词、褒义词。语体色彩就是要区别书面语与口头语,是专业术语还是日常生活用语。如“父亲”是书面语,适合庄重场合,而“爸爸”是口头语,适用于一般场合。

7. 辨别方向

有些词语有特定的“方向性”,如“惠存”是敬辞,请别人保存,而不是“我”或“我们”保存。

真题面对面

1. [2022年6月杭州中小学,基础知识,3分]下面语段中的画线处,应填的一组词语是(　　)

远读是数字人文的基石。大规模的文本集合上的远读,基本可以归为两类:一是对文本集合整体统计特征的描述,一是对文本集合内在结构特征的________。例如,数字人文学者米歇尔等人对数百万册数字化图书进行多种词汇和词频统计,以分析英语世界的语言________,这属于前者;莫莱蒂用地图、树结构来分别________文学作品的地理特征和侦探故事的类型结构,这属于后者。无论是宏观统计描述还是内在结构揭示,都是________文本具体内容的抽象表示,所得结果都是需要解读的。

A. 揭示　演变　展示　超越　　B. 揭晓　演变　描绘　超越

C. 揭示　善变　描绘　超过　　D. 揭晓　善变　展示　超过

答案:A。揭示:公布;使人看见原来不容易看出的事物。揭晓:公布(事情的结果)。文中是说将“文本集合内在结构特征”这一不容易被人发现的事物公布出来,应选用“揭示”。演变:发展变化(指历时较久的)。善变:心意摇摆不定,容易改变。用来形容“语言”变化,应选用“演变”。展示:清楚地摆出来;明显地表现出来。描绘:描画。根据句意应选用“展示”。超越:超出;越过。超过:由某物的后面赶到它的前面;高出……之上。用来形容抽象事物,应选用“超越”。

2. [2021金华、绍兴诸暨中小学,单,1分]事实表明,提升原始创新能力,把关键核心技术牢牢掌握在自己手中,这样才能让科技发展加速度更能持续。原始创新能力的提升,不是一朝一夕之事,不是轻而易举之事,但绝非不可能之事。要具有“板凳甘坐十年冷”的________,潜心基础研究,为开展世界级科学研究提供创新理念引导、奠定物质技术基础;具有“欲与天公试比高”的________,紧盯世界科技前沿,着力推进面向国家重大需求的战略高新技术研究;具有“亦余心之所善兮,虽九死其犹未悔”的________,在攻坚克难、追求卓越中抢占科技竞争和未来发展制高点，让科技发展加速度更能持续，在国际科技竞争中彰显中国优势。

依次填入横线中最合适的一组是(　　)

A. 耐力　壮志　自豪　　　　B. 韧劲　斗志　豪情

C. 隐忍　伟志　豪迈　　　　D. 坚韧　宏志　豪气

答案：B。耐力：耐久的能力。韧劲：顽强持久的劲头。隐忍：把委屈、不满等藏在内心，勉强忍耐。坚韧：坚固有韧性。根据语境“板凳甘坐十年冷”，此处填“韧劲”更合适。运用排除法可知本题选B项。

考点4　谦辞与敬辞

敬称的词语只能用于称对方，而谦称的词语只能用于称己方。如果把握不好，就会闹出笑话。

分类	字	组词	分类	字	组词
敬辞类	令	令尊、令堂、令郎、令爱	谦辞类	家	家父、家严、家母
	惠	惠顾、惠赠、惠存		舍	舍弟、舍妹
	垂	垂问、垂询、垂念、垂爱		愚	愚兄、愚见
	高	高见、高寿、高龄、高就、高朋		拙	拙作、拙见
	其他	久仰、劳驾、贵庚、斧正		其他	寒舍、见谅、鄙人

真题面对面

[2021金华、绍兴诸暨中小学，单，1分]下列句子中，传统礼貌用语使用正确的一项是(　　)

A. 这次分别，注定是山高水远，你送的礼物，我定将惠存。

B. 拙作奉上，自己总觉得惶恐不安，望哂笑之余，不吝赐教。

C. 我作为工会主席，希望成员们尽快调查研究，提出改进意见，并责成学校领导研究落实。

D. 您的大作我已经拜读，对其中不妥之处，我将加以斧正。

答案：B。A项，惠存：敬辞，请保存(多用于送人相片、书籍等纪念品时所题的上款)。此处使用对象错误，不能用于自己。C项，责成：指定(专人或机构)负责办好某件事。此处不能用于下级对上级。D项，斧正：敬辞，用于请人改自己的文章。此处使用对象错误，不能用于自己。

考点5　成语的运用

常见易错成语集录

1. 成语的特征

(1)意义的整体性

成语在表意上与一般固定短语不同，它的意义并非其构成成分意义的简单相加，而是在其构成成分的意义的基础上进一步概括出来的整体意义。由此可见，成语的实际含义具有整体性，是隐含于表面意义之后的，而表面意义则只是实际含义所借以表现的手段。

(2)结构的凝固性

成语的结构形式一般是定型的、凝固的。它的构成成分和结构形式都是固定的，不能任意变动词序或抽换、增减其中的成分。

(3)风格的典雅性

成语通常来自古代文献典故，其语体风格庄重、典雅，与惯用语、歇后语通俗、平易的风格不同。

真题面对面

[2021金华永康小学，简答，6分]成语是中华文化中一颗璀璨的明珠，请简述成语的特点。

参考答案：参照上文。

第一部分

2. 成语的来源

成语来源广泛，主要有：①神话传说，如夸父追日、精卫填海；②寓言故事，如刻舟求剑、狐假虎威；③历史故事，如负荆请罪、破釜沉舟；④文人作品，如老骥伏枥、青出于蓝；⑤外来文化，如天方夜谭、火中取栗。

在各种来源的成语中，有的是直接援用的，有的是经过改造的。至于那些来源于神话、寓言和历史故事的成语，则大多数是对其故事情节概括而成的。

成语作为一种特殊的固定短语，具有稳定性，但也不是一成不变的。有的意义改变了，例如："明目张胆"，古代用它来形容不畏权势，敢说敢为，有胆略有气概，含褒义；到后来，"明目张胆"的感情色彩完全变了，用来指公开地、无所顾忌地干坏事。

3. 成语的构造

成语以"四字格"为基本格式，也有非"四字格"的，如"莫须有、迅雷不及掩耳、驴唇不对马嘴"等。四字格的成语有下列五种基本结构：

(1)并列结构：①A+B+C+D式，如悲欢离合、风花雪月；②AA+BB式，如堂堂正正、浑浑噩噩；③(动宾)+(动宾)式，如藏头露尾、捕风捉影；④(主谓)+(主谓)式，如物换星移、根深蒂固；⑤(定名)+(定名)式，如流言蜚语、锦衣玉食；⑥(状动)+(状动)式，如苦思冥想、山高水低。

(2)偏正结构：①(定+名)式，如世外桃源、后起之秀；②(状+谓)式，如惨淡经营、沾沾自喜。

(3)动宾结构：①(动+宾)式，如包罗万象、顾全大局；②(状)动+宾式，如以讹传讹、以身作则。

(4)补充结构：(谓+补)式，如逍遥法外、冷若冰霜。

(5)主谓结构：(主+谓)式，如毛遂自荐、百花齐放。

4. 成语的辨析

(1)注意关键字词，防范"望文生义"

望文生义，即只按照字面意思来理解成语的含义，不了解成语的确切含义，从而作出错误的判断。例如：

"不刊之论"的"刊"易误解成"刊载"，实际上"不刊之论"这一成语意为"不能改动或不可磨灭的言论"(刊：古代指削去修正错字)。

(2)注意使用对象,防范“张冠李戴”

有些成语只适用于描述特定的人或事,有特定的指向性,命题者常常偷梁换柱,张冠李戴,把使用的对象、特定的指向有意弄错。例如:

“巧夺天工”形容的对象是人的技能或人工物品,不能用来形容自然美景;“举案齐眉”专用于夫妻之间,不能用于别的关系。

(3)注意感情色彩,防范“褒贬误用”

具有褒义色彩的成语,通常表达肯定、赞扬的情感态度;含贬义色彩的成语,则表达否定与批判的情感态度;介于二者之间的则是含中性色彩的成语。在使用过程中,必须辨清褒贬。例如:

褒义误用为贬义,如“目无全牛”“如火如荼”;贬义误用为褒义,如“天花乱坠”。

(4)注意准确简洁,防范“重复累赘”

在使用成语时要注意将成语的意思和句子语意进行比照,避免成语隐含义与句子语意的重复。例如:“忍俊不禁”意为忍不住笑,不能用成“忍俊不禁地笑了”。

(5)注意用语得体,防范“谦敬错位”

我们在使用成语时要注意场合,做到自谦敬人,得体合度。如果分辨不清,就会导致谦敬错位。

考点 再拔高

▼ 成语中常见的敬辞与谦辞

常见的敬辞有:鼎力相助、不吝赐教、虚怀若谷、大驾光临、高抬贵手、高朋满座、卓尔不群。

常见的谦辞有:抛砖引玉、蓬荜生辉、不情之请、狗尾续貂、敝帚自珍、敬谢不敏、信笔涂鸦、不足挂齿、姑妄言之、一孔之见、雕虫小技。

(6)注意语法功能,防范“搭配不当”

成语具有一定的语法功能,在使用中,每个成语与其他词语的搭配都有相对稳定的语法结构,如果违反这种搭配,就容易出错。例如:

不能带宾语的,如出奇制胜、漠不关心、司空见惯、求全责备等;只能与否定词搭配的,如一蹴而就、同日而语、望其项背、相提并论、一概而论等。

(7)注意词语程度,防范“轻重不分”

有些成语词义较轻,有些成语词义较重,这就要求考生根据特定的语言环境选用词义轻重适度的成语,既不能违背语境逻辑,也不能违背事理逻辑,以免大词小用或小词大用。

(8)注意细微差别,防范“近义误用”

有些成语彼此相似,在使用中极易混淆,如果辨析不精细,就会导致误用。对于此类成语,需要把握各自词义的重点,用心辨析相异语素的含义,进而弄清词义间的区别,才能避免误用。

(9)注意词义演变,防范“多义误判”

多义成语是指一个成语有两个或两个以上的义项,这些义项有着密切的内在联系,或相关,或相对,或感情色彩相反。如果对这类成语只知其一,不知其二,则易造成误判。

真题面对面

1. [2022年6月杭州中小学,基础知识,3分]下列句子中,加点的成语使用恰当的一项是(　　)

A. 短视频上的一些“吃播”标榜“大胃王”吸粉,暴饮暴食,假吃真吐,如果主管部门对这种现象漠不关心,势必会影响网络空间的健康发展。

B. “低头族”的注意力都集中在手中的方寸屏幕上,往往对身边的世界不以为然,殊不知,无论移动终端中的虚拟世界多么精彩,都无法替代现实世界的真实美好。

C. 我国大江南北分布着众多巧夺天工的自然景观,如雄伟的泰山、险峻的华山、奇绝的黄山、秀丽的庐山……无不让人叹为观止。

D. 他爱好广泛:喜欢安静的棋类运动,对热闹的纸牌游戏也不拒绝;欣赏通俗感性的流行歌曲,对庄重恢宏的交响乐曲也甘之如饴。

答案:A。A项,漠不关心:形容对人或事物冷淡,一点儿也不关心。用来形容对某一现象一点不关心,符合语境。B项,不以为然:不认为是对的,表示不同意(多含轻视意)。与语境不符,可改为“漠不关心”。C项,巧夺天工:精巧的人工胜过天然,形容技艺极其精巧。用来形容“自然景观”使用对象错误。D项,甘之如饴:感到像糖一样甜,形容甘愿承受艰难、痛苦。用来形容欣赏古典乐,不符语境。

2. [2021金华、绍兴诸暨中小学,单,1分]下列句中的加点成语使用正确的一项是(　　)

A. 莫言的小说取材于现实,长篇累牍地描绘了广阔的社会风貌,获得了诺贝尔文学奖,真是实至名归。

B. 自从新经理到任后,对员工管理严格,求全责备,企业在他井井有条的管理下效益大幅提升。

C. “诚信”这一商业精神在徽州源远流长,一代代徽州人之所以能够取得商业上的奇迹,也与他们祖先传承下来的这一高尚品格有莫大关系。

D. 目前市里的教育机构水平良莠不齐,乱象丛生,成为学生和家长投诉的热点。

答案:C。A项,长篇累牍:篇幅很长,内容很多。此处感情色彩错误。B项,求全责备:苛责别人,要求完美无缺。此处不符合语境。C项,源远流长:源头很远,流程很长;形容历史悠久。D项,良莠不齐:指好的坏的混杂在一起。此处不能用于形容“水平”。

记忆有妙招

做成语辨析题时,要析语境(是否符合语境),明对象(看对象是有使用正确),看褒贬(看情感色彩是否搭配),辨成分(看是否与句子成分有重复)。

第五节　句　子

一、短语的辨析　【单选】　★

短语是意义上和语法上能搭配而没有句调的一组词,所以又叫词组。它是大于词而又不成句的语法单位。

分类	组成	内容	举例
主谓短语	主语和谓语。	主语在前，谓语在后，用语序和词类表明其间的陈述关系而不用虚词表示。	粮食丰收(名·动) 阳光灿烂(名·形) 明天星期三(名·名)
动宾短语	动语和宾语。	动语在前，宾语在后，动宾之间的支配、关涉关系用语序表示而不用虚词表示。	想她(动·代) 盖被子(动·名) 接受批评(动·动) 喜欢清静(动·形)
偏正短语	修饰语和中心语。	修饰语在前，描写或限制后面的中心语，其间的关系是修饰关系。	他的马(代·名) 马上回来(副·动) 经济的发展(名·动)
中补短语	中心语和补语。	补语附加在中心语的后头，其间是补充关系。有的补语之前有“得”。	打死(动·动) 学得好(动·形) 高兴极了(形·副)
联合短语	语法地位平等的两个或几个部分。	联合关系，可细分为并列、递进、选择等关系。一般是同一种词性的词语相连，整体功能同部分的功能一致。	今天和明天(名+名，并列) 辱骂和恐吓(动+动，并列) 讨论并且通过(动+动，递进)
连谓短语	不止一个谓词性成分连用。	谓词性成分之间没有语音停顿，没有上述五种结构关系，也不用任何关联词语。	上山采药(动·动) 看着心烦(动·形)
兼语短语	前一动词的宾语兼作后一动词或形容词的主语。	动宾短语的宾语和主谓短语的主语套叠，形成一个宾语兼主语的兼语。有兼语的短语叫兼语短语。	请他进来 称他为球迷
同位短语	多由两项异名但所指是同物的词语组成。	多由两部分组成，前后各部分的词语不同但所指相同，语法地位一样，共作一个成分。	首都北京(名·名) 我们大家(代·代) 北京、上海等大城市(联合短语·定中短语) 摔跤这种运动(动·定中短语)
方位短语	方位词直接附在名词性或动词性词语后面。	主要表示处所、范围或时间(有符号的是方位短语)，具有名词性。	大门外(名·方，表处所) 脑门上(名·方，表处所) 三天前(数量短语·方，表时间)
量词短语	数词或指示代词加上量词。	由数词加量词组成的短语叫数量短语，由指示代词加量词组成的短语叫指量短语，统称量词短语。	数量短语：两个、一拳、一堆 指量短语：这件、那次
介词短语	介词附着在名词等词语前面。	介词短语都可作状语，修饰谓语，主要用来标明动作的工具、方式、因果、施事、受事、对象等多种语义。	用大碗(表示动作所凭借的工具) 比前几年(表示性状的比较) 被巨浪(表示动作的发出者)

第一部分

续表

分类	组成	内容	举例
助词短语	助词附着在词语上。	包括"的"字短语、"所"字短语和比况短语等。	大的(要照顾)小的 暴风雨般的(掌声) 所需要

真题面对面

[2019统考小学,单,2分]下列全是主谓短语的一项是(　　)

A. 校长赵祥　三名男子　阳光灿烂　　B. 天气凉爽　豆浆好喝　苹果好吃

C. 明确任务　心情舒畅　工作繁忙　　D. 一杯酸奶　彻底解放　意志坚定

答案:B。A项,"校长赵祥"是同位短语,"三名男子"是偏正短语,"阳光灿烂"是主谓短语。B项均为主谓短语。C项,"明确任务"是动宾短语,"心情舒畅""工作繁忙"是主谓短语。D项,"一杯酸奶"是偏正短语,"彻底解放"是偏正短语,"意志坚定"是主谓短语。

二、句子的分类

句子可以根据不同的标准来分类,根据句子的语气分出的叫句类,根据结构特点分出的叫句型。

考点 1 句类

类型		概念	举例
陈述句		告诉别人一件事情,陈述一个事实等表示陈述性的句子,叫作陈述句。陈述句一般句尾语调下降,句末用句号。	①肯定句:暑假我要学游泳。 ②否定句:暑假我不学游泳。 ③双重否定句:暑假我不能不学游泳。
疑问句	是非问	结构上像陈述句。疑问词用"吗",不用"呢",回答时可以回答"是"或"不/没有"或用点头、摇头答复。	他去吗(吧)?
	特指问	用疑问代词表示。疑问词用"呢",不用"吗",回答时就疑问代词部分作答。	谁去呢?
	选择问	用有选择关系的复句表示。疑问词用"呢",不用"吗",回答时可选择其中一项作答,或用另外的话作答,如"后天去"。	他今天去呢,还是明天去呢?
	正反问	用肯定和否定并列的谓语形式的单句表示。疑问词用"呢",不用"吗",回答时可选择其中一项作答,或用另外的话作答,如"还没定"。	他去不去呢?
祈使句		表示请求、命令、商量或向别人提出要求的句子,叫作祈使句。祈使句中语气坚定的,句末用感叹号;语气和缓的,句末用句号。	①请你告诉我作业为什么没有按时写完。 ②上级命令:二十九日凌晨,夺下泸定桥!
感叹句		抒发强烈情感,表达浓厚感情,表示感叹语气的句子,叫感叹句。	①家乡的变化真大啊! ②建国六十年的国庆大阅兵真是太振奋人心了!

考点 2 句型

1. 单句

单句是由短语或词充当的有特定的语调、能独立表达一个相对完整的意思的语言单位。可分为主谓句和非主谓句两大类。

分类		解释	例句
主谓句	动词谓语句	动词性词语充当谓语。 常见形式:动词前面有状语或后面有宾语、补语或动态助词,也可以是这几个成分同现。	我最近去了一趟北京。
	形容词谓语句	形容词性词语充当谓语。 状态形容词作谓语时常加"的",性质形容词则要常常加上程度副词、某些语气副词或者表示比较的成分等作状语、补语。	太阳热烘烘的。 海风特别凉爽。
	名词谓语句	名词性词语充当谓语。 名词一般是不能作谓语的,只有在以下四种条件限制下才能充当谓语:(1)只能是肯定句,不能是否定句;(2)只能是短句,不能是长句;(3)只能是口语句式,不能是书面语句式;(4)限于说明时间、天气、籍贯、年龄、容貌等的口语短句。	明天国庆节。
	主谓谓语句	主谓短语充当谓语。 观察这类句子,可以从全句的主语(称为大主语)和主谓短语里的主语(称为小主语)是施事还是受事以及其间的关系等方面来看。	这件事大家都赞成。
非主谓句	动词性非主谓句	这种句子并不是省略了主语,而是不需补出,或无法补出主语。它不需要特定的语言环境就能表达完整而明确的意思。	出太阳了。
	形容词性非主谓句	通常由一个形容词或形容词性短语构成。	太妙了!
	名词性非主谓句	由一个名词或定中短语构成。	多么壮丽的山河啊!
	叹词句	由叹词构成。	啊!
	拟声词句	由拟声词构成。	轰!

2. 复句

分类	解释	例句
并列复句	前后分句分别叙述或描写有关联的几件事情或同一事物的几个方面。分句间或者是平列关系(分句间表示的几件事情或几个方面并存),或者是对举关系(前后分句的意义相反相对)。	①知识是积累起来的,经验也是积累起来的。 ②衡量人的尺度,不在职位的高下,而在成就的大小。
顺承复句	前后分句按时间、空间或逻辑事理上的顺序说出连续的动作或相关的情况,分句之间有先后相承的关系。	她进入这个世界,便奉献给这个世界以真诚。
解说复句	分句间有解释或说明、总分的关系。解说关系一般不用关联词语,也有少数在后一分句单用"即、就是说"等关联词语。	调查有两种方法:一种是走马观花,一种是下马观花。
选择复句	有的分别说出两种或几种可能的情况,让人从中选择,这叫未定选择;有的说出选定其中一种,舍弃另一种,这叫已定选择,又称决选。	不是鱼死,就是网破。

续表

分类	解释	例句
递进复句	后面分句的意思比前面分句的意思更进一层，一般由少到多，由小到大，由轻到重，由浅到深，由易到难，反之亦可。可分为一般递进关系和衬托递进关系两类。	他认识我，甚至连我的小名都知道。
转折复句	前后分句的意思相反或相对，即后面分句不是顺着前面分句的意思说下去，而是突然转成同前面分句意思相反或相对的说法，后面分句是说话人所要表达的正意。	麻雀虽小，五脏俱全。
条件复句	偏句提出条件，正句表示在满足条件的情况下所产生的结果。条件关系分为有条件和无条件两类，有条件又分为充足条件和必要条件两类。	只有春天到了，才能见到这种鲜花。
假设复句	偏句提出假设，正句表示假设实现后所产生的结果。假设关系有一致关系和相背关系两类。	要是你不去，那么谁去?
因果复句	偏句说出原因或理由，正句表示结果。因果关系分为说明因果关系和推论因果关系两类。	他优柔寡断，以致坐失良机。
目的复句	偏句表示行为，正句表示行为的目的。关联词语都单用。目的关系可分为得到什么和避免什么两类。	麻烦你把这本书捎给他，省得我再跑一趟。

三、句子的表达 【单选】 ★★★

考点1 选用句式

句式的选用是为了使表达更加规范、准确或生动，因此，必须结合具体的语义环境，尽量使选用的句式与原句保持一致。选用句式应注意以下几点：

1. 话题一致性

要做到“话题一致”，首先，需弄清语意，抓住句式特点。从汉语的表达上来说，虽然不同的句式可以表达相同的内容，但不同的句式之间也会有细微的区别。其次，一定要明确所选句式与上下文之间的关系。另外，要注意陈述对象的一致性以及观点与材料的一致性。

2. 情境一致性

选用句式题中所给的语段往往有自己的风格和特色。如对于景物描写的语段，要分析语境因素——景物、情调、写作手法。选用句式时应做到情调、氛围一致；注意所选用句子中的景物及其特征与语段所给景物及其特征的一致性。

3. 句式结构一致性

句式结构一致能收到形式整齐、音节和谐、气势贯通的效果。做题时必须掌握短语类型，如并列短语、偏正短语、主谓短语、动宾短语等；还要掌握句子类型，如单句、复句（并列关系、因果关系、条件关系、递进关系、转折关系、假设关系）等。

4. 时间、空间一致性

选用句式题可能会从时间或空间上考查所给语段的一致性。时间上如从古到今、从早到晚，空间上如从远到近（或从近到远）、从上到下（或从下到上）、从外到内（或从内到外）等。

5. 内在逻辑一致性

选用句式题所给语段往往围绕明确的话题，符合事物的内在逻辑关系。做题时要看选项是否符合事理，要注意分句间的衔接以及整体的和谐性。

6. 语意一致性

句式的变化，会引起语气及语意的变化，做题时应特别关注。

考点 2 句子排序

1. 句子排序题的分类

(1)有语境排序

从一个语段中抽出几个句子，要求考生排出正确的语序，抽出的几个句子可以是连贯的，也可以是间隔的。

(2)无语境排序

将一组被打乱顺序的句子组成语意连贯的语段，题干中不设语境。

2. 句子排序题的解题技巧

(1)抓中心话题

话题一致是保持语言连贯的基本要求。一个长句或句群只有话题和陈述的角度一致，中心才会明确，语意才能贯通。

(2)抓思路

①从总体和局部分析

A. 从总体上看，句群小层次一般呈现出相并(并列、对照)、相承(顺接、层进)、相属(总分)的关系。

B. 从局部看，句与句之间往往呈现出并列、承接、解说、对比、递进、转折、因果、总分等逻辑关系。

②从文体上分析

A. 记叙文的句序常以时间或空间为顺序。

B. 议论文的句序，常把观点句放在前面，把材料句放在中间，把总结句放在后面，结构形式或总分、或并列、或对照、或递进。

C. 说明文同议论文一样，往往把事理句放在前面，把材料句放在后面，因为材料是用来说明事理的，材料的内部又遵循一定的顺序(时间、空间、逻辑)。

(3)抓标志

①关联词语的呼应。

②暗示性词语的使用。

③关键词语的重复出现，相同的句式重复出现。

④句子之间的对应关系(内容上、形式上)，也往往体现语言顺序的一致性，如肯定、否定的一致性。

⑤陈述对象前后一致，议论角度一致。

(4)抓中心句

一个语段，一般都是围绕着一个中心来安排的，调整句序时，如果能找准中心句并确定其位置，整个语段的思路就比较清晰了。中心句往往放在段首，也有的放在段尾，我们可以通过分析句子的性质和作用(如总领句、过渡句、解说句、观点句等)来抓语段的中心。

(5)抓意境

①注意文字中所渗透的感情倾向的一贯性,或喜或悲,或爱或憎,或褒或贬,或激昂或沉郁,等等。

②注意文字所描写的景象特点的一致性,或繁盛或凄凉,或热烈或肃杀,等等。

③语言风格上也应保持一致,要雅均雅,要俗均俗。

(6)抓句式

①语言表达中常会运用排比句、对偶句,这就要求结构上保持统一,破坏了这种统一,也就失去了连贯性。

②用主动句还是被动句,用陈述句还是疑问句,合起来说还是分开来说,等等,也常常会涉及连贯问题。

③复句中的分句与分句之间有并列、转折、递进、选择、因果、假设、条件等关系,若注意不到这一特点,将破坏分句间的逻辑关系,影响句意的连贯。

(7)抓语气

句子的语气包括陈述、疑问、祈使、感叹。语气体现了作者一定的思想感情或基本观点,一个语段中的思想感情或观点应是一致的,语气不一致,往往会破坏感情的表达或对基本观点的确认,导致内容前后不协调。

第一部分

真题面对面

1. [2021年1月杭州小学,基础知识,3分]按顺序排列下面几个句子,组成语意连贯的一段话,排序正确的一项是(　　)

①哈萨克白色的毡房错落在草地上,草地上白色羊群、棕色马群与湛蓝天空上的白云相映成趣。

②汽车颠来倒去,让人很不舒服,放眼窗外,却赏心悦目。

③地势渐渐升高,白杨林荫道不见了,道路变得崎岖不平。

④远方天山雪峰银光闪闪,近山却郁郁葱葱,山顶针叶林,山腰阔叶林,接近山麓则是绿草如茵。

⑤汽车驶出伊犁哈萨克族自治州首府伊宁市,沿白杨夹道的公路向东飞驰,丰饶的原野一如内地。

A. ⑤④①②③　　B. ⑤③②④①　　C. ⑤②①③④　　D. ④①③②⑤

答案:B。通读每一句话后可知写的是车上所见,故⑤是总领句,应放在段首,③中的“白杨林荫道”呼应⑤中的“白杨夹道”,运用排除法可知,本题选B。

2. [2020年1月杭州中学,基础知识,3分]下列五个句子,按先后顺序排列正确的一项是(　　)

①不爱好诗而爱好小说戏剧的人们大半在小说和戏剧中只能见到最粗浅的一部分,就是故事。

②一部好小说或是一部好戏都要当作一首诗看。

③一个人不喜欢诗,何以文学趣味就低下了呢? 因为一切纯文学都可有诗的特质。

④如果对于诗没有兴趣,对于小说、戏剧、散文学等的佳妙处也终不免有些隔膜。

⑤诗比别类文字较严谨,较纯粹,较精致。

⑥所以他们看小说和喜剧,不问它们的艺术技巧,只求它们里面有有趣的故事。

A. ②⑤①④③⑥　　B. ③②⑤④①⑥　　C. ③⑤①②④⑥　　D. ②④①⑥③⑤

答案:B。分析题干可知此段讲了“诗”与其他文学的关系。③为总起句,点明了主旨;再根据选项确定②或⑤为第二句;②与③为因果关系,讲文学作品都可以当诗来看,故②紧跟③,然后接着叙述诗比其他文学类别的优势,排除A、C、D三项。

四、病句的辨析与修改 【单选】★★★

考点1 病句的类型

1. 语序不当

类型	注意事项	例句	
		错误	改正
定语顺序不当	定语排列顺序(距中心词由远及近)一般为:领属、指称、数量、动词(动词性短语)、形容词(形容词性短语)、名词。	她是一位优秀的有20多年教学经验的国家队的篮球女教练。	她是国家队的(领属)一位(数量)有20多年教学经验的(动词性短语)优秀的(形容)篮球(名词)女教练。
状语顺序不当	多项状语排列顺序(按照距中心词由远及近)一般是:①表目的的介宾短语;②表原因的介宾短语;③表时间的名词或介宾短语;④表处所的名词或介宾短语;⑤表程度、范围或频率的副词;⑥表情态的形容词或动词;⑦表对象的介宾短语。	在休息室里许多老师昨天都同他热情地交谈。	许多老师昨天(时间)在休息室里(处所)都(范围)热情地(情态)同他(对象)交谈。
修饰语与中心词位置不当	①误把两者弄反; ②误把修饰语作中心词,或把中心词误作修饰语。	作为一种助学贷款的消费信贷,市场需求的潜力很大。	"助学贷款"属于"消费信贷"的一种,应改为"作为一种消费信贷的助学贷款"。
定语状语错位	①定语误放在状语位置上; ②状语误放在定语位置上。	《三体》在广大读者中热烈地引起了讨论。	"热烈"应作"讨论"的定语,而不是"引起"的状语。
虚词位置不当	①副词的位置不当。 ②关联词的位置不当(同前异后)。在复句中,如果两个分句的主语相同,那么主语应置于关联词之前;如果两个分句的主语不同,分句的主语应放在关联词之后。	会议虽然还没有召开,但是巴西记者Joao早在两天前就到了会议举办地。	关联词语"虽然"位置不当,应将"虽然"移至第一个"会议"前。
并列词语或短语位置不当	句子中的并列词语或短语之间,有先后、轻重、大小之别,不应违反其中的规律。	我国首座自主建造、设计、开发的第六代深水半潜式钻井平台在南海海域正式开钻。	并列词语顺序不当,应为"设计、开发、建造"。
递进分句顺序不当	复句的各分句之间常有主次、轻重之分,存在因果、承接、递进等关系。如果颠倒了,就会造成分句间次序颠倒。	诚信不仅关系到国家的整体形象,而且体现了公民的基本道德素质。	两个分句为递进关系,应先"公民"后"国家"。

2. 搭配不当

分类	注意事项	例句
主谓搭配不当	谓语不能陈述主语,有时主语或谓语由联合短语充当,其中一部分不能搭配。	该基地每年的无公害蔬菜的生产量,除供应本省主要市场外,还销往河南、河北等省。("无公害蔬菜的生产量"无法和"销往河南、河北等省"搭配,应将主语改为"该基地每年生产的无公害蔬菜")

续表

分类	注意事项	例句
动宾搭配不当	谓语动词和宾语中心语之间加了很长的修饰限定成分，这时宾语中心语往往会和前面的谓语动词不搭配。	成千上万的志愿者都在忙碌着，他们在共同努力，完成举办一次令亚洲乃至世界都瞩目的园林博览会的理想。（谓语动词“完成”与宾语中心语“理想”不搭配，应将“完成”改为“实现”）
	当动词带有两个及以上宾语时，部分宾语与动词不搭配。	纪念三八节的到来。（“纪念”的只能是“三八节”，不能是“到来”）
主宾搭配不当	同一个句子的主宾搭配不当。	现在的重庆夜景，随着光彩工程的实施，现代科技的运用，更加璀璨夺目，已成为世界四大夜景城市之一。（主语是“重庆夜景”，与后面的宾语“世界四大夜景城市之一”搭配不当，应把“夜景城市”改为“城市夜景”）
	在前句中搭配恰当，但在第二个句子中改换了主语或宾语，导致主宾搭配不恰当。	以能力为核心的语文素养是一个包含多种元素的综合体，它不仅是学生学好其他课程的工具，还是学生全面发展和终身发展的基础。（“语文素养”和“综合体”“基础”可以搭配，但与“工具”就不搭配了）
修饰语和中心语搭配不当	句子的定语、状语、补语与其修饰、限制的中心语搭配不当。	严肃地研究了职工们的建议，又虚心地征求了专家们的意见。（“严肃”不能修饰“研究”，可以改为“认真”“慎重”等）
关联词语搭配不当	考虑关联词是否放错了位置，是否恰当；成对搭配使用的关联词语，不能随意改换。	既然你来了，我也该走了。（“既然”和“也”不能搭配使用，应将“也”改为“就”）
一面对两面搭配不当	有些内容表达的是不固定的两个方面的意思，所以要有相对应的两个词语或语义，否则会造成语义上的不对称。	每一个学生都具有创新的潜能，要激发这种潜能，就要看能否培养学生自主学习的能力。（“要激发”和“能否”属于一面对两面，可将“看能否”删掉）
肯定与否定搭配不当	肯定与否定搭配不当，造成语意不当。	到底要不要学好语文？是不是只要学好数理化就可以了？答案当然是否定的。（该“答案”顾此失彼，只回答了后者）

3. 成分残缺或赘余

（1）成分残缺的类型

类型	注意事项	例句
主语残缺	滥用介词和“介词……方位词”格式或暗中更换主语。	当全球金融危机爆发，使我国出口遭遇寒冬。（应删去“当”）
谓语残缺	错把状语或宾语中的动词当作整个句子的谓语。	旧社会，劳动人民吃不饱，穿不暖的生活。（或去掉“的生活”，或在“吃”前加“过着”）
宾语残缺	动词所带的宾语较长，在表述时，往往只写了宾语的修饰语，而丢失了宾语的中心语。	虽然每天工作很忙，但他还是抓紧和同学研究或自己看书。（可在“抓紧”后加上宾语“时间”）
其他残缺	除了以上主、谓、宾三种主要成分的残缺外，还存在一些其他句子成分残缺的情况，如状语残缺、介词残缺、关联词语残缺等。	这次学术会，我们收获很大，时间并不长。（应在“时间”前加“尽管”一词）

(2)成分赘余的类型

类型	注意事项	例句
主语多余	前一个主语后紧跟一个较长、较复杂的状语，状语后又有一个主语，前后两个主语所指的是同一事物。	我们的革命前辈，为了人民的利益，他们流了多少血，献出了多少宝贵的生命。(前边有了主语“革命前辈”，因而“他们”不必再有)
谓语多余	已经有了一个动词或动词性词语作谓语，又加进一个动词或动词性词语作谓语。	同学们正在努力复习，迎接高考到来。(“迎接”的是“高考”，而不是“到来”，故应删去“到来”)
宾语多余	动词后本来有合适的宾语，可是还要硬加进不合适的词语，造成宾语有多余的成分。	今天，我来到扬州瘦西湖的地方，游览了白塔、钓鱼台和五亭桥等风景点。(“的地方”多余，应删去)
其他多余	除了以上主、谓、宾三种主要成分的多余外，还存在一些其他句子成分多余的情况，如状语多余、补语多余、定语及定语中心语多余等。	为精简字数，不得不略加删改一些。(“一些”与前面“略加”重复，可以删掉一个)

第一部分

4. 结构混乱

分类	注意事项	例句	
		错误	改正
句式杂糅	不能把两个结构合理、表意清楚的句子糅合在一起，引起结构混乱。	一切事物的发展都是有起有伏、波浪式前进的，这是由于事物的内部矛盾以及自然和社会的种种外因影响所决定的。	把“由于……的缘故”和“……所决定的”两个结构套用在一起形成句式杂糅。
藕断丝连	不能把一个结构完整的句子的最后一部分用作另一句的开头。	山鸡椒的花、叶和果实均含芳香油，从油中提取的柠檬醛，为配制食用香精和化妆品香精的主要原料，都离不开它。	删去“都离不开它”。
中途易辙	不能在一句话说了一半时，忽然另起炉灶，重来一句。	“英语广播讲座”之所以能给我很大的帮助，我认为把讲课和练习结合起来是它突出的优点。	后一个分句可改为“是因为它把讲课和练习结合起来的突出的优点”。
反客为主	不能把上半句主语以外的成分用来作下半句的主语。	因此，当匪徒们偷袭游击队的时候，被游击队反包围，歼灭了无数匪军。	“被游击队反包围”的主语是“匪军”，但“歼灭了无数匪军”的主语是“游击队”。

易混点辨析

结构混乱

常见的句式杂糅类型

①“本着以……为原则”错，正确形式是“本着……的原则”或“以……为原则”；

②“是由于……导致的”错，正确形式是“是由于……”或“是由……导致的”；

③“原因是……引起的”错，正确形式是“原因是……”或“是……引起的”；

④“包括……组成”错，正确形式是“包括……”或“由……组成”；

⑤“由于……领导下”错，正确形式是“由于……的领导”或“在……领导下”；

⑥“大多是以……为主”错，正确形式是“大多是……”或“以……为主”；

⑦“目的是为了……”错，正确形式是“目的是……”或“是为了……”；

⑧“听到……消息传来”错，正确形式是“听到……消息”或“……消息传来”。

5. 表意不明

类型	注意事项	例句	
		错误	改正
指代不明	主要指代词指代不明和因承前省略不当而引发的指代不明。代词有两种情况：一是指示代词，如“此”“这”“这方面”等；二是人称代词，如“自己”“他(她)”等。	当他把证书发给小钱时，他对他笑了。	第二个“他”和第三个“他”指代不明。
词义不明	一个词有多个义项，作多种解读；一个词语可以拆开作两个词用，所作的句子成分有别；词性不同造成歧义。	县里的通知说，让赵乡长本月15日前去汇报。	“前去”既可以当一个动词“前往”用；也可以理解成两个词，相当于“什么时候之前去做什么”。
停顿不明	由于句子中缺乏必要的标点断开而引发的不同语法结构。	政府有关部门明令禁止取缔药品交易市场。	停顿在“明令”后，意为“不取缔”；停顿在“禁止”后，意为“取缔”。
标点不明	由于标点放置不当，也可以引起表意不明。	松下公司这个新产品14毫米的厚度给人的视觉感受，并不像索尼公司的产品那样，有一种比实际厚度稍薄的错觉。	由于第二个逗号的存在，“有一种比实际厚度稍薄的错觉”既可以指“松下公司这个新产品”，也可以指“索尼公司的产品”。
语义不明	①词语的多义导致；②动词的施受对象不确定导致；③介词的管辖范围不确定导致。	他对媒体的指责是早有准备的。	“对”的宾语是“媒体”，还是“媒体的指责”？
修饰不明	修饰成分的修饰对象可能有多种解释。	局长嘱咐几个学校的领导，新学期的工作一定要有新的起色。	“几个”既可以修饰“领导”，也可以修饰“学校”。

真题面对面

1. [2022年6月杭州中小学，基础知识，3分]下列句子没有语病的一项是(　　)

A. 支付宝发布公告表示，自3月26日起，针对综合经营成本上升较快，通过支付宝给信用卡还款将收取服务费。

B. 随着“嫦娥四号”成功登陆月球背面，使中国实现人类首次月球背面软着陆，这一成就让世界惊叹不已。

C. 来自铁路部门数据显示，杭黄高铁开通以来，富阳、桐庐、建德、千岛湖四个站点日均客流量达9800人次，高峰期突破3万人次。

D. 国产科幻电影《流浪地球》的上映，向全世界宣告了中国有能力拍出好莱坞式的科幻大片是毋庸置疑的。

答案：C。A项，成分残缺，“针对”缺少宾语，应在“较快”后加上“现象”。B项，缺少主语，删掉“随着”或者“使”。D项，句式杂糅，删掉“是毋庸置疑的”。

2. [2021年5月杭州小学，基础知识，3分]下列句子中没有语病的一项是(　　)

A. 今夏，杭城年轻人之所以喜欢喝手打柠檬茶的原因，是因为这种“夏日小清新绿”的颜色，搭配柠檬的香气，口感冰凉清爽，也非常上镜。

B. 随着气温升高，蛇类活动越来越频繁。前不久，杭城一居民家楼下出现了一条五步蛇。随后赶来的消防员用捕蛇器迅速将蛇捕获，整个过程大约只用了两分钟左右。

C. 电影《悬崖之上》自4月30日全国上映以来，不断引发观影热潮，截止到5月12日，电影票房已破8亿。

D. 受强对流天气影响，导致昨晚20点39分，武汉市蔡甸区突发龙卷风9级，风速23.9米/秒，部分房屋受损，大量树木折断，有多名人员受伤。

答案：C。A项，“……的原因”和“是因为……”句式杂糅，可以删去“的原因，”。B项，“大约”和“左右”语义重复，应删去其中一个。D项，句式杂糅，应删去“导致”。

6. 不合逻辑

<table>
<tr><th rowspan="2">类型</th><th rowspan="2">注意事项</th><th colspan="2">例句</th></tr>
<tr><th>错误</th><th>改正</th></tr>
<tr><td>不合事理</td><td>句子表达的内容与客观事实不符，与事理情理相悖或过于绝对等，有违真实性原则。</td><td>该市有人不择手段仿造伪劣产品……</td><td>产品可以伪劣，但劣质产品绝对没有人会去仿造，所以“仿造伪劣产品”是不合事理的。</td></tr>
<tr><td>概念混乱</td><td>对词语所表达概念内涵及概念间的关系产生误解。</td><td>我上街买了牙膏、牙刷和日用品。</td><td>“牙膏、牙刷”和“日用品”之间是从属关系，不能并列表述。</td></tr>
<tr><td>自相矛盾</td><td>前面的说法与后面的说法自相矛盾，彼此冲突，它包括时间、数量、范围、动作、位置、状态等多方面矛盾。</td><td>各级负责人基本上全都接受了训练。</td><td>范围上自相矛盾：“基本上”是大多数，而“全都”则是一个不漏。</td></tr>
<tr><td>前后不照应</td><td>①句中使用能否、是否、好坏、有没有等两面词，却没有与之呼应的词语；
②句中使用两组并列短语而它们之间的对应关系错位；
③因偷换主语而使前后不照应。</td><td>许多父母对孩子过于溺爱，饭来张口，衣来伸手，这对孩子的成长是十分不利的。</td><td>偷换主语，“饭来张口，衣来伸手”指的是“孩子”而非“父母”，应补出主语“孩子”。</td></tr>
<tr><td>主客颠倒</td><td>主体与客体存在着主要与次要、认知与被认知、主动与被动等关系，如果颠倒了位置就可能造成关系的错位，表达的混乱。</td><td>在那个时候，报纸与我接触的机会是很少的。</td><td>句子主客倒置了，应该是“我与报纸接触”。</td></tr>
<tr><td>否定不当</td><td>①否定词的重复出现或多次出现造成否定失误；
②“防止”“杜绝”“忌”等否定词的误用造成否定失误。</td><td>谁也不会否认长江不是向东流的。</td><td>“不否认”即“承认”，“承认”的是“长江不是向东流的”，不符合客观事实。</td></tr>
<tr><td rowspan="2">复句关系混乱</td><td>强加因果关系。</td><td>我两次看见他从这个工厂走出来，我才知道这个老人原来是个工人。</td><td>凭两次看见老人从工厂里走出来就断定他是工人，理由不充分。</td></tr>
<tr><td>复句关系不当。</td><td>只要同心协力，就能把事情办好。</td><td>充分条件和必要条件混淆，应用“只有，才”。</td></tr>
</table>

考点 2 病句的辨析方法

辨析病句就是对病句的辨别和认识，要想快速而准确地辨析病句，除了平时多阅读名著增强语感外，掌握一定的方法也是很有必要的。辨析语病的方法一般有以下几种：

1. 语感审读法

在审读过程中，从语言的感性认识上觉察语句是否存在问题，如果觉得句子读不通，就再作分析比较，从而找到语病。

2. 枝干梳理法

运用语法手段，先理出句子的主干（主语、谓语、宾语），审查句子主干是否存在搭配不当或残缺等错误；再理清句子枝叶（定语、状语、补语），仔细审查修饰成分内部是否有毛病以及与中心语的搭配是否得当。

3. 逻辑分析法

有的语病不好从语法上查，这时就要从事理上对其进行分析，看其是否违反事理。进行逻辑分析，要注意从概念、判断和推理等多个侧面进行分析，不可一叶障目。

4. 造句类比法

有的句子是否有毛病，从语法、事理等方面不好断定，一时拿不定主意，这时可仿照原句的结构造一个常用的句子，经过分析比较，从而确定该句是否有语病。

5. 规律标志法

有些句子本身具有一定的标志，其语病往往就出现在那些有标志的部位。做题时，可根据这类句子的特点，准确地找到错误所在，从而快速准确地做出判断。

（1）“和”“并”等表示并列的词语

①检查这几个概念是否相互包容或各项能否与前后相关成分搭配。

②看表示并列的词语所连接的几个词共同充当主语、谓语、宾语时，是否和与之相对应的谓语、宾语、主语等搭配。

③看表示并列的词语所连接的几个词，是否有时间上的先后关系，考虑是否有语序不当的问题。

④看表示并列的词语所连接的词是否出现两种及以上不同理解，导致表意不明。

（2）关联词

①检查关联词与主语的位置是否颠倒。

②看关联词是否搭配、是否残缺。

③看关联词表示的关系与语境中分句的关系是否相符。

（3）介词

①看到介词，要检查句子是否缺主语，句子的主客体是否颠倒，结构是否混乱。

②看介词是否残缺。

③检查句子是否存在介词误用的情况。尤其是出现“关于”“对于”“对”时。

（4）两面词

句中有“是否”“能否”“优劣”“好坏”“成败”“多少”“高低”等肯定与否定、正面与反面相叠的词时，要检查一面与两面的搭配问题。

（5）否定词、反问句

若句子中出现“避免”“防止”“以防”“以免”“切忌”“禁止”等否定词或句子是反问句式，则有可能出现否定失当导致的不合逻辑的语病。

(6)“是”“成为”等表判断的词

若句子的谓语为“是”“成为”,要考虑主语和宾语意义是否一致。谓语为“是”等词时,主语和宾语应该表示同一事物或同类事物,或表示同一行为活动。

(7)代词

如果句子里有代词,可考虑代词是否指代不明。

(8)数量词

句子中有数量词,要考虑句中是否有产生歧义、位置不当、倍数用错等语病。

真题面对面

[2021年1月杭州小学,基础知识,3分]下列句子中没有语病的一项是(　　)

A.“闪送”创立同城速递新样本。据统计,今年闪送服务已覆盖全国逾157座城市以上。

B.学校教育弘扬传统文化,对于奠定和谐社会基础,对于中华民族的伟大复兴具有不可替代的作用。

C.杭州举办2022年第19届亚运会,将推动奥林匹克运动,同时将提高杭州的国际知名度,促进杭州经济社会的全面发展。

D.社会公众普遍认为城市形象标志设计意义重大,这不仅需要政府和设计机构的努力,还需要全体市民的广泛参与和认同。

答案:B。A项,“逾”意为“超过,越过”,与“以上”意思重复,应删去其中一个。C项,成分残缺,在“奥林匹克运动”后加上“的发展”。D项,根据句意,需要政府、设计机构和全体市民参与的是“城市形象标志设计”这件事,不是“社会公众普遍认为城市形象标志设计意义重大”,代词“这”指代不明。

第六节　修　辞

一、常见的修辞格及表达效果 【单选】 ★

修辞手法又称修辞格。据专家研究,汉语修辞格可达70种之多,常见的有:比喻、比拟、借代、夸张、对偶、排比、通感、对比、衬托、反问、设问等。

考点1 比喻

种类	典型形式	举例
明喻	甲像乙。本体喻体都出现,中间用比喻词“像、似、仿佛、犹如”等联结。	月光如流水一般,静静地泻在这一片叶子和花上。(《荷塘月色》)
暗喻	甲是乙。本体喻体都出现,其中用“是、变成、成为、等于”等喻词。	霎时间,东西长安街成了喧腾的大海。(《十月长安街》)
借喻	甲代乙。不出现本体,直接叙述喻体。	燕雀安知鸿鹄之志哉!(《陈涉世家》)

续表

种类	典型形式	举例
博喻	连用几个比喻。从不同角度，运用不同的相似点对同一本体进行比喻。	层层的叶子中间，零星地点缀着些白花，有袅娜地开着的，有羞涩地打着朵儿的；正如一粒粒的明珠，又如碧天里的星星，又如刚出浴的美人。（《荷塘月色》）

表达效果：①使深奥的道理浅显化，帮人加深体会；②使抽象的事物具体化，使人便于接受；③使概括的东西形象化，给人鲜明的印象。

考点 2 比拟

比拟

比拟又分为拟物和拟人两种。把人当物写或把甲物当乙物写称为拟物，把物当人来写则称为拟人。例如：

(1)做人既不可翘尾巴，也不可夹着尾巴。(拟物)

(2)蜡炬成灰泪始干。(拟人)

表达效果：比拟具有思想的跳跃性，能使读者展开想象的翅膀，捕捉它的意境，体味它的深意。正确地运用比拟，不仅可以使读者对所表达的事物产生鲜明的印象，还能使读者感受到作者对该事物的强烈的感情，从而引起共鸣。运用比拟表现喜爱的事物，可以把它写得栩栩如生，使人倍感亲切；表现憎恨的事物，可以把它写得丑态毕露，给人以强烈的厌恶感。

真题面对面

[2021金华永康小学，单，2分]“蜜蜂在探险，云雀在唱歌”用了(　　)的修辞手法。

A. 排比　　B. 拟人　　C. 反语　　D. 借代

答案：B。句子中运用“探险”“唱歌”将蜜蜂和云雀拟人化，运用了拟人的修辞手法。

考点 3 借代

借代是不直接说出人或事物的名称，而是借用同它密切相关的名称去代替的一种修辞手法。被代替的事物叫“本体”，用来代替的事物叫“借体”。

种类	例句	分析
特征代本体	旌旗十万斩阎罗。	用“旌旗”代指军队或武装力量。
具体代抽象	南国烽烟正十年。	用“烽烟”代指战争。
专名代泛称	你们杀死一个李公朴，会有千百万个李公朴站起来！	用第二个“李公朴”代指不怕流血牺牲，为争取民主和平而战斗的人们。
人名代著作	我们要多读点鲁迅。	用“鲁迅”代指鲁迅的作品。
部分代整体	两岸青山相对出，孤帆一片日边来。	用“帆”代指船。
工具代本体	等到“惊蛰一犁土”的春播时节，十家已有八户亮了囤底，揭不开锅了。	用“揭不开锅”代指没饭吃。
结果代原因	令人捧腹。	“捧腹”是“笑”的结果。

表达效果：可以引人联想，使表达收到形象突出、特点鲜明、具体生动的效果。

考点 4 夸张

夸张是指为达到某种表达效果，对事物的形象、特征、作用、程度等方面着意扩大或缩小的修辞手法。

种类	概念	例句
扩大夸张	故意把客观事物说得“大、多、高、强、深”的夸张形式。	蜀道之难，难于上青天！（《蜀道难》）
缩小夸张	故意把客观事物说得“小、少、低、弱、浅”的夸张形式。	一个浑身黑色的人，站在老栓面前，眼光正像两把刀，刺得老栓缩小了一半。（《药》）
超前夸张	在时间上把后出现的事物提前一步的夸张形式。	愁肠已断无由醉，酒未到，先成泪。（《御街行·秋日怀旧》）

表达效果：①深刻地表现出作者对事物的鲜明的感情态度，从而引起读者的强烈共鸣；②通过对事物的形象渲染，可以引起人们丰富的想象，有利于突出事物的本质和特征。

考点 5 对偶

用结构相同或相近，字数相等的一对短语或句子对称排列起来表达相对或相近的意义的一种方法叫对偶。例如：

对偶

（1）满招损，谦受益。

（2）横眉冷对千夫指，俯首甘为孺子牛。

表达效果：从形式上看，音节整齐匀称，节律感强；从内容上看，凝练集中，概括力强。有鲜明的民族特点和特有的表现力，便于记诵，因而在抒情、叙事、议论等文章中广泛使用。

考点 6 排比

把内容相关、结构相同或相似、语气一致的几个（一般要三个或三个以上）短语或句子连用的一种修辞手法叫排比。例如：

（1）但这回却很有几点出于我的意外。一是当局者竟会这样地凶残，一是流言家竟至如此之下劣，一是中国的女性临难竟能如是之从容。

（2）国家要独立，民族要解放，人民要革命，已经成为不可抗拒的历史潮流。

表达效果：在行文中，有的内容，不能总括叙述，只能列举叙述；有的虽然能够总括叙述，却故意列举叙述，构成排比，其目的就在于增强语势，提高表达效果。排比多用于说理或抒情。用排比说理，可以把论点阐述得更严密、更透彻；用排比抒情，可以把感情抒发得淋漓尽致。

考点 7 通感

通感是把人们的各种感觉（视觉、听觉、嗅觉、味觉、触觉等）通过比喻或形容沟通起来的修辞手法。例如：

微风过处，送来缕缕清香，仿佛远处高楼上渺茫的歌声似的。（“清香”本应从人的嗅觉角度来写，但用“渺茫的歌声”加以形容，准确传达出香味的清淡、若有若无）

考点 8 对比

对比是把两种不同事物或者同一事物的两个方面放在一起相互比较的一种辞格，也叫对照。对比可以使客观存在的对立统一关系表达得更集中、更加鲜明突出。例如：

时间是勤奋者的财富，创造者的宝库；时间是懒惰者的包袱，浪费者的坟墓。

表达效果：总的来说是揭示对立意义，使事理和语言色彩鲜明。不同类型的对比，作用又各有特点。两体对比，揭示好与坏、善与恶、美与丑的对立，使人们在比较中得到鉴别。两面对比，揭示事物的对立面，反映事物内部既矛盾又统一的辩证关系，使人们全面地看问题。

考点 9 衬托

为了突出**主体事物**，用类似的或相反的、相异的事物作陪衬的辞格叫衬托，也叫“**映衬**”。映衬可分**正衬**和**反衬**两种。

（1）正衬就是利用同主体事物相类似的事物作陪衬。例如：

桃花潭水深千尺，不及汪伦送我情。

（2）反衬就是从反面衬托，利用同主体事物相反或相异的事物作陪衬。例如：

蠢笨的企鹅，胆怯地把肥胖的身体躲藏在悬崖底下……只有那高傲的海燕，勇敢地，自由自在地，在泛起白沫的大海上飞翔！

表达效果：运用衬托手法，突出主体或渲染主体，使之形象鲜明，给人以深刻的感受。

考点 10 反问

反问是无疑而问，明知故问，又叫“激问”。但它只问不答，把要表达的确定意思包含在问句里。否定句用反问语气说出来，就表达肯定的内容；肯定句用反问语气说出来，就表达否定的内容。例如：

啊，黄继光，刘胡兰……不都是党亲手培育的，共产主义甘霖灌溉出来的吗？人间还有什么花朵能同他们争妍呢？（前句用否定句反问，表达肯定的意思；后句用肯定句反问，表达否定的意思）

表达效果：加强语气，发人深省，激发读者感情，加深读者印象，增强文中的气势和说服力，为文章奠定一种激昂的感情基调。

考点 11 设问

设问是为了**突出**所说的内容，把它用问话的形式表示出来，是自问自答的。例如：

这七人端的是谁？不是别人，原来正是晁盖、吴用、公孙胜、刘唐、三阮。

表达效果：应用于文章标题中，能吸引读者，启发读者思考，更好地领会文章的中心思想；用在段落或文章的开头或结尾，能起到承上启下的过渡作用；应用于说理文章中，能使论证更深入。不管设问出现在文章的哪个部分，不管以什么形式出现，总体来说，它的作用是：提醒注意，引导思考；突出某些内容，使文章起波澜，有变化。

考点 12 对仗

对仗又称队仗、排偶。它是把同类或对立概念的词语放在相对应的位置上使之出现相互映衬的状态，使语句更具韵味，增加词语表现力。

格律诗对仗的具体内容：

（1）上下两句平仄必须相反。

(2)相对的句子句型应该相同,句法结构要一致,如主谓结构对主谓结构,偏正结构对偏正结构,述补结构对述补结构等。有的对仗的句式结构不一定相同,但要求字面要相对。

(3)词语所属的词类(词性)相一致,如名词对名词,动词对动词,形容词对形容词等。

(4)词语的"词汇意义"也要相同,如同是名词,它们所属的词义范围要相同,如天文、地理、宫室、服饰、器物、动物、植物、人体、行为、动作等同一意义范围内的词方可为对。

考点 13 双关

双关是指在一定的语言环境中,利用词的多义或同音的条件,有意使语句具有两种意思,言在此而意在彼。常用的有意义双关和谐音双关,它们分别利用词的多义和词的同音,有意使语句具有双重意义。例如:

新事业从头做起,旧现象一手推平。(该句是中华人民共和国成立后,某家理发店写的春联。"从头做起"和"一手推平",语义双关,讲的是理发,实际是寄托着人民群众除旧布新的愿望,歌颂新中国,欢庆新社会)

道是无晴却有晴。(谐音双关,"晴"表面上是晴天的晴,内含感情的"情")

记忆有妙招

双关的记忆口诀如下:

双重含义双关语,明说暗讲隐意指。含蓄幽默细品味,或是暗示或讽刺。

真题面对面

1.[2022年6月杭州中小学,基础知识,3分]下列句子使用的修辞手法及其作用分析不正确的一项是(　　)

A."王羲之书如龙跳天门,虎卧凤阙;韦诞书如龙威虎振,剑拔弩张;萧子云书如荆轲负剑,壮士弯弓,雄人猎虎,心胸猛烈,锋刃难当。"运用了比喻、排比的修辞手法,描绘出他们书法艺术的不同特征。

B."人生到了他那样的境界开始做减法,删繁就简三秋树,留下清绝、风骨的枝丫伸向天空,如一树清寒的梅。"运用比喻的修辞手法,把"他"比喻成一树梅,生动形象地写出"他"简净、纯粹的人生境界,表达了对人物的赞美之情。

C."淡黑的起伏的连山,仿佛是踊跃的铁的兽脊似的,都远远地向船尾跑去了,但我却还以为船慢。"运用了夸张的修辞手法,形象生动地把"连山"比作"铁的兽脊",表现了船行速度之快。

D."狂风紧紧抱起一层层巨浪,恶狠狠地把它们甩到悬崖上。"运用拟人的修辞手法,突出海面上狂风来临时环境的恶劣。

答案:C。C项,句子运用了比喻的修辞手法,形象生动地把"连山"比作"铁的兽脊"。

2.[2020绍兴三区小学,单,2分]对下列广告词修辞手法辨别正确的一项是(　　)

①人类失去联想,世界将会怎样?

②牛奶香浓,丝般感受。

③新版面福瑞卡,伴您畅游天下。

④点点滴滴汇心海,片片真情暖人间。

A.①反问 ②对偶 ③夸张 ④对比　　B.①双关 ②对比 ③拟人 ④对偶

C.①反问 ②比喻 ③夸张 ④对比　　D.①双关 ②比喻 ③拟人 ④对偶

答案:D。①“联想”一指联想品牌电脑,一指人类的想象力,这是双关。②把牛奶的柔滑口感比喻成丝绸划过身体的感觉,属于比喻。③把“新版面福瑞卡”当作人来描写,属于拟人。④“汇心海”与“暖人间”构成对偶。

二、易混修辞格辨析 【单选】 ★★

1. 比喻与比拟的不同

(1)比拟是仿照“拟体”(被模拟的事物)的特征摹写本体,重点在“拟”;比喻是用喻体比方本体,重点在“喻”。

(2)比拟中,本体和拟体彼此交融,浑然一体,本体必须出现,拟体一般不出现;比喻的本体和喻体一主一从,本体或出现或不出现,而喻体必须出现。

2. 借代与借喻的异同

(1)相同点:它们都是用一事物代替另一事物,事物本体不出现。

(2)不同点:借代的作用是“称代”,即直接把借体称为本体,只代不喻;借喻的作用是“比喻”,虽然也有代替的作用,但总是喻中有代。构成借代的基础是事物的相关性,即要求借体和本体有某种关系;构成借喻的基础是事物的相似性,即要求喻体和本体有某些方面相似。另外,借喻可改为明喻或暗喻,而借代则不能。

记忆有妙招

区别借代借喻的口诀如下:

借代像借喻,统统略本体。以此代彼是借代,以此喻彼是借喻。借代富有形象性,事物特征更鲜明。

3. 反问与设问的区别

(1)内容结构不同。设问多是自问自答,答案就在问句的后面;反问多是问而不答,人们可以从问句本身体会出答案来。

(2)表现形式不同。设问本身不表示肯定什么、否定什么,一般是紧接着问句摆出答案;反问则明确表示肯定或否定什么,不是用肯定句表示否定内容,就是用否定句表示肯定内容。

(3)表达效果不同。设问主要是引起注意,引人思考,有其针对性和启发性;反问则主要是加强语气,抒发强烈的感情,增强文章的说服力和感染力。

4. 对偶与对比的不同

(1)对比的基本特点是“对立”,对偶的基本特点是“对称”。

(2)对偶主要是从结构形式上说的,它要求结构相称、字数相等;对比是从意义上说的,它要求意义相反或相近,而不管结构形式如何。

(3)对偶里的“反对”(如“横眉冷对千夫指,俯首甘为孺子牛”),就意义说是对比,就形式说是对偶。

5. 衬托与对比的不同

(1)对比的两个事物间的关系是并列的,不分主次;衬托可以明显地分出衬托事物和被衬托事物,有主次、偏正之分。

(2)对比常用于论述,衬托常用于描写。

6. 排比与反复的区别

(1)从语言单位的数量看,排比必须是三个或三个以上的短语或句子构成;而反复只需两个或两个以上的部分反复,即可构成。

(2)从语言单位的文字看,排比和层递的各语句之间有时只有一些字相同,但反复必须是语句中所有的字都相同。

第七节　标点符号

一、标点符号的分类

标点符号分为点号和标号两大类。点号主要表示语句中的各种停顿,有的兼表语气。标号标明词语或句子的性质和作用。点号有句号、问号、叹号、逗号、顿号、分号、冒号7种。常用的标号有引号、括号、破折号、省略号、着重号、连接号、间隔号、书名号和专名号9种。

名称	符号	用法说明	举例
句号	。	1. 用于陈述句的末尾。	北京是中华人民共和国的首都。
		2. 用于语气舒缓的祈使句末尾。	请您稍等一下。
问号	?	1. 用于疑问句的末尾。	他叫什么名字?
		2. 用于反问句的末尾。	难道你不了解我吗?
叹号	!	1. 用于感叹句的末尾。	为祖国的繁荣昌盛而奋斗!
		2. 用于语气强烈的祈使句末尾。	停止射击!
		3. 用于语气强烈的反问句末尾。	我哪里比得上他呀!
逗号	,	1. 句子内部主语与谓语之间如需停顿,用逗号。	我们看得见的星星,绝大多数是恒星。
		2. 句子内部动词与宾语之间如需停顿,用逗号。	应该看到,科学需要一个人贡献出毕生的精力。
		3. 句子内部状语后边如需停顿,用逗号。	对于这个城市,他并不觉得陌生。
		4. 复句内各分句之间的停顿,除了有时要用分号外,都要用逗号。	据说苏州园林有一百多处,我到过的不过十多处。
		5. 用在联合短语之间。	她兴趣很广,什么唱歌啊,跳舞啊,打球啊,她都喜欢。
		6. 用在独立语的前面或后面,或前后都用。	这个孩子的嘴多巧,你听。
		7. 用在倒装的两个句子成分之间。	起来,不愿做奴隶的人们!
		8. 用在分句之间。	我不晕船,我爱海,我更喜欢听见海的咆哮。

续表

名称	符号	用法说明	举例
顿号	、	用于句子内部并列词语或短语之间的停顿。	正方形是四边相等、四角均为直角的四边形。
分号	；	1. 用于复句内部并列分句之间的停顿。	语言，人们用来抒情达意；文字，人们用来记言记事。
		2. 用于分项列举的各项之间。	以主动者为陈述对象的句子叫主动句；以被动者为陈述对象的句子叫被动句。
冒号	：	1. 用于称呼语后边，表示提起下文。	同志们，朋友们：现在开会了……
		2. 用于“说、想、是、证明、宣布、指出、透露、例如、如下”等词语后边，提起下文。	他十分惊讶地说：“啊，原来是你！”
		3. 用于总说性话语的后边，表示引起下文。	北京紫禁城有四座城门：午门、神武门、东华门、西华门。
		4. 用于需解释的词语后，表示引出解释或说明。	日期：10月20日至11月10日 时间：上午8时至下午4时
		5. 用于总括性话语的前边，以总结上文。	张华考上了北京大学；李萍进了中等技术学校；我在百货公司当售货员：我们都有光明的前途。
		6. 用在总提语之后。	任弼时同志一生有三怕：一怕工作少，二怕麻烦人，三怕用钱多。
引号	“ ” ‘ ’	1. 用于行文中直接引用的部分。	“满招损，谦受益”这句格言，流传到今天至少有两千年了。
		2. 用于需要着重论述的对象。	古人对于写文章有个基本要求，叫作“有物有序”。
		3. 用于具有特殊含义的词语。	这样的“聪明人”还是少一点好。
		4. 引号里面还要用引号时，外面一层用双引号，里面一层用单引号。	他站起来问：“老师，‘有条不紊’是什么意思？”
括号	（）	用于行文中注释的部分。注释句子中某些词语的，括注放在词语之后。注释整个句子的，括注放在句末标点之后。句内括号内部可以有逗号或分号，但不能有句号，即使是一个完整的句子，也不能点句号，但句外括号可以。	（1）中国猿人（全名为“中国猿人北京种”，或简称“北京人”）在我国的发现，是对古人类学的一个重大贡献。 （2）写研究性文章跟文学创作不同，不能摊开稿纸搞“即兴”。（其实文学创作也要有素养才能有“即兴”。）
破折号	——	1. 用于行文中解释说明的部分。	穿过宽敞的风门厅和衣帽厅，就到了大会堂建筑的枢纽部分——中央大厅。
		2. 用于话题突然转变。	“今天好热啊！——你什么时候去上海？”张强对刚刚进门的小王说。
		3. 用于声音延长的拟声词后面。	“呜——”火车开动了。
		4. 事项列举分承，各项之前也用破折号。	根据研究的对象的不同，环境物理学分为以下五个分支科学： ——环境声学； ——环境光学； ——环境热学； ——环境电磁学； ——环境空气动力学。
		5. 用于文章的副标题之前。	光辉的知识分子形象 ——谌容和她的《人到中年》

续表

名称	符号	用法说明	举例
省略号	……	1. 用于引文的省略。	她轻轻地哼起了《摇篮曲》:"月儿明,风儿静,树叶儿遮窗棂啊……"
		2. 用于列举的省略。	在广州的花市上,牡丹、吊钟、水仙、梅花、菊花、山茶、墨兰……春秋冬三季的鲜花都挤在一起啦!
		3. 用于话语中间,表示说明断断续续。	"我……对不起……大家,我……没有……完成……任务。"
		4. 用于语意的省略。	他们永远活在我们心中……
间隔号	·	1. 用于外国人和某些少数民族人名内各部分的分界。	烈奥纳多·达·芬奇
		2. 用于书名与篇(章、卷)名之间的分隔。	《三国志·蜀志·诸葛亮传》
书名号	《》〈〉	用于书名、篇名、报纸名、刊物名等。	(1)《红楼梦》的作者是曹雪芹。 (2)课文里有一篇鲁迅的《从百草园到三味书屋》。 (3)他的文章在《人民日报》上发表了。 (4)桌上放着一本《中国语文》。

真题面对面

[2021金华永康小学,单,2分]下列句子中标点符号使用正确的一项是(　　)

A. 王艳问我,李小佳的《小学生作文》你还给他没有?

B. 我听见母亲在说,一边亲吻着我一边不停地说:"噢,对不起,噢,对不起……"

C. 枣子必大了三四倍,要是真的干红枣也有那么大,那就妙极了!糖若放多了,它会起锅巴……

D. 但是,聪明的,你告诉我,我们的日子为什么一去不复返呢。

答案:B。A项,该句是对话,因此逗号应改为冒号,后面的句子应加上双引号。C项,第一个逗号应改为破折号,后面的内容起强调作用。D项,该句是疑问句,最后的句号应改为问号。

二、常考标点符号注意事项 【单选】 ★★★

考点1 问号

问号

1. 用"好不好、行不行"等肯定否定并列形式的提问格式表示的较委婉的祈使语气,也可用问号。

例如:你听听群众的意见好不好?

2. 有的虽然有疑问代词或疑问格式,但是整个句子不是疑问语气,不能用问号。

例如:鲁迅先生为什么写《自嘲》这首诗?是个值得一谈的问题。(问号应改为逗号)

3. 倒装疑问句中问号位置应后置。有的疑问句,主语和谓语倒置,问号应放在句末,才能准确表达出疑问或反问的语气。

第一部分

4. 选择问句虽然包含两个或两个以上的选择分句，但仍然是一个完整的句子，表达的是完整的意思，因而只在句末用一个问号，而句中各分句之间用逗号。

记忆有妙招

问号的使用口诀如下：

特指问时，每句末尾都用问。无疑问时，陈述语气不用问。倒装问时，问号位置要后置。选择问时，全句末尾才用问。

考点 2 叹号

1. 主语、状语等成分倒置的感叹句，以及呼语在感叹句句末，叹号不能用在句中，必须放在句末。

例如：多美啊，黄山的风景！（主谓倒装）

2. 有人喜欢连着用两三个叹号。其实表达强烈的感情主要应该依靠句子里的词语，不宜靠叠用叹号，所以一般不宜叠用。

第一部分

考点 3 顿号

1. 用了连词"和"的地方，就不能再在"和"的前面用顿号。

2. 并非所有的并列词语之间都需要用顿号，如"省市领导""城乡交流""五六十人"，这几个例子中就不必用顿号。如果没有停顿，就不该用顿号；在可停可不停的地方，也以不用为宜。

3. 顿号还经常用在次序语之后。若次序语用了括号，就不用顿号。

记忆有妙招

正确使用顿号需牢记下面的口诀：

大并套小并，大并逗，小并顿。并列谓和并列补，中间不要去打顿。集合词语连得紧，中间不要插进顿。概数约数不确切，中间也别带上顿。语气词语停得长，中间不要用上顿。

考点 4 冒号

1. 没有比较大的停顿不要用冒号。

例如：周工程师召集各车间的主任开会，讨论：如何完成本月生产任务的问题。（删掉冒号）

2. 冒号一般管到句终。

3. 引语与"××说"的标点使用规则是："××说"在前，用冒号；"××说"在中，用逗号；"××说"在后，用句号。

易错点提示

冒号易误用的情况：①冒号用在提示性话语之后引起下文。表面上类似但实际不是提示性话语的，其后用逗号，不能用冒号。②引语不是原话，而是转述时，不用冒号。③用了"即""也就是说"等提示性的词语，句中不能再使用冒号。④同一句中，一般不能用两个冒号。

真题面对面

[2021年1月杭州小学,基础知识,3分]下列句子中,标点无误的一项是(　　)

A. 这里给人"家徒四壁"的感觉:朴素吸音的墙壁,一张榻榻米,仅此而已。这样的布置,简单得几乎到了"苦寒"的地步。

B. 雪花六角,晶莹且轻盈,可谓天之魂魄,雨之精灵。自高天降落,即是一生;雪者,天下之奇也。

C. 邀请名家开讲打造《读书沙龙》,组织歌手演出打造《民谣季》,举办儿童画展打造《艺术空间》……暑假期间这家书店开展的系列活动成为一道亮丽的文化风景。

D. "好,"他对我说:"现在你把左脚踏到那块岩石上,不要担心下一步,听我的话。"

答案:A。B项,第一处的句号应改为逗号;分号应改为句号,分号前后的内容并不存在并列、转折、承接或因果的关系,且分号前的句子意思已经表达完整,所以将分号改为句号。C项,三个书名号均应改为双引号,"读书沙龙""民谣季""艺术空间"是活动的名称,因此应用双引号。D项,应将冒号改为逗号。插在话语中间的"说""道"类词语后只能用逗号表示停顿。

第一部分

考点5 引号

1. 不是所有直接引用的话都用引号,例如剧本中对话分段书写时说话人与所说的话之间用了冒号或空一格就不必再用引号。

2. 引用分为**直接引用**和**间接引用**两种。直接引用对所引用的原话不能作任何改动。间接引用,即所谓"转述",可以在文字上有所变动,就不用引号。引用成语、谚语等,用不用引号都可以,以不用为常。

3. 后引号和点号连用的时候,如果引文是完整地照录人家的话,引文末尾的点号就放在后引号之前。如果是作为引用者文句的一部分,点号就放在后引号之后。

考点6 括号

1. 关于句内括号:句内括号只是注释或补充说明句中一部分词语的,注释语如果有标点,那么最末一个点号(问号、感叹号除外)应省去,如果不省,就是误用。

2. 关于句外括号:句外括号是注释或补充说明全句内容的,注释语如果有标点,可以加上。

3. 括号内还有括号时,最外一层先用括号"()",以后可依次用方括号"[]"、六角括号"〔〕"、尖括号"<>"、方头括号"【】"。

考点7 破折号

如果解释说明的话插在句子中间,就可以在前面和后面各用一个破折号,这叫**双用**。双用时作用相当于括号,但在朗读时破折号内的内容要读出来,因为它是正文的一部分;而括号内的文字不是正文,只是对正文的注释,一般不必念出来。

例如:灯光,不管是哪个人家的灯光,都可以给行人——甚至像我这样的一个异乡人——指路。

考点8 省略号

1. 省略号的前面用句号,表示上文是个完整的句子。早期白话文在省略号后面也有用点号的,现在一般不用。

2. 文中的“等”“等等”表示省略。用了“等”“等等”又用省略号就是重复。

3. 破折号也可以表示语言的中断，区别是：破折号表示语言戛然而止，省略号则表示余音未尽。

4. 省略号应占两个字的位置，一共六个小圆点。有时省略的是一整段或几段文字，就用十二个小圆点表示，单独成行，不顶格。

真题面对面

[2022年6月杭州中小学，基础知识，3分]下列句子中标点符号使用正确的一项是（ ）

A. 中国的自主创新战略有“两个翅膀”：一个是技术创新，一个是设计创新，而现在，许多本土企业却忽视了设计创新。

B. 快乐固然兴奋，苦痛又何尝不美丽？我曾读到一个警句，是“愿你生命中有够多的云翳，来造成一个美丽的黄昏。”

C. 杭州连续15年被评为“最具幸福感城市”。漫步杭州城，你仿佛与白居易徜徉绿杨白堤；与苏东坡共赏春晓烟柳；与黄公望同绘富春山居的独特韵味、别样精彩。

D. 假如我们都能对那些给我们提供“理所当然”的方便的人说声“谢谢”，我们这个社会还会不和谐吗？还会不温暖吗？还会让人感到人情冷漠吗？

答案：D。A项，冒号一般管到句末，可将“一个是设计创新”后的逗号改为句号。B项，引用部分不是独立部分，句号应在引号外。C项，分号一般表示复句内部并列关系分句之间的停顿，以及非并列关系的多重复句中第一层分句之间的停顿。此处没必要用分号，可将分号改为逗号。

核心考点回顾

1. 字音辨析的方法有哪些？（参见本书P22～23）
2. 汉字字形的识记和正确书写的方法有哪些？（参见本书P30～31）
3. 选词填空的方法是什么？（参见本书P35～36）
4. 如何辨析成语？（参见本书P38～39）
5. 病句有哪几种类型？（参见本书P47～51）
6. 常考标点符号的注意事项是什么？（参见本书P61～64）

达标测评

建议用时	实际用时	测评总分	实际得分
50分钟	______分钟	90分	______分

一、单选题（每小题2分，共62分）

1. 下列选项中，韵母都是前鼻音韵母的一项是（ ）

A. 认真　缤纷　殷勤　人民　　　B. 更正　薪金　兴旺　成功

C. 忍心　信心　从容　响亮　　D. 民生　金银　狂放　光芒

2. 下列说法有误的一项是(　　)

A. “桂林的山水真奇啊”中的“啊”应读“ya”。　　B. “摆摊儿”“瓶盖儿”都要读儿化。

C. “他们”“饺子”中的“们”“子”都应读轻声。　　D. “u、n、o、en”都是韵母。

3. 下列加点字注音全部正确的一项是(　　)

A. 饼铛(chēng)　聒噪(guō)　门扉(fěi)　周公吐哺(bǔ)

B. 嗔怒(chēn)　属意(zhǔ)　慰藉(jiè)　撒手人寰(sǎ)

C. 尴尬(gān)　间隙(jiān)　歧路(qí)　不落窠臼(kē)

D. 迤逦(yǐ)　锱铢(zī)　鞭挞(tà)　刨根问底(páo)

4. 下列词语中加点字的读音完全相同的一项是(　　)

A. 刍议　胡诌　雏形　踌躇满志　　B. 怆然　创伤　沧海　满目疮痍

C. 果脯　台甫　拊掌　釜底抽薪　　D. 处方　罢黜　支绌　怵目惊心

5. 下列词语中,加点字的读音都不相同的一项是(　　)

A. 亵渎／赎罪　孝悌／涕零　遛鸟／溜达　戛然而止／弃甲曳兵

B. 悼念／泥淖　伺候／伺机　昭告／诏令　濒临绝境／捷报频传

C. 镣铐／瞭望　猿猱／杂糅　蜕变／兑现　不可估量／量体裁衣

D. 旋风／旋涡　狙击／诅咒　牛虻／氓隶　义愤填膺／真赝难辨

6. “北风吹雁雪纷纷”拼音正确的一项是(　　)

A. Běifēng chuīyàn xuě fēnfēn　　B. Běifēn chuīyàn xuě fēnfēn

C. Běifēng chuīyàn xüě fēnfēn　　D. Běifēn chuīyàn xüě fēngfēng

7. “他的方案没有通过”拼音正确的一项是(　　)

A. Tāde fāng’àn méiyǒu tōngguò　　B. Tādè fāng’àn méiyǒu tōngguò

C. Tāde fāngàn méiyǒu tōngguò　　D. Tādè fāngàn méiyǒu tōngguò

8. 下列选项中,笔顺描述不正确的一项是(　　)

A. “匕”字第一笔是竖弯钩。　　B. “凸”字第四笔是横折折折。

C. “贯”字第三笔是竖。　　D. “母”字最后一笔是点。

9. 下列说法错误的一项是(　　)

A. “鸟、山”都是象形字。　　B. “胜、走”都是形声字。

C. “焚、休”都是会意字。　　D. “本、刃”都是指事字。

10. 下列词语中,有错别字的一项是(　　)

A. 绸缪　喝采　绊脚石　怡笑大方　　B. 峥嵘　枯槁　实名制　望洋兴叹

C. 翕动　桑梓　闭门羹　诚惶诚恐　　D. 浩渺　融洽　万户侯　循循善诱

11. 下列词语中,没有错别字的一项是(　　)

A. 震撼　畅销书　额首称庆　骇人听闻　　B. 青睐　蒸馏水　格物致知　曲指可数

C. 暮霭　螺丝钉　美轮美奂　根深蒂固　　D. 凛冽　攻艰战　视如草芥　喧宾夺主

12. 下列四组词语中，没有错别字的一项是(　　)

A. 鼎力相助　中流砥柱　罄竹难书　任人唯贤

B. 提纲挈领　遍体磷伤　人才辈出　肆无忌惮

C. 莫忠一是　如火如荼　惨淡经营　旁征博引

D. 深中肯綮　声色俱厉　出奇不意　不容置喙

13. 下列词语中字音和字形完全正确的一项是(　　)

A. 铆钉(mǒu)　镶嵌(qiàn)　窸窸窣窣　磕磕绊绊

B. 纠葛(gé)　脊梁(jǐ)　穷兵黩武　莫名其妙

C. 广袤(mào)　夯实(hāng)　如法炮制　得鱼忘荃

D. 睥睨(nì)　胆怯(què)　酣畅淋漓　山青水秀

14. 下列选项中，不属于双声联绵词的一项是(　　)

A. 参商　　B. 伶俐　　C. 蹊跷　　D. 尼龙

15. 依次填入下列各句横线处的词语，最恰当的一项是(　　)

①她们也像小孩一样羡慕那眨着眼睛的星星，期望着跟它们一块去傲视神秘而________的苍穹。

②作为一名军旅作家，他对军队有着一种本能的难以割舍的________，部队生活中的点点滴滴，总让他魂牵梦萦，继而流淌于笔端。

③为了适应干旱的环境，仙人掌最初的叶子如今已________成了针形。

A. 辽阔　情节　蜕化　　B. 寥廓　情结　退化

C. 寥廓　情节　退化　　D. 辽阔　情结　蜕化

16. 依次填入下列各句横线处的词语，最恰当的一项是(　　)

①时下，概括中国教育病症最流行的________莫过于“应试教育”。

②你们这样对待远道而来的客人，________太不礼貌了吧。

③外交部发言人表示中国海监船进入钓鱼岛海域活动________。

A. 词语　不免　无可厚非　　B. 词汇　不免　无可厚非

C. 词汇　未免　无可非议　　D. 词语　未免　无可非议

17. 结合语境选词填空，最恰当的一项是(　　)

这个战场，没有硝烟；这场战争，尚未停歇。________早在一百多年前，林则徐就以虎门销烟的壮举，发出了中国人禁烟护国的强音；________一百多年之后的今天，禁毒工作仍然________。面对毒品的危害，谁都不能袖手旁观。为了自己，为了民族，为了整个人类，我们必须对恐怖、危险的毒品大声说“不”！这声音，气贯长虹；这决心，________！

A. 因为　所以　纷至沓来　众口一词　　B. 虽然　但是　任重道远　众志成城

C. 既然　那么　纷至沓来　众志成城　　D. 尚且　何况　任重道远　众口一词

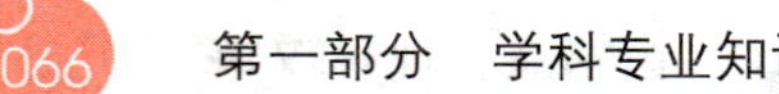

18. 下列各句中加点成语使用正确的一项是(　　)

A. 广大新闻工作者常年坚守岗位,宵衣旰食,坚持用妙笔和镜头记录祖国发展的成就,讴歌党员干部的优良作风。

B. 就个人而言,他非常希望自己成为一名建筑师,然而他从事的是与建筑无关的职业,于是他自怨自艾命运不佳。

C. 老年人在冬天要适当地进行户外运动,但在运动量方面一定要注意量入为出。

D. 先秦哲学起源于对人生、对社会的忧患,先秦诸子周游列国,大多席不暇暖,以谋求天下由“无道”转变为“有道”的格局。

19. 下列短语中,与“我的母亲”结构类型相同的一项是(　　)

A. 打扫得干净　　B. 夜半更深　　C. 恭敬地鞠躬　　D. 保护环境

20. 下列各项短语中结构类型不同的一项是(　　)

A. 低碳生活　铁的纪律　高雅气质　　B. 语重心长　合作探究　朝晖夕阴

C. 竞选班长　整理行装　谱写乐章　　D. 红旗飘扬　苏州园林　色彩鲜艳

21. 下列各句中,传统礼貌用语使用正确的一项是(　　)

A. 改天请定光临寒舍,您的到来将令我家蓬荜生辉。

B. 现将先生的大作付梓,以就正于读者。

C. 我一直在府上恭候您的到来,令尊令堂也常想念您,问您什么时候来呢。

D. 我已经拜读了您的作品,唯几处有疑,特致函垂询。

22. 依次填入下面横线处的句子与上下文衔接最恰当的一项是(　　)

我独坐在书斋中,忘记了尘世间一切不愉快的事情,怡然自得,以世界之广,宇宙之大,此时却仿佛只有我和我的书友存在。________,________,________,________。

①阳光照在玉兰花的肥大的绿叶子上

②连平常我喜欢听的鸟鸣声“光棍好过”,也听而不闻了

③窗外粼粼碧水,丝丝垂柳

④这都是我平常最喜爱的东西,现在也都视而不见了

A. ③④①②　　B. ①②③④　　C. ①③④②　　D. ③①④②

23. 下列六个句子中,按先后顺序排列正确的一项是(　　)

①其余陈设,自不必细说。

②临窗大炕上铺着猩红洋罽,正面设着大红金钱蟒靠背,石青金钱蟒引枕,秋香色金钱蟒大条褥。

③椅子两边,也有一对高几,几上茗碗瓶花俱备。

④两边设一对梅花式洋漆小几。

⑤左边几上文王鼎匙箸香盒;右边几上汝窑美人觚——觚内插着时鲜花卉,并茗碗痰盒等物。

⑥地下面西一溜四张椅上,都搭着银红撒花椅搭,底下四副脚踏。

A.①④⑤⑥③②　　B.②④⑤⑥③①

C.⑤④②⑥③①　　D.②④①③⑤⑥

24. 下列五个句子中，按先后顺序排列正确的一项是（　　）

①所以作家不只能写自己，也能写别人。

②我们闻过玫瑰花的香味，这是经验，凭我们闻过花香，可以描写一切闻过花香的人。

③这两者是分不开的，先经验后体会，有经验才能体会。

④文章题材的来源是体验：体会和经验。

⑤经验是亲自尝受，体会是因为自己尝受过，知道别人的心里是什么滋味。

A. ②④③①⑤　　B. ②⑤④①③　　C. ④⑤①③②　　D. ④③⑤②①

25. 依次填入下面一段文字横线处的语句，衔接最恰当的一项是（　　）

我们沿着木板小路继续向上，终于到达了首座山顶，发现路边密丛丛的乔木灌木忽然变成了竹子。________，________，________，________，________，________。有人兴奋地扑进竹林里，只露出一张灿烂的笑脸，把人性本来的天真融进了大自然之中。

①却茂密得伸不进一只脚去

②那一望无际的竹林只有半人高

③犹如一片墨绿的海洋

④清风吹来便绿绿地抖动起来

⑤从山顶一直铺到山下

⑥又如一幅嫩绿无边的锦缎

A. ②⑥⑤④③①　　B. ②①④③⑥⑤　　C. ④⑤③⑥②①　　D. ④⑥⑤①③②

26. 下列各句中没有语病的一项是（　　）

A. 那时候，我完全没有想到，我的生命会和这些神奇的中草药紧密地联系在一起；我也从没梦想过有今天这样的隆重时刻，我的研究被国际科学界所称颂。

B. 莎翁创作了三十多部戏剧，塑造了几百个不同的人物形象，都有一套符合各自性格特点的语言，而且随着场面的更迭、际遇的变化，人物语言也有所发展变化。

C. 因为教育惩戒有了内容的限定性、操作的规范性、程序的合法性，所以，更利于教师拿好“戒尺”，让管与教、严与慈更好地融为一体。

D. “袅袅兮秋风，洞庭波兮木叶下。”这落下的是窸窣飘零透些微黄的叶子，我们仿佛听见了离人的叹息和游子的漂泊：这就是“木叶”的形象如此生动的缘故。

27. 下列各句中没有语病的一项是（　　）

A. “诗画”是浙江打造多年的旅游品牌，已具有一定知名度。浙江山水风光如诗如画，人文荟萃，诗、画艺术流派纷呈，“诗画”既彰显浙江的人文气质，又展现浙江的生态之美。

B. 在知识普遍数据化的今天，知识昂贵依然是一个普遍现象。大型学术数据库借口保护知识产权为由，对学术资源进行垄断并攫取超额利润的现象，一直困扰着中国知识界。

C. 中国古代典籍是不可再生的珍贵文献，是中华文化传承千年的鲜活见证。时代越是发展，我们越要在古籍中挖掘宝藏，丰富全社会历史文化滋养，润养中国人的文化自信。

D. 要加快推动媒体融合向纵深发展，使全体人民紧紧在理想信念、价值理念、道德观念上团结在一起，让正能量更强劲，让主旋律更高昂。

28. 下列各句中没有使用修辞手法的一项是(　　)

A. 原野到处有一种鸣叫，天空清亮透明，劳动的声音从这头响到那头。

B. 困难，让中国人的方向更明确，脚步更坚定，意志更坚强。

C. 利用媒体技术展现西藏的魅力，这不是在宣传藏族文化吗？

D. 你们杀死一个李公朴，会有千百万个李公朴站起来！

29. 下列句子中，标点符号使用正确的一项是(　　)

A. 是参加校合唱团呢？还是参加校舞蹈队呢？我实在拿不定主意。

B. 创造，是人类智慧高度发展的结晶；创造，也是打开成功大门的钥匙。

C. 这条高速公路开通以后，我坐车回家只需三、四个小时。

D. 我住的第一个地方是上海一套很小的公寓，跟爸爸、妈妈，及外祖父同住。

30. 下列各句中，标点符号使用有误的一项是(　　)

A. 从这些柱状图中可以看出：价格的降低导致需求的增加；反之，价格上升则导致需求减少。

B. 量子卫星的成功发射，有利于我国量子通信技术实用化整体水平的提高。量子通信分为两种：一种是量子保密通信(量子密钥分发)；另外一种是量子隐形传态。

C. “初唐五言律第一”的杜审言(胡应麟《诗薮》)，为盛唐诗坛开宗立派的孟浩然、岑参，还有张继、陆羽、皮日休等荆楚诗人词客，均为唐宋文学之名家。

D. 我们必须鲜明地表达自己的观点：肯定什么否定什么，支持什么反对什么。是就是是，非就是非，判断明确，毫不含糊。

31. 下列句子中，标点符号使用正确的一项是(　　)

A. 西方世界以“自由”“平等”“民主”为核心内容的发展理念与模式在全球范围内长期占据主导地位，如以赛亚·伯林所说，西方世界“声称得救的道路只此一条。”

B. “左手”在美国俚语中有“不好”的意思，例如“左手船”——偷渡船、“左手恭维”——虚情假意、“左手婚姻”——门户不当等。

C. 她笑笑说：“有这么多热心的民警，有这么多好的街坊，我呀！还得活一辈子！”

D. 张书记宣布：厂里要实行两项改革措施：一是持证上岗，二是脱产培训。

二、填空题(每空1分，共18分)

1. 韵母按结构可以分为单韵母、________和________三类。

2. 词语按感情色彩可分为________、________和________。

3. “知音”zhīyīn这样的音节是________音节。

4. 汉字的基本笔画有五种，分别是________、________、________、________、________。

5. 整体认读音节共有________个。

6. 一个音节可分为三部分，分别是声母、________和________。

7. 普通话的声调有四类，即阴平、________、________、去声。

8. 句子一般可分为疑问句、________、________、陈述句四种类型。

三、简答题（每小题5分，共10分）

1. 简述汉字字体的演变过程。

2. 简述汉字的特点。

参考答案及解析

一、单选题

1. A [解析]以-n为韵尾构成的韵母叫前鼻韵母，以-ng为韵尾构成的韵母叫后鼻韵母，由此可知选A项。

2. D [解析]D项，"u、o、en"是韵母，"n"是声母。

3. D [解析]A项，门扉(fēi)。B项，撒手人寰(sā)。C项，间隙(jiàn)。

4. C [解析]A项，加点字分别读作chú/zhōu/chú/chú。B项，加点字分别读作chuàng/chuāng/cāng/chuāng。C项，加点字均读作fǔ。D项，加点字分别读作chǔ/chù/chù/chù。

5. B [解析]A项，加点字分别读作dú / shú，tì / tì，liù / liū，jiá / yè。B项，加点字分别读作dào / nào，cì / sì，zhāo / zhào，bīn / pín。C项，加点字分别读作liào / liào，náo / róu，tuì / duì，liang / liàng。D项，加点字分别读作xuàn / xuán，jū / zǔ，méng / méng，yīng / yàn。

6. A [解析]ü行的韵母跟声母j、q、x拼的时，上面的两点要省略，由此排除C、D两项。"风"读作fēng，故选A。

7. A [解析]"a，o，e"开头的音节连接在其他音节后面的时候，如果音节的界限发生混淆，要用隔音符号(')隔开。由此可以排除C、D两项。助词"的、地、得"在普通话中通常读轻声。故选A。

8. A [解析]A项，"匕"的第一笔是撇。

9. B [解析]B项，"走"的字形像摆动两臂跑步的人形，下部像人脚，合起来表示人在跑，为会意字。

10. A [解析]A项，"喝采"应为"喝彩"，"怡笑大方"应为"贻笑大方"。

11. C [解析]A项，"额首称庆"应为"额手称庆"。B项，"曲指可数"应为"屈指可数"。D项，"攻艰战"应为"攻坚战"。

12. A [解析]B项，"遍体磷伤"应为"遍体鳞伤"。C项，"莫忠一是"应为"莫衷一是"。D项，"出奇不意"应为"出其不意"。

13. B [解析]A项，铆钉(mǎo)。C项，"得鱼忘荃"应为"得鱼忘筌"。D项，胆怯(qiè)，"山青水秀"应为"山清水秀"。

14. D [解析]双声联绵词，即声母相同的联绵词。D项，"尼龙"是由汉语以外的其他语种音译过来的词语，属于外来词。

15. B [解析]辽阔：广阔；宽广。寥廓：高远空旷。从①句可知，这里形容的是"苍穹"，故选"寥廓"。情节：

事情的变化和经过。情结：心中的感情纠葛；深藏心底的感情。结合②句语境可知，这里写他对军队的感情，故选“情结”。蜕化：虫类脱皮，借指事物向坏的方面变化，多指腐化堕落。退化：生物体在进化过程中某一部分器官变小，构造简化，功能减退甚至完全消失。从③句可知，这里修饰的是仙人掌的叶子，故选“退化”。

16. D　[解析]词语：词和词组；字眼。词汇：一种语言里所使用的词和固定词组的总称，也指一个人、一部作品或一个领域所使用的词和固定词组。从①句可知，这里指的是“应试教育”这个具体的词语，所以不能选“词汇”。不免：免不了。未免：不能不说是……(表示不以为然)；不免。从②句可知，这里是对他人行为的一种评价，表示不以为然，故选“未免”。无可厚非：不可过分指摘，表示虽有缺点，但是可以理解和原谅。无可非议：没有什么可以指摘的，表示言行合乎情理。钓鱼岛属于中国，中国海监船进入钓鱼岛是合乎情理的，因此第③句应选用“无可非议”。

17. B　[解析]结合上下文，尽管经历一百多年，但禁毒工作依然存在，可知“一百多年”所在的两句为转折关系。故应选择表转折关系的关联词“虽然……但是……”。纷至沓来：纷纷到来；连续不断地到来。任重道远：担子很重，路程又长，比喻责任重大，需要长期艰苦奋斗。第三处强调打击毒品工作的难度，故选“任重道远”。众口一词：形容许多人说同样的话。众志成城：比喻大家团结一致，就能克服困难，得到成功。第四处表达的是禁毒的决心，故选“众志成城”。

18. D　[解析]A项，宵衣旰食：天不亮就穿衣起来，天黑了才吃饭，形容勤于政务。用在这里形容广大新闻工作者不合适。B项，自怨自艾：本义是悔恨自己的错误，自己改正，现在只指悔恨。这里是感叹自己命运不佳，不是悔恨错误。C项，量入为出：根据收入的多少来定支出的限度。用在这里指老年人的运动量，不合语境。D项，席不暇暖：座位还没有坐热就走了，形容很忙。用在这里形容先秦诸子周游列国时的繁忙，符合语境。

19. C　[解析]“我的母亲”是由修饰语“我的”和中心语“母亲”组成的偏正短语。A项，“打扫得干净”是由动词加补充成分组成的动补短语。B项，“夜半更深”是由两个并列关系的短语“夜半”和“更深”组成的并列短语。C项，“恭敬地鞠躬”是由修饰语“恭敬地”和中心语“鞠躬”组成的偏正短语。D项，“保护环境”是由动词“保护”和名词“环境”组成的动宾短语。

20. D　[解析]A项均为偏正短语。B项均为并列短语。C项均为动宾短语。D项，“红旗飘扬”“色彩鲜艳”为主谓短语，“苏州园林”为偏正短语。

21. A　[解析]B项，“就正”的意思是请求指正，一般说自己，不能说别人。C项，“府上”是敬辞，尊称对方的家或家乡，用在这里不合适；“令尊令堂”是对对方的父亲和母亲的尊称，这里指自己的父亲和母亲，应用“家严家慈”或者“家父家母”。D项，“垂询”是敬辞，称别人(多指长辈或上级)对自己询问，旧称上对下有所询问。此处是说自己问别人，不得体。

22. D　[解析]选项中的四句话写的都是室外的所见、所闻，那么“窗外”一词极有可能就是由所给定内容到要求排序内容的过渡。可初步确定③句为首。③句与①句皆为所见景象，应连在一起；②④句皆为感受，应在其后。④句开头有指代词“这”，而内容与“所见”直接相关，自应放在③①之后；②句写听觉，是对视觉所体现感受的进一步深入，可放在最后。故选D。

23. B [解析]首要注意空间顺序，首先“临窗大炕”，其次“两边”，再次“左边、右边”，之后“地下”，之后“椅之两边”，最后为①句。故选B。

24. D [解析]通读全部句子，可以看出“文章题材的来源”是其中心，并分为“体会和经验”两个方面来谈，因此可确定④句是首句。然后第③句紧承第④句，对体会和经验二者的关系进行阐述，第⑤句进一步指出体会是建立在经验的基础上的，第②句接第⑤句举例论证，最后得出第①句的结论。故选D。

25. B [解析]通读题干可知，这是一个描写性语段，描写的中心是路边的竹林。在备选的六句话中，“犹如”句与“又如”句是比喻句，表明③在⑥前，且两句衔接紧密。据此可以排除A、D两项。这两个比喻的本体为“那一望无际的竹林”，这表明②在③⑥之前，据此可以排除C项。

26. A [解析]B项，成分残缺，“都有”前加“每个人物”。C项，关联词语位置不当，分句共用一个主语“教育惩戒”，应将“因为”放在“教育惩戒”后。D项，搭配不当，应在“游子的漂泊”前加“想起了”。

27. C [解析]A项，语序不当，应改为“‘诗画’既展现浙江的生态之美，又彰显浙江的人文气质”。B项，结构混乱，“借口……为由”句式杂糅，应改为“借口保护知识产权”或“以保护知识产权为由”。D项，语序不当，应为“使全体人民在理想信念、价值理念、道德观念上紧紧团结在一起”。

28. A [解析]A项，没有使用修辞手法。B项，“方向更明确，脚步更坚定，意志更坚强”运用了排比的修辞手法。C项，“这不是在宣传藏族文化吗”运用反问的修辞手法，表明利用媒体技术展现西藏的魅力，是在宣传藏族文化。D项，第二个“李公朴”运用借代的修辞手法，代指无数像李公朴一样敢于仗义执言、视死如归的革命者。

29. B [解析]A项，“是……呢?”“还是……呢?”是选择问句，第一个句子后的问号应改为逗号。C项，“三、四个小时”表示概数，中间的顿号应去掉。D项，“及”之前不能使用逗号，应改为“跟爸爸、妈妈及外祖父同住”。

30. C [解析]C项，括号中的内容是对引号中的内容的解释说明，因此应将括号及其内容放在后引号后面。

31. B [解析]A项，句末的引语作句中成分，故句号应放在引号外面。C项，第一个感叹号应改为逗号。D项，一个句子中套用了两个冒号，可将其中一个改为逗号。

二、填空题

1. 复韵母；鼻韵母

2. 褒义词；贬义词；中性词

3. 整体认读

4. 横；竖；撇；点；折

5. 16

6. 韵母；声调

7. 阳平；上声

8. 祈使句；感叹句

三、简答题

1. 参考答案：汉字是我国先民发明的记载工具，是世界上最古老的文字之一，拥有4500年以上的历史，其使用最晚始于商代，历经甲骨文、金文、篆书、隶书、楷书、草书、行书诸般书体变化。

2. 参考答案:(1)表意性是汉字的本质特征,汉字是形音义的统一体。

(2)汉字字数繁多,结构复杂,缺少完备的表音系统。

(3)从书写形式看,汉字是二维的平面型方块体汉字。

(4)汉字具有一定的超时空性。

(5)汉字记录汉语不实行分词连写。

测评结果建议

亲爱的考生:

利用阶段测试,可以巩固复习成果,同时起到查漏补缺的效果,实现高效备考的目标。针对不同的测评成绩及时调整备考策略,是我们探索出的一套行之有效的备考方法。

以下应对方案适用于各章末尾的"达标测评",期望您"对号入座",科学备考。假如您的正确率在70%以下,说明目前您的基础知识还不达标,掌握得不太全面,建议您静下心来,保持空杯心态,若能结合山香教育"基础精讲班"系列网课协同复习,会为您的考编打下更加坚实的基础;假如您的正确率在70%到90%之间,建议您再抓一下关键考点,若能结合山香教育全能备考"提升篇"系列图书协同复习,会使您的学习效率事半功倍;假如您的正确率在90%以上,那么恭喜您测评基本达标,建议您保持学霸的学习模式,开启下一章的学习。小香祝您早日圆梦!

——山香教育

第二章　古代汉语

思维导图

- 古代汉语
  - 文言实词（重点）
    - 通假字：同音、双声、叠韵
    - 古今异义：词义的变化、感情色彩的变化、名称说法的改变
    - 一词多义：本义、引申义、比喻义
    - 偏义复词
    - 词类活用：动词、形容词、名词等
  - 文言虚词
    - 重点文言虚词的用法：而、之、则等（重点）
  - 文言句式
    - 判断句式
      - “……者，……也”系列
      - “乃、为”系列
    - 被动句式：有标志被动句、无标志被动句
    - 倒装句式
      - 主谓倒装
      - 宾语前置
      - 定语后置
      - 状语后置
    - 省略句式：主语、谓语、介词、宾语等的省略
    - 固定句式：表陈述语气、表疑问语气等
  - 古代文化常识
    - 年龄称谓：从出生至百岁的常考年龄称谓
    - 古文体：古代记叙文和议论文的文体分类
    - 天文历法：常考的日、月、年等类别
    - 地理：常考的地理称谓
    - 职官：常考的职官类别
    - 对联：特点
    - 古诗词常识：古体诗、近体诗、词

浙江考向

本章属于学科专业知识的基础章节，也是浙江省中小学语文教师招聘考试重点考查的章节，内容广泛，知识点琐碎，需要识记的知识较多，在考试中常以单选、填空、判断等形式考查。现对本章浙江考向分析如下：

考点类型	地区	高频考点	常考题型	能力层级	考查热度
常规考点	统考	—	—	—	—
	非统考	文言实词的辨析	单选、判断	理解	★★★
		文言虚词的辨析	单选	理解	★★★
预测考点	统考	文言实词的辨析	单选、判断	理解	★★
		文言虚词的辨析	单选	理解	★★
	非统考	文言句式的辨析	单选、填空	理解	★★

第一部分

核心考点

第一节 文言实词

一、通假字 【判断】 ★★★

通假字是古人在书写时用同音代替的办法写成的别字，有三种情况：一是**同音通假**，如"以"通"已"；二是**双声通假**（两个字声母相同），如"胡"通"河"；三是**叠韵通假**（两个字韵相同）如"见"通"现"等。这是古汉语中特有的一种语言现象，常见的通假字表现形式为"×通×"（或"×同×"）。通假字与本字一定要是音同或音近的，当你联系上下文发现意思讲不通时，就可考虑该字为通假字。值得注意的是，通假字是约定俗成的，不能随意指定某字为通假字。

真题面对面

[2021金华、绍兴诸暨中小学，判断题，1分]"乡为身死而不受"中的"乡"是通假字，解释为"先前""以前"。(　　)

答案：√。乡：同"向"，先前、从前。

二、古今异义

古今异义

所谓"古今异义"词，主要是指那些古今字形相同而意义用法不同的词，尤其是差别细微、容易被忽略的词。这种情况大致有以下几类：

1. 词义的扩大。例如："长河落日圆"（《使至塞上》）中的"河"指黄河，在古代为专有名词，现在扩大为天然的或人工的大水道。

2. 词义的缩小。例如："金就砺则利"（《劝学》）中的"金"原泛指一切金属，现在专指黄金。

3. 词义的转移。例如："长太息以掩涕兮"（《离骚》）中的"涕"古代指眼泪，现在则指鼻涕。

4. 感情色彩的变化。例如："先帝不以臣卑鄙"（《出师表》）中的"卑"是指社会地位低微，"鄙"是指见识短浅，并没有贬义，现在的"卑鄙"则指语言、行为恶劣，已变为贬义词。

5. 名称说法的改变。例如：成语"目不识丁"的"目"现在已改用"眼睛"一词，"寡不敌众"中的"寡"现在已改用"少"字。

三、一词多义 【单选】 ★★★

一词多义有两层含义：一是指一个词具有多个义项，二是指一个词可能属于不同的词类。要掌握一词多义，首先要在阅读实践中不断地积累、归纳和整理，主要是要熟记典型例句（包括成语），在做阅读理解时类比推断；其次要借助词的本义、引申义、比喻义，在特定的语境中揣测其含义。

1. 本义

词的本义是就词的来源来说的，即该词最初的意义。例如：《说文解字》说："亡，逃也"，可见"亡"字的最初意义是"逃跑"。"今亡亦死，举大计亦死"（《陈涉世家》）中的"亡"的意思即为"逃跑"。"最初的意义"就叫本义，这时词的本义也就是字的本义。

2. 引申义

引申义是从本义生发出来的，同本义相类似、相对立或相关联的意义。例如："寒"的本义是"冻"，当作"冷"。"冰，水为之，而寒于水"（《劝学》）用的就是"寒"的本义。从"寒"的本义发展出来以下这些引申义：①寒冷的季节，如"寒暑易节，始一反焉"（《愚公移山》）；②受冻，如"夫寒者利短褐而饥者甘糟糠"（《过秦论》）；③穷困，如"即使家寒，亦可敷衍养亲"（《镜花缘》）；④战栗，恐惧，如"若是，王以十万戍郑，梁氏寒心"（《战国策》）；等等。

3. 比喻义

比喻义，也属于词的本义的一种引申。因为它使用比喻的手段使语言风格特殊、色彩鲜明，所以跟引申义并列，成为转义的一种。它是由本义通过打比方而产生的新义。例如："蚓无爪牙之利，筋骨之强"（《劝学》）中的"爪牙"指"人或动物的爪脚和牙齿"，后用来比喻卫士、武臣，勇武，亲信、党羽。

四、偏义复词

偏义复词由两个字组成，其中一个字表示意义，另一个字只作陪衬。例如："契阔谈讌，心念旧恩。"（《短歌行》）"契阔"中的"契"是投合，"阔"是疏远，在这里是偏义复词，偏用"契"的意义。"契阔谈讌"就是说久别重逢，欢饮畅谈。"此诚危急存亡之秋也"（《出师表》）中的"存亡"偏义在"亡"，"存"是衬字。

五、词类活用

1. 动词的活用

分类	概念	例子	解释
动词的使动用法	主语所代表的人物并不施行这个动词所表示的动作，而宾语所代表的人或事物施行这个动作。（动词的使动用法多是不及物动词，而及物动词的使动用法比较少）	河曲智叟笑而止之。（《愚公移山》）	"止"是"使……停止"。

续表

分类	概念	例子	解释
动词活用为名词	动词的主要作用是充当谓语，但有时也出现在主语或宾语的位置上，表示与这个动词的动作行为有关的人或事，这时它就活用为名词了。	夫大国，难测也，惧有伏焉。(《曹刿论战》) 吾射不亦精乎?(《卖油翁》)	“伏”是“埋伏的部队，伏兵”；“射”是“射箭的技术”。
动词的为动用法	有些动词所表示的动作，是主语所表示的人为了宾语所表示的人或物而发出的，这种用法就是动词的为动用法。	今亡亦死，举大计亦死；等死，死国可乎?(《陈涉世家》) 后人哀之而不鉴之，亦使后人而复哀后人也。(《阿房宫赋》)	“死”是“为……而死”；“哀”是“为……哀叹”。

2. 形容词的活用

分类	概念	例子	解释
形容词的使动用法	形容词用作谓语，后面都不带宾语，如果形容词的后面带上宾语，那么这个形容词就活用作动词，使宾语具有这个形容词的性质和状态，这种现象叫形容词的使动用法。	固国不以山溪之险。(《得道多助，失道寡助》) 必先苦其心志，劳其筋骨，饿其体肤，空乏其身。(《生于忧患，死于安乐》)	“固”是“使……强固”；“苦”是“使……苦”，“劳”是“使……劳累”，“饿”是“使……饥饿”，“空乏”是“使……财资缺乏”。
形容词的意动用法	形容词的意动用法是主语认为宾语具有这个活用形容词的性状，宾语本身并不一定真的具有这种性状，只是一种主观的认为。	渔人甚异之。(《桃花源记》)	“异”是“认为……奇怪”。
形容词活用为名词	形容词如果处在主语或宾语及判断句谓语的位置上，具有明显的表示人或事物的特征和意义时，它就活用为名词。	四美具，二难并。(《滕王阁序》) 将军身被坚执锐。(《陈涉世家》)	“美”“难”是“美好的事物”“难得的贤主嘉宾”；“坚”“锐”是“铠甲”“武器”。
形容词活用为一般动词	形容词本身是不能带宾语的，但有时后面却带了宾语(不是使动用法和意动用法)，这时候形容词就活用为一般动词。	此不为近者热而远者凉乎?(《两小儿辩日》) 威天下不以兵革之利。(《得道多助，失道寡助》)	“热”“凉”是“感到热”“感到凉”；“威”是“威慑、威震”。

3. 名词的活用

分类	概念	例子	解释
名词的使动用法	名词本来是不能带宾语的，所以名词用作动词带宾语，表示使动，含有“主语使宾语成为这个名词所代表的人或事物”的意思。	先破秦入咸阳者王之。(《鸿门宴》) 域民不以封疆之界。(《得道多助，失道寡助》)	“王”本是名词，在这里是使动用法，意思是“使……为王”；“域”是“使……居住”。

续表

分类	概念	例子	解释
名词的意动用法	名词的意动用法是主语把宾语看作这个活用名词所代表的人或物，也是一种主观认为。	况吾与子渔樵于江渚之上，侣鱼虾而友麋鹿。（《赤壁赋》） 邑人奇之，稍稍宾客其父。（《伤仲永》）	“侣”是“以……为伴侣”，“友”是“以……为朋友”；“宾客其父”是“以其父为客”。
名词作动词	名词可以按照一定的语言习惯灵活运用，临时被用作动词。名词用作动词后，原有的名词意义并没有消失，而是增加了和上下文相适应的动词的意义。	小信未孚，神弗福也。（《曹刿论战》） 天下缟素，今日是也。（《唐雎不辱使命》）	“福”指“赐福”；“缟素”即“白色的丝织品”，这里指“穿丧服”。
名词作状语	状语是用在动词或形容词前面，对动词或形容词起修饰、限制作用的。现代汉语中，名词一般不用作状语。但在文言文中，名词作状语是常见的现象，而且有多方面的修饰作用。	少时，一狼径去，其一犬坐于前。（《狼》） 君为我呼入，吾得兄事之。（《鸿门宴》）	“犬坐”译为“像犬一样坐”；“兄事之”是“用侍奉兄长的礼节侍奉他”。

4. 数词的活用

分类	概念	例子	解释
数词作动词	作为实词的数词在古汉语中活用作动词的情形比较少见，一般来说，数词直接处于谓语的位置上就用作了动词。	六王毕，四海一。（《阿房宫赋》）	“一”在这里是“统一”的意思。

5. 词类活用的条件

要鉴别一个词是不是已经活用成另一类词，主要是看它在句中所处的位置，前后有哪些词类的词和它相结合，构成什么样的句法关系，具备了哪些语法特点等。名词、形容词的使动和意动用法，以及名词用作动词，都属于名词、形容词活用为动词，这可以从它们语法条件的变化看出来。下面举出比较常用的名词、形容词活用为动词的一些语法条件略作说明。

类型	例子	解释
两个名词连用，如果既不是并列结构，又不是偏正结构，那么其中有一个名词就可能活用为动词。	范增数目项王。（《鸿门宴》） 诸越则桃李冬实，朔漠则桃李夏荣。（《采草药》）	“目项王”是动宾结构，两个名词连用，前一个名词“目”活用作动词，是“使眼色”的意思。“冬实”“夏荣”都是主谓结构，后面的名词“实”“荣”活用为动词，“实”是“结果实”的意思，“荣”是“开花”的意思。
名词、形容词放在“所”字后面，活用为动词。	置人所罾鱼腹中。（《陈涉世家》） 衣食所安，弗敢专也。（《曹刿论战》）	“罾”是渔网，本来是名词，放在“所”字后面，意思是“所网着的”。“安”本来是形容词，放在“所”字后面，活用为动词，意思是“安身”。

续表

类型	例子	解释
名词、形容词放在“能”“可”“足”“欲”等能愿动词的后面，活用为动词。	假舟楫者，非能水也，而绝江河。(《劝学》) 大王必欲急臣，臣头今与璧俱碎于柱矣！(《廉颇蔺相如列传》)	“水”本是名词，受能愿动词“能”修饰，活用作动词，意思是“游泳”。“急”本是形容词，受能愿动词“欲”的修饰，活用作动词，是“逼迫”的意思。
名词放在副词后面，一般也活用为动词。	小信未孚，神弗福也。(《曹刿论战》) 从弟子女十人所，皆衣缯单衣，立大巫后。(《西门豹治邺》)	“福”“衣”两个名词的前面有副词“弗”“皆”修饰，都活用为动词。“福”是“赐福”的意思，“衣”是“穿”的意思。
名词、形容词放在“之”“我”等代词前面，也活用为动词。	公将鼓之。(《曹刿论战》) 敌人远我，欲以火器困我也。(《冯婉贞》)	“鼓”是名词，用在代词“之”的前面，活用作动词，是“击鼓进军”的意思；“远”是形容词，用在代词“我”的前面，活用作动词，是“远离”的意思。
名词后面用介词结构作补语，这个名词也活用为动词。	浴乎沂，风乎舞雩，咏而归。(《子路、曾皙、冉有、公西华侍坐》) 唐浮图慧褒始舍于其址。(《游褒禅山记》)	“风”是名词，后面带介词结构“乎舞雩”，活用为动词，是“吹风”的意思。名词“舍”带介词结构“于其址”，活用为动词，是“筑房子”的意思。
名词用“而”连接时，活用作动词。	儿涕而去。(《促织》) 汉败楚，楚以故不能过荥阳而西。(《项羽本纪》)	名词“涕”“西”都用“而”和别的词连接，它们都活用为动词。“涕”是“流泪”的意思，“西”是“向西”的意思。

真题面对面

1.［2022年6月杭州中小学，基础知识，3分］《红楼梦》“甄士隐梦幻识通灵，贾雨村风尘怀闺秀”一回中讲述通灵宝玉来历时有一首偈：“无材可去补苍天，枉入红尘若许年。此系身前身后事，倩谁记去作奇传。”根据你的理解，此偈中“倩”的意思是（　　）

A. 女子的名字　　B. 美丽　　C. 借，借助　　D. 请

答案：D。“无材可去补苍天，枉入红尘若许年。此系身前身后事，倩谁记去作奇传”意思是：被女娲遗弃的无用之材，没有被拿去补天，白白地在尘世中蹉跎了这么些年。这里记述的是我生前身后的亲身经历，请谁替我抄去作故事流传。其中“倩”的含义是“请”。

2.［2021年5月杭州小学，基础知识，3分］根据句意，下列加点字词翻译正确的一项是（　　）

A.“潭西南而望”与“予独爱莲之出淤泥而不染”的“而”都表示转折。

B.“战则请从”与“此则岳阳楼之大观也”的“则”都相当于“就、便”。

C.“余因得遍观群书”与“书而不法，后嗣何观”的“观”都表示“看法”。

D.“舍生而取义”和“与儿女讲论文义”中的“义”都解释为“道义”。

答案：B。A项，“潭西南而望”的“而”是连词，表修饰，可不译。C项，“余因得遍观群书”与“书而不法，后嗣何观”的“观”都表示“看”的意思。D项，“与儿女讲论文义”的“义”解释为“义理”。

第二节　文言虚词

文言文中一般不作句子成分，不表示实在的意义的词被称作文言虚词。文言虚词的主要作用是组合语言单位。

文言虚词复习时一定要抓住重点。要求掌握的重点文言虚词一定要个个落实，从常用意义和非常用意义方面比较区别，把握常用意义和用法，照顾特殊意义和用法，可以采用多义比较的方法，以类相从，同类集中。

重点文言虚词的用法　【单选】★★★

虚词	词性	用法	举例
而	连词	①表示转折关系，相当于“但是”“却”。	青，取之于蓝，而青于蓝。(《劝学》)
		②表示因果关系，相当于“因而”“所以”。	赂秦而力亏，破灭之道也。(《六国论》)
		③表示顺承关系，相当于“就”“才”或不翻译。	置之地，拔剑撞而破之。(《鸿门宴》)
		④表示并列，相当于“与”“和”或不译。	蟹六跪而二螯。(《劝学》)
		⑤表示假设关系，连接主语和谓语，相当于“如果”“假使”。	死而有知，其几何离?(《祭十二郎文》)
		⑥表示递进关系，相当于“而且”“并且”。	君子博学而日参省乎己，则知明而行无过矣。(《劝学》)
		⑦表示修饰关系，即连接状语和中心词，相当于“着”“地”等，或不译。	视成所蓄，掩口胡卢而笑。(《促织》)
	代词	表第二人称，一般作定语，相当于“你的”，偶尔也作主语。	而翁归，自与汝覆算耳!(《促织》)
	动词	“如，如同”。	溺死者千有余人，军惊而坏都舍。(《察今》)
乎	语气词	①表示疑问语气，相当于“吗”。	丈夫亦爱怜其少子乎?(《触龙说赵太后》)
		②表示推测语气，相当于“吧”“呢”。	圣人之所以为圣，愚人之所以为愚，其皆出于此乎?(《师说》)
		③表示反问语气，相当于“呢”。	臣以为布衣之交尚不相欺，况大国乎?(《廉颇蔺相如列传》)
		④表示感叹语气，相当于“啊”“呀”。	嗟乎！燕雀安知鸿鹄之志哉!(《陈涉世家》)
	助词	①用在句中，表示停顿语气。	胡为乎遑遑欲何之?(《归去来兮辞》)
		②形容词词尾，有时相当于“地”或“的”。	以无厚入有间，恢恢乎其于游刃必有余地矣!(《庖丁解牛》)
	介词	①表示动作发生的时间，可译为“在”“从”“到”。	生乎吾前，其闻道也固先乎吾。(《师说》)
		②表示动作涉及的对象，可译为“对”“向”。	君子博学而日参省乎己，则知明而行无过矣。(《劝学》)
		③表示动作、行为发生的处所，可译为“在”。	千乘之国，摄乎大国之间。(《子路、曾皙、冉有、公西华侍坐》)
		④表示比较，可译为“比”“跟……相比”。	以吾一日长乎尔，毋吾以也。(《子路、曾皙、冉有、公西华侍坐》)

续表

虚词	词性	用法	举例
其	代词	①用作第三人称，表示领属关系，相当于“他、她、它(们)的”。	郯子之徒，其贤不及孔子。(《师说》)
		②用作第三人称，一般代人，用在动词或者形容词之前，是主谓短语中的小主语。相当于“他、她、它(们)”。	秦王恐其破璧，乃辞谢，固请。(《廉颇蔺相如列传》)
		③活用作第一人称。可用作定语或小主语，相当于“我(的)”“自己(的)”。	而余亦悔其随之而不得极夫游之乐也。(《游褒禅山记》)
		④指示代词，表远指，作定语，可译为“那”“那个”“那些”“那里”。	问其深，则其好游者不能穷也。(《游褒禅山记》)
		⑤指示代词，作定语，相当于“其中”“其中的”。	于乱石间择其一二扣之。(《石钟山记》)
	副词	①在句中表示反问语气，相当于“难道”“怎么”。	尽吾志也而不能至者，可以无悔矣，其孰能讥之乎?(《游褒禅山记》)
		②在句中表示揣测语气，相当于“恐怕”“或许”“大概”“可能”。	其真不知马也!(《马说》)
		③在句中表示祈使语气，相当于“一定”“可要”。	与尔三矢，尔其无忘乃父之志!(《伶官传序》)
		④在句中表示委婉商量的语气，相当于“还是”。	以乱易整，不武。吾其还也。(《烛之武退秦师》)
	连词	①表示选择关系，一般两个或两个以上连用，相当于“是……还是……”。	呜呼！其信然邪？其梦邪？其传之非其真邪?(《祭十二郎文》)
		②表示假设关系，相当于“如果”。	其业有不精、德有不成者，非天质之卑，则心不若余之专耳。(《送东阳马生序》)
	助词	起调节音节的作用，可不翻译。	霰雪纷其无垠兮，云霏霏其承宇。(《涉江》)
且	连词	①连接两个形容词，表示并列关系，“又……又……”。	命如南山石，四体康且直!(《孔雀东南飞》)
		②连接两个动词，表示并列关系，“一边……一边……”。	又有若老人咳且笑于山谷中者。(《石钟山记》)
		③表示递进关系，相当于“而且”“况且”。	且以一璧之故逆强秦之欢，不可。(《廉颇蔺相如列传》)
		④表示让步关系，相当于“尚且”。	臣死且不避，卮酒安足辞!(《鸿门宴》)
		⑤表示承接关系，译为“那么”。	闻姊家有阁子，且何谓阁子也?(《项脊轩志》)
	副词	①表示动作、行为的时间状态，可译为“暂且”“姑且”。	存者且偷生，死者长已矣。(《石壕吏》)
		②表示动作、行为即将出现，可译为“将”“将要”。	不出，火且尽。(《游褒禅山记》)
		③用于数词前，表示接近某一数字，“将近，大约”。	北山愚公者，年且九十。(《愚公移山》)
	助词	用在句首，作用相当于“夫”，表示以下要发表议论。	且庸人尚羞之，况于将相乎?(《廉颇蔺相如列传》)

续表

虚词	词性	用法	举例
然	代词	"这样"。	虽有槁暴,不复挺者,輮使之然也。(《劝学》)
	连词	表示转折关系,相当于"可是""却"。	然视其左右,来而记之者已少。(《游褒禅山记》)
	助词	用在形容词或副词之后,表示事物或动作的状态,可译为"地""着""……的样子"等。	大石侧立千尺,如猛兽奇鬼,森然欲搏人。(《石钟山记》)
	形容词	可译为"正确""对"。	吴广以为然。乃行卜。(《陈涉世家》)
	动词	可译为"认为……正确"。	"不如自行搜觅,冀有万一之得。"成然之。(《促织》)
所	助词	①"所"作助词,只能与动词结合,构成一个名词性的"所"字结构,相当于现代汉语的"的"字结构。	鱼,我所欲也;熊掌,亦我所欲也。(《鱼我所欲也》)
		②与"为"相呼应,构成"为……所"格式,表示被动。	今不速往,恐为操所先。(《赤壁之战》)
	名词	表处所。	成反复自念,得无教我猎虫所耶?(《促织》)
为	动词	①"做,干"。	今为所识穷乏者得我而为之。(《鱼我所欲也》)
		②引申为"治理""管理"。	为国者无使为积威之所劫哉!(《六国论》)
		③"成为,变成"。	卒相与欢,为刎颈之交。(《廉颇蔺相如列传》)
		④"担任"。	陈胜、吴广皆次当行,为屯长。(《陈涉世家》)
		⑤"作为,当作"。	然后践华为城,因河为池。(《过秦论》)
		⑥"算作,算是"。	如今人方为刀俎,我为鱼肉,何辞为?(《鸿门宴》)
		⑦"以为,认为"。	窃为大王不取也!(《鸿门宴》)
	介词	表示被动语气。	身死人手,为天下笑者,何也?(《过秦论》)
	语气词	放在句尾,表示疑问、感叹、反诘等语气,可译为"呢"。	奚以之九万里而南为?(《逍遥游》)
	介词	①表示动作、行为的对象,可译为"给""替"。	于是为长安君约车百乘,质于齐。(《触龙说赵太后》)
		②表示动作、行为的目的,可译为"为""为了"。	愿为市鞍马,从此替爷征。(《木兰诗》)
		③表示动作、行为的原因,可译为"因为"。	百姓之不见保,为不用恩焉。(《齐桓晋文之事》)
		④表示动作、行为的朝向,可译为"对""向"。	不足为外人道也。(《桃花源记》)
		⑤表示动作、行为发生的时间,可译为"在""当"。	为其来也,臣请缚一人过王而行。(《晏子使楚》)
焉	语气词	①常用在句末,根据情况可译为"啊""呢""了"等,有时也可不译。	可远观而不可亵玩焉。(《爱莲说》)
		②用于句中,表示停顿,不翻译。	句读之不知,惑之不解,或师焉,或不焉。(《师说》)
		③用在形容词或副词后面表示状态,相当于"然"。	盘盘焉,囷囷焉,蜂房水涡。(《阿房宫赋》)

续表

虚词	词性	用法	举例
焉	代词	表疑问，"哪里，什么，怎么"。	且焉置土石?(《愚公移山》)
	兼词	可理解为"从这里""在这里"，代人、事或处所。	积土成山，风雨兴焉。(《劝学》)
也	语气词	①表示判断语气。	而泻出于两峰之间者，酿泉也。(《醉翁亭记》)
		②表示陈述或解释语气。	置杯焉则胶，水浅而舟大也。(《逍遥游》)
		③表示疑问语气。	若为佣耕，何富贵也?(《陈涉世家》)
		④表示感叹语气。	君美甚，徐公何能及君也?(《邹忌讽齐王纳谏》)
		⑤用在句中，表示停顿，以舒缓语气。	是说也，人常疑之。(《石钟山记》)
以	介词	①表示动作、行为直接涉及的对象，可译为"把"。	秦亦不以城予赵，赵亦终不予秦璧。(《廉颇蔺相如列传》)
		②表示动作、行为凭借的工具，可译为"拿""用"等。	士大夫终不肯以小舟夜泊绝壁之下。(《石钟山记》)
		③表示动作、行为凭借的身份，可译为"凭借(用)……身份"。	于是辞相印不拜，翌日，以资政殿学士行。(《〈指南录〉后序》)
		④表示动作、行为发生的原因，可译为"因""因为"。	且以一璧之故逆强秦之欢，不可。(《廉颇蔺相如列传》)
		⑤引出动作、行为发生的时间和处所，用法同"于"，可译为"在""从"。	余以乾隆三十九年十二月，自京师……至于泰安。(《登泰山记》)
	连词	①表示并列关系，相当于"而""又""而且""并且"等。	夫夷以近，则游者众；险以远，则至者少。(《游褒禅山记》)
		②表示转折，有"但是"的意思。	尧无百户之郭，舜无置锥之地，以有天下。(《淮南子》)
		③表示后一行动是前一行动的目的，可译为"而""来""用来""以致"等。	东临碣石，以观沧海。(《观沧海》)
		④表示结果，有"因而"的意思。	孝公得商君，地以广，兵以强。(《韩非子》)
		⑤表示修饰关系，连接状语和中心词，可译为"而"或省去。	木欣欣以向荣，泉涓涓而始流。(《归去来兮辞》)
	副词	通"已"，"已经"。	得鱼腹中书，固以怪之矣。(《陈涉世家》)
	动词	①"用"。	愿以十五城请易璧。(《廉颇蔺相如列传》)
		②"以为，认为"。	皆以美于徐公。(《邹忌讽齐王纳谏》)
矣	语气词	①用于陈述句末，表肯定语气，有的可译为"了"，有的可不译。	原庄宗之所以得天下，与其所以失之者，可以知之矣。(《伶官传序》)
		②用于感叹句末，相当于"啊""呀""啦"等。	甚矣，汝之不惠!(《愚公移山》)
		③用于祈使句末，相当于"吧"。	公子勉之矣，老臣不能从。(《信陵君窃符救赵》)
		④用于句中，多在分句末，表示停顿。	吾尝终日而思矣，不如须臾之所学也。(《劝学》)
因	介词	①表示动作、行为发生的原因，相当于"因为"。	恩所加，则思无因喜以谬赏。(《谏太宗十思疏》)
		②表示动作、行为发生所借助的时机，可译为"趁机"。	寿毕，请以剑舞，因击沛公于坐。(《鸿门宴》)

续表

虚词	词性	用法	举例
因	介词	③表示动作、行为所借助的事物，可译为“凭借”“依靠”。	或因寄所托，放浪形骸之外。(《兰亭集序》)
		④表示动作、行为旁及的对象，可译为“通过”“经由”。	廉颇闻之，肉袒负荆，因宾客至蔺相如门谢罪。(《廉颇蔺相如列传》)
	连词	连接分句，表示原因，可译为“因为”“由于”等。	祥符中，因造玉清宫，伐山取材，方有人见之。(《雁荡山》)
	副词	①表示两件事前后相承，可译为“继续”“接着”。	千乘之国，摄乎大国之间，加之以师旅，因之以饥馑。(《子路、曾皙、冉有、公西华侍坐》)
		②表示顺接上文，可译为“于是”“就”。	项王即日因留沛公与饮。(《鸿门宴》)
	动词	①“依靠，凭借”。	益州险塞……高祖因之以成帝业。(《隆中对》)
		②“遵循，沿袭”。	孝公既没，惠文、武、昭襄蒙故业，因遗策。(《过秦论》)
	名词	“机会”。	留待作遗施，于今无会因。(《孔雀东南飞》)
于	介词	①引出动作、行为发生的时间，可译为“到”“到……时”等。	留待作遗施，于今无会因。(《孔雀东南飞》)
		②引出动作、行为发生的处所，可译为“到”“在”“从”等。	得复见将军于此。(《鸿门宴》)
		③引出动作、行为产生的原因，可译为“由于”。	业精于勤，荒于嬉。(《进学解》)
		④引出动作、行为的直接对象，可译为“和”“同”“跟”等。	故燕王欲结于君。(《廉颇蔺相如列传》)
		⑤引出动作、行为涉及的对象，可译为“对”“对于”。	爱其子，择师而教之；于其身也，则耻师焉。(《师说》)
		⑥引出动作、行为旁及的对象，可译为“向”。	事急矣，请奉命求救于孙将军。(《赤壁之战》)
		⑦引出动作、行为到达的地点，可译为“到”。	从径道亡，归璧于赵。(《廉颇蔺相如列传》)
		⑧引出事物比较的对象，可译为“比”。	使负栋之柱，多于南亩之农夫。(《阿房宫赋》)
		⑨引出动作行为的主动者，可译为“被”。	故内惑于郑袖，外欺于张仪。(《屈原贾生列传》)
	助词	①宾语前置的标志。	四国于蕃，四方于宣。(《诗经》)
		②用于句首，并列用于动词前。	于疆于理，至于南海。(《诗经》)
		③用于句末，表疑问，可译为“吗”。	然则先生圣于？(《吕氏春秋》)
	连词	“和、与”。	告汝德之说于罚之行。(《尚书·康诰》)
	动词	“往、去”。	之子于归，宜其室家。(《诗经》)
与	介词	介绍动作行为涉及的对象，相当于“和”。	陈涉少时，尝与人佣耕。(《陈涉世家》)
	连词	连接词与词，或词组与词组，表示并列关系，可译为“和”。	落霞与孤鹜齐飞。(《滕王阁序》)
	语气词	通“欤”，可译为“吗”“吧”等，此时读yú。	然则废衅钟与？(《齐桓晋文之事》)

第一部分

续表

虚词	词性	用法	举例
与	动词	①“给予”。	我持……玉斗一双，欲与亚父。(《鸿门宴》)
		②“结交”。	失其所与，不知。(《烛之武退秦师》)
		③“参加，参与”，此时读yù。	蹇叔之子与师。(《蹇叔哭师》)
哉	语气词	①表示反问语气，相当于“吗”“呢”。	相如虽驽，独畏廉将军哉?(《廉颇蔺相如列传》)
		②表示感叹语气，相当于“啊”“呀”。	燕雀安知鸿鹄之志哉!(《陈涉世家》)
		③表示疑问语气，相当于“呢”“吗”。	予尝求古仁人之心，或异二者之为，何哉?(《岳阳楼记》)
		④表示祈使语气，相当于“吧”“啊”。	为国者无使为积威之所劫哉!(《六国论》)
则	连词	①表示承接关系，可译为“就”“便”“原来是”“已经是”等。	故木受绳则直，金就砺则利。(《劝学》)
		②表示假设关系，可译为“如果”“那么”。	竭诚则吴越为一体，傲物则骨肉为行路。(《谏太宗十思疏》)
		③表示并列关系，可译为“就”。	位卑则足羞，官盛则近谀。(《师说》)
		④表示转折关系，可译为“可是”“却”。	于其身也，则耻师焉。(《师说》)
	副词	用在判断句中，加强判断语气，可译为“就是”。	此则岳阳楼之大观也。(《岳阳楼记》)
者	代词	①用于动词、形容词等词语后面，指人或事物。	知之者不如好之者，好之者不如乐之者。(《〈论语〉十二章》)
		②用于数词后面，指代事物。	君请择于斯二者。(《孟子·梁惠王下》)
	语气词	①用于时间词或否定词后，表示“……时候”或“……的话”。	不者，若属皆且为所虏!(《鸿门宴》)
		②用在主语后，引出原因、解释等。	人所以谓尧贤者，以其让天下于许由。(《韩非子·外储说右下》)
		③用于判断句，放在主语后，引出判断。	廉颇者，赵之良将也。(《廉颇蔺相如列传》)
之	代词	①第三人称代词，一般作宾语。可代人，代事，代物。	我见相如，必辱之。(《廉颇蔺相如列传》)
		②指示代词，表近指，可译为“这”。	均之二策，宁许以负秦曲。(《廉颇蔺相如列传》)
		③活用为第一人称，相当于“我”。	鄙贱之人，不知将军宽之至此也。(《廉颇蔺相如列传》)
	助词	①结构助词，定语的标志，相当于“的”。	小大之狱，虽不能察，必以情。(《曹刿论战》)
		②结构助词，补语的标志，相当于“得”。	以其求思之深而无不在也。(《游褒禅山记》)
		③结构助词，宾语前置的标志。	句读之不知，惑之不解，或师焉，或不焉。(《师说》)
		④结构助词，定语后置的标志。	荆州之民附操者，逼兵势耳。(《赤壁之战》)
		⑤放在主谓之间，取消句子的独立性。	师道之不传也久矣!(《师说》)

第一部分

续表

虚词	词性	用法	举例
之	助词	⑥音节助词，起补足音节的作用。	久之，目似瞑。（《狼》）
	动词	“往，到……去”。	辍耕之垄上。（《陈涉世家》）

记忆有妙招

“而、其、以、之”重点文言虚词的用法口诀如下：

“而”作连词要分清，并列顺承与转折；承译“接着”转译“但”，状语后头表修饰。

“其”字可代我和他，近指远指“这”和“那”；后带数词译“其中”，表示反问译“难道”。

“以”作介词“把、拿、用”，因为、按照、在、凭、从；又作连词如同“而”，偶尔通假要分清。

“之”字可代人事物，定名之间可译“的”。用作动词“去、往、到”，有时助词可不译。

第三节　文言句式

一、判断句式

判断句就是对事物有所肯定或有所否定的句子。可以分为两个系列：“……者，……也”系列和“乃、为”系列。

判断句式

考点 1 “……者，……也”系列

1. “……者，……也”

例：廉颇者，赵之良将也。（《廉颇蔺相如列传》）

2. “……者，……”

例：四人者：庐陵萧君圭君玉，长乐王回深父，余弟安国平父、安上纯父。（《游褒禅山记》）

3. “……，……也”

例：项脊轩，旧南阁子也。（《项脊轩志》）

4. “……，……”

例：刘备，天下枭雄。（《赤壁之战》）

考点 2 “乃、为”系列

文言判断句，又常用“乃”“为”“即”“则”“是”“非”来表示，构成又一个系列。

例：当立者乃公子扶苏。（《陈涉世家》）

我为赵将，有攻城野战之大功。（《廉颇蔺相如列传》）

二、被动句式

在古汉语中，主语是谓语所表示行为的被动者的句式叫被动句。古代汉语中表被动的句式主要有五种：

第一部分

1. 用“于”表示被动关系

用介词“于”引出行为的主动者，“于”放到动词后，它的形式是：“谓语+于+主动者”。

例：而君幸于赵王。（《廉颇蔺相如列传》）

句中的“于”用在动词“幸”的后边，引出动作行为的主动者“赵王”，表示被动，可译为“被”。这种被动句有两个条件：一是主语“君”是受动者，二是句子里有表示被动的词“于”。

2. 用“见”表示被动关系

在动词前用“见”或又在动词后加“于”引进主动者。它的形式是：“见＋动词”或者“见＋动词＋于＋主动者”。

例：虽欲强聒，终必不蒙见察。（《答司马谏议书》）

臣诚恐见欺于王而负赵。（《廉颇蔺相如列传》）

3. 用“为”表示被动关系

“为”放在动词前边引出行为的主动者，它的形式是：“为＋主动者＋动词”或者“为＋主动者＋所＋动词”。

例：既自以心为形役。（《归去来兮辞》）

4. 用“受”“被”“受……于”表示被动关系

它的形式是：“被（受）＋动词”或“被（受）＋动词＋于＋主动者”。

例：信而见疑，忠而被谤，能无怨乎？（《屈原列传》）

吾不能举全吴之地，十万之众，受制于人。（《赤壁之战》）

5. 无任何标志的被动句

这种被动句中没有出现任何表示被动的词，可以根据上下文的意思自行补充。

例：兵挫地削，亡其六郡。（《屈原列传》）

三、倒装句式 【单选、填空】 ★★

文言文中的倒装句式主要包括四类：主谓倒装、宾语前置、定语后置、状语后置。

考点 1 主谓倒装

古汉语中，谓语的位置也和现代汉语中一样，一般放在主语之后，但有时为了强调和突出谓语的意义，在一些疑问句或感叹句中，就把谓语提前到主语前面。

例：甚矣，汝之不惠！（《愚公移山》）

考点 2 宾语前置

1. 动词宾语前置

文言文中宾语提到动词前面的，大致有三种情况：

（1）否定句中代词作宾语，宾语置于动词前。

例：古之人不余欺也！（《石钟山记》）

（2）疑问句中，疑问代词作宾语，放在动词谓语之前。

例：沛公安在？（《鸿门宴》）

(3)用“之”或“是”把宾语提到动词前，以加重语气。

例：夫晋，何厌之有？（《烛之武退秦师》）

2. 介词宾语前置

文言文中，常见的介词有“于、以、为、从、自、向”等，它们往往与后面的名词或名词短语结合，组成介词结构。这些在介词后的名词或名词短语，叫**介词宾语**。介词宾语一般放在介词之后，而在以下情况中放在介词之前：

(1)疑问代词作宾语，一般放在介词前。

例：微斯人，吾谁与归？（《岳阳楼记》）

(2)介词宾语不是疑问代词，但为了强调它，也放在介词前，这种情况最常见的是介词“以”的宾语前置。

例：余是以记之。（《石钟山记》）

(3)介词宾语是方位词，也放在介词前。

例：项王、项伯东向坐；亚父南向坐。（《鸿门宴》）

第一部分

考点 3 定语后置

文言文中，定语的位置一般也在中心词前边，但有时为了突出中心词的地位，强调定语所表现的内容，或使语气流畅，往往把定语放在中心词之后，我们称它为“定语后置”。

例：太子及宾客知其事者，皆白衣冠以送之。（《荆轲刺秦王》）

蚓无爪牙之利，筋骨之强，上食埃土，下饮黄泉，用心一也。（《劝学》）

考点 4 状语后置

状语后置

状语后置有以下几种情况：

1. 介词结构“以……”有时放在谓语后作补语。这种现象在古汉语中并不多见。

例：形似酒尊，饰以篆文山龟鸟兽之形。（《张衡传》）

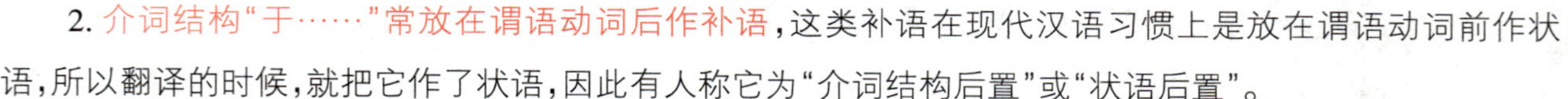

2. 介词结构“于……”常放在谓语动词后作补语，这类补语在现代汉语习惯上是放在谓语动词前作状语，所以翻译的时候，就把它作了状语，因此有人称它为“介词结构后置”或“状语后置”。

例：公与之乘，战于长勺。（《曹刿论战》）

四、省略句式

句子中省略某一词语或某种成分的现象，是古今共有的。不过，文言文里这种现象更为突出，而且有些在现代汉语中一般不能省略的句子成分，古文中也经常被省略。文言文句子中是否省略了成分，要依上下文的意思或在整个语言环境中去推断。翻译时，要根据具体情况把省略成分补出来。最常见的省略句有以下几种：

分类		举例（括号中为省略部分）
省略主语	承前省略	廉颇为赵将，（廉颇）伐齐，大破之。（《廉颇蔺相如列传》）
	蒙后省略	沛公谓张良曰：“……（公）度我至军中，公乃入。”（《鸿门宴》）
	对话省略	樊哙曰：“今日之事何如？”良曰：“（今日之事）甚急！”（《鸿门宴》）

续表

分类		举例(括号中为省略部分)
省略谓语	承上文	军中无以为乐,请以剑舞(为乐)。(《鸿门宴》)
	蒙下文	杨子之邻人亡羊,既率其党(追之),又请杨子之竖追之。(《歧路亡羊》)
	共喻省略	公之视廉将军孰与秦王(厉害)?(《廉颇蔺相如列传》)
省略介词	省略"于"	沛公欲王(于)关中。(《鸿门宴》)
	省略"以"	试与他虫斗,虫尽靡。又试之(以)鸡,果如成言。(《促织》)
	省略"自"	或王命急宣,有时朝发(自)白帝,暮到江陵。(《三峡》)
省略宾语	省略动词后的宾语	项伯乃夜驰之沛公军,私见张良,具告(之)以事。(《鸿门宴》)
	省略介词后的宾语	成视之,庞然修伟,自增惭怍,不敢与(之)较。(《促织》)
省略兼语		不如因而厚遇之,使(之)归赵。(《廉颇蔺相如列传》)
省略修饰语		吾妻之美我者,私我也;(吾)妾之美我者,畏我也;(吾)客之美我者,欲有求于我也。(《邹忌讽齐王纳谏》)
省略中心词		即捕得三两头(蟋蟀),又劣弱不中于款。(《促织》)
省略分句		骐骥一跃,不能十步;驽马十驾,(亦可致远,)功在不舍。(《劝学》)

五、固定句式

固定句式又称"固定词组"或"固定结构",指在句子中用法和格式比较固定的词组。

分类		举例
表陈述语气	有所、无从、无以	家贫,无从致书以观。(《送东阳马生序》)
表疑问语气	安所、何以、奚以、如……何	如太行、王屋何?(《愚公移山》)
表反诘语气	何(奚)……为、何有于……、不亦……乎、何用……	有朋自远方来,不亦乐乎?(《〈论语〉十二章》)
表推测语气	得无……乎、得非、无乃	览物之情,得无异乎?(《岳阳楼记》)
表感叹语气	何其、何……之、何	至于誓天断发,泣下沾襟,何其衰也!(《伶官传序》)
表否定语气	毋、莫、非	登高而招,臂非加长也,而见者远。(《劝学》)
表比较语气	孰与、与其……孰若	吾孰与徐公美?(《邹忌讽齐王纳谏》)

记忆有妙招

句子的组成部分,基本包括主语、谓语、宾语、定语、状语、补语六种。

六大句子成分的口诀如下:

基本成分主谓宾,附加成分定状补;主语讲谁或什么,陈述主语是谓语;动词涉及人或物,涉及成分叫宾语;修饰限定算定状,补充说明就是补;定语用在主宾前,谓前为状谓后补。

真题面对面

[2016统考小学,填空,3分]文言文中的倒装句主要分为四类:________、宾语前置、________、________。

答案:定语后置;状语后置;主谓倒装(或"主语后置")

第四节　古代文化常识

一、年龄称谓

1. 汤饼之期

汤饼之期指婴儿出生三日。旧俗小儿出生三日，设筵招待亲友谓之“汤饼筵”，也作“汤饼宴”“汤饼会”。

2. 襁褓

本义是包裹婴儿的被子和带子。古代泛指一岁以下幼童，现在以此借指未满周岁的婴儿。

3. 孩提

孩提指两至三岁的儿童。

4. 总角

古代未成年人把头发扎成丫髻，叫总角，后来用“总角”指代童年时代。

5. 黄口

古代户役制度称小孩为黄，隋代以不满三岁的幼儿为黄，唐代以刚生的婴儿为黄。后来，十岁以下儿童皆泛称为“黄口”。

6. 垂髫(tiáo)

古代儿童犹未束发时自然下垂的短发，因而就用“垂髫”称幼儿或指人的幼童阶段。

7. 豆蔻

豆蔻指女子十三四岁。豆蔻是一种初夏开花的植物，初夏还不是盛夏，比喻人还未成年，故称女子十三四岁为“豆蔻年华”。

8. 及笄

古代女子一般到十五岁以后，就把头发盘起来，并用簪子绾住，表示已经成年。因此，及笄指女子十五岁。

9. 束发

古代男孩成童时束发为髻，因以“束发”为成童的代称，通常十五岁始称成童。

10. 弱冠

古人二十岁行冠礼，以示成年，但体犹未壮，故称“弱冠”。

11. 而立(而立之年)

孔子曰:“吾十有五而志于学，三十而立，四十而不惑，五十而知天命，六十而耳顺，七十而从心所欲。”后来用“而立”指人三十岁。

12. 艾

古代用以对老年人的尊称。《礼记·曲礼上》也有“五十曰艾”一说。

13. 花甲

“花甲”一词出自中国古代历法，在历法中以六十年为一循环，一循环称为一甲子。因干支名号繁多且

相互交错，又称花甲。因此，“花甲”多指人六十岁。

14. 耋(dié)

七八十岁的年纪，泛指老年。如：耄(mào)耋之年。

15. 期颐

一般指一百岁老人。人生以百年为极，故曰期；百岁之人生活起居须人养护，故曰颐。

二、古文体 【判断】★★★

1. 表(议论文)

奏议的一种。奏议：古代臣属进呈帝王的奏章的统称。它包括奏、议、疏、表、对策等。

2. 说(议论文)

说是一种议论性的古代文体，大多是就一事、一物或一种现象抒发作者的感想，写法上不拘一格，行文崇尚自由活泼，有波澜起伏，篇幅一般不长，跟现代杂文颇为相似。

3. 记(记叙文)

记又叫杂记。包括：①山川、景物、人事杂记。描写山川、景物和人事的。②笔记文。以记事为主，它的特点是篇幅短小，长的千字左右；内容丰富，有历史掌故、遗闻逸事、文艺随笔、人物短论、科学小说、文字考证、读书杂记等。

4. 铭(称颂功德，记叙文)

铭用于述功纪行或警戒劝勉，文辞精练，有韵，读来铿锵有力；体制短小，最短者不足十字，与格言颇相似。

5. 序(记叙文)

序又叫赠序。古代送别各以诗文相赠，集而为之序的，称为赠序。

6. 传(记叙文)

传是指记述个人生平事迹的文章。一般来说多为记述那些在历史上较有影响而事迹突出的已死之人的生平事迹。传多采取叙述、描写等手法，展示人物的生平风貌。这种文体，惯用于史书。

真题面对面

[2021金华、绍兴诸暨中小学，判断题，1分]序是一种文体，有书序和赠序之分，《送东阳马生序》是文学家宋濂写给同乡后学马生的临别赠言。(　　)

答案：√。

三、天文历法

1. 干支

干支是天干、地支的合称。天干：甲、乙、丙、丁、戊、己、庚、辛、壬、癸。地支：子、丑、寅、卯、辰、巳、午、未、申、酉、戌、亥。十干和十二支依次相配，组成六十个基本单位，古人以此作为年、月、日、时的序号，称为“干支纪年法”。

2. 朔

朔又称新月，指农历每月初一，月球恰好运行到与太阳黄经相等的时刻，也指当时的月相。此时地面观测者看不到月面任何明亮的部分。

3. 望

“望”即“望日”，指农历每月十五前后。“既”表示达到的状态，既望就是农历每月十六日，表示满月后一天。

4. 晦

晦指农历每月的最后一天，朔日的前一天。

5. 二十四节气

二十四节气是中华文明所独有的，已经使用和流传了几千年。二十四节气的划分和确定，与地球围绕太阳的运行直接相关。围绕着中华二十四节气，产生了多彩而灿烂的历史文化，一个代表性的例子是二十四节气早已出现在古代的诗词歌赋中。

在这二十四节气中，立春、立夏、立秋、立冬和春分、夏至、秋分、冬至是用来反映四季变化的，其中前四个反映了四季的开始，后四个则反映了太阳高度的变化；小暑、大暑、处暑、小寒和大寒反映气温的变化，表示不同时期的寒热程度；雨水、谷雨、小雪、大雪反映的是降水的变化，表示了降雨和降雪的时间和程度；白露、寒露和霜降反映了气温逐渐下降的过程；小满、芒种反映的是作物的成熟和收成状况；惊蛰和清明则反映了自然物候的变化。

记忆有妙招

二十四节气歌如下：

春雨惊春清谷天，夏满芒夏暑相连，秋处露秋寒霜降，冬雪雪冬小大寒。

四、地理

1. 江东、江左

江东指长江下游东南之地，江左即江东。古人以东为左，以西为右。

2. 江表

江表指长江以南地区。

3. 阴阳

古代以山南、水北为阳，以山北、水南为阴。

4. 海内

古代传说我国疆土四面环海，故称国境之内为海内。

五、职官

1. 丞相

丞相是封建官僚机构中的最高官职，是秉承君主旨意总理全国政务的人，亦称相国、宰相，简称“相”。

2. 太师、太傅、太保

太师、太傅、太保指两种官职：其一，古代称太师、太傅、太保为“三公”，后多为大官加衔，表示恩宠而无实职，如宋代赵普、文彦博等曾被加太师衔；其二，古代又称太子太师、太子太傅、太子太保为“东宫三师”，都是太子的老师，后来也逐渐成为虚衔。

3. 少师、少傅、少保

少师、少傅、少保指两种官职：其一，古代称少师、少傅、少保为“三孤”，后逐渐成为虚衔；其二，古代称太子少师、太子少傅、太子少保为“东宫三少”，后也逐渐成为虚衔。

4. 尚书

最初是掌管文书奏章的官员。隋代始设六部，唐代确定六部为吏、户、礼、兵、刑、工，各部以尚书、侍郎为正副长官。

5. 学士

魏晋时是掌管典礼、编撰诸事的官职。唐以后指翰林学士，成为皇帝的秘书、顾问，参与机要，因而有“内相”之称。明清时承旨、侍读、侍讲、编修、庶吉士等虽亦为翰林学士，但与唐宋时翰林学士的地位和职掌都不同。

6. 参知政事

参知政事简称“参政”，唐代始设，宋时为最高政务长官之一。

7. 军机大臣

清代辅佐皇帝的政务机构（军机处）的主管大臣。

8. 御史大夫

职位仅次于丞相，主管弹劾、纠察官员过失诸事。

9. 枢密使

枢密院的长官。唐时由宦官担任，宋以后改由大臣担任。枢密院是管理军国要政的最高国务机构之一，枢密使的权力与宰相相当。

10. 太史

西周、春秋时为地位很高的朝廷大臣，掌管起草文书、策命诸侯卿大夫、记载史事，兼管典籍、历法、祭祀等事。秦汉以后设太史令，其职掌范围渐小，地位渐低。

11. 侍郎

初为宫廷近侍，东汉以后成为尚书的属官。唐代始以侍郎为三省（中书、门下、尚书）各部长官（尚书）的副职。

12. 节度使

唐代总揽数州军政事务的总管，该官职原设在边境诸州，后内地也遍设，造成割据局面，因此世称“藩镇”。

六、对联

对联，汉族的传统文化之一，是写在纸、布上或刻在竹子、木头、柱子上的对偶语句。对联形式多样，有正对、反对、流水对、联球对、集句对等。但不管何类对联，使用何种形式，都必须具备以下特点：

1. 要字数相等，断句一致。

2. 要平仄相合，音调和谐。传统习惯是“仄起平落”，即上联末句尾字用仄声，下联末句尾字用平声。

3. 要词性相对，位置相同。一般称为“虚对虚，实对实”，就是名词对名词，动词对动词，而且相对的词必须在相同的位置上。

4. 要内容相关，上下衔接。上下联的含义必须相互衔接，但又不能重复。

此外，张挂的对联，传统做法还必须直写竖贴，自右而左，由上而下，不能颠倒。

与对联紧密相关的横批，可以说是对联的题目，也是对联的中心。好的横批在对联中可以起到画龙点睛、相互补充的作用。

第一部分

真题面对面

1. [2022年6月杭州中小学，基础知识，3分]绍兴兰亭景区有一副楹联，上联为：雅集鸿文传百代。从下列选项中找出它的下联是(　　)

A. 列坐放言无古今　　　　B. 流觞韵事足千秋

C. 流觞却异永和人　　　　D. 必至群贤泽万事

答案：B。题干中“雅集鸿文”是两个偏正词语组成的并列短语，“传”是动词，“百代”是数量词。根据对联要求对仗的规则判断，B项符合要求。

2. [2022宁波市江北区小学，基础常识，3分]“亭台楼阁若生色，最是对联点睛来。”请你为下面三个地方选出相应的对联。

①朱自清故居(________)②文天祥祠(________)③池上楼(________)

A. 杜宇声寒，柴市一腔留热血；梅花梦断，瓯江千载泣忠魂。

B. 春草池塘仍旧迹，东山风月绘名园。

C. 踪留潭影绿，帘卷海棠红。

答案：①C。朱自清散文《温州的踪迹》中有“月朦胧，鸟朦胧，帘卷海棠红”一句。

②A。南宋投降后，元世祖屡劝文天祥投降，文天祥坚贞不屈，后被杀于柴市口。上联是说文天祥的一腔热血洒在柴市口，连杜鹃鸟都为之凄切；下联是说文天祥的美梦未能实现，连瓯江都为之哭泣。

③B。池上楼位于温州市，为纪念南朝诗人谢灵运所建造。名句“池塘生春草，园柳变鸣禽”出自其《登池上楼》，后人遂称该楼为“池上楼”。

七、古诗词常识

考点 1　诗

1. 古体诗

古体诗又称“古风”“古诗”，有“歌”“行”“吟”等体裁。古体诗不讲对仗，押韵较自由，篇幅长短不限，有四言、五言、六言、七言、杂言之分。

2. 近体诗

近体诗与古体诗相对，又称“今体诗”“格律诗”，是初唐之后形成的一种诗歌体裁，其字数、句数、平仄、用韵等都有严格规定，讲究平仄对仗。

(1)近体诗的分类

①绝句，每首四句，五言的简称五绝，七言的简称七绝。

②律诗，每首八句，五言的简称五律，七言的简称七律，超过八句的称为排律(或长律)。

(2)近体诗的押韵

近体诗的押韵很严格，一般上句不用韵(首句可用可不用)，下句用韵。用韵的地方在诗句的句末，称为韵脚。近体诗在用韵上有两个特点：一是只押平声韵，押仄声韵的极少，可视为例外。二是不能“出韵”，必须一韵到底，中间不得换韵，并且邻韵一般不得通押。

(3)近体诗的平仄

平指平声，仄指上、去、入三声。五言律诗的四种基本平仄格式是：仄仄仄平平；仄仄平平仄；平平仄仄平；平平平仄仄。七言律诗是在五言律诗前加上相反的平仄构成，它的基本平仄格式是：平平仄仄仄平平；平平仄仄平平仄；仄仄平平仄仄平；仄仄平平平仄仄。

考点2 词

词又称为诗余、长短句、曲子词、乐府等。其特点是调有定格，句有定数，字有定声。按字数不同可分为：长调(91字及以上)、中调(59～90字)、小令(58字以内)。词有单调和双调之分，双调就是分两段，两段的平仄、字数是相等或大致相等的，单调只有一段。词的一段叫一阕或一片，第一段叫前阕、上阕、上片，第二段叫后阕、下阕、下片。

1. 词的用韵

词的用韵方式是多样的，有的一首一韵，有的一首多韵；押韵的位置也不固定，有的一句一韵，有的两三句一韵不等。词调不同，用韵方式也不同，一般有一韵到底和中间换韵两大类。

2. 词的对仗

相连的两句字数相同时，词人经常用对仗手法，尤其是每篇开头的两句。同一作者，同一词调，在同一位置上不一定都用对仗，这主要看内容和表达的需要；词的对仗近于散文的对偶，可以不论字的平仄，既可以平对仄、仄对平，也可以平对平、仄对仄，还允许同字相对。

3. 词牌名

词牌名又称词牌、词格，是填词用的曲调名。常见词牌名有“西江月”“虞美人”“卜算子”“念奴娇”“鹧鸪天”“渔家傲”“定风波”“一剪梅”“浪淘沙”“水调歌头”“忆秦娥”等。

核心考点回顾

1. 通假字分为哪几类？常见的表现形式是什么？(参见本书P75)

2. 简述重点文言虚词的词性和用法。(参见本书P80～86)

3. 倒装句式主要包括哪几类？(参见本书P87～88)

达标测评

建议用时	实际用时	测评总分	实际得分
15分钟	______分钟	20分	______分

一、单选题(每小题2分,共10分)

1. 下列加点字与"道之所存,师之所存也"中"道"字意思不相同的一项是(　　)

A. 师者,所以传道受业解惑也　　B. 其闻道也亦先乎吾

C. 彼与彼年相若也,道相似也　　D. 吾师道也

2. 下列各句中,没有通假字的一项是(　　)

A. 莫春者,春服既成　　B. 当窗理云鬓,对镜帖花黄

C. 为天下唱　　D. 此吾祖太常公宣德间执此以朝

3. 根据句意,下列加点字翻译正确的一项是(　　)

A."语未毕,余泣"与"卒廷见相如,毕礼而归之"的"毕"都是动词,解释为"结束,完毕"。

B."延伫乎吾将反"与"日夜望将军至,岂敢反乎"的"乎"都是语气词,表示感叹语气。

C."山东豪俊遂并起而亡秦族矣"与"士大夫之族"的"族"都解释为"类"。

D."有如此之势,而为秦人积威之所劫"与"死而有知,其几何离"的"而"都表转折。

4. 下列各句中,与例句句式相同的一项是(　　)

例句:异乎三子者之撰。

A. 不然,籍何以至此　　B. 我非爱财而易之以羊也

C. 宜乎百姓之谓我爱也　　D. 若属皆且为所虏

5. 下列选项中,说法有误的一项是(　　)

A."弱冠"是古代的一个年龄称谓,指男子二十岁。

B."迁"指官员的调动,有升有降。其中,"左迁"表示升职。

C.《陋室铭》《岳阳楼记》《马说》中的"铭""记""说"都是古代的文体。

D. 二十四节气能够反映四季、气温及物候的变化情况,如处暑、小寒反映的是气温变化,惊蛰、清明反映的是物候现象。

二、文言文阅读(本大题共4小题,共10分)

阅读下面的文言文,完成1~4题。

华佗字元化,沛国谯人也。游学徐土,兼通数经。沛相陈珪举孝廉,太尉黄琬辟,皆不就。晓养性之术,时人以为年且百岁而貌有壮容。又精方药其疗疾合汤不过数种心解分剂不复称量煮熟便饮语其节度舍去辄愈。若当灸,不过一两处,病亦应除。若当针,亦不过一两处,下针言"当引某许,若至,语人。"病者言"已到",应便拔针,病亦行差。若病结积在内,当须刳割者,便饮其麻沸散,须臾便如醉死无所知,因破取。病若在肠中,便断肠湔洗,缝腹膏摩,四五日差,不痛,一月之间,即平复矣。

有一郡守病，佗以为其人盛怒则差，乃多受其货而不加治，无何弃去，留书骂之。郡守果大怒，令人追捉杀佗。郡守子知之，属使勿逐。守瞋恚既甚，吐黑血数升而愈。

太祖闻而召佗。太祖苦头风[①]，每发，心乱目眩，佗针鬲，随手而差。

佗之绝技，凡此类也。然本作士人，以医见业，意常自悔，后太祖亲理，得病笃重，使佗专视。佗曰："此近难济，恒事攻治，可延岁月。"佗久远家思归，因曰："当得家书，方欲暂还耳。"到家，辞以妻病，数乞期不反。太祖累书呼，犹不上道。太祖大怒，使人往检。若妻信病，赐小豆四十斛，宽假限日；若其虚诈，便收送之。于是传付许狱，考验首服。荀彧请曰："佗术实工，人命所悬，宜含宥之。"太祖曰："不忧，天下当无此鼠辈耶？"遂考竟[②]佗。佗临死，出一卷书与狱吏，曰："此可以活人。"吏畏法不受，佗亦不强，索火烧之。佗死后，太祖头风未除。太祖曰："佗能愈此。小人养吾病，欲以自重，然吾不杀此子，亦终当不为我断此根原耳。"及后爱子仓舒病困，太祖叹曰："吾悔杀华佗，令此儿强死也。"

（选自《三国志·华佗传》，有删改）

【注】①头风：头痛病。②考竟：拷问至死。

1. 下列对文中画波浪线部分的断句，正确的一项是（　　）（2分）

A. 又精方/药其疗疾/合汤不过/数种心解分剂/不复称量煮熟便饮/语其节度/舍去辄愈。

B. 又精方/药其疗疾/合汤不过数种/心解分剂不复/称量煮熟便饮/语其节度/舍去辄愈。

C. 又精方药/其疗疾/合汤不过数种/心解分剂/不复称量/煮熟便饮/语其节度/舍去辄愈。

D. 又精方药/其疗疾/合汤不过/数种心解分剂/不复称量/煮熟便饮/语其节度/舍去辄愈。

2. 下列对文中加点词语的相关内容的解说，不正确的一项是（　　）（2分）

A. 经：①指儒经，即儒家经典著作；②指道经，即道教经典著作；③指佛经。文中指的是儒家经典著作。

B. 孝廉：孝廉是汉代察举制的科目之一，西汉选用官员的最主要途径之一，这是一种自上而下的推选人才为官的制度。孝廉是孝顺父母、办事廉正的意思。

C. 太祖：作为帝王庙号使用，多为创基立业者，常见于开国皇帝。

D. 首服：即"首伏"，可指头上的冠，也可指自首认罪。文中指的是自首认罪。

3. 下列对文章内容的概括与分析，不正确的一项是（　　）（2分）

A. 华佗不爱做官。华佗原是读书人，外出求学。当时不止一人要他出来做官，他都不接受，后来他对自己从事医业从没有后悔过。

B. 华佗医术高超。华佗懂养生之道，特别擅长针灸、外科。他让病人饮用麻沸散进行麻醉，然后进行手术，开腹断肠，病人都没有感到痛苦。

C. 华佗善用方法。他故意接受一位郡守很多财物，不为他医治，并在不久后离开，还留下一封信辱骂郡守。郡守被激怒，吐了几升黑血，病就好了。

D. 华佗医者仁心。华佗在狱中遭受拷打，临死前还是交出救人的方法，只不过狱吏害怕触犯法律不敢接受，华佗只好将书烧掉。

4. 把文中画横线的句子翻译成现代汉语。（4分）

（1）此近难济，恒事攻治，可延岁月。

（2）荀彧请曰："佗术实工，人命所悬，宜含宥之。"

参考答案及解析

一、单选题

1. C [解析]例句中的“道”为名词，道理。A、B、D三项中的“道”，均为名词，意为“道理”。C项，“道”为名词，意为“道德学问”。

2. D [解析]A项，莫：通“暮”。B项，帖：通“贴”。C项，唱：通“倡”，倡导、发起。

3. A [解析]B项，“日夜望将军至，岂敢反乎”的“乎”表示反问语气。C项，“山东豪俊遂并起而亡秦族矣”中的“族”解释为“家族”。D项，“死而有知，其几何离”中的“而”表假设。

4. B [解析]例句为状语后置句，正确语序为“乎三子者之撰异”。A项，宾语前置句，正确语序为“不然，籍以何至此”。B项，状语后置句，正确语序为“我非爱财而以羊易之也”。C项，主谓倒装句，正确语序为“百姓之谓我爱也宜乎”。D项，被动句，“为所”表被动。

5. B [解析]B项，“左迁”是降职，“右迁”是升职。

二、文言文阅读

1. C [解析]“精”有精通之意，“方药”作其宾语，“又精方药”语意完整，表明华佗精通处方医药。据此排除A、B两项。“合汤”是动宾短语，“不过数种”作其补语，“合汤不过数种”的意思是：配制汤药不过只用几味药引。据此排除D项。

2. B [解析]B项，“这是一种自上而下的推选人才为官的制度”说法错误，“孝廉”是一种“自下而上”的推选人才为官的制度。“征辟”是“自上而下”的推选人才为官的制度。

3. A [解析]A项，“后来他对自己从事医业从没有后悔过”说法错误，从文中第四自然段的“以医见业，意常自悔”这句话可以看出华佗常常感到后悔。

4. 参考答案：(1)这病短时间内很难治好，长期治疗，可以延长寿命。

(2)荀彧求情说：“华佗的医术确实高明，与人的生命密切相关，应该宽容赦免他。”

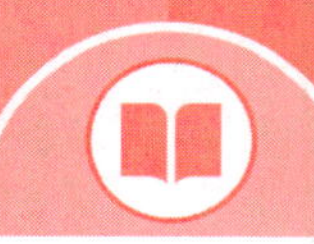

第三章　阅　读

思维导图

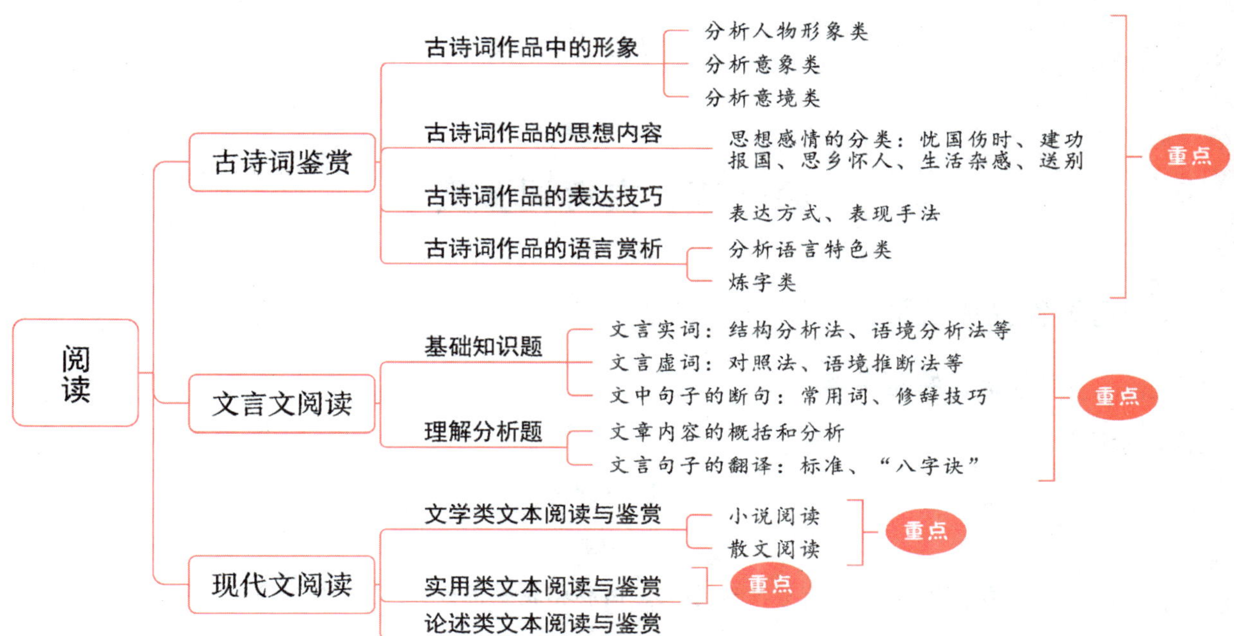

浙江考向

本章属于学科专业知识的运用性章节，也是浙江省中小学语文教师招聘考试重点考查的章节，内容广泛，知识点琐碎，需要运用的知识较多，在考试中常以客观题和主观题的形式考查。现对本章浙江考向分析如下：

考点类型	地区	高频考点	常考题型	能力层级	考查热度
常规考点	统考	古诗词作品的思想内容	古诗词鉴赏	运用	★★★
		古诗词作品的表达技巧	古诗词鉴赏	运用	★★
		文学类文本阅读与鉴赏	现代文阅读	运用	★★★
	非统考	古诗词作品的思想内容	古诗词鉴赏	运用	★★★
		古诗词作品的表达技巧	古诗词鉴赏	运用	★★
		理解分析题	文言文阅读	运用	★★★
		文学类文本阅读与鉴赏	现代文阅读	运用	★★★
		实用类文本阅读与鉴赏	现代文阅读	运用	★★★

续表

考点类型	地区	高频考点	常考题型	能力层级	考查热度
预测考点	统考	古诗词作品的语言赏析	古诗词鉴赏	运用	★★
		实用类文本阅读与鉴赏	现代文阅读	运用	★★★
	非统考	古诗词鉴赏的语言赏析	古诗词鉴赏	运用	★★
		基础知识题	文言文阅读	运用	★★
		文学文本阅读与鉴赏	现代文阅读	运用	★★★

核心考点

第一部分

第一节　古诗词鉴赏

一、古诗词作品中的形象　【古诗词鉴赏】

考点1　分析人物形象类

[文本示例]

西江月·秋兴

程　瞱

尽日荷锄治圃，有时捉杖寻泉。山翁招我坐桥边，笑指菊花开遍。

隔岸重重竹树，近溪点点潭烟。滩头流下小鱼船，转过芦花不见。

[题目示例]

这首词通过“山翁”塑造了怎样的形象?(4分)

参考答案:(步骤一)这首词通过“山翁”塑造了一个怡然自安，超然自处的隐逸者的形象。(步骤二)通过“招”与“笑”二字，可以看出作者与山翁关系的亲密;从“笑指菊花开遍”中，可以看出二人共同的高雅情趣。(步骤三)作者正是通过山翁这一形象的塑造，传递出自己向往田园山水的隐逸情怀和高洁品性。

[解题秘籍]

1. 设问方式

(1)这首诗(词)塑造了什么样的形象?

(2)说一说这首诗(词)中的形象特点。

(3)通过诗(词)中的形象塑造，表现了诗(词)人怎样的情感?

2. 答题切入点

(1)结合背景了解人物当时的境遇。不同社会背景下创作的诗词感情色彩均不相同，在作答时，可根据所给注释或诗词大意联系作者的生平经历及当时的社会背景，整体感知人物当时的思想情感。

(2)抓住表露人物情感或思想的词句，分析人物的行为、语言、心理等，把握人物特征。

例如："山翁招我坐桥边，笑指菊花开遍"一句，联系全词内容，可知整句的情感基调是怡然自得的，由此可分析出该句刻画了一位怡然自安、超然自处的隐逸者形象。

3. 常见的人物形象

做诗词鉴赏题，应掌握常见的人物形象，古诗词中常见的人物形象主要有以下几大类：

常见人物形象	示例
不慕权贵、豪放洒脱、傲岸不羁的形象	安能摧眉折腰事权贵，使我不得开心颜？——李白《梦游天姥吟留别》
心忧天下、忧国忧民的形象	安得广厦千万间，大庇天下寒士俱欢颜！风雨不动安如山。呜呼！何时眼前突兀见此屋，吾庐独破受冻死亦足！——杜甫《茅屋为秋风所破歌》
寄情山水、归隐田园的隐者形象	采菊东篱下，悠然见南山。——陶渊明《饮酒》
矢志报国、慷慨愤世的形象	僵卧孤村不自哀，尚思为国戍轮台。——陆游《十一月四日风雨大作》
友人送别的形象	桃花潭水深千尺，不及汪伦送我情。——李白《赠汪伦》
献身边塞、反对征伐的形象	醉卧沙场君莫笑，古来征战几人回？——王翰《凉州词》
爱恨情长的形象	多情自古伤离别，更那堪，冷落清秋节！——柳永《雨霖铃》
孤寂落寞、愁苦幽怨的形象	忽见陌头杨柳色，悔教夫婿觅封侯。——王昌龄《闺怨》
积极乐观、笑傲人生的形象	莫听穿林打叶声，何妨吟啸且徐行。——苏轼《定风波》
爱民惜才的形象	我劝天公重抖擞，不拘一格降人才。——龚自珍《己亥杂诗》

鉴赏诗词中的人物形象，要分析作品中作者所体现的人物的行为、神态、心理、性格、情感、观点、处境等内容，把握人物形象的个性特征。

4. 分析人物形象"三步骤"

（1）步骤一：用简洁的语言概说塑造了什么形象。

（2）步骤二：结合诗（词）句内容具体分析该形象的特点。

（3）步骤三：揭示形象表现的意义（可从情感、理想、追求、品性等方面入手）。

考点 2 分析意象类

［文本示例］

浣溪沙·一曲新词酒一杯

晏　殊

一曲新词酒一杯，去年天气旧亭台。夕阳西下几时回？

无可奈何花落去，似曾相识燕归来。小园香径独徘徊。

［题目示例］

结合全词，谈一谈你对"夕阳"这一意象的理解及其作用。（4分）

参考答案：（步骤一）就其不变者而言，天气、亭台与去年毫无二致；就其变者而言，夕阳虽美好，但终究要沉没。好鸟相鸣似有意，落花流水却无情。词人在好鸟娇花中感叹人生虽美好，但终将消亡。（步骤二）"夕阳"这一意象奠定了全词的感情基调，抒发了词人对人事变迁的无比惆怅之情。

[解题秘籍]

1. 设问方式

(1)这首诗(词)写了什么样的意象?

(2)这首诗(词)中的意象有什么特点?

(3)诗(词)中某意象有什么作用?

2. 答题切入点

(1)分析诗词意象要根据诗词描绘的具体物象和画面识别其性质,并在读懂诗词的基础上概括出诗词意象的象征意义和社会意义。

(2)意象的作用主要包括:营造气氛、设置背景或环境、塑造意境、奠定情感基调、借景抒情、衬托(人物性格、品质;以景衬境、以景衬情)、诗歌线索。

3. 常见的意象

做诗词鉴赏题,应了解传统的诗词意象,古诗词中常见的意象主要有以下几大类:

意象类型	表达情感	具体意象	例句
送别类	表达依依不舍之情,或续写别后的思念。	杨柳	溪边杨柳色参差,攀折年年赠别离。(杜牧《送别》)
		长亭	玉阶空伫立,宿鸟归飞急。何处是归程?长亭更短亭。(李白《菩萨蛮》)
		南浦	送君南浦,伤如之何!(江淹《别赋》)
		酒	唯以一杯酒,相思高楚天。(温庭筠《送人南游》)
思乡类	表达对家乡的思念,或表达对亲人的牵挂。	月亮	露从今夜白,月是故乡明。(杜甫《月夜忆舍弟》)
		鸿雁	人归落雁后,思发在花前。(薛道衡《人日思归》)
		鲤鱼	客从远方来,遗我双鲤鱼。呼儿烹鲤鱼,中有尺素书。(佚名《饮马长城窟行》)
		捣衣	长安一片月,万户捣衣声。(李白《子夜吴歌·秋歌》)
愁苦类	表达忧愁、悲伤之情,或渲染凄冷、悲凉的气氛。	梧桐	一声梧叶一声秋,一点芭蕉一点愁,三更归梦三更后。(徐再思《水仙子·夜雨》)
		芭蕉	窗前谁种芭蕉树,阴满中庭。阴满中庭,叶叶心心,舒卷有余情。(李清照《添字丑奴儿》)
		流水	问君能有几多愁?恰似一江春水向东流。(李煜《虞美人》)
		猿猴	可怜时节堪归去,花落猿啼又一年。(赵嘏《忆山阳》)
		杜鹃鸟	可堪孤馆闭春寒,杜鹃声里斜阳暮。(秦观《踏莎行》)
		斜阳、夕阳、落日	夕阳无限好,只是近黄昏。(李商隐《乐游原》)

续表

意象类型	表达情感	具体意象	例句
抒怀类	托物言志显示高洁的品质，或抒发感慨。	菊花	寂寞东篱湿露华，依前金蕊照泥沙。（范成大《重阳后菊花二首·其一》）
		梅花	不要人夸好颜色，只留清气满乾坤。（王冕《墨梅》）
		松柏	后来富贵已零落，岁寒松柏犹依然。（刘禹锡《将赴汝州途出浚下留辞李相公》）
		竹	可使食无肉，不可居无竹。无肉令人瘦，无竹使人俗。（苏轼《于潜僧绿筠轩》）
		黍离	彼黍离离，彼稷之苗。（《诗经·黍离》）
		冰雪	洛阳亲友如相问，一片冰心在玉壶。（王昌龄《芙蓉楼送辛渐》）
		草木	映阶碧草自春色，隔叶黄鹂空好音。（杜甫《蜀相》）
爱情类	表达爱恋、相思之情。	红豆	红豆生南国，春来发几枝？愿君多采撷，此物最相思。（王维《相思》）
		莲	采莲南塘秋，莲花过人头。低头弄莲子，莲子青如水。（南朝乐府《西洲曲》）
		丁香	芭蕉不展丁香结，同向春风各自愁。（李商隐《代赠二首·其一》）
		连理枝、比翼鸟	在天愿作比翼鸟，在地愿为连理枝。（白居易《长恨歌》）
战争类	表达对战争的厌恶，或表达对和平的向往。	投笔	投笔怀班业，临戎想顾勋。（骆宾王《宿温城望军营》）
		长城	统汉烽西降户营，黄沙白骨拥长城。（李益《统汉烽下》）
		楼兰	愿将腰下剑，直为斩楼兰。（李白《塞下曲》）
		柳营（指军营）	忽过新丰市，还归细柳营。回看射雕处，千里暮云平。（王维《观猎》）
		请缨	何日请缨提锐旅，一鞭直渡清河洛。（岳飞《满江红·登黄鹤楼有感》）
		羌笛	中军置酒饮归客，胡琴琵琶与羌笛。（岑参《白雪歌送武判官归京》）
闲适类	表达清闲恬淡的心情，或表达对隐居生活的向往。	五柳	复值接舆醉，狂歌五柳前。（王维《辋川闲居赠裴秀才迪》）
		东篱	东篱把酒黄昏后，有暗香盈袖。（李清照《醉花阴》）
		三径	明月好同三径夜，绿杨宜作两家春。（白居易《欲与元八卜邻先有是赠》）

记忆有妙招

古诗词意象识记口诀：

松梅竹菊寓高洁，借月托雁寄乡思。杜鹃鹧鸪啼凄凄，梧桐叶落透悲意。

别时长亭柳依依，落花流水传愁绪。乌鸦燕子系兴衰，草木仍在人事移。

4. 分析意象“三步骤”

（1）步骤一：找出作品描绘的意象。（如题干中已指出要分析的意象该步骤可省略）

（2）步骤二：分析意象的基本含义（表层含义+深层含义）或内涵。

(3)步骤三:指出描绘意象的作用或效果。

考点3 分析意境类

[文本示例]

秋　思

陆　游

乌桕微丹菊渐开,天高风送雁声哀。

诗情也似并刀[注]快,剪得秋光入卷来。

【注】并刀:并州出产的剪刀。并州,东汉州名,古时并州以产剪刀著名。

[题目示例]

这首诗描绘了何种景象?表达了诗人怎样的思想感情?(4分)

参考答案:(步骤一)这首诗描绘了乌桕上面的树叶渐渐变成红色,秋天的菊花次第开放,天气晴朗,风声传送来大雁阵阵哀鸣的秋日景象。(步骤二)通过"乌桕""菊花""高天""鸿雁",写出天高气爽的金秋美景,营造了轻松愉悦的氛围。(步骤三)作者借物写景,以富有代表性的典型景物,生动明快地描绘出一幅有声有色、形象鲜艳的秋景图,以"并刀"比喻"诗情"的敏锐,新颖别致,给人以清新的感觉;一个"剪"字,锤炼精当,化无形为有形,形象逼真,全诗洋溢着轻松愉悦之情。

[解题秘籍]

1. 设问方式

(1)这首诗(词)营造了一种怎样的意境?表达了诗(词)人怎样的思想感情?

(2)这首诗(词)描绘了一幅怎样的画面?表达了诗(词)人什么样的思想感情?

(3)某几句诗(词)描写了什么样的景物?抒发了诗(词)人怎样的情怀?

2. 答题切入点

分析意境型是古诗词鉴赏题中最常见的题型。在作答时,可从景、境、情三方面入手。

(1)概括诗(词)中描绘的景象。

(2)概括该景象营造的氛围特点。

(3)分析作者想要表达的思想感情。

3. 分析意境"三步骤"

(1)步骤一:描绘诗词中展现的图景画面。考生应抓住诗中的主要景物,用自己的语言再现画面。描绘时一要忠于原诗,二要用自己的联想和想象加以再创造,语言力求优美。

(2)步骤二:概括景物营造的氛围特点。一般用两个双音节词即可,例如孤寂冷清、恬静优美、雄浑壮阔、萧瑟凄凉、明净绚丽、幽静深寂等,注意要能准确地体现景物的特点和情调。

(3)步骤三:分析作者表达的思想感情。切忌空洞,一定要答具体。比如,在作答时,可在答出"表达了作者感伤的情怀"之后重点回答作者为什么而"感伤"。

精准对点练

[阅读鉴赏,8分]阅读下面的诗歌,回答问题。

寻陆鸿渐不遇

皎　然

移家虽带郭,野径入桑麻。

近种篱边菊,秋来未著花。

扣门无犬吠,欲去问西家。

报道山中去,归时每日斜。

(1)这首诗描绘了一幅什么样的画面? 请简要叙述,并对诗歌进行赏析。

(2)分析诗中塑造的陆鸿渐形象。

参考答案:(1)这首诗是诗人访友不遇之作。全诗描写了隐士闲适清净的生活情趣。诗人选取了一些平常而又典型的细节事物,描绘了隐士居所的环境:靠近城边,桑麻环绕,小径相通;篱边种菊,尚未著蕾;篱门关闭,寂静无声;主人外出,遨游山林。刻画了一位生活悠闲的隐士形象。全诗有乘兴而来,兴尽而返的情趣,语言朴实自然,流畅洒脱。

(2)陆鸿渐是一个寄情山水、不以尘事为念的高人逸士形象。前四句通过对陆鸿渐幽僻、高雅的隐居之地的景物描写,表现了他的高洁不俗。最后两句通过西邻对陆鸿渐行踪的叙述,侧面烘托了陆鸿渐的潇洒疏放。作者通过陆鸿渐这一形象的塑造表现了他对隐逸生活的向往和追求。

二、古诗词作品的思想内容 【古诗词鉴赏】 ★★★

[文本示例]

青玉案

欧阳修

一年春事都来几? 早过了、三之二。绿暗红嫣浑可事。绿杨庭院,暖风帘幕,有个人憔悴。

买花载酒长安市,又争似、家山见桃李。不枉东风吹客泪。相思难表,梦魂无据,惟有归来是。

[题目示例]

这首词表达了作者怎样的情感? 结合全词简要分析。(4分)

参考答案:(步骤一)这首词表达了作者对家乡和亲人的思念之情。(步骤二)上片叹春日之迟暮,春光不能留驻,引出个人的伤感。下片通过叙述在长安"买花载酒"想起家乡的桃李花,直抒胸臆,强化词人的思乡和思亲之情。

[解题秘籍]

1. 设问方式

(1)这首诗(词)表达了作者怎样的思想情感? 结合全诗(词)简要分析。

(2)这首诗(词)的某句体现了作者怎样的思想情感? 结合全诗(词)简要分析。

2. 答题切入点

把握诗(词)的思想感情可识记该口诀:看注解(作者、背景、词解),抓境象(意境、意象),找诗(词)眼,懂典故,明手法。

3. 常见的思想感情

(1)把握诗(词曲)思想感情的方法

看注解(作者、背景、词解);抓意象、意境;抓诗(词)眼、关键词;懂典故;明手法。

(2)思想感情分类

分类	表达情感	例子
忧国伤时	①揭露统治者的穷奢极欲、荒淫误国。	杜牧《过华清宫》
	②反映离乱的痛苦。	杜甫《春望》
	③同情人民的疾苦。	白居易《卖炭翁》
	④对国家民族前途命运的担忧。	杜甫《登楼》
建功报国	①建功立业的渴望。	曹操《龟虽寿》
	②保家卫国的决心。	王昌龄《从军行》
	③报国无门的悲伤。	辛弃疾《永遇乐·京口北固亭怀古》
	④年华消逝、壮志难酬的悲叹。	苏轼《念奴娇·赤壁怀古》
	⑤理想不为人知的愁苦心情。	屈原《涉江》
	⑥山河沦丧的痛苦。	陆游《示儿》
思乡怀人	①羁旅愁思。	孟浩然《宿建德江》
	②思亲念友。	王维《九月九日忆山东兄弟》
	③边关思乡。	范仲淹《渔家傲·秋思》
	④闺中怀人。	王昌龄《闺怨》
生活杂感	①寄情山水、田园的悠闲。	王维《山居秋暝》
	②昔盛今衰的感慨。	姜夔《扬州慢·淮左名都》
	③借古讽今的情怀。	杜牧《赤壁》
	④青春易逝的伤感。	李清照《如梦令·昨夜雨疏风骤》
	⑤仕途失意的苦闷。	白居易《琵琶行》
	⑥表现喜悦心情。	杜甫《春夜喜雨》
送别	①依依不舍的留念。	柳永《雨霖铃》
	②情深意长的勉励。	王勃《送杜少府之任蜀州》
	③坦陈心志的告白。	王昌龄《芙蓉楼送辛渐》

4. 鉴赏思想内容"两步骤"

(1)步骤一:用简洁的语言概括出作者的思想感情。

(2)步骤二：结合诗(词)句具体分析作者的思想感情。

真题面对面

1.[2021金华永康小学，鉴赏题，8分]古诗词鉴赏。

春夜喜雨

(唐)杜甫

好雨知时节，当春乃发生。随风潜入夜，润物细无声。

野径云俱黑，江船火独明。晓看红湿处，花重锦官城。

(1)全诗紧扣一个“雨”字来抒情写意，首联中一个________字把“好雨”拟人化。

(2)这首诗运用了虚实结合的写法，请具体写出哪里是真实描写，哪里是想象之词。

(3)这首诗赋予了春雨怎样的品格？表达了诗人怎样的感情？

(4)下列对这首诗的分析不恰当的一项是(　　)

A. 这首诗运用拟人的手法描绘春雨形象，把春雨写得富有知觉，富有灵性，给人们形象生动的印象。

B. 这首诗先从听觉上描绘，再从视觉上刻画，在写景中饱含赞颂之情。

C. 全诗在层层写实中突出春雨之“好”：滋润万物生长，给农夫、渔夫带来丰收希望，给全城带来万紫千红的美景。

D. 这是一首写景抒情的五言律诗。

参考答案：(1)知

(2)颔联、颈联是实写，描绘了春雨的特点和成都夜雨的景象；尾联是虚写，紧扣题目中的“喜”字写想象中雨后清晨锦官城的迷人景象。

(3)这首诗赋予了春雨无私地滋润万物，默默奉献、不求回报的美好品格，表达了诗人乐民之乐，喜民之喜，关心人民疾苦的思想感情。

(4)C。“层层写实”错误，这首诗是虚实结合的。

2.[2021台州(北片)小学，鉴赏题，6分]阅读下面这首诗，回答问题。

野　望

杜　甫

西山白雪三城戍①，南浦②清江万里桥③。

海内风尘诸弟隔，天涯涕泪一身遥。

惟将迟暮供多病，未有涓埃④答圣朝。

跨马出郊时极目，不堪人事日萧条。

【注】①三城戍：西山三城的堡垒。三城：与吐蕃临界，为蜀边要塞。②南浦：泛指送别之地。③万里桥：在成都杜甫草堂的东边。④涓埃：细流与微尘，比喻微小。

(1)下列关于这首诗的表述不正确的一项是(　　)

A. 首联写野望时所见西山和锦江。西山主峰终年积雪，因此以“白雪”形容。三城，在当时驻军严

第一部分

防吐蕃入侵,是蜀地要镇。

B. 颔联描写海内外处处烽火,诸弟流散,此时"一身遥"客西蜀,如在天之一涯。

C. 颈联叹息说:我只有将暮年付诸给"多病"之身,但"未有"丝毫贡献,报答"圣朝",是很感惭愧的。

D. 首联中"南浦清江万里桥"是远望之景,"西山白雪三城戍"是近望之景。由"三城戍"引出安史之乱的感叹,由"万里桥"兴起进蜀之意。

(2)请简要分析全诗流露出作者怎样的思想感情?

参考答案:(1)D。D项,首联中"西山白雪三城戍"是远景,"南浦清江万里桥"是近景。

(2)①首联写野望时所见西山和锦江,隐含忧国之情。②颔联由战乱推出怀念诸弟,自伤流落的情思。③颈联表达了诗人晚年多病,无法为国家做出贡献的愧疚之情。④尾联直抒胸臆,表达自己对国家命运的担忧。

第一部分

三、古诗词作品的表达技巧 【古诗词鉴赏】★★

[文本示例]

临江仙·夜登小阁忆洛中旧游

(宋)陈与义

忆昔午桥桥上饮,坐中多是豪英。长沟流月去无声。杏花疏影里,吹笛到天明。

二十余年如一梦,此身虽在堪惊。闲登小阁看新晴。古今多少事,渔唱起三更。

[题目示例]

请指出上阕最突出的表现手法,并分析其表达效果。(4分)

参考答案:(步骤一)上阕运用了动静结合的表现手法。(步骤二)碧空中,月色迷蒙(静);花丛中,树影斑驳(静);午桥上,豪英坐饮(动);长河中,流水无声(有动有静);杏花里,笛声阵阵(动)。诗人将长沟流月、杏花疏影这些视觉形象和笛声悠远的听觉形象结合在一起,构成一幅人与景、情与境相和谐的优美游乐图。(步骤三)表现了作者当年在良辰美景中与朋友相聚时的快乐和陶醉。

[解题秘籍]

1. 设问方式

(1)这首诗(词)用了怎样的表达技巧(表现手法、艺术手法、艺术技巧)?

(2)诗(词)人是怎样抒发自己的情感的? 有何效果?

(3)这首诗(词)在写景(抒情、描写人物等)上有什么特点?

2. 答题切入点

这类题型注重的是诗歌整体的艺术表现特色,应从诗歌的整体构思、诗歌整体的艺术技巧方面来解答。分析表达技巧可以从以下几个方面分析:

(1)表达方式方面

包括记叙、描写、抒情、议论等。

(2)表现手法方面

①抒情类

A. 直接抒情(直抒胸臆)。

B. 间接抒情:借景(物)抒情、触景生情、寓情于景、情景交融、托物言志、借古抒怀(借古讽今)、用典抒情。

②其他类

A. 动静结合(以动衬静、以静衬动);B. 虚实结合(虚实相生、由实到虚、由虚到实);C. 正侧结合;D. 点面结合(以点写面、以面写点);E. 远近结合;F. 抑扬结合(先抑后扬 / 欲扬先抑、先扬后抑 / 欲抑先扬);G. 褒贬结合(似贬实褒 / 寓褒于贬 / 正话反说、似褒实贬 / 寓贬于褒 / 反话正说);H. 明暗结合;I. 声色结合;J. 视听结合;K. 细节描写、比兴、白描、工笔、象征、对比、衬托(正衬和反衬)、烘托、渲染、铺陈、联想、想象、以小见大,侧面描写,对写法(即作者不先写自己对对方如何,而是通过写对方对作者如何来委婉含蓄地表达自己的思想情感,此法多用于思乡怀人诗中)。

(3)修辞手法方面

包括比喻、比拟、夸张、借代、对偶、设问、反问、双关、谐音、互文、反语、通感、排比、反复等。

3. 常用的表达技巧

(1)运用表达方式的技巧

在古代诗词中,表达方式主要有描写、抒情两大类。

①描写

描写有正面描写和侧面描写之别。在李白《梦游天姥吟留别》中,“天姥连天向天横,势拔五岳掩赤城”这两句主要是运用正面描写,表现了天姥山高峻奇伟之势;“天台四万八千丈,对此欲倒东南倾”则是用侧面描写烘托天姥山的高峻奇伟。

②抒情

抒情有直接抒情和间接抒情两种。李白“安能摧眉折腰事权贵,使我不得开心颜”是直接抒情,杜甫“安得广厦千万间,大庇天下寒士俱欢颜”也是直接抒情,而姜夔《扬州慢》“二十四桥仍在,波心荡,冷月无声”却是间接抒情,它同柳永的“今宵酒醒何处?杨柳岸,晓风残月”一样,都是借景抒情。

(2)运用表现手法的技巧

古代诗词的表现手法主要有:比兴手法,如《孔雀东南飞》中的“孔雀东南飞,五里一徘徊”;象征手法,如李白《行路难》中的“欲渡黄河冰塞川,将登太行雪满山”;另有对比、烘托、反衬、托物言志等。

4. 鉴赏表达技巧“三步骤”

(1)步骤一:明手法。准确指出运用了何种手法。

(2)步骤二:释理由。结合诗(词)句阐释使用这种手法的原因。

(3)步骤三:抒感情。运用该手法表达了诗(词)人怎样的感情。

精准对点练

[阅读鉴赏,8分]阅读下面诗歌,回答问题。

待储光羲不至

王　维

重门朝已启,起坐听车声。

要欲闻清佩,方将出户迎。

晚钟鸣上苑,疏雨过春城。

了自不相顾,临堂空复情。

(1)请简要分析本诗中运用了哪些艺术手法来抒发感情。

(2)全诗表达了一种什么样的感情?作者是通过哪些具体细节来表达这种感情的?

参考答案:(1)①细节描写。“起坐”写出对友人到来的期盼之情。②以景衬情。以“晚钟”“疏雨”衬托此时诗人的情绪沉郁,尾联用“不相顾”“空复情”表达友人久候不来的怅惘。③心理描写。颔联写诗人在长久的等待中甚至出现了幻觉,充分体现出其急切之情,诗人由“朝”及“晚”,一直在等待友人的到来,通过时间的流逝来写诗人殷切期待。

(2)①盼好友到来的期待之情,或久候好友不至的怅惘之情。②清早就已经打开层层的屋门;或立起或坐下都在倾听有没有友人车子到来的声音;以为听到了友人身上玉佩的清脆响声,正要出门去迎接,哪知原来是自己弄错了。

四、古诗词作品的语言赏析【古诗词鉴赏】★★

考点1 分析语言特色类

[文本示例]

又呈吴郎

杜　甫

堂前扑枣任西邻,无食无儿一妇人。

不为困穷宁有此?只缘恐惧转须亲。

即防远客虽多事,便插疏篱却甚真。

已诉征求贫到骨,正思戎马泪盈巾。

[题目示例]

简要分析这首诗的语言特色。(4分)

参考答案:(步骤一)这首诗以诗代书信,用词表义,语言明白如话却又含蓄委婉。(步骤二)诗中运用散文中常用的虚词来转接。如“不为”“只缘”“已诉”“正思”以及“即”“虽”“便”“却”等,将呆板化为活泼,既有律诗的形式美、节奏感,又有散文的灵活性,抑扬顿挫,耐人寻味。(步骤三)诗人说得有情有理,对吴郎是动之以情,又晓之以理。表现了诗人对西邻老妇的无限关怀和同情。

[解题秘籍]

1. 设问方式

(1)这首诗(词)在语言上有何特色?

(2)请分析这首诗(词)的语言风格。

(3)谈谈此诗(词)的语言艺术。

2. 答题切入点

这类题型在作答时不需要揣摩个别字词运用的技巧,而要品味整首诗(词)表现出来的语言风格。

常用的答题词语一般有:清新自然、明快清新、平淡自然、朴实无华、明快浅显、明快直露、明白晓畅、流畅自然、多用口语、通俗易懂、华美绚丽、辞藻华丽、深沉隽永、委婉含蓄、含蓄深沉、雄浑豪放、笔调婉约、缠绵哀怨、温婉悲凉、庄谐并重、简练生动、简练传神、准确精练、生动形象、准确传神等。

3. 常考的语言风格和修辞手法

(1)体会语言的风格特色

古代诗词作品语言的风格特色是多种多样的,有的清新,有的古朴。人称李白的诗“清水出芙蓉,天然去雕饰”,这便是一种清新美;有的诗词绚丽多彩,有的诗词却质朴无华;有的诗词语言明朗,有的却内容含蓄,言此意彼;有的诗词平易近人,有的却险怪奇特;如此等等,不一而足。体会其风格特色,就是要体会语言的美,体会其内蕴。

(2)分析修辞手法

古代诗词常用的修辞手法有比喻、比拟、夸张、借代、设问、反问、反语、双关等(有关修辞手法的内容可结合本书第一部分第一章第八节学习)。如李煜《虞美人》最后两句写道:“问君能有几多愁?恰似一江春水向东流。”这里先用设问,后用比喻,两种修辞手法综合运用,形象地写出了作者绵长久远的愁思。分析修辞手法,就是分析其表情达意的作用。

4. 分析语言特色“三步骤”

(1)步骤一:明特色。用一两个词准确点明语言特色。

(2)步骤二:列例证。用诗中有关语句具体分析这种特色。

(3)步骤三:析作用。指出表达了作者怎样的感情。

考点 2 炼字类

[文本示例]

春日即事

李弥逊①

小雨丝丝欲网春,落花狼藉近黄昏。

车尘不到张罗地②,宿鸟声中自掩门。

【注】①李弥逊(1085~1153),字似之,吴县(今江苏苏州)人。历任中书舍人、户部侍郎等职。因竭力反对秦桧的投降政策而被免职。②张罗地:指门可罗雀、十分冷落的地方。

[题目示例]

首句中最生动传神的是什么字？为什么？(4分)

参考答案：(步骤一)首句中最生动传神的是"网"字。"网"本是罗网，这里是网住的意思。(步骤二)作者由丝丝小雨想到了用丝织成的网，再由丝网及暮春，想到要把春天网住，即留住春天。(步骤三)作者用一个"网"字生动形象地表现出了想要留住春天的愿望，为后文抒发失落之情作铺垫。

[解题秘籍]

1. 设问方式

(1)某联中最生动传神的是什么字？为什么？

(2)某字历来为人称道，你认为它好在哪里？

(3)从某句诗(词)中找出最能体现诗人感情的一个字并作具体分析。

(4)对诗(词)中某个字，你认为写得好不好？为什么？

2. 答题切入点

这类题型是要求品味这些经锤炼的字的妙处，在作答时不能把该字孤立起来分析，要放在句中，并结合全诗(词)的意境情感来分析。

组织答案时常用词语：深刻、含蓄、突出、生动、形象、传神等。

炼字的角度：动词、形容词(重叠运用的、活用作动词的、表色彩的)、数词、虚词。

3. 评析诗(词)人炼字的作用

古人作诗写词讲究炼字炼句，以传神动人。阅读古代诗词，评析诗(词)人炼字炼句的技巧和作用，有助于深入体会诗词丰富的内蕴。具体可从以下三点入手：

(1)评析"题眼"

所谓"题眼"，就是指诗词标题中提挈全篇、精练传神的字词。如李白《春夜洛城闻笛》："谁家玉笛暗飞声，散入春风满洛城。此夜曲中闻折柳，何人不起故园情。"诗题中"闻笛"二字便是"题眼"，所以全诗四句中的前三句全用来写笛声，把读者引入一个美妙的音乐境界中来，直到最后一句才透露了诗人的本意。又如杜甫的《春夜喜雨》中的"喜"字便是"题眼"。八句诗中虽然未用一个"喜"字，但字里行间处处透露着"喜"意。在阅读中，发现并评析"题眼"，可以帮助体会诗词丰富的内涵。

(2)评析"诗(词)眼"

诗有"诗眼"，词有"词眼"。这里的"诗眼""词眼"，有时是精练传神的一个字，有时是传达主旨的关键词、关键句。如李清照的《醉花阴》写主人公多愁善感、怜花自怜的性格情态，结尾写道："莫道不销魂，帘卷西风，人比黄花瘦。"这一个"瘦"字便是全篇的"词眼"。它形象地概括了全篇的词意，画龙点睛，使人物形象与环境显得十分协调。

(3)体会寻常词语的蕴含

优秀的古代诗词遣词用字准确精练，许多看似寻常的字词到了诗(词)人笔下便有了丰富的内涵。能体会寻常词语的内涵，便是一种鉴赏能力。

如果我们在读诗(词)时,既能体会全诗(词)语言的风格特色,又能评析所用的修辞手法,评析诗(词)人炼字炼句的作用,那么,对诗词语言的鉴赏就会比较到位、比较深刻。

4. 炼字“三步骤”

(1)步骤一:释含义。解释该字在句中的含义。

(2)步骤二:描景象。展开联想把该字放入原句中描述景象。

(3)步骤三:点作用。点出该字烘托了怎样的意境或表达了怎样的感情。

真题面对面

[2019统考小学,诗歌鉴赏,8分]

送友人

(唐)李白

青山横北郭,白水绕东城。

此地一为别,孤蓬万里征。

浮云游子意,落日故人情。

挥手自兹去,萧萧班马鸣。

(1)这首诗表达了作者怎样的思想感情?

(2)首联运用了什么修辞手法?有什么效果?

(3)李白写离愁别绪的诗句不少,再写两句。

参考答案:(1)这首诗通过送别环境的刻画、气氛的渲染,寓情于景,表达了诗人送别友人时的依依不舍之情与离情别绪之意,感情真挚动人又潇洒不羁。

(2)①首联运用了对偶的修辞手法,“青山”对“白水”,“横”对“绕”,“北郭”对“东城”,别开生面,色彩明丽。

②“横”字勾勒出青山的静姿,“绕”字描画出白水的动态,用词准确而传神。诗笔挥洒自如,描摹出一幅寥廓秀丽的图景。未见“送别”二字,其笔端却分明饱含着依依惜别之情。

(3)①桃花潭水深千尺,不及汪伦送我情。(《赠汪伦》)

②孤帆远影碧空尽,唯见长江天际流。(《黄鹤楼送孟浩然之广陵》)

③我寄愁心与明月,随君直到夜郎西。(《闻王昌龄左迁龙标遥有此寄》)

第二节　文言文阅读

[文本示例]

阅读下面的文言文,完成问题。

杨氏万木图序

《万木图》者,翰林侍讲建安杨荣勉仁,昭其大父达卿先生之德,示其后之人也。

先生有孝行，于为善施义汲汲焉。然不喜以施名，以为受人之施者，恒有愧耻为辱之心。夫施于人而使其心愧耻为辱犹不施也必使受吾之施者如其所当得而即乎其心之安庶几可也。

元之季世，兵戈饥馑，民困穷冻馁无食，至相食以苟活。虽父子夫妇，相视不能相保恤，所在皆然。时先生藏谷甚富，将发廪赈之，指某山号于众曰："有能相吾力树木者乎？树一木，予谷若干。"于是争愿出力来请谷。既悉饭之，乃如所言。愿树木者予之谷，不籍识其姓名，卒亦不视其功，而所活不可胜记矣。先生之乐施，何其忠厚委曲而周备欤！

居数岁，木郁然崇茂，悉中于材。先生指以戒其子孙曰："不自意今之盛如此也！其毋苟自为利，将有为学宫，为释老之宫，为桥梁及津渡之舟。而需材者，给之；有贫欲为居室，没欲为棺而不得材者，给之。毋苟自利也！"于是所施利益多矣。

时福建行省左丞阮德柔闻而高之，命工作万木图表之。搢绅君子多为文若诗纪之咏之。既皆失于兵。而其子孙，佩服训戒，至于今不违。然欲其后世皆佩服不违，此图所以继作也。

呜呼！始先生知施谷而已，知求受施者即乎其心之安而已，岂计树之木后当何如哉！而受施者必尽力焉，不可以苟，盖天理之在人心，有不能已也。先生所存若此，惜乎其仅施于衰乱艰虞之际，畎亩之间，而徒布衣以终其身也。不然，使遇治平之时，得一命为所欲为，所施利不其博哉！如其后之人能世承其训，推广是心而行之不已焉，其于施利固又博也。是用告诸其来者。

（选自《明代散文名篇集粹》，有删改）

一、基础知识题 【文言文阅读】★★

考点 1 文言实词

在安徽省小学语文教师招聘考试中，文言实词是文言文阅读题必考内容之一。

［题目示例］

下列句子中，加点词语的解释不正确的一项是(　　)(3分)

A. 昭其大父达卿先生之德　　昭：彰显。

B. 为释老之宫　　为：建造。

C. 兵戈饥馑　　饥馑：灾荒。

D. 悉中于材　　中：中等。

答案：D

解析：D项，中：动词，符合。

［解题秘籍］

1. 结构分析法

文言文中排比句、对偶句等对举的语言现象很多，在两两、三三的对举句中，位置对称的词语一般词性相同、词义相近或相反，这样通过对已知词语词性、词义的分析，就可以推知未知词语的词性、词义。

例如：A项在文本中完整的是"昭其大父达卿先生之德，示其后之人也"。这里"昭"和"示"词义相近，"示"在句子中可翻译为"展示"，由此可推出"昭"在这里可翻译为"彰显"。

2. 语境分析法

文言实词绝大部分是一词多义的，词义是不定的，但上下文的语境是相对稳定的，可以结合上下文来判定某个实词的含义。实际上这里要求考生具备的是一种根据上下文推断词语含义的能力，在推断的过程中始终要注意：词不离句，句不离段。

例如：B项在文本中完整的是“将有为学宫，为释老之宫，为桥梁及津渡之舟而需材者”。通读全句可以发现本句在描述建筑，代入语境分析可知“为”在这里可以翻译为“建造”。

3. 联想推断法

我们要善于根据课内学过的知识举一反三，相互比照，辨其异同，以解决试题中的实词词义问题。

例如：B项依据课本中曾学过的课文《陈涉世家》中“为坛而盟，祭以尉首”的“为”当“修筑、修建”讲，可推断此处“为释老之宫”也当“修筑、修建”讲，可以判断该选项的解释是正确的。

4. 邻字帮助法

文言文中，有的合成词是由两个同义或反义的单音节语素合成的，它们可以分成两种情况：一是偏义复词，一是同义复词。偏义复词，用义偏在其中一个语素上，另一个语素只是起陪衬作用；同义复词是同义复用。

例如：C项“馑”指蔬菜歉收，泛指灾荒；“饥”本义为肚子饿，吃不饱，根据它与“馑”相邻的特点，可以推断出“饥”在这里的引申义为荒年。由此可得出“饥馑”在这里指“灾荒”。

5. 语法分析法

句子的结构是固定的，组合是有规律的，词在句中所处的语法位置，为我们推断词义提供了依据。

例如：D项“悉”在句中作副词，可翻译为“全都，都”；“于”在句中作介词，可翻译为“用”；“材”在句中作名词，结合上文“木郁然崇茂”可知，应翻译为“木材”。由此分析可知，本句缺少谓语，所以“中”在本句中应作动词，充当谓语成分，可翻译为“符合”。

6. 代入检验法

对于选择类的词语解释题，最简单的莫过于将所给的义项放入各自的具体语境中去贯通文意，解释准确而无滞碍者即为正确答案。

考点2 文言虚词

[题目示例]

下列各组句子中，加点字的意义和用法相同的一项是(　　)(3分)

A. 以为受人之施者　　薄言采之

B. 至相食以苟活　　慨当以慷

C. 而其子孙，佩服训戒　　爱其子，择师而教之

D. 于为善施义汲汲焉　　不拘于时，学于余

答案：C

解析：A项，助词，取消句子独立性，无意义；代词。B项，连词，来；相当于“而”，表并列。C项，均为代词，他的。D项，介词，对于；介词，向。

第一部分

[解题秘籍]

1. 对照法

对照法，即对照比较法，就是熟记一些文言虚词的典型例子，将句子、意义和用法一同记住，在做题的过程中，将给定的句子与典型例句进行比较，推出文言虚词的意义和用法。

例如："之"的用法，我们可以熟记"石之铿然有声者，所在皆是也""句读之不知，惑之不解""子孙视之不甚惜"这三个句子，分清它们的用法分别是定语后置的标志、宾语前置的标志、代词。

2. 语境推断法

语境推断法，就是联系语境作具体分析，判定虚词的具体意义和用法的方法。

例如："针针丛棘，青麻头伏焉(蒲松龄《促织》)"。这句话的语境是一只"青麻头"(蟋蟀)藏匿在"针针丛棘"之中，由此可推断"焉"是兼词"于此"，"伏焉"即"伏在那里"。

3. 语法分析法

语法分析法就是根据语法知识判别虚词意义，首先将句子主干抽出，划分句子成分，然后看虚词的功能。一般来说，代词充当句子的主语、宾语和定语；副词充当句子的状语；介词往往与名词、代词组合构成介宾短语充当句子的状语、补语；连词在句子中只起连接作用，不作句子的成分，表动态或语气。

例如："吾妻之美我者，私我也(《邹忌讽齐王纳谏》)"。这句话中"吾妻"是主语；"美"是形容词的意动用法，作谓语。由此可确定"之"介于主谓之间，取消句子独立性。

4. 句式分析法

例如：①"多于南亩之农夫(杜牧《阿房宫赋》)"。这句话是介宾短语后置句，"于南亩之农夫"介宾短语，"于"是介词"比"的意思。

②"石之铿然有声者(苏轼《石钟山记》)"。这句话是定语后置句，"石"是中心语，"铿然有声者"是定语，"之"是助词，定语后置的标志。

③"何以战?(《曹刿论战》)"。这句话是宾语前置句，"何以"即"以何"，"以"是介词"凭借"的意思。

5. 对句互推法

语言结构相同或相似的词句构成的对文，其对应位置上词语的用法往往相同或相似。由此可从句中熟悉的虚词的用法，推断对应位置的疑难虚词的用法。

例如："舟遥遥以轻飏，风飘飘而吹衣(陶渊明《归去来兮辞》)"。这句话中"以"和"而"处于对应位置，"而"是表修饰的连词，可推断"以"也是表修饰的连词。

考点 3 文中句子的断句

[题目示例]

用"/"给文中画波浪线的部分断句。(4分)

夫施于人而使其心愧耻为辱犹不施也必使受吾之施者如其所当得而即乎其心之安庶几可也

答案：夫施于人/而使其心愧耻为辱/犹不施也/必使受吾之施者/如其所当得/而即乎其心之安/庶几可也

解析："施于人"是状语后置句，"于人"是后置状语，其后应断开；"犹……也"是固定句式，是对前面"施恩却让受施者内心感到惭愧羞辱"的评价，所以应断开；"受吾之施者"是"接受我的施舍的人"，作"使"的宾语，应在后面断开；"其所当得"是"如"的宾语，宾语后应断开；"庶几"意思是"大约"，是对前面做法的评价，"庶几"前应断开。

[解题秘籍]

1. 根据常用词断句

(1)发语词领句断句。发语词"盖""夫""且夫""今夫"等有领起句子的作用，可在其前断句。

例如：夫人之相与，俯仰一世。(《兰亭集序》)

(2)时间词语领句断句。"是时""既而""昔者""俄顷"等。

例如：是时以大中丞抚吴者为魏之私人。(《五人墓碑记》)

(3)复音虚词领句断句。"岂独""然且""然则""得毋""何以""何不"等。

例如：是进亦忧，退亦忧。然则何时而乐耶?(《岳阳楼记》)

(4)谦辞领句断句。"窃""寡人""臣""仆""愚""妾"等。

例如：臣尝有罪，窃计欲亡走燕。(《廉颇蔺相如列传》)

(5)"故""然"领句断句。"故"常领起推论或结论，"然(而)"常领起转折。

例如：是不为也，非不能也。故王之不王，非挟太山以超北海之类也。(《齐桓晋文之事》)

(6)方位词领句断句。方位词在文言文中常连用或对用，有时可作为断句的依据。

例如：内立法度，务耕织，修守战之具，外连衡而斗诸侯。(《过秦论》)

(7)语气词结句断句。"与(欤)""耶(邪)""乎""哉""也""矣""焉""耳"等。

例如：齐桓、晋文之事可得闻乎?(《齐桓晋文之事》)

(8)叹词独立断句。"嗟夫""悲夫""呜呼""呜呼哀哉""嘻"等。

例如：呜呼！盛衰之理，虽曰天命，岂非人事哉!(《伶官传序》)

(9)对话标志断句。文言文中，有些是对话的标志，如"曰""云""言"等。在这里应注意两点：一是对话中又有对话的情况，二是文中省略说话人和"曰"字的。

例如：庞葱与太子质于邯郸，谓魏王曰："今一人言市有虎，王信之乎?"王曰："否。""二人言市有虎，王信之乎?"王曰："寡人疑之矣。""三人言市有虎，王信之乎?"王曰："寡人信之矣。"(《战国策·魏策二》)

2. 根据修辞技巧断句

(1)比喻断句。比喻词"譬之若"往往是断句的标志。

例如：譬之若良药，病万变，药亦万变。(《察今》)

(2)对比断句。对比论述多出现于论说文中，可根据对比的起止断句。

例如：爱其子，择师而教之；于其身也，则耻师焉。(《师说》)

(3)对偶断句。对偶句字数、结构相同，可据此断句。

例如：睢园绿竹，气凌彭泽之樽；邺水朱华，光照临川之笔。(《滕王阁序》)

（4）排比断句。排比句句子结构相同，每句字数大致相同，常常使用一些相同的虚词或重复的词语，可据此断句。

例如：此四君者，皆明智而忠信，宽厚而爱人，尊贤而重士。（《过秦论》）

（5）顶真断句。

例如：光召尚符玺郎，郎不肯授光，光欲夺之。（《汉书·霍光传》）

重难点解读

断句、加标点通常要依照三项原则：一是要通读全文，整体把握文章的内容与主题；二是要仔细体会词语的含义和词语间的关系；三是要先易后难，把会断的部分先断开，逐步缩小范围，直至把该断的地方全部断开，正确地加上标点。

第一部分

二、理解分析题 【文言文阅读】★★★

考点1 文章内容的概括和分析

［题目示例］

下列对原文有关内容的概括与赏析，不正确的一项是（　　）（3分）

A.《万木图》画有万木，这幅画是翰林侍讲杨荣为了让后人知晓他祖父的美德而创作的。

B. 元末，战乱饥荒，杨荣的祖父打算开仓救济饥民，而饥民领取救济的前提条件是帮杨荣的祖父种树。

C. 杨荣祖父的善行仅涉及方圆几里之内，如果他的祖父受到重任，那么就会让更多人受益。

D. 杨荣祖父热心公益事业，杨荣在字里行间充满了崇敬之情，所以本文不是一般的泛泛应酬之作。

答案：D

解析：D项，“杨荣在字里行间充满了崇敬之情”说法错误。本文是为杨荣所作的《万木图》写的序，作者并非杨荣。

［解题秘籍］

1. 要注意陈述主体是否一致

在文言文信息筛选题中，经常存在某些被选文句的陈述主体与题干不一致的情况，而这些文句大多数恰恰是应被排除的选项。因此，在筛选信息时，一定要看所选文句的陈述主体是否与题干一致。

2. 要注意主体关涉的对象是否一致

题干要求筛选的信息与所选文句透露的信息的契合不仅表现在陈述对象的一致性上，也表现在关涉对象的一致性上。

3. 要明确信息的意义指向

对主体和对象的确认，是为准确筛选信息打下的两个漂亮的“外围歼灭战”；要最终选出正确答案，还要理解表达信息的概念内涵，明确所要筛选信息的意义指向。

4. 要梳理文意句意

对所选文句所在文段大意的准确把握，对所选文句与相邻文句间语意关系的正确理解，可以帮助我们排除错误选项的干扰。

5. 要辨明行为、品质、功绩、影响等

有些题干要求筛选的信息与所选文句透露的信息有相符相似之处，但题干要求选出的是行为、品质，而文句反映的却是结果，遇到这种情况要认真辨析。

考点 再拔高

▼ “文章内容的概括和分析”设题五大雷区

(1)曲解文意，无中生有

这是命题者抛出频率最高的圈套。命题者在选项中错误地解释原文中的关键词语，把好说成坏，把小错说成大错，把想法说成行动等，无中生有地提供一些于文无据的信息，从而造成干扰。

(2)张冠李戴，移花接木

命题者编制试题时，故意把张三的事加到李四头上，或把张三在不同时间、不同地点、不同官职上做的事搅乱混编在一起，造成干扰，引起误解。

(3)强加因果，牵强附会

命题者无来由地从甲事扯到乙事，在它们中构成因果关系，使考生思维混乱。

(4)以偏概全，言过其实

文中的主人公本来只有某一方面的缺点或某一件事做得勉强可以，但题干中却将其全盘否定或过高褒扬；或本来只有几个人对之赞成或反对，却说成全部赞成或反对。

(5)时序错乱，地点不合

命题者故意把事情发生的时间顺序颠倒，或把人物行为、事件发生地点弄混。针对这种问题，考生要特别注意选项中的时间词语，并与原文比对，厘清人物在何时做了什么事。还要注意比对选项中人物行为、事件发生的地点与原文是否一致。

考点 2 文言句子的翻译

[题目示例]

把文中画横线的句子翻译成现代汉语。(6分)

(1)愿树木者予之谷，不籍识其姓名，卒亦不视其功，而所活不可胜记矣。

(2)而受施者必尽力焉，不可以苟，盖天理之在人心，有不能已也。

答案：(1)愿意种树的人给他们谷物，不登记他的姓名，最终也不看他的功劳大小(就给了他谷子)，因此救活的饥民多得数不胜数。

(2)那些接受救济的人一定是尽力种树，不随便应付了事，大概是世人心中都存有天理，(善心好事)不会停止吧。

[解题秘籍]

1. 翻译的标准

文言文翻译的基本要求是：“信”“达”“雅”。

(1)如何达到“信”的要求

要达到文言文翻译“信”的要求，首先要忠实原文，不凭主观好恶随意增减意思，其次还要注意以下几方面的问题：

①注意古今词义、色彩的变化。

例如：先帝不以臣卑鄙，猥自枉屈，三顾臣于草庐之中。（色彩变化）

②注意词类活用现象。

例如：一狼径去，其一犬坐于前。（名作状）

③注意有修辞的语句的翻译。

例如：臣以为布衣之交尚不相欺，况大国乎？（借代）

④注意有委婉说法的语句的翻译。

例如：生孩六月，慈父见背；行年四岁，舅夺母志。

⑤注意并提句的翻译，要分开表述。

例如：若有作奸犯科及为忠善者，宜付有司论其刑赏。

(2)如何做到“达”的要求

文言文翻译除了要忠实原文，准确翻译外，还要做到意思明白易懂，不含糊不费解；语句通顺流利，衔接紧密，过渡自然。这就要处理好以下两方面的问题：

①符合现代汉语的表达习惯。②注意古代汉语的特殊句式：省略句、倒装句和被动句。

(3)如何做到“雅”的要求

“雅”是对译文较高层次的要求。它要求译文在信实通顺的基础上能表达得生动、优美，再现原文的风格神韵，即译文语言的艺术性。要求锤炼译文的语言，以再现原文的语言风格，保持原文的语言特色，使译文的语言鲜明生动，惟妙惟肖，在表达上达到尽善尽美的境地。

例如：沙鸥翔集，锦鳞游泳。

译文一：沙鸥飞散开去又停歇拢来，鳞片闪光的大鱼游来荡去。

译文二：自在的沙鸥飞翔群集，美丽的鱼儿游来游去。（以对偶句来翻译，情调风格与原文相近，因此比较合乎“雅”的要求。）

2. 翻译“八字诀”

(1)留

专有名词、国号、年号、地名、人名、物名、职称、官名等，可照录不翻译。

例如：“陈胜自立为将军，吴广为都尉。”“将军”和“都尉”都是官名，照录不翻译。

(2)调

翻译时，有些句子（主谓倒装、定语后置、宾语前置等）的词序需要调整。

例如：“甚矣，汝之不惠！”可以调整为“汝之不惠甚矣”的形式。

(3)选

选用恰当的词义翻译。文言文中一词多义的情况比较常见，因此选用恰当的词义进行翻译，是文言文翻译的难点。

例如:“三顾臣于草庐之中。”这里的“顾”是一个多义词,有多种解释:回头看、看、探问、拜访、顾惜、顾念、考虑,在本句中用“拜访”最为恰当。

(4)扩

一是把文言文中的单音节词扩为同义的双音节词或多音节词,二是对一些言简意丰的句子,翻译时,要扩展其内容,把意思表达清楚。

(5)删

删去不需要翻译的词。

例如:“夫战,勇气也。”这里的“夫”为发语词,翻译时应该删去。

(6)补

翻译时应补出省略的成分。

例如:“日初出大如车盖,及日中则如盘盂。”翻译时在“如盘盂”前补出形容词性谓语“小”。

(7)换

翻译时应把古词换成现代词。

例如:“每岁京尹出浙江亭校阅水军。”这里的“岁”应换成“年”。

(8)意

文言文中的比喻、借代、引申等意义,有时直译会不明确,应用意译。

例如:“秋毫不敢有所近”不能直译为“连秋天里野兽的毫毛也不敢接近”,应意译为“连最小的东西都不敢占有”。

记忆有妙招

文言文翻译歌诀:

读文看题,领会大意。观照前后,揣摩句意。每个词语,尽量直译。国年官地,保留不译。

单音词语,双音换替。补出省略,删去无义。遇到修辞,辅以意译。固定结构,明确对译。

调整倒装,现代语序。译后检查,认真仔细。带回原文,检查仔细。通达完美,翻译完毕。

真题面对面

1.[2021年1月杭州小学,基础知识与阅读,10分]文言文阅读。

【甲】

欧阳文忠公屡乞致仕

欧阳文忠公屡乞致仕。门人因间言曰:“公德望为朝廷倚重,且未及引年,岂容遽去?”公答曰:“修平生名节为后生描画尽,惟有早退,以全晚节,岂可更俟驱逐乎?”

初,公在亳①,已六请致仕,比至蔡②逾年,复请。四年,以观文殿学士、太子少师致仕。

【注】①亳:亳州。②蔡:蔡州。

【乙】

祭欧阳文忠公文(节选)

夫事有人力之可致,犹不可期,况乎天理之溟漠[①],又安可得而推?

惟公生有闻于当时,死有传于后世,苟能如此足矣,而亦又何悲!如公器质[②]之深厚,智识之高远,而辅学术之精微,故充于文章,见于议论,豪健俊伟,怪巧瑰琦。其积于中者,浩如江河之停蓄;其发于外者,烂如日星之光辉。其清音幽韵,凄如飘风急雨之骤至;其雄辞闳辩,快如轻车骏马之奔驰。世之学者,无问乎识与不识,而读其文,则其人可知。

【注】①溟漠:幽暗寂静,这里是渺茫的意思。②器质:才能、度量和品质。

(1)解释画线词的意思。

①屡乞致仕 致仕:

②夫事有人力之可致 可致:

(2)关于以下翻译和赏析,错误的一项是(　　)

A. 乙文中"苟能如此足矣,而亦又何悲!"的意思是"如果能够这样就足够了,还有什么可悲伤的呢?"

B. 甲文中可看出欧阳文忠公是一个淡泊名利,有自知之明的人。

C. 乙文主要善用比喻,句式骈散错落,并且注重音韵变化,读来声调起伏顿挫。

D. 乙文主要褒扬欧阳文忠公虽然仕途崎岖,但不畏不屈,忠于国家的政治道德。

(3)以下不是赞美欧阳文忠公的一句是(　　)

A. 公德望为朝廷倚重。

B. 况乎天理之溟漠,又安可得而推?

C. 世之学者,无问乎识与不识,而读其文,则其人可知。

D. 其积于中者,浩如江河之停蓄;其发于外者,烂如日星之光辉。

参考答案:(1)①致仕:交还官职,即退休。②可致:可以做到,可以完成。

(2)D。D项,"虽然仕途崎岖,但不畏不屈,忠于国家的政治道德"并没有在乙文中体现。乙文主要描写的是欧阳文忠公的文采斐然、智识高远。

(3)B。A项,赞美欧阳文忠公德高望重,为朝廷倚重。B项,该句翻译为"何况天意渺茫难明,谁又能够推知呢",不是赞美欧阳文忠公的。C项,赞美欧阳文忠公的文章写得好,人品高。D项,赞美欧阳文忠公胸有丘壑,文章耀目。

2. [2021金华、绍兴诸暨中小学,单,4分]阅读下面的文言文,完成(1)~(4)题。

王裒[①],字伟元,城阳营陵人也。祖修,有名魏世。父仪,高亮雅直,为文帝司马。东关之役,帝问于众曰:"近日之事,谁任其咎?"仪对曰:"责在元帅。"帝怒曰:"司马欲委罪于孤邪!"遂引出斩之。

裒少立操尚,行己以礼,身长八尺四寸,容貌绝异,音声清亮,辞气雅正,博学多能。痛父非命,未尝西向而坐,示不臣朝廷也。于是隐居教授,三征七辟皆不就。庐于墓侧,旦夕常至墓所拜跪,攀柏悲号,涕泪著树,树为之枯。母性畏雷,母没,每雷,辄到墓曰:"裒在此。"及读《诗》至"哀哀父母,生我劬劳",

未尝不三复流涕，门人受业者并废《蓼莪》之篇。

家贫，躬耕，计口而田，度身而蚕。或有助之者，不听。诸生密为刈麦，裒遂弃之。知旧有致遗者，皆不受。门人为本县所役，告裒求属令。裒曰："卿学不足以庇身，吾德薄不足以荫卿，属之何益！且吾不执笔已四十年矣。"乃步担干饭，儿负盐豉草屩，送所役生到县，门徒随从者千余人。安丘令以为诣己，整衣出迎之。裒乃下道至土牛旁，磬折而立，云："门生为县所役，故来送别。"因执手涕泣而去。令即放之，一县以为耻。

乡人管彦少有才而未知名裒独以为必当自达拔而友之男女各始生便共许为婚。彦后为西夷校尉，卒而葬于洛阳，裒后更嫁其女。彦弟馥问裒，裒曰："吾薄志毕愿山薮，昔嫁姊妹皆远，吉凶断绝，每以此自誓。今贤兄子葬父于洛阳，此则京邑之人也，岂吾结好之本意哉?"馥曰："嫂，齐人也，当还临淄。"裒曰："安有葬父河南而随母还齐！用意如此，何婚之有！"

北海邴春少立志操，寒苦自居，负笈游学，乡邑佥[2]以为邴原[3]复出。裒以春性险狭慕名，终必不成。其后春果无行，学业不终，有识以此归之。裒常以为人之所行期于当归善道，何必以所能而责人所不能。

及洛京倾覆，寇盗蜂起，亲族悉欲移渡江东，裒恋坟垄不去。贼大盛，方行，犹思慕不能进，遂为贼所害。

【注】①裒：读作póu。②佥：皆。③邴原：汉末学者。

(1)下列对画线句子断句正确的一项是(　　)

A. 乡人管彦/少有才而未知名/裒独以为必当自达/拔而友之/男女各始生便共许为婚。

B. 乡人管彦/少有才而未知名/裒独以为必当自达/拔而友之/男女各始生/便共许为婚。

C. 乡人管彦/少有才而未知名/裒独以为必当自达/拔而友之/男女各始生便/共许为婚。

D. 乡人管彦少有才而未知名/裒独以为必当自达/拔而友之男女各始生便共/许为婚。

(2)下列加点词语的词类活用与例句不相同的一项是(　　)

例句：裒乃下道至土牛旁

A. 及洛京倾覆，寇盗蜂起　　B. 母没，每雷，辄到墓曰

C. 计口而田，度身而蚕　　D. 示不臣朝廷也

(3)下列句式与例句相同的一项是(　　)

例句：裒少立操尚，行己以礼

A. 王裒，字伟元，城阳营陵人也　　B. 犹思慕不能进，遂为贼所害

C. 知旧有致遗者，皆不受　　D. 今贤兄子葬父于洛阳

(4)下列句子中全都说明王裒注重亲情的一项是(　　)

①每雷，辄到墓曰："裒在此。"　②未尝西向而坐，示不臣朝廷也。

③辞气雅正，博学多能。　④于是隐居教授，三征七辟皆不就。

⑤因执手涕泣而去。　⑥攀柏悲号，涕泪著树，树为之枯。

A. ④⑤⑥　　B. ②③⑤　　C. ①③④　　D. ①②⑥

参考答案：(1)B。原文画线句子的大意为：同乡人管彦自幼有才能却不被人知，唯独王裒认为他必

定会声名显达。在众人中择他为友，正值两人的儿女刚出生，于是共同约定结为儿女亲家。故选B。

(2)A。例句中的“下”是名词活用为动词。A项，“蜂”是名词作状语，像蜜蜂一样。B项，雷：名词作动词，打雷。C项，田：名词作动词，耕田。D项，臣：名词作动词，侍奉。

(3)D。例句为状语后置句。A项是判断句，B项是被动句，C项为省略句，D项是状语后置句。

(4)D。③句说的是王裒的气度、才学，⑤句说的是师生情。根据排除法，选D项。

第三节 现代文阅读

一、文学类文本阅读与鉴赏 【现代文阅读】★★★

文本类型一：小说

1. 小说三要素

人物形象、故事情节、环境描写是小说的三要素。情节一般包括开端、发展、高潮、结局四部分，有的还包括序幕、尾声。环境包括自然环境和社会环境。

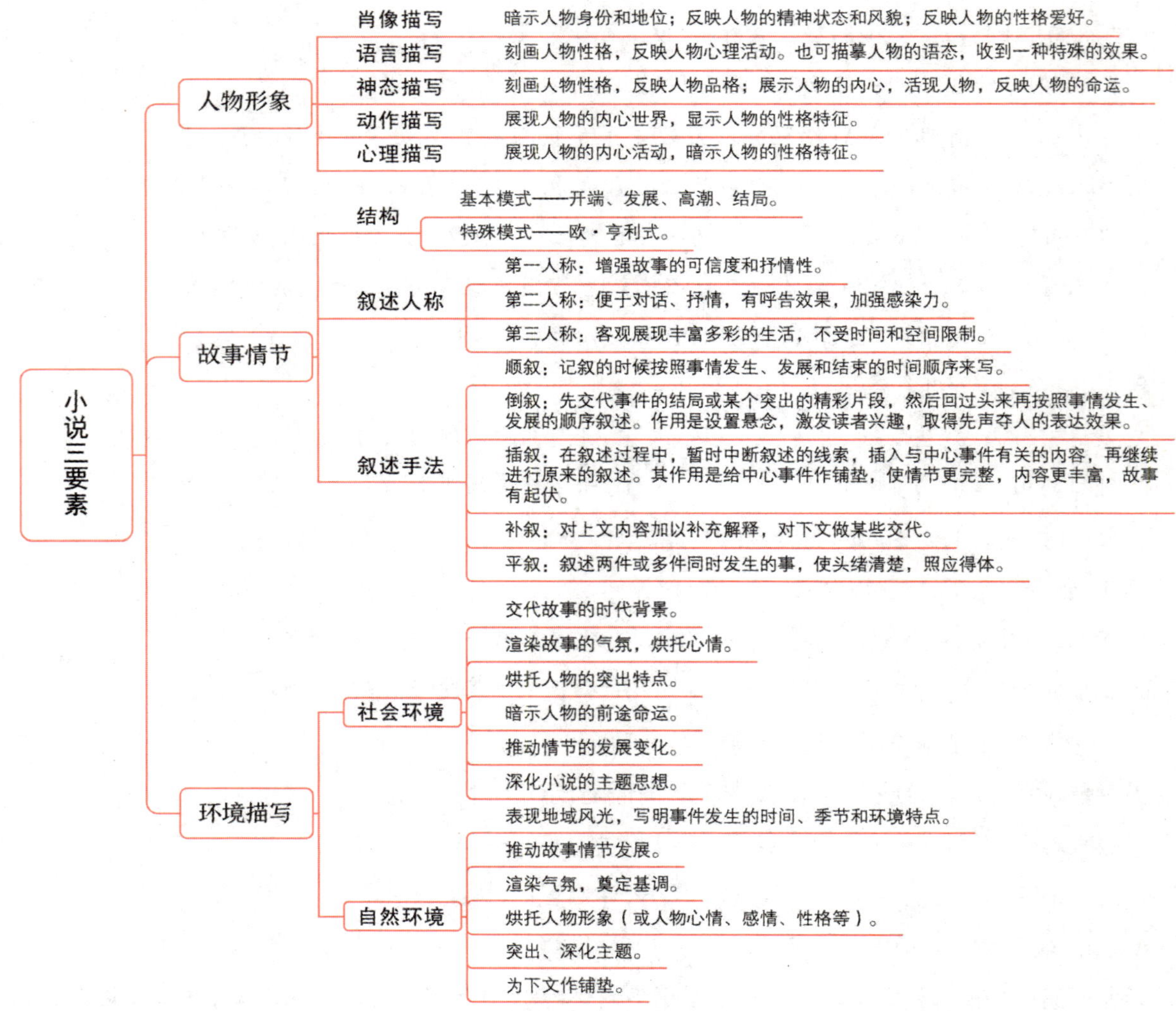

2. 阅读小说“四步法”

(1)粗读。了解小说写了一个怎样的故事。

(2)精读。把握小说塑造了一个怎样的人。

(3)研读。分析小说采用了怎样的艺术手法。

(4)总结。概括小说表达了怎样的主题。

[文本示例]

阅读下面的小说,完成问题。

逃　跑

铁　凝

①二十多年前,老宋从北部山区来到这个城市,这个剧团。

②老宋在团里的任务是传达、收发,兼烧一个开水锅炉。水烧开,老宋站在当院,亮起大嗓喊:“水开了!”老宋所站的当院,正是这团一面为办公楼,一面为宿舍楼,一面为排练场的三面合围的中心地带。老宋一喊,果然人们都坐不住了,即使有的人家暖瓶正满着,老宋的喊也会让他们心动地再去打上一壶——端回家可以把脏污的下水道冲冲,开水冲油污,有劲儿。再说,老宋的喊里是有称谓的,这称谓似更能激起人们对开水的热情。为了这称谓,老宋还颇费了心思:将全团干部演员职工家属统称为老师,这个称谓谁都不反感,无亲疏远近之嫌,无厚此薄彼之意。

③份外的事老宋也没少做。五楼的人们说,老宋,帮我把这罐煤气扛上去吧。三楼的人们说,老宋,我买的沙发来了,你给搭把手吧。一楼的妇女喜欢织毛衣,就喊,老宋,给我架着毛线。

④他沉默寡言的时候居多。唱小生的老夏算是老宋的好友,他只向老夏说一些家事。他的闺女,嫁的是一个更穷的地方的懒人。前几年那人忽然扔下老宋的闺女以及一个刚满月的孩子走了,不知去了哪里。闺女的日子很难,处处得老宋接济。

⑤光阴像箭一样。老夏要退了,老宋也更老了。他开始出错,但这团的人们念着他的为人和孤单,没有辞退他。直到有一天,老宋的腿不争气地真出了大毛病。老夏用自行车驮着老宋去医院,医生检查后说尽快手术吧,保腿要紧。老宋问得多少钱,医生说,一万五左右。老宋对老夏说,咱们回去吧。

⑥老夏走家串户,挨门敛钱,为老宋筹集到一万五千八百六十二元人民币。老宋激动得说不出话来,身子像坠入云中。老宋数了一夜钱,即便一张两块的旧票,压在掌上也沉甸甸的。老宋数完钱就开始想心事,难道真的要把刚刚数过的这些东西都扔给医院吗?他决心不再相信这条肿得檩梁似的腿是条病腿,为了证实自己的见解,他做起了演员练功的高难动作,形态虽然怪诞,却是悲壮。这些动作将老宋折腾得激动不已,直到他稀哩哗啦摔在地上。

⑦传达室的灯亮了一夜。

⑧第二天,老宋从这个剧团和这个城市消失了。

⑨老夏终于气愤起来,团里的老师们也气愤起来,老宋的不辞而别显然是愚弄了他们。老夏想起当年老宋来是靠了一个亲戚的介绍,那亲戚住本市。亲戚说,不瞒你说,他回老家第二天就去县医院把腿锯了,

那儿便宜,两千不到。剩下一万多又有什么不好?一个乡下人,又是穷闺女,又是穷外孙。老夏没有再矫情,只是愤怒难平,疑惑难平。

⑩不久,团里有人从北部山区演出回来,告诉老夏说在新开发的一个旅游景点看见老宋了,老宋坐在一个小铁皮房子里卖胶卷。老夏决心去亲眼目睹那逃逸的老宋之现状,用这亲眼目睹来刺激起对方的尴尬、难堪和愧疚。

⑪他很快就发现,在一个小铁皮屋子旁边,老宋拄着双拐,正指挥一个健壮的年轻人卸货,左腿那儿空着。老夏心中涌上一股酸涩,一时竟想不好到底该不该去和老宋打招呼。

⑫老宋也看见了老夏,木呆呆地愣在那里。突然间,老宋撒腿便跑,他那尚是健康的右腿拖动着全身,拖动着双拐奋力向前;他伛偻着身子在游人当中冲撞,如一只受了伤的野兽;他的奔跑使老夏眼花缭乱,恍惚之中也许跟头、旋子、飞脚全有,他跳跃着直奔一条山间小路而去,眨眼之间就没了踪影。

(有删改)

考点 1 分析情节结构类

[题目示例]

小说第②~④段对全文情节展开有什么作用?请具体说明。(6分)

参考答案:①表现老宋稳重、勤快,为下文团里不辞退他以及为他捐款作铺垫;②交代他和老夏的友谊,为下文老夏帮助他作铺垫;③交代老宋家境的困难,为下文逃跑提供情节依据。

[解题秘籍]

1. 答题思考角度

(1)思考结构方面的作用

照应前文;引出下文;承上启下;贯穿全文;设置悬念,埋下伏笔;为后面情节作铺垫,推动情节发展,使情节曲折生动;等等。(答题关键术词:照应、悬念、伏笔、铺垫)

(2)思考内容方面的作用

①突出/交代人物活动的环境,使环境更具典型性;

②揭示/暗示了……的主题,深化主题,突出主题,丰富主题;

③塑造……的人物形象,表现了人物……的性格或精神,刻画了人物……的心理,使人物形象更加丰满;

④设置悬念,吸引读者注意力,引起读者的阅读兴趣,引发读者思考。

2. 答题"两步骤"

第一步:通读全文,确定位置。

找出相关情节在小说中的位置,根据所在位置,思考该情节的作用。

第二步:确定角度,找出对应内容。

解答"情节作用"题需要从上面所讲的结构角度和内容角度(环境、人物、主题、读者感受)思考,从文中找出对应内容进行分析。

考点 2 赏析人物形象类

[题目示例]

请结合全文简要概括并分析老夏的人物形象。(4分)

参考答案:①热情善良。起初,老宋的腿出了毛病,老夏亲自带他去医院;后来,看到老宋"左腿那儿空着",老夏心中涌上一股酸涩,也没有执意去质问他。②乐于助人。老宋的腿出了大毛病,老夏用自行车驮着老宋去医院。老宋没钱治腿,老夏走家串户,挨门筹钱。

[解题秘籍]

1. 答题思考角度

(1)思考对情节的作用

分析主要人物在小说中的作用,应首先考虑其与小说情节的关联性,因为人物形象的塑造和性格的形成,都与情节密切相关,人物的一言一行,都对情节起着推进作用。

(2)思考对主题的作用

分析主要人物形象的作用,必须考虑小说的主题,因为小说的目的就是通过塑造人物形象(尤其是主要人物形象)表现主题,这是作者塑造人物最根本的用意。

(3)思考对社会的作用

分析人物形象的社会意义,结合社会现实深切理解作品中的人物对当代社会的思想产生的影响或起到的作用,体会人物形象的艺术价值给人们带来的某种启示,这是作品真正的写作意图。

2. 答题"两步骤"

第一步:审题干,明题型。

根据题干中的关键词确定是指定语段分析还是整体分析。一般来说,指定语段概括分析题题干中都明确指出了"×段""×句话"等关键词,整体概括分析则直接要求分析"××形象"。

第二步:读文章,作分析。

在整体把握情节的前提下细读所给文字,要分清是哪类(些)描写(语言/动作/外貌/心理),厘清其中的层次,抓住其中的关键词语。看看在这一部分之前或之后发生了什么,哪些情节与这些描写有关系,从而揣测出人物的内心活动。

考点 3 赏析环境描写类

[题目示例]

赏析第②段画横线句子的社会环境对情节发展描写的作用。(4分)

参考答案:①交代了老宋在剧团工作的重要性,突出老宋勤劳、稳重的性格特点;②推动情节的发展,为下文大家为老宋捐款作铺垫。

[解题秘籍]

1. 答题思考角度

(1)交代人物活动及其成长的时代背景,揭示各种复杂的社会关系。

(2)交代人物身份,表现或影响(决定)人物性格。

(3)揭示社会本质特征,揭示主题。

(4)推动情节发展,为下文作铺垫。

2. 答题"三步骤"

第一步:明定位。

找到描写环境的语句,分析是自然环境描写还是社会环境描写。关注人物活动的场所、人物之间的关系、人物的身份、人物的对话、情节发展过程以及写作时间等。

第二步:善组合。

根据找出的句段,重新组合画面并在脑海中再现画面,想象、品味画面的整体特色。

第三步:巧概括。

具体分析所写环境的特点,用几个形容词准确概括环境的特点。

考点 4 分析人物心理类

[题目示例]

文中画波浪线的两处,分别表现了人物什么样的感情?(4分)

参考答案:①为证明自己的腿并非病腿而兴奋,为能够省下一大笔钱而兴奋。②对老宋真的失去一条腿而充满同情。

[解题秘籍]

1. 答题思考角度

(1)设身处地地替小说中的人物着想,此时此刻,小说中的人物做了什么,小说中的人物为什么要这样做、这样说、这样想,是在什么情态下做的。答题时你就是一位心理分析大师,要做好对小说人物内心的具体分析工作。

(2)充分考虑人物内心活动的复杂性和情感的丰富性。

2. 答题"两步骤"

第一步:瞻前顾后。

结合上下文,看看在这一语段之前或之后发生了什么,哪些情节与这些描写有关系,从而揣测出人物的内心活动。

第二步:分清描写,抓关键词。

在整体把握情节的前提下细读所给文字,要分清是哪类(些)描写(语言、动作、外貌等),理清其中的层次,抓住其中的关键词语。

考点 5 探究情节安排类

[题目示例]

对于老宋的不辞而别,老夏是怎样的态度?这样安排对表现主题有何作用?(5分)

参考答案:对于老宋的不辞而别,老夏愤怒而疑惑,要找到他,要亲眼看到他的愧疚。这样安排可以引发读者思考,从友谊、人性和道德的高度深化了主题。

[解题秘籍]

1. 答题思考角度

(1)思考情节自身前后的关联性。

(2)思考情节安排是否符合人物性格特征及其发展变化的轨迹。

(3)思考情节安排是否有利于表现主题。

(4)思考情节安排是否合乎作家作品风格或生活逻辑。

2. 答题"两步骤"

第一步:审读题目要求。

确定是就作品的局部情节设题的,还是就整篇作品构思设题的;是否明确了具体的手法。

第二步:确定思考的方向。

若题干没有明确具体手法,就依据"情节结构手法+结合文本具体内容分析+表达效果"的答题格式解答;若题干明确具体手法,就依据"结合文本具体内容分析+表达效果"的答题格式解答。

考点 6 分析文章标题类

[题目示例]

本文以"逃跑"为题的目的是什么?(4分)

参考答案:"逃跑"是全文的线索。小说中描写了老宋的两次逃跑,第一次逃跑是为了省钱接济闺女和外孙,但愧对团里的人,是两难的抉择;第二次逃跑是逃避老朋友,是良心的极端自责以及自尊受到极大伤害后的本能行为。

[解题秘籍]

1. 答题思考角度

(1)思考标题的含义或者意蕴。

(2)思考标题的作用。

2. 答题"两步骤"

第一步:理解含义。

分析标题的表面上的含义,然后分析标题的深层含义。要结合小说的故事情节、人物形象来分析。

第二步:确定作用。

从环境角度和故事情节方面分别分析其作用。如交代了什么时间,什么地点,什么故事背景,渲染了什么气氛,是不是有推动故事情节发展的作用,是不是设置了悬念,等等。

真题面对面

[2020年1月杭州中学,现代文阅读,12分]现代文阅读。

绝不回头

尹全生

①这是在塔克拉玛干沙漠边缘长大,刚刚成年的一匹公狼。它承袭了祖辈在大漠里奔袭捕杀养成

的桀骜不屈的野性，两眼闪烁着生机蓬勃、特立独行的气息和气吞山河的寒光。

②狼有昼伏夜出的习性，很少在白天出窝。可公狼不然，光天化日之下照样在荒漠上游荡。它矫健、敏捷、凶悍，那森冷凛然的目光不是在沙漠里寻找猎物，而是在扫视天空，好像它的猎物潜藏在天空哪片云朵后面，潜藏在蔚蓝色的深处。

③它在等待和寻找一只鹰。

④那是一只曾经捕杀了它的父亲，又捕杀了它的母亲的一只食狼鹰。当时公狼还在哺乳期，父母太饥饿了，光天化日之下到荒漠上觅食，它跟随在后面撒欢。突然，飞过来一只巨鹰，就是凶猛强悍、以狼和黄羊为食的食狼鹰。乌孜别里山本来没有形体巨大的猛禽，这只食狼鹰不知什么时候从什么地方落户到这里，成了塔克拉玛干沙漠边缘狼的天敌。

⑤那时，公狼还不知道食狼鹰对于狼意味着什么，站着看稀奇。

⑥食狼鹰从高空俯冲而下，箭镞般迅猛。当它意识到危险，拼命逃跑时，食狼鹰已经逼近，巨翅扇起的风飞沙走石。父亲见状猛扑过来，用身体阻挡食狼鹰的攻击。近在咫尺的食狼鹰随即改变了攻击目标，一只钢钩般的爪子抓住了父亲的后腰。父亲嚎叫着转过头，欲同天敌拼一死活。不料食狼鹰老练而迅速地伸出另一只爪子，准确无误地钩进了父亲的双眼。

⑦那一刻，公狼目睹了食狼鹰的凶猛，凶猛到没有可能抵挡。对于相对弱小的狼来说，除了被捕杀似乎再无其他选择。不久，母亲同样丧命于食狼鹰的利爪。

⑧公狼是在对食狼鹰的仇恨和恐惧中长大的，是在对父母痛苦的思念中长大的。仇恨、恐惧和思念，最终熔铸成了讨还血债的欲望。它走上了光天化日之下的荒漠，向仇敌挑战……

⑨食狼鹰终于出现了，悠闲、高傲地在天际盘旋，如同在巡视自己的领地。公狼冲着仇敌仰天发出一声宣战般的长啸，而后不紧不慢地小跑。食狼鹰一阵回旋作势后，敛翅俯冲而下，像一道黑色的闪电射向公狼。

⑩公狼开始加速，撒开四蹄向一片灌木丛狂奔，那是展示公狼全部野性和活力的狂奔。从天而降的食狼鹰还是以迅雷不及掩耳之势逼近了公狼，一只钢钩般的爪子抓住了它的后腰。公狼感到钻心的疼痛，但它没有停止狂奔，更没有像父辈那样掉转头与食狼鹰相搏。

⑪其实，对狼的攻击，食狼鹰的第一爪不是杀手，而是激发狼回头反击；当狼回头欲以死相拼时，食狼鹰才使出撒手锏——迅雷不及掩耳地将备用的利爪钩进狼的双眼。

⑫从对父母被捕杀惨痛景象的记忆中，从一次又一次同类遭捕杀血淋淋的场面中，公狼掌握了食狼鹰的伎俩。因此它克制、遏止住了自己的本能和天性，绝不回头，继续狂奔。而食狼鹰这时完全不必等待狼的回头，它完全可以用另一只爪子，抓住狼的脖颈或脑门，腾空而去。但食狼鹰墨守惯用的章法套路，固执地、坚定不移地在等待狼的回头，被狂奔的公狼拖着朝前飞。

⑬公狼已经狂奔到了灌木丛的边缘，食狼鹰还抱着胜券在握的信心在等待。公狼拖着张开翅膀的食狼鹰，狂奔进了灌木丛，食狼鹰被灌木丛撕扯成了碎片。

⑭痊愈后的公狼成了塔克拉玛干沙漠的狼王。

(1)阅读全文,完成情节图。

等待寻找仇敌→________→________→最终收获称王

(2)第⑫自然段中食狼鹰的"伎俩"具体指什么?正确的一项是(　　)

A.第一爪激发狼反击,再使出撒手锏。

B.从高空俯冲而下,箭镞般迅猛。

C.准确无误地利用利爪钩进狼的双眼。

D.抓住狼的脖颈或脑门,腾空而去。

(3)品味第⑨自然段中画线句子中加点词语的表达效果。

公狼冲着仇敌仰天发出一声宣战般的长啸,而后不紧不慢地小跑。

(4)公狼最终成了塔克拉玛干沙漠的狼王,你认为有哪些原因?先用关键词概括,再从文中找出一句,不少于三点。

(5)下列对文章的分析和理解,不正确的一项是(　　)

A.本文是微型小说,虽然篇章短小,但情节相对完整,情节设计可谓一波三折,扣人心弦。

B.小说在写公狼与食狼鹰决斗时,将公狼的狂奔与食狼鹰的从天而降写得惊心动魄,公狼的狡猾本性一览无遗。

C.塔克拉玛干沙漠、乌孜别里山山麓、丛生的灌木、漫漫的风沙……作者为故事的发展设置了一个苍凉劲美的环境,很好地突显公狼的形象。

D.微型小说必须"以小见大",即通过短篇幅展示大主题。本文明写公狼与食狼鹰之间的决斗,实则是站在人类的视角去揭示社会生活的内在意义。

参考答案:(1)父母惨遭猎杀;自信挑战仇敌

(2)A。食狼鹰猎杀狼时用第一爪激发狼反击,然后快速将备用的利爪钩进狼的双眼,致对方于死地,排除B、D两项。C项,缺少前半部分的内容。故选A。

(3)"不紧不慢"写出了公狼为了吸引食狼鹰的注意力,诱惑其进入设计的圈套,实施复仇计划的智慧。

(4)①公狼敢于改变习性,乃至改变本能,挑战自我。例如"绝不回头,继续狂奔"。

②公狼能做到知己知彼,能牢牢抓住食狼鹰墨守成规,固执不知变通的天性。例如"从对父母被捕杀惨痛景象的记忆中,从一次又一次同类遭捕杀血淋淋的场面中,公狼掌握了食狼鹰的伎俩"。

③公狼能运用智慧进行斗争,自然应该成为种族的头领。例如"公狼拖着张开翅膀的食狼鹰,狂奔进了灌木丛,食狼鹰被灌木丛撕扯成了碎片"。

(5)B。B项,"公狼的狡猾本性一览无遗"表述有误,应该是赞扬了"公狼知己知彼的战胜食狼鹰的智慧"。

文本类型二：散文

1. 散文的分类

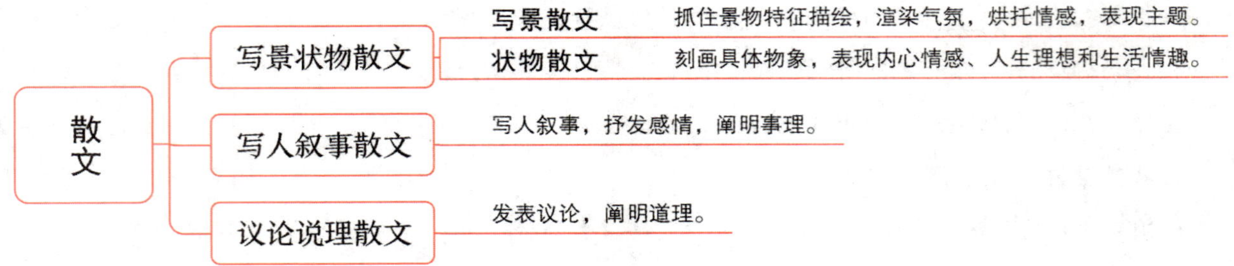

2. 阅读散文“三步法”

(1)理清文脉层次，知晓散文“写什么”

①关注标题明趋向。

散文标题，或点明写作对象，或是线索，或表明情感。关注标题，能够初步了解文章的整体趋向，从而为梳理文脉打好基础。

②由点到面分层次。

所谓“点”，即具体的自然段；所谓“面”，即大的层次。要想详尽了解文章内容，必须“点”“面”结合去梳理。

“由点”分析段落：依据每一自然段中的关键词(表过程的时间词、表关系的关联词、表倾向的情感词等)或关键句(总起句、过渡句、总结句等)理解段意。

“到面”分析层次：合并提取，总结层意。依据段落关系(总分、因果、并列等)合理合并，提取主要内容，概括出层意。

(2)分析表达技巧，弄清散文“怎样写”

表达技巧是指所有的写作技法，既含修辞手法，也有表现手法，也含表达方式，还指行文思路安排方式。

分析技巧，一要针对文本中比较重要的语段进行分析，二要依照“是何技巧→表达了什么”的一般思路分析出“怎样写”。

(3)体会写作意图，理解散文“为何写”

联系开头结尾探究写作意图。文章首尾往往会有意无意地表现或流露出作者的写作意图或情感态度，阅读时要把开头和结尾联系起来考虑，揣摩作者的写作想法是从什么地方开始的，又是到什么地方结束的。

[文本示例]

阅读下面的散文，完成后面题目。

女　织

王开岭

①古人的生活图景，一语概之：女织男耕。“夫是田中郎，妾是田中女。当年嫁得君，为君乘机杼。”田夫蚕妾、牛郎织女，乃最典型的人生单元，亦是最完美的衣食组合与温饱设计，堪称天意。“一夫不耕或受之饥，

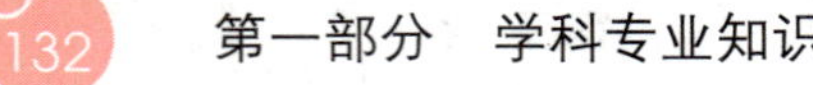

一妇不织或受之寒。”华夏先民的栖息史，五千年的村野炊烟，就这么飘飘袅袅，在“锄禾日当午”的挥汗和“唧唧复唧唧”的织声中，走到了二十世纪。

②突然，它像滴空了水的漏钟一样，停了。这个朴素的生活方程、貌似永恒的家务公式，逻辑解散了，使命结束了。城市，彻底步入男不耕女不织的“大脱产”时代；乡村，耕虽依旧，织却消匿。这是技术飞跃和社会分工之果，无可非议。

③我想说说“女织”，从人生美学的角度。对“女织”的蒸发，我略感惋惜。我指的不是生产力和生产关系的她，我看重的是“织”的情感内容和性别审美。当一位女性在为恋人、丈夫、孩子织一件毛衣、围巾或袜子时，她用手指和棒针、用密密麻麻的经纬和几个月聚精会神——所完成的仅仅是一个物吗？当然不，这更像一场无声的抒情。她用温婉和柔韧，用细腻和漫长，用遐想和劳累，实现了一桩女性独有的心愿。每一针、每一环，都是一记笔划、一个字眼，她把所有心思都织了进去，融入这件最贴身的东西里去了。这比花要美，比甜言蜜语动听，比珠宝首饰贵重。为此，她的手可能会磨茧，但她不在乎，心里甜。

④我记得年少时，中国女人的怀里都有一团毛线，须臾不离，像抱着婴儿。即便在我青春时，这个情景仍随处可见。那会儿，机器造羊毛衫已铺天盖地，但她们仍不放弃这事业。

⑤那是个不嫌“慢”的时代。那是个用手工抒情的时代。那个时代的女人，都会留下一枚标志：食指和中指的上部略显糙厚。她们是美丽聪慧的女人，多情而勤奋的女人，懂得“织”的元素和成分，懂得“亲手”的含义，懂得用“繁琐”“辛苦”构造一件贴身之物意味着什么。她们享受这个过程，感动别人，也感动自己。一梭一缕一寸痴，丝丝编就阳春意。如果说，上天派给男性的差事是果腹，那女人的角色则是暖身。除了生育，“织”即成了古代女子最大的事业。乃社会事业、生计事业，亦是婚姻事业、情感事业。

⑥织的背后，你总隐约看到那个字：情。无论春染梢头的豆蔻、贤妻良母的人妇，还是离愁黯景的痴妾、发婚姻牢骚的怨女，手中都有一情感道具：飞梭、织机或绣针。“迢迢牵牛星，皎皎河汉女。纤纤擢素手，札札弄机杼。”“调梭辍寒夜，鸣机罢秋日。良人在万里，谁与共成匹。”而在《孔雀东南飞》中，有一段自白：“十三能织素，十四学裁衣，十五弹箜篌，十六诵诗书，十七为君妇。”这是一个普通少女的成长简历和才艺档案。蚕、织、裁、缝、绣——乃天下女子的技能必修课。即便家境再优，凤娇名媛，顶多免去蚕纺之苦，纤绣之灵则不可少。

⑦我觉得这是人生美学，乃女性的主动选择和天赋所赐，乃女性灵魂之闪光。织的衣、纳的袜、绣的巾，可浸的是情、是意，是对生活的憧憬和幸福感。密密麻麻的线脚、纤巧灵盈的游走，织就的是女子的美和美德。所以，以织品传情递意，作媒介和信物，即成了女子专利，成了流传几千年的红颜技巧。直至八十年代末，我在乡下还遇见过那种瑰丽的手绣鞋垫，按说，鞋垫这种藏匿至深、最难公开的东西，即使绣上鸳鸯牡丹，又有何用呢？当然有用。

⑧我一直觉得，女子一生总该织点什么，否则有遗憾。不为别的，就因她是妻子、是母亲，一个男人、一个孩子，身上若无一件由家中女性亲手完成的衣物，至少逊了一份温馨。对敏感的体质来说，灵魂会觉微凉罢。

⑨过去常用一词夸赞女子：心灵手巧。现代女性心灵绰余，手却未必巧了。逢搬家或整理橱柜，总会翻

出几件旧时的毛衣，皆母亲所为。每次太太都赞叹：织得真好，像工艺品！虽穿的机会少，可总舍不得扔。我知道，这些东西再难复制了。母亲很聪明，儿时总变着花样给我们兄弟添毛衣，每年的流行款和图案，只要大街上有，她瞅几眼就会了。母亲这辈子织了多少件衣物？数不清，至少上百件吧。母亲年龄大了，眼花了，织得便少了。几年前，春节回家，母亲说，这是她最后一件线活了，留给孙子们。第二年春节，母亲却还在织，她说再织几件。

⑩一个母织的故事，曾让我泪流满面。这是2006年一则新闻，题目是：《骨癌妈妈临终为儿子织好25岁前所有毛裤》。吉林白山一位家境贫寒、以烙煎饼为生的母亲，得知自己患绝症后，15个月里与死神赛跑，终于为9岁儿子织完了25岁前需要的所有毛裤，看着那幅照片，一个小小的孩子守着遗像，床上一排排长短不一的毛裤，我流泪了。也许，这位母亲想的是，等儿子25岁时，就能穿上另一个女人织的衣物了吧？

⑪只是她的这个美好“织愿”能实现吗？

（有删改）

考点 1 分析行文思路类

[题目示例]

请简要梳理文章的思路。(3分)

参考答案：①首先点出“女织男耕”的生活图景，并作简要阐发。②从情感和美学的角度，表达对“女织”的赞美，对当下“女不织”的惋惜。③以两位母亲为例，表达对“女织”灵魂的赞美，及对当下“女织”消逝的遗憾。

[解题秘籍]

1. 答题思考角度

(1)划分层次：给全文划分层次，归纳层意，根据事件发生发展的各个阶段，梳理出明确的结构思路。

(2)寻找线索：思路是作者思维的轨迹，如能找出贯穿全文的线索，就能很快理清文章思路。

(3)心理词(感情词)组合：首先要结合文本的层次或线索，然后以心理(感情)变化为突破口，用心理词(感情词)串起合理的先后顺序。有的心理词(感情词)可从原文中检索，有的则需要自己概括加工。

2. 答题“三步骤”

第一步：审读题干，把握要求。

根据题干中的关键词，确认题目是要求直接梳理行文思路，还是要求梳理人物心理(感情)变化。

第二步：通读全文，梳理结构。

根据题目要求和文本具体内容，或侧重划分层次找寻线索，或侧重梳理心理(感情)变化。梳理时要注意勾画圈点关键词或关键句，尤其是梳理心理(感情)变化，更要注意提炼出心理词(感情词)。

第三步：分条陈述，规范作答。

模式一(采用表次序的词语表述)：文章围绕××(线索)，首先写了××，其次写了××，最后写了××。

模式二(采用分条表述)：①写××；②写××；③写××；④全文整体上写××。

考点 2 分析句段作用类

[题目示例]

文章第①段在全文中有何作用？请简要分析。(3分)

参考答案：勾勒出“女织男耕”的美好图景，引出了下文对“女织”消逝的反思及惋惜，表达了对“女织”的肯定和赞美，并与下文“男不耕女不织”的生活形成对比，表达了对“女织”消逝的惋惜和遗憾。

[解题秘籍]

1. 答题思考角度

虽然不同位置的句段在文中的作用有所不同，但解答此类题均应从内容、结构、表达技巧和读者几方面入手。

(1)思考内容、主题

内容角度就是要考虑该内容在人物刻画、情感表达、基调奠定等方面的作用。主题角度可考虑对主题强化、深化、突出、揭示等作用。

(2)思考结构、思路

结构角度可考虑设置悬念、作铺垫、伏笔照应、首尾呼应、结构完整、承上启下等作用。思路角度可考虑暗示、揭示了什么样的思路等作用。

(3)思考表达技巧

不是所有的句段都有表达上的特点。如果特点较突出，则要从技巧出发考虑渲染气氛、画龙点睛、对比衬托、象征等作用，也要注意表达技巧自身的作用。

(4)思考读者情感或心理

从这个角度可考虑加深印象、激发情感、产生共鸣、深受启发、发人深思、催人想象、回味不尽、想象无穷等作用。

2. 答题“两步骤”

第一步：明确句段位置，读懂句段内容。

因为不同位置的句段在文中的作用有所不同，所以明确句段位置就显得特别重要，而读懂句段内容又是分析句段作用的前提。

第二步：确定分析角度，结合文本分析。

依据句段位置，确定对句段作用分析的角度，然后结合文本具体内容分析作答。

考点 3 文章主旨归纳概括类

[题目示例]

文章表达了哪些复杂而微妙的情感？请简要分析。(2分)

参考答案：讴歌了“女织”中暗藏的女性的闪光灵魂；对男耕女织的朴素生活突然消匿的惋惜与留恋。

[解题秘籍]

1. 答题思考角度

(1)分析关键

对文章的中心而言,文章标题、开头、结尾,文中的抒情议论句、某些情感倾向明显的描述词句等,或直接表露情感和观点,或暗含中心意思,都是关键信息,抓住了这些关键信息,就抓住了文章主旨。

(2)串联层意

先归纳每段或每层的意思,再将每段(层)的中心联系起来,在整体上找出它们表达陈述的集中点,从而概括出文章的主旨。

(3)因文而异

①写人叙事类:什么人,什么事,表达了什么精神、人格。要对人物作出评价,或揭示评价事件的意义,或从人物、事件中生发出对人生等问题的感悟和认识。

②写景状物类:写了什么景、物,抒发了什么感情或阐发了什么哲理。

③议论说理类:通过摆事实讲道理,表明了什么观点。

2. 答题"三步骤"

第一步:审清题干,明确概括指向。

关键是明确概括对象是什么以及指向对象的哪一方面信息(原因、结果、作用、意义、影响、方式、特点、情感等)。

第二步:理清思路,检索概括区间。

概括指向信息,要确保不遗漏要点,厘清全文思路,明确要概括的信息在哪里。

第三步:提炼加工,整合答案要点。

在确定信息存在的区间后,要逐段提炼加工,分类整合。

考点 4 鉴赏表达技巧类

[题目示例]

请赏析文中画波浪线的句子。(4分)

(1)突然,它像滴空了水的漏钟一样,停了。

(2)对敏感的体质来说,灵魂会觉微凉罢。

参考答案:(1)运用比喻的修辞手法,表现了作者对男耕女织的朴素生活突然消匿的惋惜与留恋。

(2)对于善感的心灵,消失的"女织"让人感觉不到温馨和幸福,让人遗憾。

[解题秘籍]

1. 答题思考角度

作答此类题目时,首先要思考运用的表达技巧,再结合文章内容分析。常用的表达技巧如下:

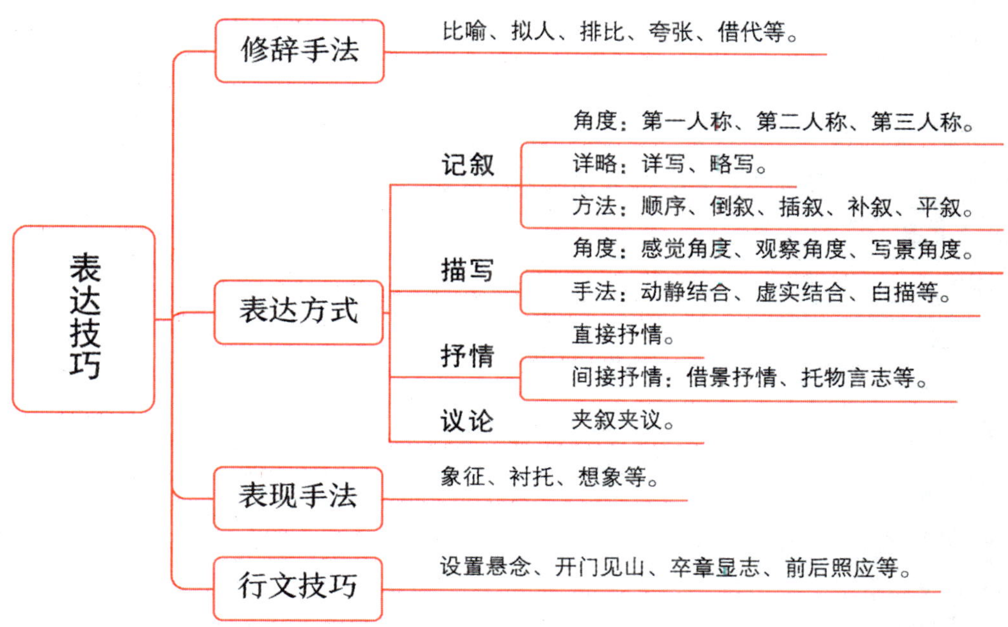

2. 答题“三步骤”

第一步：指出手法。

指出要分析的部分运用的是哪一种手法。

第二步：具体分析。

结合具体内容，分析这种表达技巧在文中是怎样运用的。

第三步：概括效果。

根据自己对相关知识的积累，结合具体的内容，将此种手法的表达效果加以说明，并注意联系主题思想。这是最重要的一环，有时可与第二步合并。

考点5 个性化探究类

[题目示例]

社会发展到今天，无论城市还是乡村，“女织”都基本消失。请针对“女织”的蒸发，发表你的看法。（4分）

参考答案：示例1：随着社会的发展、生产力的提高和人们生活方式的变化，女织的消失是必然的。尽管女织里含蕴着美好的情感，但我们应该认清时代的新潮流、新趋势。

示例2：不论时代如何发展，以女织为代表的情感之美都不该消失。物质越丰足，我们越需要精神的支撑。

[解题秘籍]

1. 答题思考角度

（1）文本角度

要从文本中抽取语句，提炼认识与启示。

(2)个人角度

要结合自己的理解去分析。

(3)社会角度

作为一个社会人，应当具备社会意识，为社会做些什么，要有社会担当精神。

2. 答题“三步骤”

第一步：提信息。

根据题干关键信息确定探究的角度。

第二步：找文本。

结合文本内容进行分析。

第三步：深探究。

结合自己的理解进行探究。

真题面对面

[2021台州(北片)小学，鉴赏题，9分]现代文阅读。

带白蘑菇回家

毕淑敏

①妈妈爱吃蘑菇。

②到青海出差，在幽蓝的天穹与黛绿的草原之间，见到点点闪烁的白星。那不是星星，是草原上的白蘑菇。从鸟岛返回的途中，我买了一袋白蘑菇，预备两天后坐火车带回北京。

③回到宾馆，铺下一张报纸，将蘑菇一柄柄小伞朝天，摆在地毯上，一如它们生长在草原时的模样。

④小姐进来整理卫生，细细的眉头皱了起来。我忙说，我要把它们带回去送给妈妈。小姐就暖暖地笑了，说您必须把蘑菇翻个身，让菌根朝上，不然蘑菇会烂的。草原上的白蘑菇最难保存。听了小姐的话，我让白蘑菇趴在地上，好像晒太阳的小胖孩儿，温润而圆滑地裸露在空气中。

⑤上火车的日子到了。小姐帮我找来一只小纸箱，用剪刀戳了许多梅花形的小洞，把白蘑菇妥妥地安放进去。

⑥进了卧铺车厢，我小心翼翼地把纸箱塞在床下。对面一位青海大汉说，箱子上捅了那么多的洞，想必带的是活物了。小鸡？小鸭？怎么没听见叫？天气太热，可别憋死了。

⑦我说，带的是草原上的白蘑菇，送给妈妈。

⑧他轻轻地重复，哦，妈妈……好像这个词语对他已十分陌生。半晌后他才接着说，只是你这样的带法，到不了兰州，蘑菇就得烂成污水。

⑨我大惊失色说，那可怎么办？他说，你在卧铺下面铺开几张纸，把蘑菇晾开，保持它的通风。我依法处置，摆了一床底的蘑菇。每日数次拨弄，好像育秧的老农。蘑菇们平安地穿兰州，越宝鸡，直逼郑州……不料中原一带，酷热无比，车厢内闷如桑拿浴池，令人窒息。青海汉子不放心地蹲下检查，突然叫道：快想办法！蘑菇表面已生出白膜，再捂下去，就不能吃了！

⑩我束手无策。大汉二话不说，把我的白蘑菇重又装进浑身是洞的纸箱。我说，这不是更糟了？他并不解释，三下五去二，把卧铺小茶几上的水杯食品拢成一堆，对周围的人说，烦请各位把自家的东西拿到别处去放，腾出这个小桌来放小箱子。箱子里装的是咱青海湖的白蘑菇，她要带回北京给妈妈。我们把窗户开大，让风不停地灌进箱子，蘑菇就坏不了啦。大家帮帮忙，我们都有妈妈。

⑪人们无声地把面包、咸鸭蛋和可乐瓶子端开，为我腾出一方洁净的桌面。

⑫风呼啸着。郑州的风，安阳的风，石家庄的风……穿箱而过。白蘑菇黑色的血液，渐渐被蒸发了，烘成干燥的标本。

⑬终于，北京到了。我拎起蘑菇箱子同车友们告别，对大家说，我代表自己和妈妈谢谢你们！大家说，你快回家去看妈妈吧。

⑭由于路上蒸发了水分，白蘑菇比以前轻了许多。我走得很快，就要出站台的时候，青海汉子追上我，说，有一件很要紧的事，忘了同你交代——白蘑菇炖鸡最鲜。

⑮妈妈喝着鸡汤说，青海的白蘑菇味道真好！

（有删改）

(1)简要概括文章第②段景物描写的作用。

(2)赏析文中画线的句子。

(3)有人认为文章最后一段画蛇添足，显得有点多余，对此谈谈你的理解。

参考答案：(1)①点明白蘑菇的生长环境，以及白蘑菇的外形如闪烁白星的特点。②引起下文，为下文“我”采摘白蘑菇，保护白蘑菇等情节作铺垫。

(2)①运用排比的修辞手法，写出长途跋涉后白蘑菇被烘干的过程；②运用比拟的修辞手法，将白蘑菇的汁液比作血液，生动形象地写出了白蘑菇生出白膜之后的颜色和状态变化；③侧面烘托出“我”内心的焦急，想要快些把白蘑菇带回家给母亲。

(3)我认为文章最后一段没有画蛇添足。①内容上：深化主旨。母亲称赞蘑菇汤味道好，不仅体现了汤的味道鲜美，也凝聚了“我”对母亲的关爱和孝心，以及对车友们的心灵之美的赞美；②结构上：与开头段首尾呼应，照应标题，使文章结构完整。

二、实用类文本阅读与鉴赏 【现代文阅读】 ★★★

文本类型一：非连续性文本阅读

非连续性文本是相对于以句子和段落组成的“连续性文本”而言的阅读材料，以文字、统计图表、图画等形式呈现，这些材料从不同角度呈现事物或主题，单独看是完整的，合在一起又能够综合地表达意义。其特点是直观、简明、概括性强、易于比较、实用性特征明显。故在考试中，实用类文本阅读与鉴赏题常以非连续性文本作为考查重点。

1. 文本特点

(1)客观性。文本和图表承载信息内容都来源于生活，多为新闻材料，以客观叙述为主，少主观描写，叙述语言朴实，具有客观性。

（2）非连续性。文本由不同材料组合而成，结构具有跳跃性，彼此之间没有直接内在逻辑，只是在某一个主题统摄下，根据命题者意图临时组织在一起，具有典型非连续性特点。

（3）简明性。文本中有醒目的图表，便于考生从直观的图表符号中提取关键信息，进行归纳总结、比较分析，没有长篇大论，没有复杂的段落结构，目的在于把观点、事实简明阐释出来。

（4）技术性。非连续性文本阅读中要对图表文字之间的独立性与关联性进行科学解读，从阅读技术角度来说要有很强的读图、读表能力要求。

2. 常见题型技巧点拨

常见题型	答题技巧
图表分析类	①找对应，判正误。找到对应信息的流程：源信息（图表）→观察认读→分析理解→归纳概括→文字表达。 ②抓重点，看变化。图形类：重点阅读标题和简要的文字提示；表格类：关注表头中的重点栏目和数据变化。
文本分析类	①定位置。有时一个选项要涉及几则材料，要找准内容对应的位置。 ②理层次。梳理材料的层次结构，抓住中心词，归纳每个层次的主旨。 ③析正误。结合选项内容与文本材料语言表述不同的信息，具体分析正误。 ④找联系。探究型的选项要进行分析比较，找出材料的内在联系或变化规律，从而得出结论。
理解概括类	①审题干。明确简要概括和概括说明的区别。 ②找内容。找准信息内容，提取关键词，答案概括要精准。 ③要全面。通常此类题会涉及多则材料，要注意答案的全面性。

文本类型二：连续性文本

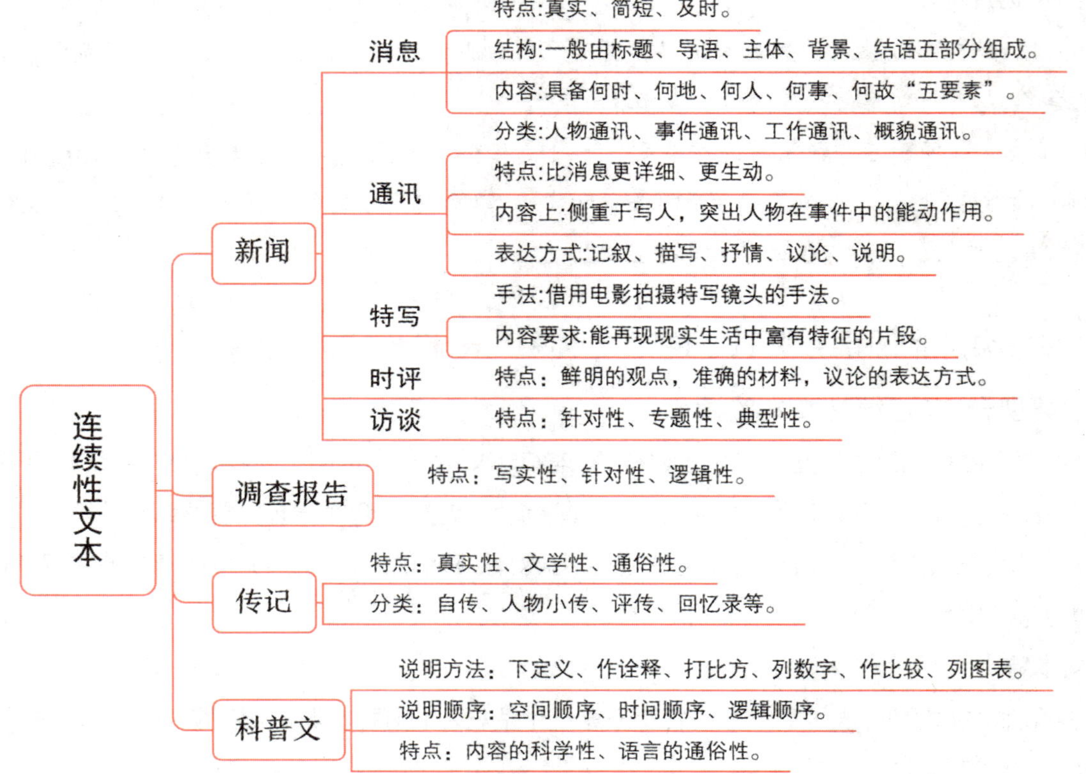

[文本示例]

阅读下面的材料，完成后面的题目。

材料一：

冰雪运动，特别是大众冰雪运动在中国的普及开展，当然离不开我们独特的文化传统。但纵观目前各地冰雪文化活动中的展演形式，一些冰雪体验的建筑、庙会和礼堂等，或是民俗风情、生活起居等文化内容，大多都停留在表象的展示阶段，同质化现象比较严重，对冰雪文化的深度发掘和个性化展示还远远不够。

对于我国地域传统冰雪文化的建设来说，就是要将地域传统冰雪文化中的文明乡风、良好家风、淳朴民风等内容做实，活化为涵盖思想文化、哲学价值、历史传承、文创开发、遗产保护等在内的新内涵。“活化”不是简单的“回归”和“复旧”，而是在传承的基础上对文化进行创造性转化，增强传统文化基因的反应活力、吸引力和生命力。

首先，要唤醒地域传统冰雪文化自觉。费孝通先生曾言，文化自觉是当今时代的要求，是生活在一定文化中的人对其文化有自知之明，并且对其发展历程和未来有充分的认知。传统冰雪文化通常是由身体演绎的，很少有单纯性的文字记载，但可通过当地民众对传统文化基因的记忆，实践还原冰雪场景，以最大限度保持冰雪文化的原始性。同时，要吸纳与其冰雪相关联、与其文化相融合的多方主体参与，形成治理联盟，站在大国文化自信和民族认同的角度，宣传传统冰雪文化的时代价值，提升保护地域传统冰雪文化的自觉性。

其次，重构地域传统冰雪文化空间。地域冰雪文化是以传统的农耕文化为基础的，以血缘、地缘、业缘关系为联结的文化形态，是村落乡土文化的优质资源。正如费孝通先生所说，泥土是乡人的生命，乡愁对中国人来说，是延绵一生的文化记忆。因此，地域传统冰雪文化的开展能有效勾起村落内居民的乡愁追思。传统冰雪项目的开展更多地依附于传统的节庆，对此，可重构地域传统冰雪文化空间，因地制宜建设乡土冰雪文化平台、冰雪陈列馆、冰雪大讲堂、冰雪民俗馆等，打造村落居民的精神家园。

最后，完善地域传统冰雪文化保护与管理政策，打造冰雪产业。村落的传统冰雪文化与居民的农业、生产和生活相关联，通常借助庙宇、祠堂、村落、建筑、生产器具等来表达文化生成的价值理念，我们应把保护、开发结合起来，地方政府要根据文物保护法制定冰雪遗产文物保护实施方案等细则，既完善地域传统冰雪文化保护政策，又促进当地经济的发展。

（选自张铁民《活化传统，赋予冰雪文化新生命》，有删改）

材料二：

我国冰雪运动历史悠久，我国北方地区生活的各民族，自古以来就开展了各项与冰雪共生共存的生产劳动和生活方式，在历史发展和变迁中，创造出了丰富多彩的冰雪运动文化。

据考古发现，我国新疆阿勒泰地区发现的距今一万年左右的岩画中，出现了“脚踏滑雪板，手持单杆滑雪人”图像，并伴有一些动物形象线条，现代阿勒泰地区的人们仍以此为雪地出行方式。这是人类发现最早的反应滑雪运动的考古资料，这个地区被学者认为是现代滑雪运动的发源地。

隋唐时期雪上活动在文献中的记录更为清晰,“室韦”“拔悉弥”等古代民族“以木为马,雪上逐鹿”,滑雪板的材质发生了明显变化,且滑雪板的形状前部演化为尖翘状。而宋代以后的滑雪运动更增添了竞技娱乐色彩,出现了拖冰凌(雪车)、堆雪人雪狮等休闲雪上活动,尤其是北方各民族发展出了各类雪上民俗体育活动,延续至今,成为极具民族特色的非物质文化遗产,目前都成为少数民族传统的雪上竞技运动项目。唐代时期,北方民族以滑冰开展狩猎活动,有些以木棍为杖滑行代步,也开始制作一些冰车、冰橇等,形成了原始的滑冰器具;宋代以后,滑冰运动被称为“冰嬉”,并且以人力牵拉的“冰床”作为滑冰工具已非常成熟;元代时期,冰床扩展为动物牵拉形式,著名的《马可·波罗游记》中记录了狗拉冰橇的情况;明代以后,冰上运动发展更为专业化、多样化,冰上活动广泛应用于军事活动中,清太祖努尔哈赤在统一女真部落时,依靠高超的滑冰技术赢得了数场战役,满族的“靰鞡滑子”(简易冰刀鞋)大大增加了冰上活动的技术。《满洲老档秘录》记载,努尔哈赤于1625年举办了冰上比赛,开展了冰上射箭、冰上武术、冰上舞蹈等活动,成为有文献记载的最早的“冰上运动会”;清朝是冰上运动的黄金时期,随着满族入关,“冰嬉”“冰床”等活动在中原地区得到广泛发展,冰上活动的竞技性、娱乐性得到了极大地丰富。

我国传统冰雪文化运动留下的各类古籍文献、文化遗迹、珍贵文物等遗产,是中华文化的宝贵财富,是中国智慧、中国精神的具象化表达。伴随着北京冬奥会的到来,以冰雪运动为代表中华优秀传统文化将与奥林匹克运动相互促进、互为融合,在国际文化交流、世界文明互鉴中迸发出新风采。让我们从传统文化中汲取力量,讲好中国体育故事,弘扬中华体育精神,向世界交出一份冬季奥运会的中国答卷。

(选自覃琛《从中华传统冰雪文化中汲取力量》,有删改)

第一部分

考点 1 材料内容理解分析类

[题目示例]

下列对材料相关内容的理解和分析,正确的一项是(　　)(3分)

A. 地域冰雪文化是以传统的农耕文化为基础的,这使得传统冰雪项目的开展要因地制宜,更多地依附于当地传统的节庆。

B. 我国地域传统冰雪文化所体现的家风、乡风、民风等文化传统的地位很重要,我们要传承它,还要活化其中的新内涵。

C. 我们对于传统冰雪文化要有文化自觉意识,要实现这一点,通过当地民众对传统文化基因的记忆还原冰雪场景是唯一途径。

D. 冰雪运动自诞生之初起就与人们的生产劳动和生活相连,而随着滑雪工具的改良,其娱乐性、竞技性则成为了主要作用。

答案:B

解析:A项,因果关系不当。C项,“唯一途径”以偏概全。D项,“主要作用”分析不当。从文中可知,明代后冰上活动广泛地应用于军事活动中。

[解题秘籍]

第一步:读选项,切分层次,标出关键。

实用类文本选择题文字大都很多,表述较长,应先把选项切分出若干小层次,再将各个层次的关键词或重要的修饰语、限制词标出。

第二步：回归原文，找到对应区域。

第三步：两相比对，确定正误。

（1）比对词语。看选项与原文在词语的内涵、范围、程度、时态等方面有无偷换概念、曲解文意、缩小或扩大范围、颠倒时态、无中生有（于文无据）等问题。

（2）比对句子。看选项与原文在句意上的理解尤其是句间关系的判断上是否一致，有无条件绝对、因果失当等问题。

考点2 信息内容概括分析类

［题目示例］

根据材料一和材料二，下列说法不正确的一项是（　　）（3分）

A. 当前，我国大众冰雪运动发展步伐加快，各项冰雪文化活动的形式多样，但对冰雪文化内涵的挖掘不够，缺乏个性色彩。

B. 地域冰雪文化是村落乡土文化优质资源，它以血缘、地缘、业缘关系为联结纽带，因此它的开展会引发人们对乡愁的记忆。

C. 最早反映滑雪运动的考古发现是我国新疆阿勒泰地区发现的滑雪图像，其雪地出行方式目前在我国仍然广泛地使用。

D. 我国冰雪运动从地理位置来看北方地区的发展要优于南方地区，从历史朝代看清朝是其黄金时期，更为专业化、多样化。

答案：C

解析：C项，“目前在我国仍然广泛地使用”说法错误，应是在阿勒泰地区广泛地使用。

［解题秘籍］

第一步：“找”。

从原文分别找到与各选项对应的内容。

第二步：“辨”。

辨别题目各选项对原文的转述或概括方式，是概括式转述、具体式转述，还是同义变式转述。

第三步：“判”。

①概括式转述：判断这一转述是否切合原文语意。一要注意这种从具体到一般的提升是否符合作者的观点，也就是这种一般性的结论是否可靠；二要看由抽取的关键词重新组织的句子是否符合原句的大意，是各符合原文中的词句之间的组合关系。

②具体式转述：判断这一转述是否恰当，主要是从观点和材料是否统一，材料是否切合原文表达意图的角度去思考。

③同义变式转述：判断同义变式转述是否正确，关键在于判断转述的句子与原文是否同义。

考点3 分析论据类

[题目示例]

下列各项中，最适合作为论据来支撑材料一观点的一项是(　　)(3分)

A. 办好北京冬奥会、冬残奥会是我国对国际社会的庄严承诺，做好北京冬奥会、冬残奥会筹办工作使命光荣、意义重大。

B. 春节期间，游客来到秦皇岛市老君顶景区等地体验冰雪项目，感受冰雪运动带来的乐趣。随着冬奥会的临近，各种各样的冰雪运动渐受大众喜爱。

C. 各个地区的冰雪文化展演在设计上都力求立足地域传统文化特点，赋予地域传统冰雪文化新的生命，这让今天的大众冰雪运动显得更加丰富多彩。

D. 伊犁冬季开展的冰雪运动项目越来越多，内容更丰富多彩，通过这一系列活动的开展，大大提高了大美伊犁的知名度，促进了伊犁的经济发展。

答案：C

解析：材料一的观点是：冰雪运动离不开我们独特的文化传统。A项，表达的是办好北京冬奥会、冬残奥会的重大意义。B项，表达的是大众渐渐喜爱各种各样的冰雪运动。C项，表达的是各地的冰雪设计与地域传统文化相结合，从而使大众冰雪运动更丰富多彩。D项，体现的是冰雪运动项目带来的好处。A、B、D三项跟文化传统无关，只有C项能够证明材料一中的“冰雪运动离不开我们独特的文化传统”观点。

[解题秘籍]

第一步：确认论点。

(1)根据标题、每段开头、结尾关键句或文章结尾推出的结论，确定论点。

(2)分析论题找出论点。先明确作者议论的问题是什么，然后进一步理清层次，找出作者对所论问题的见解，这样就抓住了论点。

(3)通过分析论据来找论点。论点和论据的关系是被证明和证明的关系，通过分析论据证明了什么，也可以把握文章的论点。

第二步：分析论据作判断。

审读选项，抓住每个选项内容的关键信息点进行分析，辨析选项内容是否能证明文本论点。(也可用排除法)

考点4 归纳概括信息要点类

[题目示例]

结合材料分析我国2022年举办北京冬季奥运会的意义。(6分)

参考答案：①有利于弘扬我国冰雪运动的历史与文化传统。②增强大国文化自信和民族认同感，提升文化自觉性，增强民族凝聚力。③打造村落居民的精神家园，引发乡民乡愁与追思，提升同心力。④打造冰雪产业，促进经济发展。⑤促进国际文化交流、世界文明互鉴。⑥以发展冰雪运动、举办冬季奥运会为契机，讲好中国体育故事，弘扬中华体育精神。

［解题秘籍］

第一步：审题干，明方向。

题干具有较强的限制性和指示性时，要认真审读题干，特别应关注题干中一些限制、划定范围的词语，防止筛选信息角度不明。

第二步：定区间，巧筛选。

应仔细阅读各则材料，通过寻找关键句或自我概括的方式把握每则材料的内容大意，这样才能根据题干的限制和指示确定信息区间，在有效的信息区间内筛选相关信息。

真题面对面

1.［2022宁波市江北区小学，阅读鉴赏，13分］非文学类文本阅读。

阅读以下组文，探究杭州亚运会吉祥物“琮琮”头饰文化内涵。

“文化和自然遗产日”之际，班级开展“身边的文化遗产”综合性学习活动。学习小组决定探究“琮琮”[注]的头部纹饰——“饕餮纹”并撰写题为《琮琮是妖兽？——饕餮纹探源》的推文，作为活动成果在班级公众号推送。现邀请你一起参加。探究步骤：

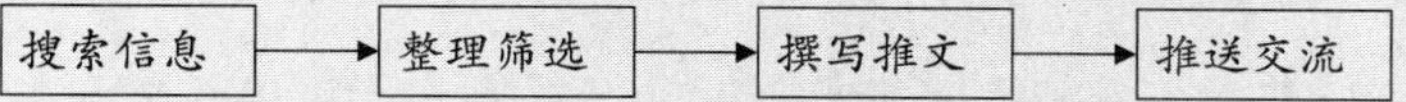

【注】“琮琮”：杭州亚运会吉祥物之一。头部装饰的纹样取自良渚文化的标志性符号“饕餮纹”，意寓“不畏艰险、超越自我”。

【资料一】

对于一个把美食奉为时尚的国族而言，饕餮是最古老的文化象征，也是中国神系里最惊世骇俗的妖兽。饕餮的尊容，应该算是比较凶恶的。《神异经》形容它身体像牛，长着人的面孔，眼睛却藏在胳肢窝里，酷爱肉食，热衷于偷袭老弱病残或落单的旅行者，完全是一个阴险而卑劣的恶棍。在上古神话传说里，有所谓“四凶”的说法，为首的就是饕餮。

在华夏农业文明巅峰的唐宋时代，农作物的产量和品质都在大幅提升，而菜肴、香料及其烹饪方法，也进化到了前所未有的高度。食物的丰饶所带来的后果就是，它终结了古老的饥饿模式，解放了人的饕餮本性，让一种曾经被视为罪恶的贪吃习性，变成了可以被容忍和鼓励的嗜好。于是，古代典籍里关于饕餮凶残本性的记录，被时间逐渐淡化，而饕餮就在“超级吃货”的名义下，重新回归了日常的市井生活，以一种充满喜剧色彩的方式，成为人们用来互相取笑打趣的佐料。不仅如此，由于世人的不断鼓励，饕餮的地位逐渐上升，最终被中国人奉为食神。

——朱大可《饕餮是如何从妖兽变为神灵的？》（节选）

【资料二】

钱欢青（记者）：以您多年的研究，您觉得早期中国的神灵形象究竟有着怎样的内涵？

王青（山东大学考古系教授）：四五千年前的良渚文化玉器上的兽面纹普遍流行，可见我国东部沿海地区的神灵崇拜是很发达的。后来又传入了中原地区，并演变成三代青铜器上装饰的饕餮纹。从兽面纹到饕餮纹，真切反映了早期中国的原始思维特点，也说明早期中国的神灵崇拜是一脉相承的。从这些图像上我们可以看到，早期中国的神灵是以艺术想象出来的兽面和饕餮为中心，将老虎、鳄鱼、蟒蛇、鸟、牛、鹿等各种动物的典型特征综合起来，赋予了它们超乎自然的神力。比如在良渚时期，兽面神灵主要是综合了鹰鸟的羽毛及鳄鱼的獠牙和足爪，到夏商时期又加入老虎的獠牙和大眼睛、蟒蛇的身躯，以及牛和鹿的弯角等，从而艺术性地创造出有名的"饕餮"大神。饕餮神灵应该就是夏商时期人们信奉的"最高神"，甲骨文中把这个大神叫作"夔"。古人相信，通过祭祀这些能沟通天地的神灵，就能实现消灾祈福的"世俗"愿望。

——钱欢青《王青：神灵考古与早期中国》（节选）

【资料三】

饕餮究竟是什么？这迄今尚无定论。唯一可以肯定的是，它是兽面纹。是什么兽？各种说法都有。本书基本同意它是牛头纹。但此牛非凡牛，而是当时巫术宗教仪典中的圣牛。现代民俗学对西南少数民族的调查表明，牛头作为巫术宗教仪典的主要标志，被高高挂在树梢，对该氏族部落具有极为重要的神圣意义和保护功能。所以各式各样的饕餮纹样及以它为主体的整个青铜器其他纹饰和造型、特征都在突出这种指向一种无限深渊的原始力量，突出在这种神秘威吓面前的畏怖、恐惧、残酷和凶狠。

历史从来不是在温情脉脉的人道牧歌声中进展，相反，它经常要无情地践踏着千万具尸体而前行。原始社会晚期以来，随着氏族部落的吞并，战争越来越频繁。非我族类，其心必异，杀掉甚或吃掉非氏族、部落的敌人，杀俘以祭本氏族的图腾和祖先，更是当时的常礼。因之，吃人的饕餮倒恰好可作为这个时代的标准符号。神话失传，意已难解。但吃人这一基本含义，却是完全符合凶怪恐怖的饕餮形象的。它一方面是恐怖的化身，另一方面又是保护的神祇。它对异氏族、部落是威惧恐吓的符号；对本氏族、部落则又具有保护的神力。这种双重性的宗教观念、情感和想象便凝聚在此怪异狞厉的形象之中。

同时，由于早期宗法制与原始社会毕竟不可分割，这种凶狠残暴的形象中，又仍然保持着某种真实的稚气。从而使这种毫不掩饰的神秘狞厉，反而荡漾出一种不可复现和不可企及的童年气派的美丽。好些饕餮纹饰也是如此。它们仍有某种原始的、天真的、拙朴的美。

——李泽厚《美的历程》（节选）

(1)整理资料时，小组成员做了几条笔记。依据"资料夹"的内容，判断正误。（填"正确"或"错误"）

①饕餮从远古妖兽变为神灵，是与社会生产发展相关的。（　　）

②王青认为饕餮纹是从兽面纹发展而来，综合了多种动物的特征。（　　）

③饕餮纹凶狠残暴的形象中透着拙朴的美，体现了人类早期艺术的稚嫩。（　　）

(2)筛选信息时，小组成员对下面这段文字要不要收入"资料夹"展开讨论。根据活动目的，发表你的看法。

在第五套人民币20元币的正面，"中国人民银行"和"20"数字之间的花纹里，能辨认出一人头形状，眼睛、鼻子、耳朵、嘴、下巴都像模像样。金沙遗址博物馆馆长朱章义告诉记者，20元人民币上面的是"饕餮纹"，饕餮是一种想象中的神秘怪兽。饕

餮纹是青铜器上常见的花纹之一，盛行于商代至西周早期。另有钱币专家称，这种设计源于防伪和艺术双重考虑。

——“百度百科·饕餮纹”(节选)

(3)学习小组将要发布题为《琮琮是妖兽？——饕餮纹探源》的推文。请你结合以上资料，按要求写一段导语。

[写作要求]①能提示主要内容，引导读者阅读；②正确书写汉字，准确使用标点，规范运用语言；③100字左右；④不得出现真实的人名等。

(4)下面是一位读者阅读推文后的留言，你赞同他的看法吗？结合以上资料，帮学习小组回复。

> 食神：
>
> 饕餮的文化形象在我国历史中几经转变、褒贬反复。我觉得以饕餮纹作为头饰纹样与亚运会吉祥物琮琮寓意不太匹配。

参考答案：(1)①正确。材料一第二段讲的就是随着社会生产高速发展，烹饪方法的进化，“饕餮就在‘超级吃货’的名义下，重新回归了日常的市井生活，……由于世人的不断鼓励，饕餮的地位逐渐上升，最终被中国人奉为食神”。

②正确。从材料二可以看出这句话是正确的。

③错误。从材料三“从而使这种毫不掩饰的神秘狞厉，反而荡漾出一种不可复现和不可企及的童年气派的美丽。好些饕餮纹饰也是如此。它们仍有某种原始的、天真的、拙朴的美”可以看出这句话是错误的。

(2)示例1：我觉得可以收入“资料夹”。这段文字提及饕餮纹及盛行时期，虽与“资料二”内容有交叉，但人民币对古朴严肃的饕餮纹在现代设计中的运用，能更好地让人理解杭州亚运会吉祥物“琮琮”头饰。同时也是对“资料夹”有力的补充，进一步证明了饕餮纹具有中国古老民族的智慧及审美价值。

示例2：我认为不可以收入“资料夹”。这则材料主要讲人民币上的花纹是“饕餮纹”，与我们这次活动目的——探究杭州亚运会吉祥物“琮琮”头饰文化内涵，没多大关联。虽然这段文字提到饕餮纹盛行时期，但与“资料二”内容有交叉，且“资料二”还讲到了饕餮纹的变化过程及其深厚的文化内涵，比这段文字更具有价值。

(3)饕餮是神是凶？该扬还是该弃？饕餮起源为何？历经千年，饕餮纹为何频频出现在器物之上？饕餮身份地位的转变，又与社会、人文的发展变化有何关系？让我们带着这些疑问，探源饕餮纹，领略中华文化的博大精深！

(4)示例1：饕餮的文化形象，虽然有转变，但是它并不是褒贬反复，只是从“四凶”转变为食神。饕餮形象狞厉，是恐怖的化身，但另一方面又是保护的神祇，能够沟通天地的神灵，能实现消灾祈福的“世俗”愿望，这一古老的文化内涵与“琮琮”“不畏艰险、超越自我”的意寓是吻合的。而且饕餮纹反映了中国早期艺术原始的、天真的、拙朴的美。把饕餮纹作为亚运会吉祥物的头饰意义丰蕴。

示例2：您的留言让我们重新思考“琮琮”头饰纹样的文化内涵。确实如您所言，早期的饕餮纹是恐怖的化身，是“四凶”之首，与“不畏艰险，超越自我”的意寓有一定距离。但饕餮纹自身的文化价值是毋庸置疑的。从艺术形象看，饕餮纹反映了中国早期艺术的童年气派的美丽；从文化内涵看，它又是保护的神祇，是沟通天地的神灵，能实现消灾祈福的“世俗”愿望。至于是否匹配，我们会再去探究、思考。

2.［2021年1月杭州小学，现代文阅读，15分］阅读下面材料，完成练习。

【材料一】

与传统教育不同，“互联网+教育”代表着全新的教育模式和最新的教育理念。“互联网+”让教育从封闭走向开放，打破了权威对知识的垄断，人人能够创造知识，人人能够共享知识，人人也都能够获取和使用知识。在“互联网+”的冲击下，教师和学生的界限也不再泾渭分明，学生获取知识已变得非常快捷，师生间知识量的天平并不必然偏向教师。因此，教师必须调整自身定位，让自己成为学生的学习伙伴和引导者。在“互联网+”的冲击下，教育组织和非教育组织的界限已经模糊不清，育人单位和用人单位也不再分工明确，而是逐渐组成教育共同体，共同促进教育协同进步。

“互联网+”加快了教育的自我进化能力，敲开了教育原本封闭的大门，参与其中的师生既可以是教育的生产者，又可以是教育的消费者，培养出来的人才更能满足社会发展的需求。与传统教育相比，这种新型的教育生态必然会更加适应社会的发展，正所谓“【甲】”。

2020年因疫情而飞速发展的线上线下的深度融合，“互联网+”更是创生了教育的新生态，即建立起网络化、数字化、智能化、个性化、终身化的教育体系。2019年在线教育的市场规模达到3228.7亿元，增长率约为22.3%。预计2020年受上半年疫情影响，在线教育市场将快速增长，达到4000亿元的规模。可以说，促进结构重组、流程再造、文化重构，以教育信息化支撑引领教育现代化是新时代我国教育改革发展的战略选择，对于建设教育强国和人力资源强国具有重要意义。

【材料二】

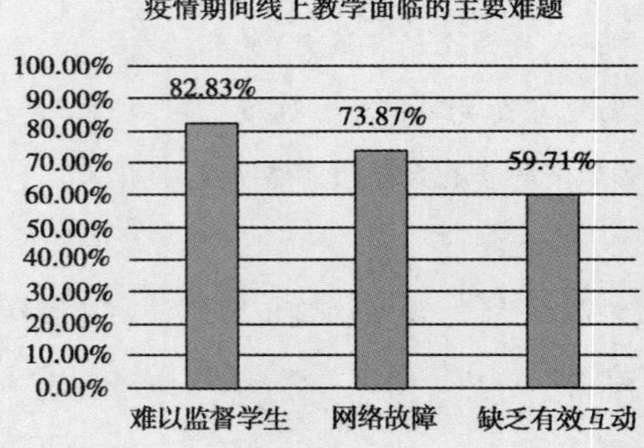

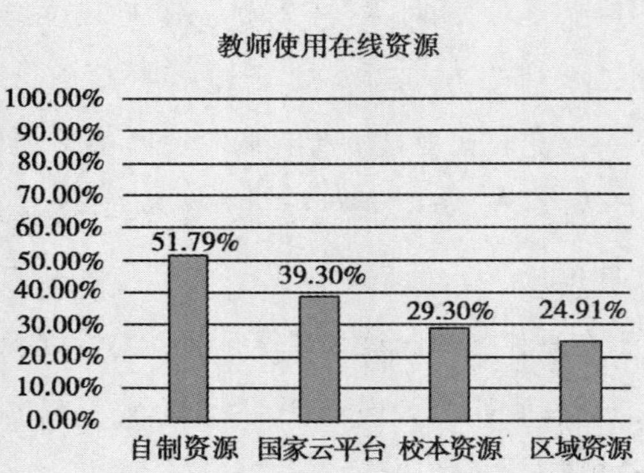

数据来源：2020年3月10日至3月15日，长江教育研究院和华中师范大学信息化与基础教育均衡发展省部共建协同创新中心组织的大规模在线问卷调查，调查范围涉及华东、华中、华南等七大区域，调查中小学生924369人，教师60198人，中小学7570所。

【材料三】

在“互联网+”开放式的教育生态中，师生之间更多是网络上的知识、信息层面的交互，而传统教育中通过集体生活进行德、智、体、美熏陶感染的育人过程，往往会被大量的个人上网替代，因此传统教育的育人功能有被弱化的危险。有专家认为，在线教育不论有多少优势，也不能让教育的所有环节全部线上化，教育终究是一个育人的过程，线下真正面对面的、有温度的互动式“学习氛围”是线上怎么也无法代替的。互联网虽然降低了学习的门槛，给学习提供了便利，但是，学习时间、学习内容也因此往往呈现出碎片化的特征，这会导致学习者养成懒于思考、忽视对知识做系统加工的坏习惯。对于唾手可得的大量碎片化知识和信息，【乙】，不加思考，学习到的是很多零散的点，而难以加工成为有意义的知识体系，如此下来，学习者的学习深度很难保证。互联网的海量信息对学习者的学习能力也提出了新的要求。互联网下的教育与各行各业的知识在不断融合，不断更新拓展，信息呈几何级数增长，各种信息鱼龙混杂。在这样的情况下，如何快速学习大量新知识，如何应对呈几何级数增长的信息，如何选择自己需求的资源……这些问题，对于传统学习环境下成长起来的学习者而言，将是一个巨大的挑战。

(1)在【材料一】的【甲】处填入一句古诗，在【材料三】的【乙】处填入一个成语，下面选择都正确的一项是(　　)

A.病树前头万木春；浮光掠影　　B.柳暗花明又一村；囫囵吞枣

C.长江后浪推前浪；一蹴而就　　D.雏凤清于老凤声；走马观花

(2)根据材料一判断以下题目对错。

①短文主要运用了对比论证、举例论证的方法论述观点。(　　)

②短文主要论述了“互联网+教育”是社会发展的必然选择。(　　)

③“互联网+教育”将促使教师角色的改变和教育市场规模的扩大。(　　)

④以教育现代化支撑引领教育信息化是新时代我国教育改革发展的战略选择。(　　)

(3)根据材料二提供的信息，选择其中一个方面，简要地写出改进“互联网+教育”的建议。

(4)联系材料二、三的主要观点是(　　)[可多选]

A.“互联网+”的海量信息是对学习者巨大的挑战，也不利于学生进行深度学习。

B.“互联网+”的教育因缺少有效互动，使得传统教育的育人功能有弱化的趋势。

C.“互联网+”促使教师必须调整自身定位，催生和促进教育共同体的不断发展。

D.“互联网+”使学生获取知识变得更快捷，培养出来的人才更能适应社会要求。

参考答案：(1)D。“病树前头万木春”有新事物必将取代旧事物的意思；“山重水复疑无路，柳暗花明又一村”多用来比喻在困境中出现转机，看到希望；“长江后浪推前浪”比喻人或事物不断发展更迭，新陈代谢；“雏凤清于老凤声”有长江后浪推前浪，青出于蓝而胜于蓝的意思。甲处依据“与传统教育相比，这种新型的教育生态必然会更加适应社会的发展”可知，此处可用“雏凤清于老凤声”“长江后浪推前浪”。“一蹴而就”指踏一步就成功，形容事情轻而易举，一下子就能完成；“走马观花”比喻粗略地观察事物。乙处依据“对于唾手可得的大量碎片化知识和信息”可知，此处应用“走马观花”。

(2)①√。将传统教育和“互联网+教育”进行对比，运用了对比论证；“2019年在线教育的市场规模……达到4000亿元的规模”部分运用了举例论证。

②×。由最后一句可知,"互联网+教育"是教育改革发展的战略选择,对于建设教育强国和人力资源强国具有重要意义,但不能说"必然选择"。

③√。由"在'互联网+'的冲击下……让自己成为学生的学习伙伴和引导者""在线教育市场将快速增长,达到4000亿元的规模"可知该题正确。

④×。由"促进结构重组、流程再造、文化重构,以教育信息化支撑引领教育现代化是新时代我国教育改革发展的战略选择"可知该题错误。

(3)①发展学校和区域的教育教学资源库,丰富在线教育资源。

②开展家校并举的监督制度,共同督促学生学习,促进在线教学的有效实施。

③定期检测网络情况,加强网络建设,做好充分准备。

④寻找有效方法增加师生在线互动,提高在线教学的有效性。

(4)AB。A项,材料三表示"学习到的是很多零散的点,而难以加工成为有意义的知识体系,如此下来,学习者的学习深度很难保证""互联网的海量信息对学习者的学习能力也提出了新的要求"。这就表明"'互联网+'的海量信息是对学习者巨大的挑战,也不利于学生进行深度学习"。B项,材料二表示"缺乏有效互动"是线上教学面临的主要难题之一;材料三表示"在'互联网+'开放式的教育生态中……因此传统教育的育人功能有被弱化的危险"。这告诉我们,"'互联网+教育'因缺少有效互动,使得传统教育的育人功能有弱化的趋势"。C项,教师定位的调整是材料一体现的内容,与材料二和材料三并没有联系。D项,材料二和材料三没有体现"使学生获取知识变得更快捷,培养出来的人才更能适应社会要求"的内容。

三、论述类文本阅读与鉴赏

1. 设题陷阱

(1)偷换概念

命题者将两个概念内涵如属性、作用、发展趋势等进行调换,乍看与原文说法一样,但仔细推敲会发现实际上并不是一回事。

(2)无中生有

原文中并无此信息,在原文中找不到依据,凭空捏造出某项选项,纯粹为了迷惑考生。选项意思往往与文章意思相近,或者几个词在原文中都有,但是原文位置不同。

(3)张冠李戴

指把甲的观点、发现、发明说成乙的观点、发现、发明。

(4)以偏概全

命题者故意删改文中表示范围大小或者程度轻重的词语干扰考生。

(5)因果混乱

命题者故意把"因"错断成"果","果"错断成"因",颠倒两者关系;或者强加因果,就是把没有因果关系的说成有因果关系。

(6)混淆是非

即肯定与否定颠倒,命题者有意将材料中肯定的事件加以否定,或将否定的事件加以肯定。

2. 把握文本内容"三步骤"

做论述类文本阅读题时,理解文章的内容是重点,把握文章的关键词句、作者的基本态度、行文结构是得分的前提。在作答时,可以采用"标—理—串"三位一体法。

(1)步骤一:标——边读边标关键处

①关键词

a. 时间、数据及表范围的词语:多数、少量部分、凡是、都、仅仅、之一,等等。

b. 重要的修饰限制词语:基本、根本、重要、最、十分、非常,等等。

c. 有助于理清文章思路、避免逻辑错误的词语:因为、因而、由于、但是、反而、其实,等等。

d. 解说性的词语:换句话说、也就是说、所谓、即,等等。

②关键句

a. 内容上:能体现作者态度的句子。

b. 表达上:议论抒情性的句子。

c. 结构上:揭示行文脉络的句子,如起始句、过渡句、收束句等。

(2)步骤二:理——读完每段理关系

①概括段落层次的含意

a. 寻找各段的中心句:段首的总领句、段末的总括句、段中的过渡句。

b. 寻找中心词、关键词。

②分析重要句子间、段落间的关系

a. 句子间:总分、递进、转折、因果、条件、目的、假设等。

b. 段落间:总分、递进、并列、对照等。

(3)步骤三:串——读完文本串思路

根据勾画的关键词句和梳理的每段含意及关系,迅速串联起各段内容,从而理清作者的写作思路,把握文本大意,为做题时迅速找出对应位置作准备。

[文本示例]

阅读下面的论述文,完成后面题目。

①据我知见,姚名达《中国目录学史》是近代西学东渐以来第一部以"中国目录学史"命名,全面、系统研究中国目录学发展历史的学术专著。与传统的、具有目录学史性质的著作相比,显然受到西方现代学科理论建构的影响。《中国目录学史》以主题分篇,每篇之下各有若干小节,全书凡十篇。它不像通常写专史那样,从古到今划分几个发展时期,通过揭示各个时期的特点来展现历史全貌。姚名达把他组织中国目录学史的方法称作"主题分述法",其义就是"特取若干主题,通古今而直述,使其源流毕具,一览无余"。

第一部分

②为什么不用通常的叙述方法来写中国目录学史？因为在他看来，中国目录学虽然源远流长，但发展进程中“时代精神殆无特别之差异”，就是说二千年来目录学形态在本质上没有跳出刘歆开创的模式；硬要划分时期，区别特点，“强立名义，反觉辞费”。关于这个问题当然可以见仁见智，中国目录学史也未尝不可用“断代法”来编写（吕绍虞《中国目录学史稿》即用分期断代法论述），但我们对他敢于学术创新的肯定是无须见仁见智的。问题在于，姚名达的方法是能够、又怎么能够让中国目录学“源流毕具，一览无余”呢？其实作者知道这样做也有不足，他说：“盖既分题各篇，则不能依时代为先后，故忽今忽古，使读者迷乱莫明，尤其大患。”利弊相权，怎么处理？姚名达的理念是“体例为史事所用，而史事不为体例所困”，具体对策是“依史之所宜，采多样之体例”。就是说，各篇采用适宜各自主题的体制，而不强求一律。

③《叙论篇》《结论篇》两篇分居首尾。《叙论篇》首先对“目录”“目录学”等基本概念加以定义，并对古往今来的目录做了分类，在一一分析目录学与其他学科的关系后，又划定了目录学的研究范围，末了详细阐明本书框架结构的组织方法，及其所本的学术理念。提纲挈领，宣示宗旨，很符合现代学科的规范。《结论篇》以极短篇幅，阐述他对古代、现代和未来目录学的感想和希望，实际上也是其基本观点的提炼和总括。

④首尾两篇之间为全书的主体。其中，《溯源篇》追溯中国目录学的源头——刘向《别录》和刘歆《七略》。设立这个主题，出于他对中国目录学发展特点的基本认识：两书开创了目录体制和目录分类的基本模式，传统目录学既受两书庇荫，又长期笼罩在其阴影中，没有重大突破。该篇除详述两书分类、编目特点外，举凡书籍之产生、传述、整理、校勘等，莫不一一推寻原始，并上溯先秦目录之渊源，详详细细，原原本本。《溯源篇》以下各篇皆以主题为纲，通古贯今，看似“独立特行”，互不相干，其实却与传统纪传体史书体制暗合。比如，“志”在纪传体史书中统摄典章制度，《分类篇》《体质篇》都是讲目录基本制度，编撰体例相当于纪传体的“志”。

⑤《中国目录学史》的理论框架并非无懈可击，但确有创意。姚名达对此亦颇为自许：“对于编制之体裁，杂用多样之笔法，不拘守一例，亦不特重一家，务综合大势，为有条理之叙述，亦一般不习见者。”在我看来，这的确不是过分的自诩。

（选自严佐之《〈中国目录学史〉导读》，有删改）

考点1 筛选整合文中信息类

[题目示例]

下列关于原文内容的理解和分析，不正确的一项是（　　）（3分）

A.《中国目录学史》既受到西方现代学科理论建构的影响，又与传统史书体制暗合。

B.《中国目录学史》的各篇“采多样之体例”，好处是尊重史事，缺点是强立名义。

C.《叙论》《结论》两篇虽非《中国目录学史》的主体，但对理解全书内容却很关键。

D. 姚名达认为，《别录》《七略》有开创之功，而传统目录学长期因循没有重大突破。

答案：B

解析：B项，张冠李戴，混淆概念。“硬要划分时期，区别特点，‘强立名义，反觉辞费’”是“中国目录学”的特点，姚名达认为这样“反觉辞费”，正是他所反对的。

[解题秘籍]

1. “两意识”

(1)整体意识。这种信息筛选多是放眼全文的,所以必须把握全文的主旨。

(2)细节意识。这种题选项错误点设计极细小,稍一粗心就放过去了,特别需要对选项进行细读,一个字都不放过。

2. “两步骤”

第一步:筛选标疑绝对选项。

筛选信息题的部分选项,有时候会说法绝对化,回归原文比对前可以先对这样的选项进行筛选,并把其中可疑词语标记出来,有时候说法绝对化的选项就是错误的。

第二步:逐项回归原文细比对。

把选项代入原文相关的局部区域在词语、句间关系等细节之处进行比对,常见设题陷阱有偷换概念、曲解文意、无中生有、张冠李戴、范围不清、混淆时态、答非所问、因果混乱等。

考点 2 分析论点、论据和论证方法类

[题目示例]

下列对原文论证的相关分析,不正确的一项是(　　)(3分)

A. 文章举吕绍虞著作作为对比,意在指出姚名达的方法存在争议,需要反思。

B. 文章多次征引姚名达的自述,通过对其理念的解释和评论,步步推进论述。

C. 文章对姚名达著作的评述,既有整体概括,又有具体举例,二者相互结合。

D. 文章以“据我知见”“在我看来”等语,对观点表述作出限制,立论审慎。

答案:A

解析:A项,曲解文意。“关于这个问题当然可以见仁见智”,“这个问题”指的是中国目录学通常的叙述方法,“见仁见智”并未表明“需要反思”。结合后面“但我们对他(姚名达)敢于学术创新的肯定是无须见仁见智的”,对姚名达的方法给予了鲜明的肯定。“对比”的说法也不正确,文章举吕绍虞的著作是为了说明有用“断代法”写目录学史的做法。

[解题秘籍]

1. “两厘清”

(1)把握全文内容,厘清句意、段意、层意。

通读文本,对全文内容有大体的了解,阅读时要勾画圈点,标注关键词(观点、态度)、关键句(中心论点、分论点),并在整体把握文本的基础上,厘清文章的句意、段意、层意。

(2)分析结构特点,厘清内在逻辑关系。

整体阅读,把握中心论点或论题,找出文中所用论据,分析论证方法,明辨论据与论点之间的关系。

2. “一对照”

在“两厘清”的基础上,把各个选项与自己的分析结果进行对照,看是否一致,从而判断对错。

考点3 分析概括作者观点态度类

[题目示例]

根据原文内容,下列说法不正确的一项是(　　)(3分)

A. 姚名达评估二千年来目录学传统,既立足于历史,又体现出学术批判的精神。

B. 与主题分述法相比,使用断代法来写中国目录学史,更能接近历史的本来面貌。

C.《中国目录学史》不墨守成规而有所创新,本文作者对该书的理论框架表示认可。

D. 在近代西学东渐的背景下,《中国目录学史》体现出传统学术向现代学术的转型。

答案:B

解析:B项,于文无据。文章第①②段只是客观地陈述"主题分述法"和"断代法"都是中国目录学史的编写方法,并没有比较优劣。

[解题秘籍]

1. 把握选项所陈述现象或事件背后隐含的观点

并非所有选项都能在文本中找到与之完全对应的文字(只能找到个别相关词句),做题时需要根据选项中的关键词句,在文中找到大体的对应区域。

2. 吃透文本观点

注意辨别作者观点与他人观点。作者常常会通过列出若干人的观点加以辨析,或赞同,或否定,要注意辨别哪些观点是他人的,哪些观点是作者的。

3. 选项与对比原文

将原文对观点的论证依据与选项进行比对,看选项的观点是否与原文的观点匹配。

核心考点回顾

1. 鉴赏诗词作品语言的答题切入点是什么?(参见本书P110~111)

2. 文言文中句子翻译的标准是什么?(参见本书P119~120)

3. 现代文阅读中,分析小说情节结构类试题的答题思考角度是什么?(参见本书P126)

达标测评

建议用时	实际用时	测评总分	实际得分
40分钟	______分钟	70分	______分

鉴赏题(本大题共6小题,共70分)

1. 阅读下面这首宋词,回答问题。

清平乐

陈允平

凤城春浅,寒压花梢颤。有约不来梁上燕,十二绣帘空卷。

去年共倚秋千，今年独上阑干。误了海棠时候，不成直待花残。

(1)请赏析“寒压花梢颤”中“压”字的妙处。(5分)

(2)词中流露出抒情主人公怎样的心理状态？请结合上片内容作简要分析。(5分)

(3)简要赏析结句“误了海棠时候，不成直待花残”的表达效果。(5分)

2. 阅读下面这首唐诗，回答问题。

春日山居寄友人

周贺

春居无俗喧，时立涧前村。路远少来客，山深多过猿。

带岩松色老，临水杏花繁。除忆文流外，何人更可言。

(1)诗歌标题既点明了写作的________，又表明了诗人的生活环境和写作意图，可谓“一举多得”。(1分)

(2)本诗主要表达了诗人怎样的思想感情？是如何表现的？(6分)

(3)下列对这首诗的理解和赏析，不恰当的一项是(　　)(3分)

A. 首联描写了春居山中、远离尘嚣、时立观景、怡然自得的诗人形象。

B. 颔联运用对比的手法，以“少”与“多”相对比，鲜明地表现了山居环境远离尘嚣的清幽和静谧。

C. 颈联写岩石旁松树的老色，寄寓诗人年老之意；写临水杏花的繁茂，又暗喻诗人的老当益壮。

D. 尾联通过“除忆”二字，表达了诗人对友人的思念之情。

3. 阅读下面的文言文，回答后面的问题。

归去来兮，田园将芜胡不归？既自以心为形役，奚惆怅而独悲？悟已往之不谏，知来者之可追。实迷途其未远，觉今是而昨非。舟遥遥以轻飏，风飘飘而吹衣。问征夫以前路，恨晨光之熹微。

乃瞻衡宇，载欣载奔。僮仆欢迎，稚子候门。三径就荒，松菊犹存。携幼入室，有酒盈樽。引壶觞以自酌，眄庭柯以怡颜。倚南窗以寄傲，审容膝之易安。园日涉以成趣，门虽设而常关。策扶老以流憩，时矫首而遐观。云无心以出岫，鸟倦飞而知还。景翳翳以将入，抚孤松而盘桓。

归去来兮，请息交以绝游。世与我而相违，复驾言兮焉求？悦亲戚之情话，乐琴书以消忧。农人告余以春及，将有事于西畴。或命巾车，或棹孤舟。既窈窕以寻壑，亦崎岖而经丘。木欣欣以向荣，泉涓涓而始流。善万物之得时，感吾生之行休。

已矣乎！寓形宇内复几时？曷不委心任去留？胡为乎遑遑欲何之？富贵非吾愿，帝乡不可期。怀良辰以孤往，或植杖而耘耔。登东皋以舒啸，临清流而赋诗。聊乘化以归尽，乐夫天命复奚疑！

(1)下列句中加点词的解释有误的一项是(　　)(2分)

A. 眄庭柯以怡颜　怡：使……愉快。

B. 乃瞻衡宇　瞻：看见。

C. 审容膝之易安　审：明白，知道。

D. 景翳翳以将入　景：景色。

(2)下列句子中加点字的意义和用法不相同的一项是(　　)(2分)

A. 悟已往之不谏　知来者之可追

B. 乃瞻衡宇　　　乃设九宾礼于廷

C. 策扶老以流憩　云无心以出岫

D. 门虽设而常关　河曲智叟笑而止之曰

(3)下列表述与分析不符合文意的一项是(　　)(2分)

A. 作者认为,人寄身于天地之间,不过是短暂的一瞬,应该顺应自己的心意来决定行止,不要违背自己的心愿,整日生活在痛苦之中。

B. 作者表明了自己的态度,他既不愿到处奔走以求荣华富贵,也不期望到皇帝的故乡游玩。

C. 作者的人生态度是顺随死生变化,一切听其自然,乐天知命地享尽其余生。

D. 最后一段文字虽不免消极,却是发自内心的,包含着从庸俗险恶的官场脱身引退后的痛苦反省与体验。

(4)翻译文中画线的句子。(4分)

①云无心以出岫,鸟倦飞而知还。

②聊乘化以归尽,乐夫天命复奚疑!

4. 阅读下面的文言文,回答后面的问题。

汪伟,字叔度,休宁人,寄籍上元。崇祯元年进士。十一年,由慈溪知县行取。帝以国家多故朝臣词苑起家儒缓不习吏事无以理纷御变改旧例择知推治行卓绝者入翰林。伟擢检讨,给假归。还朝,充东宫讲官。

十六年,贼陷承天、荆、襄。伟以留都根本之地,上《江防绸缪疏》,言:"九江一郡,宜设重臣镇之。自是而上之至于武昌,下之至于太平、采石、浦口,命南京兵部大臣建牙分阃,以接声援,而金陵之门户固矣。"帝嘉纳之,乃设九江总督。又言:"兵额既亏,宜以卫所官舍余丁补伍操练,修治兵船,以资防御。额饷不足,暂借盐课、漕米给之。"所条奏皆切时务。

明年三月,贼兵东犯。伟语阁臣:"事急矣,亟遣大僚守畿郡。都中城守,文自内阁,武自公侯伯以下,各率子弟画地守。庶民统以绅士,家自为守。而京军分番巡徼,以待勤王之师。"魏藻德笑曰:"大僚守畿辅,谁肯者?"伟曰:"此何等时,犹较尊卑、计安危耶?请以一剧郡见委。"藻德哂其早计。未几,真定游击谢加福杀巡抚徐标迎贼。伟泣曰:"事至此乎!"作书寄友人曰:"贼据真定,奸人满都城,外郡上供丝粟不至,诸臣无一可支危亡者,如圣主何!平时误国之人,终日言门户而不顾朝廷,今当何处伸狂喙耶!"

贼薄都城,守兵乏饷,不得食,伟市饼饵以馈。已而城陷,伟归寓,语继室耿善抚幼子。耿泣曰:"我独不能从公死乎!"因以幼子属其弟,衣新衣,上下缝,引刀自刭不殊,复投缳遂绝,时年二十三。伟欣然曰:"是成吾志。"移其尸于堂,贻子观书,勉以忠孝,乃自经。赠少詹事,谥文烈。本朝赐谥文毅。

(有删改)

(1)下列对文中画波浪线部分的断句,正确的一项是(　　)(2分)

A. 帝以国家多故/朝臣词苑起家/儒缓不习吏事/无以理纷御变/改旧例/择知推治行卓绝者入翰林

B. 帝以国家多故朝臣/词苑起家儒缓/不习吏事/无以理纷御变改旧例/择知推治行卓绝者入翰林

C. 帝以国家多故/朝臣词苑起家儒缓/不习吏事/无以理纷御/变改旧例/择知推治行卓绝者入翰林

D. 帝以国家多故朝臣/词苑起家/儒缓不习吏事/无以理纷御/变改旧例/择知推治行卓绝者入翰林

(2)下列对文中加点词语的相关内容的解说,不正确的一项是(　　)(2分)

A."寄籍"指人长期离开本籍,居住在外地,附于外地的籍贯,如汪伟就将籍贯附于上元。

B."留都"古代王朝迁都后,旧都仍置官留守,称留都,明代迁都北京后,以南京为留都。

C."总督"指朝廷派遣的巡视官员,他们虽不参与地方军政要务的管理但可行使监督之权。

D."盐课"既可指以食盐为对象所征收的赋税,也可以指办理盐课事务,文中指的是前者。

(3)下列对原文有关内容的概括和分析,不正确的一项是(　　)(2分)

A. 汪伟颇有远见。当贼人攻陷承天等地后,汪伟意识到留都是朝廷的根本所在,并未雨绸缪,上疏陈述对防卫的看法。

B. 汪伟积极献言。在皇帝采纳其建议加强九江防御后,汪伟又向皇帝奏献解决军队员额亏缺与粮饷不足等问题的计策。

C. 汪伟心忧时局。贼人东侵时,汪伟希望阁臣动员城中力量积极防御;徐标被杀后,汪伟感叹都城中已无臣可支撑局面。

D. 汪伟舍生取义。贼人攻破城池后,汪伟将幼子托付给自己的弟弟,并用忠孝的道理来勉励儿子,然后上吊自杀身亡。

(4)把文中画横线的句子翻译成现代汉语。(4分)

①此何等时,犹较尊卑、计安危耶?请以一剧郡见委。

②贼薄都城,守兵乏饷,不得食,伟市饼饵以馈。

5. 阅读下面的作品,完成(1)~(4)题。

小哥儿俩

凌叔华

清明那天,不但大乖二乖上的小学校放一天假,连城外七叔叔教的大学堂也不用上课了。这一天早上的太阳也像特别同小孩子们表同情,不等闹钟催过,它就跳进房里来,暖和和地爬在靠窗挂的小棉袍上。

前院子一片小孩子的尖脆的嚷声笑声,七叔叔带来了一只能说话的八哥。笼子放在一张八仙方桌子上,两个孩子跪在椅上张大着嘴望着那里头的鸟,欢喜得爬在桌上乱摇身子笑,他们的眼,一息间都不曾离开鸟笼子。二乖的嘴总没有闭上,他的小腮显得更加饱满,不用圆规,描不出那圆度了。

吃饭的时候,大乖的眼总是望着窗外,他最爱吃的春卷也忘了怎样放馅,怎样卷起来吃。二乖因为还小,都是妈妈替他卷好的,不过他到底不耐烦坐在背着鸟笼子的地方,一吃了两包,他就跑开不吃了。

饭后爸爸同叔叔要去听戏,因为昨天已经答应带孩子们一块去的,于是就雇了三辆人力车上戏园去了。两个孩子坐在车上还不断地谈起八哥。到了戏园,他们虽然零零碎碎地想起八哥的事来,但台上的锣鼓同花花袍子的戏子把他们的精神占住了。

快天黑的时候散了戏，随着爸爸叔叔回到家里，大乖二乖正是很高兴地跳着跑，忽然想到心爱的八哥，赶紧跑到廊下挂鸟笼的地方，一望，只有个空笼子掷在地上，八哥不见了。

“妈——八哥呢？”两个孩子一同高声急叫起来。

“给野猫吃了！”妈的声非常沉重迟缓。

“给什么野猫吃的呀？”大乖圆睁了眼，气呼呼的却有些不相信。二乖愣眼望着哥哥。

大乖哭出声来，二乖跟着哭得很伤心。他们也不听妈的话，也不听七叔叔的劝慰，爸爸早躲进书房去了。忽然大乖收了声，跳起来四面找棍子，口里嚷道：“打死那野猫，我要打死那野猫！”二乖爬在妈的膝头上，呜呜地抽咽。大乖忽然找到一根拦门的长棍子，提在手里，拉起二乖就跑。妈叫住他，他嚷道：“报仇去，不报仇不算好汉！”二乖也学着哥哥喊道：“不报仇不算好看！”妈听了二乖的话倒有些好笑了。王厨子此时正走过，他说：“少爷们，那野猫黑夜不出来的，明儿早上它来了，我替你们狠狠地打它一顿吧。”

“那野猫好像有了身子，不要太打狠了，吓吓它就算了。”妈低声吩咐厨子。

大乖听见了妈的话，还是气呼呼地说：“谁叫它吃了我们的八哥，打死它，要它偿命。”“打死它才……”二乖想照哥哥的话亦喊一下，无奈不清楚底下说什么了。他也挽起袖子，露出肥短的胳臂，圆睁着泪还未干的小眼。

第二天太阳还没出，大乖就醒了，想起了打猫的事，就喊弟弟：“快起，快起，二乖，起来打猫去。”二乖给哥哥着急声调惊醒，急忙坐起来，拿手揉开眼。然后两个人都提了毛掸子，拉了袍子，嘴里喊着报仇，跳着出去。

<u>这时刚刚天亮了不久，后院地上的草还带着露珠儿，沾湿了这小英雄的鞋袜了。树枝上小麻雀三三五五地吵闹着飞上飞下地玩，近窗户的一棵丁香满满开了花，香得透鼻子，温和的日光铺在西边的白粉墙上。</u>

二乖跷高脚摘了一枝丁香花，插在右耳朵上，看见地上的小麻雀吱喳叫唤，跳跃着走，很是好玩的样子，他就学它们，嘴里也哼哼着歌唱，毛掸子也掷掉了。二乖一会儿就忘掉为什么事来后院的了。他蹓达到有太阳的墙边，忽然看见装碎纸的破木箱里，有两个白色的小脑袋一高一低动着，接着咪噢咪噢地娇声叫唤，他就赶紧跑近前看去。

原来箱里藏着一堆小猫儿，小得同过年时候妈妈捏的面老鼠一样，小脑袋也是面团一样滚圆得可爱，小红鼻子同叫唤时一张一闭的小扁嘴，太好玩了。二乖高兴得要叫起来。

“哥哥，你快来看看，这小东西多好玩！”二乖忽然想起来叫道，一回头哥哥正跑进后院来了。

哥哥赶紧过去同弟弟在木箱子前面看，同二乖一样用手摸那小猫，学它们叫唤，看大猫喂小猫奶吃，眼睛转也不转一下。

“它们多么可怜，连褥子都没有，躺在破纸的上面，一定很冷吧。”大乖说，接着出主意道，“我们一会儿跟妈妈要些棉花同它们垫一个窝儿，把饭厅的盛酒箱子弄出来，同它做两间房子，让大猫住一间，小猫在

一间,像妈妈同我们一样。”

“哥哥,你瞧它跟它妈一个样子。这小脑袋多好玩!”弟弟说着,又伸出方才收了的手抱起那只小黑猫。

(有删改)

(1)小哥儿俩是在什么样的家庭环境中成长的?请简要分析。(3分)

(2)分析小说画线部分的景物描写对情节发展的作用。(4分)

(3)二乖的天真可爱表现在哪些方面?请简要概括。(3分)

(4)小说叙述了小哥儿俩的日常故事,请探究作者在其中所寄寓的情感态度。(5分)

6. 阅读下面的散文,完成(1)~(4)题。

家有斑鸠

陈忠实

①住到乡下老屋的第一个早晨,刚睁开眼,便听到咕咕咕咕的鸟叫声。这是斑鸠。虽然久违这种鸟叫声,却不陌生,第一声入耳,我便断定是斑鸠,不由得惊喜。披上衣服,竟有点迫不及待,悄声静气地靠近窗户,透过玻璃望出去,后屋的前檐上,果然有两只斑鸠。一只站在瓦楞上,另一只围着它转着,一边转着,一边点头,发出咕咕咕咕的叫声。

②六年前的大约这个时节,我和文学评论家王仲生教授住在波士顿城郊他的胞弟家里。尽管这座三层小洋楼宽敞舒适,我和王教授还是更喜欢站着或坐在后院里。后院是一片绿茸茸的草坪,有几种疏于管理的花木。这一排房子的后院连着后面一排小楼房的后院,中间有一排粗大高耸的树木分隔。树木的枝杈上,栖息着毋宁说侍立着一群鸟儿。一种通体黑色的梭子形状的鸟,在人刚开开后门走到草坪边的时候,梭子黑鸟便从树枝上飞下来,落在草坪上,期待着人撇出面包屑或什么吃食。你撇了吃剩的面包屑或米粒儿,它们就在你面前的草地上争食,甚至大胆地跳到人的脚前来。偶尔,还会有一只两只松鼠不知从哪棵树上蹿下来,和梭子鸟儿在草地上抢夺食物。

③我在那个令人忘情的人与鸟兽共处的草坪上,曾经想过在我家的小院里,如若能有这样一群敢于光顾的鸟儿就好了。然而,实际想来,实现这样人鸟人兽共存共荣的和谐景象,恐怕也不是短时间的事。我们把鸟儿兽儿作为美食作为美裳作为玩物作为发财的对象而心狠手辣的年月,却无法算计。我能记得和看到的,一是上世纪五十年代对麻雀发动的全民战争,麻雀虽未绝种,倒是把所有飞翔在天空的各色鸟儿吓得肝胆欲裂,它们肯定会把对人的恐惧和防范以生存戒律传递给子子孙孙。再是种种药剂和化肥,杀了害虫长了庄稼,却把许多食虫食草的鸟儿整得种族灭绝,更不要说那些利欲熏心、丧尽良知的捕杀濒临灭绝的珍禽异兽者。我曾瞎猜过,能够存活到今天的鸟类、兽类,肯定具备一组特别优秀的专司提防、警惕人类伤害的基因。不然,早该在明枪暗弓以及五花八门的机关和陷阱里灭绝了。

④还是说我家的斑鸠。

⑤我有记事能力的时候就认识并记住了斑鸠,像辨识家乡的各种鸟儿一样,不足为奇。斑鸠在我的滋水家乡的鸟类中,是最朴拙最不显眼近乎丑陋的一种鸟。灰褐色的羽毛比不得任何一种鸟儿,连麻雀

的羽翅上的暗纹也比不得。没有长喙和高足，比不得啄木鸟和鹭鸶。没有动人的叫声，从早到晚都是粗浑单调的咕咕咕——咕咕咕——的声音。它的巢也是我所见过的鸟窝中最简单最不成型的一种，简单到仅有可以数清的几十根柴枝，横竖搭置成一个浅浅的潦草的窝。小时候我站在树下，可以从窝的底部的缝隙透见窝里有几枚蛋。记得有篇小学课文，说斑鸠是最懒惰的鸟，懒得连窝也不认真搭建，冬天便冻死在这种既不遮风亦不挡雨的窝里。

⑥然而，整个八十年代到九十年代初，我住在祖居的老屋读书写字，没有看见过一只斑鸠。我以为在家院的周围再也看不到斑鸠了。

⑦斑鸠却在我重返家乡的第一个清晨出现了，就在我的房檐上。

⑧我便轻手开门，怕惊吓了它。它还是飞走了。

⑨初始，无论我怎样轻手蹑足开门走路，它一发现我从屋内走到院中，扑棱一声就从屋脊或围墙上起飞了，飞入高高的村树上去了。我仍然往小院里撒抛米谷。直到某一日，我开开门出来。两只斑鸠突然从院中飞起，落到房檐上，还在探头探脑瞅着院中尚未吃完的谷米。我的心里一动，它终于有胆子到院内落脚啄食了，这是一次突破性的进展。

⑩我和斑鸠的关系获得令人振奋的突破之后，随之便是持久的停滞不前。斑鸠在房檐、在房脊在院墙上栖息追逐，似乎已经放心无虞。然而有我在场的时候，它们绝不飞落到院里来啄食，无论我抛撒的米谷多么富于诱惑。有几次我从室内的窗玻璃前窥视到斑鸠在院中啄食米谷的情景，每当我出门，它们便惊慌地飞上房顶。这一刻，我清醒地意识到，它还不完全是我家的斑鸠。

⑪要让斑鸠随心无虞地落到小院里，心里踏实地啄食，在我的眼下，在我的脚前，尚需一些时日。

⑫我将等待。

（选自《我走在这活泼泼的人间》，有删改）

(1)按照时间顺序梳理文中“我”与斑鸠的关系，填写下面的表格。(2分)

时间	关系
有记事能力的时候	“我”认识并记住斑鸠
①	“我”未见过斑鸠
重返家乡的第一个早晨	②
重返家乡后的某一日	“我”给斑鸠喂食，斑鸠敢到院里啄食。

(2)揣摩第⑨段画线句子的“探头探脑”一词，简析其妙处。(3分)

(3)文章在记叙顺序上有什么特点？请举例分析其作用。(3分)

(4)下列选项中对文章内容理解和分析不正确的一项是(　　)(2分)

A. 这篇散文语言朴实自然，描写细腻，感情真挚，讲述了家乡的斑鸠从普遍存在到逐渐减少的变化，表现了作者渴望人与自然和谐相处的愿望。

B. 文中“我”对斑鸠的感情变化可以概括为：小时候嫌弃、不喜欢——长大后绝望、愤怒——回乡后惊喜、失望、期待。

C. 第③段画线句没有标点停顿，是作者为了强调人类为了私欲而伤害鸟兽的手段数不胜数，突出了作者的愤慨之情，具有强烈的语言表现力。

D. 文章以“我将等待”结尾，具有留白效果，意味深长，引人深思，最后能不能等来“我家的斑鸠”不得而知。

参考答案及解析

鉴赏题

1. 参考答案：(1)“寒压花梢颤”，因时为初春，故残寒肆虐，花梢打颤，“压”字给人以寒气如磐的沉重之感，渲染了当时的环境气氛，同时也暗示着人物的特有心境，将情与景交融。

(2)花梢在春寒的压迫中打颤，暗示人物内心沉重而凄伤。空卷帘幕燕子不来，表现了盼燕归来的急迫，和对燕子失约的失望。

(3)融情入景(借景抒情/情景交融)。通过对爱人不知惜花的不满，生动刻画了思妇的痴情之态；曲折抒发了浓重的相思之情，含蓄表达了对爱人迟迟不归的幽怨。

2. 参考答案：(1)时令

(2)思想感情：本诗主要表达了诗人对山林春景和隐居生活的喜爱、向往之情，以及对志趣相投的文友的思念之情。

如何表现：①借景抒情。借春日山居所见之景寄寓自己内心对山林春景的喜爱之情。②直抒胸臆。“除忆”两句写面对眼前山居的春景，除了能和文友分享外，无人可以分享，抒发了对志趣相投的文友的思念之情。

(3)C。C项，“寄寓诗人年老之意”和“又暗喻诗人的老当益壮”说法错误，颈联写景，只是借以抒发诗人对山居春色的喜爱之情。

3. 参考答案：(1)D。D项，景：同“影”，日光。

(2)D。A项均为助词，取消句子独立性，不译。B项均为副词，于是。C项均为连词，相当于“而”，表修饰。D项，前者是连词，表转折；后者是连词，表修饰。

(3)B。B项，“皇帝的故乡”说法错误，“帝乡”在这里指仙境。

(4)①云气自然而然地冒出山头，鸟飞累了也知道回到巢中。

②姑且顺随自然的变化，度到生命的尽头，乐天安命，还有什么可疑虑的呢？

4. 参考答案：(1)A。“朝臣”是分句主语，应在它前面断开，排除B、D两项。同样，“儒”也是分句主语，应在它前面断开。“无以理纷御变”中“变”是变乱的意思，作“御”的宾语，所以“御变”不宜分开。排除C项。

(2)C。C项，“他们虽不参与地方军政要务的管理但可行使监督之权”说法错误，总督是明初在用兵时派往地方巡视监察的官员，可以掌握地方的军权。

(3)D。D项，“汪伟将幼子托付给自己的弟弟”说法错误，原文为“耿泣曰：‘我独不能从公死乎！’因以幼子属其弟”，据此可知将幼子托付给弟弟的应该是耿氏。

(4)①这是什么时候，还计较(身份的)尊卑，考虑个人的安危吗？请把一个政务繁重的州郡交给我。

②贼人逼近都城，防守的士兵缺少粮饷，没有饭吃，汪伟买了糕饼送给他们。

5. 参考答案：(1)①经济状况良好——家有厨子和花园等；②文化氛围浓厚——家有书房，经常看戏，注重教育等；③人际关系和谐——尊重孩子，兄弟友爱，主仆融洽等。

(2)鸟语花香与温暖的阳光，营造了充满生机的氛围，为人物的兴趣转移和情绪变化作铺垫；"日光""西边的白粉墙"等描写，为二乖在墙边发现小猫埋下伏笔。

(3)外貌憨态可掬；言行稚拙，爱模仿；情感表达率真；注意力易转移；喜爱小动物，好奇心强。

(4)对童真童趣的欣赏；对儿童成长的关注；对母爱的颂扬；对和谐家庭氛围的赞许；对善良人性的礼赞。

6. 参考答案：(1)①八十年代到九十年代初；②"我"重见斑鸠很惊喜，斑鸠见人就飞走。

(2)"探头探脑"在这里是对斑鸠的情态描写，写出了斑鸠看到人类时的机警、小心和对人类的戒备之心。

(3)示例一：运用了插叙的手法。第②③段作者插叙了在波士顿看到人鸟共存的和谐景象与人类伤害鸟兽的现象，表达了作者渴望人与自然和谐相处的愿望。

示例二：运用了插叙的手法。第⑤⑥段补充了家乡的斑鸠从常见到消失的过程，点明了作者返乡后重见斑鸠倍感惊喜的原因，表现了作者对斑鸠的情感变化。

(4)B。B项，"长大后绝望、愤怒"表述有误，通过第③段中"我们把鸟儿兽儿作为美食作为美赏作为玩物作为发财的对象而心狠手辣的年月，却无法算计"的内容可知，作者"绝望、愤怒"的情绪是针对人类伤害鸟兽的现象的。

第四章　儿童文学

第一部分

思维导图

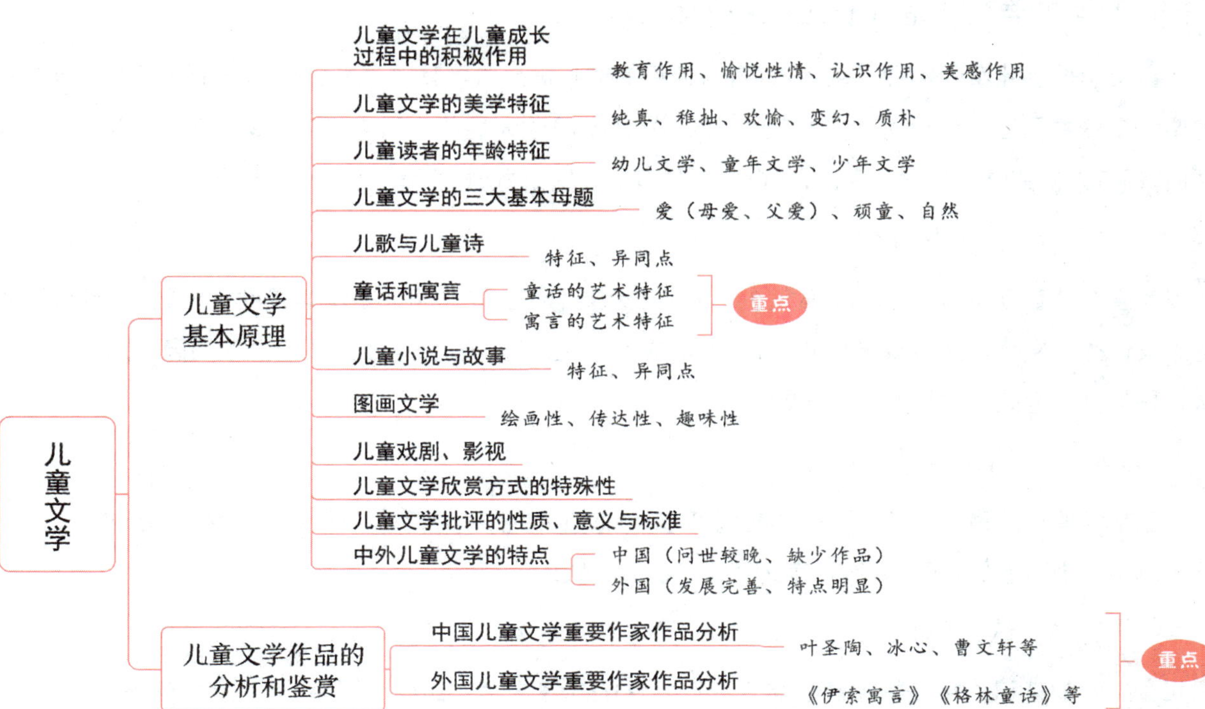

浙江考向

本章属于学科专业知识的基础章节，内容广泛，知识点琐碎，需要识记的知识较多，在考试中常以单选、填空、简答的形式考查。现对本章浙江考向分析如下：

考点类型	地区	高频考点	常考题型	能力层级	考查热度
常规考点	统考	中国儿童文学重要作家作品	填空	识记	★★
		外国儿童文学重要作家作品	单选、填空	识记	★★
	非统考	—	—	—	—
预测考点	统考	童话和寓言	简答	识记	★★
	非统考	中国儿童文学重要作家作品	填空	识记	★★
		外国儿童文学重要作家作品	单选、填空	识记	★★

核心考点

第一节 儿童文学基本原理

一、儿童文学在儿童成长过程中的积极作用

儿童文学是以儿童的年龄特点为依据，为他们的成长需要做贡献的精神食粮。一个孩子的健康成长不仅需要大量的物质营养作为身体成长发育的动力，需要吸收大量的知识丰富自己的头脑，还需要用美来陶冶性情，调节人格的全面发展。因而，儿童文学具有以下四个方面的功能：

考点 1 教育作用

因为整个儿童期都是孩子们受教育的时期，儿童文学的主要作用便是与学校教育一起，运用自己的方式将人类优秀的文化发展成果传给儿童，使他们成为德、智、体、美、劳全面发展的人才。因而儿童文学往往被认为是教育儿童健全成长的有力一翼。

考点 2 愉悦性情

儿童文学尊重儿童的兴趣、爱好、思想和情感，顺应儿童纯真、好奇的心理和活泼好动的天性，为儿童的心灵营造了一个逍遥的乐园，因而儿童文学又被认为是快乐的文学。

考点 3 认识作用

儿童文学的认识作用是指较高思想性和艺术性的儿童文学作品能使儿童认识社会、认识历史、丰富生活经验、增长知识、启迪心智。儿童对客观事物的认识，常常由于生活经验所限而停留于表面，比较简单、肤浅，他们常常简单地用“好人”和“坏人”来区分人。而部分文学作品可以通过对人物的形象与性格的塑造来使儿童能够对日常生活中的人有一个正确的认识。儿童还可以通过对儿童文学的欣赏和阅读来认识人与人之间的交流与交往。

考点 4 美感作用

儿童文学和成人文学一样，既是生活的真实反映，也是生活的审美反映。它集中表现了生活美、自然美，并创造了艺术美。优秀的儿童文学作品总是以其丰富的美感使儿童产生感情上的激动，获得精神上的愉悦和满足，同时也以此陶冶他们的思想情操，培养他们欣赏美、创造美的能力。像王尔德笔下的《快乐王子》，尽管主人公的结局是悲惨的，但他在读者的心里所激起的感情却愈来愈纯，愈来愈高尚，使读者从中获得了美的享受。同样，生活中的丑在作家笔下亦能变成具有审美价值的艺术形象。像安徒生的《皇帝的新装》，就可以使读者在讥笑、否定丑恶的同时，更加神往生活中崇高的美的力量。

二、儿童文学的美学特征

儿童文学的美学特征：纯真、稚拙、欢愉、变幻、质朴。

考点1 纯真

儿童(尤其是幼儿)正处在人生的黎明时期,生命的花朵刚刚绽放。在广袤而复杂的大千世界面前,儿童世界总是显得那么稚嫩、纯真和美好。这种儿童生命固有的品性,成为儿童文学作品纯真美的客观来源;而表现儿童生命、儿童世界的纯真之美,也成了儿童文学作家的自然追求。

考点2 稚拙

儿童文学的稚拙既表现在**内容**上,也表现在**形式**上。从内容上看,儿童文学的稚拙美主要表现为儿童心理、生活中的稚拙情态和形态。

稚拙美也表现在儿童文学的形式方面。从广义上说,在儿童文学作品中,语言组合和叙述方式的变化可以产生一种稚拙感,其情节的构成方式的变化也能带来一种稚拙的形式感。

考点3 欢愉

高尔基说过"儿童文学是快乐的文学"。儿童最不喜欢枯燥的故事和乏味的叙述,他们需要有趣的东西。因此,儿童文学相对于成人文学来说,总是洋溢着更为浓郁的谐趣和欢愉之美。这种欢愉之美表现为以幽默、滑稽、可笑的形式来表现具有美感意义的内容。

在儿童文学作品中,作者常常使用夸张、比喻、对比、移植、反语等手法,由语言、情节的不协调构成喜剧性的矛盾冲突,造成趣味性和幽默的效果,构成一种轻松、清新、隽永的欢愉之美。

考点4 变幻

儿童的心理和生理特点,决定了儿童是好动的,更富有幻想和探究性的性格,因此儿童文学总是更富有幻想,拥有更多的惊险效果和神奇意味。而这一切,就构成了儿童文学的变幻之美。

考点5 质朴

"质"是指本质、质地、本色;"朴"原意指树皮,引申为未加工的木材,再引申为不加修饰的原始与天然状态。质朴美就是本色的自然、纯朴之美。在儿童文学作品中,质朴美既表现为作品形式方面简洁、朴素的表达风格,也表现为作品心理内涵的朴素。

三、儿童读者的年龄特征

考点1 幼儿文学

幼儿文学是适应学龄前幼儿的文学接受特点而创作的文学作品。

1. 幼儿文学的特点:①思想内容表达得具体可感。②通过对现象世界的描绘来帮助幼儿认识事物的特点和一些简单的道理。③形象描绘和艺术构思的充满幻想。④情节结构和叙述方式的游戏精神。⑤语言亲切自然,口语化。

2. 幼儿的文学接受特点:①侧重语音、游戏的感官性接受。②声音的节奏韵律和色彩的运用,文学性与音乐性、美术性因素紧密结合。

考点2 童年文学

童年文学是适应6到12岁儿童的接受能力和审美趣味的文学。

童年文学的特点:①题材广阔,内容丰富,蕴含多方面的知识。②情节生动曲折,具有浓重的故事性。③形式新颖,手法多样,带有极强的娱乐性。④故事、人物、环境的设计充满奇异性。

考点 3 少年文学

少年文学是适应**12**到**15**岁儿童的接受能力和审美趣味的文学。

少年文学的特点:①开放性。②探索性。③现实性。

四、儿童文学的三大基本母题

<table>
<tr><th colspan="2">基本母题</th><th>内容</th><th>审美</th><th>基调</th><th>意义</th><th>举例</th></tr>
<tr><td rowspan="2">爱的母题</td><td>母爱型</td><td>带着自己的人生体验来作爱的传达,使孩子感受到爱的迷人和伟大。</td><td>审美感情的升华。</td><td>亲切温馨</td><td>通过作品来传达对孩子的爱,借此培养儿童的爱心。作品表现慈爱的母性,题材是母亲们感兴趣的话题,语言体现了母亲的慈祥。</td><td>《寄小读者》</td></tr>
<tr><td>父爱型</td><td>直面人生,以现实深刻的眼光看待和处理人生中的难题。</td><td>揭示人生的难言与奥秘。</td><td>端庄深邃</td><td>渴望父爱,寻求家庭和社会的温暖,体现了人类现实性的一面,它起源于人的现实发展的需要。</td><td>《小红马》</td></tr>
<tr><td colspan="2">顽童的母题</td><td>表现儿童的任性与调皮。</td><td>在意外的认同中获得审美的狂喜。</td><td>奇异狂放</td><td>渴望自由,向往无拘无束、可以尽情翱翔的天地,同时也体现人类的未来指向,是对现实社会中人自由而全面发展的一种深情呼唤。</td><td>《木偶奇遇记》
《小飞人卡尔松》
《爱丽丝漫游奇境记》</td></tr>
<tr><td colspan="2">自然的母题</td><td>以自然万物为表现对象。</td><td>在对自然的审美中形成超脱感和神秘感。</td><td>悠远率真</td><td>给人带来超脱感、奇异感、亲近感。使人感悟到在人类社会之外还有一个无比伟大的自然,感悟到自己与大自然之间密不可分的血缘关系。</td><td>《狼王洛波》
《丛林之书》
《猛狮爱尔莎》</td></tr>
</table>

五、儿歌与儿童诗

考点 1 儿歌

儿歌是以低幼儿童为主要接受对象,以口语化的韵语来叙事表情的一种短歌。儿歌是人生最早接触的一种文学样式,属于诗歌的范畴,具有诗歌的一般属性。儿歌是儿童文学中最具儿童文学特点的样式之一。

基本特征	具体内容
①主题单一。	整首儿歌只说明一个意思,讲一个道理,有一个目的。
②内容浅显。	儿歌的内容都是低幼儿童所熟悉的生活,并且与他们的接受能力相一致。
③结构简单。	在外部结构上,篇幅都很短小;在内部结构上,线索单一,层次分明,意思完整。
④语言通俗,音乐性强。	主要表现在语言的口语化上,读起来顺口、流畅、易读、易记、易唱。

考点 2 儿童诗

儿童诗是指以儿童为主体接受对象，适合儿童听赏、吟诵、阅读的诗歌。儿童诗所反映的生活内容、所进行的艺术构思、所展开的联想和想象、所运用的文学语言等，都必须符合儿童的年龄特征，必须是儿童喜闻乐见的，这样才能在培养儿童良好的道德品质、思想情操，在激发和丰富他们的想象力、思维能力等方面，尤其是在培养儿童健康的审美意识和艺术鉴赏力上，发挥自己独特的作用。

艺术特征	具体内容
①高度凝练地表现儿童的生活和内心世界。	儿童诗是儿童心理的诗性外化和儿童情感的自然流露，也是儿童的生活和理想高度集中的艺术表达。
②体现儿童特有的趣味与情调。	适时地表现儿童的天真、热诚、活泼、敏捷和任性行为，总是以乐观积极的笔调托起童心和童趣。
③以鲜明生动的诗歌形象抒发情感。	致力于创造鲜明生动的诗歌形象，让孩子们在具体可感的画面中感受诗情和诗美。
④用富于音乐性的语言传达诗意。	儿童诗因其鲜明的节奏与和谐的韵律而含有很强的音乐性，给儿童读者带来多方面的美感享受。

考点 3 儿歌和儿童诗的异同

儿歌与儿童诗同属于儿童诗歌类，它们都具有诗歌的共性特征，都是适合儿童接受的诗歌文体，同时文体之间的渗透和融合在创作中也是不可避免的，但又各自具有自己的个性特征，有着明显的区别。

1. 从读者对象的角度看，儿歌是以学龄前期和学龄初期的儿童为主要对象；儿童诗则是以学龄中后期的儿童为主要对象。

2. 从主题思想的表现看，儿童诗的主题思想常常以间接方式表现出来，比较深刻、含蓄；儿歌则往往是比较浅易地表现它的主题思想。

3. 从语言表现形式上看，儿童诗与儿歌的语言均要求凝练、简洁、有概括性。由于表现深度的不同，儿童诗的语言比儿歌的语言更纯粹，更集中，更富有想象的张力。在韵律方面，儿童诗不像儿歌那样讲究音韵的和谐和节奏的整齐。

4. 从篇幅长短看，诗有长有短，不受限制，其中叙事诗、童话诗的篇幅都比较长；而儿歌因为有口头创作、供幼儿吟唱的特征，一般都较为短小。

六、童话和寓言 【简答】 ★★

考点 1 童话

1. 童话的发展

童话的发展经历了**民间童话**和**文学童话**（或称创作童话）两个历史阶段。

民间童话是童话早期发展阶段的表现形式，它最早是作为口头文学形式出现的，是劳动人民集体智慧的结晶，在民间世代口耳相传。如我国广泛流传于民间的《田螺姑娘》《狼外婆》《蛇郎》等都是优秀的民间童话的代表。民间童话中的角色大多是神魔妖怪，也可以是世间凡人，还有许多自然界的动植物。民间童

第一部分

话在创作上有些常用的模式，我们经常可以看到这样的开头“很久很久以前，在一个小村子里，有一户人家……”。民间童话以其轻松、浅显、幽默的语言在民间显示着极强的生命力。

随着时代的演进，不同地区、不同民族的人们按照各自的需要和理想从各个角度对民间童话加以补充和改造。一些文学工作者也开始自觉地收集、整理民间童话。古印度的《五卷书》、阿拉伯的《一千零一夜》等都是世界闻名的民间童话集。较早对民间童话进行改写的是法国的夏尔·贝洛（1628～1703），他根据欧洲民间童话改写了八篇童话和三篇童话诗，即《鹅妈妈的故事》，深受小读者的喜爱。19世纪初，德国著名的语言学家格林兄弟搜集、整理的《格林童话》更是对以后童话的研究和发展产生了广泛而深刻的影响。

真正体现了童话从民间童话到文学童话演进过程的是丹麦童话大师安徒生的作品。安徒生早期的一些作品也取材于民间童话，如《打火匣》。在汲取了丰厚的民间童话的营养之后，安徒生逐渐走上独立创作的道路。《海的女儿》《丑小鸭》《小意达的花儿》等作品都是充分显示他独特创作风格的童话名作。安徒生开创了作家创作童话的历史新纪元，使童话这一文学体裁逐步走向成熟。

2. 童话的艺术特征

（1）幻想是童话的基本特征（童话的生命）

童话是以奇异动人的幻想、奇妙曲折的情节间接地反映现实生活、表现儿童情趣的一种文学样式。在童话作品中，人物是虚构的，环境是假设的，情节也是离奇的，童话中的一切都是幻想的产物。安徒生曾把他自己的童话作品解释为“富于幻想色彩的故事”。童话就是将现实生活逻辑中绝对不可能有的事情，依照“幻想逻辑”写成的故事。

（2）荒诞是童话必不可少的美学品格（童话的血液）

荒诞是作家运用夸张、变形等手法，将生活中的真实故事变异甚至大幅度地进行扭曲，使现实中的实际现象具有离奇古怪、玄妙无比的形式。

（3）拟人、夸张、象征是童话的主要表现手段

童话中拟人化的角色往往拥有双重身份，它们似人非人，似物非物，因此，作品既要象征性地赋予其深刻的“人性”，又要适当地保留、突出其部分“物性”，即童话的夸张不能失实，要建立在真实的现实基础上。象征是借助于某一具体事物的形象，以最大限度的概括力和表现力来表现某一思想、某一事件或某一现实的特征。幼儿童话中象征义应该趋于单一、明确、浅近。

（4）幻想与现实紧密相连

尽管童话的幻想不是依据合乎常理的理由，而是建立在不合逻辑的基础之上的，但是任何艺术形象都产生在现实的基础上，幻想形象亦然。幻想是童话反映现实生活的特殊艺术手段，而幻想的目的，就是更好地反映现实。

考点 2 寓言

1. 寓言的发展

寓言是世界上最古老的文学体裁之一，寓言的产生有着悠久的历史。追溯寓言的源头，我们可以发现，

同童话一样，寓言也起源于民间口头文学，受到神话传说的直接影响。早期寓言的寓体往往是一个带有“万物有灵”色彩的生物故事，而本体却是人们对世界的理性思考的产物。寓言的产生标志着人类理性思维的逐渐觉醒，人们开始有意识地运用联想和想象去表现从生活中感悟出的哲理。寓言这种寄托着教训和哲理的文学样式伴随着人类思维迈向成熟的进程而逐渐完备起来。

世界寓言主要有三大发源地：古希腊、古印度和古中国。

(1)古希腊寓言

古希腊寓言是西方寓言的源头。《伊索寓言》被誉为西方寓言的始祖，是由后人搜集整理的民间流传的古希腊寓言的汇编，归于公元前6世纪伊索名下。

(2)古印度寓言

古印度寓言是世界上最古老的寓言之一，对于世界寓言的发展起到了重要影响。古印度寓言主要收集或改编在《五卷书》和一些佛经中。

(3)中国古代寓言

中国古代寓言源远流长，其发展先后经历了先秦的说理寓言、两汉的劝诫寓言、魏晋南北朝的嘲讽寓言、唐宋的讽刺寓言和元明清的诙谐寓言等五个阶段。

2. 寓言的艺术特征

(1)明确的寓意

寓意是寓言的灵魂，故事是寓言的血肉，故事是为表现寓意服务的，寓言的教训或哲理渗透在故事中。叙述故事不是寓言的目的，通过故事来阐发人生哲理、寄托道德训诫才是其根本目的。

寓言的寓意是明确清晰的。寓意有时在寓言中直接表达出来，即在开篇或结尾时直接点明寓意。更多的寓言不直接点明寓意，而是将寓意隐含于故事中，让读者自己从中领会。

(2)比喻的手法

寓言是比喻的艺术，是借助设譬立喻的艺术手法来表达寓意的。黑格尔在《美学》一书中把寓言归为“比喻的艺术形式，自觉的象征”。但寓言的比喻和修辞上的比喻不同，寓言的比喻特点是通过拟人、夸张、象征等多种艺术手法表现的，主要有两种方式：

其一，采用**拟人手法**，以动物、植物、微生物等为主人公，与现实拉开一定的距离，其目的是影射现实生活中的人和事。

其二，采用**夸张手法**，以历史人物或虚拟人物(包括作者自己杜撰的以及借用神话传说、民间故事、文艺作品中的人物)为主人公。

(3)结构简单、语言精练

寓言是叙事文学中最简短的一种。篇幅短小、情节简单是寓言在形式上的一个显著特征。作者通常从生活中或自然中截取一个最富代表性的片段加以概括、提炼，把深刻的道理浓缩在一个短小的故事里，有的只用三言两语就能把要阐明的道理或讽刺对象的本质揭示出来。

真题面对面

[2019统考小学,简答,5分]寓言具有哪些特征?

参考答案:①明确的寓意。叙述故事不是寓言的目的,通过故事来阐发人生哲理、寄托道德训诫才是其根本目的。寓言的寓意是明确清晰的。

②寓言通过拟人、夸张、象征等多种艺术手法表现寓意。

③结构简单,语言精练。篇幅短小、情节简单是寓言在形式上的一个显著特征。

考点 3 童话和寓言的不同

对比角度	具体内容	举例
概念	童话是一种带有浓厚幻想色彩的虚构故事,幻想是童话的基本特征、核心及灵魂。	《田螺姑娘》《神笔马良》
	寓言是含有劝喻和讽刺意味的故事。寓,就是寄托,即借助于某种故事形式来表达作者的创作意图。	《邯郸学步》
篇幅	童话故事完整,篇幅较长,情节神奇曲折。	《皇帝的新装》《蚕和蚂蚁》
	寓言结构简单,篇幅短小,情节单纯有趣。	《塞翁失马》《黔驴技穷》
题材	童话多表现幻想世界,充满幻想色彩。对大自然的一切事物都可加以人格化,以物拟人,妙趣横生。	《渔夫的故事》
	寓言多来自现实生活,内容多反映人们对生活的看法,或对某种社会现象的批评,或对某种人的讽刺和箴戒。寓言虽然具有虚构的成分,但是对社会现象的高度提炼和概括,更容易为人所接受。	《揠苗助长》
体裁特点	童话表现为形式多样,除用散文形式写的童话外,还有童话诗和童话剧。想象丰富,幻想奇特,抒情说理,寓教于乐,突出形象性,注重趣味性,讲究可读性。	《宝葫芦的秘密》《卖火柴的小女孩》
	寓言表现为借题发挥,由此及彼,托古讽今,小中见大,突出讽刺性,注重实用性,讲究哲理性,富于启发性。	《自相矛盾》《刻舟求剑》

七、儿童小说与故事

考点 1 儿童小说

儿童小说的特征有:

1. 主题:鲜明、集中、有针对性。儿童小说的主题一般是符合儿童的接受特点和接受心理的。

2. 情节:曲折生动、故事性强、引人入胜。儿童小说故事情节的开展是通过人物行为的发展串联起来的,增强趣味,引人入胜。

3. 人物:生动、丰满、可信。在人物塑造上,通过多种手段刻画立体、鲜活的儿童形象,突出人物的年龄、个性等特征,儿童人物形象的可信度更高。

4. 语言:形象化、性格化。这和儿童对语言的理解能力还不高的特点分不开。

考点 2 儿童故事

儿童故事的基本特征有：

1. 主题：集中而明朗。儿童故事的主题一般都有很强的针对性，有相当明显的教育目的。

2. 情节：曲折而单纯。儿童故事的情节特点是曲折而单纯的。情节主线一般都是单纯发展，不枝不蔓，但又不是直线式地推进，而是呈曲线形、波浪状地发展。

3. 表现手段：叙述明快而有童趣。开头开门见山，结束干净利落，整个叙述过程一般是粗线条的。富有童趣，适合儿童的年龄特点。

4. 语言：质朴而活泼。儿童故事语言的总体风格质朴，表现为朴素、浅近、口语化，故而比较活泼、明快，富有表现力。

考点 3 儿童故事与儿童小说的异同

1. 儿童故事与儿童小说共同点

(1)都具有较强的叙事性；

(2)都有人物、环境、情节等因素。

2. 儿童故事与儿童小说明显的区别

角度	儿童小说	儿童故事
读者对象	一般是小学高年级以上的少年儿童。	一般供学龄前儿童阅读或讲述。
儿童的接受能力	所反映的社会生活较儿童故事更为复杂。	——
艺术表现	注重人物形象的塑造、人物性格的立体表现和人物心理以及人物活动环境的描写。	更侧重于概述故事，表现完整的情节，淡化对人物的心态、外貌及其生活环境的描写。
语言运用	使用小说笔法。	在叙述方式上要求口语化。
叙述方式	可以有更多的主观情感注入作品。	大都站在旁观者的立场，比较客观地叙述事件的进程。
价值	儿童小说的价值在于人物和主题，重视的是典型人物的塑造和主题的深度。	儿童故事的价值在于故事本身，重视的是精彩事件的叙述结构。
表达技巧	儿童小说是精细的，要加强塑造人物形象的艺术效果，就必须要更注意精雕细刻的描写。	儿童故事是粗线条的，讲究的是讲故事的技巧。

八、图画文学

图画文学是一种以幼儿为主要接受对象的文艺读物，是图画和文学语言相结合的综合性的艺术形式。图画文学几种常见的艺术形式有：图文并茂、无文图画、连环画。在外国，还有**动画式和玩具式**的图画文学。

考点 1 图画文学的作用

图画文学是最早进入儿童世界的儿童文学书面样式，它引导儿童去阅读书籍，把儿童带向广阔的社会生活领域，并给儿童以最初的审美教育。所以，在对儿童个性意识的形成方面，图画文学有着难以形容的巨大作用。

考点 2 图画文学的特征

1. 绘画性

这是一切绘画艺术所共有的特性，也即图画的艺术性。优秀的图画文学总是给人视觉的美感。图画文学中的图画作为绘画艺术，应该是十分讲究艺术性的。

2. 传达性

绘画传达性是图画文学最具实质性的特征。首先，绘画的传达是一种视觉的传达；其次，图画文学的传达性必须有一种贯穿始终的整体感；再次，图画文学的传达还应该富于动态感。

绘画的整体的、连续的、动态的传达性和表述性，是图画文学的生命，也是衡量图画文学成功与否的基本标准。

3. 趣味性

这里主要是指儿童情趣。图画文学的有机统一，构成了图画文学的体裁形式，儿童情趣则是图画文学的灵魂内核。图画文学不论出于何种严肃的教育目的，都必须首先让孩子得到快乐，让他们赏心悦目，满足他们的好奇心理，最后在开心、振奋甚至震惊中形成深刻印象。所以，图画故事必须具有浓厚的趣味性。

九、儿童戏剧、影视

考点 1 儿童戏剧

儿童戏剧是指用语言、肢体、表情等表现形式表现的一种表演形式，设计轻松、愉悦、有情节、有故事性、有理念。

1. 儿童戏剧的舞台呈现特点

戏剧作为促进儿童发展的手段，对儿童的认知、社会适应性和情感等心理的健康发展有着特有的教育作用。一部好的儿童剧能够影响儿童的一生。美国的戏剧学者在二十世纪二三十年代提出了“创造性戏剧”。美国学者曾对创造性戏剧带给儿童的作用进行了总结，具体包括创造性、敏感性、流畅性、灵活性、想象力、情绪稳定性、社会合作能力、道德态度、身体平衡协调能力以及交流能力。就其中的创造性而言，儿童在创造性戏剧活动中，要把自己完全放置到某一个角色上，自由地表达自己内心深处的思想、感受，这样可使孩子自身的创造力得到充分的发展。

2. 儿童戏剧的基本类型

儿童戏剧主要分两方面，一方面是成人演戏给孩子看，在西方的整个概念上称为“儿童剧”，就是大人演给孩子看的，以大人为主。另一方面，就是孩子参与性的活动，主要分成两大板块，主要是形式上的区别。一个叫儿童戏剧活动，就是跟孩子排戏，通过演出让孩子进行学习。在此期间，孩子看和孩子演都是很好的形式，都是以孩子的心理成长需要为核心；第二个板块也是现在发展最快的地方，戏剧是很好的教育工具，它可以应用于游戏教育，可能是教学方法，可能是戏剧科，可能是综合学科，所以用哪个方法都能很好地教学生。

考点 2 儿童影视

儿童影视文学指为拍摄儿童影视片所创作的文学剧本，它是儿童影视创作的文学基础，是导演再创造的依据。

基本知识		具体内容
舞台呈现特点	①作为艺术形式。	用直观的图像、丰富的色彩、动听的音乐、还原的声音，综合了文学、戏剧、摄影、表演、音乐等多种艺术门类的要素，在题材样式上表现出了多样性，在内容上展现出了历史积累的丰厚和继续开发探索的无限可能。
	②作为传播现象。	在整体与观众联结的共时过程中产生了作品与观众最为广泛的接触面，成为当代最独特、完整同时也最具影响力的大众文化。
基本特征	①媒介特征。	儿童影视所表现的画面不仅是真实的，而且是运动的。巨大的影像冲击力与直观形象性是平面纸质媒介所不可替代的，它带给儿童独特的审美体验。
	②儿童特征。	儿童影视作为为儿童服务的艺术形式，其审美创造必须以儿童特征（思维特征、儿童心理等）为出发点，同时又必须以是否契合儿童特征作为作品的落脚点。
基本类型	①儿童电影。	广义：包括儿童故事片、美术片、儿童纪录片、儿童科教片。
		狭义：主要是指儿童故事片，也就是通常所说的儿童片。
	②动画片。	广义：在中国习惯称其为美术片，是电影的四大片种之一，可以说广义的动画片是卡通片、剪纸片、木偶片、水墨片、折纸片等类影片的总称。
		狭义：又称“卡通片”，是动画电影中的一个主要片种。它以多种绘画形式作为人物造型和环境空间造型的主要表现手段。
	③儿童电视剧。	以儿童的视角和理解方式，用电视手段拍给儿童看、为儿童所喜闻乐见的电视剧。

十、儿童文学欣赏方式的特殊性

儿童文学的欣赏方式有不少特殊性，概括起来大致有四种：偏重直观感受，易于感情投入，善于模糊解读，拙于鉴别评判。

考点 1 偏重直观感受

在理性思维尚未充分发展起来的儿童时代，直观感受原是他们认识世界的一个重要心理特征，在欣赏文学的过程中自然也不例外。这是由他们的思维方式尚保留着较多的直觉行动性和具体形象性所决定的。优秀的儿童文学作品总是把理性溶解于感性形象之中，儿童在直观感受中又无意识地或部分无意识地把它接受了。儿童正是在这样的阅读过程中，不断地从“感受中理解”走向“理解中感受”，从而学会真正的欣赏（审美）。

考点 2 易于情感投入

对读者来说，文学欣赏既是被动的，又是主动的。所谓被动，是指读者的情感和思维受到作品中文学形象的牵引；所谓主动，则指读者总要积极主动地把自己的情感投入到作品的情境中去。儿童与成人不同，他们更容易投入情感，更容易参与到作品中去，甚至于忘记自己是一个现实生活中的人，或者说忘记自己是在虚构的作品之中。儿童读者在和作品之间的关系上，被动多于主动，他们很容易被作品牵引着走。

考点 3 善于模糊解读

儿童“好读书，不求甚解”，靠的是一种模糊解读，获得的是一种朦胧的整体的审美感受，满足了好奇心，满足了情感上的渴求。这是符合儿童的文学审美实际的。

考点4 拙于鉴别评判

这是儿童在文学欣赏上不同于成人之处。儿童一旦被作品的形象所牵引，就会全身心地沉浸于虚构的世界，任凭想象的奔驰，很难再脱身出来，冷静地对作品进行分析、判断。从直观感受中，他们也许会对作品作出“好看”或“不好看”的简单评价，但那也只是一种感觉——“有趣”或“没劲”，并不是实质性的鉴别。

十一、儿童文学批评的性质、意义与标准

考点1 儿童文学批评的性质

1. 儿童文学批评是美学的批评；

2. 儿童文学批评是一种独特的社会历史批评；

3. 儿童文学批评是一种具有自身特点的科学研究活动。

考点2 儿童文学批评的意义

1. 儿童文学批评对儿童文学作家创作具有指导作用；

2. 儿童文学批评有利于读者鉴赏水平的提高；

3. 儿童文学批评有利于儿童文学理论的建设。

考点3 儿童文学批评的标准

1. 基本准则：为儿童的文学。

2. 具体标准：①看反映社会生活是否具备艺术的真实；②看思想内容是否有利于儿童的健康成长；③看作品是否具备真正的儿童情趣；④看作品是否与儿童读者的年龄阶段相适应；⑤看文学形象塑造的美学价值。

十二、中外儿童文学的特点

儿童文学的初始阶段，还没有一支成熟的创作队伍，因此，民间传说、寓言和将成人文学中的片段改编为故事，便是儿童文学的早期形式。这些故事具有可读性强、情节套路化和易于流传等特点，常常成为儿童的启蒙读物。但由于这些故事并不是刻意写给儿童的，它们在思想、艺术、审美等方面离儿童的需求还有较大的距离。这些作品，在情节设置、人物塑造、语言风格及审美情趣等方面，都有非儿童化的一面，在题材的表现形式上也多有重复雷同。这些不足之处限制了儿童的阅读快感，因此，题材的多元化和创作手法的创新，便成为儿童读物更新换代的关键。

考点1 中国儿童文学

中国由于几千年的封建统治，儿童及儿童教育问题长期不受重视，故儿童文学出现较迟。有史可考的专为孩子们创作的儿童诗、儿童小说、儿童戏剧等直到晚清才开始陆续问世。儿童文学成为一个独立的文学门类则始于20世纪初，五四新文化运动之后。

长期以来，我国儿童文学创作大多以知识性、教育性为主，忽视了儿童的纯真天性。这和我国的教育体制有关，暴露了我国的儿童文学作家常常以成人的视角来观察儿童的内心世界，致使优秀的儿童文学作品缺失。

考点2 外国儿童文学

1. 外国儿童文学的发展

儿童文学最早出现在英国，在发展中渐渐形成了两大部类，“儿童本位的儿童文学”和“非儿童本位的儿童文学”。随着社会的发展和人文主义的深入，更多的作家开始注意以儿童为本位的创作和研究。

19世纪下半叶，英国儿童文学进入黄金时代，无论从题材上还是从写作手法上，都有历史性突破。卡罗尔的《爱丽丝漫游奇境记》、巴里的《彼得·潘》、王尔德的《快乐王子》、吉卜林的《丛林之书》和斯蒂文森的《金银岛》等，开拓了儿童文学崭新的天地。20世纪上半叶，瑞典女作家林格伦创作了《长袜子皮皮》，再一次挑战传统教育理念。

开幻想童话先河的作家是英国的金斯利，1863年，他出版了专为小儿子创作的童话《水孩子》，故事虽然虚构了许多情节，人物原型却取材于现实生活，这种现实与幻想的结合创造出一种纯幻想童话的模式，使得儿童文学创作摆脱民间文学母体，开始向原创转型。而《爱丽丝漫游奇境记》的出版则彻底突破儿童文学传统的说教模式，为作品插上幻想的双翼。英国的斯蒂文森于1883年出版了探险小说《金银岛》，开辟了探险小说题材；而美国的马克·吐温则为历险小说做出杰出贡献，他的《哈克贝利芬历险记》被海明威称作美国文学的源头；英国的波特自编自绘，创造了兔子彼得的绘画本系列故事；而托尔金又以魔幻故事蜚声世界……异彩纷呈的题材和多元的故事结构，使得儿童读物焕然一新。它们以独特的构思、灵活的故事结构和巧妙的讲述方式愉悦小读者，用创新的表现手法最大限度地调动小读者的视读热情。

2. 外国儿童文学的特点

(1)儿童性：儿童文学生产者是成人，消费者是儿童。真正的儿童读物应以儿童为考虑中心，它的目的是在帮助儿童的发展。

(2)教育性：凡是好的文学作品，大半都没有教育目的，但却有教育影响。所谓教育性，应是广义的、无形的教育。“寓教于育”是不二法门，而效果是潜移默化的。

(3)游戏性：游戏对儿童而言，既是工作、学习，也是生命的表现。游戏是儿童获取经验、学习与实际操作的手段。

(4)文学性：文学是语言的艺术。文学作品与非文学作品的不同，在于作者写作态度与表达方式的不同。文学的价值在于它的无用，正因为它的无用，所以能具现一切有用。文学的感人，在于潜移默化。

第二节　儿童文学作品的分析和鉴赏

一、中国儿童文学重要作家作品分析 【填空】 ★★

考点1 叶圣陶《稻草人》

1. 作者简介

叶圣陶早年试验新式教学，是文学研究会发起人之一，曾主编《小说月报》，他的作品在文学史上占有重要位置。其代表作有长篇小说《倪焕之》、童话集《稻草人》、短篇小说《潘先生在难中》等。在许多读者心目中，叶圣陶只是一个儿童文学作家及教育家，事实上，他的小说也非常出色，他在现代文学史上的贡献也不容忽视。叶圣陶童话总的艺术风格：浓郁的民族气息和儿童情趣。

2.《稻草人》

这是新中国第一本为儿童而写的童话集，作者叶圣陶也是中国现代童话创作的拓荒者。他的童话构思新颖独特，描写细腻逼真，富有现实内容。鲁迅说，叶圣陶的"《稻草人》是给中国的童话开了一条自己创作的路"。

该作品通过稻草人的眼睛和心灵，描写出了20世纪20年代中国农村的飘摇之态，同时也对劳动人民寄予深深的同情。

第一部分

考点2 张天翼《宝葫芦的秘密》

1. 作者简介

张天翼，现代著名小说家，儿童文学作家。他的作品多用**嘲讽笔调**，文笔活泼新鲜，风格辛辣。著有短篇小说《包氏父子》及儿童文学作品《大林和小林》《罗文应的故事》《宝葫芦的秘密》《秃秃大王》《金鸭帝国》《大灰狼》等。张天翼童话作品艺术特色为：想象和幻想丰富奇特，综合运用象征、夸张和讽刺，语言童稚活泼，轻松幽默。

2.《宝葫芦的秘密》

作品写一个叫王葆的小朋友听奶奶讲宝葫芦的故事后着了迷，总想得到一个宝葫芦。一天他在梦中得到了一个"宝葫芦"，从此想要什么就有什么，想什么就来什么。例如，他想要一个飞机模型，宝葫芦就会帮他"变"一个出来，他不会做作业，宝葫芦马上帮他完成，甚至在考试的时候他做不出考题，它也会帮他变出一张答案正确的卷子，他只要填上他的姓名，就可以了。但最后王葆发现，要什么就有什么给自己带来的不是幸福和快乐，而是无聊和苦恼。最后他把宝葫芦的秘密都揭开了。

考点3 周作人《希腊神话故事》

1. 作者简介

周作人，原名櫆寿（后改为奎绶），字星杓，浙江绍兴人。中国现代著名散文家、文学理论家、评论家、诗人、翻译家、思想家，中国民俗学开拓人，新文化运动的杰出代表。

2.《希腊神话故事》

《希腊神话故事》是周作人翻译的一部比较著名的儿童文学作品。在《希腊神话故事》中，有对希腊诸神聪明才智、正直品格的歌颂，比如以智慧获得雅典人拥戴的智慧女神雅典娜；有对弱者的同情和对邪恶的憎恨，比如大熊星座和小熊星座的传说；还有对古希腊风土人情的生动描绘，比如特洛伊木马的故事……这些故事，形象丰满，人物栩栩如生，情节跌宕起伏、精彩绝伦、引人入胜，超乎寻常的想象和极度的夸张，把读者带进古希腊那个充满神奇、充满美感的神话世界。

考点 4 冰心《寄小读者》

1. 作者简介

冰心，原名谢婉莹。中国诗人，现代作家，翻译家，儿童文学作家，社会活动家，散文家，代表作品有《寄小读者》《繁星》《春水》《闲情》等。冰心的散文表现“爱的哲学”，并被誉为“美文”的代表。她的作品多围绕着母爱、童心和自然三大主题展开。

2.《寄小读者》

《寄小读者》共29篇，是冰心于1923年至1926年间写给小读者的通讯，其中有21篇是作者赴美留学期间写的，当时曾陆续刊登在北京的《晨报》副刊上。通讯内容是叙写她赴美留学旅途中及在美国的生活，贯穿的是对母爱、童真、大自然的礼赞。除这“三爱”之外，爱祖国是《寄小读者》的重要内容。爱国主义把她诗文中的“三爱”升华到更高的层次。

《寄小读者》可以说是中国近现代较早的儿童文学作品，冰心也因此成为中国儿童文学的奠基人。冰心用通讯的模式，采取和小朋友谈天的亲切语气，赞美自然、祖国、母爱，文笔清丽、优雅，童心、雅趣跃然纸上。冰心的**“爱的哲学”**，在《寄小读者》中得到充分表现，影响了一代代少年儿童。

抒情特色：作品的抒情色彩主要表现在融情入景、情景相生上。作者对大自然的爱充满人间情怀。在作者笔下，大自然具有人的灵性。景因情之融入而更美，而蕴含有丰富的情感内涵。这种融情入景，情景相生的艺术特点，使作品具有抒情诗的韵味和风景画的情致；而笔调的轻盈灵巧，语言的清隽流丽，既有白话通俗流畅的特点，又有古典文言精练雅致的长处，形成了冰心散文与众不同的特点。

考点 5 金江《乌鸦兄弟》

1. 作者简介

金江，原名金振汉，浙江温州人。1947年出版第一本诗集《生命的画册》。新中国成立后，转向儿童文学创作，专攻寓言，著有《小鹰试飞》《乌鸦兄弟》《寓言百篇》《老虎伤风》等著作。

2.《乌鸦兄弟》

《乌鸦兄弟》讲的是乌鸦兄弟住在一个巢里，有一天，巢破了一个洞，但是兄弟俩谁都不想去修，总是想着对方会去修，就这样洞越来越大，结果到了冬天，巢被风刮到地上，兄弟俩都被冻僵的故事。这则故事批评了乌鸦一味地依赖别人，并指出了“这解决不了任何问题”的道理。告诉人们在生活中遇到了问题，不要总想着去靠别人解决，应该主动想想对策，这样才能既解决问题，又锻炼自己。

考点 6 洪汛涛《神笔马良》

1. 作者简介

洪汛涛，中国著名儿童文学作家、理论家，“神笔马良”之父。他与叶圣陶、张天翼等齐名，是中国“童话十家”之一。

2.《神笔马良》

《神笔马良》讲的是穷孩子马良画画的故事。家境贫寒的马良自学成才，他得到一支神笔，成了一个神奇的画师。他画鸟，鸟就扑扑翅膀，飞到天上去；他画鱼，鱼就摇摇尾巴，游进水里去。但他只用画笔帮助穷苦的人，绝不让欺负广大人民的地主捞到好处。他帮助穷人解决生产和生活上的困难，大官红了眼，就叫马良去给他画金山，马良就趁机把金山画在大海中央，接着又画了船，画了桅杆，画了帆，画了大风，大风把船刮翻，大官沉到海底，受到了神笔的惩罚。该童话教育我们要学习马良热爱学习和爱憎分明的精神。

考点7 柯岩《帽子的秘密》

1. 作者简介

柯岩，当代著名诗人、作家。1949年开始专业创作，从事多种文学样式的写作。已出版著作50余部，主要有：诗集《"小迷糊"阿姨》《周总理，你在哪里》等；报告文学《船长》《奇异的书简》《癌症≠死亡》《永恒的魅力——一个诗人眼中的宋庆龄》；戏剧集《相亲记》《双双和姥姥》；长篇小说及同名电视连续剧、系列剧《寻找回来的世界》等。其作品在艺术上刻意求精，既豪放壮阔又清新明丽，具有鲜明的个人风格和独特的艺术魅力，深受广大读者欢迎。

2.《帽子的秘密》

《帽子的秘密》写的是儿童一心想学做"海军"的故事：哥哥是个一连拿了几个五分的好学生，可不知怎么他的帽檐老是掉下来，为了弄清这个秘密，妈妈派弟弟去侦察，当弟弟刚发现哥哥扯下帽檐扮"海军"的秘密时，自己就当上了"俘虏"，于是哥哥下令将弟弟"枪毙"，可弟弟不愿意，"反正我不能叫你们枪毙 / 不管它疼还是不疼 / 我长大了要当解放军 / 随便说我是奸细就不成"。作者用这个有趣的题材展开故事，活灵活现地写出了孩子们渴望做人民海军的美好愿望。柯岩并不是为写故事而写故事，而是通过故事情节来刻画人物的心理。

考点8 金波《推开窗子看见你》

1. 作者简介

金波，1935年生，大学教授，著名诗人，儿童文学作家，评论家。作品有《红苹果》等诗集20多部以及散文、童话、文学评论等数百篇。

2.《推开窗子看见你》

该书收录了金波从1955年直到2004年的诗歌代表作，并由各个时间段的标注，可以看出随着时代推移，诗人创作风格的一些变化。作品的题材内容涉及方方面面，有相当一部分是由人与自然的和谐延伸扩展为人与人之间的和谐，"爱"和"美"的主题意蕴贯穿始终。如《饮一杯月光》里"每个人的杯子里 / 都斟满了月光 / 我请爸爸、妈妈 / 干下这杯月光酒 / 脸上永远有微笑 / 发光的心也会闪耀"，情景交融，令人遐想。

考点9 林焕彰《妹妹的红雨鞋》

1. 作者简介

林焕彰，1939年生，台湾宜兰县人。出版有《牧云初集》《斑鸠与陷阱》《童年的梦》《小河有一首诗》《妹妹的红雨鞋》等四十余种新诗集、儿童诗集和诗论集。

2.《妹妹的红雨鞋》

这首诗为我们勾勒出一个在雨中嬉戏并流连忘返的快乐女孩儿形象，但作者并没有从正面描绘入手，而将着眼点放在"妹妹"的"红雨鞋"上，并借此生发联想，展开了一幅在儿童眼中鲜丽动人的生活场景。"隔着玻璃窗"是两块天地：屋外，"妹妹"穿着红雨鞋在雨中游戏；屋里，"我"看到的是一对"游来游去"的"红金鱼"。新巧的比喻准确地抓住了事物之间的相似点，为读者架起了丰富想象的桥梁。

考点 10 董宏猷《一百个中国孩子的梦》

1. 作者简介

董宏猷，1950年生于武汉，国家一级作家。著有《董宏猷文集》四卷，长篇小说《一百个中国孩子的梦》，小说集《长江的童话》，诗集《帆影》，散文集《白壁赋》等。

2.《一百个中国孩子的梦》

这不是一本睡眠实验室的梦境报告，也不是弗洛伊德、荣格、艾德勒等心理学家关于梦的学说的客观例证。但是，它们是"梦"，是中国孩子——从四岁到十五岁——曾经做过的、正在做着的以及将要做的"梦"，是中国孩子的人生之"梦"。这不是一部"梦"的汇编，也不是一百篇短篇小说的结集，虽然每一个"梦"都可以独立成篇，但《一百个中国孩子的梦》是一个整体，犹如一座大楼，每一个"梦"都是构筑这座大楼的一砖一石，每一个"年龄层"只是这座大楼顺序上的楼层和空间上的架构。

这是一部真实地从整体上宏观地反映中国孩子的生存状态、人生意识、深层心理的长篇小说。

考点 11 高洪波《我喜欢你，狐狸》

1. 作者简介

高洪波，笔名向川。1951年生，内蒙古自治区开鲁县人。他是当代儿童诗坛富有特色的诗人。他的语言幽默诙谐，节奏感强，富有韵律，善于把教育的内容含而不露地隐藏在有趣的故事中。他的儿童诗充分体现了他热爱孩子，尊重孩子的感情，他总是以浓缩的故事，通过动之以情达到晓之以理的目的。出版有儿童诗集《大象法官》《吃石头的鳄鱼》《鹅鹅鹅》《喊泉的秘密》《飞龙与神鸽》《我喜欢你，狐狸》，散文集《捕鼠记》《悄悄话》，评论集《鹅背驮着的童话——中外儿童文学管窥》《说给缪斯的情话》等。儿童诗《我想》、散文集《悄悄话》分别获中国作家协会第一、三届全国儿童文学优秀作品奖。

2.《我喜欢你，狐狸》

这是百年百部中国儿童文学经典书系中高洪波的原创儿童诗集，共分五辑。第一辑是"其实，你没那么坏"，第二辑是"为我的冒险喝彩"，第三辑是"小男子汉宣言"，第四辑是"向太阳滚动"，第五辑是"飞龙的秘密"。《我喜欢你，狐狸》荟萃了高洪波不同时期的经典名作，呈现出高洪波儿童诗的现代色彩和多角度探索精神。

考点 12 沈石溪《狼王梦》

1. 作者简介

沈石溪，原名沈一鸣，被誉为"中国动物小说大王"。其代表作品有《狼王梦》《红奶羊》《老鹿王哈克》等。所著动物小说将故事性、趣味性和知识性融为一体，充满哲理内涵，风格独特，深受青少年读者的喜爱。

沈石溪的动物小说从早期对动物生活和动物内心世界的关心，倾斜到了后来对人类生活和心灵世界的关心，在他的许多作品中，动物虽然保持了自然赋予的生活习性，但内在的性格和思想以及所显现的行为已被人格化了，它们有理性思考力、判断力、伦理道德观等。因此，沈石溪故事中的动物角色常同时具备了动物的自然法则与人类的道德法则。

2.《狼王梦》

《狼王梦》是一部以**自然主义观点**写的动物小说。它以尕玛尔草原和日曲卡雪山为背景，讲述了母狼紫岚在一个狂风骤雨的夜晚诞下了五只狼崽，但有一只公狼崽因紫岚的疏忽，死于暴风雨中。它一直有一个梦想，希望把自己的后代培养成狼王，因为这个愿望是紫岚死去的丈夫黑桑的心愿。但在残酷的现实面前，它一次次失败，三只小公狼也相继死去，自己也已步入老年。最后，它只能把希望寄托在女儿所产的狼孙身上。为了狼孙的安全，它与一只以前吃掉自己儿子的，想吃掉自己狼孙的金雕同归于尽了。作者通过艺术的手法折射出了人类生活中的某些方面，让人们去思索，去找出答案，其实这本小说意在对照“狼道”与“人道”，通过“狼道”把人类的道德与温情体现得淋漓尽致。

第一部分

考点 13 周锐《拿苍蝇拍的红桃王子》

1. 作者简介

周锐，祖籍广东潮阳，1953年生于南京，著作有《拿苍蝇拍的红桃王子》《鸡毛鸭》《哼哈二将》《周锐童话选》《大个子老鼠和小个子猫》《书包里的老师》《小西游记》《涂涂改改的梦》《水浒怪传》《爸爸的红门》等五十余种，曾多次获奖。

2.《拿苍蝇拍的红桃王子》

一副扑克牌里的红桃王子不甘寂寞地将手中的斧子换成了苍蝇拍，而且获得了“灭蝇”奇效。一时间，所有的国王、王后、王子们纷纷将手中宝剑、权杖、鲜花换为苍蝇拍。这还不算，更有智慧人士惊觉这一变革的价值，立马申请专利，推出“灭蝇扑克”……当然，事实证明，这不过是一场悖逆生活逻辑的闹剧而已。

故事有几分荒诞，红桃王子的异想天开固然可笑，但投机家“张罗”的所作所为更愚不可及。从这个人物身上，我们可以清晰地品味出作家夸张、调侃的笔调背后所蕴含的讽刺意味。这个故事显然是虚拟的，但是我们却又从中分辨出了现实生活的影子。这也正是这部童话的成功之处——寓庄于谐，寓理于情。

考点 14 秦文君《男生贾里》

1. 作者简介

秦文君，1954年生于上海，1980年开始创作，已出版多部作品。其中《男生贾里》《女生贾梅》《十六岁少女》《孤女俱乐部》等作品多次荣获各种儿童文学大奖。

2.《男生贾里》

这是一部反映当代中学生精神风貌的小说。小说真实地反映了当代中学生家庭、学校生活的各个侧面，具有浓郁的生活气息和时代特色，受到了广大青少年的喜爱。

《男生贾里》所叙述的是一个充满青春活力的初一学生的故事。故事中刻画的人物贾里有十分明显的特色：班级里一出现什么怪模怪样的事，大家就会不约而同地说："是不是贾里干的?"每章基本上都是一个相对独立的故事，每一个故事的开头都可以看到一段"贾里日记"，用贾里日记的语言开始故事，加强了故事的可信性和可读性。同时这些故事又是相互连贯的，共同构成全文的整体。

考点15 黄蓓佳《我要做好孩子》

1. 作者简介

黄蓓佳，1972年开始发表作品，出版《黄蓓佳文集》等小说集、长篇小说、散文随笔集、儿童文学作品20余部。

2.《我要做好孩子》

这是一部适合少年儿童和家长、老师共同阅读的长篇小说。

小学六年级学生金铃，是一个学习成绩中等，但机敏、善良、正直的女孩子。为了做一个让家长、老师满意的"好孩子"，她作了种种努力，并为保留心中那一份天真、纯洁，和家长、老师作了许多"抗争"。最后，她和同学们一起充满信心地走进升学考试的考场……

小说艺术地展示了一个小学毕业生的学校、家庭生活，成功地塑造了金铃、于胖儿、尚海、杨小丽等小学生和妈妈、爸爸、邢老师等大人的形象，情节生动，情感真切，语言流畅，富有鲜明的时代特色和浓郁的生活气息，并能给读者以思考和启迪。

考点16 曹文轩《草房子》

1. 作者简介

曹文轩，中国儿童文学作家，代表作有小说《山羊不吃天堂草》《草房子》《根鸟》《青铜葵花》等。2016年4月4日，曹文轩获"国际安徒生奖"，成为我国首位获得"国际安徒生奖"的作家。2017年12月，曹文轩凭借特殊文体长篇小说《蜻蜓眼》获得首届"吴承恩长篇小说奖"。

2.《草房子》

《草房子》的故事发生在油麻地，故事通过对主人公男孩桑桑刻骨铭心而又终生难忘的六年小学生活的描写，讲述了桑桑、秃鹤、杜小康、细马、纸月五个孩子和油麻地的老师蒋一轮、白雀关系的纠缠和孩子们苦痛的成长历程。

六年中，桑桑亲眼看见或直接参与了一连串看似寻常但又催人泪下、感动人心的故事：少男少女之间毫无瑕疵的纯情，不幸少年与厄运相拼时的悲怆与优雅，垂暮老人在最后一瞬间所闪耀的人格光彩，在体验死亡中对生命的深切而优美的领悟，大人们之间扑朔迷离且又充满诗情画意的情感纠葛……这一切，既清楚又朦胧地展现在少年桑桑的世界里。这六年，是他接受人生启蒙教育的六年。

《草房子》格调高雅，由始至终充满美感。叙述风格谐趣而又庄重，整体结构独特而又新颖，情节设计曲折而又智慧。荡漾于全部作品中的悲悯情怀，在人与人之间的关系日趋疏远、情感日趋淡漠的当今世界中，也显得弥足珍贵，格外感人。通篇叙述既明白晓畅，又有一定的深度，是一部既是孩子喜爱也可供成人阅读的儿童文学作品。

真题面对面

[2019统考小学,填空,1分]中国首位获得“国际安徒生奖”的作家是________。

答案:曹文轩

二、外国儿童文学重要作家作品分析 【单选、填空】★★

考点1 《伊索寓言》

1. 作者简介

伊索,公元前6世纪的希腊寓言家,传说原为奴隶,后获得自由。伊索因善讲寓言讽刺权贵,终遭杀害。他所编寓言经后人加工,以**诗或散文形式**结集,成为后世流传的《伊索寓言》。

2.《伊索寓言》

《伊索寓言》是世界上最古老的寓言集,是东西方民间文学的精华、奴隶制社会劳动人民智慧的结晶。《伊索寓言》篇幅短小,形式不拘,浅显的小故事中常常闪现出智慧的火花,蕴含着深刻的寓意。

《伊索寓言》之所以能享誉古今,历久不衰,主要原因在于其本身的动人魅力。这一魅力主要来源于寓言的三个方面:其一,《伊索寓言》故事本身的趣味性;其二,《伊索寓言》文字的表达特点;其三,这些故事包含的寓意内涵深刻,耐人寻味,富有教益。

真题面对面

[2018统考小学,单,2分]《伊索寓言》主要反映的是(　　)

A. 个人情感　　B. 贵族与奴隶主的情趣

C. 奴隶制社会劳动人民的思想感情　　D. 市民的思想感情

答案:C。《伊索寓言》的作者传说原为奴隶,后获得自由。《伊索寓言》是奴隶制社会劳动人民智慧的结晶,故选C。

考点2 《格林童话》

1. 作者简介

格林兄弟指的是哥哥雅各布·格林和弟弟威廉·格林,兄弟俩只差一岁,他们出生在德国的哈瑙,是德国文学史上的两颗巨星。其代表作品为《格林童话》,其中较为著名的有《白雪公主》《灰姑娘》《青蛙王子》《不莱梅的音乐家》《小红帽》。格林兄弟热衷于德国历史、语言学以及民间文学的研究,汇编的《德语语法》和大型的《德语词典》,堪称现代日耳曼语言的奠基之作和丰碑。他们怀着把民间富有诗意的口头语言保留下来的愿望,从1806年开始搜集民间传说、童话,出版了200多篇童话。1812年到1815年,他们搜集整理的《儿童与家庭童话集》(即《格林童话》)出版。该书奠定了民间童话中引人入胜的“**格林体**”叙述方式,对19世纪以来的世界儿童文学产生了深远的影响。

2.《格林童话》

《格林童话》是一部有200多篇童话的童话集。《格林童话》与《安徒生童话》《一千零一夜》并列为“世界童话三大宝库”。

《格林童话》内容广泛，反映了正义与邪恶、善良与凶残、诚实与虚伪、智慧与愚昧、勇敢与怯懦、勤劳与懒惰等一些带有普遍意义的人生主题。它的主人公分为两类：一类是**善的化身**，诸如裁缝、磨坊工、士兵、长工等，他们初遭不幸，几经周折，最后获得成功；另一类是**恶的象征**，诸如巫婆、魔鬼、强盗、继母等，他们多是一时得逞，最后以失败告终。作者总是把二者对立起来描写，字里行间充满了对弱者的同情，对为非作歹、为富不仁者的尖锐批评和讽刺，表达了鲜明的爱恨和美好的愿望，揭示了简单的人生哲理和价值观念。

《格林童话》源于民间，因而通俗、质朴，表现了纯真的自然美。童话主人公个性鲜明，恶莠善良一目了然。不少主人公憨态可掬，滑稽可爱，使故事妙趣横生，引人入胜。童话寓教于乐，既给人们以娱乐又启迪人们的心灵。在格林童话中，自然与神奇、现实与浪漫交相辉映，融为一体，使故事既有真实性，又有梦幻感。语言上，朴实无华，朗朗上口，娓娓道来，栩栩如生，一些篇章用德语方言写成，有的还插入民歌和童谣，充满了浓郁的乡土气息，读来令人倍感亲切。《格林童话》带有浓厚的地域特色、民族特色，富于趣味性和娱乐性，对培养儿童真善美的良好品质有积极意义。

考点 3 《一千零一夜》

《一千零一夜》是阿拉伯著名的民间故事集，在西方被称为《阿拉伯之夜》，在中国被译为《天方夜谭》。高尔基在俄译本序言中把《一千零一夜》称为世界文学史上“最壮丽的纪念碑”，对它给予很高的评价。

《一千零一夜》以宰相的女儿山鲁佐德给国王讲故事作为结构线索，作品中包括众多的民间故事、童话、寓言以及名人轶事、诗歌、格言等，内容丰富多彩，大致包括以下几个方面：

(1)生动、忠实地反映了劳动群众对于美好生活的憧憬与追求。揭露统治阶级贪婪丑恶的本性，赞颂人民在与邪恶势力斗争中表现出的惊人智慧和才能。

(2)从男女主人公对幸福爱情的执着追求中，反映了他们对美好生活的热烈向往。

(3)反映商人生活和海外冒险的故事，赞颂了阿拉伯商人冒险经商的精神，反映了当时人们追求财富的普遍心理。

(4)真实地描绘了人民群众的现实处境与命运，诉说了他们的苦难与不幸。《一千零一夜》没有仅仅停留在反映广大人民群众的疾苦和对现实的不满上，而是深刻揭示了人民苦难的根源，批判的矛头直接指向统治阶级，尤其是最高统治者哈里发。

考点 4 《安徒生童话》

1. 作者简介

汉斯·克里斯蒂安·安徒生从三十岁开始，就专心从事儿童文学创作，一生中共写了168篇童话故事，被尊为“现代童话之父”。其代表作品《安徒生童话》中主要包括《丑小鸭》《皇帝的新装》《夜莺》和《豌豆上的公主》等。

2. 安徒生的创作道路

安徒生的童话创作大致可以分为三个阶段：

（1）第一阶段（1835～1845）

此时，安徒生在文坛上已获得一定成就，基本摆脱了最初的困境。他创作精力旺盛，满怀进取的抱负，对生活和事业充满了美好的希望。因此，此时期的作品基调是：充满奇丽的幻想和乐观精神，具有清新活泼、纯朴优美的气息。此时期最有代表性的作品是《丑小鸭》《夜莺》。

安徒生在此时期的童话中，都有否定假、恶、丑，以幽默的笔调给予讽刺，而其所讽刺的人物，无不给人以丑的印象。例如：《皇帝的新装》《豌豆上的公主》等。

（2）第二阶段（1846～1852）

这一时期，安徒生的思想发生了很大的转变，生活上的失意，事业上遭到某些人的攻击，给他带来很多苦恼，加之当时丹麦处于封建贵族的统治时期，西欧各国列强此时加紧掠夺。在这一时期，安徒生作为一个出身底层，对劳动人民、对祖国有着深厚感情的作家，深感苦闷、忧郁和沮丧，这些思想上的矛盾，必然影响了他的创作，使其作品在内容风格上发生了某些变化，安徒生将他1845年后的童话称为“新童话”，其特点是浪漫气息、幻想的成分减弱，现实的成分加强；乐观的情绪减弱，忧郁的情绪滋生。而较多地写孤独和死亡，表现出较为明显的感伤色彩，故事的主人公往往有着悲惨的结局。感伤和忧愁形成安徒生这一阶段创作的主要特色。例如：《白雪皇后》《卖火柴的小女孩》等。

（3）第三阶段（1852年以后）

19世纪50年代后，安徒生比以往更加深入现实，这使他更加清楚地看到农奴制和刚刚废除农奴制的封建半封建社会里的恶习和资产阶级在资本原始积累中的残酷掠夺、压榨；因此，安徒生的创作更加面对现实，现实感明显加强。

在此时期的作品中，他细心地挖掘着劳动人民的优秀品质和贫苦子弟被压抑着的天才的创造力，作品的基调以哀戚、低沉代替了欢乐和明快，显示着“沉郁”的特色。此时期的代表作有《她是一个废物》《柳树下的梦》《单身汉的睡帽》《沙丘的故事》等。从这些作品可以看出，安徒生的晚年之作，带有很浓厚的写实色彩，对社会黑暗的揭露、对人与人之间不平等的关系的抨击以及对弱者的同情更为深重，总体风格显得沉郁凝重，表现出明显的“梦醒之后无路可走”（鲁迅语）的苦闷。

《安徒生童话》作品和《格林童话》作品的识记

安徒生童话：《拇指姑娘》《海的女儿》《皇帝的新装》《丑小鸭》《卖火柴的小女孩》《影子的故事》《一滴水》《母亲的故事》《她是一个废物》《沙丘的故事》《柳树下的梦》《单身汉的睡帽》等。

格林童话：《灰姑娘》《白雪公主》《小红帽》《睡美人》《糖果屋》《青蛙王子》《渔夫和他的妻子》《狼和七只小羊》《大拇指》《勇敢的小裁缝》《不莱梅的音乐家》《穿靴子的猫》等。

3. 安徒生童话的艺术特色

（1）温暖的人道主义。在多种题材中寓意着深刻的人道主义精神，各类作品均以人道主义为主线，表现出对弱小者的同情，对强暴者的批判和追求真善美的精神。安徒生作品温暖的人道主义精神表现在两个方面：

①用暖色调来歌颂人，歌颂真善美。例如：《野天鹅》《海的女儿》。

②作者在作品中反映现实的方法，也充分展示了他人道主义的精神追求。他的作品一方面表现劳动人

民的痛苦生活，寄寓了对劳动人民的爱和同情；另一方面，他又为他们营造了美好的天国，使不幸的结局罩上了温和的色彩。例如：《卖火柴的小女孩》。

（2）诗意之美。安徒生童话的诗意之美具体体现在他作品的构思、语言的运用、描述的诗意等方面。构思的意象化、画面化（《丑小鸭》等），语言的色彩感（《海的女儿》等），描述的个性化、抒情性等都体现着这种诗意。

（3）安徒生式的幽默。幽默是贯注于安徒生作品中的独特风格，在安徒生的童话中，幽默的风格通过情节的推进，形象的塑造和语言的运用表现出来。例如：《皇帝的新装》。

考点5 笛福《鲁滨逊漂流记》

1. 作者简介

笛福，18世纪英国现实主义小说的奠基人，采用流浪汉小说的结构，以普通人的现实生活为主要描写对象，通过这些普通人的遭遇和命运，反映了18世纪初期英国资本主义社会的现实，表现了强烈的海外殖民扩张意识。1719年，发表了《鲁滨逊漂流记》，标志着英国现实主义小说的诞生，也奠定了这种新型文学形式的基础。从此，现实主义小说在18世纪英国文坛上迅速地繁荣起来，成为这一时期英国文学的主要成就。

2.《鲁滨逊漂流记》

小说讲述了英国青年鲁滨逊不安于中产阶级的安定平庸生活，三次出海经商的故事。因遇海盗被摩尔人掳住，做了几年奴隶后逃往巴西，成了种植园主。为解决劳动力缺乏问题，在去非洲购买黑奴途中遭遇风暴，只身漂流到一座无人荒岛。小说主要写他在岛上28年的生活。他战胜悲观情绪，建住所，制器皿，驯野兽，耕土地，用各种方法寻找食物。他终于战胜了自然，改善了生活环境。他救了一个野人，并给他取名为“星期五”，将“星期五”训练成为自己忠实的奴仆。后又获得新的居民，成为该岛的统治者。最后乘英国商船回国。作品歌颂了资本主义原始积累时期冒险进取的精神。在艺术上，《鲁滨逊漂流记》用第一人称主人公自述的方式，通过逼真的细节描写和朴实的语言使人感觉到真实可信，但刻画人物较粗糙，结构比较简单，表现出英国现实主义小说发展初期的不足。

考点6 林格伦《长袜子皮皮》

1. 作者简介

林格伦，瑞典儿童文学家。她因《长袜子皮皮》蜚声全国，继而蜚声欧洲以至全世界。她的童话代表作《小飞人卡尔松》获首次尼尔斯·豪尔耶松奖。1957年的作品《米奥，我的米奥》获瑞典“高级文学标准作家”国家奖。

2.《长袜子皮皮》

《长袜子皮皮》以非凡的想象力带领儿童挣脱了教育体制的束缚，寻找充满乐趣的童心世界。皮皮身上浓缩了所有孩子童年的理想：有一个装满金币的大手提包，有黑人国王的爸爸，可以不用上学，等等。林格伦在书中思考理想的童年应该是什么样的：自由、狂放、充满奇思异想，还要有爱。童话中林格伦不仅构想童心世界应该拥有的乐趣，而且塑造了理想的成人姿态。《长袜子皮皮》用快乐的细节和独特的思考征服了无数儿童和成人，对当代童话创作产生了深远的影响。

考点 7 科洛迪《木偶奇遇记》

1. 作者简介

科洛迪，原名卡洛·洛伦奇尼，1826年出生在意大利佛罗伦萨一个乡村厨师家庭，“科洛迪”本是他母亲出生和居住的镇的名字，他的笔名便是由这个小镇的名称而来的。科洛迪精通法文，曾翻译过法国贝罗的童话，为广大小读者所喜爱。科洛迪一生中，曾写过许多短篇小说、随笔、评论，然而最著名的要数他写给孩子们看的童话故事。这些童话想象丰富，人物形象栩栩如生，情节曲折动人，为他赢得了巨大的声誉。

2.《木偶奇遇记》

《木偶奇遇记》讲述了一个小木偶皮诺曹的故事。皮诺曹是老人泽皮德雕成的木偶，他有着所有小孩都有的贪玩、懒惰和无知等特点，在历经了一个个危险后，他逐渐变得勇敢、诚实、有责任心、爱学习、尊重父母等，成为一个真正的男孩。整个故事构思奇特，幽默夸张，充满了奇特想象和幻想的艺术魅力，吸引着一代又一代的儿童，成为全世界儿童最喜欢的儿童文学作品之一。

考点 8 卡罗尔《爱丽丝漫游奇境记》

1. 作者简介

刘易斯·卡罗尔，英国数学家、逻辑学家、摄影师和作家。卡罗尔非常喜欢孩子，经常给他们讲各种各样的故事。1862年7月4日，他带着朋友利德尔的三个女儿出去游玩，他们一行人划着小艇，沿着泰晤士河逆流而上。在整个行程中，卡罗尔给三个姐妹讲了一个故事，每天编一段就讲一段，旅行结束时，正好讲完。爱丽丝是三姐妹中的老二，卡罗尔最喜欢她，就用这个名字来命名书中的主人公。这就是《爱丽丝漫游奇境记》的来历。

2.《爱丽丝漫游奇境记》

故事讲述的是一个叫爱丽丝的小女孩和姐姐在河边看书时睡着了，梦中她因追逐一只穿着背心的兔子而掉进了兔子洞，从而来到一个奇妙的世界。在这个世界里她时而变大时而变小，以至于有一次竟掉进了由自己的眼泪汇成的池塘里；她还遇到了爱说教的公爵夫人、神秘莫测的柴郡猫、神话中的格里芬和假海龟、总是叫喊着要砍别人头的扑克牌女王和一群扑克士兵，参加了一个疯狂茶会、一场古怪的槌球赛和一场审判，直到最后与女王发生冲突时才醒来，发现自己依然躺在河边，姐姐正温柔地拂去落在她脸上的几片树叶——在梦里她把那几片树叶当成了扑克牌。

考点 9 金斯利《水孩子》

1. 作者简介

查尔斯·金斯利，英国一位知识渊博的学者兼作家。《水孩子》是金斯利的童话代表作。

2.《水孩子》

在这部童话中，作者以亲切而风趣的语调，优美而简洁的文笔，生动地讲述了一个扫烟囱的孩子在仙女的引导下，经历各种奇遇，最后长大成人的美丽故事。从头至尾，故事充满着春天早晨那种轻快的情调。作者始终感觉在为自己的孩子写书，所以口吻总是针对着孩子，而且常带有调笑的口吻，让人读来更加觉得亲切，便是成人读来，也觉得非常风趣。

考点10 米尔恩《小熊维尼历险记》

1. 作者简介

艾伦·亚历山大·米尔恩，英国著名剧作家、小说家、童话作家和儿童诗人，毕业于英国剑桥大学。1906年起就在英国老牌幽默杂志《笨拙》工作，写了大量幽默诗文，还曾把格雷厄姆的《柳林风声》改编成剧本《蛤蟆府的蛤蟆》，这个剧每年圣诞节英国都要上演。他的作品主要有童话《小熊维尼历险记》《菩角小屋》等，儿童诗集《当我们很小的时候》《现在我六岁了》等，轻喜剧《皮姆先生过去了》《迈克尔和玛丽》，儿童剧《假象》，此外还有侦探小说《红房子的秘密》等。

2.《小熊维尼历险记》

《小熊维尼历险记》讲述了小熊维尼和小猪皮杰、兔子彼得、猫头鹰先生、老驴咿呦、袋鼠妈妈以及小袋鼠豆果在森林里的有趣生活以及打猎探险、捉长鼻怪、寻找“北极”等种种奇遇，赞颂了这些小动物的机智勇敢与团结友爱。

全书人物个性鲜明，具有令人捧腹的幽默场景和巧妙的故事构思，让人过目不忘；文字优美生动，笔调幽默风趣，是米尔恩流传最广、最脍炙人口的世界童话名著。

考点11 蒙格玛丽《红头发安妮》(又名《绿山墙的安妮》)

1. 作者简介

露西·莫德·蒙格玛丽是加拿大女作家，她在30岁时创作的《红头发安妮》，出版后很快成了畅销书，一年中重印6次，第二年英国版也印刷了15次。大文豪马克·吐温曾在给作者的信中写道：“安妮是继不朽的爱丽丝(指《爱丽丝漫游奇境记》的主人公)之后最令人感动和喜爱的儿童形象。”在马克·吐温的鼓励下，女作家又连写了另外6部小说。

2.《红头发安妮》

又名《绿山墙的安妮》。本书描述了性格极其鲜明的少女“红头发安妮”，她纯洁、正直、倔强、感情丰富，还非常喜欢说话，对于大自然的美有着敏锐的感受力。她的想象力极为丰富，她能够把眼前的事物想象得美好而富有诗意。但这些想象有时又会闹出一连串的笑话，使得绿山墙农舍的故事妙趣横生。作者以行云流水般流畅的语言和幽默的笔调，使读者快乐地欣赏着安妮的世界，和她同喜同忧，并与她一起向往未来的梦。

考点12 詹姆斯·巴里《彼得·潘》

1. 作者简介

詹姆斯·巴里，英国小说家、剧作家，出生于英国东部苏格兰农村一个织布工人之家，自幼酷爱读书写作。他的小说属于“菜园派”，擅长以幽默和温情的笔调描述苏格兰农村的风土人情。最著名的是幻想剧《彼得·潘》，另外尚有社会喜剧和融幻想剧与社会喜剧于一体的剧作多种。

2.《彼得·潘》

本书是詹姆斯·巴里的成名作，主要叙述了温迪和彼得·潘等几个小孩子在梦幻岛的奇遇。故事创造了一个让孩子们十分憧憬的童话世界——永无岛，岛上无忧无虑的仙女、美人鱼、丢失的孩子们以及那个用蘑菇当烟囱的"地下之家"，这对孩子们来说，都是一种最纯朴、最自然的境界。而主角彼得·潘那种"永远不想长大"的思想与行为更是淋漓尽致地呼出了孩子们的心声。

考点13 埃里希·凯斯特纳《会飞的教室》

1. 作者简介

凯斯特纳，1899年出生于德国的德勒斯登，著名的儿童文学家，写过许多优秀的儿童读物。他的代表作是《埃米尔捕盗记》，其他作品有《两个小洛特》《会飞的教室》等，其中《难忘1945年》还曾被提名诺贝尔文学奖并荣获国际安徒生儿童文学创作奖、国际青年图书创作奖。

2.《会飞的教室》

全书由孩子们自编、自演的一场戏的排演展开，通过一系列生动、感人的情节，塑造了一群聪颖、活泼、天真、可爱的少年形象。其中，多愁善感的姚尼，才华横溢的戴马亭，冷静持重的塞巴修，胆小怕事的邬理以及魁梧好斗的马提斯，都以其鲜明、独特的形象给读者留下了难忘的印象。全书的内容可以算是一部高度浓缩的校园风景录，它所表现的同学之情、师生之爱、朋友之谊，无不唤起我们对校园生活的追忆与珍惜。

考点14 伊迪丝·内斯比特《五个孩子和一个怪物》

1. 作者简介

伊迪丝·内斯比特，英国儿童文学作家。她的大部分作品都发表在19世纪末和20世纪初，也就是说，距今已有一百多年了。但直到今天，她一百年前所写的作品却依然畅销，在世界各地拥有众多的读者。

2.《五个孩子和一个怪物》

这部长篇童话写五个兄弟姐妹遇到一位能实现他们愿望的沙仙，而他们提出的每一个愿望都让他们历一番险，给他们带来始料未及的尴尬结果。

作者在自己的作品中，不是把现实中的孩子带入一个幻想的世界，而是把幻想世界中的人物带入孩子们的日常生活，这就大大地拉近了作品与读者们的距离。

考点15 埃克多·马洛《苦儿流浪记》

1. 作者简介

埃克多·马洛，是以发展并提高了当时的情节剧小说而载入法国近代文学史的作家之一。马洛是多产作家，一生写过不下70部小说，《苦儿流浪记》是其中最为家喻户晓的一部。

2.《苦儿流浪记》

小说描写的是一个弃儿的历险生涯。主人公小雷米是一个身世不明的弃儿，被法国一家农户收养。雷米生性善良天真，在慈母的呵护下过着虽然贫穷但宁静的生活，雷米8岁时，凶恶的养父回家乡后把他卖给了品德高尚但身份神秘的流浪艺人维泰利斯，于是他一路与动物为伍，靠卖艺杂耍谋生。维泰利斯蒙冤入狱后，雷米邂逅了一位好心的贵妇人和她的儿子，过上了一段豪华的游艇生活。维泰利斯出狱后，为了培养雷米，把他领走，于是，他们又开始流浪。在一个风雪之夜，艺班的两只狗惨遭狼口，维泰利斯又冻死于绝境,雷米侥幸被一家花农收养,认识了可爱的丽丝,这个“避风港”不久也维持不下去了,他只得又加入“黑煤子”的行列,偏偏又遭遇矿难,九死一生方重见天日;他得知自己的身世后,寻亲情急,误入有黑社会嫌疑的假生父之手。最终,他在好朋友的援助下终于找到了自己的生母,原来她就是那位贵妇人,故事以大团圆结束。

考点 16 约翰娜·斯比丽《小海蒂》

1. 作者简介

约翰娜·斯比丽,出生在瑞士苏黎世附近的一个村庄里,父亲是一名医生,母亲则是一个诗人,她从小受到了良好的教育。25岁那年同约翰·伯恩哈德·斯比丽结婚。从1879年起,她写了大量的故事,这些作品冠以总书名《献给孩子以及那些热爱孩子的人们的故事》。其中最著名的就是《小海蒂》。除了这些故事外,斯比丽的重要作品还有《在弗里尼坎上的一片叶子》《没有故乡》《格里特利的孩子们》等。

2.《小海蒂》

主人公海蒂是一个天真活泼、可爱烂漫且心地善良的小女孩。一天姨妈迪蒂带着五六岁的小海蒂来到了一个叫德费里的小村庄。她们是要来干什么的呢?原来海蒂的姨妈迪蒂为了自己能安心创下一番事业,把海蒂暂时交给一个叫阿尔姆的大叔。阿尔姆大叔是一个非常孤僻的人,但在海蒂的种种感化下,阿尔姆大叔重新点燃了自己的生活,重新做人,不再孤僻,友善地对待每一个人。最后人们都不再认为阿尔姆叔叔是一个心情忧郁、性格孤僻的人,每个人也开始用友善的眼光去望着阿尔姆大叔。阿尔姆大叔不再孤独,他的小屋也不再空空荡荡。在小海蒂的帮助下,体弱多病且脚不能走路的贵族小姐克拉拉也鼓起了生活的勇气,一点一点地尝试走路,最终摆脱了轮椅,拥有了健康。

作者通过海蒂的性格展示了心地善良和天真纯朴中蕴含的幸福与欢乐。

考点 17 拉迪亚德·吉卜林《丛林之书》

1. 作者简介

拉迪亚德·吉卜林,英国小说家、诗人,出生于印度孟买,是20世纪英国享有盛誉的重要作家之一。他的创作十分丰富,有长篇小说、短篇小说、诗歌、游记、儿童文学、随笔、回忆录等。其中尤以短篇小说的成就最为突出,他的印度题材的动物故事集《丛林之书》更是他创作中的瑰宝,也是他最为出色的代表作品。

2.《丛林之书》

作品主要讲述的是印度少年莫格里在婴儿时期被老虎谢尔汗追逐,误入狼穴,并被狼妈妈收养,在狼群中成长为一个勇武聪慧的少年的故事。作者以他超凡的语言和杰出的叙事才能描绘了大自然的美妙画面,动物之间温暖的友谊和他们充满生趣的冒险生活,使这些故事充满了活力和生趣,不仅受到了青少年的喜爱,而且给成年人以智慧的启迪和对童年时期的美好回忆。

考点 18 马克·吐温《汤姆索亚历险记》《哈克贝利芬历险记》

1. 作者简介

马克·吐温,美国作家,是美国批判现实主义文学的奠基人,世界著名的短篇小说大师,被誉为“美国文学中的林肯”，他的主要作品大多已有中文译本。马克·吐温的早期创作，如短篇小说《竞选州长》《哥尔斯密的朋友再度出洋》等，以幽默、诙谐的笔法嘲笑美国“民主选举”的荒谬和“民主天堂”的本质。中期作品，如长篇小说《镀金时代》（与华纳合写）、代表作长篇小说《哈克贝利芬历险记》及《傻瓜威尔逊》等，则以深沉、辛辣的笔调讽刺和揭露像瘟疫般盛行于美国的投机商、拜金狂，暗无天日的社会现实与惨无人道的种族歧视。19世纪末，随着美国进入帝国主义发展阶段，马克·吐温的一些游记、杂文、政论，如《赤道环行记》，中篇小说《败坏了哈德莱堡的人》《神秘来客》等的批判揭露意义也逐渐减弱，而绝望神秘情绪则有所增长。

2.《汤姆索亚历险记》

《汤姆索亚历险记》故事发生在19世纪上半叶**密西西比河畔**的一个普通小镇上。小顽童汤姆索亚厌恶枯燥的功课和刻板庸俗的生活环境，他古灵精怪，喜欢调皮捣蛋，经常打架逃学、出风头、谈恋爱，梦想着过海盗式的刺激、冒险的生活。他和镇上一个特立独行的流浪儿哈克贝利芬结成了好朋友。他们在一次意外中目击了一桩杀人命案，并最终战胜了恐惧和自私，勇敢地站出来揭发了凶残的犯罪人，保护了无辜遭殃的镇民们。在这一过程中，他们凭自己的聪明机智破解了强盗们的藏宝之谜，找到了宝藏，赢得了镇民的赞赏与敬佩。

小说的时代在南北战争前，写的虽是圣彼得堡小镇，但该镇在某种程度上可以说是当时美国社会的缩影。小说通过主人公的冒险经历，对美国虚伪庸俗的社会习俗、伪善的宗教仪式和刻板陈腐的学校教育进行了讽刺和批判，以欢快的笔调描写了少年儿童自由活泼的心灵。《汤姆索亚历险记》以其浓厚的深具地方特色的幽默和对人物的敏锐观察，一跃成为最伟大的儿童文学作品之一，同时也是一首美国“黄金时代”的田园牧歌。

3.《哈克贝利芬历险记》

哈克贝利是一个聪明、善良、勇敢的白人少年。他为了追求自由的生活，逃亡到密西西比河上。在逃亡途中，他遇到了黑奴吉姆。吉姆是一个勤劳朴实、热情诚实、忠心耿耿的黑奴，他为了逃脱被主人再次卖掉的命运，从主人家中出逃。他们一起漂流在密西西比河上，过着自由自在的生活，两人成了好朋友。哈克贝利为了吉姆的自由，历尽千辛万苦，最后得知，吉姆的主人已在遗嘱里解放了他。

真题面对面

[2018统考小学，填空，2分]马克·吐温是美国批判现实主义文学中最杰出的作家，他的长篇小说《________》以美国的________沿岸为背景，表达了反对蓄奴制的思想。

答案：《哈克贝利芬历险记》；密西西比河

考点19 亚米契斯《爱的教育》

1. 作者简介

埃·德·亚米契斯，意大利19世纪最著名的作家之一。他曾经游历过许多国家，发表过一系列游记，其中最著名的有《西班牙》《摩洛哥》《君士坦丁堡》等。但亚米契斯还是以描写家庭生活、学校生活见长，《朋友们》《大家的马车》等作品在意大利脍炙人口；《爱的教育》更是使他成为世界级的作家。

2.《爱的教育》

《爱的教育》是一本**日记体小说**，以一个四年级男孩安利柯的眼光，讲述了从四年级10月份开学的第一天到第二年7月份这一学年的最后一天在校内外的所见、所闻和所感，其间还包括父母为他写的许多劝诫性的、具有启发意义的文章，以及老师在课堂上宣读的一个个感人肺腑的"每月故事"。爱是整篇小说的主旨，就在最平实的字里行间，融入了种种人世间最伟大的爱：老师之爱、学生之爱、父母之爱、儿女之爱、同学之爱……每一种爱都不是惊天动地的，但却感人肺腑。小说通过塑造一个个看似渺小，实则不凡的人物形象，在读者心中荡起一阵阵情感的波澜，使爱的美德永驻读者心中。

考点20 弗兰克·鲍姆《绿野仙踪》

1. 作者简介

弗兰克·鲍姆，美国19世纪末20世纪初的著名作家及剧作家，美国"童话之父"。《绿野仙踪》是鲍姆最为著名、艺术成就最高的一部著作，是美国人自己创作的第一部长篇童话，是世界儿童文学的瑰宝。它一经出版即受到了读者的热烈欢迎，连续两年高居童书畅销榜的首位，并以轻歌剧、电影、动画片等多种艺术形式在全世界广泛传播。

2.《绿野仙踪》

《绿野仙踪》以虚构的**奥兹国**为背景，讲述了美国堪萨斯州的小姑娘多萝茜被龙卷风卷到了一个叫孟奇金的地方，好心的女巫指点她到翡翠城去找奥兹国大术士帮忙送她回家。路上，她先后遇到了稻草人——他需要一副脑子，铁皮樵夫——他需要一颗心，胆小狮子——他需要胆量。他们结伴而行，互相鼓励、帮助，克服了一个又一个困难，终于来到了翡翠城。由于他们的出色表现，大术士帮助他们实现了各自的愿望。

考点21 休·洛夫廷《杜里特医生》

1. 作者简介

休·洛夫廷，也译为罗夫汀，美国童话作家、画家。1920年，他的第一部以杜里特医生为主角的童话《杜里特医生非洲历险记》出版了。这本童话一炮而红，备受小读者欢迎。人们认为它是"天才之作""既富于幻想，又很幽默""是真正的儿童典范读物"。他后来又相继出版了《杜里特医生航海记》《杜里特医生的归来》《杜里特医生的邮电局》《杜里特医生的马戏班》《杜里特医生的花园》《杜里特医生的动物园》《杜里特医生的月球之行》等共计12部。最后两本是在他去世后出版的。

2.《杜里特医生》

这一系列小说描述了一位能和各种动物说话的医生兼自然学家约翰·杜里特，由于他深深喜爱动物并且愿意为它们奉献无比的心力，再加上对自然、历史、科学永无止境的探索，因而引发出了一连串妙趣横生、上山下海的冒险故事。

善良憨厚的杜里特医生身旁，总有一只弄不清自己多大年纪的鹦鹉，提醒他应该注意或下定决心去做什么事，还有一只非常善于使用脚掌的鸭子做他的忠实管家。他的医务诊所收养了各类无家可归的动物，它们都死心塌地地跟着杜里特医生，因为只有他才明白动物需要如何被关怀。

其中杜里特医生与小助手汤米相遇而一起出海历险的故事，曾于1923年荣获美国纽伯瑞儿童文学奖。

考点22 伯内特《秘密花园》

1. 作者简介

弗朗西斯·霍奇森·伯内特，女，生于英国曼彻斯特市，1865年随全家移民美国田纳西州，代表作有《小少爷方特罗伊》《小公主》《秘密花园》等。

2.《秘密花园》

这本书主要讲的是一场突如其来的霍乱使玛丽变成了孤儿，因此她被接到了姑父克雷文先生家。在这个陌生的环境里，前来迎接她的劳克太太不苟言笑，严肃冷漠，让孤苦伶仃的她更觉孤独落寞；而克雷文先生最初的远离漠视，也让远离故土的她丝毫感受不到亲情的温暖。但是倔强的玛丽并没有哭泣，而是微笑着面对她人生中的最大变故。在玛莎的热情援引下，玛丽认识了喜欢和动物交朋友的迪肯，在他的指导和带领下开始了对秘密花园的耕种，迪肯的细心体贴让面色苍白的玛丽脸上泛起了健康的红润，也使她由霸道孤僻变得随和亲切。园子里知更鸟的鸣叫更让她听得入了神，使她忘记了忧愁，忘记了痛苦。后来，在好奇心的引领下，玛丽又结识了忧郁的少爷柯林，听着柯林伤心的哭泣，她耐心地宽慰他，面对柯林的粗暴无礼，她又暴躁地训斥他，最终以自己的乐观感染了柯林，使柯林猛醒，帮助他战胜了“心魔”，并把他也带入了秘密花园。沉睡了十年的秘密花园在他们几个小伙伴的辛勤劳动下苏醒了，百花盛开，绿草如茵，鸟儿啁啾，空气中弥漫着沁人心脾的芳香，他们在秘密花园里快乐地游戏，健康地成长。《秘密花园》的语言平易而又极为传神，同时思想丰富，情节精彩曲折，容易吸引小孩子。

考点23 斯佩里《勇敢的心》

1. 作者简介

阿姆斯特朗·斯佩里，美国知名儿童文学作家，著有《落下风帆》《黑色猎鹰》《飞云》《长河与大地》《危险的逆风航行》《太平洋各岛的话》《合恩角之南》和《西去的马车》等十余部儿童小说。1941年问世的《勇敢的心》，被认为是“对美国儿童文学的最杰出的贡献”，因此同年即获得了纽伯瑞奖章。

2.《勇敢的心》

《勇敢的心》是一部描写在南太平洋玻利尼西亚群岛的冒险小说，它讲述了15岁的主人公玛法图以勇气和果敢与大海展开殊死搏斗，经受住了惊涛骇浪的考验，由胆怯的男孩成长为一名勇敢者的历险过程。玛法图年幼时，大海夺去了他妈妈的生命。从此，对大海的恐惧就深深扎根在孩子心里。在崇尚英雄的部落里，身为大头领儿子的玛法图，虽名为“勇敢的心”，却一直被人叫作胆小鬼。玛法图终于再也无法忍受人们的蔑视与嘲讽，他决定一人乘独木舟去闯大海，以证明自己的无所畏惧。在接下来的现代鲁滨逊式的历险中，玛法图以勇气和果敢与大自然展开殊死搏斗，经受住了惊涛骇浪、野兽和野人的挑战，最终带着“勇敢的心”乘舟骄傲归来。

考点24 黑柳彻子《窗边的小豆豆》

1. 作者简介

黑柳彻子，生于1933年8月9日，日本电视演员及儿童文学作家，以《窗边的小豆豆》等享誉国际。

2.《窗边的小豆豆》

《窗边的小豆豆》主要讲述的是作者黑柳彻子上小学时一段真实的故事。小豆豆因为淘气被原来的学校退了学，来到巴学园。在这座叫“巴学园”的奇怪学校里，孩子们在用废弃的电车车厢做的教室里上课，按自己喜欢的顺序自由学习各个科目。他们都没有固定的座位，不同年级的也可以坐在一起。校长会要求大家自带有“山的味道”（蔬菜、肉类）和“海的味道”（鱼、海味）的午饭，也会自己策划一些有稀奇古怪项目让每个孩子都能发挥特长的运动会。上午，如果把课程都学完了，下午大家就集体出去散步学习地理和自然，夜晚还在大礼堂里支起帐篷“露营”，听校长讲旅行故事……新鲜动人的场景俯拾即是，小豆豆也就在这所崇尚自然教育、顺应孩子们自由天性的小学里健康成长，直到学校毁于战火。在小林校长的爱护和引导下，一般人眼里“怪怪”的小豆豆逐渐变成了一个大家都能接受的孩子，并奠定了她健康成长的基础。

第一部分

考点 再拔高

▼ 儿童文学作品的分析鉴赏

一切事物的基本构成，都有内容和形式两个部分。就文学而言，一般把题材、主题、人物、环境看作文学作品的内容因素；而把结构、语言、体裁、媒介看作文学作品的形式因素。儿童文学也是如此。在分析儿童文学作品的构成因素时，要顾及儿童文学读者的特殊性，这样才能准确分析儿童文学作品，并对其进行鉴赏。

儿童文学和成人文学一样，都由主题、题材、结构、语言等要素构成。这些要素在作品中的意义、作用、原则要求与成人文学大体相同，但由于儿童文学有其特定的读者对象，因此，又有不同于成人文学的地方，在分析鉴赏的时候要特别注意。

核心考点回顾

1. 童话具有哪些艺术特征？（参见本书P168）

2. 寓言具有哪些艺术特征？（参见本书P169）

3. 冰心作品的三大主题是什么？《寄小读者》的抒情特色是什么？（参见本书P177）

4. 中国儿童文学重要作家作品都有哪些？（参见本书P175～181）

5. 外国儿童文学重要作家作品都有哪些？（参见本书P182～193）

达标测评

建议用时	实际用时	测评总分	实际得分
30分钟	______分钟	40分	______分

一、单选题（每小题2分，共12分）

1. 作为意大利继《木偶奇遇记》之后又一部流传各国的儿童文学佳作，给意大利和作者本人带来了世界性的

声誉的作品是(　　)

A.《爱的教育》　　B.《水孩子》

C.《小熊维尼历险记》　　D.《爱丽丝漫游奇境记》

2. 被誉为“美国文学中的林肯”的作家是(　　)

A. 马克·吐温　　B. 弗兰克·鲍姆　　C. 休·洛夫廷　　D. 斯佩里

3. 被鲁迅称为“给中国的童话开了一条自己创作的路”的作品是(　　)

A. 冰心的《寄小读者》　　B. 叶圣陶的《稻草人》

C. 张天翼的《宝葫芦的秘密》　　D. 曹文轩的《草房子》

4. 英国作家巴里创造的一个永不长大的童话形象是(　　)

A. 温尼·菩　　B. 长袜子皮皮　　C. 小王子　　D. 彼得·潘

5. 下列选项中作家作品对应不正确的一项是(　　)

A. 伯内特《秘密花园》　　B. 金波《乌鸦兄弟》

C. 黄蓓佳《我要做好孩子》　　D. 林格伦《长袜子皮皮》

6. 下列作品中，不属于《格林童话》的是(　　)

A.《灰姑娘》　　B.《睡美人》　　C.《白雪皇后》　　D.《小红帽》

二、填空题(每空1分，共13分)

1. ________是世界上最古老的寓言集，是东西方民间文学的精华、奴隶制社会劳动人民智慧的结晶。

2.《狼王梦》是一部以________观点写的动物小说。

3. ________被尊为“现代童话之父”。

4. 儿童文学的美学特征包括纯真、________、欢愉、________、质朴。

5. 儿童文学的三大基本母题包括________、________和________。

6. ________是最早进入儿童世界的儿童文学书面样式。

7. 曹文轩凭借作品________获得首届“吴承恩长篇小说奖”。

8. 冰心的作品________中的爱国主义将母爱、童心和________这三大主题进行了升华。

9. 世界童话三大宝库是《格林童话》《安徒生童话》和________。

三、简答题(每小题5分，共15分)

1.《木偶奇遇记》的艺术成就表现在哪几个方面?

2. 简述儿童文学在儿童成长过程中的积极作用。

3. 简述童话和寓言的不同点。

参考答案及解析

一、单选题

1. A　[解析]B、C、D项的作者分别是金斯利、米尔恩和卡罗尔，他们都是英国作家。

2. A [解析]马克·吐温的作品对美国的社会习俗、种族歧视、宗教仪式等进行了讽刺和批判,帮助人们更完整地了解美国现实,因而被称为“美国文学中的林肯”。

3. B [解析]叶圣陶创作了我国第一部童话集《稻草人》,鲁迅对《稻草人》的评价是“给中国的童话开了一条自己创作的路”。

4. D [解析]《彼得·潘》是詹姆斯·巴里的成名作,在这部作品中,作者创造了彼得·潘这个永葆童真的幻想中的人物,这一形象是“永恒的童年”、永不衰老的精神象征。巴里通过这个形象礼赞美好的童年生活和纯真可爱的童心。

5. B [解析]《乌鸦兄弟》的作者是金江,金波的代表作是《推开窗子看见你》。

6. C [解析]C项,《白雪皇后》是《安徒生童话》中的作品,《白雪公主》是《格林童话》中的作品。

二、填空题

1.《伊索寓言》

2. 自然主义

3. 安徒生

4. 稚拙;变幻

5. 爱;顽童;自然

6. 图画文学

7.《蜻蜓眼》

8.《寄小读者》;自然

9.《一千零一夜》

三、简答题

1. 参考答案:(1)创造了栩栩如生的童话人物形象;

(2)出神入化的幻想与夸张的艺术手法;

(3)寓严肃的哲理于曲折惊险的情节之中;

(4)幽默风趣的语言。

2. 参考答案:参见教材第164页。

3. 参考答案:参见教材第170页。

第五章　中外文学

思维导图

- 中外文学
  - 文学基本理论
    - 文学理论基本概念：文学、意境等
    - 文学理论基本原理：文学的四要素、文学作品、文学创作、文学鉴赏、文学批评
  - 中国古代文学
    - 先秦文学
      - 原始神话（《山海经》）
      - 历史散文（《左传》《战国策》）
      - 诸子散文（《论语》《孟子》）——易错点
      - 先秦诗歌（《诗经》现实主义、《离骚》浪漫主义）
    - 秦汉文学
      - 汉文（司马迁《史记》）
      - 汉赋（骚体赋）
      - 汉诗（乐府民歌《孔雀东南飞》、东汉文人五言诗《古诗十九首》）
      - 辞书（《尔雅》）
    - 魏晋南北朝文学
      - 诗（建安文学、陶渊明）
      - 散文、辞赋
      - 小说（文言志人小说集《世说新语》）
    - 隋唐五代文学
      - 诗（山水田园诗派、边塞诗派等）——易错点
      - 文（古文运动）
    - 宋代文学（重点）
      - 诗（陆游、文天祥）
      - 文（唐宋散文八大家、范仲淹）
      - 词（豪放派、婉约派）
    - 元代文学
      - 杂剧（元曲四大家）
      - 南戏（四大南戏）
    - 明代文学（重点）
      - 小说（四大奇书）
      - 传奇（汤显祖《牡丹亭》）
    - 清代文学
      - 小说（《红楼梦》《儒林外史》）
      - 晚清文学（四大谴责小说）
  - 中国现当代文学
    - 中国现代文学：小说（鲁迅）、诗歌、散文、戏剧的文学流派等——重点
    - 中国当代文学
      - 十七年文学（小说题材多样）
      - 新时期文学（小说文学流派多、诗歌以朦胧诗派为主）
  - 外国文学
    - 欧美文学（重点）
      - 题材（戏剧、神话、小说等）
      - 时期（文艺复兴、启蒙运动等）
      - 流派（浪漫主义、现实主义等）
      - 国别（意大利、西班牙、英国等）
    - 亚非文学
      - 近代（泰戈尔、川端康成）

浙江考向

本章属于学科专业知识的基础章节，也是浙江省中小学语文教师招聘考试重点考查的章节，内容广泛，知识点琐碎，需要识记的知识较多，在考试中常以单选、填空、判断、简答的形式考查。现对本章浙江考向分析如下：

考点类型	地区	高频考点	常考题型	能力层级	考查热度
常规考点	统考	魏晋南北朝文学	单选、填空、简答	识记	★★★
		隋唐五代文学	单选、填空、判断、简答	识记	★★★
		中国现代文学	单选、填空、简答	识记	★★★
		中国当代文学	单选、填空、判断、简答	识记	★★
		文艺复兴时期文学	单选、填空、简答	识记	★★★
		启蒙文学	单选、填空	识记	★★
		浪漫主义文学	单选、填空、简答	识记	★★★
	非统考	先秦文学	单选、填空、简答	识记	★★
		隋唐五代文学	单选、填空、判断、简答	识记	★★★
		宋代文学	单选、填空、判断、简答	识记	★★★
		明代文学	单选、填空、简答	识记	★★★
		中国现代文学	单选、填空、简答	识记	★★★
		中国当代文学	单选、填空、判断、简答	识记	★★★
		浪漫主义文学	单选、填空、简答	识记	★★★
		后现代主义文学	单选、填空、简答	识记	★★★
预测考点	统考	先秦文学	单选、填空、简答	识记	★★
		现实主义文学	单选、填空、简答	识记	★★
	非统考	秦汉、魏晋南北朝文学	单选、填空、简答	识记	★★★
		后现代主义文学	单选、填空、简答	识记	★★★
		亚非近代文学	单选、填空	识记	★★★

核心考点

第一节　文学基本理论

一、文学理论基本概念　【简答】★

1. 文学

文学是一种以语言为手段塑造形象来反映社会生活、表达作者思想感情的艺术。起源于人类的生产劳动，是显现在话语蕴藉中的审美意识形态。其具有审美属性、文化属性和道德属性。

2. 审美意识

审美意识是客观存在的诸审美对象在人们头脑中能动的反映，一般称之为“美感”。它包括审美意识活动的各个方面和各种表现形态，如审美趣味、审美能力、审美观念、审美理想、审美感受等。

3. 意境

意境是我国古典文论独创的一个概念，指抒情性作品中呈现的那种情景交融、虚实相生的形象系统及其所诱发和开拓的审美想象空间。意境，分为实境与虚境。

它具有三个特征：①情景交融，这是意境创造的表现特征；②虚实相生，这是意境创造的结构特征；③韵味无穷，这是意境的审美特征。其中，情景交融有三种不同类型：景中藏情、情中见景和情景并茂。

第一部分

真题面对面

[2022金华义乌、绍兴诸暨小学，名词解释，4分]意境

参考答案：参见上文。

4. 叙述视角

叙述视角是叙述语言中对故事内容进行观察和讲述的特定角度。叙述视角的特征通常是由叙述人称决定的，主要有四种：第一人称叙述，第二人称叙述，第三人称叙述和人称或视角变换叙述。

5. 文学风格

文学风格是作家的创作个性在文学作品的有机整体和言语构成中所显示出来的、能引起读者持久审美享受的艺术独创性。文学风格包括文学的时代风格、民族风格、地域风格、流派风格等内容，作家和作品的风格是文学风格的核心和基础。18世纪法国学者布封提出“风格即人”的观点。

6. 接受美学

接受美学于20世纪60年代在德国的康斯坦茨大学崛起，其创始人是五位年轻的理论家，其中贡献最大的是姚斯和伊瑟尔。接受美学的核心观点是研究文学史，必须研究读者接受的过程。接受美学激烈抨击传统文艺美学多从文艺本体理论入手，突出强调文学理论的研究应当以读者对文学作品的接受和文学作品产生效果的过程为研究核心。接受美学对艺术理论的最大贡献是使艺术活动中最后一个重要元素——受众受到艺术理论研究的重视。接受美学首次确立了读者的中心地位，认为读者在阅读过程中具有重要地位。

二、文学理论基本原理

1. 文学四要素的构成

文学四要素是美国学者艾布拉姆斯在《镜与灯——浪漫主义文论及批评传统》中提出的，他认为，文学活动应由四个要素构成：世界、作者、作品、读者。这四个要素在文学活动中形成相互渗透、相互依存和相互作用的整体关系。文学四要素的关系如下：

(1)世界是文学活动产生、形成和发展的客观基础，它不仅是作品的反映对象，也是作者与读者的基本生存环境，是他们通过作品产生对话的基础。

(2)作者是文学生产的主体，是把自己对世界的独特审美体验通过作品传达给读者的主体，文学活动也

是一种作者的感情表现活动。

(3)作品是文学活动的中介,它作为作者的创造物和读者阅读的对象,既是作者本质力量对象化的显现,又是读者接受的对象。

(4)读者是文学接受的主体,与作者通过作品进行潜在的精神沟通。只有经过读者阅读鉴赏,作者创作的文本才能实现其价值。

2. 文学作品的内容和形式

文学作品的内容是指被作者写进作品中的经过改造艺术化了的生活,包括作者对那些生活的看法和爱憎感情。一般称作者所认识的生活(客观因素)为生活内容,称作者形象地反映现实生活时的感受、评价和判断(主观因素)为思想内容。人们习惯上把题材、主题、人物、环境、情节等看成内容因素。

文学作品的形式指内容的外在表现,是作者反映现实生活、表达思想感情所采用的表现手段、手法和方式的总和。它的因素包括结构、语言、体裁等。

文学作品的内容和形式必须力求达到完美的统一。在两者之间,内容决定形式,形式为内容服务;而形式又有相对的独立性,对内容又有能动的反作用。

3. 文学创作的基本规律

文学创作作为一种特殊的审美创造,不能简单地记录事实,而需要把日常的生活现象典型化,这就是孕育作品时的艺术构思过程。所谓典型化,就是化生活素材为具有典型意义的艺术形象,这是文学创作的基本规律之一。

4. 文学鉴赏的意义、一般过程和基本特点

(1)文学鉴赏的意义

文学鉴赏是实现文学的审美价值和社会作用的中间环节;是推动文学写作发展的一种力量;是文学批评的基础。

(2)文学鉴赏的一般过程

①形象感受阶段:阅读文学作品时,在感觉和知觉中初步接触文学形象、意境,并开始有情感体验的初级阶段。该阶段不只要求主体在想象中再现作品所描绘的人物、事件或情景,而且还包括鉴赏主体对作品表达情感的体验和意象的感受。

②审美判断阶段:在此阶段中,鉴赏者需对作品的思想感情,以及作品在表现真、善、美上所达到的程度,作出某种判断。鉴赏的审美判断始终不曾脱离感情,它是一种感情认同,是一种以感性活动为表现形态的理性认识。

③体味、玩赏阶段:此阶段是对艺术形象特别动人、最具魅力之处的反复体味和玩赏,既是在感受之中对形象意蕴的咀嚼、把握,又是在判断理解基础之上对艺术形象微妙之处的再度感受和体验。

(3)文学鉴赏的基本特点

①主观性。文学鉴赏是一种感觉与理解、感情与认识相统一的精神活动。

②差异性。文学鉴赏中的客观性与主观性是对立的统一。

③再创造性。在文学鉴赏活动中,欣赏者要把作品中的艺术形象变成自己头脑中的艺术形象,就要进

行“再创造”。

5. 文学批评的性质、作用和标准

(1)文学批评的性质

文学批评是在文学鉴赏的基础上，运用文学原理和美学思想对各种文学现象进行研究、分析和评价的一门科学活动。

(2)文学批评的作用

文学批评作为文学活动的重要组成部分，其作用主要有以下几个方面：

①文学批评对读者的阅读和鉴赏有着指导作用。

②文学批评对作家的创作也起到了非常重要的作用。

③文学批评对文学理论有着建设作用。

(3)文学批评的标准

①思想标准：高度的真实性——作品与社会生活；进步的倾向性——作品与作家意识；情感的健康性——作品对读者的影响。

②艺术标准：语言的表现力；构思的新颖性和文体完美性；形象的生动性和独特性；情感的真实感人性；意蕴的深刻广泛性。

第二节　中国古代文学

一、先秦文学　【单选、填空、简答】★★

考点1　原始神话

神话是远古时代的人民对其所接触的自然现象、社会现象，幻想出来的具有艺术意味的解释和描述的集体口头创作。现存的中国古代神话主要保存在《山海经》《楚辞》《庄子》《列子》《淮南子》等古籍中，其中《山海经》是我国古代保存神话最多的著作。

考点2　历史散文

历史散文

1.《尚书》：中国上古历史文件和部分追述古代事迹著作的汇编。《汉书·艺文志》说，古者“左史记言，右史记事；事为《春秋》，言为《尚书》”。

2.《春秋》：我国现存的第一部编年体历史著作，相传是孔子依据鲁国史官所编《春秋》加以整理修订而成。

3.《国语》：我国最早的一部国别史，分周、鲁、齐、晋、郑、楚、吴、越八国记事。

4.《左传》：我国第一部**记事详赡完整**的编年史。《左传》是《春秋左氏传》的简称，又名《左氏春秋》，相传是春秋末年鲁国史官左丘明为《春秋》做注解的一部史书。“春秋三传”包括《春秋左氏传》《春秋公羊传》《春秋穀梁传》。《左传》保存了大量古代史料，尤其善于描写战争，行人辞令的记叙也相当生动。

5.《战国策》：国别体史书，作者已不可考，后来经西汉刘向编校整理成书，定名为《战国策》。

考点3 诸子散文

先秦诸子是春秋战国时代各个学派的通称。

1.《论语》

(1)《论语》简介

《论语》是儒家学派代表作，由孔子弟子及再传弟子编撰而成的记载孔子及其弟子言行的书。作为**语录体**散文集，《论语》集中体现了孔子的政治主张、伦理思想、道德观念、教育原则等。

(2)《论语》的说理性

①《论语》是一家之说，虽然没有构成整篇的文章，集中地对某一问题进行剖析和论述，但把散在各章的有关某一问题的言论集中起来，其观点却有内在的一致性，能从不同的方面、不同的角度说明一个中心问题。

②《论语》中论断的逻辑性较强，全书五分之四以上的章节属于说理性质，分别运用直言、假言、选言等复杂的判断形式和因果、类比、演绎、归纳等推理方法，表现深刻的思想。

③全书用当时的“雅言”写成，语言明白简练，生动活泼，使用多种修辞手法来说理。

2.《孟子》

(1)作者简介

孟子，名轲，战国时期邹人(今山东邹城人)，战国时期儒家代表人物。他受业于子思的门下，继承并发扬了孔子的思想，有“亚圣”之称，与孔子合称为“孔孟”。

(2)《孟子》简介

《孟子》主要记载了孟子及其弟子的政治、教育、哲学、伦理等思想观点和政治活动。该书发展了孔子的学说，中心思想是“仁义”，主张行“仁政”、讲“王道”，强调“民贵君轻”。孟子还在书中提出了“性善论”，其“知人论世”“以意逆志”“知言养气”的学说对我国文学批评有重大影响。

(3)《孟子》的散文特征

①缜密纯熟的论辩技巧。孟子灵活运用逻辑推理的方法，在论辩中善用类比推理或穿插寓言故事，如“五十步笑百步”“揠苗助长”等。

②气势浩然的文风。这是《孟子》散文的重要风格特征。

③明白晓畅又精练准确的语言。

3. 其他

(1)老子即李耳，字聃，道家学派创始人。《老子》，又称《道德经》，传说为老子所著，但据后世学者考证，《老子》一书并非老子自著而是成于后学之手。

(2)墨子，名翟，墨家学派创始人，主张“兼爱”“非攻”。《墨子》为墨子弟子及其后学记录、整理、汇编而成，是墨家学说总集。

(3)荀子，名况，战国后期儒家代表人物，是我国先秦时期集大成的思想家。《荀子》多为荀子自作，间亦有弟子所作。

(4)韩非，荀子的学生，法家思想的集大成者。《韩非子》集中汇集了韩非的著作，是先秦法家集大成的著作，《扁鹊见蔡桓公》《五蠹》《智子疑邻》等都出自此书。

(5)《吕氏春秋》又称《吕览》，是吕不韦组织门客集体创作的。

(6)庄子，名周，战国时期道家学派代表人物，他的作品被称为"文学的哲学，哲学的文学"。《庄子》又称《南华经》，系庄周及其后学所撰。全书以"寓言""重言""卮言"为主要表现形式，行文汪洋恣肆，瑰丽诡谲，意出尘外，乃先秦诸子文章的典范之作。鲁迅先生评价《庄子》"其文则汪洋辟阖，仪态万方，晚周诸子之作，莫能先也"。《逍遥游》出于此书。

真题面对面

[2020年1月杭州中学，基础知识，3分]下列说法正确的一项是(　　)

A.《世说新语》是由南朝宋临川王刘义庆组织编写的一部志人小说集，主要记载东汉后期到魏晋间士大夫的言谈、逸事。

B.《论语》，儒家经典著作，是记录孔子及其弟子言行的一部书。宋代把它与《大学》《中庸》《尚书》合称为"四书"。

C.令君是对人谦称自己的父亲，家君、尊君是对别人父亲的尊称。

D.重音是一种阅读技巧，即阅读时，为适应传情达意的需要，对语句中的某些词或短语以重读的方式加以强调。

答案：A。B项，"四书"指《大学》《中庸》《论语》《孟子》，《尚书》是"五经"之一。C项，令君是对县令的尊称，家君是对人谦称自己的父亲，尊君是对别人父亲的尊称。D项，重音是一种朗读技巧，即朗读时，为适应传情达意的需要，对语句中的某些词或短语以重读的方式加以强调。

易错点提示

考生要牢记古代文学史中的"四书""五经"和"六经"。"四书"：《论语》《孟子》《大学》《中庸》。"五经"：《诗经》《尚书》《礼记》《周易》《春秋》。"六经"：《诗经》《尚书》《礼记》《周易》《春秋》《乐经》。

考点4　先秦诗歌

1.《诗经》

《诗经》是我国第一部诗歌总集，原名《诗》，或称"诗三百"，共有305篇，另有6篇笙诗，有目无辞。全书主要收集了西周初年至春秋中叶约五百年间的作品，是我国现实主义诗歌传统的源头及代表作，奠定了中国文学以抒情为主的发展方向。

(1)诗之"六义"

风、雅、颂与赋、比、兴旧时合称"六诗"或"六义"。

①风雅颂

《诗经》按风、雅、颂分为三类。"风"指音乐曲调，"国风"即各地区的乐调，共160篇。"雅"即"正"，指朝

廷正乐，是西周王畿的乐调。“雅”分“大雅”“小雅”，大雅31篇，小雅74篇。“颂”则是宗庙祭祀之乐，共40篇。

②赋比兴

《诗经》中常用赋、比、兴的表现手法，赋是直陈其事，比即打比方，兴是感物起兴。南宋朱熹认为，“兴者，先言他物以引起所咏之词也”“赋者，敷陈其事而直言之者也”“比者，以彼物比此物也”。

(2)《诗经》的艺术特点

①强烈的现实主义精神。《诗经》主要描写了我国西周初年至春秋中叶数百年的社会现实生活，真实、深刻、广泛而多彩。

②赋、比、兴的艺术表现手法。《诗经》常常将三种手法结合运用。

③复沓的章法和以四言为主的句式。《诗经》的基本句式是四言，四句独立成章，常常采用叠章的形式，造成一唱三叹的效果。这是歌谣的一种特点，可以借此加深情感，在“国风”和“小雅”的民歌中使用最普遍。

④丰富、生动、简练、形象的语言。《诗经》中的语言丰富多彩、生动准确，除动词、形容词外还使用了大量的双声词、叠韵词，写景状物，拟形传声，细致传神，使诗歌富于形象美和音韵美，增强了诗歌语言的艺术魅力。

第一部分

真题面对面

[2020年1月杭州中学，基础知识，3分]下列有关文学常识的表述，不正确的一项是(　　)

A. 人们往往用“荫及故里、功在桑梓”来表彰贤德义举，这里的“桑梓”代指家乡。

B. 古诗词中常可见到“节气”的身影，比如“露从今夜白，月是故乡明”“微雨众卉新，一雷惊蛰始”分别写到了“白露”“惊蛰”两个节气。

C.《史记》是西汉史学家司马迁撰写的纪传体史书，是中国历史上第一部纪传体通史，被鲁迅誉为“史家之绝唱，无韵之《离骚》”，有很高的文学价值。

D.《诗经》是我国最早的一部诗歌总集，收录了从西周到春秋时期的诗歌305篇。这些诗歌分为“风”“雅”“颂”三部分，“风”又叫“国风”，是各地祭祀的歌谣。

答案：D。D项，“风”是不同地区的乐调，共160篇，大部分是民歌。“雅”是周王朝直辖地区的音乐，即所谓正声雅乐。除“小雅”中有少量民歌外，大部分是贵族文人的作品。“颂”是宗庙祭祀的舞曲歌辞，内容多是歌颂祖先的功业的。

记忆有妙招

关于《诗经》中的“风雅颂”的内容，考生可以结合字义识记。“风”即“国风”，可以理解为国家的风俗民情，“风”也就是“各地区的乐调”；“雅”可以理解为风雅，风雅的乐调也只有在发达的行政中心才能盛行，才能为众人认可，“雅”也就是“朝廷正乐，是西周王畿的乐调”；“颂”可以理解为歌颂，在宗庙祭祀时必要歌功颂德，“颂”也就是“宗庙祭祀之乐”。

2. 屈原《离骚》

(1)作者简介

屈原，名平，战国时期楚国人。屈原是我国最伟大的浪漫主义诗人之一，也是我国已知最早的诗人。他创立了“楚辞”这种文体，开创了“香草美人”的传统。屈原的主要作品有《离骚》《天问》《九歌》《九章》等。《诗经》中的《国风》和《楚辞》中的《离骚》在文学史上并称“风骚”，它们共同开创了我国古代诗歌现实主义和浪漫主义并驾齐驱、融汇发展的优秀传统。

考点 再拔高

▼ 屈宋

屈宋是先秦楚辞作家屈原和宋玉的合称。屈原是楚辞体(也称“骚体”)的开创者，宋玉略晚于屈原，也以楚辞著称，并对赋的形成与发展作出了重要贡献，后世因以“屈宋”合称。

(2)《离骚》

《离骚》是屈原的代表作，是带有自传性质的一首长篇抒情诗，爱国和忠君是《离骚》的主旨。诗的基本内容就是表现诗人对崇高政治理想的热烈追求和不懈斗争。其艺术特色是：

①浓厚的浪漫主义特色。

②继承和发扬了《诗经》的比兴手法，开拓了我国古典诗歌史上以“香草美人”寄情言志的传统。

③诗体形式上，突破了《诗经》以四言为主的格式，创造了一种句式长短不齐、参差错落的新诗体。

④结构形式上，抒情和叙事结合，幻想和现实交织，气势磅礴，浑然一体。

⑤语言运用上，大量运用楚地方言和楚物名称，具有鲜明的地方特色。

3. 楚辞体

“楚辞”是战国后期产生于楚国的一种新诗体，是指以具有楚国地方特色的乐调、语言、名物而创作的诗赋，具有浓厚的地方色彩。由于屈原的《离骚》是《楚辞》的代表作，故“楚辞”又称为“骚体”。楚辞的艺术形式对中国文学史产生了深远影响：

①创造了一种新的诗歌样式，无论在句式还是结构上，这种诗歌样式都比《诗经》更为自由且富于变化。就句式而言，楚辞以杂言为主，突破了传统的四言句式。就语言描写而言，楚辞重视外在形式的美感，善于渲染、形容，词语繁复。

②突出表现了浪漫的精神气质，主要表现为情感的热情奔放，对理想的追求，抒情主人公形象的塑造等方面，它通过幻想、神话等创造了雄伟壮丽的图景。

③楚辞中典型的象征性意象可以概括为香草美人，其象征手法对后世文学创作有重大影响。

考点 再拔高

▼《楚辞》

西汉成帝时，刘向在前人基础上，辑录屈原、宋玉及后人模拟之作，编成《楚辞》一书。《楚辞》是中国文学史上第一部浪漫主义诗歌总集，全书以屈原作品为主，其余各篇也是承袭屈赋的形式。

真题面对面

[2021金华、绍兴诸暨中小学,简答题,5分]简述屈原作品在创作形式方面对后世文学所产生的影响。

参考答案:屈原创造的"楚辞"文体在中国文学史上独树一帜,与《诗经》中的《国风》并称"风骚"二体,对后世诗歌创作产生了积极影响,对后世古典诗歌的主要形式五、七言诗的诞生起了重要作用。屈原创造了一种新的诗歌样式。这种诗歌样式无论是在句式还是在结构上,都较《诗经》更为自由且富于变化,因此能够更加有效地塑造艺术形象和抒发复杂、激烈的感情。就句式而言,"楚辞"以杂言为主,突破了传统的四言句式。就语言描写而言,"楚辞"善于渲染、形容,词语繁复,很重视外在形式的美感,这为汉代赋体文学的诞生创造了条件。

二、秦汉文学 【单选、填空、简答】★★★

秦汉文学,以汉代为主。秦始皇统一六国后,建立统一的中央集权制度,但因思想钳制严酷,秦文学几乎空白。李斯是秦代文学的重要代表人物,代表作有《谏逐客书》《狱中上书》等,秦统一后出自李斯之手的泰山等地刻石为我国最早的碑文体。

考点1 汉文

1. 司马迁

(1)作者简介

司马迁,字子长,西汉史学家,与司马光并称"史学两司马",与班固并称"班马"。

(2)《史记》简介

《史记》,又名《太史公书》,是我国第一部纪传体通史,记载了上自上古传说中的黄帝时代,下至汉武帝共3000年左右的历史。《史记》首创的纪传体编史方法为后来历代"正史"所传承,同时,《史记》还具有很高的文学价值,被鲁迅誉为"史家之绝唱,无韵之离骚"。《陈涉世家》即出自此书。

(3)《史记》的艺术成就

①使用文学手段记录历史。《史记》使用文学的手段即叙事艺术和人物形象塑造的艺术来记录历史。

②"实录"精神,同时带有故事性和戏剧色彩。为了追求艺术效果和感染力,司马迁运用了很多传说性的材料,在细节方面进行了虚构,这是典型的文学叙述方法。《史记》所创造的"互见法",也同时具有史学与文学两方面的意义。

③从多个角度运用多种方法塑造人物形象,褒贬分明。《史记》注意并善于描写人物的外貌和神情,使得人物形象具有可视性。

④《史记》的语言艺术,代表了骈文出现以前所谓"古文"的最高成就。《史记》的总体风格是朴拙雄浑,有感情,有气势,有力量。各篇随着内容的不同又表现出不同的风格差异,时而雄姿悲壮,时而冷峻深刻,时而低回婉转。

考点 再拔高

▼《史记》体例

《史记》全书一百三十卷，包括八书、十表、十二本纪、三十世家、七十列传。其中本纪和列传是主体。“本纪”是全书提纲，按年月时间记述帝王的言行政绩；“表”是用表格来简列世系、人物和史事；“书”则记述制度发展，涉及礼乐制度、天文兵律、社会经济、河渠地理等诸方面内容；“世家”记述子孙世袭的王侯封国史迹和特别重要人物的事迹；“列传”是帝王诸侯以外其他各方面代表人物的生平事迹和少数民族的传记。

(4)《陈涉世家》

《陈涉世家》以陈胜、吴广的活动为线索，生动地描述了这一场起义的发生、发展过程，鲜明地揭示了它的实质——一场得到广大人民支持的、反对暴力统治的农民运动。文中的主要形象是陈胜，作者通过对典型历史环境的描写和人物语言、行动的刻画，生动地再现了这位农民运动领导者和组织者的形象。文中真实、完整地记述了爆发这次农民大起义的原因、经过和结局，表现了陈胜在反对秦王朝暴政斗争的关键时刻所发挥的重要作用，以显示他洞察时局的能力和卓越的组织领导才干，从中反映了农民阶级的智慧、勇敢和大无畏的斗争精神。

2.《汉书》

东汉著名史学家、文学家班固编纂，是中国第一部纪传体断代史，“二十四史”之一，与《史记》《后汉书》《三国志》并称为“前四史”。

考点 2 汉赋

汉初以骚体赋为主。骚体赋承楚辞余绪，代表作有贾谊的《吊屈原赋》《鹏鸟赋》、司马相如的《长门赋》、淮南小山的《招隐士》等。

汉武帝时期，散体大赋成为赋文学的代表性文体。散体大赋辞藻华丽，气势恢宏，代表作有司马相如的《子虚赋》《上林赋》、扬雄的《长杨赋》《羽猎赋》、班固的《两都赋》、张衡的《二京赋》等。

东汉中叶以后，抒情小赋兴起。抒情小赋突破了沿袭已久的赋颂传统，以言志抒情为主，代表作有张衡的《归田赋》、蔡邕的《述行赋》、赵壹的《刺世疾邪赋》等。

此外，汉代较为著名的辞赋作品还有东方朔的《答客难》、张衡的《思玄赋》等。

考点 再拔高

▼ 扬马

扬马是西汉辞赋家扬雄和司马相如的并称。二人都是蜀郡人，所作辞赋多为歌颂汉朝声威和帝王功德，长于铺排，辞藻华丽，后人常把他们并举。

考点 3 汉诗

1. 乐府诗

汉诗

乐府诗以民间创作和叙事诗形式给诗坛带来新鲜血液，为文人诗歌创作提供可借鉴的范例，

是其得以发展的推动力。乐府民歌在我国诗歌发展史上，是继《诗经》、楚辞之后的第三个重要发展阶段。乐府民歌代表作《孔雀东南飞》通过刘兰芝与焦仲卿这对恩爱夫妇的爱情悲剧，控诉了封建礼教、家长统治和门阀观念的罪恶，表达了青年男女要求婚姻爱情自主的合理愿望。

2. 东汉文人五言诗

东汉文人五言诗是在东汉乐府的基础上发展而来的。今存的《古诗十九首》是东汉文人五言诗的代表作品。它以高度的艺术造诣，开创了抒情诗的新风格。与乐府民歌长于叙事不同，《古诗十九首》的主要艺术特色是长于抒情，委婉含蓄，在自然质朴中显出精练工切，梁代大评论家刘勰曾称它为“五言之冠冕”。

考点 4 辞书

《尔雅》最早著录于《汉书·艺文志》，但未载作者姓名，《尔雅》是辞书之祖。书中收集了比较丰富的古汉语词汇。它不仅是辞书之祖，还是典籍——经，《十三经》的一种，是汉族传统文化的核心组成部分。

三、魏晋南北朝文学 【单选、填空、简答】 ★★★

魏晋南北朝时期，开始进入文学的自觉时代。诗歌、散文、辞赋、骈文、小说等文学样式都取得了显著的成就，是中国文学史上承前启后的重要时期。

考点 1 魏晋南北朝诗

魏晋时期出现了建安文学、正始文学、太康文学等，陶渊明开创了田园诗派，南朝谢灵运开创了山水诗派，谢朓是永明体的代表诗人。

1. 建安文学

汉献帝建安年间，曹氏父子与七子、蔡琰形成了一个邺下文人集团。其时诗歌面向艰难时世，以风骨著称，悲凉慷慨，刚健有力，这种风格被称为“建安风骨”。

(1)三曹

“三曹”即曹氏父子曹操、曹丕、曹植。

曹操是建安文坛的领袖，在乐府诗进入文人乐府诗的阶段，曹操是其中的典型代表。其代表作有《龟虽寿》《短歌行》《观沧海》等。曹操是建安文学新局面的开创者，鲁迅称其为“一个改造文章的祖师”。

曹丕的《典论·论文》是我国现存的第一部文学评论专著，其《燕歌行》是中国现存最早的文人七言诗。

曹植是第一位大力写作五言诗的文人，标志着文人五言诗的完全成熟，同时也是当时诗坛最杰出的代表，代表作有《名都篇》《白马篇》《洛神赋》《七步诗》等。

(2)建安七子

曹丕在《典论·论文》中称孔融、陈琳、王粲、徐幹、阮瑀、应玚、刘桢为“七子”，其中，王粲为“七子之冠冕”，其《七哀诗》成就最高。

2. 正始文学

魏正始年间，社会黑暗，出现了号称“竹林七贤”的文人集团，包括嵇康、阮籍、向秀、阮咸、王戎、刘伶、山涛七人。竹林七贤的作品基本上继承了建安文学的精神，但由于当时的血腥统治，作家不能直抒胸臆，所以不得不采用比兴、象征、神话等手法，隐晦曲折地表达自己的思想感情。

真题面对面

[2022宁波市江北区小学,基础常识,1分]建安七子不包括(　　)

A. 嵇康　　B. 孔融　　C. 王粲　　D. 陈琳

答案:A。建安七子包括孔融、陈琳、王粲、徐幹、阮瑀、应玚、刘桢。嵇康是竹林七贤中的人物。

3. 太康文学

西晋太康年间,天下安定,文人们有时间和精力用于文学的创作和研究,又因为社会小康,文人多习惯于歌功颂德,故形式主义文风亦日趋严重,追求文学作品形式的华美,创作成就并不太高,所以,这一时期趋于浮艳,诗尚雕琢,文崇骈俪,词采绮丽成为诗文的普遍特色。太康文学以潘岳、陆机、左思、刘琨等"二十四友"为代表。

4. 陶渊明

(1)作者简介

陶渊明,又名潜,字元亮,号五柳先生,世称靖节先生,东晋末至南朝宋初期诗人,田园生活是陶渊明诗歌的主要题材。他的代表作有《桃花源记》《归去来兮辞》《归园田居》《饮酒》等。明代文学评论家胡应麟说:"陶之五言开千古平淡之宗。"

陶渊明诗歌的艺术特征:①情、景、事、理的浑融。陶渊明透过人人可见之物,普普通通之事,表达高于世人之情,写出人所未必能够悟出之理。陶诗发乎事,源乎景,缘乎情,而以理为统摄。在他笔下出现的事物,既是客观的,又体现了诗人主观的感情与个性,既是具象的又是理念的。②平淡中见警策,朴素中见绮丽。陶诗所描写的对象,往往是最平常的事物,然而一经诗人笔触,往往出现警策。陶诗很少用华丽的辞藻、夸张的手法,只是白描,朴朴素素,然而,平淡之中可见绮丽。③陶诗的语言不是未经锤炼的,只是不露痕迹,显得平淡自然。

(2)《桃花源记》

《桃花源记》是陶渊明的代表作之一,约作于永初二年。本文语言优美而朴素,结构巧妙,用意独特,借用小说笔法,以武陵人进入桃花源的行踪为线索,展现了一个没有阶级与剥削,自食其力,自给自足,和平恬静的社会。作品中既有儒家幻想的上古之世的淳朴,也有老子宣扬的"小国寡民"社会模式的影子,其中对乡村景象的描绘,又同作者的田园诗意境相似。可以说,它既是作者依据他的社会理想所作的美好想象,也代表了那个动乱时代的广大民众对太平社会的向往。

(3)《五柳先生传》

这是一篇自传性的散文,文章记述了五柳先生安贫乐道、抱朴守真,"不戚戚于贫贱,不汲汲于富贵"的率真性格,反映了作者在晋宋换代之后不仕新朝的情操。开篇四句是对人物身份的交代,描写神秘风趣,隐含深意。集中表现五柳先生在田园中守志安居的生活情态,分别写到"好读书""嗜酒陶情""安贫乐道""吟诗作文",塑造了一个清高洒脱、怡然自得、坚守节操、不随流俗的人物形象。本文选材精妙,用语简洁凝练,意足笔止,风神宛然。此外,五柳先生也成为寄托中国古代士大夫理想的人物形象。

(4)《归园田居》

《归园田居》一共5首诗歌。《归园田居》(少无适俗韵)是这组诗的第一首。作者写的"归园田居"其实是自己理想的故居。诗篇生动地描写了诗人归隐后的生活和感受,抒发了作者辞官归隐后的愉快心情和乡居乐趣,表现了他对田园生活的热爱。同时诗中又隐含了对官场黑暗腐败生活的厌恶之感,表现了作者不愿与世俗同流合污,为保持完整的人格和高尚的情操而甘受田间生活的艰辛的人生态度。

(5)《饮酒》

《饮酒》组诗共20首,前有小序,说明全是醉后的作品,不是一时所写,兴至挥毫,独立成篇。《饮酒·其五》最为人称道。"采菊东篱下,悠然见南山"其妙在无意见山,而境与意不期而遇,悠然自得的情与优美淡远的景含蓄表达了万物各得其所的哲理,这哲理又被诗人提炼、浓缩到"心远地自偏""此中有真意"等警句中,给读者以理性的启示,整首诗的韵调也更显得隽秀深长。本篇之精髓还在于一个"心"字,"心远地自偏",手之所采为心之所慕;目之所见为心之所想;身之所处为心之所恋。故而通篇都暗含了闲适淡泊的悠远心境。

真题面对面

[2018统考小学,简答,5分]陶渊明诗的艺术特征是什么?

参考答案:参见上文。

考点2 魏晋南北朝散文、骈文与辞赋

魏晋南北朝文坛出现了新格局,主要表现为学术性减少,文艺性增强和个性的张扬。

1. 散文

散文更注重抒情写志,形式丰富多样,代表作有嵇康的《与山巨源绝交书》、王羲之的《兰亭集序》、陶渊明的《五柳先生传》等。北朝也出现了三部优秀的散文著作,即郦道元的《水经注》、杨衒之的《洛阳伽蓝记》和颜之推的《颜氏家训》。

2. 骈文

骈文始于东汉而成熟于南北朝,此时期出现骈文创作的高潮,几乎统治着南朝散文文坛。骈文多用四字句和六字句,又称"四六文"。

3. 辞赋

辞赋也重抒情,题材变得十分广泛,如曹植的《洛神赋》和陶渊明的《闲情赋》写男女爱情;陶渊明的《归去来兮辞》写田园山水情趣;江淹的《别赋》《恨赋》写离愁别恨与哀伤怨恨,其他的还有庾信的《哀江南赋》等作。

考点3 魏晋南北朝小说

魏晋南北朝小说

中国古代小说有文言小说系统和白话小说系统,魏晋南北朝时期,只有文言小说。他们还不是中国小说的成熟形态,但小说在这时已初具规模,奠定了中国小说的基础。魏晋南北朝小说可以分为志怪小说和志人小说两类。志怪小说记载神仙方术、鬼魅妖怪、殊方异物、佛法灵异,以东晋干宝的《搜神记》为代表,它被称作**中国志怪小说的鼻祖**;志人小说记述人物的逸闻轶事、言谈举止,以南朝刘

义庆的《世说新语》为代表。《世说新语》，又称《世说》，是我国最早的一部文言志人小说集。

考点4 魏晋南北朝文学理论

魏晋南北朝文学理论和文学批评空前繁荣。曹丕的《典论·论文》是中国文学批评史上第一篇文学专论，陆机的《文赋》是我国文学理论史上第一篇系统阐述创作论的文章，刘勰《文心雕龙》的出现标志着中国古代文学理论和文学批评建立了完整的体系，是我国文学理论史上一部划时代的巨著。此外还有挚虞的《文章流别论》、钟嵘的《诗品》等著作。

魏晋南北朝时期还出现了文学总集，如萧统的《文选》、徐陵的《玉台新咏》等，其中萧统的《文选》是现存最早的文学总集。

四、隋唐五代文学 【单选、填空、判断、简答】 ★★★

隋唐五代文学以唐代文学为代表。隋代时间短，文学成就不大。

考点1 唐诗

1. 初唐四杰

"初唐四杰"是初唐文学家王勃、杨炯、卢照邻、骆宾王的合称。他们的诗歌扭转了唐朝以前萎靡浮华的宫廷诗歌风气，使诗歌题材从亭台楼阁、风花雪月的狭小领域扩展到江河山川、边塞江漠的辽阔空间，赋予诗歌以新的生命力。

2. 山水田园诗人

盛唐山水田园诗派以描写恬静悠然的自然风光为主，通过对自然景物的歌咏，或流露不愿同流合污的情绪，或表现隐逸避世的消极思想。其代表作家有王维、孟浩然等。

(1)王维

①作者简介

王维，字摩诘，官至尚书右丞，故世称王右丞，又有"诗佛"之称。其代表作有赠送亲友和描写日常生活的抒情小诗《送元二使安西》《九月九日忆山东兄弟》等，山水之作有《山居秋暝》《渭川田家》等，还有以军旅和边塞生活为题材的《从军行》《使至塞上》等。苏轼称赞他的作品"诗中有画，画中有诗"。

真题面对面

[2018统考小学，单，2分]在山水诗发展史上，王维的独特之处在于为山水诗注入了(　　)

A. 画意　　B. 禅趣　　C. 音乐美　　D. 历史感

答案：A。王维的诗"诗中有画，画中有诗"，因此，王维的独特之处在于为山水诗注入了画意。

②《使至塞上》

《使至塞上》通过描写出使塞上的所见所闻，勾勒出祖国边疆的壮丽风光，表达了作者的悲壮情怀和孤寂之情。本诗首尾两联皆借汉代历史典故叙事，十分精巧。"大漠"两句历来为人传诵：大漠广阔，长河悠远，使人既感到胸襟开阔，又惊异于宇宙之广袤。"孤烟直""落日圆"使画面富有立体美和律动感。总之，动静相间，有声有色，荒凉中略有生气，寥落中蕴含壮美。

③《送元二使安西》

《送元二使安西》前两句，点明了送客的时间和地点。诗中用“浥”字形容雨湿尘埃，用“新”字形容柳色翠嫩，准确生动地抓住了事物的特点；而柳色的“柳”与留恋的“留”谐音，更表达出诗人对好友元二的依依惜别之情。后两句字面上似乎只是劝酒，实际上却是衷心地祝愿着好友，在那遥远而陌生的地方一切平安。诗中把深沉的情感融入平淡的话语中，更增添了感人的力量，成为千古传诵的名句。

④《九月九日忆山东兄弟》

诗的第一句“独在异乡为异客”中“独”“异”二字，用得妥帖含情，作者对亲人的思念，孤苦一人的处境都凝结在“独”字中，而两个“异”字造成的艺术效果，也比一般的叙说他乡作客要强烈得多。后两句诗人不言自己在异乡的孤独，却从家中亲人对自己的思念写起，可谓曲折有致，出乎常情，这也使得看似平静的思乡怀归之情显得更为深沉。

（2）孟浩然

①作者简介

孟浩然，字浩然，襄州襄阳（今属湖北）人，与王维齐名，并称“王孟”，主要作品有《过故人庄》《春晓》《望洞庭湖赠张丞相》等。

②《过故人庄》

《过故人庄》是孟浩然田园诗的代表作，应写于早年隐居鹿门山时期。诗人为村居的朋友所邀，欣然而往，途中但见绿树青山，见面后诗酒畅谈之时亦以农事为题，充满了田园牧歌式的诗情画意，有浓厚的生活气息。全诗清新愉悦，是社会安定祥和、农人安居乐业的颂歌。

③《春晓》

《春晓》的艺术魅力在于它的韵味。整首诗的风格就像行云流水一样平易自然，悠远深厚，独臻妙境。诗人通过描写自己听到的声音透露出了无边春色，把读者引向了广阔的大自然，使读者自己去想象、去体味那莺啭花香的烂漫春光，这是用春声来渲染户外春意闹的美好景象。这首诗写出了诗人的感受，表现了诗人内心的喜悦和对大自然的热爱。

④《望洞庭湖赠张丞相》

《望洞庭湖赠张丞相》是一首干谒诗（古代文人为推销自己而写的一种诗歌，类似于现代的自荐信），是孟浩然为了求得入仕机会写给丞相张九龄的。诗的前四句写洞庭湖壮丽的景象和磅礴的气势，后四句则借此抒发自己的政治热情和希望。

3. 边塞诗派

边塞诗派描写边塞战争和边塞风土人情，以及战争带来的离别、思乡、闺怨等，形式上多为七言歌行和五、七言绝句，诗风悲壮，格调雄浑，最足以表现盛唐气象。该流派以盛唐诗人高适（代表作有《燕歌行》《别董大》）、岑参（代表作品有《白雪歌送武判官归京》《逢入京使》）、王昌龄（代表作有《从军行》《出塞》《芙蓉楼送辛渐》）、王之涣（代表作有《登鹳雀楼》《凉州词》）、崔颢、李颀、王翰等为代表。

边塞诗派

（1）岑参简介

岑参，曾任嘉州刺史，世称岑嘉州，主要作品有《白雪歌送武判官归京》《逢入京使》《走马川行奉送封大夫出师西征》等。

(2)《逢入京使》

《逢入京使》是岑参首次远赴安西途中偶遇由西域返京的使臣时所作。诗歌写远离长安的旅途感受与马上相逢的仓促情状，融思乡之柔情与建功之豪气于特定的环境之中，表现出对故乡、亲人的眷念。

真题面对面

[2021金华、绍兴诸暨中小学，判断题，1分]边塞诗派是以描绘边塞风光，反映戍边战士生活为作品主要内容的诗派，代表诗人高适、岑参、李颀、王维。(　　)

答案：×。王维是山水田园诗派的代表诗人。

易错点提示

边塞诗派和山水田园诗派的代表作家作品是考生容易弄混的知识点，考生要牢记，边塞诗派的高适、岑参、王昌龄、王之涣、李颀，山水田园诗派的王维、孟浩然。

4. 李白

(1)作者简介

李白，字太白，号青莲居士，被后人誉为"诗仙"，是伟大的浪漫主义诗人，其作品代表着古典诗歌艺术的高峰，代表作品有《将进酒》《蜀道难》《梦游天姥吟留别》《峨眉山月歌》《行路难》等。韩愈曾称赞说："李杜文章在，光焰万丈长。"

李白诗歌的艺术特色：①带有强烈的主观色彩，侧重于抒写豪迈气概和激昂情怀，很少对客观物象和具体事件做细致的描述。②强烈的感情色彩，喷发式的抒情方式。一旦感情兴发，就毫无节制地奔涌而出，让人直接感受到心灵的震撼。③想象变幻莫测，随意生发，离奇惝恍，意象壮美而不乏清新明丽。④壮美与优美的意象。李白诗中颇多吞吐山河、包孕日月的壮美意象，这与其作诗的气魄宏大和想象力丰富相关联。⑤语言风格清新明快，明丽爽朗是其词语的基本色调。

(2)《闻王昌龄左迁龙标遥有此寄》

《闻王昌龄左迁龙标遥有此寄》的前两句，侧重于写景和叙事。起句用笔奇巧，写景中暗寓节令。景物的描写，渲染并烘托了暮春的特定节令和环境，也象征着飘零之感和离别之痛，融情入景，天衣无缝。次句叙事，王昌龄跋涉之苦，以及李白深切关怀王昌龄安危之情，力透纸背。第三句以拟人化的手法写月，赋予月亮以人的特性。结句奇语迭出，又把另一自然物——"风"也拟人化了，愿随迅疾的长风直到夜郎西。至此，我们看到诗人李白寄给王昌龄的不仅仅是一首短诗，还有一片真挚的友情，一颗赤诚的心。

(3)《渡荆门送别》

这首诗是李白离蜀东下时所作，描写了诗人乘舟自蜀中出荆门时的所见所感，表现出一种豪放不羁的情怀。这首诗将纪行、写景、抒情融为一体，绘景开阔，造句奇丽，且将原本是格律精严的律体写得气势浩荡，活泼生动，足见诗人驾驭语言的高超技艺，也表现出诗人豪迈不羁的个性气质。

(4)《宣州谢朓楼饯别校书叔云》

这首诗先写虚度光阴、报国无门的痛苦，而后赞美主客双方的才华与抱负，最后以挥酒出世的幽愤作

结。诗歌运用了起伏跌宕的笔法，一开始直抒胸中忧愁，表达对现实的强烈不满，继而又转向万里长空，精神一振，谈古论今，以小谢自比，表露出自己“欲上青天览明月”的远大抱负。接着诗人又从美丽的理想境界回到了苦闷的现实当中，只得无奈地选择逃避现实。全诗大起大落，一波三折，通篇在悲愤之中又贯穿着一种慷慨豪迈的激情，显出诗人雄壮豪放的气概。

5. 杜甫

(1)作者简介

杜甫，字子美，又称杜工部，自称少陵野老，被后人誉为“诗圣”，伟大的现实主义诗人，他的作品广泛而深刻地反映了时代现实，被后人称为“诗史”，他的诗歌众体兼备，艺术精到，被后人称为“集大成”。杜甫的名作有《望岳》《春望》《闻官军收河南河北》《登楼》《江南逢李龟年》《茅屋为秋风所破歌》以及“三吏”(《潼关吏》《石壕吏》《新安吏》)、“三别”(《新婚别》《无家别》《垂老别》)等。

杜甫诗歌的艺术风格：①趋向现实主义，内容广泛，富有时代性，取材于社会现实。②杜诗中有儒家思想，悲天悯人，忧国忧民，洋溢着仁民爱物的情怀和浓烈的爱国主义色彩。③善于选取有典型意义的人物和事件来描写，善于叙事抒情，寄情于景。叙事注重客观描述，少发议论。④作品语言精练，用字准确，形象生动，多姿多彩，并善于运用民间口语。⑤体裁方面，众体兼善。⑥风格多样，丰富多彩，其中最主要的风格特征是**沉郁顿挫**。

(2)《望岳》

诗中以饱满的热情形象地描绘了泰山雄伟壮观的气势，抒发了作者青年时期的豪情和远大抱负。这首诗的题目是“望岳”，全篇紧紧抓住“望”字写景，写景中又处处烘托着一个“高”字。从而把泰山的万千景色、雄伟高大的气势渲染得纤毫毕现，令人如身临其境。故此《望岳》一诗，成为历代描写泰山的佳篇，被人们传颂不绝。

(3)《春望》

这首诗全篇情景交融，感情深沉，而又含蓄凝练，言简意赅，充分体现了“**沉郁顿挫**”的艺术风格。全诗环环相生、层层递进，创造了一个能够引发人们共鸣、深思的境界，表现了在典型的时代背景下所生成的典型感受，反映了同时代的人们热爱国家、期待和平的美好愿望，表达了大家一致的内在心声，也展示出诗人忧国忧民、感时伤怀的高尚情感。

(4)《闻官军收河南河北》

诗的主题是抒写诗人忽闻叛乱已平的捷报，急于奔回老家的喜悦。诗中既展示想象，又描绘实景，用字高度准确。全诗感情奔放，抒发了作者无比喜悦的心情。

(5)《登楼》

本诗为忧时之作，首联提挈全篇，见繁花似锦而伤心，是因“万方多难”，因果倒装，起势突兀。颔联写登楼所见，饱含着对祖国山河的赞美和对民族历史的追怀。颈联坚信朝廷“不改”，警告寇盗莫侵，词严义正，浩气凛然。尾联转思当今君主之昏聩无能如蜀后主刘禅，而自己空怀诸葛之志，却仅能吟诗自遣而已，以忧叹之结回应开篇“伤客心”。此诗中之景，纯是情怀，情怀抒发，全凭意象，且声宏势阔，气象雄伟，一向被称为“杜诗之最上者”。

(6)《江南逢李龟年》

这首诗是感伤世态炎凉的，从岐王宅里、崔九堂前的“闻”歌，到落花江南的重“逢”，“闻”“逢”之间，联结着几十年的时代沧桑、人生巨变。尽管诗中没有一笔正面涉及时事身世，但透过诗人的追忆感喟，表现出了给唐代社会物质财富和文化繁荣带来浩劫的那场大动乱的阴影，以及它给人们造成的巨大灾难和心灵创伤。

6. 元白诗派

中唐以元稹、白居易为代表的诗歌流派，他们重写实，尚通俗。他们发起新乐府运动，强调诗歌的惩恶扬善、补察时政的功能，语言方面则力求通俗易解。

(1)白居易简介

白居易，字乐天，号香山居士，现实主义诗人。他是中唐新乐府运动的主要倡导者，唐代三大诗人之一，与元稹合称“元白”。他的诗歌题材广泛，形式多样，语言平易通俗，有“诗魔”和“诗王”之称。白居易的主要作品有《钱塘湖春行》《卖炭翁》《长恨歌》《琵琶行》《秦中吟》《新乐府》等，是现实主义传统的继承者，主张“文章合为时而著，歌诗合为事而作”(《与元九书》)。

(2)《钱塘湖春行》

此诗描写的是西湖早春的景色，诗人通过对具体景物细微变化的把握，透露出春的意趣和春的活力。最后两句直写自身感受，由“最爱湖东”到“绿杨阴里”，将更美的景象与更喜悦的心境一起融合到“白沙堤”，给人以丰富的想象，收到兴象俱佳的效果。

(3)《卖炭翁》

这首诗具有深刻的思想性，艺术上也很有特色。诗人以“卖炭得钱何所营？身上衣裳口中食”两句展现了几乎濒于生活绝境的老翁所能有的唯一希望。这是全诗的诗眼。其他一切描写，都集中于这个诗眼。在表现手法上，则灵活地运用了陪衬和反衬。就全诗来说，前面表现希望之火的炽烈，正是为了反衬后面希望化为泡影的可悲可痛。

(4)《长恨歌》

《长恨歌》是白居易的名篇，全诗叙事脉络分明，人物形象鲜明生动，无论写情绘景，皆细腻传神，悱恻动人。诗之主旨，有人认为意在讽喻君王，然白居易本人自云“一篇长恨有风情”，并将之编入“感伤诗”类。作为千古名篇，这首诗的艺术魅力显然主要在于那种婉转动人、缠绵悱恻的感伤情怀。

7. 李商隐

(1)作者简介

李商隐，字义山，号玉谿生，又号樊南生，祖籍怀州河内(今河南焦作沁阳)，晚唐著名诗人，和杜牧合称“小李杜”，与温庭筠合称为“温李”，又与李贺、李白合称“诗中三李”。李商隐的代表作品有《无题》《锦瑟》《马嵬》等。

(2)李商隐诗歌风格及成就

①李商隐的诗歌构思新奇，风格浓艳，文辞清丽，意韵深微，善于描写和表现细微的感情，尤其是一些爱情诗和无题诗，写得缠绵悱恻，优美动人，广为传诵。

②李商隐成就最大的是无题诗(开创了一种新的诗歌体式),其无题诗以男女之情为中心,深入开掘内心世界的丰富情感,表现出极大的艺术创造性。

8. 杜牧

(1)作者简介

杜牧,字牧之,号樊川居士,唐代杰出诗人、散文家。主要作品有《阿房宫赋》《江南春绝句》《清明》《泊秦淮》《秋夕》《山行》《赤壁》等,结为《樊川文集》。他尤擅七律七绝,且赋作的散文化倾向对后世影响较大。

(2)《江南春绝句》

《江南春绝句》既写出了江南春景的丰富多彩,又写出了它的广阔、深邃和迷离,反映了中国诗歌与绘画中的审美是超越时空、淡泊洒脱的,有着儒释道与禅宗“顿悟”的思想,而它们所表现的多为思旧怀远、归隐、写意的诗情。

(3)《清明》

该诗写清明时节雨中行路的情形及感受。首句点明时节,细雨纷纷,正是春雨特色。次句写“路上行人”,雨中赶路,使人烦恼,“欲断魂”三字含义尤丰,既见雨淋衣湿的孤独飘零身影,又曲折表露出在清明时节孤身赶路的忧伤心绪。后两句别出一层新意,欲寻酒家暂且避雨驱寒,在“何处有”的一问与“牧童”的一指之间,再现一个生动情节,而一指之后诗即戛然而止,留有无尽的想象。

(4)《泊秦淮》

这首诗是诗人夜泊秦淮时触景感怀之作,于六代兴亡之地的感叹中,寓含忧念现世之情怀。全诗寓情于景,意境悲凉,感情深沉含蓄,语言精练,朦胧的景色与诗人心中淡淡的哀愁和谐统一。

(5)《秋夕》

这首诗写失意宫女生活的孤寂幽怨,诗中虽没有一句抒情的话,但宫女那种哀怨与期望相交织的复杂感情见于言外,从侧面反映了封建时代妇女的悲惨命运。

9. 李贺

李贺,字长吉,被世人誉为“诗鬼”,浪漫主义诗人,是“长吉体”诗歌开创者。李贺是中唐浪漫主义诗人的代表,又是中唐到晚唐诗风转变期的重要人物,有《雁门太守行》《李凭箜篌引》等名篇。

10. 刘禹锡

(1)作者简介

刘禹锡,字梦得,因曾任太子宾客,世称刘宾客。他与柳宗元合称“刘柳”,与白居易合称“刘白”。他的主要作品有《陋室铭》《乌衣巷》《秋词》《竹枝词》《酬乐天扬州初逢席上见赠》等。

(2)《陋室铭》

这篇不足百字的室铭,含而不露地表现了作者安贫乐道、洁身自好的高雅志趣和不与世事沉浮的独立人格。它向人们揭示了这样一个道理:尽管居室简陋、物质匮乏,但只要居室主人品德高尚、生活充实,就会满屋生香,处处可见雅趣逸致,自有一种超越物质的神奇的精神力量。

考点 2 唐文

1. 王勃

(1)作者简介

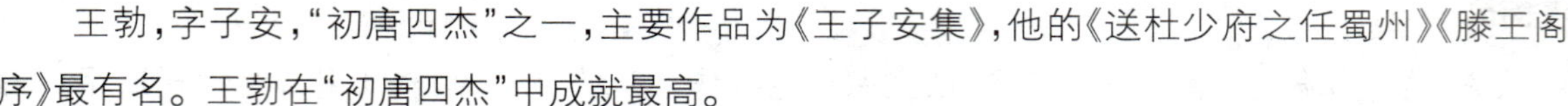

王勃，字子安，“初唐四杰”之一，主要作品为《王子安集》，他的《送杜少府之任蜀州》《滕王阁序》最有名。王勃在“初唐四杰”中成就最高。

(2)《滕王阁序》写景特点

①色彩变化。文章不惜笔墨，浓墨重彩，极写景物的色彩变化。文中的“潦水尽而寒潭清，烟光凝而暮山紫”一句被前人誉为“写尽九月之景”。

②远近变化。作者采用恰当的方法，远近结合，构成一幅富有层次感和纵深感的全景图，把读者带进了如诗如画的江南胜境，读者和景物融为一体，人在景中，景中有人。

③上下浑成。借视角变化，使上下相映成趣，天上地下，城里城外，相与为一，不可分离，体现了作者整齐划一的审美观。

④虚实相衬。用虚实手法传达远方的景观，使读者开阔眼界，视通万里。

2. 陈子昂

陈子昂，字伯玉，梓州射洪(今四川省)人，因曾任右拾遗，后世称陈拾遗。陈子昂是初唐诗文革新人物之一，为诗力主恢复汉魏风骨，一变初唐浮靡诗风。他的代表作品为《登幽州台歌》。

3. 古文运动

古文运动是一次重要的文体改革运动，由唐代韩愈、柳宗元倡导，主张废弃六朝以来华而不实的骈俪文，创作内容充实、形式自由的散文；到了宋代，得到了欧阳修、王安石、苏轼等人的提倡和发扬。

(1)韩愈

①作者简介

韩愈，字退之，官至吏部侍郎，谥文，世称韩吏部、韩文公，自言郡望昌黎，故后人多称韩昌黎。韩愈是唐代“古文运动”的领袖，宋代苏轼称他“文起八代之衰”，明人推他为“唐宋八大家”之首，与柳宗元并称“韩柳”。其主要作品为《师说》《马说》《原道》《进学解》《祭十二郎文》《早春呈水部张十八员外》《左迁至蓝关示侄孙湘》等。他主张恢复先秦两汉散文传统，摒弃南北朝以来的骈体文；主张文章内容的充实，并“唯陈言之务去”；在诗歌创作上主张“以文为诗”，力求新奇。

②《马说》

《马说》通篇采用托物寓意的写法，将人才比为千里马，将愚妄浅薄、不识人才的统治者比作食马者，生动形象地表现了有才之士受到的不公正待遇和不幸的处境，比喻贤才难遇明主。全文寄托了作者的愤懑不平和穷困潦倒之感，并对统治者埋没、摧残人才的行为进行了讽刺、针砭和控诉。

③《早春呈水部张十八员外》

这首诗描写的是早春景色并寄赠张籍，极言早春景色之美，希望触发张籍的游兴。这首诗既摄早春之精魂，又给读者无穷美感。

④《左迁至蓝关示侄孙湘》

此诗苍凉悲壮，颇似杜甫晚年七律之风，而尤以笔势纵横，开合动荡见长，词气章法以“文章之法”行之，

颇见其古诗中擅长的“以文为诗”的特点。

⑤《师说》

这是韩愈散文中一篇重要的论说文。文章论述了从师学习的必要性和原则，批判了当时社会上“耻学于师”的陋习，表现出非凡的勇气和斗争精神，也表现出作者不顾世俗、独抒己见的精神。本文在写作上的特点是运用对比的方法，反复论证，论点鲜明，结构严谨，正反对比，事实充分，说理透彻，气势磅礴，并辅之以感叹句，有极强的说服力和感染力。

(2)柳宗元

①作者简介

柳宗元，字子厚，因是河东人，世称柳河东，曾任柳州刺史，又称柳柳州。柳宗元是唐代古文运动的倡导者之一，与韩愈并称“韩柳”，唐宋八大家之一。其主要作品为《捕蛇者说》《三戒》(包括《黔之驴》《临江之麋》《永某氏之鼠》)，“永州八记”等散文，《渔翁》《江雪》等诗，结为《柳河东集》。他是中国第一个把寓言正式写成独立的文学作品的作家，开拓了我国古代寓言文学发展的新阶段。

②《捕蛇者说》

《捕蛇者说》运用衬托、对比的手法，通过捕蛇者蒋氏对其祖孙三代为免交赋税而甘愿冒着死亡威胁捕捉毒蛇的自述，反映了中唐时期我国劳动人民的悲惨生活，深刻地揭露了封建统治阶级对劳动人民的残酷压迫和剥削，表达了作者对劳动人民的深切同情，反映了当时“苛政猛于虎”的社会现实。

③《江雪》

“寒江雪”三个字，把“江”和“雪”这两个关系最远的形象联系到一起，使得诗中主要描写的对象更集中、更灵巧、更突出。至于上面再用一个“寒”字则写出渔翁的精神世界。这个被幻化了的、美化了的渔翁形象，实际上正是柳宗元本人的思想感情的寄托和写照。

④《黔之驴》

《黔之驴》是柳宗元《三戒》中的一篇，以黔驴的可悲下场，警戒那些“不知推己之本”、毫无自知之明而必将自招祸患的人，讽刺当时无德无能而官高位显、仗势欺人而外强中干的统治集团中的某些上层人物，指出他们必然覆灭的下场。这篇寓言，笔法老到，造诣精深；既揭示了深刻的哲理，又塑造了生动的形象；不仅给人们以思想上的启示和教育，还给人们以艺术上的享受和满足。

考点 3 唐传奇

唐传奇是指唐代流行的文言小说，作者大多以记、传名篇，以史家笔法，传奇闻逸事。唐传奇的出现，标志着我国文言小说发展到了成熟的阶段。陈鸿的《长恨歌传》、元稹的《莺莺传》、白行简的《李娃传》、蒋防的《霍小玉传》、李朝威的《柳毅传》都是较成熟的文言小说。

考点 4 唐五代词

五代文学主要使新的文学体裁“词”得到发展，以香而软为特色的“花间词派”占据整个词坛。“南唐二主”李璟、李煜成就较高，尤其是李煜，他后期的词哀婉深沉，抒发了他痛失故国的悲哀。词经五代的发展，到宋代成为文学主流。

李煜，字重光，五代时南唐国主，世称李后主。其主要作品为《虞美人·春花秋月何时了》《相见欢》《浪淘沙》等，与其父李璟词合刻为《南唐二主词》。王国维说："词至李后主而眼界始大，感慨遂深，遂变伶工之词而为士大夫之词。"

五、宋代文学 【单选、填空、判断、简答】★★★

考点 1 宋诗

1. 江西诗派

宋徽宗初年，吕本中作《江西诗社宗派图》，将该诗歌流派取名为"江西宗派"。元方回在《瀛奎律髓》中又将杜甫与黄庭坚、陈师道、陈与义称为江西诗派的"一祖三宗"。诗派中人并非全为江西籍，而以其宗主黄庭坚乃江西人而得名。江西诗派诗歌理论强调"夺胎换骨""点铁成金"，即或师承前人之辞，或师承前人之意；崇尚瘦硬奇拗的诗风；追求字字有出处。在创作实践中，反对浮华轻薄，崇尚老成朴拙，力主出奇翻新，趋生避熟，即黄庭坚提倡的"以俗为雅，以故为新"。

2. 中兴四大诗人

南宋出现了"中兴四大诗人"，即尤袤、杨万里、范成大、陆游。

(1)陆游简介

陆游，字务观，号放翁。其主要作品有《书愤》《示儿》《游山西村》《十一月四日风雨大作》《卜算子·咏梅》《关山月》《钗头凤》等，结集有《剑南诗稿》《渭南文集》。陆游是中国古代最高产的诗人。

(2)《书愤》

《书愤》是陆游的七律名篇之一，全诗感情沉郁，气韵浑厚。该诗紧扣住一"愤"字，前四句不用一个动词，却境界全出，饱含着浓厚的边地气氛和高昂的战斗情绪。后四句抒发壮心未遂、时光虚掷、功业难成的悲愤之气，但悲愤而不感伤颓废。尾联以诸葛亮自比，不满和悲叹之情交织在一起，展现了诗人复杂的内心世界。

(3)《示儿》

这是陆游对儿子的临终遗嘱，诗中描写了一个至死都不忘祖国光复的暮年老人。表达了诗人坚定的信念和悲壮的心愿，充分体现了年迈衰老的陆游爱国、报国之情。

(4)《游山西村》

这是一首记游抒情诗。首联渲染出丰收之年农村一片宁静、欢悦的景象；颔联展示了一幅春光明媚的山水图；颈联则由自然入人事，描摹了南宋初年的农村风俗画卷；尾联，笔锋一转，一个热爱家乡，与农民亲密无间的诗人形象跃然纸上。

(5)《十一月四日风雨大作》

《十一月四日风雨大作》表明诗人投身抗战、为国雪耻的壮志至老不衰，但是，诗人空怀壮志，却不为朝廷所重，只能"僵卧孤村"，把为国家恢复中原的理想寄托到梦境之中。整首诗感情深沉悲壮，凝聚了诗人的爱国主义激情。

(6)《卜算子·咏梅》

这是一首咏物词，词人借梅花写自己的心胸抱负。一生坚持抗金主张，词人是孤独的，如同寂寞地开放在“断桥”边的梅花一样。梅花在忍受着黄昏的愁苦，就是词人现实处境的写照。下片词人通过梅花之口直接表白心迹。梅花无意争春，词人同样不想在仕途上争得个人利益，百折不挠的追求都是为了抗金大业。所以，无论“群芳”如何妒忌猜疑，梅花与词人都处之坦然。即使经受了百般折磨，“零落成泥碾作尘”，出自本质的芳香是不会改变的。词人的刚直、高洁于此可见。

3. 爱国诗人

宋元易代之际，以文天祥为代表的民族英雄奋起抗敌，以死殉国；以谢翱、谢枋得、林景熙、郑思肖为代表的遗民诗人隐居守节。他们坚守民族气节，诗歌慷慨悲壮。

(1)文天祥简介

文天祥，字履善，一字宋瑞，号文山，南宋政治家、文学家。他的主要作品有《正气歌》《过零丁洋》《〈指南录〉后序》等。

(2)《正气歌》

《正气歌》是文天祥在狱中写的一首五言古诗。全诗感情深沉、气壮山河、直抒胸臆、毫无雕饰，充分体现了作者崇高的民族气节和强烈的爱国主义精神。

(3)《过零丁洋》

诗的前六句，作者把家国之艰危困厄渲染到极致，哀怨之情汇聚为高潮，而尾联却一笔宕开，“人生自古谁无死？留取丹心照汗青”以磅礴的气势、高亢的情调收束全篇，表现出他的民族气节和舍生取义的生死观。这联壮语感召了后代多少仁人志士为正义事业而英勇献身。谢榛说：“结句当如撞钟，清音有余。”(《四溟诗话》)由于结尾高妙，致使全篇由悲而壮，由郁而扬，形成一曲千古不朽的壮歌。

考点2 宋文

1. 唐宋八大家

唐宋八大家，又称为“唐宋散文八大家”，是唐代和宋代八位散文家的合称，分别为唐代的韩愈、柳宗元和宋代的欧阳修、苏洵、苏轼、苏辙、王安石、曾巩。唐宋八大家乃主持唐宋古文运动的中心人物，他们提倡散文，反对骈文，给予当时和后世的文坛以深远的影响。

(1)欧阳修

①作者简介

欧阳修，字永叔，号醉翁、六一居士，谥文忠。欧阳修是北宋诗文革新运动的领袖，唐宋八大家之一。其散文说理畅达，抒情委婉；诗风与其散文相近，语言流畅自然；而其词婉丽，承袭南唐词风。其主要作品为《醉翁亭记》《秋声赋》等，结为《欧阳文忠公集》，另有词集《六一词》。他写的《六一诗话》是我国第一部诗话。

②《醉翁亭记》

这是一篇文辞优美的山水游记，却又不仅仅是在写山记水，而是融入了作者丰富的思想情感。和范仲淹的“进亦忧，退亦忧”相比，欧阳修则以宽和仁爱之心“与民同乐”，二人行为模式不同，其精神实质是一样的。相比之下，欧阳修的表现更体现了儒家的传统思想，如《尚书》中的“德惟善政，政在养民”。

(2)王安石

①作者简介

王安石，字介甫，号半山，封荆国公，谥文，世称王荆公、王文公，“唐宋八大家”之一。他的主要作品有《元日》《泊船瓜洲》《登飞来峰》《伤仲永》《游褒禅山记》等。

②《元日》

这首诗描写了宋代人过春节的场面，作者选择了过年时最典型的喜庆场景，展现了一幅富有浓厚生活气息的民间风俗画卷。这首诗的字里行间都洋溢着他对革除时弊、推行新法的坚定信念及乐观的情绪，抒发了他春风得意，踌躇满志的心情，体现出了他的政治态度。

③《登飞来峰》

这首诗的第一句，用“千寻”这一夸张的词语，借写峰上古塔之高，写出自己的立足点之高。诗的第二句，巧妙地虚写出在高塔上看到的旭日东升的辉煌景象，表现了诗人对前途的展望，成为全诗感情色彩的基调。诗的后两句承接前两句写景议论抒情，使诗歌既有生动的形象又有深刻的哲理。古人常有浮云蔽日、邪臣蔽贤的忧虑，而诗人却加上“不畏”二字，表现了诗人拨云见日、高瞻远瞩的思想境界和豪迈气概。

2. 范仲淹

(1)作者简介

范仲淹，字希文，谥文正，是北宋最为杰出的政治家之一，兼通文武，倡导“先天下之忧而忧，后天下之乐而乐”的以天下为己任的精神。其主要作品为《岳阳楼记》《渔家傲·秋思》等，结为《范文正公集》。

(2)《岳阳楼记》的艺术特色

①文章的题目是“岳阳楼记”，作者却巧妙地避开楼不写，而去写洞庭湖，写登楼的迁客骚人看到洞庭湖的不同景色时产生的不同感情，以衬托最后一段所谓“古仁人之心”。

②记事、写景、抒情和议论交融在一篇文章中，记事简明，写景铺张，抒情真切，议论精辟。

③这篇文章虽然是一篇散文，却穿插了许多四言的对偶句，这些骈句为文章增添了色彩。作者锤炼字句的功夫也很深，把丰富的意义熔铸到“先天下之忧而忧，后天下之乐而乐”这短短的两句话中，字字有千钧之力。

(3)《渔家傲·秋思》

这首词上片写景，下片抒情，抒发了作者壮志难酬的感慨和忧国的情怀。这首边塞词既表现将军的英雄气概及征夫的艰苦生活，也暗寓对宋王朝重内轻外政策的不满，爱国激情，浓重乡思，兼而有之，构成了将军与征夫思乡却渴望建功立业的复杂而又矛盾的情绪。这种情绪主要是通过全词景物的描写，气氛的渲染，婉转地传达出来。纵观全词，意境开阔苍凉，形象生动鲜明，反映出作者耳闻目睹、亲身经历的场景，表达了作者自己和戍边将士们的内心感情，读起来真切感人。

考点3 宋词

1. 豪放派

豪放派是宋代词坛上的一大流派，其作品题材广泛、视角鲜明、语言旷达、气势豪放，意境雄浑，充满豪情壮志，词文不拘音律格调，多给人一种积极向上的力量。该派代表词人以苏轼、辛弃疾为主，代表作品有

苏轼的《念奴娇·赤壁怀古》、辛弃疾的《永遇乐·京口北固亭怀古》等。

(1)苏轼

①作者简介

苏轼,字子瞻,号东坡居士,谥文忠,是豪放词派的开创人,“唐宋八大家”之一。在书法上与黄庭坚、米芾、蔡襄并称“宋四家”。其《书吴道子画后》云:“出新意于法度之中,寄妙理于豪放之外。”这其实倒不妨看作是他的自喻。在风格上,他前期的作品大气磅礴、豪放奔腾,如洪水破堤一泻千里;而后期的作品则空灵隽永、朴质清淡,如深柳白梨花香远益清。苏轼的代表作品有《题西林壁》《水调歌头·明月几时有》《江城子·密州出猎》《浣溪沙》《赤壁赋》《石钟山记》等。苏轼与其父苏洵、弟苏辙合称“三苏”。

②《题西林壁》

《题西林壁》这首诗描写庐山变化多姿的面貌,并借景说理,指出观察问题应客观全面,如果主观片面,就得不出正确的结论。最后两句诗有着丰富的内涵,它告诉人们由于所处的地位不同,看问题的出发点不同,对客观事物的认识难免有一定的片面性;要认识事物的真相与全貌,必须超越狭小的范围,摆脱主观成见。

③《水调歌头·明月几时有》

这首词的上片反映了作者因政治上失意而对现实不满,想逃避现实,但又不能决绝的矛盾心理。但作者以“何似在人间”作结,说明他对于现实人生还是热爱的。下片抒写了作者和胞弟的离别之情。作者由月的圆缺想到人的离别和团聚,发出了感慨。结尾两句是自慰,也是共勉。

④《江城子·密州出猎》

此作是东坡豪放词的代表作之一。词中写出猎之行,抒兴国安邦之志,拓展了词境,提高了词品,扩大了词的题材范围,为词的创作开创了崭新的道路。作品融叙事、言志、用典为一体,调动各种艺术手段形成豪放风格,多角度、多层次地从行动和心理上表现了作者宝刀未老、志在千里的英风与豪气。

⑤《赤壁赋》

此赋记叙了作者与朋友们月夜泛舟游赤壁的所见所感,以作者的主观感受为线索,通过主客问答的形式,反映了作者由月夜泛舟的舒畅,到怀古伤今的悲咽,再到精神解脱的达观。全赋在布局与结构安排中映现了其独特的艺术构思,情韵深致、理意透辟,在中国文学史上有着很高的文学地位,并对之后的赋、散文、诗产生了重大影响。

(2)辛弃疾

①作者简介

辛弃疾,字幼安,号稼轩,南宋词人。他出生时,中原已为金兵所占,二十一岁参加抗金义军,不久归南宋,一生力主抗金。曾上《美芹十论》与《九议》,条陈战守之策,显示出其卓越的军事才能与爱国热忱。其词抒发力图恢复国家统一的爱国热情,倾诉壮志难酬的悲愤,对当时执政者的屈辱求和颇多谴责;同时他也有不少吟咏祖国河山的作品。其作品题材广泛又善于化用前人典故入词,风格沉雄豪迈又不乏细腻柔媚。在苏轼的基础上,大大开拓了词的思想意境,提高了词的文学地位。

辛弃疾词的艺术特点:A. 艺术风格多种多样。豪放无疑是辛词的主要风格,除此之外,他有的作品秾纤华丽似花间体,有的明白通俗如白乐天体,有的轻巧尖新,有的婉丽清畅,有的缠绵婉约,更有将豪放与婉约两种风格融合在一起的作品。B.辛词的艺术境界阔大而充满流动感。这主要表现在豪放的情感、阔大的空间、久远的时间、富有力量和阳刚之气的意象等方面。C.语言上融会贯通，既借鉴古代各种文体的不同作家作品，又大胆地吸取民间口语，使词富有浓厚的生活气息。在自由地叙事、抒情、描写、议论中，提高了词的表现力。D.以文为词，以议论为词的特点。E.把强烈的政治热情注入丰富而又生机勃勃的形象之中。F.大量用典，且多数用得贴切生动。

真题面对面

[2022金华义乌、绍兴诸暨小学，简答题，5分]辛弃疾词的艺术特点。

参考答案：参见上文。

②《西江月·夜行黄沙道中》

从表面上看，这首词的题材内容不过是一些看来极其平凡的景物，语言没有任何雕饰，也没有用一个典故，层次安排也完全是顺其自然，平平淡淡。然而，正是在看似平淡之中，却有着词人潜心的构思，淳厚的感情。在这里，读者也可以领略到稼轩词于雄浑豪迈之外的另一种境界。

③《破阵子·为陈同甫赋壮词以寄之》

这首词回顾了辛弃疾当年在山东和耿京一起领导义军抗击金兵的情形，描绘了义军雄壮的军容和英勇战斗的场面，也表现了作者不能实现收复中原的理想的悲愤心情。这首词反映了作者的理想与现实的矛盾，气势磅礴，充满了鼓舞人心的壮志豪情，能够代表作者的豪放风格。这首词里用了两个典故，其一是“八百里分麾下炙”，借用晋王恺与王济比射，输后杀牛作炙的典故，“八百里”在这里指牛，泛指饮食；其二是“马作的卢飞快”，借用刘备的卢马的典故，“的卢”是马的名字。

真题面对面

[2021金华、绍兴诸暨中小学，判断题，1分]辛弃疾《破阵子·为陈同甫赋壮词以寄之》的体裁为词，“破阵子”为词牌名，“为陈同甫赋壮词以寄之”是题目，“八百里分麾下炙”中的“八百里”是形容路程很长，泛指酒食。(　　)

答案：×。“八百里分麾下炙”中的“八百里”指牛，这里泛指酒食。

2. 婉约派

婉约派是宋代词坛上的另一大流派，其作品语言清丽、含蓄，词中抒发的感情婉转缠绵，但题材内容比较狭窄。其代表人物是李清照和柳永，另外还有晏殊、秦观、周邦彦等。其代表作品有李清照的《武陵春》、柳永的《雨霖铃》等。

(1)李清照

①作者简介

李清照，号易安居士，主要作品有《武陵春·春晚》《如梦令·常记溪亭日暮》《声声慢·寻寻觅觅》等，结为《漱玉词》。李清照是中国古代文学史上创造力最强、艺术成就最高的女性作家，改变了男子一统文坛的传统格局。

②李清照词的独特性

李清照的词大致可以分为前后两个时期。早期的词主要表现她作为少女和少妇的生活与情怀。在她的笔下，少女生活是充满欢乐的；少妇之词的主旋律则是抒发离别相思的感受，与少女之作相比，明显多了一分沉重。后期的作品则主要表现她的身世之苦、故国之思以及孤寂无聊的心情，情调低沉，凄苦悲凉。

③李清照词作的艺术风格

李清照的词作在艺术上达到了炉火纯青的境界，在词坛中独树一帜，并形成了自己独特的艺术风格——“易安体”。她不追求华丽的藻饰，而是提炼富有表现力的“寻常语度入音律”，用白描的手法来表现对周围事物的敏锐感触，刻画细腻、微妙的心理活动，表达丰富多样的感情体验，塑造鲜明、生动的艺术形象。在她的词作中，真挚的感情和完美的形式水乳交融，浑然一体。她将“语尽而意不尽，意尽而情不尽”的婉约风格发展到了顶峰，赢得了婉约派词人“宗主”的地位，成为婉约派代表人物之一。

④《如梦令·常记溪亭日暮》

《如梦令·常记溪亭日暮》记载了李清照自在烂漫的闺中少女生活。小词的笔调极其轻松、欢快、活跃，语言朴素、自然、流畅。这首词显示出少女李清照的任性、真率、大胆和对自然风光的喜爱，这样的作为及个性与其父李格非自由的家教、宽松的家庭环境密切相关。

⑤《武陵春·春晚》

这首词借暮春之景，写出了词人内心深处的苦闷和忧愁。全词一唱三叹，语言优美，意境有言尽而意不尽之美。这首词继承了传统词的作法，采用了类似后来戏曲中的代言体，以第一人称的口吻，用深沉忧郁的旋律，塑造了一个在孤苦凄凉环境中流荡无依的才女形象。这首词由表及里，从外到内，步步深入，层层开掘，上阕侧重于外形，下阕多偏重于内心。艺术表现上的突出特点是巧妙运用多种修辞手法，特别是比喻。

⑥《声声慢·寻寻觅觅》

这首词形象地描绘出残秋的萧瑟景象，抒发了词人饱经忧患、家破人亡之后的悲痛。这里既有词人与当时人们所共同感受到的国破家亡之恨、背井离乡之愁，又有个人所独具的晚年丧夫、没有儿女、孤苦寂寞、辛酸艰难的生活体验。全词调动一切艺术手段，形象地再现了词人南渡后孤苦无依、走投无路的处境和百计难解、欲说还休的国难家仇，低沉的调子中微露愤激的情感。

(2)柳永

①作者简介

柳永，原名三变，字景庄，后改名柳永，字耆卿，因排行第七，又称柳七。北宋著名词人，婉约派代表人物。其词多描绘城市风光和歌伎生活，尤长于抒写羁旅行役之情，创作慢词独多。他的作品铺叙刻画，情景交融，语言通俗，音律谐婉，在当时流传极广，对宋词的发展有一定影响。主要作品有《雨霖铃》《八声甘州》《望海潮》等。

②柳永词作的艺术成就

A. 慢词的发展，词调的丰富。柳永大力创作慢词，从根本上改变了唐五代以来词坛上小令一统天下的格局，使慢词与小令两种体式平分秋色，齐头并进。柳永还是两宋词坛创用词调最多的词人，词至柳永，体制始备。

B. 雅俗并陈。词本来是从民间而来，后渐渐被用来表现文人士大夫的生活、情感。柳永不仅从音乐体制上改变和发展了词的声腔体式，而且从创作方向上改变了词的审美内涵和审美趣味，即变“雅”为“俗”，使词从贵族的文艺沙龙重新走回市井。但柳永的羁旅行役词，又相当典雅，使其词呈现出雅俗并陈的特色。

C. 表现手法。注重自我情感的抒发；语言的通俗化，充分运用现实生活中的日常口语和俚语；多用铺叙和白描的手法；能巧妙利用时空的转换来叙事、布景、言情，自创出独特的结构方式。

考点 4 宋话本小说

中国白话小说成熟的形态是宋元话本。“话本”即说书艺人（宋代称为“说话人”）演出的底本。说话大致可分为小说、讲史、说经、合生与商谜，其中以小说与讲史两家最为发达也最有价值。小说话本可分爱情小说、社会问题小说、豪侠小说、神怪小说四类，以前两类成就最高，代表作有《错斩崔宁》《碾玉观音》《张生彩鸾灯传》等。讲史，亦称平话，专讲历代兴亡的历史故事，现存比较重要的宋代讲史话本有《五代史平话》《大宋宣和遗事》等。

六、元代文学 【单选、填空、简答】 ★

元代文学的主要成就是曲，元曲包括杂剧和散曲。杂剧是戏曲，散曲属诗歌，两者均以曲辞为主，因而总称为曲。元曲在文学史上获得了与诗、词同样高的地位。而南戏和话本小说也有新发展，诗歌、散文则呈衰落趋势。

考点 1 元杂剧

元杂剧在前期出现了关汉卿、王实甫、白朴、马致远等一大批杰出的戏剧家，以及《窦娥冤》《救风尘》《望江亭》《西厢记》《梧桐雨》《墙头马上》《汉宫秋》《赵氏孤儿》等优秀的杂剧作品，是元杂剧的鼎盛期。

到了后期，杂剧的中心逐渐从大都移到南方的杭州。元杂剧后期成就较大的作家有郑光祖、秦简夫、乔吉等，其中郑光祖的《倩女离魂》一剧堪称后期杂剧最优秀的作品。

1. 关汉卿

（1）作者简介

关汉卿，号已斋叟，元杂剧奠基人，是中国古代戏曲创作的代表人物，“元曲四大家”之首。关汉卿的杂剧作品以《窦娥冤》成就最大，《救风尘》《望江亭》也是关汉卿的代表作，都同样反映了社会的黑暗，歌颂了人民的反抗精神。此外，他的作品还有《拜月亭》《鲁斋郎》《单刀会》《调风月》等。

（2）《窦娥冤》

《窦娥冤》题目为《秉鉴持衡廉访法》，正名为《感天动地窦娥冤》。它的故事源于《列女传》中的《东海孝妇》。但关汉卿紧紧扣住当时的社会现实，用这段故事真实而深刻地反映了元朝统治下中国社会极端黑暗、极端残酷、极端混乱的悲剧时代，表现了中国人民坚强不屈的斗争精神和争取独立生存的强烈要求。它成功地塑造了“窦娥”这个悲剧主人公形象，使其成为元代被压迫、被剥削、被损害的妇女的代表，成为元代社会底层善良、坚强而走向反抗的妇女的典型。

（3）关汉卿杂剧的艺术特点

①关汉卿的杂剧在内容上具有高度的现实性和强烈的反抗精神。其题材广泛，形式多样，大多反映现实，对社会生活的描写广阔且真实具体，深刻地揭示出社会各方面的矛盾，对官场黑暗进行了无情揭露，对

不幸者寄予了深厚同情，热情讴歌了人民的反抗斗争，具有高度的思想性与艺术性。

②关汉卿杂剧剧本能根据主题而剪裁取舍，情节安排紧凑，布局引人入胜，主线清晰，节奏紧凑，不全采用大团圆结局的惯例。

③关汉卿塑造的人物个性鲜明，有血有肉，人物形象栩栩如生。

④关汉卿善于驾驭语言，语言风格与题材互相配合，吸收民间文学的土语方言以及古典诗词的鲜活字词，并加以提炼。既恰如其分地反映出剧中人物的身份性格，又善于通过烘托渲染充分展现元剧的“本色”。

2. 马致远

(1)作者简介

马致远，号东篱，著名戏曲家、杂剧家，被后人誉为“马神仙”，还有“曲状元”之称，代表作品有杂剧《汉宫秋》、散曲《天净沙·秋思》等。马致远是元散曲作家中成就最高者之一。

(2)《汉宫秋》的特点

①把“和亲”之举作为国家衰弱的象征，写历史兴亡的感慨，借昭君之恨抒发了反抗民族压迫的情绪，并在一定程度上抨击了封建王朝的腐败无能。

②在剧情描写中，作者把悲剧的根源推到奸臣毛延寿及满朝文武身上，有意或无意地对汉元帝做了“美化”的处理，把他写成一个忠于爱情的风流才子式的人物，并在剧中以大量的篇幅表现汉元帝失去王昭君时的悲愁别恨。

③在艺术上，剧中许多唱词写得声情并茂，以塞北风光和宫中秋景，衬托离别之恨和思念之苦，意境优美，音节嘹亮跌宕，极富艺术感染力。

(3)《天净沙·秋思》

《天净沙·秋思》是马致远的小令名作，被称为“**秋思之祖**”。这首小令连用名词，描画出一幅萧瑟悲凉的秋景图，篇末画龙点睛，点明游子思乡的主题。全曲情景交融，富于诗情画意，有唐诗的韵味，故备受称赏。

3. 其他

(1)郑光祖，元代著名的杂剧家和散曲家，代表作是《倩女离魂》。

(2)白朴，元代著名的杂剧作家，代表作有《墙头马上》《梧桐雨》。

(3)王实甫，名德信，元代杂剧作家，他的代表作为《西厢记》。《西厢记》讲述了书生张生与相国小姐崔莺莺的爱情故事，表现了对封建礼教，特别是封建婚姻制度和门阀观念的批判，具有强烈的反封建思想。该作品在戏剧结构、矛盾冲突、人物塑造等方面，都取得了很高的艺术成就，无论是思想性，还是艺术性，都达到了元杂剧的一个高峰，成为最具舞台生命力的一部佳作。

考点 再拔高

▼ 元代的“四大”

元曲四大家：关汉卿、马致远、郑光祖、白朴。

元杂剧四大悲剧：关汉卿的《窦娥冤》，白朴的《梧桐雨》，马致远的《汉宫秋》和纪君祥的《赵氏孤儿》。

元杂剧四大爱情剧：关汉卿的《拜月亭》，王实甫的《西厢记》，白朴的《墙头马上》和郑光祖的《倩女离魂》。

考点 2 元代南戏

南戏是南曲戏文的简称，它结构宏大，形式自由，曲调柔婉悠扬。元前期，南戏远不如杂剧，但到了元代末年，以高明所作的《琵琶记》为代表，南戏全面兴起，逐渐取代杂剧而成为明清戏曲的主流并得到进一步的发展。

高明的《琵琶记》是元代南戏的代表作，写寒士蔡伯喈和赵五娘的故事。又有“四大南戏”，或称“四大传奇”，即《荆钗记》《白兔记》《拜月亭记》《杀狗记》也较著名。

考点 3 元代散曲

散曲是金元时期在北方兴起的一种合乐歌唱的诗歌新体式，形式自由活泼，语言通俗明快，风格爽朗，显示出强大的艺术活力。马致远是元散曲的代表。

七、明代文学 【单选、填空、简答】 ★★★

考点 1 明代小说

明代出现了长篇章回小说——一种由宋元讲史话本发展而来的小说形式，经常出现“话说”“看官”等字样。章回小说的开山之作是明初罗贯中在民间流传的三国故事基础上整理加工而成的演义小说《三国演义》，它与英雄传奇小说《水浒传》一道总结历史，反映深刻现实。神魔小说内容涉及鬼神魔怪，充满奇异的幻想，代表作有《西游记》《封神演义》等。世情小说以社会现实为题材，多写家庭生活，以《金瓶梅》为代表。

明代短篇小说的主要形式是拟话本，这是一种文人模仿民间话本而创作的案头文学。著名的拟话本结集，有冯梦龙的《喻世明言》《警世通言》和《醒世恒言》，以及凌濛初的《初刻拍案惊奇》《二刻拍案惊奇》，合称“三言二拍”。

1. 罗贯中

(1)作者简介

罗贯中，名本，号湖海散人，元末明初著名小说家，是**中国章回体小说的鼻祖**。今存署名罗贯中的作品，除《三国志通俗演义》(《三国演义》)外，还有《隋唐两朝志传》《残唐五代史演义传》《三遂平妖传》。《三国演义》为我国第一部长篇历史章回体小说，与《水浒传》《西游记》《金瓶梅》并称为明代的“四大奇书”。

(2)《三国演义》

①内容上的特点

A. 真实地再现了三国时期中国的社会面貌。作品十分明显地流露出对军阀罪恶的痛恨，对人民苦难的同情。

B. 明确地表现了作者的政治理想。书中体现了反对分裂、拥护统一的倾向，究竟应该由什么样的人或政治集团来统一天下，是全书思想内容的关键。

C. 热情歌颂了忠义、勇敢和智慧。作品成功地塑造了一批活跃在政治、军事舞台上的杰出人物。

②艺术特色

A. 善于抓住人物基本特征，突出其某一特征，运用夸张、对比、衬托的修辞手法，使人物个性鲜明生动，

形象丰富饱满。

B. 长于描述战争，充分体现了战争的复杂性和多样性；既写出了战争的激烈、紧张、惊险，又不显得凄惨，一般具有昂扬的格调。

C. 以蜀汉为中心，以三国的矛盾斗争为主线，来组织全书的故事情节，形成了既宏伟壮阔又严密精巧的结构。

D. 语言精练畅达。

③重要故事情节及相关人物

重要故事	相关人物	重要故事	相关人物	重要故事	相关人物
七擒孟获	诸葛亮	三顾茅庐	刘备、诸葛亮	过五关斩六将	关羽
借东风	诸葛亮	火烧博望坡	诸葛亮、夏侯惇	水淹七军	关羽
草船借箭	诸葛亮	白帝城托孤	刘备、诸葛亮、阿斗	温酒斩华雄	关羽
斩马谡	诸葛亮	青梅煮酒论英雄	曹操、刘备	单刀赴会	关羽
舌战群儒	诸葛亮	单骑救主	赵云	义释曹操	关羽
火烧新野	诸葛亮	桃园三结义	刘备、关羽、张飞	刮骨疗毒	关羽
空城计	诸葛亮、司马懿	三英战吕布	刘备、张飞、关羽	火烧连营	陆逊

真题面对面

[2018杭州小学，基础知识，3分]下列有关文学常识的表述错误的一项是(　　)

A. 鲁迅在1918年发表在《新青年》上的第一篇白话小说是《狂人日记》。

B.《铁道游击队》《红岩》《小兵张嘎》都是中国革命题材小说。

C. 李白是唐朝浪漫主义诗人，其五言代表诗作有《静夜思》《秋浦歌》等，七言代表诗作有《望天门山》等。

D. 罗贯中是明末清初小说家，其著作《三国演义》是我国文学史上第一部长篇章回体历史演义小说。

答案：D。D项，罗贯中是元末明初小说家。

2. 施耐庵

(1)作者简介

施耐庵，元末明初的文学家，主要作品为《忠义水浒传》，简称《水浒传》。《水浒传》是一部以农民起义为题材的长篇章回体小说。

(2)《水浒传》

①内容特点

A. 通过梁山泊的故事，正确地揭示了中国封建社会农民起义的最根本的原因——“官逼民反”。

B. 正确地反映了农民起义军由小到大逐步发展的过程。

C. 热情歌颂了农民起义的英雄人物。

②艺术成就

A.《水浒传》的语言，以北方口语为基础，经过加工，语言明快、洗练、准确、生动，具有浓郁的生活气息。

B. 通过对比等手法，塑造了众多个性鲜明、真实的人物形象。

C.《水浒传》的情节生动曲折，大小事件都写得腾挪跌宕，引人入胜。

D. 在塑造人物时，作者既根植于现实，又把自己的爱憎感情熔铸在人物身上，结合了现实主义和浪漫主义的写作手法。

E.《水浒传》善于把人物置身于真实环境中，紧扣人物的身份、经历和遭遇，成功地塑造了李逵、鲁智深、林冲、武松等众多鲜明的英雄形象。而在英雄人物的塑造上，总是把人物置于生死存亡的关头，以其行动和语言显示其性格特点。

F. 紧紧围绕"官逼民反"这一思想，采用串珠式的结构，把故事情节和人物性格融合在一起，在揭露贪官污吏的残暴腐败的同时，歌颂了梁山好汉的英雄气概，深刻反映了广阔的社会生活。

③主要人物及其绰号

人物	绰号	人物	绰号	人物	绰号	人物	绰号
宋江	及时雨	杨志	青面兽	扈三娘	一丈青	王英	矮脚虎
吴用	智多星	鲁智深	花和尚	公孙胜	入云龙	武松	行者
张顺	浪里白条	杨雄	病关索	周通	小霸王	林冲	豹子头
李逵	黑旋风	史进	九纹龙	燕青	浪子	花荣	小李广

④重要人物及故事情节

人物	情节
鲁智深	拳打镇关西、落发文殊院、大闹五台山、大闹桃花村、火烧瓦罐寺、倒拔垂杨柳、大闹野猪林、单打二龙山
林冲	衙内结仇、豹子头误入白虎堂、刺配沧州道、棒打洪教头、风雪山神庙、雪夜上梁山
史进	九纹龙大闹史家庄、夜走华阴县、剪径赤松林、东平府误陷九纹龙
柴进	小旋风门招天下客、横海郡柴进留宾、柴进失陷高唐州、簪花入禁院
杨志	汴京城杨志卖刀、青面兽北京斗武、杨志押送金银担、青面兽双夺宝珠寺
晁盖	晁天王认义东溪村、晁盖梁山小聚义、梁山泊义士尊晁盖、曾头市中箭
吴用	吴用智取生辰纲、吴学究双用连环计、使时迁盗甲、赚金铃吊挂、智赚玉麒麟、智取大名府、四斗五方旗、智取文安县、打盖郡智多星密筹、计鸩邬梨
宋江	私放晁天王、怒杀阎婆惜、夜看小鳌山、三打祝家庄、大破连环马
武松	景阳冈打虎、斗杀西门庆、十字坡遇张青、威镇平安寨、醉打蒋门神、大闹飞云浦、血溅鸳鸯楼、夜走蜈蚣岭、醉打孔亮

真题面对面

[2021年1月杭州小学，基础知识，3分]下列有关文学常识、成语及名著的表述有错误的一项是（　　）

A.《马说》《伤仲永》《记承天寺夜游》《醉翁亭记》都是"唐宋八大家"的作品。

B. 成语"舍生取义""老骥伏枥""豁然开朗"分别出自《孟子》、曹操的《龟虽寿》、陶渊明的《桃花源记》。

C.“格物、致知、诚意、正心、修身、齐家、治国、平天下”被后世称为《大学》的“八条目”。

D.《水浒传》中与武松有关的几个故事按时间从先到后的顺序排列分别是打虎景阳冈、大闹飞云浦、醉打蒋门神、血溅鸳鸯楼。

答案：D。《水浒传》中关于武松的故事按时间先后分别为打虎景阳冈(第二十三回)、醉打蒋门神(第二十九回)、大闹飞云浦(第三十回)、血溅鸳鸯楼(第三十一回)。

3. 吴承恩

(1)作者简介

吴承恩，字汝忠，号射阳山人，明代文学家，主要作品为《西游记》。《西游记》是著名的长篇章回神魔小说，是古典文学中最辉煌的神话作品，标志着浪漫主义文学的新高峰。

(2)《西游记》的艺术特色

①从环境来看，作者通过对奇异环境的描写，赋予了神魔世界迷人的浪漫色彩。

②巧妙结合故事情节，在尖锐的矛盾冲突中，充分地表现了人物复杂的内心世界，突出刻画了人物性格，使其有血有肉，栩栩如生。

③语言诙谐幽默，善于使用生动、贴切的对话来突出人物形象。

④浪漫主义与现实主义辩证统一。

4.《金瓶梅》

“第一奇书”《金瓶梅》相传为兰陵笑笑生所作，它以市井人物与世俗风情为描写中心，是古代第一部由文人独立创作的白话长篇小说，也是中国第一部以家庭日常生活为素材的世情小说经典之作。

考点 2 明代传奇

明代戏曲有杂剧与传奇之分。传奇即南曲戏文，明代开始兴盛，明代后期是传奇创作的繁盛时期，形成“临川”与“吴江”两大流派。这一时期最有代表性的作品就是汤显祖的《牡丹亭》。

“临川派”因其领袖人物汤显祖为江西临川人而得名，代表作家有阮大铖、吴炳等。这一派注重传奇的文学性，讲究辞藻文采，主张“以意趣神色为主”。汤显祖的戏曲作品《牡丹亭》《紫钗记》《南柯记》《邯郸记》总名为“临川四梦”或“玉茗堂四梦”，“临川派”和“玉茗堂派”因此得名。

考点 3 明代诗文

明代诗文领域出现的文学团体和流派较多，前期主要是台阁体和茶陵派；到了中期，掀起了一股文学复古思潮，前后七子及唐宋派是其代表；晚明出现了公安派和竟陵派。

1. 唐宋派

唐宋派是明代嘉靖年间出现的散文流派，其代表人物有王慎中、唐顺之、茅坤、归有光等。期间出现的前后七子倡言复古，散文创作以模拟古人为事，缺乏思想性，文字佶屈聱牙，流弊甚烈。唐宋派力矫时弊，反对复古派“文必秦汉”的主张，认为唐宋散文是秦汉古文的继承和发展，主张“文道合一”，学习欧阳修、曾巩之文，一时影响颇大。

2. 公安派

公安派是明代后期的文学流派，其代表人物为袁宗道、袁宏道、袁中道三兄弟，因其籍贯为湖广公安（今属湖北），故称“公安派”。他们反对前后七子“文必秦汉，诗必盛唐”的主张，提出了“独抒性灵”的口号，影响很大。“独抒性灵”作为公安派理论的核心口号，融合了鲜明的时代内容，它和李贽的“童心说”一脉相通，和“理”尖锐对立。“性灵说”不仅明确肯定人的生活欲望，还特别强调表现个性，体现了晚明人的个性解放思想。

3. 竟陵派

竟陵派是明代后期的文学流派，因其主要人物钟惺、谭元春都是竟陵人，故被称为竟陵派。和公安派一样，竟陵派也主张“性灵说”，是明末反对诗文拟古潮流的重要一派。同时，他们认为“公安派”作品俚俗、浮浅，因而倡导以一种“幽深孤峭”的风格加以匡救。

八、清代文学

考点 1 清代小说

清代文学是中国封建社会总结时期的文学，样式繁多，各具特色，以小说成就最大。作者着意对社会现实、人生命运及其走向等作周密而又全面的剖析和反思，有着强烈的社会影响力。这时期的代表作品有曹雪芹的《红楼梦》、吴敬梓的《儒林外史》、蒲松龄的《聊斋志异》等。

1. 曹雪芹

（1）作者简介

曹雪芹，名霑，字梦阮，号雪芹，又号芹圃、芹溪。其代表作品为《红楼梦》。

（2）《红楼梦》

①作品简介

《红楼梦》最初以80回抄本的形式在社会上流传，多题名《石头记》。《红楼梦》是一部具有高度思想性和高度艺术性的现实主义作品，代表了古典小说艺术的最高成就。鲁迅曾说：“自从《红楼梦》出来以后，传统的思想和写法都打破了。”（《中国小说的历史的变迁》）王国维曾断言红楼梦是“唯一的一部饱含悲剧精神的辉煌巨著”。

②艺术特色

A. 内容上，综合描绘了中国封建社会从制度、风俗到建筑、园林、金石、饮食、医药等多方面文化内容，被誉为我国“封建社会的百科全书”。

B. 结构上，突破了传统的单线结构方式，灵活转换叙事视角形成浑然一体的网状叙事结构。

C. 手法上，打破了人物类型化、绝对化的描写，人物形象更加鲜明。

D. 语言上，采用接近口语、通俗浅显的北方官话，具有浓厚的生活气息和强烈的感染力。

2. 蒲松龄

（1）作者简介

蒲松龄，字留仙，一字剑臣，号柳泉居士，世称聊斋先生，山东淄川（今山东省淄博市淄川区）人，清代文

学家。他的代表作为文言短篇小说集《聊斋志异》。郭沫若曾这样评价蒲松龄："写鬼写妖高人一等，刺贪刺虐入木三分。"

(2)《聊斋志异》的艺术特色

①采用传奇的方法来志怪。蒲松龄借用传奇的特长，写花妖狐魅，使小说内容精彩且充实，情节离奇而生动，展现出极其迷幻曲折的色彩。

②情节委曲，叙次井然。《聊斋志异》增强了小说的艺术素质，丰富了小说的形态、类型；使小说超出了以故事为本的窠臼，变得更加丰美，富有生活情趣和文学的魅力。作者反对"硬铺直陈"，许多作品情节怪异谲诡，变幻莫测，极尽腾挪跌宕之能事。同时，它们也有自身的逻辑性，合乎人情物理。

③描写丰美，形象生动。较之以前的文言小说，作品加重了对人物环境、行动状况、心理表现等方面的描写。

④语言精练，词汇丰富，句式富于变化。

3. 吴敬梓

(1)作者简介

吴敬梓，字敏轩，号粒民，因家有"文木山房"，所以晚年自称"文木老人"，又因自家乡安徽全椒移至江苏南京秦淮河畔，故又称"秦淮寓客"，清代最伟大的小说家之一。确立他在中国文学史上的杰出地位的是他成书于乾隆年间的长篇讽刺小说《儒林外史》，《范进中举》就是其中的节选。"机锋所向，尤在士林""虽云长篇，颇同短制"，鲁迅先生的这几句话，高度精确地概括了吴敬梓《儒林外史》的思想内容和结构特点。

(2)《儒林外史》的艺术特色

①结构形式

《儒林外史》将几代知识分子放在长达百年的历史背景中去描写，以心理的流动串联生活经验。作者摆脱了传统小说的传奇性，淡化故事情节，也不靠激烈的矛盾冲突来刻画人物，而是尊重客观再现，用寻常小事，通过精细的白描来再现生活，塑造人物。

②叙事特点

A.《儒林外史》所写的人物更贴近人的真实面貌，通过平凡的生活写出平凡人的真实性格。

B. 人物性格丰富化，摆脱了传统的类型化，并且写出了人物内心世界的复杂性，能在有限的情节里，体现出人物性格的非固定性，即性格的发展变化。

C. 自然景物的描写舍弃了章回小说长期沿袭的模式化、骈俪化的韵语，运用口语化的散文，对客观景物作精确的、不落俗套的描写。

D.《儒林外史》改变了传统小说中说书人的评述模式，采取了第三人称隐身人客观观察的叙事方式，让读者直接与生活见面，大大缩短了小说形象与读者之间的距离。

③讽刺艺术

《儒林外史》对不和谐的人和事进行了婉曲而又锋利的讽刺，具有悲喜交融的美学风格。作者在探求理想的同时，对封建文化作了进一步的反思，其批判的锋芒指向封建礼教和社会习俗。作者既看到社会改造理想的难以实现，又不忍放弃对社会理想和完美人格的追求。

考点 2 清代戏曲

戏曲方面出现“南洪北孔”，洪昇和孔尚任是当时有名的传奇作家，他们分别创作的《长生殿》和《桃花扇》是传世的佳作，充满时代感。

考点 3 清代诗文

诗歌方面，出现众多有影响的流派，有以王士禛为代表的“神韵派”、以沈德潜为代表的“格调派”、以翁方纲为代表的“肌理派”，词则有以朱彝尊为代表的“浙西词派”和以张惠言为代表的“常州词派”。在乾隆诗坛最有影响的当推提倡“性灵说”的袁枚。袁枚反对模唐拟宋，主张表现个人的“性情”，与晚明公安派“独抒性灵，不拘格套”的诗论息息相通。

散文方面，以“桐城派”影响最大，恽敬的“阳湖派”是其旁支。他们各有自己的主张和创作特色，影响一时。骈文以汪中较为有名，代表作为《哀盐船文》。

桐城派是清代的散文流派，由方苞开创，其后刘大櫆、姚鼐等又进一步发展，因他们都是桐城人，故名“桐城派”。他们主张学习《左传》《史记》等先秦两汉散文和唐宋古文家韩愈、欧阳修等人的作品，讲究“义法”，要求语言“雅洁”，以阳刚阴柔分析文章风格。

考点 4 晚清文学

在梁启超“小说界革命”的倡导之下，谴责小说也盛行起来，代表作为“清末四大谴责小说”，有李宝嘉的《官场现形记》、吴沃尧的《二十年目睹之怪现状》、曾朴的《孽海花》和刘鹗的《老残游记》。

第三节 中国现当代文学

一、中国现代文学 【单选、填空、简答】★★★

从时间概念上说，现代文学以1917年1月《新青年》发表胡适《文学改良刍议》为开端，而止于1949年7月第一次全国文学艺术工作者代表大会在北京的召开。

文学革命发生于1917年初。1917年1月，胡适在《新青年》上发表了《文学改良刍议》，2月陈独秀发表了《文学革命论》。文学革命旨在反对文言、提倡白话，反对旧文学、提倡新文学，标志着古典文学的结束，现代文学的起始。文学革命的倡导者有胡适、陈独秀、李大钊、蔡元培、郑振铎、钱玄同、刘半农、周作人、鲁迅等。

考点 1 小说创作

1. 20世纪20年代小说创作

“五四”以后，小说创作获得了丰收。鲁迅的《狂人日记》是中国现代小说的伟大开端，《呐喊》(1923年8月)、《彷徨》(1926年8月)是中国现代小说成熟的标志，中国现代小说自鲁迅开始，又在鲁迅手中成熟。

(1)鲁迅

①作者简介

鲁迅，浙江绍兴人，原名周樟寿，字豫才，南京求学时学名为周树人，1918年发表《狂人日记》时开始署名鲁迅。鲁迅是现代著名文学家、思想家，中国文化和思想革命的主将。“寄意寒星荃不察，我以我血荐轩辕”“横眉冷对千夫指，俯首甘为孺子牛”是其一生的真实写照。他在20世纪初中国“救亡图存”的大背景下，大声呼唤“精神界之战士”，提出“立人”主张。

②鲁迅作品的分类

A. 小说集：

《呐喊》(共14篇)：《狂人日记》《孔乙己》《药》《明天》《一件小事》《头发的故事》《风波》《故乡》《阿Q正传》《端午节》《白光》《兔和猫》《鸭的喜剧》《社戏》。

《彷徨》(共11篇)：《祝福》《在酒楼上》《幸福的家庭》《肥皂》《长明灯》《示众》《高老夫子》《孤独者》《伤逝》《弟兄》《离婚》。

《故事新编》(以古代神话、历史与传说为题材，共8篇)包括：《补天》(原名《不周山》)《铸剑》《奔月》《非攻》《理水》《采薇》《出关》《起死》。

B. 散文诗集：《野草》。

C. 散文集：《朝花夕拾》(鲁迅唯一一部回忆性的散文集，原名《旧事重提》，共10篇)包括：《狗·猫·鼠》《阿长与〈山海经〉》《二十四孝图》《五猖会》《无常》《从百草园到三味书屋》《父亲的病》《琐记》《藤野先生》《范爱农》。

D. 杂文集：《而已集》《二心集》《坟》《花边文学》《华盖集》《南腔北调集》《且介亭杂文》《热风》《三闲集》《伪自由书》等。

③《药》

《药》写于1919年4月25日，作品通过对茶馆主人华老栓夫妇为儿子小栓买人血馒头治病的故事，揭露了封建统治阶级镇压革命、愚弄人民的罪行，颂扬了革命者夏瑜英勇不屈的革命精神，惋惜地指出了辛亥革命未能贴近群众的局限性。

④《祝福》

祥林嫂是个勤劳淳朴、身体健壮、意志坚韧的劳动妇女，但她一生坎坷悲惨，在封建社会的重重束缚下，经济上受尽剥削，政治上备受压迫，精神上惨遭摧残，直至最后沦为乞丐，在年终人们祝福的欢乐气氛中，怀着无限复杂矛盾的心情冻饿致死。她是千千万万中国母亲悲惨一生的缩影，她的一生是对中国吃人的封建社会的血泪控诉。

⑤《狂人日记》

1918年5月，《新青年》发表了鲁迅的《狂人日记》。这是鲁迅创作的第一个短篇白话日记体小说，也是中国现代文学史上第一篇用现代体式创作的白话短篇小说，它标志着新文学创作的开端。小说通过被迫害者“狂人”的形象以及“狂人”的自述式的描写，揭露了封建礼教的“吃人”本质，表现了作者对以封建礼教为主体的中国封建文化的反抗；也表现了作者深刻的忏悔意识。作者以彻底的“革命民主主义”的立场对中国的文化进行了深刻的反思，同时表达了对中国甚至是人类的前途的忧愤。

⑥《阿Q正传》

《阿Q正传》中作者通过对未庄流浪雇农阿Q的描写，揭示了当时社会的腐败黑暗，批判了国民的劣根性。鲁迅采用了悲喜交融的表现手法，用“传记”式结构，通过“杂取种种人，合成一个”的典型塑造方式，塑造了一个典型环境中的典型人物。《阿Q正传》通过对阿Q和他周围人的描写形象地揭示了中国农民的麻木和不觉悟，揭示了人性的弱点，也折射出中国资产阶级革命的致命弱点。小说还通过阿Q身上的“精神胜利法”揭露了中国的民族劣根性，这是对整个旧社会的批判，对整个旧的意识形态的批判。这体现了鲁迅深刻的启蒙主义思想。

真题面对面

1.［2019统考小学，单，2分］红眼睛阿义这一人物出自鲁迅的哪部作品（　　）

A.《药》　B.《风波》　C.《祝福》　D.《阿Q正传》

答案：A。红眼睛阿义是《药》里的人物。

2.［2018统考小学，填空，2分］继《狂人日记》之后，鲁迅创作了《故乡》《阿Q正传》等小说，1923年8月结集为《＿＿＿＿》。1926年8月，又出版了第二本小说集《＿＿＿＿》。

答案：呐喊；彷徨

（2）文学研究会

文学研究会是新文学运动中成立最早，影响和贡献最大的文学社团之一。文学研究会于1921年1月在北京成立，发起人有周作人、郑振铎、沈雁冰、王统照、许地山、孙伏园、叶绍钧等12人。由沈雁冰接编的《小说月报》经过全面革新成为其代用会刊。宗旨是“研究介绍世界文学，整理中国旧文学，创造新文学”。文学研究会注重文学的社会意义，被看作是“为人生而艺术”的一派，或现实主义的一派。该会组织比较松散，1932年《小说月报》停刊，文学研究会无形解散。

（3）新月社

新月社是中国现代文学史上影响较大的一个文学社团，它于1923年成立于北京，是五四以来最大的以探索新诗理论与新诗创作为主的文学社团。该社活动主要成员有胡适、徐志摩、闻一多、梁实秋等。前期他们把《晨报副刊》作为阵地，后期创办《新月》月刊、《诗刊》季刊。新月社是一个涉及政治、思想、学术、文艺各领域的派别，在思想上和组织上都表现了资产阶级自由主义特点。

真题面对面

［2022金华义乌、绍兴诸暨小学，名词解释，4分］新月社

参考答案：参见上文。

（4）郁达夫

①作者简介

郁达夫，原名郁文，其主要作品有《沉沦》《春风沉醉的晚上》《薄奠》《故都的秋》等，其中小说集《沉沦》是现代文学史上第一部短篇小说集。在中国新文学史上，郁达夫对自我写真的抒情小说的体验，呼应了20世纪20年代文学思潮的一个侧面——浪漫而感伤的时代氛围，引领了一种以浪漫主义为风尚的小说流派，开创了与以鲁迅为代表的写实主义风格完全不同的小说创作方向。

②郁达夫小说的艺术风格

A."自叙传"的色彩。在其相当多的作品中,可以看到作者的个人出身、经历、个性等。从第一人称主观叙事的角度来看,这个具有连贯性的主人公,是一个以"自我"为原型、浸透着作者本人强烈主观色彩的文学形象,构成了时代的"零余者"的心史、情绪史。

B.感伤的抒情。郁达夫的小说通常都没有完整的情节,而是注重抒发主人公郁郁寡欢的情怀,坦诚率真地暴露和宣泄人物感伤的、悲观的甚至厌世颓废的心境。他对忧伤的情绪特别感兴趣,以感伤的抒情为中心的郁达夫小说,轻视对情节的营构,注重对情绪的倾诉。

C.结构的散文化。郁达夫的小说以抒情为中心,必然造就抒情小说的散文化倾向。

D.流丽、清新的文笔。郁达夫的用笔与其主观色彩、抒情倾向相契合,饱含感情,富有色彩与节奏,很少使用静观的笔触叙事、抒情、写景,郁达夫小说的文学语言与他独特的文体风格高度一致。

考点 再拔高

▼ 现代评论派

现代评论派是20世纪20年代出现的政治文化派别,因《现代评论》周刊而得名。该派的主要成员有郁达夫、胡适、陈西滢、丁西林、沈从文、钱端升、王世杰等。该派具有较浓厚的自由主义色彩,是资产阶级文化的代言人,曾发表过一些反帝反封建、倾向进步的文章和创作,为发展和繁荣新文学做出过一定贡献,但也发表过一些为帝国主义、北洋军阀、国民党政府辩护,反对马克思主义,指责进步青年和革命群众爱国行动的文章,鲁迅等人对此作过深刻的揭露和批判。现代评论派文学理论的代表人物是陈西滢。

2. 20世纪30年代小说创作

中国现代小说发展到20世纪30年代进入成熟、繁荣阶段。由于政治和商业的介入,这一时期的文坛形成了以"左联"为核心的左翼、远离文学党派性和商业性的京派与最接近读书市场的海派这三个流派。

(1)茅盾

①作者简介

茅盾,原名沈德鸿,字雁冰,我国革命文艺奠基人之一,现代著名作家,"五四"新文学运动的先驱之一。其代表作品有《蚀》三部曲(《幻灭》《动摇》《追求》),"农村三部曲"(《春蚕》《秋收》《残冬》)等。

②茅盾的小说成就

A.在题材的选取和主题的开掘上,注意题材和主题的时代性和重大性,自觉地追求具有"巨大的思想深度"与"广阔的历史内容",能够反映时代面貌及其发展的史诗性。

B.在人物形象的塑造上,着重表现人物性格的复杂性,追求"立体化"的油画效果。

C.在艺术结构上,追求宏伟而严谨的布局,人物众多,情节复杂,线索纷繁交错而又严密完整,形成一种立体交叉的结构。

D.在艺术表现上,注重细腻的心理刻画,追求社会历史的剖析与社会人的心理剖析的统一。

③《子夜》

《子夜》,原名《夕阳》,以宏大的规模真实描画了20世纪30年代初上海的社会面貌,塑造了民族资本家吴荪甫的形象，标志着茅盾创作的一个高峰，标志中国现代长篇小说创作走向成熟。吴荪甫是半殖民地半封建社会这一特定历史环境中的中国民族资产阶级的一个战败英雄的形象。他的性格充分显示出民族资产阶级的两重性：一方面是对帝国主义及买办资产阶级、封建主义的不满，另一方面又是对工农运动和革命武装的恐惧与仇视；一方面对统治阶级的腐败制度与军阀混战局面的不满，另一方面又依靠当局势力镇压工人农民运动。这种两重性使他处在一个非常微妙的夹缝中，同时也决定了其命运必然的悲剧结局。瞿秋白评价茅盾的《子夜》是“应用真正的社会科学，在文艺上表现中国的社会关系和阶级关系”的扛鼎之作。

真题面对面

[2022 宁波市江北区小学，基础常识，1 分]下列作品中，标志中国现代长篇小说创作走向成熟的一项是(　　)

A. 鲁迅《狂人日记》　　B. 茅盾《子夜》

C. 巴金《家》　　D. 沈从文《边城》

答案：B。《子夜》是茅盾的长篇小说，是中国现代长篇小说发展成熟的标志。

(2)巴金

①作者简介

巴金，原名李尧棠，其主要作品有长篇小说“激流三部曲”(《家》《春》《秋》)、“爱情三部曲”(《雾》《雨》《电》)、《寒夜》，中篇小说《憩园》，散文集《随想录》等。1982 年曾获意大利“但丁国际奖”。

②《家》

A. 思想内容

巴金通过梅芬、鸣凤、瑞珏三个女子的悲剧，控诉封建制度、礼教对年轻生命的摧残，揭露了封建大家庭和封建制度的罪恶，同时歌颂了封建大家庭中青年一代民主主义的觉醒及其反封建斗争的精神，暴露了封建大家庭的腐朽及没落。强烈的反抗和批判精神，包括对专制制度的否定以及那种热烈悲郁的抒情风格，既是《家》的风格，也是作家人格的写照。

B. 艺术特色

a. 抒发真挚浓郁的感情。

b. 意蕴丰富的日常生活细节描写及细腻的心理描写。

c. 舒缓自然、生活化的结构。

d. 朴素、自然、流畅的语言风格。

e. 典型化的写作手法。

f. 在人物形象的描写上，大多性格鲜明，面目殊异。

(3)老舍

①作者简介

老舍，原名舒庆春，字舍予，满族人，是中华人民共和国第一位获得“人民艺术家”称号的作家。其主要作品有长篇小说《骆驼祥子》《四世同堂》《正红旗下》，剧本《茶馆》《龙须沟》《西望长安》等。浓郁的地方色彩，生动活泼的北京口语的运用，通俗而不乏幽默，形成了老舍的风格，同时老舍也是“京味小说”的开创者。

②《茶馆》

A. 作品简介

全剧以老北京一家大茶馆的兴衰变迁为背景，向人们展示了从清末到抗战胜利后的50年间，北京的社会风貌及各阶层人物的不同命运。茶馆老板王利发一心想让父亲的茶馆兴旺起来，为此他八方应酬，然而严酷的现实却使他屡屡被嘲弄，最终被冷酷无情的社会吞没；经常出入茶馆的民族资本家秦仲义从雄心勃勃搞实业救国到破产；豪爽的八旗子弟常四爷在清朝灭亡以后走上了自食其力的道路。故事还揭示了刘麻子等一些小人物的生存状态。

B. 艺术特色

a. 人物形象鲜明生动，各具特色。其中有茶馆的掌柜和伙计、特务、流氓恶霸、卖儿卖女的农民、无依无靠的老人、资本家、茶客等，三教九流应有尽有。

b. 老北京的语言风格，京味十足。作者通过对老北京市民口语的运用，突出了简洁、生动、含蓄、幽默的艺术特色，充分体现了人物语言的性格化与形象性。

c. 对比手法的运用。每一幕以及幕与幕之间都运用了对比手法来刻画人物形象，各种人物的命运又揭示了社会的病症。

(4)沈从文

①作者简介

沈从文，原名沈岳焕，笔名休芸芸、甲辰等，湖南凤凰县人，现代著名作家、历史文物研究家、京派小说代表人物，在中国文坛被誉为“乡土文学之父”。沈从文的主要作品有小说《边城》《长河》，散文集《湘行散记》等。

②《边城》

A. 思想内容

《边城》以湘西小山城茶峒及附近乡村为背景，描写了一个渡船老人和他的孙女翠翠的生活，以及翠翠与船总的儿子天保、傩送之间曲折的爱情故事。作品细腻地刻画了纯真的男女之爱、和美的亲属之情、质朴的邻里之睦，生动地展现了边城人民健康、优美、淳朴的民风和人情，讴歌了一种淳厚的象征着“爱”与“美”的人性与人生，表达了作者内心对理想人生的执着追求。

B. 人物形象

《边城》中的女主人公翠翠，是作者倾注“爱”与“美”的理想艺术形象。作者通过这一形象，特别是这一人物对爱情生活的态度，描绘出人世间一种纯洁美好的感情，讴歌了象征“爱”与“美”的人性与人生，“为人类‘爱’字作一恰如其分的说明”。

祖父是中国古代劳动人民的杰出代表，他善良、勤劳、朴实、憨厚、忠于职守、恪守本分。他生活虽然清贫，但从不贪心；他乐善好施，却从不索取，终生为别人服务，却不图别人的一丝报答。

C. 艺术特色与风格

a. 作者擅长将人物的语言、行动描写与心理描写结合起来，以揭示人物的个性特征和丰富的内心世界。

b. 小说结构寓严谨于疏放。全篇围绕翠翠的爱情故事这一中心逐步展开，情节集中、单纯；又以亲情、爱情经纬交织，明暗结合，将情节的单纯性与复杂性完美结合。

c. 具有独异的乡土文学色彩。作者特意在故事的发展中穿插了对苗族风俗的描写，来展示边城的自然环境、人文环境，既是“边城”乡土性的诗意揭示，又是扑朔迷离的诗意烘托。

d.《边城》是一首抒情的诗，一曲浪漫主义的牧歌。作者叙事的笔端，倾泻、流动着作者对“爱”与“美”的诗性的讴歌与咏叹，作者还在艺术上追求诗意化的表现。

③《湘行散记》

《湘行散记》是1934年作者回故乡湘西时作的游记。《湘行散记》在人事的叙述中，展现了湘西迷人的自然风光和独特的风土人情，以及劳动人民的悲惨生活和自发的抗争，揭露了尖锐的民族问题与社会矛盾，表现了作者的悲悯和反省。语言清丽，风格隽永，具有浓厚的乡土色彩。

第一部分

真题面对面

[2018统考小学，简答，5分]简述沈从文笔下的“湘西世界”。

参考答案：湘西的山，秀拔峻峭；湘西的水，清澈透明。在湘西这个环境中，土生土长的湘西人，性格中既有山的坚韧刚强，又有水的柔婉与纯净。这种山水构成了湘西特有的自然环境和人物气质。沈从文不但透视了大自然的生命律动，而且更加透彻地认识到这片原始空间的生命力。沈从文笔下的湘西世界是生命与自然的融合，是人性美与自然美的融合。

(5)其他

①蒋光慈，这一时期的代表作为《咆哮了的土地》。

②柔石，著有《二月》《为奴隶的母亲》等。

③叶圣陶，其于1928年创作的《倪焕之》被茅盾誉为“扛鼎”之作。

④丁玲，1928年发表了成名作日记体短篇小说《莎菲女士的日记》，主人公莎菲是“五四”落潮以后的反叛、苦闷的知识女性的典型代表。丁玲1930年参加中国左翼作家联盟后还出版了短篇小说《水》，革命文学小说《韦护》，长篇小说《母亲》等。

⑤萧红，中国现代女作家，“民国四大才女”之一，被誉为“20世纪30年代的文学洛神”。她的代表作有《呼兰河传》《生死场》《弃儿》《孤独的生活》《砂粒》《马伯乐》等。

考点再拔高

▼ 东北作家群

“九一八”事变之后，一群从东北流亡到关内的文学青年在左翼文学运动推动下自发地开始文学创作。他们的作品反映了处于日寇铁蹄下的东北人民的悲惨遭遇，表达了对侵略者的仇恨，对父老乡亲的怀念及早日收回国土的强烈愿望。他们的作品具有粗犷宏大的风格，写出了东北的风俗民情，显示了浓郁的地方色彩。“东北作家群”的主要作家有萧军、萧红、端木蕻良等，代表作有萧红的《呼兰河传》《生死场》，萧军的《八月的乡村》等。

3. 20世纪40年代小说创作

抗战时期，沦陷区和国统区小说创作闪耀出光彩，张天翼的《华威先生》、艾芜的《山野》、老舍的《四世同堂》、巴金的《寒夜》等，从不同方面揭露了反动统治的黑暗和腐朽。在抗日根据地和解放区，作家们努力深入生活，与人民群众逐步结合，他们创作的中长篇小说，反映了在中国共产党领导下广大农村天翻地覆的革命性变革，着力刻画了前所未有的工农兵新人形象。丁玲的《太阳照在桑干河上》、周立波的《暴风骤雨》、赵树理的《小二黑结婚》《李有才板话》，孙犁的小说散文集《白洋淀纪事》都洋溢着群众生活和革命斗争新鲜活泼的生气。

（1）赵树理

①作者简介

赵树理，原名赵树礼。其主要作品有小说《小二黑结婚》《李有才板话》《李家庄的变迁》等。短篇小说《小二黑结婚》被誉为“解放区文艺的代表作之一”，《李有才板话》被誉为“走向民族形式的里程碑”。其作品体现出民族化和大众化的特征，他是“山药蛋派”的代表作家。

②《小二黑结婚》

A. 思想内容

作品描写的是青年男女进行争取婚姻自由的斗争的故事，作品写出了这一主题在解放区新的历史条件下的深刻含义。斗争最后以区长根据《婚姻法》为小二黑、小芹的婚姻做主，肯定了他们婚姻的合法性，否定了家长强加给他们的包办婚姻，这一完美的结局说明了人民政府是人民实现自主婚姻的最可靠的保证。因此作品有了歌颂人民政权、歌颂解放区新社会的意义和价值。

B. 艺术特色

a. 在结构上，采用单线发展的手法。情节连贯、故事性强、结构严谨、首尾照应。

b. 在人物塑造上，以人物自身的行动和语言来显示性格；在情节开展中，运用白描手法和细节描写来刻画人物。

c. 通过人物的语言和行动展现人物的心理。在语言运用方面，这部小说真正做到了大众化（群众化、口语化），不但在人物对话上，而且在一般叙述的描写上，都具口语化特征。

d. 人物的类型化。将主要人物分成三类，分别灌注了三种具有抽象理论特性的观念。

e. 具有山西的地方特色。运用给人物起诨号的手法，语言浓重、淳朴，幽默有趣。

（2）孙犁

①作者简介

孙犁，“荷花淀派”创始人，作品充满诗情画意，有“诗体小说”之称。其主要作品有长篇小说《风云初记》，短篇小说《荷花淀》，小说集《白洋淀纪事》，等等。

②《荷花淀》

《荷花淀》创作于1945年抗战胜利前夕。通过对抗战时期冀中抗日根据地白洋淀人民斗争生活的描写，表现和赞颂了根据地居民在中国共产党领导下英勇抗战的爱国主义精神和乐观的革命主义激情，字里行间渗透着作者对祖国和人民真挚的爱。

考点 再拔高

▼ 荷花淀派

荷花淀派即白洋淀派，这一流派得名不但源于白洋淀这个地方，也源于孙犁的短篇小说《荷花淀》。作品一般都充满浪漫主义气息和乐观精神，语言清新朴素，描写逼真，心理刻画细腻，抒情味浓厚，有诗情画意。代表作家有孙犁、刘绍棠、韩映山等人。

(3)钱锺书

①作者简介

钱锺书，中国学者、作家，杨绛的丈夫。他长期致力于人文社会科学研究，形成贯通中西、古今互见的治学方法，并取得多方面的学术成就。代表作品有散文集《写在人生边上》，短篇小说集《人·兽·鬼》，长篇小说《围城》等。

②《围城》

A. 作品简介

《围城》是钱锺书所著的长篇小说，是中国现代文学史上一部风格独特的讽刺小说，被誉为“新儒林外史”。书中的男主人公方鸿渐性格和顺，有天赋，看穿恶劣环境而不能自拔，嘴上机敏而内心怯懦无能，是一个弱质的知识分子形象。“城外的人想冲进去，城里的人想逃出来”出自该书。

B. 思想内容

小说所反映的要远比它所命名的“围城”有更为深广的社会内容，它象征着当时的人生“一无可进的进口，一无可去的去处”的绝境。小说以留法回国的青年方鸿渐为中心，描绘了一群留学生与大学教授，在生活、工作、婚姻恋爱等问题上遇到的矛盾纠葛，以及由此表现出来的猥琐灵魂和灰色人生。

C. 艺术特色

a. 刻画了人物的群像，且人物性格鲜明。

b.《儒林外史》式的结构样式。作品没有贯穿始终的故事情节，而是写了众多的小故事，通过方鸿渐这一人物将这些故事串联起来。

c. 出色的肖像描写和细腻的心理刻画。

d. 绝妙的讽刺。作者采用机智、幽默、夸张等艺术手段，使这部小说形成了绝妙的讽刺艺术风格。

(4)张爱玲

张爱玲，原籍河北丰润，生于上海。她的作品是才与情的统一，其内容多以上海和香港两大都市为背景，描写当时社会那些没落的封建世家和半新半旧的资产阶级家庭人物，注意挖掘人物的精神世界，表现人性中的种种病弱和丑拙，同时也对人物内心深处的寂寞和悲凉寄予了极大的同情和理解。艺术上她注重意象世界的创造，作品含蓄、凝练而耐人寻味。她的主要作品有散文集《流言》，散文小说合集《张看》，中短篇小说集《传奇》，长篇小说《倾城之恋》《半生缘》。其代表作《金锁记》曾被傅雷誉为“我们文坛最美的收获之一”。

考点2 诗歌创作

1. 20世纪20年代诗歌创作

(1)早期白话诗

诗歌创作方面，胡适、刘半农、沈尹默等在《新青年》上发表了第一批白话诗，胡适的《尝试集》是"五四"新文化运动时期第一部白话诗集。

(2)郭沫若

①作者简介

郭沫若，原名郭开贞，号尚武，是我国杰出的作家、诗人和戏剧家，也是历史学家和古文字学家，是继鲁迅之后中国文化战线上的又一面旗帜。其主要作品有诗集《女神》，历史剧《棠棣之花》《屈原》《虎符》《高渐离》《孔雀胆》《蔡文姬》《武则天》等。

②《女神》

A. 作品简介

《女神》是郭沫若的第一本诗集，这些诗写于1916年至1921年，而绝大多数创作于新文学高潮时期，即1919至1920年。《女神》是一部杰出的浪漫主义诗集，是我国新文学史上第一部不朽的诗歌作品，开创了一代新诗风，堪称中国现代新诗的奠基之作。其中代表诗篇有《凤凰涅槃》《女神之再生》《炉中煤》《日出》《笔立山头展望》《地球，我的母亲！》《天狗》《晨安》《立在地球边上放号》等。在诗歌形式上，它突破了旧格套的束缚，创造了雄浑奔放的自由诗体，为"五四"以后自由诗的发展开拓了新的天地。

B. 艺术特色：

a. 浪漫主义精神。浪漫主义重主观，强调自我表现。《女神》是"自我表现"的诗作，诗中的凤凰等意象，都是诗人的"自我表现"。诗中的"自我"主观精神，是强烈的反抗、叛逆精神，是追求光明的理想主义精神。

b. 喷发式宣泄的表达方式。浪漫主义以直抒胸臆为主要表达方式，诗中的直抒胸臆表现为喷发式的宣泄，《凤凰涅槃》等诗最典型地体现了这一表达特点。

c. 奇特的想象和夸张。这种极度夸张的奇特想象最能表现强烈的个性解放要求和对旧世界的反抗、叛逆精神。

d. 形象描绘的方式上，具有英雄主义的格调。

e. 语言方面，带有强烈的主观性色彩。

(3)冰心、宗白华的小诗体

小诗受到日本短歌、俳句和印度泰戈尔《飞鸟集》的影响，是一种形式短小、灵活而多变的诗体，在意象或意境的营造和构思上力求简洁、含蓄，表现作者刹那间的感性，寄寓人生哲理或美的情思。代表作是冰心的《繁星》《春水》和宗白华的《流云小诗》。

冰心，原名谢婉莹，著名女作家。其主要作品有诗集《繁星》《春水》，散文集《寄小读者》等。她擅长用格言式的诗句咏唱母爱、童真、自然，表现"爱的哲学"，她的文章被誉为"美文"的代表。

冰心的诗歌多以三言两语的短小体式，自由抒写内心瞬间的感触，或托物喻理，或借景抒情，追求诗意的纯真和意境的清新隽永，在明媚的画面中表现作者的思想感情，具有纯正的审美趣味与强烈的道德力量。

《繁星》和《春水》都是冰心在印度诗人泰戈尔《飞鸟集》的影响下写成的诗集。主要内容是对母爱与童真的歌颂，对大自然的崇拜与赞颂，对人生的思考与感悟。《繁星》《春水》的艺术特色：兼采中国古典诗词和泰戈尔哲理小诗之长，善于捕捉瞬间的灵感，以三言两语抒写内心的感受与思考，形式短小而意味深长；语言上，清新淡雅而又晶莹明丽，明白晓畅而又情韵悠长。

(4)闻一多

闻一多，前期新月派的代表诗人。他的"新诗格律化"主张，即对"音乐美、绘画美、建筑美"的倡导与成功实践，指引新诗走出"绝端自由"的散文化误区。闻一多的诗歌大都收入《红烛》《死水》两本诗集中，爱国主义是他诗歌创作的一条红线。《七子之歌》是闻一多在美国留学期间创作的一首组诗，共七首，分别是《澳门》《香港》《台湾》《威海卫》《广州湾》《九龙》《旅顺，大连》。

(5)徐志摩

①作者简介

徐志摩，现代诗人，其主要作品有诗集《志摩的诗》《猛虎集》等，著名篇目有《翡冷翠的一夜》《再别康桥》《雪花的快乐》《在病中》《沙扬娜拉》《偶然》等，徐志摩是新月派主要代表诗人。

②徐志摩诗歌的特色

A. 构思精巧，意象新颖。诗歌的意象化表达，对诗意的寻觅，多采用温馨、和谐的古典意境来表现现代感受。

B. 韵律和谐，富于音乐美。内在的音乐化为诗歌的旋律与节奏，诗歌具有音乐的和谐，旋律和节奏感与诗人情感、情绪彼此契合。

C. 辞藻华美，风格清丽，呈现出明显的色彩美。

D. 章法整饬，形式灵活。讲究诗歌的形式美，整齐中富于变化。

③《翡冷翠的一夜》

《翡冷翠的一夜》是模拟一个弱女子的口吻写成的。他用细腻的笔调，写出依恋、哀怨、感激、自怜、幸福、痛苦、无奈、温柔、挚爱、执着等种种情致，层层婉转，层层递深，真实而感人地传达出一个弱女子在同爱人别离前夕复杂变幻的情感思绪。抒情主人公这种复杂的思绪，也正是诗人当时心境的真实反映。写作这首诗时，诗人正身处异国他乡(意大利佛罗伦萨)，客居异地的孤寂、对远方恋人的思念、爱情不为社会所容的痛苦等，形成他抑郁的情怀，这种抑郁的情怀同他一贯的人生追求和人生信仰结合起来，便构成了这首诗独特的意蕴。

真题面对面

[2021 金华、绍兴诸暨中小学，单，1 分]下列对作品认识有误的一项是(　　)

A.《翡冷翠的一夜》是新月派诗人徐志摩创作的一首现代诗，以高度概括的艺术技巧铺叙了复杂思乡美，铺展了对往昔生活的回忆。

B.《叶甫盖尼·奥涅金》的主人公是俄国文学史上第一个"多余人"形象，他既不愿意与贵族同流合污又不能站在农民这一边，成了一事无成的"多余人"。

C. 冰心的《繁星》《春水》中的小诗清新温暖，母爱、童真、自然是她创作的主旋律。

D.《老人与海》的哲理是我们应该正视现实，无论处在顺境还是逆境。接受一切，并超越它，继续自己的人生之旅。

答案：A。《翡冷翠的一夜》这首诗不像徐志摩的许多抒情短诗那样，以高度的艺术凝聚力和艺术表现力显示其魅力，它是以细腻的笔调，对一种复杂情感思绪的铺叙。这首诗充满了别离的愁绪、重逢的期盼、恋爱的快乐等思绪。徐志摩在这首诗里，抒写出浓烈而执着的爱情。

(6)早期象征诗派

20世纪20年代中后期，涌现出了一个重要的新诗流派，即早期象征诗派，王独清、穆木天、冯乃超等是其中的重要诗人。早期象征诗派以法国象征主义诗歌为模式，喜欢捕捉朦胧的境界，追求诗歌音乐和形式的美，语言趋于欧化。李金发是早期象征诗派的代表诗人，也是中国第一个象征主义诗人，著有《微雨》《食客与凶年》《为幸福而歌》等。

(7)早期无产阶级革命诗歌

蒋光慈是早期无产阶级革命诗歌的代表诗人，这一时期出版诗集《新梦》《哀中国》。

2. 20世纪30年代诗歌创作

20世纪30年代初“左联”成立后，新诗的现实主义精神得到发扬，殷夫、蒋光慈、胡也频等诗人以极大的热情写作革命诗歌，讴歌无产者的光辉形象。殷夫有著名的诗集《孩儿塔》。在“左联”领导下，还出现了现代文学史上的第一个革命诗歌社团——中国诗歌会，成员有穆木天、杨骚等。当时著名的诗人还有艾青、田间和臧克家等，艾青的《大堰河——我的保姆》、田间的《给战斗者》、臧克家的《罪恶的黑手》都是一时名作。

考点 再拔高

▼ 左联

全称“中国左翼作家联盟”，是在第二次国内革命战争时期中国共产党领导的文学组织。1930年3月成立于上海，代表人物有鲁迅、蒋光慈、冯乃超、田汉、柔石、郭沫若、茅盾、郁达夫等。“左联”根据“五四”以来新文学发展的经验，初步制定为无产阶级革命事业服务的文学理论纲领，提倡文艺大众化，开展工农兵通讯员运动，建立马克思主义文艺理论研究会等组织。它的成立，对于团结和组织进步作家粉碎国民党文化“围剿”和推进革命文学运动，起过很大作用，标志着革命文学运动进入新阶段。中国左翼作家联盟主办刊物有《北斗》《文学月报》等。

(1)中国诗歌会

中国诗歌会是现代诗歌团体，1932年9月成立于上海，由左联诗歌组发起组织，发起人有穆木天、杨骚、卢森堡(任钧)、蒲风(黄浦芳)等。中国诗歌会的任务是：“研究诗歌理论，制作诗歌作品，介绍和努力于诗歌的大众化。”其创作的共同特色是坚持革命现实主义的创作方法，紧紧“捉住现实”，以诗歌为武器，与帝国主义、封建主义进行坚决斗争；在艺术形式上，大力提倡和实践诗歌大众化，要使其诗歌成为大众歌调。

(2)戴望舒

①作者简介

戴望舒,又称“雨巷诗人”,中国现代诗派代表诗人。其主要作品有《雨巷》《寻梦者》《单恋者》《我用残损的手掌》等。戴望舒的成名作是《雨巷》,但《我的记忆》才是他的现代诗派诗歌创作的起点。

②《雨巷》的艺术特色

《雨巷》是戴望舒前期的代表作,发表于1928年,被叶圣陶誉为“替新诗的音节开了一个新的纪元”。

A. 运用象征手法进行抒情。诗的意象既具有古典情调又具有现代性。

B. 这首诗具有音乐美。作品音节优美,韵脚铿锵,每节押韵两到三次。运用复沓和重复的手法来强化全诗的音乐性。

C. 诗作意象既具有中国古典的美,又具有西方现代派的情韵。

(3)艾青

①作者简介

艾青,原名蒋海澄,著名诗人。其主要作品有**《大堰河——我的保姆》**《黎明的通知》《雪落在中国的土地上》《北方》《手推车》《光的赞歌》等。他的作品标志着“五四”以后自由体诗发展的一个重要阶段,给以后的新诗创作带来了很大的影响。土地和太阳以及与此相关的意象,是艾青诗的主导意象。“为什么我的眼里常含泪水?因为我对这土地爱得深沉”出自艾青的《我爱这土地》。

②《大堰河——我的保姆》

A. 诗歌的主题和思想意义

诗人以真挚的感情抒写了对哺育他长大的保姆“大堰河”的怀念,展现了一个勤劳的农村妇女的善良的灵魂,通过对她痛苦而悲惨的一生的描写,表达了对亲人的追忆和对劳动人民品质的赞美,控诉了社会的黑暗与不义。诗人把爱和恨、赞美和诅咒交织在一起,表达了他对当时罪恶社会的愤慨和不平。

B. 大堰河的形象及其意义

大堰河是一个贫苦的农妇。诗人赞美了她勤劳善良的崇高品质和灵魂,映现出她坚毅顽强的生活意志和纯朴善良的个性特征。大堰河的形象是千千万万勤劳忠厚的中国劳动妇女的形象,也是养育人类的母亲的形象。

诗人通过大堰河和她一家的悲惨命运,深切感受到了广大农民的痛苦和社会的不公。他在赞美劳动人民的品质的同时,愤怒地诅咒旧世界,勇敢地宣告和自己的阶级决裂,唱出了一曲叛逆之歌,完成了诗人自我形象的塑造。

真题面对面

[2019统考小学,单,2分]“为什么我的眼里常含泪水?因为我对这土地爱得深沉……”这句诗的作者是(　　)

A. 舒婷　　B. 戴望舒　　C. 顾城　　D. 艾青

答案:D。这句诗出自艾青的《我爱这土地》。

3. 20世纪40年代诗歌创作

20世纪40年代，抗日根据地和解放区在毛泽东《在延安文艺座谈会上的讲话》的指引下，诗歌创作特别活跃，优秀的作品有李季的《王贵与李香香》、田间的《赶车传》等。国统区“七月诗派”的胡风等一批诗人也以诗歌为战斗武器，揭露和抨击国民党反动统治下的种种腐朽没落的社会现象，歌唱人民美好的明天。

七月诗派是中国现代文学史上历时甚长、富有探索精神，而又具有沉重的悲剧命运的进步文学流派。其主要成就在诗歌上，代表作家有绿原、牛汉等。由于领导者胡风等的文艺思想在20世纪40年代起已受到有组织的批判，相应也形成了对这一诗派的巨大压力。在进入20世纪50年代之后，这些诗人的创作已明显减少，有的作品发表时就受到批评。其中，小说创作以路翎、贾植芳为代表。

考点 3 散文创作

现代散文创作是在吸收外来思潮和接受中国优秀散文传统的基础上发展起来的。“五四”思想启蒙运动促使了大量议论散文的诞生，李大钊、陈独秀刊登在《新青年》杂志上的这类作品，短小精悍、锋芒毕露，兼有战斗性和文学性。现代散文以鲁迅的杂文最富有批判力量和艺术光彩。

1. 语丝派

语丝派是“五四”文学革命后出现的散文流派，它因1924年11月在北京成立的语丝社而得名，代表作家有鲁迅、周作人、林语堂、钱玄同、孙伏园等。语丝社办有刊物《语丝》周刊，多发表短小犀利的小品散文、思想杂感与社会批评随笔，开展社会批评和文化批评。其特色如鲁迅所说的“任意而谈，无所顾忌，要催促新的产生，对于有害于新的旧物，则竭力加以排击”，因而形成了风格泼辣幽默的“语丝文体”。

(1)周作人

①作者简介

周作人，原名櫆寿，浙江绍兴人，现代散文家、诗人、文学翻译家，其中以散文成就最高，是中国新文化运动的代表人物之一。他是鲁迅的二弟，周建人的哥哥。其主要作品有散文集《自己的园地》《雨天的书》，诗集《过去的生命》，等等。

②《自己的园地》

《自己的园地》共分为三个部分，第一辑为“自己的园地”，这是周作人文艺批评观的总括；第二、三辑为“绿洲”和“茶话”，是周作人文艺批评观具体应用的范例。两者虽然类似，但略微有点区别，前者更接近于文艺批评，后者则类似于茶余饭后的谈天。在具体的写法上则是多抄书，然后由此阐发开来。这种写法似乎可以看作是周作人“文抄公”写法的发轫，其中期散文创作的特点即由此而肇始。

(2)林语堂

①作者简介

林语堂，福建龙溪人，原名和乐，后改玉堂，又改语堂，中国现代著名作家、学者、翻译家、语言学家，新道家代表人物，曾创办《论语》《人间世》《宇宙风》等刊物。林语堂早年留学美国、德国，回国后在清华大学、北京大学、厦门大学任教。作品有小说《京华烟云》《啼笑皆非》，散文和杂文文集《人生的盛宴》《生活的艺术》以及译著《东坡诗文选》《浮生六记》等。

②《谈中西文化》

《谈中西文化》是林语堂的文集，全书共收集了他的60篇文章，文中所涉及的内容大多是闲谈中西文化思想的小品文，从中可以领会中西文化内涵。

考点 再拔高

▼ 论语派

论语派是20世纪30年代的中国现代文学流派，因《论语》半月刊而得名。论语派的代表人物为林语堂，其主要成员还有陶亢德、邵洵美、周作人等。他们自称是“性灵派”与“语录体”的继承者，提倡“以自我为中心，以闲适为格调”，主张“宇宙之大，苍蝇之微，皆可取材”。初期提倡幽默，不谈政治，对国民党统治下的黑暗社会多有讽刺；后期倡导闲适的小品文，思想倾向消极。鲁迅曾批判他们的“幽默”与“闲适”是“将屠夫的凶残，使大家化为一笑”。在民族斗争、阶级斗争异常尖锐的时期，论语派起着麻痹人民斗志的作用。

2. 报告文学

报告文学是现代产生的一个散文新品种，早期作者有瞿秋白、邹韬奋等，最有成绩的是夏衍。20世纪20年代初，瞿秋白的《饿乡纪程》和《赤都心史》开了中国报告文学的先河。20世纪30年代，夏衍的一篇《包身工》揭露了帝国主义、封建主义势力对包身工进行压榨和蹂躏的罪行，是报告文学的示范性作品。

3. 丰子恺

(1)作者简介

丰子恺，原名丰润，浙江人，我国现代漫画的奠基者之一。其主要作品有散文集《缘缘堂随笔》《随笔二十篇》《车厢社会》《缘缘堂再笔》《率真集》等。

(2)《缘缘堂随笔》创作特色

①纯情率真，童心洋溢。儿童的天真是丰子恺在散文中始终赞美的主题。

②素朴亲切，处处含情。丰子恺散文的语言质朴自然，读来顿生亲切之感。

③琐屑平凡，以小见大。丰子恺散文善于从平凡琐屑的小事中挖掘独特的视角，见微知著，以小见大，引发读者对人生、对社会的思考。

④浓郁禅意，启发人生。丰子恺散文包蕴着浓郁的禅意，在佛理的观照下追寻人生的意义，表达作者强烈的出世情怀。

⑤探求生命，关怀现世。丰子恺的散文有着严肃的社会、人生命题和与之相应的严肃庄重的表达。

4. 梁实秋

(1)作者简介

梁实秋，原名梁治华，号均默，字实秋，中国著名的散文家、学者、文学批评家、翻译家，国内第一个研究莎士比亚的权威。梁实秋也是新月派成员。

(2)《雅舍》

《雅舍》一文对舍之“雅”“美”并未着几语，简陋正是它的个性。作者抓住它个性的特征，生动而有层次地描写了“雅舍”的形态构造、地理位置，夜晚、雨天时的自然情状，以及雅舍内的陈设，使读者可想象雅舍虽简陋却又不俗的特点，并让人感到它的可亲和可爱。

考点 4 戏剧创作

1. 20世纪20年代戏剧创作

“五四”时期即有一批先驱者开始做西方话剧创作的介绍和引进工作。20世纪20年代初，涌现出了一批专门从事现代话剧创作的戏剧家，如欧阳予倩、熊佛西、田汉等，他们的作品浸润着对社会和人生问题的关心，具有鲜明的反帝反封建色彩。田汉是中国现代戏剧的奠基人，代表作品为《获虎之夜》等。

2. 20世纪30年代话剧创作

随着民主革命的深入，戏剧家的队伍中又增添了曹禺(《雷雨》《日出》《原野》《北京人》)、夏衍(《上海屋檐下》)、阳翰笙、陈白尘等一批有才华的作者，他们创作了一批优秀戏剧作品。其他有影响的剧作还有田汉的《回春之曲》、洪深的《五奎桥》等。其中，田汉、洪深和欧阳予倩并称为“中国现代戏剧三大奠基人”。

3. 20世纪40年代话剧创作

在革命根据地，在文艺为工农兵服务方向的指引下，出现了新秧歌运动和新歌剧创作的勃兴，贺敬之等人执笔的《白毛女》具有鲜明的斗争精神和为群众喜闻乐见的民族化风格，是新歌剧的典型作品。

二、中国当代文学 【单选、填空、判断、简答】 ★★

1949年，中华人民共和国的成立，标志着中国文学新纪元的开始；1956年，三大改造完成，标志着我国从此跨入了社会主义社会。社会形态的变化，使新文学的内容与形式都发生了根本性的转折。1949年7月在北京召开的“第一次文代会”，标志着中国“当代文学”的开始，同时也是文学“为工农兵服务，为政治服务”的文学规范和方向确立的标志。

考点 1 十七年文学(1949—1966)

1. 十七年时期的小说

“十七年”小说创作基本中断了20世纪上半叶相当程度上开展过的现代探索。在内容上，农村与革命历史题材具有特别的重大性。

(1)农村题材小说

从土改到农业合作化，从“大跃进”、人民公社到党对农村政策的调整，都在农村题材小说中得到充分表现。农村题材小说的代表作品有赵树理的《三里湾》《锻炼锻炼》，柳青的《创业史》《铜墙铁壁》，周立波的《山乡巨变》，等等。

赵树理是“山药蛋派”的代表作家之一，他的《三里湾》发表于1955年，是当代文坛第一部反映合作化运动的长篇小说。

考点再拔高

▼ 山药蛋派

以赵树理为代表的一个文学流派，形成于二十世纪五六十年代。其主要作家还有西戎、李束为、马烽、胡正、孙谦等，人称“西李马胡孙”，他们都是山西农村土生土长的作家，有比较深厚的农村生活基础。山药蛋派继承和发展了我国古典小说和说唱文学的传统，以叙述故事为主，将人物情景的描写融入故事叙述之中，结构顺当，层次分明，人物性格主要通过语言和行动来展示，善于选择和运用内涵丰富的细节描写，语言朴素、凝练，作品通俗易懂，具有浓厚的民族风格和地方色彩。

真题面对面

[2019统考小学,简答,5分]什么是“山药蛋派”?

参考答案:参见上文。

(2)革命历史题材小说

这里的“革命历史”专指在中国共产党领导下的革命斗争历史,三次国内革命战争和抗日战争构成了革命历史小说叙述的主要对象。

革命历史小说以长篇小说为主,其中,叙说革命战争的长篇小说占据突出的地位,代表作有杜鹏程的《保卫延安》、梁斌的《红旗谱》、吴强的《红日》、曲波的《林海雪原》等。地下斗争也是革命历史小说叙述的重要内容,并且反映地下斗争的长篇小说更多地展示了革命斗争年代日常生活的一面,代表作有杨沫的《青春之歌》,欧阳山的《三家巷》,罗广斌、杨益言合作的《红岩》等。

革命历史题材的中短篇小说创作是对革命历史叙事的重要补充,为这个题材增添了异样的人性内涵和人情色彩,代表作有茹志鹃的《百合花》、刘真的《长长的流水》、王愿坚的《党费》,等等。

①杨沫

A. 作者简介

杨沫,当代女作家,她的代表作为《青春之歌》,此外还有中篇小说《苇塘纪事》,短篇小说选《红红的山丹花》等。

B.《青春之歌》

《青春之歌》是一部描写中国共产党领导的爱国学生运动的优秀长篇小说,小说成功地塑造了知识青年林道静这一艺术典型。作品通过对小知识分子林道静从不屈服于命运的对家庭和社会的个人反抗到最后投入时代洪流走上革命道路的艰难曲折的“苦难历程”的生动叙述,形象地展现“九一八”至“一二·九”这一特定历史时期我国学生革命运动的历史风貌和形形色色的知识分子的精神风貌,从而提炼出一个革命的思想主题:一切知识分子,只有把个人前途同国家民族的命运、人民的革命事业结合在一起,投入到时代的洪流中去,在改造客观世界的同时不断改造自己的主观世界,才有真正的前途和出路,也才有真正值得歌颂的美丽的青春。

②茹志鹃

茹志鹃,曾用笔名阿如、初旭,祖籍杭州,中国当代女作家。她的创作以短篇小说见长。笔调清新、俊逸,情节单纯明快,细节丰富传神,善于从较小的角度去反映时代本质。其主要作品有《百合花》《静静的产院》《如愿》《三走严庄》等。

(3)另一种探索

与主流意识形态配合,反映重大的时代主题,是二十世纪五六十年代文学的整体面貌。但在1956至1957年的百花时期和20世纪60年代初的调整时期,由于思想文化规范相对松动,出现了一些对当代生活作出别样探索的作品。代表作品主要有王蒙的《组织部来了个年轻人》、路翎的《洼地上的“战役”》、宗璞的《红豆》以及陈翔鹤的《陶渊明写〈挽歌〉》《广陵散》等。

2. 十七年时期的诗歌、散文和戏剧

(1)诗歌

激昂热烈地抒情，高唱对新时代、新生活的颂歌，成为二十世纪五六十年代诗歌的主潮。在颂歌中又以政治抒情为主向，政治抒情诗中最有代表性的诗人是贺敬之和郭小川。贺敬之将自我自觉融入“大我”之中，代表诗作有《放声歌唱》《雷锋之歌》《回延安》等。郭小川被称为“时代的歌手和号手”“战士诗人”，能在热烈的政治理念中注入个人思考，代表诗作有《投入火热的斗争》《望星空》等。

(2)散文

新中国成立初期，散文中客观的纪实或叙事代替了主观的抒情，魏巍的《谁是最可爱的人》是对抗美援朝战争的反映。

双百方针前后的20世纪50年代中期以及政策有所调整的60年代初，散文相对活跃，批评时弊的杂文一度活跃，抒情性散文兴起。

20世纪60年代，散文领域足以体现且能代表新中国散文风格的散文家是杨朔、刘白羽和秦牧，他们分别代表了“诗人”“战士”“学者”三种身份的散文写作“模式”，被称为“散文三大家”。秦牧的散文熔思想性、知识性、趣味性于一炉，是本时期知识散文的代表，较有影响的作品有《社稷坛抒情》《潮汐和船》等。刘白羽追求诗意与政论的融合，注重思想观念对自然景物的升华，代表作有《日出》《长江三日》《红玛瑙》等。杨朔是诗化抒情散文最具代表性的作家，构思精巧，立意新奇，在很长一段时间内被树为样板。

(3)戏剧

20世纪50年代中后期至60年代前期，中国当代文学掀起了一个文学创作高潮，老舍、田汉分别创作的话剧《茶馆》《关汉卿》把话剧创作提高到新的高度。

老舍的《龙须沟》和《茶馆》开一代“京剧”话剧之风。反映北京城市巨变的《龙须沟》让老舍荣获“人民艺术家”称号。《茶馆》是话剧民族化的典范，使用侧面透漏法这种独特的艺术构思，突破传统的剧作法，用众多人物速写的“人像展览式”结构反映时代变化。郭沫若借历史“翻案”之名表达对领袖的赞颂，创作出《蔡文姬》《武则天》等历史剧。

1966年“文革”的爆发，中国文学发展受阻。

考点2 新时期文学

所谓“新时期文学”，是指1976年粉碎“四人帮”后，文学禁锢被打破，伴随着真理标准问题的讨论，文学空间得以拓展，获得了自由生长的中国文学。“伤痕文学”和“反思文学”是新时期首先涌动的创作潮流。

1. 20世纪80年代小说

(1)伤痕文学

伤痕文学产生于20世纪70年代末至80年代初，开山之作为刘心武的《班主任》，因卢新华的短篇小说《伤痕》而得名，主要展示“文革”给人民大众带来的精神与肉体的创伤。作品中描写了往昔的苦难岁月，其基调基本是愤懑不平心声的宣泄。“伤痕文学”的代表作品有宗璞的《我是谁?》、周克芹的《许茂和他的女儿们》、张贤亮的《邢老汉和狗的故事》等。

(2)反思文学

反思小说所反映的社会内容，比“伤痕小说”更全面，更广泛，不再局限于对“文革”十年的揭露和反思，而是在一个更广阔的社会历史背景下揭示新中国成立以来"左倾"错误的思想根源,具有广阔的社会涵盖面和深厚的历史底蕴。"反思文学"的代表作品有王蒙的《布礼》《蝴蝶》、高晓声的《李顺大造屋》《陈奂生上城》、古华的《芙蓉镇》、路遥的《人生》、张贤亮的《灵与肉》《绿化树》《男人的一半是女人》、梁晓声的《今夜有暴风雪》等。

(3)改革文学

改革文学指反映中国共产党十一届三中全会以来所进行的社会改革,并以这一改革对旧的社会结构、社会生活方式与社会心理所带来的强烈冲击为基本主题的文学。开篇之作是1979年蒋子龙发表的短篇小说《乔厂长上任记》,其他代表作有贾平凹的《腊月·正月》、路遥的《平凡的世界》等。

(4)寻根文学

20世纪80年代中期,中国文坛上兴起了一股"文化寻根"的热潮,作家们开始致力于对传统意识、民族文化心理的挖掘,他们的创作被称为"寻根文学"。1985年,韩少功率先在一篇纲领性的论文《文学的"根"》中声明:"文学有根,文学之根应深植于民族传统的文化土壤中。"他提出应该"在立足现实的同时又对现实世界进行超越,去揭示一些决定民族发展和人类生存的谜"。在这样的理论之下作家们开始进行创作,理论界便将他们称之为"寻根派",代表作有韩少功的《爸爸爸》、阿城的《棋王》、王安忆的《小鲍庄》等。

①韩少功

A. 作者简介

韩少功,"寻根文学"的主将,发表《文学的根》,提出"寻根"的口号,并以自己的创作实践了这一主张。他比较著名的作品有《爸爸爸》《女女女》等,表现了向民族历史文化深层汲取力量的趋向,饱含深邃的哲学意蕴,在文坛上产生很大的影响。

B.《爸爸爸》

《爸爸爸》以一种象征、寓言的方式,通过描写一个原始部落鸡头寨的历史变迁,展示了一种封闭、凝滞、愚昧落后的民族文化形态。作品以白痴丙崽为主人公,通过对他的刻画,勾勒出人们对传统文化的某种畸形病态的思维方式,表达了作家对传统文化的深刻反思与批判。

②阿城

A. 作者简介

阿城,原名钟阿城,1984年开始文学创作,处女作《棋王》被王蒙高度赞赏,之后的《孩子王》《树王》也颇获好评,还有系列短篇小说《遍地风流》。阿城的小说深受中国传统文化影响。

B.《棋王》

通过对知青"棋呆子"王一生只要在基本物质保障下,就痴迷于下棋的描述,表现了一代知青刻苦钻研棋艺的精神和正直的人品,《棋王》写王一生的吃和下棋,揭示了我们这个民族凭借着极其简陋的吃和下棋,亦即物质与精神的最低层次需求度过了许多动乱的年代。

(5)先锋派

20世纪80年代中后期,马原、洪峰、余华、苏童、叶兆言等青年作家纷纷登上文坛,他们以独特的话语方式进行小说文体形式的实验,被评论界冠以"先锋派"的称号。毋庸置疑,先锋派是中国当代文学史进程中

一个重要的文学派别。从最初的“先锋实验小说”到所谓的“返璞归真”,先锋派的作家们走出了一条饶有意味的文学创作之路,代表作有刘索拉的《你别无选择》、徐星的《无主题变奏》、余华的《一九八六年》等。

①余华

余华,中国大陆先锋派小说的代表人物,与苏童、格非等人齐名。他著有中短篇小说《十八岁出门远行》,长篇小说《活着》《许三观卖血记》《兄弟》等。在《活着》《一个地主的死》《许三观卖血记》中,余华放弃了先锋姿态,以写实手法叙述小人物的生存故事,是其小说创作的重要“转向”。

②《活着》

《活着》以已近垂暮之年的主人公福贵对自己一生的自叙性回忆为叙述角度,以一种知命式的叙述语调讲述了一个韵味悠长的生命故事,旁观者“我”的冷静叙事与主人公福贵的第一人称主观叙事相互交织,跨越了20世纪初到20世纪末几十年的历史时段,历史与现实共存于乡村—城镇、异乡—家乡这两组生存空间内,构建起福贵个人的生命史和民族的社会变迁史。

真题面对面

[2021金华、绍兴诸暨中小学,判断题,1分]小说是一种侧重刻画人物,叙述故事情节的文学样式,可分为长篇小说、中篇小说、短篇小说,余华的《活着》和阿城的《棋王》都属于中篇小说。(　　)

答案:×。《活着》是长篇小说,《棋王》是短篇小说。

③《许三观卖血记》

这是余华1995年创作的一部长篇小说。它以博大的温情描绘了磨难中的人生,以激烈的故事形式表达了人在面对厄运时求生的欲望。小说讲述了许三观靠着卖血渡过了人生的一个个难关,战胜了命运强加给他的惊涛骇浪,而当他老了,知道自己的血再也没有人要时,精神却崩溃了。法国《读书》杂志在评论《许三观卖血记》时说道:“这是一部精妙绝伦的小说,是朴实简洁和内涵意蕴深远的完美结合。”

(6)铁凝

①作者简介

铁凝,女,1957年9月出生于北京,祖籍河北省赵县。当代著名女作家,现任中国作家协会主席,主要作品有《哦,香雪》《没有纽扣的红衬衫》《六月的话题》《麦秸垛》等。

②《哦,香雪》

该作品以北方小山村台儿沟为背景,通过对香雪等一群乡村少女的心理活动的生动描摹,展示了每天只停留一分钟的火车给一向宁静的山村生活带来的波澜,由此反映了人们渴望摆脱贫困和对新生活的向往与追求。同时作品在赞美那纯朴、淡远、迷人的境界时也包含了严峻的思考:这种古朴、纯净的美恰恰又是与贫穷联系在一起的。

(7)其他

①汪曾祺,江苏高邮人。他的创作是寻根小说的前奏,描摹民俗、民风和乡土气息,展示充满文化理想和文化碰撞的人伦、人情和人性,被誉为“抒情的人道主义者,中国最后一个纯粹的文人,中国最后一个士大夫”。主要作品有小说《受戒》《大淖记事》,散文《昆明的雨》,小说集《邂逅集》,等等。其中,短篇小说《受戒》

描写了小和尚明海与农家女小英子之间天真无邪的朦胧爱情，蕴含着对生活、对人生的热爱，洋溢着人性和人情的欢歌。

②张承志，他的创作希图在大自然的崇高和伟力的衬托下弘扬人的主体力量，主要作品有长篇小说《金牧场》，中短篇小说《北方的河》《黑骏马》等。其中，《北方的河》是一部主观抒情的小说，几乎没有故事，是以主人公“我”的意识流构成情节的。

2. 20世纪90年代小说

刘恒、池莉、方方等作家的“新写实主义”小说，莫言、苏童、陈忠实的“新历史小说”，以王朔为代表的“新市民小说”，林白、陈染和宣称“身体写作”的年轻的女性作家的“女性文学”，在新时期小说格局中也都占据着引人注目的位置。

（1）新写实小说

新写实小说是指20世纪80年代后期在寻根文学和先锋文学背景下回归写实的小说潮流，代表作家作品有刘恒的《狗日的粮食》《伏羲伏羲》、方方的《风景》、池莉的《烦恼人生》《冷也好热也好活着就好》《太阳出世》、刘震云的《一地鸡毛》等。

（2）新历史小说

新历史小说是后现代主义思潮影响之下一种消解正史、重构个人小史的小说创作思潮，代表作家有莫言、刘震云（《故乡天下黄花》）、苏童、陈忠实等。

①莫言

A. 作者简介

莫言自20世纪80年代中期以一系列乡土作品崛起，充满着“怀乡”以及“怨乡”的复杂情感，被归类为“寻根文学”作家。其作品受魔幻现实主义影响，写的是一出出发生在山东高密东北乡的“传奇”。莫言在他的小说中构造独特的主观感觉世界，天马行空般的叙述、陌生化的处理塑造出神秘超验的对象世界，带有明显的“先锋”色彩。莫言的主要作品有长篇小说《红高粱》、中篇小说《透明的红萝卜》《爆炸》等。2011年莫言凭借作品《蛙》获得茅盾文学奖，2012年莫言获得诺贝尔文学奖。

B.《透明的红萝卜》

《透明的红萝卜》反映的是“文革”动乱年代里的一段农村生活。作品对那个时代予以否定、批判，对在那个时代中苦难生存的黑孩以及菊子、小石匠等寄予同情。小说通过黑孩的形象，借助黑孩奇异的感觉，写出了艰难时世中现实生活的压抑在其心灵中的折射，同时又幻化出一个明丽优美的童话世界，在现实与想象世界的强烈反差里，表达了对那个时代的否定与批判，对在苦难中生存的黑孩及其他人物的同情。

《透明的红萝卜》的艺术特色主要体现在两方面：一是对人物感觉的独特发现和细腻描绘；二是象征手法的运用和写实与写意的结合。

C.《红高粱》

《红高粱》以抗日战争及二十世纪三四十年代高密东北乡的民间生活为背景，描绘了余占鳌和戴凤莲之间的古朴、野性的爱情生活故事，以及当时的人们与侵略者浴血奋战的过程，表现出中国农民顽强不屈的性格和朴实坦荡的精神风貌。

《红高粱》的语言特色主要体现在：描写语言的形象化、生动化、可感化；注重感官的形象采集，反映人物

的内在情感，即语言描写具有内指性；在比喻上独辟蹊径；遣词用字打破传统的固定搭配模式。

②苏童

A. 作者简介

苏童，1963年生于苏州，当代作家。他的代表作包括《米》《妻妾成群》《园艺》《红粉》《已婚男人杨泊》和《离婚指南》等。

B.《米》

《米》是苏童20世纪90年代初创作的一部长篇小说。这是一个关于欲望、痛苦、生存和毁灭的故事，写了一个人有轮回意义的一生。一个逃离饥荒的农民通过火车流徙到城市，最后又如何通过火车回归故里，五十年异乡漂泊是这个人生活的基本概括，而死于归乡火车的米堆上又是整个故事的高潮。有评论家称之为“一半是历史，一半是寓言”，又有人称之为一部精致的具有中国传统特色的“米雕”。

C.《妻妾成群》

小说《妻妾成群》描述颂莲由一个女学生变成大户陈家四姨太，渐渐融入陈家大院的争风吃醋中，目睹陈家女人一个一个的悲惨命运，最终自己也变成了疯子的故事。作者以沉重的笔调记叙了一个封建大院里的恩恩怨怨，明争暗斗。

③陈忠实

陈忠实，西安人，长篇小说**《白鹿原》**是他创作的高峰。

(3)王安忆

①作者简介

王安忆，是一个很难归于某种思潮或流派的作家，代表作品有《本次列车终点》《流逝》《小鲍庄》《长恨歌》等。

②《长恨歌》

《长恨歌》讲述了上海小姐王琦瑶平静的怀旧人生，被誉为“现代上海史诗”，获第五届茅盾文学奖。《长恨歌》把一个女人四十年的情与爱用一支细腻而绚烂的笔写得哀婉动人，其中交织着上海这个大都市从20世纪40年代到20世纪90年代沧海桑田的变迁。生活在上海弄堂里的女人沉淀了无数理想、幻灭、躁动和愿望，她们对情与爱的追求，她们的成败，在我们眼前依次展开。王安忆看似平淡却幽默冷峻的笔调，在对细小琐碎的生活细节的津津乐道中，展现时代变迁中的人和城市。

(4)贾平凹

①作者简介

贾平凹，1952年生于陕西省商洛市，当代作家。他著有长篇小说《商州》《废都》《秦腔》等，中短篇小说集《腊月·正月》《天狗》等，散文集《月迹》《商州三录》等，诗集《空白》以及《平凹文论集》等。

②《腊月·正月》

作品主要表现了乡村能人间内容丰富的矛盾斗争。退休教师韩玄子，在知识、名望、家庭经济实力等方面远胜于出身贫寒、地位卑微的普通乡民王才。但王才顺应时代发展的潮流，积极参与经济变革，不无艰难却一步步走上了创业道路。虽然，韩玄子想方设法算计王才，竭力阻碍王才的发展，然而最终陷入四面楚歌的却是他自己。而且，这一新旧替代的过程只经历了腊月到正月短短一个月的时间。小说对韩玄子在竞争中迅速败北的结局安排，充分显示出经济变革对农村社会的人际关系、观念意识、习惯带来的重大变动和令人惊叹的变化。

(5)程乃珊

程乃珊，上海人，作品以擅长老上海题材著称文坛，代表作品有《女儿经》《蓝屋》《金融家》《上海探戈》等。

3. 新时期诗歌

诗歌在“文革”后期乃至20世纪80年代中国文学变革中，始终扮演着领潮者和先锋者的角色。20世纪80年代，诗歌在发展趋势上表现出一种鲜明的潮流化特征，不同诗人群体集体复归和崛起，其中最引人注目的是“归来”诗人群的诗歌、朦胧诗和新生代诗歌的崛起。20世纪90年代，市场经济和大众文化兴起，诗歌趋向边缘化，总体上呈现出无主潮的多元发展格局，个人化也因此取代了公共化和群体化写作。

第一部分

(1)朦胧诗派

朦胧诗派是20世纪70年代末80年代初出现的诗派，其代表人物有北岛、舒婷、顾城、江河、杨炼等。作为一个创作群体，“朦胧诗”并没有形成统一的组织形式，也未曾发表宣言，却以各自独立又呈现出共性的艺术主张和创作实绩构成一个“崛起的诗群”。“朦胧诗”精神内涵的三个层面：一是揭露和批判社会的黑暗；二是在黑暗中寻找光明、反思与探求的意识以及浓厚的英雄主义色彩；三是在人道主义基础上建立起来的对“人”的特别关注。“朦胧诗”改写了以往诗歌单纯描摹“现实”与图解政策的传统模式，把诗歌作为探求人生的重要方式，在哲学意义上达到了前所未有的高度。朦胧诗派代表作品有北岛的《回答》、顾城的《一代人》、舒婷的《双桅船》等。

①舒婷

A. 作者简介

舒婷，原名龚佩瑜，当代诗人，朦胧诗派的代表作家之一，与北岛、顾城齐名。她著有诗集《双桅船》《会唱歌的鸢尾花》《始祖鸟》，散文集《心烟》《真水无香》等。

B.《双桅船》

诗人借用一艘双桅船的口气，向那连绵的海岸倾诉了自己的思慕与理想。通过海上的风暴和灯使船与岸分分合合，揭示了社会与时代对人、对命运的影响以及个人人生的必要选择。

C.《会唱歌的鸢尾花》

《会唱歌的鸢尾花》是舒婷的代表作之一，也是“朦胧诗”的典范之作。它集中了“朦胧诗”的基本的修辞手段——丰富的意象的运用。

这首诗富有浓郁的抒情色彩，情感细腻、奔放，语言轻盈、含蓄、委婉而富有激情，有错落有致的音乐美和精致立体的画面感。

②食指

食指，本名郭路生，山东鱼台人，朦胧诗代表人物，被当代诗坛誉为“朦胧诗鼻祖”，被称为新诗潮诗歌第一人。他的代表作品有《相信未来》《海洋三部曲》《这是四点零八分的北京》等。

(2)新生代诗歌

新生代诗歌又称第三代诗歌、后朦胧诗、实验诗等，是继朦胧诗后的另一股诗歌创作潮流。它崛起于20

世纪80年代中期，一直延续到20世纪90年代中期，一出场就表现出了鲜明的反朦胧诗倾向。但他们在诗歌主张和美学倾向上并不完全相同，由此形成了新生代诗歌的不同诗人群体，主要有“他们”诗派、“整体主义”诗派、“非非主义”诗派等。新生代诗人主要以海子、韩东、于坚等为代表。共同特征为：①在价值观念上，新生代诗歌具有鲜明的反崇高、反文化和平民化的特征。他们试图通过对理性的反叛、对文化意识的解构来完成自己的诗歌表达，如韩东的《有关大雁塔》。②在艺术上，新生代诗歌不再追求诗歌意象的暗示性和隐喻性，崇尚自然不加修饰的口语。

在新生代诗人中，海子较为独特，他既是第三代诗的终结者，又是20世纪90年代“个人化写作”的开启人。土地和太阳构成了海子诗歌的核心意象，其中，土地象征诗人对生命和文化根性的坚守，太阳则是他对理想和超越性精神的追求。由于海子诗歌与麦地之间的密切联系，人们也称其为“麦地诗人”。海子的代表作有《面朝大海，春暖花开》《五月的麦地》《以梦为马》等。

海子诗歌的艺术特色：一般认为，海子的诗作可以划分为两个部分：抒情短诗与“史诗”。他的诗单纯、流畅、想象力充沛，词语在浪漫和梦幻中飞翔。少年的乡村生活经验在诗中构成一个质朴、诗化的幻想世界；麦子、村庄、月亮、天空、少女和桃花等带有原型意味的意象是基本元素。

4. 新时期散文

新时期散文的发展较为平缓，这一时期散文发展大体可以概括为：以怀人忆旧为发端，以对文化的体悟和反省而深化，以个人率性率情之作臻于盛境。

为20世纪80年代、90年代散文奠定思想与艺术基石的，是老一代作家的回忆反思散文，代表作有孙犁的《秀露集》、杨绛的《干校六记》、丁玲的《“牛棚”小品》等。集这类散文之大成者，是巴金的《随想录》，它被誉为“一部讲真话的大书”。

文化散文的代表作家有张中行、余秋雨等。《道士塔》是余秋雨《文化苦旅》中的一篇散文。

（1）余秋雨简介

余秋雨，艺术理论家，中国文化史学者，散文作家。他的代表作有《文化苦旅》《山居笔记》《笛声何处》《一个王朝的背影》《行者无疆》《千年一叹》《文明的碎片》《霜冷长河》《出走十五年》等。

（2）《文化苦旅》

《文化苦旅》是余秋雨在海内外讲学和考察途中写下的作品，是他的第一部文化散文集，主要包括四部分，分别为如梦起点、中国之旅、世界之旅、人生之旅。全书凭借山水风物来寻求文化灵魂和人生真谛，探索中国文化的历史命运和中国文人的人格。

主题思想是：

①自然背景下的人文气息。其重心并非见闻描述，也非一般意义的借景抒情，更少有游记特有的“轻快笔调”，反而“一落笔却比过去写的任何文章都显得苍老”。

②历史背景下的审美心理。余秋雨的散文创作，抒写内容多与历史有关，这是一种复杂的审美，一种从过去的岁月中寻找自己与发现现实的过程。

③人生背景下的沧桑慧悟。余秋雨散文有一种穿不透生命秘密的茫然感，又有一种看透生命的虚无感。

④哲学背景下的审美情趣。作者以独特的审美视角和生命哲理，把智性渗入景观，把学理融入世俗，以饱蘸人格情感的笔触阐释自然山水，超越了对有形的自然景观的欣赏和赞叹。

第四节　外国文学

一、欧美文学

考点 1 古希腊、古罗马文学

古代希腊、罗马是欧洲文化的发源地，古希腊、罗马文学是欧洲文学的开端。

1. 古希腊悲剧

古希腊悲剧起源于祭祀酒神狄奥尼索斯的庆典活动。古希腊戏剧大都取材于神话、英雄传说和史诗，所以题材通常很严肃。古希腊时期，成就最高的悲剧作家是埃斯库罗斯、索福克勒斯和欧里庇得斯。

（1）埃斯库罗斯

埃斯库罗斯被称为“悲剧之父”，《被缚的普罗米修斯》是他的代表作。剧中塑造了普罗米修斯这一爱护人类、不屈服于暴力的光辉形象。该剧动作不多，但激烈的观念矛盾使剧中不乏戏剧冲突。剧本气势磅礴，具有独特的风格，至今仍是古典戏剧舞台上的演出剧目之一。

（2）索福克勒斯

索福克勒斯，古希腊三大悲剧作家之一，《俄狄浦斯王》是其代表作。《俄狄浦斯王》取材于古希腊神话传说中关于俄狄浦斯杀父娶母的故事，展示了富有典型意义的希腊悲剧冲突——人跟命运的冲突，这也是本剧的主题。

（3）欧里庇得斯

欧里庇得斯，中世纪以前对后世影响最大的诗人之一。他的代表作品包括《美狄亚》《希波吕托斯》《特洛伊妇女》等。

2. 古希腊喜剧

古希腊喜剧的代表人物是阿里斯托芬，他被誉为“喜剧之父”，代表作品为《阿卡奈人》《骑士》《和平》等。

考点再拔高

▼ 古希腊诸神（部分）

- 古希腊诸神
  - 雷电神：宙斯
    - 战　神：阿瑞斯
    - 火　神：赫淮斯托斯
    - 神　使：赫耳墨斯
    - 太阳神：阿波罗
    - 智慧女神：雅典娜
    - 爱　神：阿佛洛狄忒
    - 月　神：阿耳忒弥斯
    - 家　神：赫斯提亚
  - 天　后：赫拉
  - 海洋神：波赛东
  - 农　神：得墨忒耳

3. 荷马

(1)作者简介

荷马,古希腊盲诗人,主要作品有著名史诗《伊利亚特》和《奥德赛》。

(2)《伊利亚特》和《奥德赛》

《伊利亚特》和《奥德赛》统称《荷马史诗》,叙述的是古代小亚细亚的特洛伊人与希腊人交战的故事。史诗《伊利亚特》取材于特洛伊战争的传说,基本主题是歌颂与异族进行战斗的英雄。另一部史诗《奥德赛》继续叙述这段故事,集中描写阿凯亚人的一位足智多谋的英雄奥德修斯,在攻下伊利昂城之后,乘船回乡,在海上经历了许多艰险,漂流了十年,最后才回到家乡同妻子团聚的故事,基本主题是歌颂人与自然的斗争。

考点 2 中世纪文学 【单选、填空】 ★

从公元476年的西罗马帝国灭亡开始,欧洲进入中世纪。

1. 欧洲中世纪英雄史诗

"四大史诗":法国的《罗兰之歌》、西班牙的《熙德之歌》、德国的《尼伯龙根之歌》、俄罗斯的《伊戈尔远征记》。

2. 13世纪末

(1)但丁简介

但丁,意大利伟大诗人,文艺复兴运动的先驱。**恩格斯称他是"中世纪的最后一位诗人,同时又是新时代的最初一位诗人"。但丁的主要作品为《神曲》。**

(2)《神曲》

①思想内容

《神曲》全诗分为《地狱》《炼狱》《天堂》三部分,其主要内容是谴责教会的统治,但整体仍然未摆脱基督教神学的观点。这是一部充满隐喻性、象征性,同时又洋溢着非常鲜明的现实倾向性的作品。《神曲》虽然采用了中世纪特有的幻游文学的形式,其寓意和象征在解释上常常引发颇多争议,但它的主题却是异常明确的,即映照现实,启迪人心,让世人经历考验,摆脱迷雾,臻于善和真,使意大利走出苦难,寻得政治上、道德上复兴的道路。

②艺术特色

梦幻与写实的交融;工整与协调的结构;象征、寓意、梦幻手法的运用;摒弃中世纪文学作品习惯运用的拉丁语,采用俗语写作《神曲》,对促进意大利民族语言的统一、丰富意大利文学语言起到了重要的作用。

真题面对面

[2017统考小学,填空,1分]意大利人________"是中世纪的最后一位诗人,同时又是新时代的最初一位诗人"。

答案:但丁

考点3 文艺复兴时期文学 【单选、填空、简答】★★★

14至17世纪初的文艺复兴，是一次新兴资产阶级反教会、反封建的思想启蒙运动。

1. 意大利

意大利是人文主义的发源地，意大利人文主义作家是欧洲人文主义作家的先驱，最早的代表作家有彼特拉克（“人文主义之父”）、薄伽丘（《十日谈》）等。

2. 西班牙

（1）塞万提斯简介

塞万提斯，西班牙作家，他的主要作品**《堂吉柯德》**是文艺复兴时期西班牙小说的最高成就，也是欧洲最早的优秀现实主义长篇小说，标志着欧洲长篇小说一个新的发展阶段，被誉为“世界大同之作”和“人性《圣经》”。

（2）《堂吉柯德》

①作品简介

《堂吉柯德》描绘了16世纪末、17世纪初西班牙社会广阔的生活画面，揭露了封建统治的黑暗和腐朽，具有鲜明的人文主义倾向，表现了强烈的人道主义精神，以犀利的讽刺笔触和夸张的艺术手法在世界文学史上占据着无可撼动的地位。堂吉柯德也成为世界文学宝库中最典型的人物形象之一。

②堂吉柯德人物形象分析

堂吉柯德是一个性格复杂而矛盾的人物。一方面他耽于幻想，一切行动从主观出发，行为荒唐、鲁莽，不会吸取教训；另一方面，他的所作所为的出发点却有着高尚的一面，他要做一个行侠仗义的骑士，要锄强扶弱、伸张正义，并为此而奋不顾身，具有自我牺牲的精神。他在主观上追求和维护真理，只是他所追求的是脱离实际、早已过时的“骑士道”，所以注定只能碰壁，害人害己。小说中的堂吉柯德可笑又可悲，可乐又可敬，在他身上，喜剧性和悲剧性奇妙地结合在一起，使他成为古往今来文学史上独一无二的艺术形象。

③艺术特色

A. 反映了广阔的社会生活图景，具有较强的现实性。作者将现实与虚幻结合起来，在看似荒诞不经的故事中描绘真实的社会现实。

B. 用喜剧性的手法塑造悲剧性的人物。用讽刺的笔调和夸张的手法在不同情景中描写人物的荒唐行动，造成喜剧性的效果；着重描写人物主观动机与它的客观后果的矛盾，在喜剧性的情节中揭示其悲剧性的内涵；运用了对比的手法塑造人物形象。

C. 讽刺手法的运用。小说以戏谑的笔调模仿骑士小说，以达到讽刺骑士小说的目的。

D. 小说采用了流浪汉小说、骑士传奇的结构模式，但是以崇高的理想和执着的追求提升了流浪汉小说的文学品格，以辛辣的讽刺和对社会的真实描写弥补了骑士传奇远离现实的不足。

E. 语言贴近生活，真实、质朴、明晰，叙述中融入了讥诮、幽默的成分，采用了大量的西班牙民间俗语和谚语，语言生动形象，具有丰富的寓意。

真题面对面

[2017统考小学,单,2分]下列流派、作家、作品搭配完全正确的一组是(　　)

A. 边塞诗派—高适—《白雪歌送武判官归京》

B. 新月派—闻一多—《死水》

C. 朦胧诗派—北岛—《双桅船》

D. 古典主义—塞万提斯—《堂吉柯德》

答案:B。A项,《白雪歌送武判官归京》的作者是岑参。C项,《双桅船》是舒婷的作品。D项,塞万提斯是现实主义作家。

3. 英国

英国代表文艺复兴人文主义文学最高成就的是莎士比亚的戏剧创作。

(1)莎士比亚简介

莎士比亚,英国著名作家,欧洲文艺复兴时期最重要的作家、杰出的戏剧家和诗人,他在欧洲文学史上占有特殊的地位,被喻为"人类文学奥林匹克山上的宙斯",马克思称其为"人类最伟大的戏剧天才"。莎士比亚的代表作品有**四大悲剧《哈姆雷特》《奥赛罗》《李尔王》《麦克白》**,喜剧《第十二夜》《仲夏夜之梦》《威尼斯商人》《皆大欢喜》,此外还有悲剧《罗米欧与朱丽叶》、历史剧《理查二世》《亨利四世》等。

(2)《哈姆雷特》

①作品简介

《哈姆雷特》是莎士比亚创作的一部著名悲剧作品。戏剧讲述了叔叔克劳狄斯谋害了哈姆雷特的父亲,篡取了王位,并娶了国王的遗孀乔特鲁德;哈姆雷特因此为父王向叔叔复仇的故事。

②哈姆雷特人物形象分析

哈姆雷特是个典型的学者型王子,他文武双全,光明磊落,而且作为艺术典型,人文主义者的长处和局限在其言行中得到了生动的体现。一方面,哈姆雷特观察敏锐,长于思考和分析,具有思想家的全部素质。他由个人的不幸想到普遍的苦难,由宫廷阴谋看到时代动乱,从而把个人复仇提到重整乾坤的高度。另一方面,作为一个人文主义者,他过分相信自己,太重理想。虽然勇于探索,但往往脱离实际,虽然受到人民群众的热爱,却不相信他们,始终使自己处于孤立的地步。哈姆雷特在复仇中一再拖延,错过许多良机,这不仅从一个侧面反映了哈姆雷特的人文主义精神,更能反映他遇事的不果断和缺乏勇气。哈姆雷特的人文主义气质,是导致最后悲剧发生的根源。

4. 法国

拉伯雷,文艺复兴时期法国人文主义作家之一,主要著作是长篇小说《巨人传》。

考点4 古典主义文学 【单选、填空】★

古典主义文学潮流最先出现在法国。法国文学在17世纪达到全欧洲的最高水平,产生了一批古典主义作家。这些作家主张向古希腊、罗马作家学习创作经验,从古典文学中寻找创作素材,甚至强调模仿古人。这是古典主义名称的由来,也是其基本特点之一。

(1)莫里哀

莫里哀,欧洲最杰出的喜剧家、剧作家、导演之一,他是古典主义作家,但并不拘泥于古典主义法则。他的喜剧成就超过了古典主义悲剧,成为法国古典主义最杰出的代表。主要作品有《无病呻吟》《伪君子》《悭吝人》《贵人迷》等。

考点 再拔高

▼ 世界名著中的四大吝啬鬼形象

莎士比亚《威尼斯商人》中的夏洛克;莫里哀《悭吝人》中的阿巴贡;巴尔扎克《欧也妮·葛朗台》中的葛朗台;果戈里《死魂灵》中的泼留希金。

第一部分

(2)拉封丹

拉封丹是法国古典文学的代表作家之一,寓言诗人。他的作品经后人整理为《拉封丹寓言》,与古希腊著名寓言诗人伊索的《伊索寓言》及俄国著名作家克雷洛夫所著的《克雷洛夫寓言》并称为世界三大寓言。拉封丹被19世纪法国著名文学评论家泰纳誉为“法国的荷马”。

考点5 启蒙文学 【单选、填空】 ★★

启蒙文学是指盛行于18世纪欧洲启蒙运动时期的文学。启蒙思想对这一时期文学主流的流变产生了深远的影响。启蒙文学家们抛弃了17世纪以来在欧洲占据优势的、以忠君爱国为主要内容的古典主义文学,形成了以关注普通人生活和理想等方面内容为主的新的文学风格,这一风格具有许多新的特征。

1. 英国

(1)笛福

笛福,英国小说家,以写政论和讽刺诗著称,他的代表作是长篇小说**《鲁滨逊漂流记》**,此外还有《辛格顿船长》《大疫年日记》等。

(2)斯威夫特

斯威夫特,英国作家,其代表作《格列佛游记》是一部杰出的游记体讽刺小说,揭露了英国社会的不合理现象。

2. 法国

法国启蒙文学流行的是哲理小说,著名的作品有孟德斯鸠的《波斯人信札》,伏尔泰的《老实人》和《天真汉》,狄德罗的《当好人还是坏人?》《拉摩的侄儿》,卢梭的《新爱洛伊丝》《爱弥儿》和《忏悔录》,其中《忏悔录》记载了卢梭从出生到被迫离开圣皮埃尔岛中间50多年的经历。

3. 德国

德国启蒙文学中出现的著名作品有歌德的《浮士德》《少年维特之烦恼》和席勒的《阴谋与爱情》。

(1)歌德简介

歌德,德国18世纪末19世纪初最伟大的诗人、作家和思想家。他的主要作品有小说《少年维特之烦恼》和诗剧《浮士德》。

(2)《少年维特之烦恼》

这是德国文学史上首部具有国际影响的长篇书信体小说。作品描写了主人公**维特**和**绿蒂**跌宕起伏的感情波澜，在抒情和议论中真切而又详尽地展示了维特思想感情的变化。小说以浓郁的诗意和喷涌的激情叙写了维特的痛苦、憧憬和绝望，将他个人恋爱的不幸置于广泛的社会背景中，对封建的等级偏见、小市民的自私与守旧等观念作了揭露和批判，热情地宣扬了个性解放和情感自由。小说中也勇敢地喊出了那个时代的青年要求摆脱封建束缚、建立平等的人际关系、实现人生价值的心声。

真题面对面

[2019统考小学，填空，2分]古希腊神话中的智慧女神是________；《少年维特之烦恼》的女主人公是________。

答案：雅典娜；绿蒂

考点6 浪漫主义文学 【单选、填空、简答】★★★

浪漫主义是18世纪90年代至19世纪30年代流行于欧美的一种文学思潮。它是法国大革命后，欧洲封建制度崩溃，资本主义制度逐步确立，“自由、平等、博爱”的思想深入人心，人们追求个性解放和抒发内心情感强烈愿望的体现。

1. 英国

英国浪漫主义代表作家是“湖畔诗人”华兹华斯、柯勒律治、骚塞，他们远离城市，寄情于山水，故称为“湖畔派”。第二代浪漫主义作家乔治·拜伦（诗体小说《唐璜》）、波西·雪莱（《西风颂》《被解放了的普罗米修斯》）、济慈，在艺术上完成了由“湖畔诗人”开始的诗歌改革，丰富了诗歌的形式与格律。

2. 法国

(1)雨果简介

雨果，法国作家，欧洲19世纪浪漫主义文学最卓越的代表，被人们称为“法兰西的莎士比亚”，他的浪漫主义代表作是他在19世纪30年代创作的长篇小说《巴黎圣母院》。此外，他的《悲惨世界》《海上劳工》和《笑面人》也都具有世界影响。

(2)《巴黎圣母院》

①思想意义

以巨大的艺术力量猛烈抨击了危害人类的恶势力，批判天主教会使具有人性的人异化为魔鬼，使其毁灭。无限同情被侮辱损害的下层人民，热情赞扬其善良、仁慈、团结友爱、坚贞不屈的高尚品质，赞扬其团结起来为营救爱斯美拉达举行武装暴动的英勇战斗精神。小说有力地控诉和鞭笞了封建贵族和教会残余势力，密切配合了法国人民埋葬封建王朝的七月革命，是对这一斗争的有力支持和鼓舞，时代感强烈。

②艺术特色

A. 人物塑造上追求独特性、非凡性，贯穿夸张、对比原则及“美丑对照”原则，所有的对比都尖锐强烈，经过了夸大渲染，并且运用了丰富的想象。

B. 在情节上强调奇人奇事，奇情奇境。

C. 夹叙夹议手法的运用，环境色彩鲜明，心理描写细腻。

③人物形象

爱斯美拉达是雨果塑造的理想人物，是人性美的象征。她纯洁善良，酷爱自由，热情豪爽，品格坚贞。她的被毁灭是对封建专制残酷统治和教会邪恶势力的有力控诉，同时也唤起了人们对真善美的追求。

卡西莫多是雨果理想中"善"的化身，是雨果根据"美丑对照"原则创造的人物形象。他有着丑到极点的相貌，似乎上帝将所有的不幸都降临在了他的身上。他虽受尽嘲弄，但内心崇高，是一个富有正义感、富于感情的人。他对爱斯美拉达的爱慕是一种混合着感激、同情和尊重的柔情，一种无私的、永恒的、高贵质朴的爱，完全不同于克洛德那种邪恶的占有欲，也不同于花花公子弗比斯的逢场作戏。雨果通过这一形象，树立起一个人类灵魂美的典型。这一形象还体现了善战胜恶，真诚战胜虚伪的理论。

真题面对面

[2021金华永康小学，简答，6分]《巴黎圣母院》是一部典型的浪漫主义作品，比较全面地体现了浪漫主义文学的特征，请简述《巴黎圣母院》的艺术特色。

参考答案：参见上文。

3. 俄国

(1)普希金简介

普希金，俄国著名诗人，主要作品有**长篇诗体小说《叶甫盖尼·奥涅金》**，抒情诗《自由颂》《假如生活欺骗了你》，童话诗《渔夫和金鱼的故事》，等等。普希金及其作品对19世纪俄国文学的发展起了开创和奠基的作用，是俄国文学语言的典范，享有世界声誉。因其诗歌具有强烈的政治意味，同时诗歌内容也非常广泛，他在诗歌中大胆披露俄国农奴制度的弊端以及革命的必要性，他被称为"俄罗斯诗歌的太阳"。他的《驿站长》是俄国第一篇描写小人物的作品，开俄国文学描写小人物命运之先河。

(2)《叶甫盖尼·奥涅金》

①作品简介

普希金的《叶甫盖尼·奥涅金》是长篇叙事诗体小说，它之所以被称为19世纪俄国现实主义奠基之作，是因为它不仅取材于现实，而且用现实主义写实手法广阔地描写了19世纪20年代至30年代俄国社会的方方面面，批判地反映了当时的制度、文明、传统和形形色色的风尚。别林斯基称它是"俄罗斯生活的百科全书和最富于人民性的作品"。

②奥涅金人物形象

奥涅金是俄国贵族革命时期开始觉醒但找不到出路的贵族知识分子典型。他受到西欧民主思想启蒙，具有人道主义和民主主义思想倾向，品格和气质远远高于周围贵族子弟。但他没有明确主张和社会理想，在令人窒息的社会现实中看不到出路和希望，所以他感到苦闷、彷徨、忧郁、痛苦。患了"俄国人的忧郁病"的奥涅金，对生活极端冷漠、愤世嫉俗，他痛恨腐朽社会并希望改变现状，但又不可能与其决裂，所以他不会正面反抗，只会消极逃避。其矛盾性在于：与达吉雅娜的爱情表现了他对纯朴真爱的不理解、自我优越感和

精神的空虚，与连斯基的决斗表现了他无力反抗上流社会的陋习，是一个“在他所安身立命的环境中的多余的人”，是俄国文学史中第一个“多余人”典型。

真题面对面

[2019统考小学，单，2分]下列朝代、作家、作品搭配完全正确的一组是(　　)

A.《早春呈水部张十八员外》—杜甫—唐

B.《叶甫盖尼·奥涅金》—屠格涅夫—俄国

C.《蜂》—罗隐—唐代

D.《汤姆索亚历险记》—萧伯纳—美国

答案：C。A项，《早春呈水部张十八员外》的作者是唐代的韩愈。B项，《叶甫盖尼·奥涅金》的作者是俄国的普希金。D项，《汤姆索亚历险记》的作者是美国的马克·吐温。

4. 美国

惠特曼，美国著名诗人、人文主义者，创造了诗歌的自由体，其代表作品是诗集《草叶集》。

考点7 19世纪现实主义文学 【单选、填空、简答】 ★★

现实主义文学是19世纪欧美主流的文学思潮，它揭露和批判社会的弊端，广泛地反映社会生活的矛盾，塑造了典型环境中的典型性格。由于具有强烈的批判性，高尔基称之为“批判现实主义”。

1. 法国

(1)司汤达

①作者简介

司汤达是19世纪法国杰出的批判现实主义作家，也是法国现实主义文学的奠基人之一。他的《红与黑》是法国第一部重要的批判现实主义作品。

②《红与黑》

A. 作品简介

小说以波旁王朝复辟的最后几年为背景，以个人野心家于连·索黑尔往上爬的故事为主线，描绘了1830年前后法国的社会面貌，真实地揭露了封建贵族和反动教会既勾结又争夺的复杂关系与罪恶阴谋，并预示了七月革命的政治形势，具有鲜明的时代特征和深刻的社会意义。

B. 于连人物形象

于连是一个充满矛盾的人物。他的内心世界深刻而复杂，他既卑怯又勇敢，既狡猾又诚实，既老练又天真，既复杂又单纯，所有这些水火不容的对立特征，使于连成为一种特殊的典型。从表面上看，于连蔑视当时法国社会的一切道德规范，但他所践踏的，却是那个腐败社会中的虚伪的道德信条。于连是一个大胆的说谎者，但这是因为欺骗和谎言已经成为那个腐败社会中人人借以谋生的手段。而最后于连的死亡，是他忠实于自己的信念和理想，把对人生的挑战坚持到底的表现。于连选择了死亡，也正是对于死的自主选择，充分体现了司汤达所塑造的这个叛逆性格的完整性。

(2)巴尔扎克

①作者简介

巴尔扎克,法国19世纪现实主义文学的伟大代表,被称为“现代法国小说之父”。他的主要作品有《朱安党人》《人间喜剧》等。历史小说《朱安党人》是巴尔扎克用真名发表的第一部作品。他的《人间喜剧》被称为“资本主义社会的百科全书”,展示了19世纪前期整个法国的社会生活。

②《人间喜剧》

A. 思想内容

a. 深刻描写了封建贵族在资产阶级进攻下必然灭亡的历史。

b. 描写了与封建贵族的没落相对应而又相交织的资产阶级发迹史。

c. 对共和主义者的赞美和对理想社会的探索。

d. 十分注重揭露资本主义社会人与人之间的金钱关系。

B. 艺术特色

a. 面对现实,忠于现实,把艺术真实和历史真实高度统一起来。

b. 生活素材典型化,塑造不朽的典型人物。

c. 工笔描画环境,塑造典型人物(典型环境中的典型人物)。

d. 选择真实生动的细节,为塑造典型服务(细节的真实)。

(3)莫泊桑

莫泊桑,19世纪后半叶法国批判现实主义作家,被称为“世界短篇小说之王”,与俄国契诃夫和美国欧·亨利并称为“世界三大短篇小说巨匠”。他的代表作品为《羊脂球》《项链》《我的叔叔于勒》等。

(4)鲍狄埃

鲍狄埃是法国无产阶级诗人,代表作品有《自由万岁》《国际歌》等,他的《国际歌》被誉为“全世界无产阶级的歌”。

2. 英国

(1)狄更斯

查尔斯·狄更斯,英国作家,主要作品有《大卫·科波菲尔》《匹克威克外传》《雾都孤儿》《老古玩店》《艰难时世》《双城记》等。

(2)夏洛蒂·勃朗特

夏洛蒂·勃朗特,英国女作家,她与两个妹妹艾米莉·勃朗特(《呼啸山庄》)和安妮·勃朗特(《艾格尼斯·格雷》)在英国文学史上并称为“勃朗特三姐妹”。她的代表作品为长篇小说《简·爱》。

3. 俄国

(1)果戈里

①作者简介

果戈里,俄国作家,凭借巨著《死魂灵》成为俄国19世纪批判现实主义的奠基作家。其主要作品有讽刺喜剧《钦差大臣》、长篇小说《死魂灵》等。

②《钦差大臣》

《钦差大臣》标志着俄国现实主义戏剧创作成熟阶段的开始，深刻地揭露和鞭挞了农奴制的腐朽和官僚统治的罪恶。其艺术特色为：

A. 双重的戏剧冲突。一方面写了以市长为首的官僚集团和钦差大臣的矛盾，另一方面又有小市民和官僚的冲突。

B. 鲜明真实的人物形象塑造。作者致力于典型人物内心世界的揭示，摒弃了外在的浅薄的滑稽，使剧中人物不是某种概念的化身，而是特定的、活生生的性格。

C. 哑剧收场。这种结尾新颖独到，别具匠心，加深了观众对喜剧人物的认识，强化了喜剧的讽刺效果。

(2)列夫·托尔斯泰

①作者简介

列夫·托尔斯泰，19世纪俄国杰出的批判现实主义作家，是世界文学史上最杰出的作家之一，他被称为具有“最清醒的现实主义”的“天才艺术家”。其主要作品为长篇小说《复活》《战争与和平》《安娜·卡列尼娜》等。他的作品描写了俄国革命时期人民的顽强抗争，因此他被列宁称为“俄国十月革命的镜子”。

②《复活》的艺术特色

A. 在艺术上的突出特点是对俄国黑暗现实批判的深度和广度。

B. 单线索的情节。小说以聂赫留朵夫为玛丝洛娃申诉而四处奔走为主要情节线索，将全书的人物事件串成一体。

C. 鲜明的讽刺色彩。小说对神职人员、俄国宗教服务的反动本质的揭露充满讽刺意味。

D. 对比手法的运用。小说把人物的内心活动和行为进行对比，把人物精神变化的前后情形加以对比，突出人物性格及作品的主题思想。

E. 善于运用心理描写。小说主要运用心理独白刻画人物，此外，还通过其他方法表现人物心理。

③《战争与和平》

《战争与和平》以1812年的卫国战争为中心，反映从1805年到1820年间的重大历史事件。以鲍尔康斯、别祖霍夫、罗斯托夫和库拉金四大贵族的经历为主线，在战争与和平的交替描写中把众多的事件和人物串联起来。

作品的基本主题是肯定这次战争中俄国人民正义的抵抗行动，赞扬俄国人民在战争中表现出来的爱国热情和英雄主义。但作品的基调是宗教仁爱思想和人道主义，作家反对战争，对战争各方的受难都给予了深切的同情。

(3)陀思妥耶夫斯基

①作者简介

陀思妥耶夫斯基是俄国文学的卓越代表，代表作品为《罪与罚》。

②《罪与罚》

《罪与罚》是一部卓越的社会心理小说，它的发表标志着陀思妥耶夫斯基艺术风格的成熟。

小说以主人公拉斯柯尔尼科夫犯罪及犯罪后受到良心和道德惩罚为主线，广泛地描写了俄国城市贫民走投无路的悲惨境遇和日趋尖锐的社会矛盾。作者笔下的彼得堡是一派暗无天日的景象，作者怀着真切的同情和满腔的激愤，将19世纪60年代沙俄京城的黑暗、赤贫、绝望和污浊一起无情地展现在读者面前。

(4)其他

①契诃夫，俄国的世界级短篇小说巨匠和俄国19世纪末期最后一位批判现实主义艺术大师，他的代表作品有《变色龙》《装在套子里的人》等。他的小说短小精悍，简练朴素，结构紧凑，情节生动，笔调幽默，语言明快，寓意深刻。

②屠格涅夫《猎人笔记》《前夜》和《父与子》的出版，标志着他坚定地走上了现实主义的文学创作道路。他以独特的艺术风格和深刻的反农奴制思想，在俄国文学中首次表现了俄国农民的聪明才智和精神世界的美。

③其他代表作家作品还有：冈察洛夫的《奥勃洛莫夫》、亚历山大·尼古拉耶维奇·奥斯特洛夫斯基的《大雷雨》、车尔尼雪夫斯基的《怎么办?》。

4. 美国

(1)马克·吐温

马克·吐温，美国批判现实主义文学的奠基人，代表作品有小说《百万英镑》《哈克贝利芬历险记》《汤姆索亚历险记》等。

(2)欧·亨利

欧·亨利，美国著名的短篇小说家之一，曾被评论界誉为"曼哈顿桂冠散文作家"和"美国现代短篇小说之父"。他的作品构思新颖，语言诙谐，结局常常出人意料；又因描写了众多的人物，富有生活情趣，因此被誉为"美国生活的幽默百科全书"。他的代表作有《警察与赞美诗》《麦琪的礼物》《最后的常春藤叶》(又叫《最后一片叶子》)等。

5. 挪威

易卜生，挪威戏剧家，欧洲近代戏剧的创始人。他的作品强调个人在生活中的快乐，无视传统社会的陈腐礼仪。最著名的有诗剧《彼尔·京特》，社会悲剧《玩偶之家》《群鬼》《人民公敌》。

考点8 19世纪其他文学流派

1. 自然主义

自然主义是19世纪中后期出现在法国的一种创作倾向，着重描写现实生活的个别现象和琐碎细节，追求事物的外在真实，并企图用自然科学规律特别是生物学规律解释人和社会，其代表作家为龚古尔兄弟。左拉的作品中也有较多的自然主义成分。

2. 唯美主义

唯美主义是19世纪末流行于欧洲的一种资产阶级文艺思潮，是以艺术的形式美作为绝对美的一种艺术主张。唯美主义追求建议性而非陈述性，追求感官享受，大量使用象征手法，追求事物之间的关联感应，即探求语汇、色彩和音乐之间内在的联系。它的口号是"为艺术而艺术"。唯美主义代表人物有济慈、雪莱、戈蒂耶、王尔德等。

考点9 20世纪现实主义文学 【单选、填空、简答】★★

20世纪现实主义文学既是19世纪现实主义文学的继续和发展，也书写着新时代的新历史。从总体上看，20世纪现实主义文学具有以下基本特征：第一，继承性。20世纪现实主义文学继承了19世纪现实主义文学对社会真实的再现。第二，反映无产阶级的生活和斗争。第三，艺术手法的革新。20世纪现实主义文学具有一定的现代化色彩，挖掘人物性格的多重性而非塑造典型环境中的典型人物，情节越来越淡化，但艺术形式越来越多样化，借鉴了现代主义文学的表现技巧。第四，注重挖掘人物的内心世界，关注人的内心活动和潜意识领域，具有主观化、内向化的特点。

1. 法国

(1)罗曼·罗兰

①作者简介

罗曼·罗兰，19世纪末20世纪初法国著名的现实主义作家。其主要作品有长篇小说**《约翰·克里斯托弗》**《名人传》(《米开朗琪罗传》《贝多芬传》《托尔斯泰传》)。

②《约翰·克里斯托弗》

A. 作品简介

这是描述心灵历程的史诗，又是一部音乐的史诗。作品描述了一颗坚强刚毅的心是如何战胜自己心灵深处怯懦卑鄙的阴暗面，由幼稚走向成熟的故事。作者用克里斯托弗对音乐精神的深刻理解，描述了健康奋进的音乐与病态堕落的艺术之间的斗争，歌颂了一种充满生命力的音乐理念。该书同时又通过音乐折射了不同民族精神的碰撞与融合，把20世纪初那一代人的奋斗与激情，用宏大优美的艺术手法表现得淋漓尽致，是时代精神的真实写照。

B. 约翰·克里斯托弗形象

约翰·克里斯托弗是一个为追求真诚的艺术和健全的文明而顽强奋斗的平民艺术家的形象。

a. 克里斯托弗是从逆境中成长起来的天才音乐家。在他的成才道路上受到了两个人的影响：祖父培养了他的音乐才能；舅舅教导他创作要真诚，还引导他去野外聆听大自然的音乐。

b. 克里斯托弗个性倔强坦率，又有点鲁莽。他逃亡到法国后，发现巴黎的文艺界像个杂耍市场，于是他对法国的文艺界乃至整个法国社会都进行了抨击。他要使自己的音乐成为人类相互沟通的桥梁。他开始到民间去，和平民交朋友，还想办一所平民音乐学校。

c. 奋斗失败后的克里斯托弗认为解决复杂的社会问题的唯一手段就是艺术，唯一的思想武器是“爱”。他晚年最大的乐趣就是在下一代中传播爱的种子。在创作上，他潜心于宗教音乐，而他的艺术境界也变得清明恬静，失去了往昔的战斗气息。

2. 美国

(1)海明威简介

海明威，是美国“迷惘的一代”作家中的代表人物，被认为是20世纪最著名的小说家之一，是1954年度诺贝尔文学奖获得者。其代表作品有**《老人与海》《太阳照常升起》**《永别了，武器》等。

(2)海明威的创作特征

A. “迷惘的一代”——“迷惘”的文学主题。海明威被称为“迷惘的一代”的代表作家，“迷惘”是海明威创作个性的显著特征，是笼罩他全部作品的统一风格。他的许多作品、许多主人公都给人以迷惘、怅然若失的印象。

B. **“硬汉子”**——个性鲜明的人物形象。在海明威的作品里，最富有魅力和打动人心的，是他塑造了众多的在迷惘中顽强拼搏的“硬汉子”形象。

C. “冰山”风格——独特的形式美。海明威作品的文体风格具有简洁性、含蓄性等特点；作品结构上，海明威反对传统的史诗式的小说结构，也从不写恢宏的长篇巨著，往往只是截取故事的一个时间段或一个时间点，以集中反映重大的主题或历史事件，至于故事的经过和历史背景，则当作“冰山”的八分之七隐匿在洋面之下，但他又要让读者强烈地感到它的存在。

第一部分

考点 再拔高

▼ 迷惘的一代

“迷惘的一代”指一战后出现于美国的一个文学流派。这一流派的作家大多参加过一战，他们普遍有一种被出卖的感受，精神遭受了巨大创伤，同时又因找不到出路而苦闷彷徨，心灰失望，迷惘不知所措，对当时的美国文学乃至世界文坛产生过很大影响。其代表作家有海明威、福克纳等。

(3)《老人与海》

①作品简介

小说描写的是老渔夫桑提亚哥在海上捕鱼的经历，描写了老人制服大鱼后，在返航途中又同鲨鱼进行惊险搏斗的故事。这部小说作品中的形象具有很强的象征意蕴，作者用马林鱼象征人生的理想，用鲨鱼象征无法摆脱的悲剧命运，用大海象征变化无常的人类社会，狮子是勇武健壮、仇视邪恶、能创造奇迹的象征，桑提亚哥则是人类中勇于与强大势力搏斗的“硬汉子”代表，他那不幸的捕鱼遭遇象征人类总是与厄运不断抗争。

②艺术成就

A. 将富有艺术魅力的形象同抽象深远的寓意融合在一起，形成了独特的风格。

B. 成功地采用寓意象征和现实主义相结合的手法。

C. 精练的语句，发挥“冰山原则”，将作品的意义隐藏在情节中。

③桑提亚哥人物形象

桑提亚哥是海明威所崇尚的完美的人的象征：坚强、宽厚、仁慈、充满爱心，即使在人生的角斗场上失败了，面对不可逆转的命运，他仍然是精神上的强者，是“硬汉子”。

3. 英国

(1)劳伦斯

劳伦斯，20世纪英国小说家、批评家、诗人、画家，代表作品有《儿子与情人》《虹》《恋爱中的女人》《查泰莱夫人的情人》等。

(2)毛姆

威廉·萨默赛特·毛姆，英国小说家、戏剧家。他的主要成就是小说创作，代表作有长篇小说《月亮和六便士》《人生的枷锁》(也叫《人性的枷锁》)等。

4. 爱尔兰

爱尔兰代表作家主要是萧伯纳。他的主要作品有《伤心之家》《巴巴拉少校》《皮格马利翁》《圣女贞德》《苹果车》等。

考点 10 20世纪俄苏文学

20世纪俄苏文学的发展受到深厚的文学传统的影响。同时,它又有着自己的特殊品格,表现出鲜明的个性,在理论和创作上都自成体系,独树一帜。一个世纪以来,俄苏文学的发展经历了曲折的历程,但成就辉煌。

1. 高尔基

马克西姆·高尔基,苏联著名代表作家,是社会主义现实主义文学的奠基人,苏联文学的创始人。高尔基的代表作品有"自传体三部曲"《童年》《在人间》《我的大学》,还有长篇小说《母亲》和剧本《小市民》,等等。

2. 尼古拉·奥斯特洛夫斯基

尼古拉·奥斯特洛夫斯基,前苏联著名无产阶级革命作家,苏维埃"优秀的共产主义战士",代表作品为《钢铁是怎样炼成的》。

3. 肖洛霍夫

肖洛霍夫是苏联时代最杰出的作家之一,他以描写顿河哥萨克的生活和命运而闻名于世。他的创作构成了一个独特的艺术世界,是贯穿整个苏维埃时代从孕育诞生到解体前不久百年世事的宏伟篇章。他在苏联叙事文学中开创了悲剧史诗的艺术先河。1965年他的作品《静静的顿河》获得诺贝尔文学奖。

考点 11 现代主义文学 【单选、填空】 ★

从19世纪下半叶到20世纪初,科学技术飞速发展,物质生活得到了极大丰富,人们对世界的认识更加深刻和多元。现代主义用自身心理上的真实来代替社会观察的真实,用不断的怀疑、反思,寻找人本来的尊严,抵御荒诞的外部世界。

1. 19世纪50年代

象征主义是19世纪后期至20世纪初流行于欧美的重要文学流派之一。1886年,年轻诗人莫雷亚斯在《费加罗报》上发表了一篇文学宣言,主张用"象征主义者"来称呼当时的前卫诗人,这份宣言标志着象征主义流派的诞生。他们认为现实的物质世界是虚幻而痛苦的,只有隐匿在背后的内在的世界才是真实的。作品中运用大量的暗示和象征来隐喻表现人的内心世界。象征主义的代表作家作品主要有:法国作家波德莱尔《恶之花》;美国作家爱伦·坡的小说《黑猫》《厄舍府的倒塌》,诗歌《乌鸦》《安娜贝尔·丽》;等等。

2. 20世纪初

超现实主义是产生于法国的文学艺术流派,源于达达主义,并且对于视觉艺术影响深远,于1920年至1930年间盛行于欧洲文学及艺术界中。它的主要特征是以所谓"超现实""超理智"的梦境、幻觉等作为艺术创作的源泉,认为只有这种超越现实的"无意识"世界,才能摆脱一切束缚,最真实地显示客观事实的真面目。其代表作家有法国的布勒东、艾吕雅、阿拉贡等。

3. 两次世界大战期间

(1)表现主义文学

表现主义是20世纪初至20世纪30年代盛行于欧美一些国家的文学艺术流派。其诗歌的主题多为厌恶都市的喧嚣,或暴露大城市的混乱、堕落和罪恶,充满了隐逸的伤感情绪,或是对"普遍的人性"的宣扬。它的特点是不重视细节的描写,只追求强有力地表现主观精神和内心激情。其代表作家有奥地利小说家卡夫卡和美国戏剧家尤金·奥尼尔。

①卡夫卡

卡夫卡,奥地利著名小说家,西方现代主义文学奠基人之一。他创造了被称为"表现主义"的艺术方法,把荒诞无稽的情节与绝对真实的细节描绘相结合,用以表现现代人的困惑,揭示现代西方社会的危机,他的作品成为席卷欧洲的"现代人的困惑"的集中体现,并在欧洲掀起了一阵又一阵的"卡夫卡热"。他的代表作品为《城堡》《变形记》《美国》《判决》等。

②卡夫卡作品的艺术特色

A. 无具体时间、地点和背景,不求故事明晰、人物性格的典型化、环境描写的具体性。化奇异为平凡,把难以置信的、无法解释的事件置于日常生活中,让荒谬与合理、虚幻与现实结合为一个整体,展现一幅神秘的、梦魇般的、非现实的又像是处处可见的超现实的图画,这是其最基本的艺术特点。

B. 通过奇妙的构思,荒谬、独特的讽刺和简洁、平淡、冷漠的叙述等艺术方法把现实与非现实、合理与悖理、常人与非人并列,把虚妄的荒诞现象与现实的本质有机结合,构成"卡夫卡式"的风格。

(2)后期象征主义文学

后期象征主义产生于20世纪20至40年代,继承并发展了前期象征主义传统,使象征主义内涵更深广,更富有现代主义的特征。在创作方法上,从简单象征发展到意象象征,从个别象征发展到普遍象征,从情感象征发展到情感与理智并举,具有思辨性与哲理性。后期象征主义在文学上的主要成就是诗歌创作,代表作家有爱尔兰诗人叶芝、法国诗人瓦莱里等。

4. 其他

艾略特,英国著名现代派诗人和文艺评论家,是英国20世纪影响最大的诗人。他的代表作《荒原》是现代英美诗歌的里程碑,是象征主义文学中最有代表性的作品,表达了西方一代人精神上的幻灭,被认为是西方现代文学中具有划时代意义的作品。1948年因"革新现代诗,功绩卓著的先驱",获诺贝尔文学奖。

《荒原》是一首抒情长诗。"枯萎的荒原——庸俗丑恶,虽生犹死的人们——复活的希望"作为主线贯穿了全诗阴冷朦胧的画面,深刻地表现了物欲横流、精神堕落、道德沦丧、生活卑劣猥琐、丑恶黑暗的西方社会的本来面貌,传达出第一次世界大战后西方人对世界、对现实的厌恶以及普遍的失望情绪和幻灭感,表现了一代人的精神病态和精神危机,从而否定了现代西方文明。

考点 12 后现代主义文学 【单选、填空、简答】★★★

第二次世界大战期间,特别是战后,出现了许多新的文学思潮和新的文学流派。他们一方面继续反对19世纪的现实主义传统,另一方面也反对新的"传统",即流行于20世纪前期的现代主义,反对现代主义将文学变成了精神贵族的深奥、晦涩的文字迷宫,主张把文学拉回到现实——变成普通人的轻松通俗的文字游

戏。这些被称为“后现代主义”的思潮和流派，其实在表现生活的异化和人生的迷惘方面，与前期现代主义一脉相承。

1. 20世纪30年代

存在主义又称生存主义，是20世纪30年代末40年代初兴起于法国的一个文学流派。存在主义以人为中心，尊重人的个性和自由，认为人是在无意义的宇宙中生活，人的存在本身也没有意义，但人可以在存在的基础上自我造就，活得精彩。其代表作家有萨特、加缪等。

①让-保罗·萨特，法国著名文学家、哲学家和社会活动家，二战后西方存在主义文学的主要代表。他的代表作品为《禁闭》《恶心》《存在与虚无》等。

②阿尔贝·加缪，法国作家、哲学家，存在主义文学、“荒诞哲学”的代表人物，主要作品有《局外人》《鼠疫》等。

2. 第二次世界大战后

(1)荒诞派戏剧

①贝克特

贝克特，爱尔兰作家，荒诞派戏剧的领袖。贝克特在创作上深受乔伊斯(《尤利西斯》)、普鲁斯特和卡夫卡的影响，在戏剧方面的成就尤为突出，主要剧本有《等待戈多》《剧终》等。

②《等待戈多》的荒诞性

A.《等待戈多》的情节大大异于传统戏剧，没有矛盾冲突，没有开端高潮，没有紧凑的结构，也没有期待的结局。语言上也是前言不搭后语，毫无逻辑章法，让人莫名其妙。贯穿整个情节的都是一些看上去无聊至极、荒诞不稽的场景，这些细节表明世间事物的变化是没有缘由的，不可预测的，因而是荒诞的。人物无法主宰自己的行动，只是像木偶一样动作。这一切都具有荒诞的特点。

B.《等待戈多》的荒诞性也充分地体现在荒诞离奇、循环往复的结构形式上。首先，剧作强调幕与幕内容上的重复，每一幕情景和生活片段的重复，使一个没有情节发展和高潮结局的故事，在重叠反复中循环展开。其次，剧中人物还常常做重复循环的动作。再则，作品在略加变化的循环重复中，显其荒诞。

C. 荒诞性融入了人物的塑造，成为描写人物的主要手段。在《等待戈多》中，登场的五个人物，都是思维混乱、语言不清、失却理性、丑陋怪异的人。

D.《等待戈多》的舞台布景也是荒诞的，环境气氛充满了极度夸张和怪诞色彩。舞台布景于简单、重复之中充满了荒诞性。

E.《等待戈多》的荒诞性还从舞台语言中得到充分体现。人物的对话和独白颠三倒四，胡言乱语，充满梦魇般的荒诞，使剧情显得滑稽而混乱。

真题面对面

[2021金华、绍兴诸暨中小学，简答题，5分]从情节角度，分析荒诞派戏剧《等待戈多》的荒诞性特征。

参考答案：参见上文。

（2）“垮掉的一代”

“垮掉的一代”在第二次世界大战后出现于美国，在思想倾向上，“垮掉的一代”深受欧洲存在主义的某些观念的影响，他们关心的中心问题是个人在当代社会中的生存状态，抗议社会对他们的压抑，但往往以颓废、堕落、犯罪来表现他们的“脱俗”，与传统的价值观和行为规范抗衡；在艺术上，他们否定高雅文化，追求无节制的自我放纵，作品的结构无拘无束乃至杂乱无章，语言粗糙甚至粗鄙。“垮掉的一代”代表作家有杰克·凯鲁亚克、艾伦·金斯堡等。

3. 20世纪50年代

（1）新小说

新小说，20世纪50年代形成于法国，该流派想要彻底打破传统小说模式，全面革新小说艺术。新小说家贬低文学的思想性和倾向性，对文学的社会意义和道德功能没有兴趣，他们关切的是技巧和表现手法。新小说代表作家有萨洛特、西蒙等。

（2）魔幻现实主义

魔幻现实主义是20世纪50年代前后在拉丁美洲盛行起来的一种文学流派。这一流派的作家，执意于把现实投放到虚幻的环境和气氛中，给予客观、详尽的描绘，使现实披上一层光怪陆离的魔幻的外衣。既在作品中坚持反映社会现实生活的原则，又在创作方法上运用欧美现代派的手法，插入许多神奇、怪诞的幻景，使整个画面呈现出似真非真、似假非假、虚虚实实、真假难辨的风格。

①马尔克斯简介

加西亚·马尔克斯，哥伦比亚作家、记者，是20世纪拉丁美洲魔幻现实主义文学的杰出代表。其代表作为《百年孤独》。

②《百年孤独》

A. 思想内容

作者在《百年孤独》中通过布恩地亚家族七代人充满神秘色彩的坎坷经历，反映哥伦比亚乃至拉丁美洲的历史演变和社会现实，要求读者思考造成马贡多百年孤独的原因，从而去寻找摆脱命运捉弄的正确途径。他把读者引入这个不可思议的奇迹和最纯粹的现实交错的生活之中，不仅让人感受到许多血淋淋的现实和荒诞不经的传说，也让人体会到最深刻的人性和最令人震惊的情感。书中的每一个人物都深刻得让人觉得害怕。

B. 艺术特色

a. 现实主义与现代主义完美结合。作家将现实与神话、传说及梦幻合成神奇多变的情节，打破人间与鬼域、主观与客观世界的界限，使作品具有跨时空的极大容量。

b. 那些荒诞离奇的描写与亦真亦幻的马贡多融为一体，传奇而又真切地写出了拉丁美洲封闭、愚昧、落后的历史真实。

c. 象征、暗示手法的大量运用令读者耳目一新且过目不忘。

4. 20世纪60年代

黑色幽默是二十世纪六七十年代主要流行于美国的文学流派，代表作家有海勒、冯尼格特等。海勒是美国黑色幽默派代表作家，其代表作品是《第二十二条军规》。

考点 13 华裔文学

最早的美国华裔文学可以追溯到李恩富于1887年出版的《我在中国的童年》。在20世纪60年代民权运动的鼓舞下，赵建秀、陈耀光、徐忠雄等年轻亚裔男性作家立志为亚裔文学发声，共同编写了第一本亚裔文学选集《唉咿！》，宣告了美国亚裔文学的合法存在，为美国多元文化主义图景增添了一抹新的色彩。但是真正将美国华裔文学推入大众视野，并受到美国主流社会关注的却是两位华裔女作家汤亭亭和谭恩美。

1. 谭恩美简介

谭恩美，著名美籍华裔女作家，出生于美国加州奥克兰，作品有**《喜福会》**《灶神之妻》《接骨师之女》《沉没之鱼》等。

2.《喜福会》

小说描写新中国成立前夕从中国大陆移居美国的四位女性的波折生活，以及她们与美国出生的女儿之间的心理隔膜、感情冲撞、恩恩怨怨。全书分别从母亲和女儿两个体系来安排，两者呼应得十分融洽，既可独立成章，又可连成一体。同时本书翻译时保持了原作的诙谐和美国式的幽默，更符合读者的阅读习惯。阅读本书，我们可以了解到美籍华人的心态和观念，感受血浓于水的骨肉亲情。

二、亚非文学

考点 1 上古

1. 巴比伦文学

史诗《吉尔伽美什》代表着上古巴比伦文学的最高成就，对世界文学的影响至为深远。

2. 印度文学

印度的两大史诗《摩诃婆罗多》和《罗摩衍那》规模宏大，内容丰富。

3. 希伯来文学

希伯来文学的总汇——《旧约》，在思想、题材和风格上对西方文学产生了持久的影响。

考点 2 中古

中古亚非文学以阿拉伯的《一千零一夜》和日本紫式部的《源氏物语》为代表。

考点 3 近代 【单选、填空】 ★★★

1. 印度

泰戈尔，印度著名诗人、作家、艺术家、哲学家、教育家和社会活动家。1913年凭借抒情诗集《吉檀迦利》成为亚洲第一位获得诺贝尔文学奖的人。他的代表作品为**《飞鸟集》《新月集》**《吉檀迦利》《戈拉》。

泰戈尔诗歌创作的特色：泰戈尔在诗歌的体裁、语言及表现方法上能够大胆创新，别具一格。体裁上把现实题材处理成冥想因素，把冥想体裁处理为现实成分；创造出“故事诗”和“政治抒情诗”的形式；致力于创造自由体诗。泰戈尔善于学习和运用人民生活中的口头语言，使诗歌的语言清新活泼；在创作方法上，他把现实主义和浪漫主义有机地结合起来，只是在抒情诗中，浪漫主义成分较重，在叙事性作品中，现实主义成分较多。

2. 日本

(1)川端康成

①作者简介

川端康成,日本新感觉派作家,世界文学巨匠,1968年获诺贝尔文学奖,也是日本第一个获得诺贝尔文学奖的作家,此奖表彰他"以卓越的艺术手法,表现了道德性与伦理性的文化意识",并"在架设东方与西方的精神桥梁上作出了贡献"。他的代表作有**《伊豆的舞女》《细雪》**《雪国》《千只鹤》《古都》等。

②《伊豆的舞女》

《伊豆的舞女》是川端康成早期的代表作,是以作者19岁时的伊豆之旅为素材创作的短篇小说。它是一个"为排遣内心的孤独和苦闷,只身来到伊豆旅行,途中偶遇流浪艺人一行结成旅伴,并对其中的小舞女产生了似恋非恋的思慕之情"的一个青年之悲欢旅情故事。作品描述了"被孤儿根性扭曲了的青年因结识清纯无邪的小舞女而逐渐解开内心郁结的苦恼与感伤的过程及与其悲伤离别之结局"。

考点 再拔高

▼ 新感觉派

新感觉派是20世纪20年代初出现在日本的一个文学流派,主张追求新的感觉和对事物的新的感受方法,然后再给现实做精美的加工。他们认为艺术家的任务是描写人的内心世界,而非表面的现实;他们强调主观和直感的作用,认为文学的象征远比现实重要;他们否定一切旧的传统形式,主张进行所谓文体改革和技巧革新。

(2)夏目漱石

日本著名小说家,原名夏目金之助,别号漱石。1905年发表处女作《我是猫》,一举成名。这部长篇小说也因其强烈的讽刺精神和批评现实主义精神,成了"余裕派"文学的奠基之作。此外,他还创作了三部曲《三四郎》《其后》《门》和自传体小说《道草》。

考点4 现代

20世纪初到20世纪50年代出现了"旅美派"文学,这一派中的领袖是黎巴嫩诗人、作家和画家纪伯伦·哈利勒·纪伯伦,代表作品是散文诗集《先知》,另外还有努埃曼的小说集《往事》、艾敏·雷哈尼的诗集《雷哈尼亚特》、拉希德·胡里的诗集《风暴》等。

核心考点回顾

1.《诗经》的艺术特点是什么?(参见本书P203)

2.《史记》的体裁是什么? 有什么艺术成就? 其体例包括什么?(参见本书P205~206)

3. 陶渊明诗歌的艺术特征是什么?(参见本书P208)

4. 李白诗歌的艺术特色是什么?(参见本书P212)

5. 杜甫诗歌的艺术风格有哪些?(参见本书P213)

6. 辛弃疾词的艺术成就有哪些?(参见本书P221~222)

7.《儒林外史》属于什么文学? 其艺术特色是什么?(参见本书P231)

8. 鲁迅小说集、散文诗集、散文集和杂文集的代表作有哪些?(参见本书P233)

9. 古希腊悲剧的代表人物及其作品分别有哪些?(参见本书P256)

10. 分析《堂吉柯德》的人物形象和艺术特色。(参见本书P258)

达标测评

建议用时	实际用时	测评总分	实际得分
45分钟	_____分钟	70分	_____分

第一部分

一、单选题(每小题2分,共34分)

1. 我国文学史上第一个伟大的爱国诗人是(　　)

A. 李白　　B. 杜甫　　C. 屈原　　D. 庄子

2. 被王国维称作“唯一的一部饱含悲剧精神的辉煌巨著”的是(　　)

A.《窦娥冤》　　B.《孔雀东南飞》

C.《水浒传》　　D.《红楼梦》

3. 欧洲文学史上第一个资产阶级正面形象是(　　)

A. 格列佛　　B. 鲁滨逊　　C. 汤姆·琼斯　　D. 浮士德

4. 下列国家、作家、作品搭配错误的一项是(　　)

A. 元末明初—罗贯中—《三国演义》　　B. 法国—雨果—《巴黎圣母院》

C. 俄国—列夫·托尔斯泰—《荒原》　　D. 西班牙—塞万提斯—《堂吉柯德》

5. 下列关于文学常识的说法,有错误的一项是(　　)

A.《陋室铭》《马说》和《小石潭记》的作者分别是刘禹锡、韩愈和柳宗元,他们都是唐代伟大的文学家。

B. 杨修、香菱、吴用这三个人物分别出自元末明初小说家施耐庵的《三国演义》、清代小说家曹雪芹的《红楼梦》、元末明初小说家罗贯中的《水浒传》。

C. 我国现代著名诗人艾青的《我爱这土地》和戴望舒的《我用残损的手掌》,都抒发了作者内心深处对祖国土地的无限热爱之情。

D.《从百草园到三味书屋》《阿长与〈山海经〉》都出自鲁迅的回忆性散文集《朝花夕拾》。

6. 下列对文学文化常识的解说,不正确的一项是(　　)

A.《汉书》是我国第一部纪传体断代史,它记载了从汉高祖刘邦元年到王莽地皇四年之间229年的历史。此书的作者班固和《资治通鉴》的作者司马光并称“班马”。

B. 封建社会等级森严,帝王将相、士大夫与平民百姓对“死”都有严格的称呼,“天子死曰崩,诸侯曰薨,大夫曰卒,士曰不禄,庶人曰死”。侯蒙属大夫,故死为“卒”。

C.“经筵”指汉唐以来帝王为研习经史而专门设立的御前讲席，宋代开始称经筵，置讲官以翰林学士或其他官员充任或兼任。

D.《公羊传》是我国古代阐释《春秋》的著作，相传为战国时齐人公羊高所著。“春秋三传”是《春秋左氏传》《春秋公羊传》《春秋穀梁传》的合称。

7. 下列有关文学常识的表述不正确的一项是(　　)

A.《孔雀东南飞》原题为《古诗为焦仲卿妻作》，是我国古代最早的长篇叙事诗，也是我国古乐府民歌的代表作之一，它与北朝的《木兰诗》，并称为“乐府双璧”。

B.《诗经》编排内容可分为“赋、比、兴”三个部分，其主要表现手法有“风、雅、颂”三种，人们把《诗经》的内容编排和表现手法称为“诗经六义”。

C. 朱自清原名自华，字佩弦，号秋实，祖籍浙江绍兴。朱自清是诗人、散文家、学者，又是民主战士、爱国知识分子。毛泽东称他“表现了我们民族的英雄气概”。

D.《诗经》是我国最早的诗歌总集，开创了我国现实主义的诗风。《离骚》是我国古代最长的政治抒情诗，是我国浪漫主义诗歌创作的源头。

第一部分

8. 下列有关文学常识的表述不正确的一项是(　　)

A.《出师表》《陈情表》中“表”是臣下向皇上言事的一种文体，多用于臣向君表白心迹，陈请谢贺。

B.《祝福》选自鲁迅小说集《呐喊》，通过对祥林嫂的塑造，为劳动妇女的悲惨命运提出强烈的控诉。

C. 莎士比亚的四大悲剧是《哈姆雷特》《李尔王》《奥赛罗》和《麦克白》。

D. 元杂剧是元代用北曲演唱的一种戏曲形式。一般每本分为四折，必要时另加“楔子”。

9. 在中国文坛被誉为“乡土文学之父”的是(　　)

A. 柔石　　B. 艾青　　C. 沈从文　　D. 蒋光慈

10. 鸣凤这一人物出自巴金的哪部作品(　　)

A.《家》　　B.《寒夜》　　C.《春》　　D.《憩园》

11. 崇尚理性，以古代作品为艺术规范的文艺思潮是(　　)

A. 人文主义　　B. 古典主义

C. 启蒙主义　　D. 浪漫主义

12. 下列有关中外文学中的吝啬鬼形象的表述有误的一项是(　　)

A. 欧也妮·葛朗台是法国作家巴尔扎克的小说《守财奴》中的吝啬鬼。

B. 泼留希金是法国作家莫里哀的长篇小说《死魂灵》中的吝啬鬼。

C. 严监生是清代吴敬梓的长篇讽刺小说《儒林外史》中的吝啬鬼。

D. 夏洛克是英国戏剧家莎士比亚的戏剧《威尼斯商人》中的吝啬鬼。

13. 下列有关文学常识的表述有误的一项是(　　)

A. 古希腊三大悲剧作家分别是古希腊时期的埃斯库罗斯、索福克勒斯和欧里庇得斯，对应的代表作品分别是《被缚的普罗米修斯》、《俄狄浦斯王》和《美狄亚》。

B. 荷马是古希腊的诗人，其代表作《伊利亚特》和《奥德赛》被统称为《荷马史诗》。

C. 世界著名的三大短篇小说巨匠分别是英国的欧·亨利、法国的莫泊桑和俄国的狄更斯。

D.《摩诃婆罗多》和《罗摩衍那》是印度的两大史诗。

14. 下列有关文学常识的表述正确的一项是(　　)

A. 孟子，名轲，字子舆，战国时期著名哲学家、思想家、政治家、教育家、儒家学派代表人物之一，《孟子》是孟子的言论汇编，属于语录体散文。

B. 老子，即老聃，相传姓李名耳，战国末期人，中国古代文学家、思想家、哲学家，道家学派创始人，与庄子并称"老庄"。

C. 墨子，名翟，春秋战国之际思想家，墨家学派创始人，提出了以"非攻"为核心的"兼爱""节用"等观点。

D. 于连·索黑尔是陀思妥耶夫斯基的《红与黑》中的主人公，《红与黑》是法国第一部重要的批判现实主义的作品。

15. 下列说法有误的一项是(　　)

A. 元曲作家关汉卿、白朴、郑光祖、马致远的代表作分别是《窦娥冤》《墙头马上》《倩女离魂》《汉宫秋》。

B. 鲁迅，原名周树人。他的第一篇白话小说是《狂人日记》，小说集有《朝花夕拾》等。《藤野先生》选自《朝花夕拾》。

C. 奥地利著名的小说家卡夫卡是西方现代主义文学的奠基人，他的代表作品《变形记》讲述了人变成甲虫的荒诞的故事。

D. 亚洲第一位获得诺贝尔文学奖的作家是泰戈尔，他将浪漫主义和现实主义有机地结合起来，诗歌语言清新活泼，表现方法别具一格。

16. 下列有关文学文化常识的表述，正确的一项是(　　)

A. 海子，原名查海生，中国现代诗人。他的作品有诗集《海子的诗》《始祖鸟》等。

B. 舒婷，新月派的代表人物，作品有《双桅船》《会唱歌的鸢尾花》等。

C. 词兴盛于宋，句式不齐，称为"曲词"或"曲子词"，后称"诗余"或"长短句"。词牌决定了这首词的字数、句数、平仄的声韵，即词调。标题是词的内容的集中体现，它概括了词的主要内容。

D. 韩愈、柳宗元倡导了以提倡古文、反对骈文为特点的古文运动；元稹和白居易倡导的诗文革新运动则提倡发扬传统。

17. 下列有关文学常识的表述，不正确的一项是(　　)

A. 普希金，俄国著名诗人、剧作家和小说家，被称为"俄罗斯诗歌的太阳"。

B.《楚辞》是屈原的诗歌总集，由西汉刘向编辑。

C. 艾青，原名蒋海澄，其成名作是长诗《大堰河——我的保姆》。

D. 惠特曼，美国诗人，作品有《草叶集》等。

二、填空题(每空1分，共16分)

1. ________开创了我国文学的现实主义优秀传统，________开创了浪漫主义优秀传统。

2. 我们平时常说“冬天来了,春天还会远吗?”这句名言出自英国的(作家)________。

3. 卡西莫多是雨果的作品《________》中的人物。

4.《老人与海》的作者是________,小说描写的是老渔夫________在海上的捕鱼经历。

5. “初唐四杰”指的是________、杨炯、卢照邻和________,在这“四杰”当中,________的成就最高。

6. 巴尔扎克的《高老头》《老姑娘》《古物陈列室》等作品合为________一书,被称为“资本主义社会的百科全书”。

7. “一门三父子,都是大文豪。诗赋传千古,峨眉共比高。”这首诗中的“三父子”指的是________、________、________。

8. ________是我国第一部描写农民战争的长篇白话章回体小说。

9.《巴黎圣母院》集中体现了雨果的“________”原则。

10. ________的代表作《叶甫盖尼·奥涅金》,塑造了俄国文学史上第一个“多余人”形象。

三、判断题(每小题1分,共5分)

1.《回乡偶书》和《咏柳》的作者都是唐朝诗人贺知章。 (　　)

2. 王昌龄《从军行》中“大漠孤烟直,长河落日圆”一联,写了到达边塞后看到的奇特壮丽风光,画面开阔,意境雄浑。 (　　)

3. “春蚕到死丝方尽,蜡炬成灰泪始干”选自李商隐“无题”诗中的一首。 (　　)

4. 杜甫《望岳》中“烽火连三月”的后一句是“浑欲不胜簪”。 (　　)

5. 岑参的《逢入京使》表现出对故乡、亲人无限眷念的深厚情感。 (　　)

四、简答题(每小题5分,共15分)

1. 简述《诗经》的艺术特点。

2. 简述《茶馆》的语言特色。

3. 请简析托尔斯泰《复活》中聂赫留朵夫的形象。

参考答案及解析

一、单选题

1. C [解析]屈原是中国古代文学史上第一位伟大的爱国诗人,是我国最伟大的浪漫主义诗人之一,《离骚》是屈原的代表作品

2. D [解析]在最初一批将西方思想运用于中国文学研究的中国人中,大学者王国维毫不含糊地断言,《红楼梦》是“唯一的一部饱含悲剧精神的辉煌巨著”。

3. B [解析]欧洲文学史上第一个资产阶级的正面形象人物是鲁滨逊。

4. C [解析]《荒原》的作者是英国作家艾略特。

5. B [解析]《水浒传》的作者是施耐庵,《三国演义》的作者是罗贯中。

6. A　[解析]《汉书》的作者班固和《史记》的作者司马迁并称"班马"。

7. B　[解析]《诗经》编排内容可分为"风、雅、颂"三个部分，其主要表现手法为"赋、比、兴"三种。

8. B　[解析]《祝福》选自鲁迅的小说集《彷徨》。

9. C　[解析]C项，"乡土文学之父"是沈从文，其代表作品小说《边城》和散文集《湘行散记》描写了湘西的民俗风情、自然风光等。

10. A　[解析]鸣凤是《家》中的人物，巴金通过鸣凤、梅芬、瑞珏三个女子的悲剧，揭露了封建大家庭和封建制度的罪恶，歌颂了青年的反抗精神。

11. B　[解析]B项，古典主义主张从古希腊、罗马文化里面汲取艺术形式和题材；崇尚理性，克制个人情欲，有严格的艺术规范和标准。

12. B　[解析]B项，泼留希金是俄国作家果戈里的长篇小说《死魂灵》中的吝啬鬼，法国作家莫里哀的代表作是喜剧《悭吝人》，《悭吝人》中的吝啬鬼是阿巴贡。

13. C　[解析]C项，世界著名的三大短篇小说巨匠分别是美国的欧·亨利、法国的莫泊桑和俄国的契诃夫。

14. A　[解析]B项，"战国末期人"错误，老子是春秋末期人。C项，"提出了以'非攻'为核心的'兼爱''节用'等观点"理解有误，应该是提出了以"兼爱"为核心，以"节用""尚贤"为支点的观点。D项，于连·索黑尔是司汤达的《红与黑》中的主人公，陀思妥耶夫斯基的代表作则为《罪与罚》。

15. B　[解析]B项，《朝花夕拾》是鲁迅的一部回忆性散文集，鲁迅的小说集有《呐喊》《彷徨》。

16. C　[解析]A项，海子是中国当代诗人，《始祖鸟》的作者是舒婷。B项，舒婷是朦胧诗派的代表人物。D项，元稹和白居易倡导的是新乐府运动，新乐府运动是诗歌革新运动。

17. B　[解析]"楚辞"的名称，西汉初期已有之，至刘向乃编辑成集。东汉王逸作章句。原收战国楚人屈原、宋玉及汉代淮南小山、东方朔、王褒、刘向等人辞赋共十六篇。后王逸增入己作《九思》，成十七篇。全书以屈原作品为主，其余各篇也是承袭屈赋的形式。因其运用楚地的文学样式、方言声韵和风土物产等，具有浓厚的地方色彩，故名《楚辞》，对后世诗歌产生深远影响。

二、填空题

1.《诗经》;《离骚》

2. 雪莱

3. 巴黎圣母院

4. 海明威;桑提亚哥

5. 王勃;骆宾王;王勃

6.《人间喜剧》

7. 苏洵;苏轼;苏辙

8.《水浒传》

9. 美丑对照

10. 普希金

三、判断题

1. √ [解析]略。

2. × [解析]“大漠孤烟直,长河落日圆”选自王维的《使至塞上》。王昌龄的《从军行》全诗为“青海长云暗雪山,孤城遥望玉门关。黄沙百战穿金甲,不破楼兰终不还”。

3. √ [解析]该句诗选自李商隐的《无题》,全诗为“相见时难别亦难,东风无力百花残。春蚕到死丝方尽,蜡炬成灰泪始干。晓镜但愁云鬓改,夜吟应觉月光寒。蓬山此去无多路,青鸟殷勤为探看”。

4. × [解析]“烽火连三月”选自杜甫的《春望》,后一句是“家书抵万金”。而《望岳》全诗为“岱宗夫如何?齐鲁青未了。造化钟神秀,阴阳割昏晓。荡胸生曾云,决眦入归鸟。会当凌绝顶,一览众山小”。

5. √ [解析]略。

四、简答题

1. **参考答案:**参见教材第203页。

2. **参考答案:**(1)性格分明。《茶馆》这篇文学作品当中出现了众多的人物,这些人物有着各自不同的性格特征。在利用语言描写来对人物形象进行刻画时,做到了语言与性格相对应,体现出语言性格化、人物性格分明的特点。

(2)幽默风趣。幽默风趣是《茶馆》这部作品里非常鲜明的一个语言特征。《茶馆》将幽默风趣以及讽刺性语言控制在适度的运用范围之内,既可以借助幽默风趣的语言来引起人们的思考,表达对黑暗现实的讽刺,又可以使人们从中体味出一种轻松的阅读氛围。

(3)京味十足。通过对老北京市民口语的运用,突出了简洁、生动、含蓄、幽默的艺术特色,充分体现了人物语言的性格化与形象性。

3. **参考答案:**聂赫留朵夫是小说《复活》的男主人公,是“忏悔贵族”的典型。他既是贵族地主阶级罪恶的体现者,又是本阶级罪恶的批判者。聂赫留朵夫突破了贵族传统的道德观念,放弃了贵族特权的地位,最后跟贵族阶级决裂。他否定了土地所有制,提出了解决农民与地主的矛盾必须把土地交给农民的看法。他对一切都表现出深厚的人性,对劳动人民充满同情和爱护之心,对革命者充满敬意,对贪官污吏深恶痛绝,对贵族非常厌恶。他有追求自由和平等的高尚理想,聂赫留朵夫性格发展的过程就是深刻认识社会和背叛贵族阶级的过程。所以,聂赫留朵夫这个形象在那个时代是具有典型意义的,托尔斯泰正是通过这一思想感情的载体揭露和批判了贵族社会。

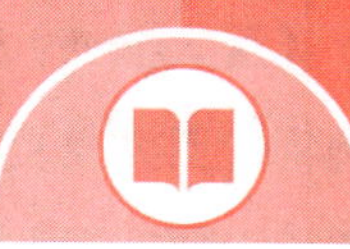

第六章　写　作

第一部分

思维导图

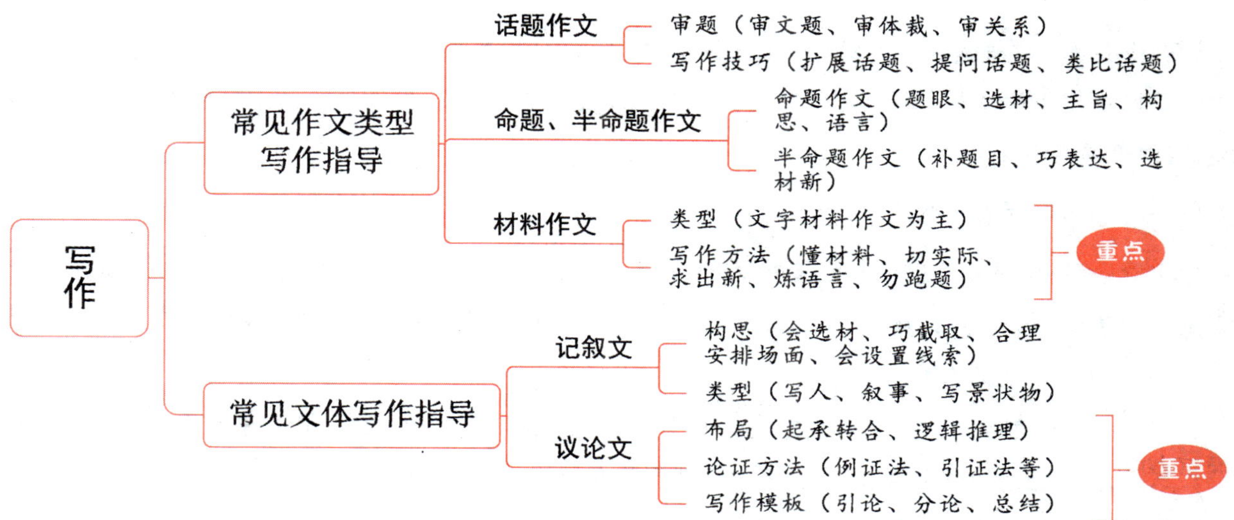

浙江考向

本章属于学科专业知识的应用性章节，也是浙江省中小学语文教师招聘考试重点考查的章节，内容有条理，需要理解的知识较多，在考试中常以主观题的形式考查。现对本章浙江考向分析如下：

考点类型	地区	高频考点	常考题型	能力层级	考查热度
常规考点	统考	材料作文	写作	运用	★★★
		议论文	写作	运用	★★★
	非统考	话题作文	写作	运用	★★★
		命题、半命题作文	写作	运用	★★
		材料作文	写作	运用	★★★
		议论文	写作	运用	★★★
预测考点	统考	话题作文	写作	运用	★★★
		命题、半命题作文	写作	运用	★★
	非统考	—	—	—	—

核心考点

第一节　常见作文类型写作指导

一、话题作文 【写作】 ★★★

话题作文是一种根据提供的材料和提示语提供思考的范围和方向，要求作者围绕着“话题”进行写作的作文命题形式。话题作文以“题目自拟，立意自定，文体自选”的形式，使考生的创作个性得到展现，优势得到发挥，才干得以施展。

第一部分

考点 1 话题作文的类型

1. 用导语引出话题。例如：在生活中，有许多的人和事物使我们感动，同时，我们的一些行为也可能感动着别人。请以“感动”为话题，写一篇文章。要求：(1)除诗歌、戏剧外，文体不限；(2)文章不少于600字；(3)文中不要出现真实的人名、校名、地名。

2. 用材料引出话题。题面由文字或图画材料和话题两部分组成，材料的作用是激活思维，引出话题，限制写作范围，大多省市以这种形式命题，招教考试也是这样。

3. 直白式作文。直接呈现话题的题目，不做任何解释说明。

考点 2 话题作文的审题

1. 审文题要求、规定语，明确写作范围

话题作文试题的文字部分至少包括写作导语、话题范围、具体规定或要求三部分，这三部分的文字，都需要我们逐一阅读，辨析要求，明确界限，避免违犯题面上的硬性规定，如文体、字数、选拔性阅卷不得出现的暗示性文字等方面的要求，要言听计从，如果“硬闯红灯”，得分会惨不忍睹。

2. 审文章体裁要求，确定合适的写作体裁

话题作文虽然一般不限文体，可是具体到每一篇文章又要有文体色彩，不能用《谈感动》一类的题目写记叙文，也不能用《感动游览记》一类的题目写议论文，议论文也不要有题记、小标题之类记叙文特点的写作形式。如果文章缺少文体规范，将大段的记叙和大段的议论生硬地捆绑起来，会使阅卷老师一头雾水，搞不懂是从形象思维的角度去体味，还是从逻辑思维的角度去理解，阅卷印象自然会受影响。

3. 审材料与话题的关系

话题作文规定的写作内容往往范围很大，如以“感动”为话题，容易使考生思绪万千，无所适从，加之时间限制，导致考生想到哪写到哪，下笔千言，离题万里。解决这一问题的办法是对“大话题”加以限制，使之由大化小，由抽象变具体，从一个角度写自己的见闻或感受，注意突出情感的转化过程，那么生动传神、见解独特、立意新颖的文章自然会喷涌而出，使文章达到“一粒沙里看世界，半瓣花上说人情”的理想境界。

考点 3 写好话题作文的技巧

1. 扩展话题法

在原来的话题基础上加以扩展，以增加内涵而达到缩小外延的目的。扩展的方法主要是添加一些限制性成分，从范围、对象、内容、时间、地点、性质等方面进行限制后，文章选材、主题或中心论点的指向会更加明确和集中，极便于我们写作时从小处着眼并有机地展开。

2. 提问话题法

围绕话题，多提一些如"是什么""为什么""怎么样"等问题，在回答这样的问题时，我们的写作思路自然越来越明确，愈来愈深入，较小的写作切入口就形成了，能顺利地实现"化大为小"的目的。

3. 类比话题法

类比话题法就是将话题同其他类别的事物相比较，用其他事物的特点与规律来体现本话题。

第一部分

真题面对面

[2021金华永康小学，写作题，20分]语文老师在指导学生写作时，应该与学生同步作文。现要求你与学生同步写一篇短文。题目自拟。

…………

显然，这是一棵挣扎在死亡边缘的树。

这是一颗银杏树，树龄应该在10年左右。同院子里敦厚壮实的银杏树相比，眼前的这棵银杏树不仅年幼，而且显得纤细。所以，如果生命就此戛然而止，那实在是可惜、可叹。

对，只要还有一息希望，就坚决不能放弃。对这棵银杏树的努力抢救，事实上已经开始了。你看，在这棵树的根部向上大约一米，挂了一个营养袋，通过营养袋的一根细细的塑料管，向下分开，两只针一样的东西扎入树的根部，整个状态就像给一个站着的病人打点滴一样。

看到这种情景，我的心一下子鼓满了希望，一个信念越来越坚定，这棵树一定能够被抢救过来，一定能够再次枝繁叶茂，一定能够像其他银杏树一样，带给人们秋天的美好。

…………

请以"希望"为话题，写一篇作文，文体自选(诗歌除外)，字数不少于500字。

参考例文：

希望伴你成长

在生活中，我们不可能一直过得很平顺，生命的路途上会有一次又一次的挫折，这些挫折就是给我们的考验。如果一遇到挫折便闷闷不乐，一遇到困难就手足无措，人生必然是黑白的，永远看不到任何的色彩。

生命如同故事，重要的不是它有多长，而是它有多精彩。尼克一出生就得了罕见的先天性四肢切断症，没人觉得他会活下来，但是他用他残缺的肢体完成了很多事情，让人能够见证生命的奇迹。很多人都认为他会被困难击倒，但是他一次又一次让自己重新站起来，自在、快乐，面带笑容地活在阳光下！

凭借着无比的恒心和毅力，他成为残障青年自我奋斗的楷模。

司马迁因坚持正义而遭受了宫刑，但他没有自暴自弃，而是重新振作，怀抱希望，最终完成了“史家之绝唱，无韵之离骚”的一代巨著《史记》。面对身心的痛苦和他人的议论，司马迁用希望的力量做支撑，实现了人生价值。

我们遇到挫折时，要给自己一点希望，给自己一点鼓励，多多学习小草的精神，任凭风吹雨打，也要挺直腰杆，屹立不倒！希望就是生命中的太阳，只要怀抱希望，就什么都不会怕，我们要为人生的目标奋斗，这样就可以让自己活得更有意义。

在人生路上层层考验中，希望会陪着我们直到终点，只要我们不向命运屈服，那么，就可以度过重重关卡，到达最后终点。有呼吸，就有希望；有爱，就有奇迹。

二、命题、半命题作文 【写作】 ★★

考点1 命题作文

写好此类作文的关键在于：

1. 抓题眼，把握表意重心。文章表意的重心就是最能体现文章中心的关键性词语，只有抓住了关键性词语，才能体现文章的特色，写出更好的作文。

2. 明限制，确定选材范围。限制的内容大致有时间、地点、对象、内容、数量等，审题时要弄清楚，作文时则不能越“雷池”半步。没有限制的内容，题目上没写，需要自己去想。因为只有想到没有限制的内容，才能找到选材的广阔天地，扩大选材的范围。

3. 展联想，深入挖掘主旨。充分发挥想象和联想，以题目为载体，向深层次挖掘，使自己的作文有深度，这也是得高分的重要一环。

4. 巧构思，化抽象为具体。选材若太宽太泛，会给人“空”或“浮”的感觉。要解决这一问题，不妨采取“化大为小”“化虚为实”或“化宽为窄”的方式，从细微处具体生动地展现对生活的感悟。

5. 炼语言，注重个性化表达。语言是作文最外在最鲜活的东西，无论是平实朴素的，还是充满文学韵味的，锤炼语言，使表情达意确切、形象、简约而意蕴丰富，应是作文者不懈的追求。

考点2 半命题作文

要写好半命题作文，应注意以下几个问题：

1. 按要求补全题目。

(1)斟酌已给出的半个题目信息，再结合自己的生活经历、写作特长、写作内容等将其补全，成为全命题作文，巧妙地让陌生的新题变成自己熟悉的旧题，从容地完成一篇熟悉的作文。

(2)注意审清题目要求，明确选材范围。

(3)标题切忌大而空，要力求展示个性风采。标题是一篇文章的“眉目”，它关系到一篇文章的格调、精神和色彩，好的标题能使人产生强烈的阅读愿望。

(4)立意要鲜明、集中、新颖。

2. 在进行写作时，表达的角度要巧，在突出主旨的前提下可以有选择地使用呼应、对比等技巧，要设计好文章的开头和结尾，适当穿插议论或抒情，行文中要注意反复点题。

3. 在组织行文时，选材要新，要善于调动多种描写手段打动人，以此引起读者情感上的共鸣。

真题面对面

[2019年5月杭州小学，写作题，30分]生活中处处有风景，语文课上也有风景，那道风景可能是……请以《语文课上的风景》为题写一篇600字左右的文章(诗歌除外，文体不限)，文中不得出现真实的人名、校名和单位名。

参考例文：

语文课上的风景

听雨时，也是我头脑最清晰的时刻，同时也是最能让我心事如潮的时刻。——题记

又是夏雨倾盆的时节，总喜欢隔窗听雨。从前不懂得聆听，是因为不曾懂得语文之美。而今，在语文课上，我将词赋诗曲如雨般聆听。语文课不只有写作、词语的解释，更有一种情怀，一种情结，一种精神的升华。

我喜欢把上语文课比作听雨，是因为语文如雨一般能够荡涤人心。

听，“夜阑卧听风吹雨，铁马冰河入梦来”，如万马奔腾般的雨声是冷漠的外表下一颗炽热的心。听！“落花人独立，微雨燕双飞”，如和煦春风般的雨声。听！“山河破碎风飘絮，身世浮沉雨打萍”，如吟咏悲叹般的雨声。听！“浊酒一杯家万里，燕然未勒归无计”，如悠悠羌管般的雨声。听！“君问归期未有期，巴山夜雨涨秋池”，如绝尘回响般的雨声……

真像雨声啊，在语文课上词赋诗曲如雨般成了修饰感情、寄托心声的使者，俘获人的内心，肆意渲染。唯有语文能够承担起那份感恩，那份执着。

雨雾朦胧，让人恍若走进了曾经。去聆听那天外之言，“万籁此俱寂，但余钟磬音”；去观赏那长安秀美，“天街小雨润如酥，草色遥看近却无”；去体会那沙场悲凉，“黑云压城城欲摧，甲光向日金鳞开”。

所以，我感到语文课如一阵雨，每当下课，总有些从雨给我带来的幻梦中惊醒的畅快和历经迷茫的沧桑。

在语文课上，曾学过一词，词云：“少年听雨歌楼上，红烛昏罗帐。壮年听雨客舟中，江阔云低、断雁叫西风。”这是语文告诉我们的，人生境遇不同，看到的听到的感受也各异。

顿时，狂风起，雷电吼，大雨下，我感受到了语文的生命。狂风告诉我“君子当行如风”，雷电告诉我“君子说话掷地有声”，大雨告诉我“人活得当淋漓尽致”。

一切又归入平静。窗外，雨淅淅沥沥。大雨依旧，风景仍旧，多了的只是心灵的喘息，岁月的回响和心灵的升华。

语文课上，书声依旧，雨声悠远……

三、材料作文 【写作】★★★

所谓材料作文，是要求写作者根据所给的一段文字或图画等具体材料，按照作文命题要求进行写作的一种作文形式，它的特点是读写结合。写作者要经过阅读材料、理解分析、提炼主旨、联想想象、筛选甄别、文字表达等步骤，才能完成一篇文章的写作。材料作文的类型有：文字材料作文、看图作文、扩写、缩写、改写、续写等。

材料作文写作中需要注意的是：

1. 要读懂材料。认真阅读材料，厘清材料思路，明确材料指向，归纳材料要点，把握材料寓意，最终提炼写作中心，这是材料作文写作的关键，也是考场作文能否及格的第一步。

2. 要联系实际。确定写作中心后，内容构思要选准切入点，从身边小事、眼前情境、街头见闻等入笔，徐徐展开生活画卷，联系作者的学习、生活实际，写实事，抒真情，谈看法，说体会。

3. 要力求出新。在文章观点无误的前提下，展开多角度的思考，突破思维定式，克服从众心理，独辟蹊径，力求写出人无我有、人有我新、摄人心魄的好文章。

4. 要锤炼语言，巧用修辞，力求文章达到内容与形式的和谐统一。

5. 避免材料作文跑题的方法是要注意开头、结尾的写法，做到首尾呼应，反复点题。

真题面对面

[2022年6月杭州中小学，写作，35分]根据提供的材料，从主题思想和写作特点两个角度写一篇赏析文章。文中不得出现真实的人名、学校、单位。报考小学、初中、高中岗位，分别不少于500、600、700字。

心“碎”

崔　立

院门虚掩着。他轻轻推开门，转过迎门墙，看到母亲正坐在窗前的丁香旁，低头掐辫子——将麦秸秆编成辫子。丁香花稠密，一树白，把母亲的一头白发映得更白了。

母亲正掐得入神，他喊了一声“娘”她才听到，抬起头，“唉唉”应着，一脸惊喜。他进屋放下东西，拿个马扎出来，挨着母亲坐下。阳光和暖。记得小时候，他也经常这样，静静地坐在母亲身旁，看她掐辫子。母亲有时用麦秸秆编只蜗牛，让他拿在手上玩。

他告诉母亲，自己下周要去外地封闭式培训三个月，回来后有可能升职。母亲高兴地说：“好事啊，你放心去就是了，我好着呢。”

母亲让他别挂念家里，但他还是放心不下。这几年明显感到母亲的衰老，步子不像以前那么灵便，腰也弓得厉害。父亲去世后，母亲长年劳累，如今艰辛生活的印迹正一点点显现出来。母亲似乎看出他的矛盾：“我啥事也没有，自己蒸的馒头一顿能吃两个呢。你这孩啊，从小就是顾虑太多。”她这样说时，下意识地又挺了一下腰，但不管用，腰还是弯的。

母亲起身去厨房给他做面吃，他跟着要去，母亲说：“我自己去就行，你歇着吧。”

面下好了，葱花飘着，鸡蛋卧着。他吃了一口，有点咸。母亲问：“咸吗？”他忙说：“不咸不咸，正好。”碗口贴着一根白发，他趁母亲扭头时，捏起，迅速丢在脚下。“不咸就好，晚上我再给你包些饺子。”

傍晚，母亲从厨房端来饺子，上台阶时，身体抖了一下，差点跌倒。他慌忙站起来去扶。母亲说没事没事，小石子硌脚了。有些饺子上面有草木灰，他吃了，草木灰不脏。有根枯草茎，卧在饺子间，他偷偷夹起，扔了。

离家时，母亲送他到院门前。他发动车，从后视镜里看着母亲越来越远。

正要驶出村口，邻居奎婶正扛着镢头从田里回来。他拉下车窗打招呼，奎婶问："这么快就走，不带你娘去看看眼睛吗？她现在看不清东西，跌倒好几次，腿都碰青了。"

他急急掉转车头。开院门，进屋门，母亲正背对着他，呆呆站在那里，地上是一地碎瓷，还有几个水饺。

那一刻，地上碎的不是盘子，是他的心。

参考例文：

母爱无言

盘子碎了一地，打碎了作者的心，也打开了文章前眼眶湿润的我的心门。母爱何其伟大，伟大到如山海般高大；母爱何其微小，微小到不经意间就流淌进我们的心底，润泽、呵护着我们。母爱，无言。

作者笔下的母爱是不经意却厚重的。母亲因为看不见而跌倒，却说自己是不小心；母亲已挺不起腰却说着没事。不用华丽的辞藻，无须过多的描绘，从细节处就能彰显母爱的伟大。作者通过对母亲神态、动作、语言的描写，把我们带入那个场景，将母亲的一言一行生动地展现在我们面前，使我们感受到母爱的深沉。

结尾是出人意料的，却又在情理之中。初读只觉心酸和感动，再读更有一股震撼的力量在敲打着我们。作者做了大量铺垫，早已暗示母亲年事已高，背已无法挺直，饺子也落了灰，但母亲还是用善意的谎言搪塞过去了，"我"竟也没有发现。通过"我"的不够关心和母亲深沉的爱的对比，母爱之伟大跃然纸上。

《慈母情深》中母亲的反复动作、朱自清《背影》中父亲笨拙的身影，都在平凡的事中体现他们伟大的爱。本文亦是如此，平凡的言行间，展现出一个坚韧伟大的母亲形象。是啊，上帝不是无所不能的，所以创造了母亲，我们应该从细微处感知母爱，珍惜这份美好。故事如何继续发展尚未可知，但文章前的我们一定能感受到那份坚定有力的爱。母爱，无言。

第二节　常见文体写作指导

一、记叙文

考点 1　构思谋篇

1. 选材

记叙文的第一步，就是选择材料。作者掌握的材料能否成为文章中的有用部分，关键在于选择和取舍。生活中的人、事、景、物，都应是完整的，我们在写文章时不能按照生活的本来面目原原本本予以反映，而应根据自己表达的需要进行选取。具体可以从以下三个方面入手：

①围绕和突出主题；②真实而又典型；③新颖而又生动。

2. 截取

所谓“截取”，指的是在选择材料过程中如何确立起点。记叙性文章面对的是客观事物，而任何事物都有一个“过程”，要避免照搬生活，就有一个把“过程”截断、从哪里写起的问题。写好文章的开头的常用方法有以下几种：

（1）顺叙。将事件的发端放在开头。

（2）倒叙。将事件的结局放在开头。

（3）截取某一生动的或高潮的部分放在篇首，然后再展开前因后果的完整记叙。

3. 安排场面

场面通常是指描写的对象。所谓场面描写，即对人物活动场景的描写。其实，场面不仅是一般的描写对象，而且是一种结构的方式。任何人物的活动，只有放在特定的环境、场合中，才能展示人物与环境、人物与人物之间的各种联系，展示由各式各样的活动构成的生活情景。离开特定的时间、地点、环境、场合，人物的活动就难以得到具体形象的体现。

4. 设置线索

线索是作者组织材料的思路在文章中的体现，也就是统摄和连缀各个场面的纽带。用场面结构全文，总要有能联结和贯穿起来、推进情节发展的一条主线。任何一篇记叙性的文章，无论是记人叙事，还是写景状物，都要紧紧攥住这根纽带，才能把所要表达的内容有层次地串联起来，形成一个有机的整体。线索的类型，主要有以下几种：

类型	内容	举例
情节线	以故事情节的推进为主线。	《一件珍贵的衬衫》：作者采用了倒叙的方式，虽然文中事件的起因、发展和结果是在三个不同的时间和地点发生的，但全文的记叙过程仍然是以这一件衬衫的来由为线索而展开的。
人物线	以人物的思想、品质及其主要特征为主线。	《为了周总理的嘱托》：截取最关键的部分放在开头，核心部分按时间顺序，分五个场面，从不同角度描述了吴吉昌几起几落和顽强拼搏的过程。
情感线	以某种情感的发展过程或特征为主线。	《荷塘月色》：文章开头说，“这几天心里颇不宁静”，于是想起荷塘的满月，去寻找宁静。这种静与不静交织的情绪的波澜，就形成了贯穿全文的线索。
主题线	以记叙性文章的中心思想为主线。	《为了忘却的纪念》：开头提出全文的主旨“纪念是为了忘却，而忘却是为了摆脱悲哀，用更好的行动来纪念”。这段文字覆盖全文，贯穿始终。

续表

类型	内容	举例
实物线	以与主题或主要情节有关或具有某种象征意义的实物为主线。	《小橘灯》:全文紧紧围绕一盏"小橘灯"来展开,"小橘灯"就是文章的一条主线。
独特词语线	以作者刻意设计的某种关键性的独特词语为主线。	《风景谈》:每一次穿插都用"风景"二字紧紧扣住,既连缀全文,又贯穿全文。

考点 2 记叙文的类型

类型		写作角度
写人为主		可以写一个人,也可以写一群人。写一个人,可以通过一件事,也可以通过几件事来表现。倘若是通过一件事来写人的,就要写他最能打动人、最能给人留下深刻印象的那一件。如果通过几件事来表现人,则要写好这几件事,把焦点对准人。写一群人的,文章写的人多,事情也多,则要考虑用什么中心思想把人物的事迹组合到一起。
叙事为主		可以写一件事,也可以写几件事。写一件事的,要注意完整性,要交代清楚时间、地点、人物及事情的发生、发展和结果。特别是对于事件的发展经过,要写得周密,前后要照应,不能出现漏洞。写几件事的,要注意表现同一个中心,即围绕中心来组织材料。
写景状物为主	写景	(1)写景要安排顺序。不论是写一种景物,还是多种景物,都要安排好顺序,或是由高到低,或是由远及近,或是先实后虚,或是以时间为序,或是以行踪为序。 (2)写景要有目的、有选择。有的写景为的是渲染气氛,有的写景为的是抒发感情,有的写景为的是推动故事情节的发展,等等。 (3)写景常用的方法一般是定点观察法、移步换景法和特写镜头描写法等。使情融于景的方法一般有三种:一是触景生情,二是寓情于景,三是情景交融。
	状物	(1)细致观察事物,抓住事物的静态特点和动态特点,对事物的外形、颜色、状态以及与周围事物的关系、事物的变化和活动情况认真琢磨。 (2)借物抒情,要写出物的品格,往往不是把感情直接说出来,而是渗透在对某一景物描写的字里行间。一般是"借物赞人"或"借物喻人",在赞美某一物的基础上,通过联想来歌颂相关的人。 (3)托物言志,表达作者的思想。常常是全篇都围绕某种外物展开,处处都表现该外物,而这种外物则具有某种象征意味。

二、议论文 ★★★

考点 1 布局谋篇法

1. 起承转合式

"起承转合"作为一种基本模式,是可以灵活变通的。运用该方法写作时,需要注意以下五个方面:

(1)直申观点是"起",提出问题也是"起"。

(2)从正面展开论述是"承",从反面展开论述也是"承";从几个方面、几个层次去说是"承",用不同的论证方法去展开也是"承"。

(3)上面是“正承”就可以“反转”，上面是“反承”就可以“正转”；批评谬论是“转”，从反面设想也是“转”。

(4)侧重点可以不同，或在正，或在反；落脚点可以不同，可以止于认识，也可以落到实践。

(5)“起承转合”四步，也不见得篇篇俱全，可以无“起”，也可以不“转”，有时又不必去“合”。

2. 逻辑推理式

推理是一种由一个或几个判断推出另一个判断的思维形式。所根据的判断叫“前提”，所推出的判断叫“结论”，由前提推出结论要有一定的方式，遵循一定的规律。写作时常用的推理形式主要有以下两类：

(1)演绎推理

从一般的知识(前提)推出特殊或个别的知识(结论)的推理。例如：

为人民利益而死的人，其死都比泰山还重，张思德同志是为人民利益而死的，所以，张思德同志的死比泰山还重。

(2)归纳推理

不是从一般推出个别，而是由个别、特殊推出一般，是从特殊的、个别的事实中推出普遍性结论。例如：

要鼓起勇气和保持正气，需要有呆气；研究任何学问要求造诣深邃，需要有呆气；委身革命事业以拯救同胞，需要有呆气；欲能忠于职守，需要有呆气；交朋友，也以有几分呆气者为可靠；所以，呆气好处极大，不可没有。

考点 2 常用的论证方法

方法	内容
例证法	选择典型的、有代表性的个别事例论证论点的方法。
引证法	用理论论据证明论点的方法。它既可直接引用原文，也可以间接引用原意，但不论采用哪种形式，所引证的内容都必须有权威性，必须准确，决不能断章取义。
喻证法	用比喻的方法来阐明抽象道理的方法。由于喻体的具体性、形象性，用此设喻来论述抽象的深刻的道理，不但通俗易懂，而且鲜明生动，具有很好的论证效果。
对比法	把同一事物的不同方面或不同事物的相同或相反的方面加以比较对照来证明论点的方法。
类比法	用已知事物同与它有某些相似点的事物作比较类推，从而证明论点的方法。
归谬法	不是直接批驳对方的错误观点，而是抓住对方的谬误，顺水推舟，加以引申、延长、扩展，使其荒唐可笑之处愈发明显。这样，对方的观点便不攻自破了。
归纳法	由个别到一般的论证方法。它通过许多个别的事例或分论点，归纳出它们所共有的特性，从而得出一个一般性的结论。
演绎法	由一般到个别的论证方法。它由一般原理出发推导出关于个别情况的结论，其前提和结论之间的联系是必然的。演绎法有三段论、假言推理、选言推理等多种形式。

考点 3 写作模板

议论文写作通常采用“总分总”的形式，常用的有三种结构：并列式结构、层进式结构和“引议联结”式结构。考生在写作时可结合材料及自身优势选择适合自己的写作方式。

1. 引论

引述材料，提出论点，开篇入题。例如，……（材料内容），该材料讲述了……，说明……（点明主旨）。开头不要过长，要做到短小精悍。

2. 分论

（1）并列式结构

例如，分论点①……（指明论点），……（论据），……（分析论证）。分论点②……（指明论点），……（论据），……（分析论证）。分论点③……（指明论点），……（论据），……（分析论证）。各论点之间为并列关系，最后要点明中心论点。

（2）层进式结构

例如，分论点①……（指明论点），……（论据），……（分析论证）。分论点②……（指明论点），……（论据），……（分析论证）。分论点③……（指明论点），……（论据），……（分析论证）。各论点之间为递进关系，最后要总结中心论点。

（3）"引议联结"式结构

例如，……（分析材料，表明观点），……（联系现实，分析论证）。

易错点提示

议论文中的事例是用来证明观点的，而不是用来介绍知识的。在选取事例时，要注意事例的代表性和适量性。

3. 总结

深化论点，总结全文。字数不要过多，做到简短且掷地有声。

真题面对面

[2021金华、绍兴诸暨中小学，写作，20分]语文教师在指导学生写作时，应该"下水"与学生同步作文。现要求你与学生同步写作一篇短文。题材如下：

有学生曾大胆质疑语文教材书编辑：1. 经过查证"一日无书，百事荒芜"并非陈寿所说。2. "周瑜看到诸葛亮挺有才干，心有妒忌"这句话并不准确，周瑜所忌并非诸葛亮的才干，而是诸葛亮有才干而不为孙权所用。

请结合材料，自选角度，题目自拟，写一篇不少于800字的论述性文章。文章中不得出现真实的姓名、校名等。

参考例文：

敢于质疑

那些著名的科学家所说的话常常被视为真理，我们从未去怀疑这些真理；老师们所传授的知识都被孩子们视为无可争议的知识，他们也从未去怀疑这些知识的真实性。但其实，只有敢于质疑，才能不断进步。

古希腊学者亚里士多德认为重物体比轻物体下落的速度要快。世世代代的学者都接受这个论断，坚信不疑。但年轻的伽利略通过一系列实验,发现亚里士多德的说法是错误的。如果没有空气的摩擦阻力,重物体和轻物体下落的速度相同。他在比萨斜塔上同时丢下两个重量不同的球,站在塔下的千百观众亲眼看到两个球在同一时刻落地,都惊讶不已。

经过近两千年的时间,亚里士多德的错误论断才被推翻,难道这期间就没有其他科学家站出来勇敢地提出质疑吗?是的,这期间人们都只是学习亚里士多德的理论,他的所有思想都被尊为不可怀疑的真理。但不敢于怀疑“真理”的人都是在死学,这样的学习是没有效果的。

当今社会,似乎各种知识都已经被定论,而我们只要去记去背就行了,那是不正确的,我们需要去质疑权威,提出自己的观点,有这种难能可贵的品质,我们才能学得更好。

在一本古代数学书中,出现“圆一周三”的定论。也就是直径为一的圆周长为三这个“权威”定理一直被使用了七百多年,没有人质疑,似乎这便是完美的答案。但是数学家祖冲之却质疑了这个观点,因为生活中有太多实例与此不同了。但人们总说,也许是出了一点误差也说不定,这可是书上权威的答案。最后,祖冲之通过“割圆法”,耗时良久,终于得出了π等于3.1415926到3.1415927之间的结论,打破了权威,起初不相信他的那些“专家”们也都服气了,祖冲之因质疑而打破了权威。

只有学会了质疑权威,这个世界才会飞速进步。如果牛顿没有质疑毕达哥拉斯定理,物理学又怎会上一个台阶;如果哥白尼没有质疑“地心说”,又怎么会有后来天文学的突飞猛进;如果没有人质疑封建迷信,也许现在人们仍愚昧无知。

所以说质疑可以拨开层层迷雾,带着人们走向真理。不要认为教材是“权威定论”,老师讲的都是“金口玉言”。我们不但要学会听,更要学会用大脑去分析和思考,我们需要拥有敢于质疑权威的精神。

核心考点回顾

1. 话题作文的审题方法是什么?(参见本书P282)
2. 如何写好命题、半命题作文?(参见本书P284~285)
3. 写作材料作文的注意事项有哪些?(参见本书P286)
4. 简要写出议论文的写作模板。(参见本书P290~291)

达标测评

建议用时	实际用时	测评总分	实际得分
160分钟	______分钟	100分	______分

写作题(共100分)

1. 阅读下面的材料,按要求作文。(20分)

语文教师在指导学生写作时,应该“下水”与学生同步作文。现要求你与学生同步写作一篇短文。题材如下:

天地英雄气,千秋尚凛然。自古至今,人们崇尚英雄。在不同时代的呼唤下,也涌现了很多名垂千古

的英雄人物。他们,有的像金庸先生小说里的郭靖,是为国为民、单纯刚直的侠义英雄;有的像《老人与海》中的桑提亚哥,搏击鲨鱼,抗争厄运,是硬汉英雄;有的像鲁迅先生以笔代戈,为民呐喊,是拯救民族灵魂的英雄;有的像“天眼之父”南仁东,历经22年风雨,让中国的射电天文学一举领先世界水平10到20年,是新时代的英雄……罗曼·罗兰曾说:“世上只有一种英雄主义,那就是在认清现实生活的真相后依然热爱生活。”

当下,有人说,这是一个英雄辈出的时代;也有人说,这是一个没有英雄只有偶像的时代。对此,请你以“时代的英雄”为题,写一篇不少于800字的作文。不要套作,不得抄袭。

2. 阅读下面的材料,按要求作文。(30分)

弟子总是抱怨自己生活得太痛苦。大师吩咐弟子抓一把盐放在一杯水中,然后喝了它。“味道如何?”大师问。“咸。”弟子吐了口唾沫。

大师又吩咐年轻人抓一把盐放进湖里,说:“再尝尝湖水。”年轻人捧了一口湖水尝了尝。“你尝到咸味了吗?”大师问。“没有。”年轻人答道。

要求:自选角度,自定立意,自拟题目,写一篇不少于800字的文章。除诗歌外,文体不限。

3. 阅读下面文字,根据要求作文。(30分)

哲学家维特根斯坦说:“我贴在地面步行,不在云端跳舞。”也有人化用这句名言,认为“既要贴在地面上步行,又要在云端跳舞”。

要求:全面理解材料,可以从一个侧面、一个角度构思作文。自主确定立意,确定标题,确定文体,不要写成诗歌;不要脱离材料内容或其含义的范围作文,不要套作,不得抄袭;不少于800字。

4. 阅读下面文字,根据要求作文。(20分)

《论语》中言:“己欲立而立人,己欲达而达人。”屈原《离骚》中言:“老冉冉其将至兮,恐修名之不立。”郑燮在《竹石》中吟出:“咬定青山不放松,立根原在破岩中。”毛泽东在《沁园春·长沙》中吟出:“独立寒秋,湘江北去,橘子洲头。”立,一人正面立地,且是笔直地站立。说到立,你会想到什么呢?是自立、成立,还是顶天立地、立身处世呢?

结合以上材料,请你以“立”为话题,写一篇不少于800字的文章。文中不得出现你所在学校的校名,以及教职工、同学和本人的真实姓名。

参考答案及解析

写作题

1. 参考例文:

时代的英雄

在遥远的上古时期,盘古开天辟地,女娲捏泥造人,从此被称为人类的英雄;在夏商周时期,大禹治水,从而被封为历史的英雄;工业革命时期,爱迪生发明电灯泡,因此被封为推动社会发展的英雄。每个时代都有每个时代的英雄,这些时代的英雄都推动了社会的发展。

英雄，是一个时代的象征吗？无论说起哪个英雄，我们首先想到的是这个人所处的时代以及他所做出的贡献。

闭关锁国时期，中国充斥着愚昧无知，腐朽落后。而这个古代的最后一位罪臣，近代的第一个功臣——林则徐，几乎可以和但丁相媲美。广东虎门一聚数万吨鸦片化为乌有，他让中国摆脱了古代的闭关锁国，开启了近代的开端。为人民，他奉献自身全部的力量；为祖国，他甘愿舍弃自己的生命。而我们，需要的恰恰是这样的英雄。

英雄不仅仅是一个时代的，更是永恒的，值得我们永远去追念的。布鲁诺为捍卫日心说不惧死亡，甘心在烈火中灭亡。他虽然在那个时代被称为“异端”，但是他的精神和信仰被镌刻在史书中，永不凋零，万古流芳。

“社会犹如一条船，每个人都要有掌舵的准备。”在很多人眼中，英雄便是那站在时代的风口浪尖上呼风唤雨的人。今天这个时代，硝烟散尽，于是有人便发出了“英雄无觅”的感慨。

当今这个时代真的没有英雄了吗？不，请看——陈红军、陈祥榕、肖思远是卫国英雄；翟志刚、王亚平、叶光富是航天英雄；袁隆平是农业英雄；钟南山是抗疫英雄；苏翊鸣是冬奥英雄……

在这个和平的年代里，英雄早已被赋予了全新的含义。英雄，是每一个以平肩担道义，推动着时代的巨轮不断向前的人。英雄，可以是放弃高薪毅然回乡，带动白云村经济发展的耶鲁村干部秦玥飞；英雄，可以是在“备份”位上默默奉献的航天员邓清明；英雄，还可以是六十多年在平凡的岗位上发光发热的老战士张富清……英雄，可以是那些仅以平肩担道义的微小个体。他们只是芸芸众生中的一员，放在历史的长河中也许不如别人璀璨耀眼，他们微不足道，但他们又不可或缺。他们是我们这个时代的平凡英雄。

“英雄各有见，何必问出处”，每个时代都有英雄，我们要尊崇英雄，以英雄人物为榜样，以英雄精神为指引，不负青春，无愧时代。

2. 参考例文：

痛苦无味

“空山新雨后，天气晚来秋。明月松间照，清泉石上流。”

王维吟诵着这首诗，漫步于雨后空山，豁然开朗。官场失意又何妨？人生苦痛又怎样？他饮尽人生苦痛的浊酒，酒入幽肠，消融在他明月、清泉的深广心境中。试问滋味，鲜凉！

人生的痛苦如手里的一把盐，浸入杯中则化作无尽的咸涩，然投于湖海，则消融为一份鲜凉。面对人生痛苦，打开我们的心胸，提升我们的精神境界，则痛苦不再是一杯盐水而是沁人心脾的香茗。

我们乘坐在人生的客车上，从一个时代驰向另一个时代。在每一个远方，我们都感到无尽的苦感。于是有人就呼号：“我的人生这样不顺，我生活得这般痛苦。”我们总敏感于外物的冷寒热暖，却淡忘了痛苦的根源来自我们脆弱的心房。摆脱不开“利”的诱惑，逃不掉“欲”的浸染，每天奔波于金钱酒肉、纸醉金迷之中，怎不痛苦？殊不知，一个广阔的心胸，可以将痛苦消融得不见痕迹。打开心胸，给自己一个崇高的心境。

读张爱玲时，我总感到一缕幽香。张爱玲的一生是痛苦的，痛苦的是她灰色的童年，是她不幸的婚姻，是那个旧上海夜下孤独的舞步，上天好像把可以给予人间的痛苦全给了这位妙龄女子。而她面对这份苦痛，在桂树窗前陷入了对人生无尽的思考。坚持，奋起，执笔，这是她在痛苦时代的选择，她不写革命，不写战争，只写那个时代最美好的回忆。她的这份阔达的心胸消融了苦痛，执笔耕耘，幻化为从《半生缘》氤氲中走来的仙女，在《倾城之恋》柔情中莞尔一笑的天使，填平了青石板一路的坑洼，妖娆了一个时代的轻歌。

陶潜也是一个这样的人。官场黑暗，仕途失意，但他埋头深野，伫立田园，以崇高的精神境界叹唱出“采菊东篱下，悠然见南山”的优雅与淡定。

苦难只是一把盐，放入大湖，只剩清鲜。把心胸放宽，提升精神境界，痛苦将幻化为你的香茗。

定乎内处之分，辨乎荣辱之境，升华心灵，斯已矣……

3. 参考例文：

步行与跳舞

“既要贴在地面上步行，又要在云端跳舞”是一种态度、一种主张。这告诉我们，既要面对现实，扎实地生活，又要具有远大的理想，放飞自己的想象。

既要脚踏实地，又要充满理想；既要贴在地面上努力，又要在云端充满希冀。这就是我们的求索。

现实在脚下迈进，理想在思维中升腾。他是黑人，但他更是为黑人的平等自由而付出的人。马丁·路德·金现已不是一个普通的名字，他成了一种精神。在美国的中小学，在小朋友的画册里，在黑人家庭的情感上，人们都把他当作偶像。他也是个普通的黑人，但他的心中装着平等的血液、自由的血液。在商店调查，在港口的黑人之间访谈，在林肯的思想中洞悉，于是他大胆地提出“我有一个梦想”的非暴力行动。

现实与理想的结晶在马丁·路德·金的脚下延伸，那就是平等与自由；在甘地的脚下延伸，尽管他死于暴力，但他的精神不死；在《汤姆叔叔的小屋》中延伸，那是贴在地面上步行与在云端跳舞的见证。

在地面上步行的人，秉持着人的毅力与精髓；在云端跳舞的人，秉持着人的哲思与智慧。

有人说，孔子是贴在地面上步行的人。弟子们问他未来如何，他说：“未知生，焉知死？”他强调“讷于言而敏于行”“听其言而观其行”“三思而后行”，行是孔子的根，仁是孔子的魂，“夫仁者，己欲立而立人，己欲达而达人”。他在杏坛下授课，他在诸侯国传仁，朝沐于泰山古柏，暮栖于齐国闻韶。而庄子则是独立于云端跳舞的人，他垂钓，他曳于涂，他思考“子非鱼，安知鱼之乐”，他思考大鹏扶摇直上九万里。

我们思考孔子的仁政与礼仪，是贴在地面上步行的总结与主张；我们崇拜庄子清静无为的哲思与无穷智慧，是传统文化现实与梦想的和谐。

弘一布道有佛教之慧，但他也思虑小虫在藤椅中间的生命存在；徐悲鸿紧抓中国传统国画的水墨神韵，也融会西方油画的泼刷风采；鲁迅叱咤于杂文的领域，也涉及讲述夸父与女娲的《故事新编》；温总理在国难面前，勇敢地站在前沿，但也有“仰望星空”的美妙诗篇，这就是现实与理想的最佳结合。

走进现实，就要贴在地面上，一步一步行走；站在云端，就要升腾起理想的风帆。现实，是人类生存的土壤；站在云端，则使头顶的天空更加浩瀚。

萧伯纳说：“走进生活，会有性情的呼唤，也会有美妙的想象。”但愿我们的生活，有现实的召引，也有理想的希冀。要贴在地面上步行，也要在云端跳舞。

4. 参考例文：

立，是“立”足于这人世间

自古以来，就有埋头苦干的人，有拼命硬干的人，有为民请命的人，有舍身求法的人……他们或以德立足，或以诚立足，或以功立足……于是，我们眼见这一个个身影，立足于这人世间。

立德，是立足的内动力。曾国藩，晚清第一名臣，他非常注重自身的立德。他曾说：“吾人只有进德修业两事靠得住。进德，则孝悌仁义是也；修业，则诗文作字是也。”他虽官至总督，但也坚持拿有限的俸禄，从不想着贪图政府或百姓一分一毫。他坚持以实才选人，从不会为了一己之私而将自己的兄弟姐妹任意置于哪个岗位上。他不仅为自己立了德，也教会了别人立德，这让他立足于这人世间，为世人所歌颂。

立诚，是立足的驱动力。立诚于人，是宋濂按时还书。宋濂因家贫无以观书，不得不向他人借书。每次借书，他都会与人约定好还书的时间，且从不失约，即使环境再恶劣。久而久之，他得以遍观群书，青云直上。立诚于教育，是曾子杀彘。曾子深知孩子喜欢效仿父母的行为，所以他坚守言出必行，不仅让孩子学会了诚信，也为教育事业增添浓墨重彩的一笔。立诚于国，是商鞅重赏勇夫。在战争频繁、人心惶惶之际，商鞅立木许诺，并当众将赏金给予那名勇夫。这一举动，让他树立了威信，让变法得以推广，继而使秦国逐渐强盛。

如果没有百年前的青年学生立起的爱国精神，或许五四运动就不会拉开新民主主义革命的序幕。如果没有冯友兰先生以《抗辩书》立起的不卑不亢精神，或许如今的大学就不会包罗万象。如果没有科技工作者立起的探索精神，或许中国在太空、海洋领域的发展还是一片空白……

“为天地立心，为生民立命，为往圣继绝学，为万世开太平。”如今的我们，也当看向这一个个以德以诚等立足于人世间的人，先从自身立德做起，从“坐着”到能“站立”起。立起来之后，我们当充实自我，一直“立”下去。“立大事者，不惟有超世之才，亦必有坚忍不拔之志”，不管人生路上有多少艰难险阻，我们都要一直立着，一直往前走。

愿与风同立，细嗅海的微咸，连同一片新鲜。愿与峰同立，凝望暗夜苍穹，只手撑天。愿与锋同立，穿梭万顷茫然，傲视天海一线。立，愿我们以德为基，以诚自立，充实自我，立足于这人世间。

第二部分

课程与教学论

内容导学

浙江省教师招聘考试课程与教学论部分共三章。

第一章主要介绍《义务教育语文课程标准》新旧版和《普通高中语文课程标准》(2017年版)的节选内容，考查题型偏重于客观题；

第二章主要介绍语文教学基础知识，该章为辅助性章节，没有明确的考题；

第三章主要介绍语文教学基本能力，包括教学设计和案例评析，考查题型偏重于主观题。

考生要重点掌握第一章和第三章的内容，在备考时，应结合历年考题和自身实际，有针对性地进行复习。

第一章　语文课程标准

思维导图

- 语文课程标准
  - 《义务教育语文课程标准》新旧对比
    - 结构变化
    - 内容变化
  - 《义务教育语文课程标准》（2022年版）节选
    - 课程性质
    - 课程理念
    - 课程目标
      - 核心素养内涵
      - 总目标
      - 学段要求
    - 课程内容
      - 主题与载体形式
      - 内容组织与呈现方式
    - 学业质量
      - 学业质量内涵
      - 学业质量描述
    - 课程实施
      - 教学建议
      - 评价建议
      - 教材编写建议
      - 课程资源开发与利用
      - 教学研究与教师培训
  - 《义务教育语文课程标准》（2011年版）节选
    - 前言
      - 课程性质（重点）
      - 课程基本理念（重点）
      - 课程设计思路
    - 课程目标与内容（重点）
      - 总体目标与内容
      - 各学段目标与内容
    - 实施建议
      - 教学建议（重点）
      - 评价建议
      - 教材编写建议
      - 课程资源开发与利用的建议
  - 《普通高中语文课程标准》（2017年版）节选
    - 课程性质与基本理念
    - 学科核心素养与课程目标（重点）
    - 课程结构
      - 设计依据、结构
    - 课程内容
      - 学习任务群、学习要求
    - 学业质量
    - 实施建议
      - 教学与评价建议
      - 课程资源的利用与开发

第二部分

浙江考向

本章属于课程与教学论的基础章节，也是浙江省中小学语文教师招聘考试重点考查的章节，内容较为琐碎，需要识记的知识较多，在考试中常以单选、填空、简答等形式考查。现对本章浙江考向分析如下：

考点类型	地区	高频考点	常考题型	能力层级	考查热度
常规考点	统考	《义务教育语文课程标准》(2011年版)课程性质、课程基本理念、课程目标与内容、教学建议	单选、填空、简答	识记、理解	★★★
	非统考	《义务教育语文课程标准》(2022年版)课程目标	填空	识记	★★★
		《义务教育语文课程标准》(2011年版)课程性质、课程基本理念、课程目标与内容、教学建议	单选、填空、简答	识记、理解	★★★
预测考点	统考/非统考	《义务教育语文课程标准》(2022年版)：课程性质、课程理念、课程目标、课程内容、课程实施	单选、填空、简答	识记、理解	★★★
		《普通高中语文课程标准》(2017年版)：课程性质与基本理念、学科核心素养与课程目标、课程结构、课程内容	单选、填空、简答	识记、理解	★★★

注：由于教育部在2022年4月印发了《义务教育语文课程标准》(2022年版)，故在2023年的考试中个别地区可能会在考试中考查2022年版的课标内容。也可能同时考查2022年版与2011年版的课标内容，或者依旧考查2011年版的旧课标。考生在复习备考时，一定要密切关注当地的教师招聘考试公告，结合当地实际考情有选择性地学习本部分内容。

核心考点

第一节　《义务教育语文课程标准》新旧对比

编者按：2022年4月，教育部印发义务教育课程方案和语文等16个课程标准(2022年版)。新修订的义务教育课程明确了义务教育阶段培养目标。

语文课程基于培养目标，将党的教育方针具体化细化为学生核心素养发展要求，明确本课程应着力培养的正确价值观、必备品格和关键能力。进一步优化了课程设置，九年一体化设计，注重幼小衔接、小学初中衔接。

新修订的义务教育课程增强了思想性，系统强化社会主义先进文化、革命文化、中华优秀传统文化等方面的教育；增强了科学性，遵循学生认知规律，注重与学生生活、社会实际的联系；增强了时代性，注重体现马克思主义中国化最新成果，反映经济社会发展新变化、科学技术进步新成果；增强了整体性，注重学段纵向衔接、学科横向配合；增强了指导性，加强了课程实施指导，做到好用管用。

由于2022年版课标内容改动较大，故设置本节内容，从“结构变化”和“内容变化”两方面对两版课标进行对比分析，以此帮助考生理解2022年版的内核。

一、结构变化

2022年版	2011年版
前言（新增，与课程性质、课程理念分开，独立于正文内容） 一、课程性质（表述略有变动） 二、课程理念（整体表述全变）	第一部分　前言 一、课程性质 二、课程基本理念 三、课程设计思路（已删）
三、课程目标 （一）核心素养内涵（新增） （二）总目标（取消三维目标，内容有变化） （三）学段要求（有新增，模块划分改变，表述有变动） 四、课程内容（新增） （一）主题与载体形式 （二）内容组织与呈现方式	第二部分　课程目标与内容 一、总体目标与内容 二、学段目标与内容
五、学业质量（新增） （一）学业质量内涵 （二）学业质量描述	—
六、课程实施 （一）教学建议（全变） （二）评价建议（有新增，内容全变） （三）教材编写建议（大部分内容有变动） （四）课程资源开发与利用（内容变动） （五）教学研究与教师培训（新增）	第三部分　实施建议 一、教学建议 二、评价建议 三、教材编写建议 四、课程资源开发与利用建议
附录 附录1优秀诗文背诵推荐篇目（个别有变动） 附录2关于课内外读物的建议（个别有变动） 附录3关于语法修辞知识的说明（有新增内容） 附录4识字、写字教学基本字表（有改动） 附录5义务教育语文课程常用字表	附录 附录1优秀诗文背诵推荐篇目 附录2关于课外读物的建议 附录3语法修辞知识要点 附录4识字、写字教学基本字表 附录5义务教育语文课程常用字表

二、内容变化

考点1　前言

2022年版的前言部分整体发生变化，其内容2011年版没有。

备考建议：2022年版前言阐述的是课标编写的整体理念，并未涉及重要的知识点。预计在考试中，前言部分不会作为考点出现，复习时了解大意即可。

考点2　课程性质

2022年版围绕“核心素养”展开，包括四个方面：①文化自信、②语言运用、③思维能力、④审美创造。在

2011年版的基础上增加了部分内容。

备考建议：2022年版在“课程性质”方面增加了有关马克思主义思想的内容，这部分内容是对“课程性质”的延伸解读，不属于重点。预计在之后的考试中考查重点仍是“工具性”和“人文性”。

考点3 课程理念

本部分为全新内容与2011年版完全不一样。

备考建议：2022年版的“课程理念”的中心是“核心素养”，该内容是新课标考试的重中之重。预计在考试中，该部分会成为重点考查对象。

考点4 课程目标

1. 核心素养内涵

新增核心素养内涵，明确了义务教育语文课程培养的核心素养，包括“文化自信”“语言运用”“思维能力”“审美创造”四个方面。

2. 总目标

总目标不再按三维目标划分，内容有所调整。

3. 学段要求

对比角度	2022年版	2011年版
学段划分（提出“六三”和“五四”两种学制）	依据“六三”学制设定学段要求。“五四”学制第二学段（3～5年级）主要参照“六三”学制第三学段（5～6年级）确定，适当降低要求。“五四”学制第三学段（6～7年级）在“六三”学制第三学段（5～6年级）基础上合理提高要求，并结合“六三”学制第四学段（7～9年级）确定，使“五四”学制6～9年级进阶更加科学。	划分为：第一学段（1～2年级）、第二学段（3～4年级）、第三学段（5～6年级）、第四学段（7～9年级）
划分模块（有改变）	【识字与写字】【阅读与鉴赏】【表达与交流】【梳理与探究】	“识字与写字”“阅读”“写作（话）”“口语交际”“综合性学习”
具体内容（有改变）	有整合、增加，每学段目标后增加总结部分。	

备考建议：2022年版的“课程目标”从结构和内容两方面进行了大幅度调整。该部分内容不管是在2011年版，还是2022年版，都是复习的重中之重。不仅会以单项选择、填空、判断等客观题形式出现，还是教学设计和案例分析的答题依据。考生在复习备考时，一定要认真复习本部分内容，做到熟记。

考点5 课程内容

本部分为新增内容，2011年版没有该部分，主要内容涉及：

1. 主题与载体形式

中华优秀传统文化、革命文化、社会主义先进文化。

2. 内容组织与呈现方式

分三个层面设置学习任务群，其中第一层设“语言文字积累与梳理”1个基础型学习任务群，第二层设“实用性阅读与交流”“文学阅读与创意表达”“思辨性阅读与表达”3个发展型学习任务群，第三层设“整本书阅读”“跨学科学习”2个拓展型学习任务群。

第二节 《义务教育语文课程标准》(2022年版)节选

《义务教育语文课程标准》(2022年版)

一、课程性质 【填空】 ★★★

编者按:本部分内容的表述与2011年版相比略有改动,增添部分内容。

语言文字是人类社会最重要的交际工具和信息载体,是人类文化的重要组成部分。语言文字的运用,包括生活、工作和学习中的听说读写活动以及文学活动,存在于人类社会的各个领域。

语文课程是一门学习国家通用语言文字运用的**综合性**、**实践性**课程。工具性与人文性的统一,是语文课程的基本特点。语文课程应引导学生热爱国家通用语言文字,在真实的语言运用情境中,通过积极的语言实践,积累语言经验,体会语言文字的特点和运用规律,培养语言文字运用能力;同时,发展思维能力,提升思维品质,形成自觉的审美意识,培养高雅的审美情趣,积淀丰厚的文化底蕴,继承和弘扬中华优秀传统文化、革命文化、社会主义先进文化,增强对习近平新时代中国特色社会主义思想的理解和认识,全面提升核心素养。

语文课程致力于全体学生核心素养的形成与发展,为学生学好其他课程打下基础;为学生形成正确的世界观、人生观、价值观,形成良好个性和健全人格打下基础;为培养学生求真创新的精神、实践能力和合作交流能力,促进德智体美劳全面发展及学生的终身发展打下基础。语文课程在推广普及国家通用语言文字、增强凝聚力、铸牢中华民族共同体意识,建立文化自信、培育时代新人,实现中华民族伟大复兴等方面具有不可替代的优势。语文课程的多重功能和奠基作用,决定了它在九年义务教育中的重要地位。

二、课程理念 【填空、简答】 ★★★

编者按:本部分内容完全不同于2011年版,整体围绕核心素养展开。

1. 立足学生核心素养发展,充分发挥语文课程育人功能

义务教育语文课程围绕**立德树人**根本任务,充分发挥其独特的育人功能和奠基作用,以促进学生**核心素养**发展为目的,以识字与写字、阅读与鉴赏、表达与交流、梳理与探究等语文实践活动为主线,综合构建素养型课程目标体系;面向全体学生,突出基础性,使学生初步学会运用国家通用语言文字进行交流沟通,吸收古今中外优秀文化成果,提升思想文化修养,建立文化自信,德智体美劳得到全面发展。

2. 构建语文学习任务群,注重课程的阶段性与发展性

义务教育语文课程结构遵循学生身心发展规律和核心素养形成的内在逻辑,以生活为基础,以语文实践活动为主线,以学习主题为引领,以学习任务为载体,整合学习内容、情境、方法和资源等要素,设计语文学习任务群。学习任务群的安排注重整体规划,根据学段特征,突出不同学段学生核心素养发展的需求,体现连贯性和适应性。

3. 突出课程内容的时代性和典范性,加强课程内容整合

义务教育语文课程突出内容的时代性,充分吸收语言、文学研究新成果,关注数字时代语言生活的新发展,体现学习资源的新变化。强调内容的典范性,精选文质兼美的作品,重视对学生思想情感的熏陶感染作用，重视价值取向，突出社会主义先进文化、革命文化、中华优秀传统文化。注重课程内容与生活、与其他学科的联系，注重听说读写的整合，促进知识与能力、过程与方法、情感态度与价值观的整体发展。根据“六三”学制和“五四”学制各自特点，合理组织与安排课程内容。

4. 增强课程实施的情境性和实践性，促进学习方式变革

义务教育语文课程实施从学生语文生活实际出发，创设丰富多样的学习情境，设计富有挑战性的学习任务，激发学生的好奇心、想象力、求知欲，促进学生自主、合作、探究学习；引导学生注重积累，勤于思考，乐于实践，勇于探索，养成良好的学习习惯；关注个体差异和不同的学习需求，鼓励自主阅读、自由表达；倡导少做题、多读书、好读书、读好书、读整本书，注重阅读引导，培养读书兴趣，提高读书品位；充分发挥现代信息技术的支持作用，拓展语文学习空间，提高语文学习能力。

5. 倡导课程评价的过程性和整体性，重视评价的导向作用

义务教育语文课程评价要有利于促进学生学习，改进教师教学，全面落实语文课程目标。课程评价应准确反映学生的语文学习水平和学习状况，注重考察学生的语言文字运用能力、思维过程、审美情趣和价值立场，关注学生学习过程和学习进步。根据不同年龄学生的学习特点和不同学段的学习目标，选用恰当的评价方式，抓住关键，突出重点，加强语文课程评价的整体性和综合性。注重评价主体的多元与互动，以及多种评价方式的综合运用，充分利用现代信息技术促进评价方式的变革。

第二部分

三、课程目标 【填空】★★★

编者按：本部分内容与2011年版相比变化较大，新增了核心素养内容，取消了2011年版中三维目标的划分，对学段要求进行了重新划分和归纳。

语文课程围绕核心素养，体现课程性质，反映课程理念，确立课程目标。

（一）核心素养内涵

核心素养是学生通过课程学习逐步形成的正确价值观、必备品格和关键能力，是课程育人价值的集中体现。义务教育语文课程培养的核心素养，是学生在积极的语文实践活动中积累、建构并在真实的语言运用情境中表现出来的，是文化自信和语言运用、思维能力、审美创造的综合体现。

1. 文化自信

文化自信是指学生认同中华文化，对中华文化的生命力有坚定信心。通过语文学习，热爱国家通用语言文字，热爱中华文化，继承和弘扬中华优秀传统文化、革命文化、社会主义先进文化，关注和参与当代文化生活，初步了解和借鉴人类文明优秀成果，具有比较开阔的文化视野和一定的文化底蕴。

2. 语言运用

语言运用是指学生在丰富的语言实践中，通过主动的积累、梳理和整合，初步具有良好语感；了解国家通用语言文字的特点和运用规律，形成个体语言经验；具有正确、规范运用语言文字的意识和能力，能在具体语言情境中有效交流沟通；感受语言文字的丰富内涵，对国家通用语言文字具有深厚感情。

3. 思维能力

思维能力是指学生在语文学习过程中的联想想象、分析比较、归纳判断等认知表现，主要包括直觉思维、形象思维、逻辑思维、辩证思维和创造思维。思维具有一定的敏捷性、灵活性、深刻性、独创性、批判性。

有好奇心、求知欲，崇尚真知，勇于探索创新，养成积极思考的习惯。

4. 审美创造

审美创造是指学生通过感受、理解、欣赏、评价语言文字及作品，获得较为丰富的审美经验，具有初步的感受美、发现美和运用语言文字表现美、创造美的能力；涵养高雅情趣，具备健康的审美意识和正确的审美观念。

核心素养的四个方面是一个整体。语言是重要的**交际工具**和**思维工具**，语言发展的过程也是思维发展的过程，二者相互促进。语言文字及作品是重要的审美对象，语言学习与运用也是培养审美能力和提升审美品位的重要途径。语言文字既是文化的载体，又是文化的重要组成部分，学习语言文字的过程也是学生文化积淀与发展的过程。在语文课程中，学生的思维能力、审美创造、文化自信都以语言运用为基础，并在学生个体语言经验发展过程中得以实现。

[2022宁波市江北区小学，教材教法，4分]语文的核心素养是________、________、________、________的综合体现。

答案：文化自信；语言运用；思维能力；审美创造

（二）总目标

1. 在语文学习过程中，培养爱国主义、集体主义、社会主义思想道德，逐步形成正确的世界观、人生观、价值观。

2. 热爱国家通用语言文字，感受语言文字及作品的独特价值，认识中华文化的丰厚博大，汲取智慧，弘扬社会主义先进文化、革命文化、中华优秀传统文化，建立文化自信。

3. 关心社会文化生活，积极参与和组织校园、社区等文化活动，发展交流、合作、探究等实践能力，增强社会责任意识。感受多样文化，吸收人类优秀文化的精华。

4. 认识和书写常用汉字，学会汉语拼音，能说普通话。主动积累、梳理基本的语言材料和语言经验，逐步形成良好的语感，初步领悟语言文字运用规律。学会使用常用的语文工具书，运用多种媒介学习语文，初步掌握基本的语文学习方法，养成良好的学习习惯。

5. 学会运用多种阅读方法，具有独立阅读能力。能阅读日常的书报杂志，初步鉴赏文学作品，能借助工具书阅读浅易文言文。学会倾听与表达，初步学会用口头语言文明地进行人际沟通和社会交往。能根据需要，用书面语言具体明确、文从字顺地表达自己的见闻、体验和想法。

6. 积极观察、感知生活，发展联想和想象，激发创造潜能，丰富语言经验，培养语言直觉，提高语言表现力和创造力，提高形象思维能力。

7. 乐于探索，勤于思考，初步掌握比较、分析、概括、推理等思维方法，辩证地思考问题，有理有据、负责任地表达自己的观点，养成实事求是、崇尚真知的态度。

8. 感受语言文字的美，感悟作品的思想内涵和艺术价值，能结合自己的经验，理解、欣赏和初步评价语言文字作品，丰富自己的情感体验和精神世界。

9. 能借助不同媒介表达自己的见闻和感受，学习发现美、表现美和创造美，形成健康的审美情趣。

（三）学段要求

依据“六三”学制设定学段要求。“五四”学制第二学段（3～5年级）主要参照“六三”学制第三学段（5～6年级）确定，适当降低要求。“五四”学制第三学段（6～7年级）在“六三”学制第三学段（5～6年级）基础上合理提高要求，并结合“六三”学制第四学段（7～9年级）确定，使“五四”学制6～9年级进阶更加科学。

第一学段（1～2年级）

【识字与写字】

1. 喜欢学习汉字，有主动识字、写字的愿望。认识常用汉字1600个左右，其中800个左右会写。

2. 学会汉语拼音。能读准声母、韵母、声调和整体认读音节。能准确地拼读音节，正确书写声母、韵母和音节。认识大写字母，熟记《汉语拼音字母表》。

3. 掌握汉字的基本笔画和常用的偏旁部首，能按基本的笔顺规则用硬笔写字，注意间架结构，初步感受汉字的形体美。努力养成良好的写字习惯，写字姿势正确，书写规范、端正、整洁。

4. 学习独立识字。能借助汉语拼音认读汉字，学会用音序检字法和部首检字法查字典。

【阅读与鉴赏】

1. 喜欢阅读，感受阅读的乐趣。学习用普通话正确、流利、有感情地朗读课文。学习默读。

2. 结合上下文和生活实际了解课文中词句的意思，在阅读中积累词语。认识课文中出现的常用标点符号，在阅读中体会句号、问号、感叹号所表达的不同语气。借助读物中的图画阅读。

3. 阅读浅近的童话、寓言、故事，向往美好的情境，关心自然和生命，对感兴趣的人物和事件有自己的感受和想法，并乐于与他人交流。诵读儿歌、儿童诗和浅近的古诗，展开想象，获得初步的情感体验，感受语言的优美。

4. 尝试阅读整本书，用自己喜欢的方式向他人介绍读过的书。养成爱护图书的习惯。

5. 积累自己喜欢的成语和格言警句。背诵优秀诗文50篇（段）。课外阅读总量不少于5万字。

【表达与交流】

1. 学说普通话，逐步养成说普通话的习惯，有表达交流的自信心。

2. 能认真听他人讲话，努力了解讲话的主要内容。听故事、看影视作品，能复述大意和自己感兴趣的情节。能较完整地讲述小故事，能简要讲述自己感兴趣的见闻。与他人交谈，态度自然大方，有礼貌。积极参加讨论，敢于发表自己的意见。

3. 对写话有兴趣，留心周围事物，写自己想说的话，写想象中的事物。在写话中乐于运用阅读和生活中学到的词语。

4. 根据表达的需要，学习使用逗号、句号、问号、感叹号。

【梳理与探究】

1. 观察字形，体会汉字部件之间的关系。梳理学过的字，感知汉字与生活的联系。

2. 观察大自然，热心参加校园、社区活动，积累活动体验。结合语文学习，用口头或图文等方式整理、表达自己在活动中的见闻和想法。

3. 对周围事物有好奇心，能就感兴趣的内容提出问题，结合其他学科的学习和生活经验交流讨论，尝试提出自己的看法。

在落实以上要求过程中，注重引导学生关注中华优秀传统文化在日常生活中的表现，初步感受中华优秀传统文化的重要价值；初步懂得幸福生活是革命前辈浴血奋战、艰苦奋斗换来的，激发对革命领袖、革命家、英雄人物的崇敬之情。

第二学段（3～4年级）

【识字与写字】

1. 对学习汉字有浓厚的兴趣，养成主动识字的习惯。累计认识常用汉字2500个左右，其中1600个左右会写。有初步的独立识字能力。能用音序检字法和部首检字法查字典、词典。

2. 写字姿势正确，养成良好的书写习惯。能用硬笔熟练地书写正楷字，做到规范、端正、整洁。用毛笔临摹正楷字帖，感受汉字的书写特点和形体美。

3. 能感知常用汉字形、音、义之间的联系，初步建立汉字与生活中事物、行为的联系，初步感受汉字的文化内涵。

【阅读与鉴赏】

1. 用普通话正确、流利、有感情地朗读课文。初步学会默读，做到不出声，不指读。学习略读，粗知文章大意。

2. 能联系上下文，理解词句的意思，体会课文中关键词句表达情意的作用。能借助字典、词典和生活积累，理解生词的意义。在理解语句的过程中，体会句号与逗号的不同用法，了解冒号、引号的一般用法。

3. 能初步把握文章的主要内容，体会文章表达的思想感情。学习圈点、批注等阅读方法。能对课文中不理解的地方提出疑问，乐于与他人讨论交流。

4. 能复述叙事性作品的大意，初步感受作品中生动的形象和优美的语言，关心作品中人物的命运和喜怒哀乐，与他人交流自己的阅读感受。诵读优秀诗文，注意在诵读过程中体验情感，展开想象，领悟诗文大意。

5. 阅读整本书，初步理解主要内容，主动和同学分享自己的阅读感受。

6. 积累课文中的优美词语、精彩句段，以及在课外阅读和生活中获得的语言材料。背诵优秀诗文50篇（段）。养成读书看报的习惯，收藏图书资料，乐于与同学交流。课外阅读总量不少于40万字。

【表达与交流】

1. 乐于用口头、书面的方式与人交流沟通，愿意与他人分享，增强表达的自信心。

2. 能用普通话交谈，学会认真倾听，听人说话时能把握主要内容，并能简要转述。能就不理解的地方向人请教，就不同的意见与人商讨。

3. 能清楚明白地讲述见闻，说出自己的感受和想法。讲述故事力求具体生动。能主动参与日常生活中的文化活动，根据不同的场合，尝试运用合适的音量和语气与他人交流，有礼貌地请教、回应。

4. 观察周围世界，能不拘形式地写下自己的见闻、感受和想象，注意把自己觉得新奇有趣或印象最深、最受感动的内容写清楚。能用便条、简短的书信等进行交流。尝试在习作中运用自己平时积累的语言材料，特别是有新鲜感的词句。

5. 学习修改习作中有明显错误的词句。根据表达的需要，正确使用冒号、引号等标点符号。课内习作每学年16次左右。

【梳理与探究】

1. 尝试分类整理学过的字词。尝试发现所学汉字形、音、义和书写的特点，帮助自己识字、写字。

2. 学习组织有趣味的语文实践活动，在活动中学习语文，学会合作。结合语文学习，观察大自然，观察社会，积极思考，运用书面或口头方式，并可尝试用表格、图像、音频等多种媒介，呈现自己的观察与探究所得。

3. 能提出学习和生活中的问题，有目的地搜集资料，共同讨论，尝试运用语文并结合其他学科知识解决问题。

在落实以上要求过程中，注重感悟国家通用语言文字的文化内涵，初步认识中华优秀传统文化蕴含的思想和智慧；感悟革命英雄、模范人物的爱国主义情怀和高尚品质，激发向英雄模范学习的意愿和行动，培养对中国共产党和中华人民共和国的朴素情感，增强民族自豪感。

第三学段（5～6年级）

【识字与写字】

1. 有较强的独立识字能力。累计认识常用汉字3000个左右，其中2500个左右会写。感受汉字的构字组词特点，体会汉字蕴含的智慧。

2. 写字姿势正确，有良好的书写习惯。硬笔书写楷书，行款整齐，力求美观，有一定的速度。能用毛笔书写楷书，在书写中体会汉字的优美。

【阅读与鉴赏】

1. 熟练地用普通话正确、流利、有感情地朗读课文。默读有一定的速度，默读一般读物每分钟不少于300字。学习浏览，扩大知识面，根据需要搜集信息。

2. 能联系上下文和自己的积累，推想课文中有关词句的意思，辨别词语的感情色彩，体会其表达效果。在理解课文的过程中体会顿号与逗号、分号与句号的不同用法。

3. 在阅读中了解文章的表达顺序，体会作者的思想感情，初步领悟文章的基本表达方法。在交流和讨论中，敢于提出看法，作出自己的判断。

4. 阅读叙事性作品，了解事件梗概，能简单描述印象最深的场景、人物、细节，说出自己的喜爱、憎恶、崇敬、向往、同情等感受；阅读诗歌，大体把握诗意，想象诗歌描述的情境，体会作品的情感。受到优秀作品的感染和激励，向往和追求美好的理想。

5. 阅读说明性文章，能抓住要点，了解文章的基本说明方法。阅读简单的非连续性文本，能从图文等组合材料中找出有价值的信息。尝试使用多种媒介阅读。

6. 阅读整本书，把握文本的主要内容，积极向同学推荐并说明理由。

7. 背诵优秀诗文60篇（段），注意通过语调、韵律、节奏等体味作品的内容和情感。扩展阅读面，课外阅读总量不少于100万字。

【表达与交流】

1. 听人说话认真、耐心，能抓住要点，并能简要转述。乐于表达，与人交流能尊重和理解对方。注意语言美，抵制不文明的语言。

2. 表达有条理，语气、语调适当。参与讨论，敢于发表自己的意见，说清自己的观点。能根据对象和场合，稍作准备，作简单的发言。

3. 懂得写作是为了自我表达和与人交流。养成留心观察周围事物的习惯，有意识地丰富自己的见闻，珍视个人的独特感受，积累习作素材。

4. 能写简单的记实作文和想象作文，内容具体，感情真实。能根据内容表达的需要，分段表述。学写读书笔记，学写常见应用文。

5. 修改自己的习作，并主动与他人交换修改，做到语句通顺，行款正确，书写规范、整洁。根据表达需要，正确使用常用的标点符号。习作要有一定速度。课内习作每学年16次左右。

【梳理与探究】

1. 分类整理学过的字词，发现所学汉字形、音、义和书写的特点，发展独立识字能力和写字能力。

2. 感受不同媒介的表达效果，学习跨媒介阅读与运用，初步运用多种方法整理和呈现信息。

3. 初步了解查找资料、运用资料的基本方法。利用图书馆、网络等渠道获取资料，解决与学习和生活相关的问题。尝试写简单的研究报告。

4. 策划简单的校园活动和社会活动，对所策划的主题进行讨论和分析，学写活动计划和活动总结。对自己身边的、大家共同关注的问题，或影视作品中的故事和形象，通过调查访问、讨论演讲等方式，开展专题探究活动，学习辨别是非、善恶、美丑。

在落实以上要求过程中，注重了解中华优秀传统文化的源远流长、丰富多彩，提升自身中华优秀传统文化修养；感受先贤志士的人格魅力，感悟老一辈无产阶级革命家的英雄气概、优良作风和高尚品质，体会捍卫民族尊严、维护国家利益和世界和平的伟大精神。

第四学段（7～9年级）

【识字与写字】

1. 能熟练地使用字典、词典独立识字，会用多种检字方法。累计认识常用汉字3500个左右。

2. 写字姿势正确，保持良好的书写习惯。在使用硬笔熟练地书写正楷字的基础上，学写规范、通行的行楷字，提高书写的速度。临摹、欣赏名家书法，体会书法的审美价值。

【阅读与鉴赏】

1. 能用普通话正确、流利、有感情地朗读。养成默读习惯，有一定的速度，阅读一般的现代文，每分钟不少于500字。能较熟练地运用略读和浏览的方法，扩大阅读范围。

2. 在通读课文的基础上，理清思路，理解、分析主要内容，体味和推敲重要词句在语言环境中的意义和作用。对课文的内容和表达有自己的心得，能提出自己的看法，并能与他人合作，共同探讨、分析、解决疑难问题。

3. 在阅读中了解叙述、描写、说明、议论、抒情等表达方式。能区分写实作品与虚构作品，了解诗歌、散文、小说、戏剧等文学样式。

4. 欣赏文学作品，有自己的情感体验，初步领悟作品的内涵，从中获得对自然、社会、人生的有益启示。能对作品中感人的情境和形象说出自己的体验，品味作品中富于表现力的语言。

5. 阅读简单的议论文，能区分观点与材料（道理、事实、数据、图表等），发现观点与材料之间的联系，并通过自己的思考，作出判断。阅读新闻和说明性文章，能把握文章的基本观点，获取主要信息。阅读科技作品，还应注意领会作品中所体现的科学精神和科学思想方法。阅读由多种材料组合、较为复杂的非连续性文本，能领会文本的意思，得出有意义的结论。

6. 诵读古代诗词，阅读浅易文言文，能借助注释和工具书理解基本内容。注重积累、感悟和运用，提高自己的欣赏品位。背诵优秀诗文80篇（段）。

7. 每学年阅读两三部名著，探索个性化的阅读方法，分享阅读感受，开展专题探究，建构阅读整本书的经验。感受经典名著的艺术魅力，丰富自己的精神世界。

8. 随文学习基本的词汇、语法知识，用以帮助理解课文中的语言难点；了解常用的修辞手法，体会它们在课文中的表达效果。了解课文涉及的重要作家作品知识和文化常识。

9. 能利用图书馆、网络搜集自己需要的信息和资料，帮助阅读。学会制订自己的阅读计划，广泛阅读各种类型的读物，课外阅读总量不少于260万字。

【表达与交流】

1. 注意对象和场合，学习文明得体地交流。耐心专注地倾听，能根据对方的话语、表情、手势等，理解对方的观点和意图。

2. 自信、负责地表达自己的观点，做到清楚、连贯、不偏离话题。注意表情和语气，根据需要调整自己的表达内容和方式，不断提高应对能力，增强感染力和说服力。

3. 讲述见闻，内容具体、语言生动。复述转述，完整准确、突出要点。能就适当的话题作即席讲话和有准备的主题演讲，有自己的观点，有一定说服力。讨论问题，能积极发表自己的看法，有中心，有根据，有条理；能把握讨论的焦点，并能有针对性地发表意见。

4. 多角度观察生活，发现生活的丰富多彩，能抓住事物的特征，为写作奠定基础。写作要有真情实感，表达自己对自然、社会、人生的感受、体验和思考，力求有创意。

5. 写作时考虑不同的目的和对象。根据表达的需要，围绕表达中心，选择恰当的表达方式。合理安排内容的先后和详略，条理清楚地表达自己的意思。运用联想和想象，丰富表达的内容。正确使用常用的标点符号。

6. 写记叙性文章，表达意图明确，内容具体充实；写简单的说明性文章，做到明白清楚；写简单的议论性文章，做到观点明确，有理有据；能根据生活需要，写常见应用文。能从文章中提取主要信息，进行缩写；能根据文章的基本内容和自己的合理想象，进行扩写；能变换文章的文体或表达方式等，进行改写。尝试诗歌、小小说的写作。

7. 注重写作过程中搜集素材、构思立意、列纲起草、修改加工等环节，提高独立写作的能力。根据表达的需要，借助语感和语文常识修改自己的作文，做到文从字顺。能与他人交流写作心得，互相评改作文，以分享感受，沟通见解。作文每学年一般不少于14次，其他练笔不少于1万字，45分钟能完成不少于500字的习作。

【梳理与探究】

1. 按照一定的标准分类整理学过的字词句篇等语言材料，梳理、反思自己语文学习的经验，努力提高语言文字运用能力，增强表达效果。

2. 学习跨媒介阅读与运用，体会不同媒介的表达特点，根据需要选用合适的媒介呈现探究结果。

3. 自主组织文学活动，在办刊、演出、讨论等活动过程中体验合作与成功的喜悦。关心学校、本地区和国内外大事，就共同关注的热点问题搜集资料，调查访问，相互讨论，能用文字、图表、图画、照片等展示学习成果。

4. 能提出学习和生活中感兴趣的问题，共同讨论，选出研究主题，制订简单的研究计划。能从书刊或其他媒体中获取有关资料，讨论分析问题，独立或合作写出简单的研究报告。掌握查找资料、引用资料的基本方法，分清原始资料与间接资料，学会注明所援引资料的出处。

在落实以上要求过程中，注重理解中华优秀传统文化蕴含的核心思想理念、中华人文精神和传统美德，表达自己作为中华民族一员的归属感和自豪感；体会中国共产党在长期奋斗历程中培育形成的崇高精神和人格风范，体认英雄模范忠于祖国和人民的优秀品质，培育民族气节和爱国主义情怀。

四、课程内容 【单选】★★★

编者按：本部分为新增内容，2011年版没有涉及。

（一）主题与载体形式

1. 中华优秀传统文化

围绕创造性转化和创新性发展要求，确定中华优秀传统文化内容主题，注重弘扬讲仁爱、重民本、守诚信、崇正义、尚和合、求大同等核心思想理念；弘扬有利于促进社会和谐、鼓励人们向上向善的中华人文精神；弘扬自强不息、敬业乐群、扶危济困、见义勇为、孝老爱亲等中华传统美德。

主要载体为汉字、书法，成语、格言警句，神话传说、寓言故事、历史故事、民间故事、中华民族团结一家亲的故事，古代诗词、古代散文、古典小说，古代文化常识、传统节日、风俗习惯等。

2. 革命文化

围绕伟大建党精神，确定革命文化内容主题，注重反映理想信念、爱国情怀、艰苦奋斗、无私奉献、顽强斗争和英勇无畏等革命传统。

主要载体为老一辈无产阶级革命家和革命英雄人物的代表性作品及反映他们生平事迹的传记、故事等作品，反映党领导人民革命的伟大历程和重要事件的作品，有关革命传统人物、事件、节日、纪念日活动等方面的作品，阐发革命精神的作品，革命圣地、革命旧址和革命文物等。

3. 社会主义先进文化

围绕社会主义核心价值观，确定社会主义先进文化内容主题，突出爱党、爱国、爱社会主义相统一。

主要载体为反映社会主义建设事业中取得的重大成就、涌现出来的模范人物与先进事迹的作品；反映当代中国从站起来、富起来到强起来的奋斗历程和重大事件，以及体现中国式现代化新道路和人类文明新形态的相关作品；反映和谐互助、共同富裕、改革创新、劳动创造美好生活等方面的作品。

在突出上述主题的同时，还应选择反映世界文明优秀成果、科技进步、日常生活特别是儿童生活等方面的主题。主要载体为外国文学名著、科普科幻作品、实用性文章、中外优秀儿童文学作品等。

各类主题的主要载体还应包括口头和书面交流与沟通、跨媒介阅读与表达等语文实践活动。

根据不同学段特点，统筹安排各类主题的相关学习内容。体现中华优秀传统文化、革命文化、社会主义先进文化的作品，应占60%～70%；反映科技、自然、生活等方面的应用、说明、记叙类作品，以及外国优秀文化作品，占30%～40%。

（二）内容组织与呈现方式

义务教育语文课程内容主要以学习任务群组织与呈现。设计语文学习任务，要围绕特定学习主题，确定具有内在逻辑关联的语文实践活动。语文学习任务群由相互关联的系列学习任务组成，共同指向学生的核心素养发展，具有情境性、实践性、综合性。

义务教育语文课程按照内容整合程度不断提升，分三个层面设置学习任务群，其中第一层设“语言文字积累与梳理”1个基础型学习任务群，第二层设“实用性阅读与交流”“文学阅读与创意表达”“思辨性阅读与表达”3个发展型学习任务群，第三层设“整本书阅读”“跨学科学习”2个拓展型学习任务群。根据学段特点，学习任务群安排可有所侧重。

1. 基础型学习任务群

语言文字积累与梳理

本学习任务群旨在引导学生在语文实践活动中，积累语言材料和语言经验，形成良好语感；通过观察、分析、整理，发现汉字的构字组词特点，掌握语言文字运用规范，感受汉字的文化内涵，奠定语文基础。

【学习内容】

第一学段（1～2年级）

（1）认识有关人的身体与行为、天地四方、自然万物等方面的常用字；认识家庭生活、学校生活、社会生活中的常用字；学习书写笔画简单的字，初步体会汉字结构的主要特点。

（2）先认先写基本字，学习部首检字法，尝试发现汉字的一些规律，初步学习分类整理课内外认识的字；在生活中主动识字，发展独立识字能力。

（3）认读拼音字母，拼读音节，认识声调，借助汉语拼音认读汉字，学习音序检字法；在日常交际情境中学习汉语拼音和普通话。

（4）诵读、记录课内外学到的成语、谚语、格言警句、儿歌、短小的古诗等，感受中华优秀传统文化，养成自主积累的习惯。

第二学段（3～4年级）

（1）在真实的语言文字运用情境中独立识字与写字，初步梳理常用汉字形、音、义之间的联系。

（2）关注校园内外汉字和标点符号的正确使用情况，整理自己的发现并和同学交流，互相正字正音。

（3）诵读、积累成语典故、中华文化名言、短小的古诗词和新鲜词语、精彩句段等，丰富自己的语汇，分类整理、交流，初步认识中华优秀传统文化蕴含的思想；在语言积累和运用过程中，体会同义词、反义词等词语

的作用，发现、感受语言的表现力和创造力。

第三学段（5～6年级）

（1）主动通过多种方式**独立识字**，按照汉字字形结构等规律梳理学过的汉字。丰富自己的词语积累，注意词语的感情色彩。

（2）开展校园内外讲普通话、写规范字、正确使用标点符号情况的调查，整理、分享自己的发现。

（3）诵读优秀诗文，分主题梳理自己积累的成语典故、格言警句、对联等语言材料，并尝试运用到日常读写活动中，增强表达效果。

第四学段（7～9年级）

（1）在语言文字运用情境中，发现、感受和表现语言文字的魅力。围绕汉字、书法、成语典故、对联、诗文等方面内容，策划并开展语文学习、展示和交流活动，加深对语言文字及其文化内涵的认识和理解。

（2）梳理学过的语言现象，欣赏优秀作品的语言表达技巧，初步探究语言文字的运用规律。学习按照词类梳理字词，学习整理典型的语法、修辞应用实例。

（3）继续丰富自己的积累。分类整理、欣赏、交流所积累的词语、名句、诗文等，并在日常读写活动中积极运用，提升自身的中华文化修养。

【教学提示】

（1）根据学生的**年龄特点**和**认知规律**，紧密联系学生的生活实际，结合识字内容，选择适宜的学习主题，创设学习情境；激发学生识字、写字、诵读、积累、探究的兴趣，并注意将语言积累、梳理与体认社会主义先进文化、革命文化、中华优秀传统文化相结合；引导学生在识字、写字、语言积累中感受中华文化的魅力，激发热爱中华文化的情感。

（2）识字与写字是阅读和写作的基础，是第一学段的教学重点，也是贯串整个义务教育阶段的重要教学内容。识字与写字教学应结合学生的生活经验，采用形象直观的教学手段，创设丰富多彩的学习情境，综合运用随文识字、集中识字、注音识字、字理识字等多种识字方法，逐步发展学生的识字、写字能力。第一学段应多认少写，要求学生会认的字不一定同时要求会写，合理安排识字与写字的量。一年级第一、第二学期会认的字大致安排250个和350个，其中二分之一的字会写。应先认先写《识字、写字教学基本字表》中的字，充分发挥这些字构形简单、重现率高、组字构词能力强的特点，打好基础，举一反三。应重视学生的写字姿势，引导学生掌握基本的书写技能，养成良好的书写习惯。

（3）诵读、积累与梳理，重在培养兴趣、语感和习惯。引导学生增强语言积累和梳理的意识，教给学生语言积累和梳理的方法，注重积累、梳理与运用相结合。诵读材料要选择脍炙人口的千古名篇和名言名句，既要有文化内涵，又要短小精悍，朗朗上口。提倡日积月累，不要贪多求快；提倡熟读成诵，不要死记硬背。引导学生借助信息技术等多种方式汇总、梳理自己积累的语言材料，建立自己的创意语言资料库，并能学以致用。

（4）语音、文字、词汇、语法、修辞等方面的知识，要避免围绕相关知识的概念、脱离实际运用进行机械训练。在教学中应根据语言文字运用的实际需要，从遇到的具体语言实例出发进行指导。

（5）识字评价要考察学生认清字形、读准字音、掌握汉字基本意义的情况，在具体语言环境中运用汉字的能力，借助字典、词典等工具书查检字词的能力，帮助学生养成写规范字的习惯，减少错别字。第一、第二学段应多关注学生主动识字的兴趣，第三、第四学段要重视考察学生独立识字的能力。写字评价要考察学生对要求“会写”的字的掌握情况，重视书写的正确、端正、整洁，在此基础上，逐步要求书写流利。语文知识的概念不作为考试内容。

2. 发展型学习任务群

实用性阅读与交流

本学习任务群旨在引导学生在语文实践活动中，通过倾听、阅读、观察，获取、整合有价值的信息，根据具体交际情境和交流对象，清楚得体表达，有效传递信息，满足家庭生活、学校生活、社会生活交流沟通需要。

【学习内容】

第一学段（1～2年级）

（1）阅读有关个人生活、家庭生活的短文，认识图文中相关的汉字，感受美好亲情；学习运用文明礼貌语言，与家庭成员、亲朋好友交流沟通，学会感恩。

（2）阅读有关学校生活的短文，认识图文中相关的汉字；学习与同学、老师文明沟通；乐于分享学校生活中的见闻和感受，热爱学习，热爱学校。

（3）在革命遗址、博物馆、公园、剧场、车站、书店、超市、银行等社会场所中，学习认识有关标牌、图示、说明书等，了解公共生活规则，学会有礼貌地交流。

（4）学习有关中华优秀传统文化的短文，将读到、听到、看到的故事讲给他人听。

第二学段（3～4年级）

（1）阅读有关家庭生活、学校生活、社会生活的短文，学习用口头和书面的方式，客观地表述生活中的见闻片段。学习写留言条、请假条、短信息、简单书信等日常应用文，注意称谓和基本格式，文明礼貌地进行交流。

（2）学习阅读说明、叙写大自然的短文，感受、欣赏大自然的奇妙与美好。学习用日记、观察手记等，展示自己观察自然、探索科学世界的收获。

（3）学习具体、清楚、生动地讲述有关老一辈无产阶级革命家和革命英雄、劳动模范、科学家的事迹，以及反映中华传统美德的故事。

第三学段（5～6年级）

（1）观察、思考日常生活，阅读记人叙事的优秀文本，学习通过口头表达、书面叙写，与他人交流身边令人感动、难忘的人和事。

（2）走进大自然，走进科学世界，走进社会，阅读参观访问记、考察报告、科技说明文、科学家小传等文本；学习记笔记、列大纲、写脚本、画思维导图等整理和呈现信息的方法；学习通过口头表述和多种形式的书面表达，分享观察自然、探索科学世界的所见所闻、所思所感。

（3）能写日记，关注家庭、学校、社区生活中发生的新鲜事。

（4）学习革命英雄和劳动模范的事迹，尝试用多种媒介方式记录、展示、讲述他们的故事，表达自己的崇敬之情。

第四学段（7～9年级）

（1）阅读叙事性和说明性文本，发现、欣赏、表达和交流家庭生活、学校生活、社会生活和大自然的美好，热爱生活，感恩生活。

（2）阅读科技作品，欣赏人类的科学创造，关注祖国的科技创新和社会主义建设成就，交流自己的发现与体会；学习为创造人类美好生活作出重要贡献的杰出人物的事迹，激发创造精神。

（3）学习跨媒介阅读与交流。通过多种媒介关注国内外政治、经济、社会、科技、文化等方面的新鲜事，比较不同媒介的表达效果，尝试探究不同媒介的表达特点；阅读新闻报道、时事评论等作品，关注社会主义建设新成果，就感兴趣的话题与同学进行线上线下讨论，根据目的与对象选择合适的媒介进行交流沟通。

【教学提示】

（1）应紧扣“实用性”特点，结合日常生活的真实情境进行教学。第一、第二学段可以围绕“我爱我家”“我爱上学”“文明的公共生活”等主题设计学习任务，引导学生学习日常生活语言，学会文明交往，学习表达生活；第三、第四学段可以围绕“拥抱大千世界”“创造美好生活”“科学家的故事”“数字时代的生活”“家乡文化探究”等主题，开展阅读与探究活动，引导学生关注社会，表达和交流自己在生活中的发现和感受。

（2）学习活动可以采用朗读、复述、游戏、表演、讲故事、情景对话、现场报道等学生喜闻乐见的形式，将识字、写字、阅读、写作、口语交际、搜集处理信息等融为一体；应加强对跨媒介阅读与交流的指导，充分利用数字资源和信息化平台，引导学生提高语言理解与运用能力，逐步增强语言表达的准确性、规范性。

（3）评价应注重学生在真实生活情境中语言运用的实际表现，围绕个人生活、学校生活、社会生活中阅读与交流的实际任务，评价学生实用性阅读与交流的能力。在评价中，应引导学生注意实用性阅读与表达的目的、对象、情境，以及交流效果，注意内容明确、条理清晰、语言简洁明了，注意应用文的基本格式和行文规范。

文学阅读与创意表达

本学习任务群旨在引导学生在语文实践活动中，通过整体感知、联想想象，感受文学语言和形象的独特魅力，获得个性化的审美体验；了解文学作品的基本特点，欣赏和评价语言文字作品，提高审美品位；观察、感受自然与社会，表达自己独特的体验与思考，尝试创作文学作品。

【学习内容】

第一学段（1～2年级）

（1）阅读并学习讲述革命领袖、革命英雄、爱国志士的童年故事，表达敬仰之情和向他们学习的愿望。

（2）诵读表现自然之美的短小诗文，感受大自然的美景与变化。

（3）学习儿歌、童话，阅读图画书，体会童真童趣，感受多姿多彩的生活，初步体验文学阅读的乐趣。

第二学段（3～4年级）

（1）阅读并讲述革命故事、爱国故事、历史人物故事，感受幸福生活来之不易，表达自己对美好生活的向往，以及对革命英雄、仁人志士的崇敬之情。

（2）阅读描绘大自然、表现人类美好情感的诗歌、散文等文学作品，结合自己的生活体验，尝试用文学语言表达自己热爱自然、珍爱生命的情感。

（3）阅读富有想象力和表现力的儿童文学作品，欣赏富有童趣的语言与形象，感受纯真美好的童心，学习用口头或者图文结合的方式创编儿童诗和有趣的故事，发展想象力。

第三学段（5～6年级）

（1）阅读、欣赏革命领袖、革命先烈创作的文学作品，以及表现他们事迹的诗歌、小说、影视作品等，感受革命领袖、革命先烈伟大的精神世界和人格力量，认识生命的价值；运用讲述、评析等方式，交流自己的情感体验。

（2）阅读表现人与自然的诗歌、散文等优秀文学作品，感受大自然的奇妙，体会人与自然和谐相处的意义；用口头或者书面的方式表达对自然的观察与体验，抒发自己的情感。

（3）阅读表现人与社会的优秀文学作品，走进广阔的文学艺术世界，学习品味作品语言、欣赏艺术形象，复述印象深刻的故事情节，积累多样的情感体验，学习联想与想象，尝试富有创意地表达。

（4）阅读反映少年成长的故事、小说、传记等，交流自己获得的启示；学习运用细节描写等文学表现手法，描述自己成长中的故事。

第四学段（7～9年级）

（1）阅读反映中国革命各个时期的重大事件、伟大成就、代表性人物及其感人事迹的优秀文学作品，感悟革命领袖、革命英雄、模范人物的理想信念和奋斗精神，运用多种方式交流自己的阅读感受。

（2）阅读表现人与自然的优秀文学作品，包括古诗文名篇，体会作者通过语言和形象构建的艺术世界，借鉴其中的写作手法，表达自己对自然的观察和思考，抒发自己的情感。

（3）阅读表现人与社会、人与他人的古今优秀诗歌、散文、小说、戏剧等文学作品，学习欣赏、品味作品的语言、形象等，交流审美感受，体会作品的情感和思想内涵；尝试写诗歌、小小说等。

（4）领略数字时代精彩的文学世界，欣赏由经典文学作品改编的影视作品，感受不同媒介的艺术魅力。

【教学提示】

（1）可以根据学段学习要求，围绕多样的学习主题创设阅读情境。比如，第一学段“春夏秋冬”“多彩世界”“童心天真”“英雄的童年”，第二学段“饮水思源”“珍爱自然”“童年趣事”，第三学段“英雄赞歌”“壮丽山河”“爱与责任”“成长的脚印”，第四学段“光辉历程”“精忠报国”“社会万花筒”“人与自然和谐共生”，等等。在主题情境中，开展文学阅读和创意表达活动，引导学生感受文学之美、表达自己的独特感受，促进学生的精神成长。

（2）注意整合听说读写，引导学生综合运用朗读、默读、诵读、复述、评述等方法学习作品。重视古代诗文的诵读积累，感受文学作品语言、形象、情感等方面的独特魅力和思想内涵，提升审美能力和审美品位；鼓励学生在口头交流和书面创作中，运用多样的形式呈现作品，发挥自己的创造性；引导学生成长为主动的阅读者、积极的分享者和有创意的表达者。

（3）评价应围绕学生阅读文学作品的过程性表现进行。第一学段关注阅读兴趣，通过朗读和想象等，侧重考察学生对作品情境、节奏和韵味的大体感受；第二学段在阅读全文基础上，侧重考察学生对重要段落和语句的理解，以及对作品的语言和形象的具体感受；第三、第四学段，侧重考察学生对语言、形象、情感、主题的领悟程度和体验，评价学生文学作品的欣赏水平，关注研讨、交流以及创意表达能力。

思辨性阅读与表达

本学习任务群旨在引导学生在语文实践活动中，通过阅读、比较、推断、质疑、讨论等方式，梳理观点、事实与材料及其关系；辨析态度与立场，辨别是非、善恶、美丑，保持好奇心和求知欲，养成勤学好问的习惯；负责任、有中心、有条理、重证据地表达，培养理性思维和理性精神。

【学习内容】

第一学段（1～2年级）

（1）阅读有趣的短文，发现、思考身边的鸟兽虫鱼、花草树木、家用电器等日常事物的奇妙之处，说出自己的想法。

（2）大胆提出生活和学习中遇到的问题，通过阅读、观察、请教、讨论等方式，积极思考、探究，乐于分享自己解决问题的办法，说出一两个理由。

第二学段（3～4年级）

（1）阅读有关科学的短文，尝试发现日月星辰、风雨雷电、山川草木等大自然的奥秘，依据事实和细节，运用口头和图文结合的方式，表达自己的观点和思考。

（2）阅读解决生活问题的故事，尤其是中华智慧故事，结合自己在生活中遇到的问题学习思考的方法，尝试运用列提纲、画思维导图等方式，表达故事中的道理。

（3）在日常学习和生活中，主动记录、整理、交流自己发现的问题和思考，学习辨析、质疑、提问等方法。

第三学段（5～6年级）

（1）阅读关于中华传统美德、社会公德等方面的短论、简评，结合校园或社会生活中的实际事例，学习有理有据地口头或书面表达自己的观点。

（2）在日常生活和学习中，发现并思考成语、对联、谚语、绕口令等多种语言现象的特点，体会不同的表达效果。

（3）阅读有关科学发现、技术发明的故事，用画思维导图等方式辅助，简洁清楚地表述科学家发现、发明的过程，学习科学家的创造精神，体会猜想、验证、推理等思维方法。

（4）阅读哲人故事、寓言故事、成语故事等，感受其中的智慧，学习其中的思维方法。

第四学段（7～9年级）

（1）阅读关于生活感悟、生活哲理方面的优秀作品，学习思考与表达的方法，结合生活经验和阅读材料，阐述自己的感悟和观点。

（2）学习关于科学探究方面的文本，联系自己的科学学习经历，围绕问题提出、探究过程、解决方法等进行专题式的研讨、演讲和写作。

（3）阅读诗话、文论、书画艺术论的经典片段，尝试运用其中的观点欣赏、评析作品。

（4）学习革命领袖的理论文章、经典的思辨性文本（包括短小的文言经典），理解作者的立场、观点与方法。围绕社会热点问题，以口头或书面方式参与讨论。

【教学提示】

（1）应根据学生**思维发展的特点**，在不同学段创设适宜的学习主题和学习情境。比如，第一学段“生活

第二部分

真奇妙""我的小问号"，第二学段"大自然的奥秘""生活中的智慧""我的奇思妙想"，第三学段"社会公德大家谈""奇妙的祖国语言""科学之光""东方智慧"，第四学段"生活的感悟""探究与创造""艺海拾贝""理性的声音"，等等。将文本阅读和自主探究结合起来，为学生提供广阔的思考、表达和交流空间。

（2）应设计阅读、讨论、探究、演讲、写作等多种学习活动，引导学生学习发现、思考、探究问题的思路和方法。应注意不同学段的特点，避免操之过急、求之过深。第一学段，重在保护学生的好奇心、自信心，引导学生多观察相似事物的异同点，多问为什么；鼓励学生自由表达、充分表达，以表扬为主。第二学段，可通过具体例子引导学生知道事实与观点的不同。引导学生发表对文本的看法，尝试表达自己的观点，从文本中寻找证据支持自己的观点。第三学段，应引导学生分析证据和观点之间的联系，辨别总分、并列、因果等关系，有条理地表达自己的观点。鼓励学生对文本进行评价。第四学段，注意引导学生客观、全面、冷静地思考问题，识别文本隐含的情感、观点、立场，体会作者运用的思维方法，如比较、分析、概括、推理等，尝试对文本进行评价。引导学生基于阅读和生活实际，开展研讨等活动，表达要观点鲜明、证据充分、合乎逻辑。

（3）应鼓励学生借助现代信息技术，自主搜集和利用学习资源，拓展思路，支持自己的思考和论说。应引导学生学习搜集和选择信息的基本方法，关注信息的可靠性和权威性。能区分原始资料与间接资料，学会注明所援引资料的出处。

（4）评价要关注学生在问题研究过程中的交流、研讨、分享、演讲等现场表现，以及活动过程中产生的文字、表格、统计图、思维导图等学习成果，要特别关注学生思考的过程和思维的方法。

3. 拓展型学习任务群

整本书阅读

本学习任务群旨在引导学生在语文实践活动中，根据阅读目的和兴趣选择合适的图书，制订阅读计划，综合运用多种方法阅读整本书；借助多种方式分享阅读心得，交流研讨阅读中的问题，积累整本书阅读经验，养成良好阅读习惯，提高整体认知能力，丰富精神世界。

【学习内容】

第一学段（1～2年级）

（1）阅读富有童趣的图画书等浅易的读物，体会读书的快乐。

（2）阅读、朗诵优秀的儿歌集，感受儿歌的韵味和童趣。

（3）阅读自己喜欢的童话书，想象故事中的画面，学习讲述书中的故事。

第二学段（3～4年级）

（1）阅读表现英雄模范事迹的图书，如《小英雄雨来》《雷锋的故事》等，讲述英雄模范的动人故事。

（2）阅读儿童文学名著，如《稻草人》《爱的教育》等，感受作品传达的真善美，用自己喜欢的方式讲述故事大意。

（3）阅读中国古今寓言、中国神话传说等，学习其中蕴含的中华智慧，口头或书面分享自己获得的启示。

第三学段（5～6年级）

（1）阅读反映革命传统的作品，如《可爱的中国》《小兵张嘎》《闪闪的红星》等，讲述自己感受到的家国情怀和爱国精神。

(2)阅读文学、科普、科幻等方面的优秀作品,如《寄小读者》《十万个为什么》《海底两万里》等,学习梳理作品的基本内容,针对作品中感兴趣的话题展开交流。

(3)梳理、反思小学阶段的阅读生活,运用口头或书面方式,与同学分享自己整本书阅读的经历、体会和阅读方法。

第四学段(7~9年级)

(1)阅读革命文学作品,如《革命烈士诗抄》《红岩》《红星照耀中国》等,体会、评析革命领袖、革命英雄的爱国精神和人格魅力。

(2)独立阅读古今中外诗歌集、中长篇小说、散文集等文学名著,如《朝花夕拾》《骆驼祥子》《艾青诗选》《西游记》《格列佛游记》《钢铁是怎样炼成的》等。根据阅读进度完成读书笔记,针对作品的语言、形象、主题等方面的话题展开研讨。

(3)开展多样的读书活动,丰富、拓展名著阅读。借助多种媒介讲述、推荐自己喜欢的名著,说明推荐理由;尝试改编名著中的精彩片段;结合自己的阅读体会,尝试撰写文学鉴赏文章。

【教学提示】

(1)应统筹安排课内与课外、个人与集体的阅读活动,宜集中使用每学期整本书阅读课时,兼顾教师指导和学生自主阅读,保证学生在课堂上有时间阅读整本书。指导学生认识不同类型图书的特点和价值,根据自身实际确定阅读目的,选择图书和适宜的版本,合理规划阅读时间。应创设自由阅读、快乐分享的氛围,善于发现学生阅读整本书的成功经验,及时组织交流与分享;善于发现、保护和支持学生阅读中的独到见解。

(2)整本书阅读教学,应以学生自主阅读活动为主。引导学生了解阅读的多种策略,运用**浏览**、**略读**、**精读**等不同阅读方法;通读整本书,了解主要内容,关注整体与局部、局部与局部之间的关系;重视序言、目录等在整本书阅读中的作用。设计、组织多样的语文实践活动,如师生共读、同伴共读,朗诵会、故事会、戏剧节,建立读书共同体,交流读书心得,分享阅读经验。

(3)根据开展读书活动的实际需要,合理推荐和利用适宜的学习资源,如拓展阅读的书目、参考资料,以及相关音频、视频作品等,激发学生的阅读兴趣,丰富阅读体验,拓宽阅读视野。借助信息技术为学生拓展学习空间,提供写作、展示、研讨和交流的平台。

(4)注意考察阅读整本书的全过程,以学生的阅读态度、阅读方法和读书笔记等为依据进行评价。教师可以围绕读书的主要环节编制评价量表,制作阅读反思单,引导学生从阅读方法、阅读习惯等方面进行自我反思、自我改进。

跨学科学习

本学习任务群旨在引导学生在语文实践活动中,联结课堂内外、学校内外,拓宽语文学习和运用领域;围绕学科学习、社会生活中有意义的话题,开展阅读、梳理、探究、交流等活动,在综合运用多学科知识发现问题、分析问题、解决问题的过程中,提高语言文字运用能力。

【学习内容】

第一学段(1~2年级)

(1)围绕爱图书、爱文具、爱学习等主题,走进图书馆、阅览室、书店、文具店,在借用、购买、整理图书和文具的过程中，学习识字、说话、计算、设计、美化，学习与他人沟通、交流，养成爱书、爱文具的好习惯。

(2)在班级、学校或家里养护一种绿植或者小动物。综合运用语文、科学、数学等多学科知识，学习日常观察和记录。

(3)参与学校、社区举办的节日和风俗活动，留意身边的传统节日、风俗习惯等文化现象，感受和学习生活中的中华优秀传统文化。

第二学段(3～4年级)

(1)尝试运用科学、艺术、信息科技等相关知识和技能，富有创意地设计并主动参与朗诵会、故事会、戏剧节等校园活动。

(2)参观物质文化遗产，了解非物质文化遗产；关注传统节日节气、民俗风情、民间工艺、历史和传说等；探寻日常生活中龙凤、松竹梅兰等中华文化意象。积极参加学校、社区举办的文化主题活动，在活动中学习语文，获得多样的文化体验。

(3)选择自己发现和关心的日常语言、行为、校园卫生、交通安全、家庭教育等方面的问题进行调查研讨，尝试写出简单的研究报告，与同学交流。

第三学段(5～6年级)

(1)积极参加校园文化社团，参与学校和社区举办的戏曲、书法、篆刻、绘画、刺绣、泥塑、民乐等相关文化活动，体验、感知、传承中华优秀传统文化，运用多种形式分享自己的经验与感受。

(2)综合运用语文、道德与法治、科学、劳动等多方面的知识和技能，通过小组研讨，集体策划、设计参观考察活动方案，运用跨媒介形式分享研学成果。

(3)选取衣食住行、学校、地球、太空等某个方面，设计人工智能时代的未来生活，运用多样形式丰富自己的语言表达，呈现与分享奇思妙想。

第四学段(7～9年级)

(1)结合数学、物理、化学、生物学等学科学习，或者自己参与的科技活动，学习撰写并分享观察、实验研究报告。

(2)在心理健康、身体素质等方面，选择师生共同关心的问题，组织小课题组，开展校园调查，学习设计问卷、访谈、统计、分析，撰写并发布调查报告。

(3)在环境、安全、人口、资源、公共卫生等方面，选择感兴趣的社会热点问题，查找和阅读相关资料，记录重要内容，列出发言提纲，参加班级讨论。

(4)围绕仁爱诚信、天下为公、和谐包容、精忠报国、英勇奋斗、自强不息、明礼守法，以及科学理性、艺术精神等，选择专题，组建小组，开展学习与研究，运用多种形式分享学习与研究成果。

(5)组建文学艺术社团，开展相关文化活动，参与社区文化活动与文化建设；在参与过程中写出策划方案，制作海报，记录活动过程，运用多种媒介发布学习成果。

【教学提示】

(1)充分发挥跨学科学习的整体育人优势，增强跨学科学习的计划性和目标意识。根据不同学段学生生活的范围、学习兴趣和能力，精心选择学习主题和内容，组织、策划多样的学习活动。考虑每学期的课时安排，把握活动周期和难度。第一至第三学段以观察、记录、参观、体验为主，第四学段以设计、参与、调研、展示为主。

（2）要引导学生在广阔的学习和生活情境中学语文、用语文，提高交流沟通、团队协作和实践创新能力。注意引导学生掌握问题探究的基本步骤和方法，学会提炼、表达、呈现学习成果，着重培养学生综合运用多学科知识解决实际问题的能力。

（3）要拓展学习资源，增强跨学科学习的**综合性**和**开放性**。充分利用图书馆、互联网、社区生活场景、文化场馆等，为学生开展跨学科学习提供必要的支持；也可以结合学校和社区开展的文化活动进行语文跨学科学习。

（4）评价主要以学生在各类探究活动中的表现，以及活动过程中完成的方案、海报、调研报告、视频资料等学习成果为依据。教师可以针对主要学习环节和内容制订评价量表，邀请相关学科教师、家长、社会人士参与评价。评价要关注学生综合运用多学科知识思考问题、解决问题的态度和能力。评价以鼓励为主，既充分肯定学生的发现和创造，又引导学生自我反思提升，不断提高跨学科学习的质量。

五、学业质量 ★

编者按：本部分为新增内容，2011年版中没有涉及。

（一）学业质量内涵

学业质量是学生在完成课程阶段性学习后的学业成就表现，反映核心素养要求。语文课程学业质量标准是以核心素养为主要维度，结合课程内容，对学生语文学业成就具体表现特征的整体刻画。依据义务教育四个学段，按照日常生活、文学体验、跨学科学习三类语言文字运用情境，整合识字与写字、阅读与鉴赏、表达与交流、梳理与探究等语文实践活动，描述学生语文学业成就的关键表现，体现学段结束时学生核心素养应达到的水平。四个学段的语文课程学业质量标准之间相互衔接，体现学生核心素养发展的进阶，为核心素养评价提供基本依据。

（二）学业质量描述

以下描述的是"六三"学制学业质量标准。"五四"学制学业质量标准参照学段要求研制。

第一学段（1～2年级）

留心公共场所等真实社会场景中的文字，尝试认识标牌、图示、简单的说明性文字中的常用汉字；借助汉语拼音认读汉字，借助学过的偏旁部首推测字音字义，愿意向他人说出自己的猜想；遇到不认识的字，主动向他人请教。在学习与生活中，累计认识1600个左右常用汉字，能正确书写800个左右常用汉字。喜欢识字，有意识地梳理在日常生活中学习的汉字、词语，并尝试进行分类；愿意整理自己的学习成果，并向他人展示。

与人讨论交流，注意倾听，主动用礼貌用语回应；乐于表达自己的想法，遵守规则，主动合作，积极参与讨论，把自己的想法说清楚。看图说话，能描述一幅图画的主要内容，说出多幅图画之间的内容关联。留心观察周围事物，对写话有兴趣。

喜欢阅读图画书、儿歌、童话、寓言等，在阅读过程中能根据提示提取文本的显性信息，通过关键词句说出事物的特点，作简单推测；能借助关键词句复述自己读过的故事或其他内容，尝试对阅读内容提出问题；

愿意向他人讲述读过的故事，乐于向他人展示自己的作品；喜欢积累优美的词句，并尝试在口头和书面表达中运用。

愿意为他人朗读自己喜欢的语段；朗读时能使用普通话，注意发音；注意用语气、语调和节奏表现对文本的理解和感受；愿意和同学交流朗读体验，能简单评价他人的朗读。喜欢读古诗，能熟读成诵；喜欢阅读故事，并与他人讨论。喜欢在学校、社区组织的朗诵会、故事会、课本剧表演等活动中展示。参加文学体验活动，能表达自己的体验、感受和发现，愿意用文字、图画等方式记录见闻、想法。

在跨学科学习和探究活动中有好奇心和求知欲，喜欢观察、提问，能用自己喜欢的方式呈现学习所得。

第二学段（3～4年级）

能借助汉语拼音、工具书，在阅读中主动识字；能根据具体语境辨析多音多义字的读音和字义，辨识、纠正常见的错别字。在学习与生活中，累计认识2500个左右常用汉字。能使用硬笔规范、端正、整洁地书写1600个左右常用汉字。注意积累和梳理语言材料，能把具有相同或相似特征的汉字进行分类，愿意与他人交流分类的理由，感受汉字和汉语的魅力；能分类梳理日常生活中学到的词句，愿意用自己喜欢的方式整理学习成果，参加集体展示活动。

乐于在班级活动中交流展示，能根据需要用普通话交谈，认真倾听，把握对话的主要内容并简要转述；能按照一定的顺序讲述见闻，说出自己的感受和想法；能尝试根据语文学习经验和生活经验解决日常生活中的问题。能阅读常见的图文结合的材料，注意图文关联，初步把握材料的主要内容。能用表现事物特征的词语描摹形象，用积累的语言材料，特别是有新鲜感的词句描述想象的事物或画面；乐于书面表达，观察周围世界，能把自己觉得有趣或印象深刻、受到感动的内容写清楚；能根据表达需要，正确使用句号、感叹号、问号、冒号、引号等标点符号；能选择自己感兴趣的角度主动搜集信息，尝试用流程图和文字记录学习活动的主要过程，并向他人展示学习成果。

喜爱阅读童话、寓言、神话等，在阅读过程中能提取主要信息，借助阅读经验和生活经验预测情节发展；能结合关键词句解释作品中人物的行为，从某个角度分析和评价人物；能发现作品中的优美词语、精彩句段，并根据需要进行摘录；能借助上下文语境，说出关键语句、标点符号、图表在表达中的作用；能复述读过的故事，概括文本内容，根据自己的阅读理解提出问题并与他人交流；乐于和他人分享阅读所得，关注有新鲜感的词句，并有意识地在口头和书面表达中运用。

乐于参与读书交流活动，能诵读学过的优秀诗文，尝试用不同的语气、语调表达自己的理解与感受。主动阅读成语故事、寓言故事、神话故事、革命英雄故事等叙事性作品，能向他人讲述主要内容；能用自己喜欢的形式记录阅读感受与生活体验。参加文学体验活动，能记录活动过程，表达自己的感受；能按照童话、寓言等文体样式，运用联想、想象续讲或续写故事；能用日记等方式记录个人的见闻、感受和想法；能用便条、简短的书信等与他人交流。

参加跨学科学习活动，乐于观察、提问、交流，能参与简单的活动策划、组织工作；能根据不同学习活动主题搜集、整理信息和资料，提出自己感兴趣的问题；能用照片、图表、视频、文字等展示学习成果，并与他人分享。

第三学段（5～6年级）

能独立识字，能借助工具书准确理解不同语境中汉字的意思。能辨识同音字、形近字，纠正错别字。在学习与生活中，累计认识3000个左右常用汉字。能用硬笔规范、端正、整洁地书写2500个左右常用汉字。有自觉识字的意识，在社会生活中发现自己不认识的字，能根据字形推断字音字义，并借助语境和工具书验证自己的推断；在学习中，能发现富有表现力的词句和段落，自觉记录、整理，乐于与他人分享积累的经验，并尝试在自己的表达交流中运用。

乐于参与讨论，敢于发表自己的意见；能认真、耐心倾听，抓住要点，并作简要转述；能根据对象和场合，作简单的发言。能根据积累的知识和经验初步判断信息真伪，感知情感倾向，形成自己对社会热点问题的初步认识；能概括说明性文字的主要内容或简单的非连续性文本的关键信息，初步判断内容或信息的合理性；能用准确的语言清楚地介绍、说明事物或程序，运用文本主要信息解决现实生活中的简单问题。养成留心观察周围事物的习惯，有意识地丰富自己的见闻，乐于表达自己独特的感受；能用多种媒介方式表达交流。能根据表达需要，准确使用常用的标点符号；能积极参与活动的策划与组织工作，围绕学习活动搜集材料，提供简单的活动设计方案；能围绕学习活动展开调查，从多方面获取活动各阶段的材料，并用多种方式有条理地记录学习活动过程，表达参与活动的感受。

独立阅读散文、小说、诗歌等文学作品，在阅读过程中能获取主要内容，用朗读、复述等自己擅长的方式呈现对作品内容的理解；能用文字、结构图等方式梳理作品的行文思路；能品味作品中重要的语句和富有表现力的语言，注意词语的感情色彩，通过圈点、批注等多种方法记录自己的阅读感受和体验，并主动与他人分享；能通过诵读、改写、表演等方式，表达自己对感人情境和形象的理解与审美体验；能借助与文本相关的材料，结合作品关键语句评价文本中的主要事件和人物，提出自己的观点或看法；能发现不同类型文本的结构方式和语言特点，感受作品内容、表现形式上的不同，积极向他人推荐，并有条理地说明推荐理由。在文学体验活动中涵养健康向上的审美情趣。

第二部分

能与他人分享阅读作品获得的有益启示，有意识地运用积累的语言进行口头或书面表达。重视朗读，借助语气语调、重音节奏等传递汉语声韵之美，在反复朗读中加深对文本内容的理解。能主动阅读体现社会主义先进文化、革命文化、中华优秀传统文化的作品，在阅读、参观、访问过程中，结合具体内容或时代背景丰富对作品内涵的理解；能用多种方式记录、分享阅读、参观、访问的经历、见闻和心得体会。参加文学体验活动，能够围绕发现的问题，搜集资料、整理相关的观点与看法，结合学习积累和经验，初步形成自己的理解和认识；能主动梳理、记录可供借鉴的语言运用实例，比较其异同，积极运用于不同类型的写作实践中；在活动中积累素材，写简单的记实作文，内容具体、感情真实；写想象作文，想象丰富、生动有趣；能写读书笔记、常见应用文。

积极参加跨学科学习活动，能利用多种信息渠道获取资料，在简单的调查、访谈等活动中记录真实生活；能根据活动需要，结合自己的知识积累和生活经验提出要探究、解决的主要问题；能借助跨学科知识和相关材料，与同学合作探索解决问题的具体方法，运用相关知识解释自己的想法，记录探究的过程及结论，写简单的研究报告；能组织讨论和专题演讲，发表自己的观点，在交流反思中辨别是非、善恶和美丑。能根据校园、社会活动的需要，自己或与同学合作撰写活动计划、实施方案或活动总结。

第四学段（7～9年级）

能根据语境，借助工具书，认清字形、读准字音、正确理解汉字的意思。在学习与生活中，累计认识3500

个左右常用汉字，能规范、端正、整洁地书写常用汉字；在日常记录中使用规范、通行的行楷字，提高书写的速度。有探究汉字规律的意识，在社会生活中能根据字音、字形、字义三者的关系准确认读、正确理解遇到的生字新词；发现并积累不同语境下具有个性化特征的词句和段落，能根据自己的表达需要和习惯选择使用。

在讨论问题过程中，能积极发表自己的看法，做到有中心，有根据，有条理；能耐心专注地倾听，复述、转述完整准确，要点突出；能就适当的话题作即席讲话和有准备的演讲，有自己的观点，有一定说服力。阅读新闻报道、说明性文字以及非连续性文本，能区分事实与观点；能提取、归纳、概括主要信息，把握信息之间的联系，得出有意义的结论；能利用掌握的多种证据判断信息的真实性与可信度，能运用文本信息解决具体问题。阅读简单议论性文章，能区分观点与材料，并能解释观点与材料之间的联系；能运用实证材料对他人观点作出价值判断。能多角度观察生活，抓住事物特征，选择恰当的表达方式，合理安排详略，条理清楚地表达自己的感受和认识；能用多种媒介形式交流沟通；能使用常用的标点符号，准确地表情达意；能就共同关注的热点问题搜集资料，提取信息，概括观点，确立学习活动主题；能用流程图、文字等形式呈现活动设计方案；能围绕学习活动开展调查，用文字、图表、图画、照片等形式呈现学习成果；能利用图书馆等多种渠道获取资料，整理相关学习内容，完善自己的认识，撰写活动总结。

广泛阅读古今中外的诗歌、小说、散文、戏剧等文学作品，在阅读过程中能把握主要内容，并通过朗读、概括、讲述等方式，表达对作品的理解；能理清行文思路，用多种形式介绍所读作品的基本脉络；能从多角度揣摩、品味经典作品中的重要词句和富有表现力的语言，通过圈点、批注等多种方法呈现对作品中语言、形象、情感、主题的理解。能分类整理富有表现力的词语、精彩段落和经典诗文名句，分析作品表现手法的作用；能从作品中找出值得借鉴的地方，对照他人的语言表达反思自己的语言实践；能通过对阅读过程的梳理、反思，总结不同类型文学作品的阅读经验和方法；能与他人分享自己获得的对自然、社会、人生的有益启示，能借鉴他人的经验调整自己的表达，能根据需要，运用积累的语言进行口头或书面表达。

能通过口头或书面方式，向他人推荐中华优秀传统文化经典、革命文化和社会主义先进文化作品；能概括文学作品中的典型形象特征和典型事件，并归纳总结出一些文化现象，了解基本的中国古代文化常识；能根据具体情境要求，选择合适的文本样式记录经历、见闻和体验，表达感受、认识与观点。参加文学体验活动，能聚焦活动过程中发现的问题，围绕问题搜集资料、梳理信息、整理他人的观点与认识，概括提炼他人解决问题的方法与策略，用以解决自己的问题；能记录探究过程，归纳概括自己的发现，条理清晰地呈现问题解决的过程，并汇集学习成果。

能针对学习和生活中的问题，开展跨学科学习，根据需要策划创意活动，从相关学科材料中搜集资料，整合信息，发现解决问题的线索；能通过多种方式获取资料；能广泛搜集信息，关注信息的权威性和科学性；能运用实证性材料对相关问题作出合理的解释与推断；能通过梳理、分析材料提炼出自己的看法；能有条理地列出提纲，用策划书、调查报告、小论文等形式发表研究成果，力求格式规范、内容完整、条理清晰。通过合作，能综合运用绘画、表演、创作等多种活动样式开展校园活动和社会活动。

六、课程实施 【单选、简答】★★★

编者按：本部分内容与2011年版相比改动较大，并且新增了教学研究与教师培训的内容。

(一)教学建议

教师要准确理解义务教育语文课程的基本理念，把握学生核心素养发展的基本规律，根据课程目标、课程内容和学业质量的要求，创造性地开展语文教学，充分发挥语文学科独特的育人功能。

1. 立足核心素养，彰显教学目标以文化人的育人导向

教师应理解核心素养的内涵，全面把握语文教学的育人价值，突出文以载道、以文化人。把立德树人作为语文教学的根本任务，清晰、明确地体现教学目标的育人立意。引导学生在学习语言文字运用的过程中，逐步树立正确的世界观、人生观、价值观，体认和传承中华优秀传统文化、革命文化、社会主义先进文化，积淀深厚的文化底蕴，增强文化自信。

教师应充分认识语文课程工具性与人文性是统一的，从培养核心素养出发，把握四个方面整体交融的特点，设定教学目标时既有所侧重，又融为一体。注意在识字与写字、阅读与鉴赏、表达与交流、梳理与探究的过程中，整体提升学生的核心素养。注意教学目标之间的关联，避免将核心素养四个方面简单罗列。

2. 体现语文学习任务群特点，整体规划学习内容

教师要明确学习任务群的定位和功能，准确理解每个学习任务群的学习内容和教学提示。在此基础上，综合考虑教材内容和学生情况，设计不同类型的学习任务，依托学习任务整合学习情境、学习内容、学习方法和学习资源，安排连贯的语文实践活动。注重语文与生活的结合，注重听说读写的内在联系，追求语言、知识、技能和思想情感、文化修养等多方面、多层次发展的综合效应。

关注不同学习任务群之间的内在联系，以及同一学习任务群在不同学段的连续性和差异性；关注不同地区学校和学生的差异，合理安排学习内容，把握学习难度，组织学习活动。根据学生需求提供学习支持，引导学生在完成任务、解决问题的过程中积累语文学习经验，发展未来学习和生活所需的基本素养。注意减轻学生学习负担，避免死记硬背、机械训练；注意幼小衔接，减缓坡度，降低难度，增强学习的趣味性和吸引力。

3. 创设真实而富有意义的学习情境，凸显语文学习的实践性

学习情境的设置要符合核心素养整体提升和螺旋发展的一般规律。语文学习情境源于生活中语言文字运用的真实需求，服务于解决现实生活的真实问题。创设情境，应建立语文学习、社会生活和学生经验之间的关联，符合学生认知水平；应整合关键的语文知识和语文能力，体现运用语文解决典型问题的过程和方法。

创设学习情境，教师应利用无时不有、无处不在的语文学习资源与实践机会，引导学生关注家庭生活、校园生活、社会生活等相关经验，增强在各种场合学语文、用语文的意识，建设开放的语文学习空间，激发学生探究问题、解决问题的兴趣和热情，引导学生在多样的日常生活场景和社会实践活动中学习语言文字运用。

4. 关注互联网时代语文生活的变化，探索语文教与学方式的变革

教师要关注互联网时代日常生活中语言文字运用的新现象和新特点，认识信息技术对学生阅读和表达交流等带来的深刻影响，把握信息技术与语文教学深度融合的趋势，充分发挥信息技术在语文教学变革中的价值和功能。

积极利用网络资源平台拓展学习空间，丰富学习资源，整合多种媒介的学习内容，提供多层面、多角度的阅读、表达和交流的机会，促进师生在语文学习中的多元互动。充分利用网络平台和信息技术工具，支持学生开展自主、合作、探究性学习，为学生的个性化、创造性学习提供条件。发挥大数据优势，分析和诊断学生学业表现，优化教学，提供及时、准确的反馈和个性化指导。积极关注教学流程、教与学方法、资源支持、学习评估等新变化，探索线上线下相结合的混合式语文学习。要正确认识信息技术对阅读习惯、写字能力、深度思考等可能产生的影响，扬长避短，使用适度，避免网络沉溺。

（二）评价建议

语文课程评价包括**过程性评价**和**终结性评价**。过程性评价贯串语文学习全过程，终结性评价包括学业水平考试和过程性评价的综合结果。

1. 过程性评价

过程性评价重点考察学生在语文学习过程中表现出来的学习态度、参与程度和核心素养的发展水平，应依据各学段的学习内容和学业质量要求，广泛收集课堂关键表现、典型作业和阶段性测试等数据，体现多元主体、多种方式的特点。

（1）过程性评价原则

过程性评价应有助于教与学的及时改进。教师要有意识地利用评价过程和结果发现学生语文学习的特点与问题，提出有针对性的指导意见，促进学生反思学习过程、改进学习方法。要依据评价结果反思日常教学的问题和不足，优化教学内容，改进教学设计，调整教学策略，完善教学过程。第一学段的评价要特别重视保护学生的学习兴趣和积极性。

过程性评价应统筹安排评价内容。评价内容应立足重点，关注各个学段的水平进阶。评价要真实、完整地记录学生参与语文实践活动的整体表现，关注学生在活动中表现出来的沟通、合作和创新能力。

过程性评价应发挥多元评价主体的积极作用。教师应为不同年级学生和不同学习内容选择恰当的评价方式，采用有针对性的评价工具。要充分尊重学生的主体地位，关注学生在兴趣、能力和学习基础等方面的个体差异，引导学生开展自我评价和相互评价。鼓励学校管理人员、班主任、家长参与过程性评价，通过多主体、多角度的评价反馈，帮助学生处理好语文学习和个人成长的关系，发掘自身潜能，学会自我反思和自我管理。

过程性评价应综合运用多种评价方法，增强评价的科学性、整体性。可通过课堂观察、对话交流、小组分享、学习反思等方式，收集和整理学生语文学习的过程性表现，如学生日常写字、读书、习作、讨论、汇报展示、朗读背诵、课本剧表演等方面的材料，记录学生核心素养发展的典型表现；了解学生的学习态度和个性特点，考察其内在学习品质的发展。鼓励有条件的地区和学校采取信息技术手段丰富评价资料搜集和分析的途径。应重视增值评价，关注学生个体的进步幅度，避免过度评价、无序评价对日常学习造成干扰，避免用评价结果的简单比较衡量学生的学业表现。注意一年级适应期学生的特点，科学确定评价起点。

过程性评价要拓宽评价视野，倡导学科融合。把学生参与社会实践、志愿服务和跨学科主题活动的表现纳入评价范畴，着重考察学生在真实情境中表现出的情感态度和语言能力。要注重校内外评价的结合，关注学生在家庭生活和社会生活中的语言发展情况。

(2)课堂教学评价建议

课堂教学评价是过程性评价的主渠道。教师应树立“教—学—评”一体化的意识，科学选择评价方式，合理使用评价工具，妥善运用评价语言，注重鼓励学生，激发学习积极性。

在小组合作、汇报展示过程中，教师应提前设计评价量表、告知评价标准，引导学生合理使用评价工具，形成评价结果；要注意观察小组成员的分工方式、讨论程序和对不同意见的处理，关注学生在发言和倾听发言时的规则意识和交际修养，借助评价引导学生反思学习过程。组织学生互相评价时，教师要对同伴评价进行再评价，提出指导意见，引导学生内化评价标准、把握评价尺度，在评价中学会评价。

课堂互动中，教师要关注学生知识基础、认知过程、思维方式、态度情感等方面的表现，深入分析这些表现及其影响因素，及时给予有针对性的指导。

(3)作业评价建议

作业评价是过程性评价的重要组成部分，作业设计是作业评价的关键。教师要以促进学生核心素养发展为出发点和落脚点，精心设计作业，做到用词准确、表述规范、要求明确、难度适宜。要合理安排不同类型作业的比例，增强作业的可选择性，除写字、阅读、日记、习作等作业外，还应紧密结合课堂所学，关注学生校内外个人生活和社会发展中的热点问题，设计主题考察、跨媒介创意表达等多种类型的作业，培养学生自主学习和综合学习的能力。随着学段升高，作业设计要在识记、理解和应用的基础上加强综合性、探究性和开放性，为学生发挥创造力提供空间。教师要严格控制作业数量，用少量、优质的作业帮助学生获得典型而深刻的学习体验。教师要认真批改学生作业，针对学生素养水平和个性特点提出意见，及时反馈和讲评，激发学生的学习热情，保护学生的自尊心，尊重学生的个性差异；要对学生作业进行跟踪评价，梳理学生作业发展变化的轨迹，及时反馈不同阶段作业质量的整体情况。

(4)阶段性评价建议

阶段性评价是在教学关键节点开展的过程性评价，旨在考察班级整体学习情况和学生阶段性学习质量，是回顾、反思和改进教学的重要依据。阶段性评价应秉持素养立意，紧密结合四个学段的课程内容，关注内容之间的进阶关系和横向联系，合理设计评价工具。阶段性评价可以根据不同情况灵活选择评价手段，可以采取纸笔形式，也可以设计综合的学习任务，如诵读、演讲、书写展示、读书交流、戏剧表演、调查访谈等。纸笔测试要注意与日常教学的融合，增强测评题目的科学性、多样性，发挥阶段性评价的诊断、调节功能，避免消极影响和干扰日常教学；非纸笔测试要整体设计测评内容，科学制订评价标准，合理规划实施时间，并对学生个体作出及时反馈和有效指导。

应关注整本书阅读和跨学科学习的阶段性评价，采用读书笔记、读书报告会、读书分享会等方式引导学生高质量完成整本书的阅读；可通过观察报告、实验报告、研究报告等，评价学生跨学科学习的阶段性成果。

2. 学业水平考试

学业水平考试的目的主要是通过学生的学业质量表现检验学生在义务教育阶段结束时核心素养的发展水平，为高一级学校招生录取提供依据，为评价区域和学校教学质量、改进教学提供参考。

(1)命题原则

坚持素养立意。以核心素养为考查目标，通过识字与写字、阅读与鉴赏、表达与交流、梳理与探究等语

第二部分

文实践活动，全面考查学生核心素养的发展水平。

坚持依标命题。体现课程理念，严格依据学业质量要求命题，保证命题框架、试题情境、任务难度等符合学业质量要求。

坚持科学规范。题目表述简明、规范，材料选取具有典范性和多样性，评分标准有效反映学生核心素养发展水平，确保测试目的、测试内容、测试形式和评分标准的一致性。

（2）命题规划

重视命题规划，明确学业水平考试命题的目标要求，规定内容范围与水平标准；系统设计考试形式，一般采用纸笔测试，有条件的地区可以考虑逐步引入基于信息技术的考试形式。科学设计试卷结构，明确规定主观性和客观性试题的比例，倡导设计基于情境的探究性、开放性、综合性试题。对题型设计、题量和难度、评分标准等方面提出基本要求，充分展现学生在语文学习过程中形成的能力、方法，以及情感态度与价值观的综合发展情况。

（3）命题要求

考试命题应以情境为载体，依据学生在真实情境下解决问题的过程和结果评定其素养水平。命题情境可以从日常生活、文学体验、跨学科学习，也可以从个人、学校、社会等角度设置。日常生活情境指向真实具体的社会生活，关注学生在生活场景中的语言实践，凸显语言交际活动的对象、目的和表述方式。文学体验情境侧重强调学生在文学作品阅读中体验丰富的情感，尝试用不同的方式进行创意表达；强调参与当代文化生活，关注学生对社会主义先进文化、革命文化、中华优秀传统文化的体认。跨学科学习情境侧重强调学生综合运用多门课程知识和思想方法解决实际问题。命题应贴近学生生活经验和情感体验，抓住社会生活中常见但又值得深思的真实场景，创设新颖、有趣、内涵丰富的情境，设计多样的问题或任务，激发学生内在动机和探究欲望。

命题材料的选取要具有时代性、典型性和多样性，充分体现语文课程特点。命题材料要能够体现问题或任务的对象、目的与要求，能够启发学生调动既有知识和资源解决问题、完成任务，能够为学生解决问题、完成任务提供背景材料或知识支架。

问题或任务是题目的主体部分。根据语文实践活动的不同类型，问题或任务设计可以侧重阅读与鉴赏、表达与交流、梳理与探究中的某一方面，也可以设置综合型题目，让学生在复杂情境中充分展示核心素养的发展水平。阅读与鉴赏类问题或任务要立足文本信息的提取、归纳、概括，考查学生对作品思想内容、篇章结构、表现手法、语言风格的理解和把握，引导学生对作品的创作动机、表达效果作出合理评价。表达与交流类问题或任务要注重调动学生已有的知识积累和学习经验，记述生活经历，表达情感体验，就语言、文学、文化、生活等现象发表自己的看法。要在与学生实际生活经验密切关联的交际语境中，考查学生语言文字运用能力，思考问题的立场、观点和态度，以及思维发展水平。梳理与探究类问题或任务要从具体的文本材料出发，拟定有育人价值和探究空间的活动，考查学生提取信息、筛选分类、比较概括、归纳总结等思维能力；问题或任务设定要关注探究结果的合理性，关注学生思维品质的发展。综合型题目或任务要充分体现阅读与鉴赏、表达与交流、梳理与探究的整合，在命题材料和社会生活实际之间找到结合点，引导学生围绕话题或现象，深入思考探究，综合分析解决问题，在学以致用的过程中展现正确的世界观、人生观、价值观。

题干设计应规范。主观题题干要简洁、明确，便于学生捕捉问题的核心信息；客观题题干要注意事实性信息的科学性和准确性。试题形式力求创新，鼓励增加开放性试题比例，以避免导向新的应试模式。要健全主观性、开放性试题的评分标准，根据学生的认知发展水平，对简单结构作答和复杂结构作答实行分级赋分。

（三）教材编写建议

1. 教材编写要以马克思主义为指导，坚持立德树人，体现社会主义核心价值观；坚持面向现代化、面向世界、面向未来；贯彻国家课程改革的精神，全面落实义务教育语文课程标准要求。

2. 教材编写要高度重视继承和弘扬中华优秀传统文化、革命文化、社会主义先进文化，赓续红色血脉，自觉维护国家统一和民族团结，理解和尊重多样文化；要有助于学生铸牢中华民族共同体意识，增强中华民族自尊心、爱国情感、集体意识和文化自信，形成正确的世界观、人生观、价值观。

3. 教材要体现时代特点和现代意识，要适应学生的认知特点和身心发展水平，密切联系学生的经验世界和想象世界；要有助于激发学生学习兴趣，培养创新精神，发展实践能力，形成健全人格。

4. 教材编写要充分体现义务教育语文学习的基础性、阶段性特征，做好各学段之间的衔接。要落实学习任务群要求，致力于学生核心素养的整体提升，以学生生活为基础，以语文实践活动为主线，创设丰富多样的学习情境，设计有意义的学习任务，引导学生自主学习、主动积累和积极探究。

5. 教材编写要系统规划和整体安排。要通过学习任务的综合性、挑战性以及学习过程的探究性，体现同一个学习任务群在不同学段的纵向发展过程与进阶。要根据六个学习任务群的特点，通过目标取向、文本选择、学习实践活动方式等体现不同学习任务群的特色；也可设置关联性的学习内容，实现同一学段不同学习任务群内容的整合。

6. 教材选文要体现正确的政治导向和价值取向，文质兼美，具有典范性，富有文化内涵和时代气息。题材、体裁、风格要丰富多样，各种类别配置适当，难易适度，适合学生学习。

7. 要把整本书阅读作为教材的重要有机组成部分，精选兼具思想性、艺术性和学段适应性的典范作品，以整本书阅读兴趣、阅读习惯的培养为基础，让学生逐渐建构不同类型整本书阅读经验；教材要组织和选取原著部分文本和辅助性阅读材料，创设综合型、阶梯式的学习问题和交流活动，提高学生理解和评价能力。其他学习任务群阅读材料的选择也要适当兼顾整本书。

8. 教材编写体例和呈现方式，要围绕学生生活实际和认知需求创设学习情境，以问题探究为导向，有机组合选文及辅助性学习资源，循序渐进地设计支架式的学习任务和活动，体现过程性评价，以促进学生自主、合作、探究学习。

9. 教材应具有开放性和选择性。在合理安排基本课程内容的基础上，关注不同区域教育实际，给地方、学校和教师留有调整、开发的空间，也给学生留出选择和拓展的空间，满足不同学生学习和发展的需要。教材编写分为“六三”学制和“五四”学制两种版本。“五四”学制6年级教材体例、要求等应符合初中学生学习、生活特点。

10. 教材编写要有利于师生运用多种媒介和信息技术呈现学习内容，积极探索信息化环境下的教学变革，发挥传统纸质教材和线上学习资源各自的优势；创设线上与线下学习相结合的机会，引导教师积极调动各种资源创造性地开展教学活动。

（四）课程资源开发与利用

1. 坚持目标导向，精选优质课程资源

课程资源的开发与利用应坚持正确的政治导向，把贯彻落实社会主义核心价值观、促进学生身心健康发展作为首要原则；要从核心素养形成和发展的内在规律出发，紧密结合语文教材内容，选择有利于组织和实施综合性语文实践活动的优质资源，构建开放多元的教学资源体系；要立足学生实际，注重遴选典范的现代白话文和古代文言经典作品，以文质兼美为选择标准，体现课程资源在文化传承方面的作用，充分发挥其促进学生发展的价值。

2. 调动多元主体，丰富课程资源类型

语文课程资源既包括纸质资源，也包括数字资源；既包括日常生活资源，也包括地域特色文化资源；既包括语文学习过程中生成的重要问题、学业成果等显性资源，也包括师生在语文学习方面的兴趣、爱好和特长等隐性资源。教师要充分发挥自身优势与潜力，积极利用和开发各类课程资源，不断增强课程资源意识。学校应积极争取社会各方面的支持，拓展资源领域、丰富资源类型；应重视信息化环境下的资源建设，关注语文学习过程中生成性资源的整理和加工，运用课程资源促进学习方式的转变。

3. 建立合作开发机制，实现课程资源的共建和共享

各地区、各学校应增强课程资源共建共享的意识，树立动态发展的资源观念，有计划地建设课程资源开发系统；应重视利用现代信息技术推进资源建设，通过开发阅读资源库、跨媒介阅读平台等数字资源，逐步建立地区、学校之间资源互补、共建与共享的机制；还可创造条件，建立中小学、高等院校和研究机构的资源建设共同体，建设、整理、优化课程资源库，持续更新课程资源，通过资源开发促进教师的专业发展。

4. 充分发挥课程资源的育人功能，优化教与学活动

课程资源的使用要以促进学生核心素养发展为目的，多角度挖掘其育人价值，与课程内容形成有机联系，促进课程目标全面达成。教师要多角度分析、使用课程资源，善于筛选、组合课程资源，利用课程资源创设学习情境，优化教与学活动，提高教学效益；学校要整合区域和地方特色资源，设计具有学校特色、区域特色的语文实践活动，落实学习任务群的目标要求，增强语文课程内容的丰富性和课程实施的开放性。

（五）教学研究与教师培训

1. 坚持终身学习，提升专业素养

语文教师要养成良好的读书习惯，不断丰富语言学、文学、教育学、心理学等方面的知识，注重中华优秀传统文化积累，提升自身文化修养。要积极参加培训和研修活动，深入理解语文课程改革的理念和内容，准确把握语文教学规律，提高课程实施能力。要注意语文学科与其他学科的关联，提高跨学科整合课程资源的意识和能力。要主动将新理念、新方法、新技术应用到语文教学中，通过个人反思、同伴互助、专家引领等多种途径提高自己的专业水平。

2. 立足教学实践，提高教研水平

语文教师要勇于面对课程实施过程中遇到的新问题和新挑战，紧紧围绕课程标准实施和教材使用过程中出现的突出问题，立足学情，因地制宜，以研究的态度探索问题的解决办法，提高教学研究水平。要注意收集、借鉴优秀课例，在观摩和反思中增强自己的实践智慧，提高教学能力。

3. 适应时代要求，提升信息素养

语文教师要不断提升信息素养，合理利用网络资源，将语文教学的传统经验和现代信息技术有机结合，不断探索语文教学和信息技术深度融合的方式方法，充分发挥信息技术在学习情境设计、教学资源提供、个性化学习指导、学习证据收集等方面的优势，提高语文教学效益，增强课程育人效果。

4. 聚焦关键问题，推进校本教研

学校要充分重视并不断加强语文教研组建设，以教研组为依托，结合学校具体情况和学科发展趋势，围绕语文课程内容的选择、教学活动的组织、学习任务群的设计和实施等关键问题开展教学研究，落实课程标准要求，推动语文教学变革。要根据教师的研究兴趣和专长，组建形式多样的校本教研共同体，有计划地开展主题式校本教研活动，提高教研品质，促进教师发展。

5. 加强区域教研，推广典型经验

各级教研组织要不断加强语文学科教研力量，在深入调研的基础上，理清不同发展层次学校和不同发展水平教师遇到的典型问题，围绕这些问题开展合作研究和跟踪指导，为一线语文教师提供有力的教研支持。要悉心培育优秀语文教师和语文教研组，及时发现、总结、推广本区域语文教学改革的典型经验，发挥其辐射和引领作用。

6. 发挥制度优势，推进研修融合

要充分发挥我国教研制度的优势，整合各级教研组织和教师培训机构力量，将语文教师培训和语文学科教研结合起来，实现研修的一体化设计与实施。要在吸收语文学科教育理论研究成果的基础上，充分关注一线语文教师和教研员在理解和实施课程标准过程中积累的成果和经验，并及时将其纳入到语文教师的研修和培训课程中，提高培训的实用性。

7. 依据课改理念，设计培训内容

教师培训要从新时代教育变革的总体方向和要求出发，明晰语文课程标准修订的背景和价值。要强调语文课程的素养导向和育人价值，明确语文课程标准中核心素养、课程目标、课程内容、课程实施、学业质量等部分的内在联系。要将学习任务群的设计理念和实施方法作为培训的重要内容，以课程内容及其组织形态的变革推动语文教学方式的变革。要关注人工智能、大数据等新知识和新业态，增强培训内容的时代性。

8. 采用多种方式，增强培训效果

各级培训，要根据语文学科特点和教师发展需要确定培训目标，精心选择培训内容，开拓培训思路，创新培训方式。要运用案例式、参与式、体验式等培训方式加强培训者与被培训者的互动，提高培训的针对性和实效性。要充分利用现代信息技术优势，将线上培训和线下培训相结合，整合培训资源，增强培训效果，扩大培训的受益面。

第三节　《义务教育语文课程标准》(2011年版)节选

一、前言　【单选、填空、简答】

《义务教育语文课程标准》(2011年版)

语言文字是人类最重要的交际工具和信息载体，是人类文化的重要组成部分。语言文字的运用，包括生活、工作和学习中的听说读写活动以及文学活动，存在于人类社会的各个

第二部分

领域。当今世界，经济全球化趋势日渐增强，现代科学和信息技术迅猛发展，新的交流媒介不断出现，给社会语言生活带来巨大变化，对中华民族优秀传统文化的继承，对语言文字运用的规范带来新的挑战。时代的进步要求人们具有开阔的视野、开放的心态、创新的思维，对人们的语言文字运用能力和文化选择能力提出了更高的要求，也给语文教育的发展提出了新的课题。

语文课程致力于培养学生的语言文字运用能力，提升学生的综合素养，为学好其他课程打下基础；为学生形成正确的世界观、人生观、价值观，形成良好个性和健全人格打下基础；为学生的全面发展和终身发展打下基础。语文课程对继承和弘扬中华民族优秀文化传统和革命传统，增强民族文化认同感，增强民族凝聚力和创造力，具有不可替代的优势。语文课程的多重功能和奠基作用，决定了它在九年义务教育中的重要地位。

考点 1 课程性质 ★★★

语文课程是一门学习语言文字运用的**综合性、实践性**课程。义务教育阶段的语文课程，应使学生初步学会运用祖国语言文字进行交流沟通，吸收古今中外优秀文化，提高思想文化修养，促进自身精神成长。工具性与人文性的统一，是语文课程的基本特点。

考点 2 课程基本理念 ★★★

1. 全面提高学生的语文素养

九年义务教育阶段的语文课程，必须面向全体学生，使学生获得基本的语文素养。

语文课程应激发和培育学生热爱祖国语文的思想感情，引导学生丰富语言积累，培养语感，发展思维，初步掌握学习语文的基本方法，养成良好的学习习惯，具有适应实际生活需要的识字写字能力、阅读能力、写作能力、口语交际能力，正确运用祖国语言文字。语文课程还应通过优秀文化的熏陶感染，促进学生和谐发展，使他们提高思想道德修养和审美情趣，逐步形成良好的个性和健全的人格。

2. 正确把握语文教育的特点

语文课程丰富的人文内涵对学生精神世界的影响是广泛而深刻的，学生对语文材料的感受和理解又往往是多元的。因此，应该重视语文课程对学生思想情感所起的熏陶感染作用，注意课程内容的价值取向，要继承和发扬中华优秀文化传统和革命传统，体现社会主义核心价值体系的引领作用，突出中国特色社会主义共同理想，弘扬以爱国主义为核心的民族精神和以改革创新为核心的时代精神，树立社会主义荣辱观，培养良好思想道德风尚，同时也要尊重学生在语文学习过程中的独特体验。

语文课程是**实践性课程**，应着重培养学生的语文实践能力，而培养这种能力的主要途径也应是语文实践。语文课程是学生学习运用祖国语言文字的课程，学习资源和实践机会无处不在，无时不有。因而，应该让学生多读多写，日积月累，在大量的语文实践中体会、把握运用语文的规律。

语文课程应特别关注汉语言文字的特点对学生识字写字、阅读、写作、口语交际和思维发展等方面的影响，在教学中尤其要重视培养良好的语感和整体把握的能力。

3. 积极倡导自主、合作、探究的学习方式

学生是学习的主体。语文课程必须根据学生身心发展和语文学习的特点，爱护学生的好奇心、求知欲，

鼓励自主阅读、自由表达，充分激发他们的问题意识和进取精神，关注个体差异和不同的学习需求，积极倡导**自主**、**合作**、**探究**的学习方式。教学内容的确定，教学方法的选择，评价方式的设计，都应有助于这种学习方式的形成。

语文学习应注重听说读写的相互结合，注重语文与生活的结合，注重知识与能力、过程与方法、情感态度与价值观的整体发展。综合性学习既符合语文教育的传统，又具有现代社会的学习特征，有利于学生在感兴趣的自主活动中全面提高语文素养，有利于培养学生主动探究、团结合作、勇于创新的精神，应该积极提倡。

4. 努力建设开放而有活力的语文课程

语文课程的建设应继承我国语文教育的优良传统，注重读书、积累和感悟，注重整体把握和熏陶感染；同时应密切关注现代社会发展的需要，拓宽语文学习和运用的领域，注重跨学科的学习和现代科技手段的运用，使学生在不同内容和方法的相互交叉、渗透和整合中开阔视野，提高学习效率，初步养成现代社会所需要的语文素养。

语文课程应该是开放而富有创新活力的。要尽可能满足不同地区、不同学校、不同学生的需求，确立适应时代需要的课程目标，开发与之相适应的课程资源，形成相对稳定而又灵活的实施机制，不断地自我调节、更新发展。

真题面对面

[2021金华永康小学，简答，4分]结合小学语文课程标准简要概述小学语文课程的基本理念。

参考答案：参见上文。（只需答出四个基本要点即可，无须写具体内容）

考点3 课程设计思路

1. 九年义务教育语文课程，应以邓小平理论和“三个代表”重要思想为指导，深入贯彻落实科学发展观，坚持以人为本，继承我国语文教育的优良传统，汲取当代语文教育科学理论的精髓，借鉴国外母语教育改革的经验，遵循语文教育的规律，努力提高学生的语文素养，为弘扬民族精神、增强民族创造力和凝聚力、培养德智体美全面发展的社会主义建设者和接班人，发挥积极的作用，为学生的终身发展奠定基础。

2. 语文课程应注重引导学生多读书、多积累，重视语言文字运用的实践，在实践中领悟文化内涵和语文应用规律。

3. 课程目标**九年一贯**整体设计。课程标准在“总目标”之下，按1～2年级、3～4年级、5～6年级、7～9年级四个学段，分别提出“学段目标与内容”，体现语文课程的**整体性**和**阶段性**。各个学段相互联系，螺旋上升，最终全面达成总目标。

4. 学段目标与内容从“识字与写字”“阅读”“写作”（第一学段为“写话”，第二、第三学段为“习作”）“口语交际”四个方面提出要求。课程标准还提出了“综合性学习”的要求，以加强语文课程内部诸多方面的联系，加强与其他课程以及与生活的联系，促进学生语文素养全面协调地发展。

5. 课程标准的“实施建议”部分，对教学、评价、教材编写，以及课程资源的开发与利用等提出了实施的原则、方法和策略，也为具体实施留有创造的空间。

二、课程目标与内容 【单选、填空】★★★

考点1 总体目标与内容

课程目标从知识与能力、过程与方法、情感态度与价值观三个方面设计。三者相互渗透，融为一体。目标的设计着眼于语文素养的整体提高。

(1)在语文学习过程中，培养爱国主义、集体主义、社会主义思想道德和健康的审美情趣，发展个性，培养创新精神和合作精神，逐步形成积极的人生态度和正确的世界观、价值观。

(2)认识中华文化的丰厚博大，汲取民族文化智慧。关心当代文化生活，尊重多样文化，吸收人类优秀文化的营养，提高文化品位。

(3)培育热爱祖国语言文字的情感，增强学习语文的自信心，养成良好的语文学习习惯，初步掌握学习语文的基本方法。

(4)在发展语言能力的同时，发展思维能力，学习科学的思想方法，逐步养成实事求是、崇尚真知的科学态度。

(5)能主动进行探究性学习，激发想象力和创造潜能，在实践中学习和运用语文。

(6)学会汉语拼音。能说普通话。认识**3500**个左右常用汉字。能正确工整地书写汉字，并有一定的速度。

(7)具有独立阅读的能力，学会运用多种阅读方法。有较为丰富的积累和良好的语感，注重情感体验，发展感受和理解的能力。能阅读日常的书报杂志，能初步鉴赏文学作品，丰富自己的精神世界。能借助工具书阅读浅易文言文。背诵优秀诗文240篇(段)。九年课外阅读总量应在**400**万字以上。

(8)能具体明确、文从字顺地表达自己的见闻、体验和想法。能根据需要，运用常见的表达方式写作，发展书面语言运用能力。

(9)具有日常口语交际的基本能力，学会倾听、表达与交流，初步学会运用口头语言文明地进行人际沟通和社会交往。

(10)学会使用常用的语文工具书。初步具备搜集和处理信息的能力，积极尝试运用新技术和多种媒体学习语文。

考点2 各学段目标与内容

1. 第一学段(1～2年级)

(1)识字与写字

①喜欢学习汉字，有主动识字、写字的愿望。

②认识常用汉字1600个左右，其中800个左右会写。

③掌握汉字的基本笔画和常用的偏旁部首，能按笔顺规则用硬笔写字，注意间架结构。初步感受汉字的形体美。

④努力养成良好的写字习惯，写字姿势正确，书写规范、端正、整洁。

⑤学会汉语拼音。能读准声母、韵母、声调和整体认读音节。能准确地拼读音节，正确书写声母、韵母和音节。认识大写字母，熟记《汉语拼音字母表》。

⑥学习独立识字。能借助汉语拼音认读汉字，学会用音序检字法和部首检字法查字典。

考点 再拔高

▼ 正确写字姿势

(1)坐姿正确：做到“一直一正二平”，即身体直、头正、肩平、腿平。

(2)正确的执笔姿势：大拇指和食指夹住笔杆，其余三指托住笔杆向后稍斜靠虎口处。

(3)做到三个“一”：眼离书本一尺；胸离桌子一拳；手离笔尖一寸。

(2)阅读

①喜欢阅读，感受阅读的乐趣。养成爱护图书的习惯。

②学习用普通话正确、流利、有感情地朗读课文。学习默读。

③结合上下文和生活实际了解课文中词句的意思，在阅读中积累词语。借助读物中的图画阅读。

④阅读浅近的童话、寓言、故事，向往美好的情境，关心自然和生命，对感兴趣的人物和事件有自己的感受和想法，并乐于与人交流。

⑤诵读儿歌、儿童诗和浅近的古诗，展开想象，获得初步的情感体验，感受语言的优美。

⑥认识课文中出现的常用标点符号。在阅读中体会句号、问号、感叹号所表达的不同语气。

⑦积累自己喜欢的成语和格言警句。背诵优秀诗文50篇(段)。课外阅读总量不少于5万字。

(3)写话

①对写话有兴趣，留心周围事物，写自己想说的话，写想象中的事物。

②在写话中乐于运用阅读和生活中学到的词语。

③根据表达的需要，学习使用逗号、句号、问号、感叹号。

(4)口语交际

①学说普通话，逐步养成说普通话的习惯。

②能认真听别人讲话，努力了解讲话的主要内容。

③听故事、看音像作品，能复述大意和自己感兴趣的情节。

④能较完整地讲述小故事，能简要讲述自己感兴趣的见闻。

⑤与别人交谈，态度自然大方，有礼貌。

⑥有表达的自信心。积极参加讨论，敢于发表自己的意见。

(5)综合性学习

①对周围事物有好奇心，能就感兴趣的内容提出问题，结合课内外阅读共同讨论。

②结合语文学习，观察大自然，用口头或图文等方式表达自己的观察所得。

③热心参加校园、社区活动。结合活动，用口头或图文等方式表达自己的见闻和想法。

2. 第二学段(3～4年级)

(1)识字与写字

①对学习汉字有浓厚的兴趣，养成主动识字的习惯。

②累计认识常用汉字2500个左右，其中1600个左右会写。

③有初步的独立识字能力。会运用音序检字法和部首检字法查字典、词典。

④能使用硬笔熟练地书写正楷字，做到规范、端正、整洁。用毛笔临摹正楷字帖。

⑤写字姿势正确，有良好的书写习惯。

(2)阅读

①用普通话正确、流利、有感情地朗读课文。

②初步学会默读，做到不出声，不指读。学习略读，粗知文章大意。

③能联系上下文，理解词句的意思，体会课文中关键词句表达情意的作用。能借助字典、词典和生活积累，理解生词的意义。

④能初步把握文章的主要内容，体会文章表达的思想感情。能对课文中不理解的地方提出疑问。

⑤能复述叙事性作品的大意，初步感受作品中生动的形象和优美的语言，关心作品中人物的命运和喜怒哀乐，与他人交流自己的阅读感受。

⑥诵读优秀诗文，注意在诵读过程中体验情感，展开想象，领悟诗文大意。

⑦在理解语句的过程中，体会句号与逗号的不同用法，了解冒号、引号的一般用法。

⑧积累课文中的优美词语、精彩句段，以及在课外阅读和生活中获得的语言材料。背诵优秀诗文50篇(段)。

⑨养成读书看报的习惯，收藏图书资料，乐于与同学交流。课外阅读总量不少于40万字。

(3)习作

①乐于书面表达，增强习作的自信心。愿意与他人分享习作的快乐。

②观察周围世界，能不拘形式地写下自己的见闻、感受和想象，注意把自己觉得新奇有趣或印象最深、最受感动的内容写清楚。

③能用简短的书信、便条进行交流。

④尝试在习作中运用自己平时积累的语言材料，特别是有新鲜感的词句。

⑤学习修改习作中有明显错误的词句。根据表达的需要，正确使用冒号、引号等标点符号。

⑥课内习作每学年**16**次左右。

(4)口语交际

①能用普通话交谈。学会认真倾听，能就不理解的地方向人请教，就不同的意见与人商讨。

②听人说话能把握主要内容，并能简要转述。

③能清楚明白地讲述见闻，说出自己的感受和想法。讲述故事力求具体生动。

(5)综合性学习

①能提出学习和生活中的问题，有目的地搜集资料，共同讨论。

②结合语文学习，观察大自然，观察社会，用书面或口头方式表达自己的观察所得。

③能在教师的指导下组织有趣味的语文活动，在活动中学习语文，学会合作。

④在家庭生活、学校生活中，尝试运用语文知识和能力解决简单问题。

3. 第三学段(5~6年级)

(1)识字与写字

①有较强的独立识字能力。累计认识常用汉字3000个左右,其中2500个会写。

②硬笔书写楷书,行款整齐,力求美观,有一定的速度。

③能用毛笔书写楷书,在书写中体会汉字的优美。

④写字姿势正确,有良好的书写习惯。

(2)阅读

①能用普通话正确、流利、有感情地朗读课文。

②默读有一定速度,默读一般读物**每分钟不少于300字**。学习浏览,扩大知识面,根据需要搜集信息。

③能联系上下文和自己的积累,推想课文中有关词句的意思,辨别词语的感情色彩,体会其表达效果。

④在阅读中了解文章的表达顺序,体会作者的思想感情,初步领悟文章的基本表达方法。在交流和讨论中,敢于提出看法,作出自己的判断。

⑤阅读叙事性作品,了解事件梗概,能简单描述自己印象最深的场景、人物、细节,说出自己的喜欢、憎恶、崇敬、向往、同情等感受。阅读诗歌,大体把握诗意,想象诗歌描述的情境,体会作品的情感。受到优秀作品的感染和激励,向往和追求美好的理想。阅读说明性文章,能抓住要点,了解文章的基本说明方法。阅读简单的非连续性文本,能从图文等组合材料中找出有价值的信息。

⑥在理解课文的过程中,体会顿号与逗号、分号与句号的不同用法。

⑦诵读优秀诗文,注意通过语调、韵律、节奏等体味作品的内容和情感。背诵优秀诗文60篇(段)。

⑧扩展阅读面。课外阅读总量不少于100万字。

(3)习作

①懂得写作是为了自我表达和与人交流。

②养成留心观察周围事物的习惯,有意识地丰富自己的见闻,珍视个人的独特感受,积累习作素材。

③能写简单的记实作文和想象作文,内容具体,感情真实。能根据内容表达的需要,分段表述。学写读书笔记,学写常见应用文。

④修改自己的习作,并主动与他人交换修改,做到语句通顺,行款正确,书写规范、整洁。根据表达需要,正确使用常用的标点符号。

⑤习作要有一定速度。课内习作每学年16次左右。

(4)口语交际

①与人交流能尊重和理解对方。

②乐于参与讨论,敢于发表自己的意见。

③听人说话认真、耐心,能抓住要点,并能简要转述。

④表达有条理,语气、语调适当。

⑤能根据对象和场合,稍作准备,作简单的发言。

⑥注意语言美，抵制不文明的语言。

(5)综合性学习

①为解决与学习和生活相关的问题，利用图书馆、网络等信息渠道获取资料，尝试写简单的研究报告。

②策划简单的校园活动和社会活动，对所策划的主题进行讨论和分析，学写活动计划和活动总结。

③对自己身边的、大家共同关注的问题，或电视、电影中的故事和形象，组织讨论、专题演讲，学习辨别是非、善恶、美丑。

④初步了解查找资料、运用资料的基本方法。

真题面对面

[2019统考小学，单，2分]下列关于第二学段教学目标的表述错误的是(　　)

A. 累计认识常用汉字2500个左右，其中1600个左右会写。

B. 能用普通话正确、流利、有感情地朗读课文。

C. 能用简短的书信、便条进行交流。

D. 听人说话能把握主要内容，并能简要转述。

答案：B。B项是第三学段的教学目标。

第二部分

4. 第四学段(7～9年级)

(1)识字与写字

①能熟练地使用字典、词典独立识字，会用多种检字方法。累计认识常用汉字3500个左右。

②在使用硬笔熟练地书写正楷字的基础上，学写规范、通行的行楷字，提高书写的速度。

③临摹名家书法，体会书法的审美价值。

④写字姿势正确，有良好的书写习惯。

(2)阅读

①能用普通话正确、流利、有感情地朗读。

②养成默读习惯，有一定速度，阅读一般的现代文，每分钟不少于500字。能较熟练地运用略读和浏览的方法，扩大阅读范围。

③在通读课文的基础上，理清思路，理解、分析主要内容，体味和推敲重要词句在语言环境中的意义和作用。

④对课文的内容和表达有自己的心得，能提出自己的看法，并能运用合作的方式，共同探讨、分析、解决疑难问题。

⑤在阅读中了解叙述、描写、说明、议论、抒情等表达方式。

⑥能够区分写实作品与虚构作品，了解诗歌、散文、小说、戏剧等文学样式。

⑦欣赏文学作品，有自己的情感体验，初步领悟作品的内涵，从中获得对自然、社会、人生的有益启示。对作品中感人的情境和形象，能说出自己的体验；品味作品中富于表现力的语言。

⑧阅读简单的议论文，区分观点与材料(道理、事实、数据、图表等)，发现观点与材料之间的联系，并通

过自己的思考，作出判断。阅读新闻和说明性文章，能把握文章的基本观点，获取主要信息。阅读科技作品，还应注意领会作品中所体现的科学精神和科学思想方法。阅读由多种材料组合、较为复杂的非连续性文本，能领会文本的意思，得出有意义的结论。

⑨诵读古代诗词，阅读浅易文言文，能借助注释和工具书理解基本内容。注重积累、感悟和运用，提高自己的欣赏品位。

⑩随文学习基本的词汇、语法知识，用来帮助理解课文中的语言难点；了解常用的修辞方法，体会它们在课文中的表达效果。了解课文涉及的重要作家作品知识和文化常识。

⑪能利用图书馆、网络搜集自己需要的信息和资料，帮助阅读。

⑫学会制订自己的阅读计划，广泛阅读各种类型的读物，课外阅读总量不少于260万字，每学年阅读两三部名著。背诵优秀诗文80篇(段)。

(3)写作

①写作要有真情实感，力求表达自己对自然、社会、人生的感受、体验和思考。

②多角度观察生活，发现生活的丰富多彩，能抓住事物特征，有自己的感受和认识，表达力求有创意。

③注重写作过程中搜集素材、构思立意、列纲起草、修改加工等环节，提高独立写作能力。

④写作时考虑不同的目的和对象。根据表达的需要，围绕表达中心，选择恰当的表达方式。合理安排内容的先后和详略，条理清楚地表达自己的意思。运用联想和想象，丰富表达的内容。正确使用常用的标点符号。

⑤写记叙性文章，表达意图明确，内容具体充实；写简单的说明性文章，做到明白清楚；写简单的议论性文章，做到观点明确，有理有据；根据生活需要，写常见应用文。

⑥能从文章中提取主要信息，进行缩写；能根据文章的基本内容和自己的合理想象，进行扩写；能变换文章的文体或表达方式等，进行改写。

⑦根据表达的需要，借助语感和语文常识，修改自己的作文，做到文从字顺。能与他人交流写作心得，互相评改作文，以分享感受，沟通见解。

⑧作文每学年一般不少于14次，其他练笔不少于1万字，45分钟能完成不少于500字的习作。

(4)口语交际

①注意对象和场合，学习文明得体地交流。

②耐心专注地倾听，能根据对方的话语、表情、手势等，理解对方的观点和意图。

③自信、负责地表达自己的观点，做到清楚、连贯、不偏离话题。

④注意表情和语气，根据需要调整自己的表达内容和方式，不断提高应对能力，增强感染力和说服力。

⑤讲述见闻，内容具体、语言生动。复述转述，完整准确、突出要点。能就适当的话题作即席讲话和有准备的主题演讲，有自己的观点，有一定说服力。

⑥讨论问题，能积极发表自己的看法，有中心、有根据、有条理。能听出讨论的焦点，并能有针对性地发表意见。

(5)综合性学习

①自主组织文学活动，在办刊、演出、讨论等活动过程中，体验合作与成功的喜悦。

②能提出学习和生活中感兴趣的问题，共同讨论，选出研究主题，制订简单的研究计划。能从书刊或其他媒体中获取有关资料，讨论分析问题，独立或合作写出简单的研究报告。

③关心学校、本地区和国内外大事，就共同关注的热点问题，搜集资料，调查访问，相互讨论，能用文字、图表、图画、照片等展示学习成果。

④掌握查找资料、引用资料的基本方法，分清原始资料与间接资料的主要差别，学会注明所援引资料的出处。

三、实施建议 【单选、填空、简答】

考点1 教学建议 ★★★

1. 充分发挥师生双方在教学中的主动性和创造性

学生是语文学习的**主体**，教师是学习活动的**组织者和引导者**。语文教学应在师生**平等对话**的过程中进行。

语文教学应激发学生的学习兴趣，培养学生自主学习的意识和习惯，引导学生掌握语文学习的方法，为学生创设有利于自主、合作、探究学习的环境。应尊重学生的个体差异，鼓励学生选择适合自己的学习方式。

教师应确立适应社会发展和学生需求的语文教育观念，注重吸收新知识，不断提高自身的综合素养。应认真钻研教材，正确理解、把握教材内容，创造性地使用教材；积极开发、合理利用课程资源，灵活运用多种教学策略和现代教育技术，努力探索网络环境下新的教学方式；精心设计和组织教学活动，重视启发式、讨论式教学，启迪学生智慧，提高语文教学质量。

2. 教学中努力体现语文的实践性和综合性

教师应努力改进课堂教学，整体考虑知识与能力、过程与方法、情感态度与价值观的综合，注重听说读写之间的有机联系，加强教学内容的整合，统筹安排教学活动，促进学生语文素养的整体提高。

重视学生读书、写作、口语交际、搜集处理信息等语文实践，提倡多读多写，改变机械、粗糙、繁琐的作业方式，让学生在语文实践中学习语文，学会学习。善于通过专题学习等方式，沟通课堂内外，沟通听说读写，增加学生语文实践的机会。充分利用学校、家庭和社区等教育资源，开展综合性学习活动，拓宽学生的学习空间。

3. 重视情感、态度、价值观的正确导向

培养学生正确的思想观念、科学的思维方式、高尚的道德情操、健康的审美情趣和积极的人生态度，是与帮助他们掌握学习方法、提高语文能力的过程融为一体的，不应该当作外在的附加任务。应该根据语文学科的特点，注重熏陶感染，潜移默化，把这些内容渗透于日常的教学过程之中。

4. 重视培养学生的创新精神和实践能力

语文教学要注重语言的积累、感悟和运用，注重基本技能训练，让学生打好扎实的语文基础。尤其要注

重激发学生的好奇心、求知欲，发展学生的思维，培养想象力，开发创造潜能，提高学生发现、分析和解决问题的能力，提高语文综合应用能力。

5. 具体建议

学生生理、心理以及语言能力的发展具有阶段性特征，不同内容的教学也有各自的规律，应该根据不同学段学生的特点和不同的教学内容，采取合适的教学策略。

（1）关于识字、写字与汉语拼音教学

识字、写字是阅读和写作的基础，是第一学段的教学重点，也是贯串整个义务教育阶段的重要教学内容。

低年级阶段学生“会认”与“会写”的字量要求有所不同。在教学过程中要“**多认少写**”，要求学生会认的字不一定同时要求会写。

识字教学要注意儿童心理特点，将学生熟识的语言因素作为主要材料，结合学生的生活经验，引导他们利用各种机会主动识字，力求**识用结合**。

要运用多种识字教学方法和形象直观的教学手段，创设丰富多彩的教学情境，提高识字教学效率。

按照规范要求认真写好汉字是教学的基本要求，练字的过程也是学生性情、态度、审美趣味养成的过程。每个学段**都要**指导学生写好汉字。要求学生写字姿势正确，指导学生掌握基本的书写技能，养成良好的书写习惯，提高书写质量。第一、第二、第三学段，要在每天的语文课中安排10分钟，在教师指导下随堂练习，做到天天练。要在日常书写中增强练字意识，讲究练字效果。

汉语拼音教学要尽可能有趣味性，宜多采用**活动和游戏**的形式，应与学说普通话、识字教学相结合，注意汉语拼音在现实语言生活中的运用。

第二部分

真题面对面

1. [2022宁波市江北区小学，教材教法，2分]________是学习的主体，________是教学的组织者。

答案：学生；教师

2. [2018统考小学，单，2分]下列《义务教育语文课程标准》（2011年版）关于“识字与写字”的相关表述，错误的一项是（　　）

A. 第三学段，要求累计认识、会写常用汉字3000个左右。

B. 按照规范要求认真写好汉字是教学的基本要求，练字的过程也是学生性情、态度、审美趣味养成的过程。

C. 小学阶段，要在每天的语文课中安排10分钟的写字练习，在教师指导下随堂练习，做到天天练。

D. 写字的评价，要考查学生对于要求“会写”的字的掌握情况，重视书写的正确、端正、整洁，在此基础上，逐步要求书写流利。

答案：A。A项，第三学段，要求累计认识常用汉字3000个左右，其中2500个会写。

(2)关于阅读教学

阅读是运用语言文字获取信息、认识世界、发展思维、获得审美体验的重要途径。阅读教学是学生、教师、教科书编者、文本之间对话的过程。

阅读是学生的个性化行为。阅读教学应引导学生钻研文本,在主动积极的思维和情感活动中,加深理解和体验,有所感悟和思考,受到情感熏陶,获得思想启迪,享受审美乐趣。要珍视学生独特的感受、体验和理解。教师应加强对学生阅读的指导、引领和点拨,但不应以教师的分析来代替学生的阅读实践,不应以模式化的解读来代替学生的体验和思考;要善于通过合作学习解决阅读中的问题,但也要防止用集体讨论来代替个人阅读。

阅读教学应注重培养学生感受、理解、欣赏和评价的能力。这种综合能力的培养,各学段可以有所侧重,但不应把它们机械地割裂开来。

在理解课文的基础上,提倡多角度、有创意的阅读,利用阅读期待、阅读反思和批判等环节,拓展思维空间,提高阅读质量。但要防止逐字逐句的过深分析和远离文本的过度发挥。

各个学段的阅读教学都要重视朗读和默读。各学段关于朗读的目标中都要求"有感情地朗读",这是指,要让学生在朗读中通过品味语言,体会作者及其作品中的情感态度,学习用恰当的语气语调朗读,表现自己对作者及其作品情感态度的理解。朗读要提倡自然,要摒弃矫情做作的腔调。

要能够区分阅读的三读法

(1)浏览性的泛读。对大部分浅显易懂的书或阅读价值不高的书籍报刊,可采取浏览法,即"随便翻翻",以大致了解其主要内容,或通过看标题、目录、内容提要、前言的方式,在有限的时间内获取更多有价值的信息。

(2)探求性的速读。有时读书是为了达到某个特定的目的或完成某项任务,如寻求某个问题的答案,专门搜集某方面的知识等,这就要求"一目十行"。

(3)品味性的精读。对名篇名著和其他文质兼美的优秀作品,需要静心细读,体会立意构思,揣摩布局谋篇,欣赏妙词佳句。

应加强对阅读方法的指导,让学生逐步学会精读、略读和浏览。有些诗文应要求学生诵读,以利于丰富积累、增强体验,培养语感。

在阅读教学中,为了帮助理解课文,可以引导学生随文学习必要的语文知识,但不能脱离语文运用的实际去进行"系统"的讲授和操练,更不应要求学生死记硬背概念、定义。

要重视培养学生广泛的阅读兴趣,扩大阅读面,增加阅读量,提高阅读品位。提倡少做题,多读书,好读书,读好书,读整本的书。关注学生通过多种媒介的阅读,鼓励学生自主选择优秀的阅读材料。加强对课外阅读的指导,开展各种课外阅读活动,创造展示与交流的机会,营造人人爱读书的良好氛围。

真题面对面

[2019统考小学,填空,1分]阅读教学是学生、教师、________、文本之间对话的过程。

答案:教科书编者

(3)关于写作教学

写作是运用语言文字进行表达和交流的重要方式,是认识世界、认识自我、创造性表述的过程。写作能力是语文素养的综合体现。写作教学应贴近学生实际,让学生易于动笔,乐于表达,应引导学生关注现实,热爱生活，积极向上，表达真情实感。

关于“写作”的目标，第一学段定位于“写话”，第二学段开始“习作”，这是为了降低学生写作起始阶段的难度，重在培养学生的写作兴趣和自信心。

在写作教学中，应注重培养学生观察、思考、表达和创造的能力。要求学生说真话、实话、心里话，不说假话、空话、套话，并且抵制抄袭行为。

为学生的自主写作提供有利条件和广阔空间，减少对学生写作的束缚，鼓励自由表达和有创意的表达，鼓励写想象中的事物。加强平时练笔指导，改进作文命题方式，提倡学生自主选题。

写作教学应抓住取材、立意、构思、起草、加工等环节，指导学生在写作实践中学会写作。重视引导学生在自我修改和相互修改的过程中提高写作能力。

要重视写作教学与阅读教学、口语交际教学之间的联系，善于将读与写、说与写有机结合，相互促进。要关注作文的书写质量，要使学生把作文的书写也当作练字的过程。

积极合理利用信息技术与网络的优势，丰富写作形式，激发写作兴趣，增加学生创造性表达、展示交流与互相评改的机会。

(4)关于口语交际教学

口语交际能力是现代公民的必备能力。应培养学生倾听、表达和应对的能力，使学生具有文明和谐地进行人际交流的素养。

口语交际是听与说双方的互动过程。教学活动主要应在具体的交际情境中进行，不宜采用大量讲授口语交际原则、要领的方式。应努力选择贴近生活的话题，采用灵活的形式组织教学。

重视在语文课堂教学中培养口语交际的能力，鼓励学生在各科教学活动以及日常生活中锻炼口语交际能力。

(5)关于综合性学习

综合性学习主要体现为语文知识的综合运用、听说读写能力的整体发展、语文课程与其他课程的沟通、书本学习与生活实践的紧密结合。

综合性学习应贴近现实生活。联系生活中的实际问题开展学习活动，在实现语文学习目标的同时，提高对自然、社会现象与问题的认识，追求积极、健康、和谐的生活方式，增强抵御风险和侵害的意识，增强在与自然、社会和他人互动中的应对能力。

综合性学习应突出学生的自主性，重视学生主动积极的参与精神，主要由学生自行设计和组织活动，特别注重探索和研究的过程，要加强教师在各环节中的指导作用。

综合性学习应强调合作精神，注意培养学生策划、组织、协调和实施的能力。

综合性学习的设计应开放、多元，提倡与其他课程相结合，开展跨领域学习。跨学科学习，也应以提高学生语文素养为目的。

积极构建网络环境下的学习平台，拓展学生学习和创造的空间，支持和丰富语文综合性学习。

(6)关于语法修辞知识

本标准“学段目标与内容”中涉及语音、文字、词汇、语法、修辞、文体、文学等丰富的知识内容。在教学中应根据语文运用的实际需要，从所遇到的具体语言实例出发进行指导和点拨。指导与点拨的目的是帮助学生更好地学习识字、写字、阅读与表达，形成一定的语言应用能力和良好的语感，而不在于对知识系统的记忆。因此，要避免脱离实际运用，围绕相关知识的概念、定义进行“系统、完整”的讲授与操练。

关于语言结构和运用的规律，须让学生在具有比较丰富的语言积累和良好语感的基础上，在实际运用中逐步体味把握。

考点 2 评价建议 ★★

语文课程评价的根本目的是促进学生学习，改善教师教学。语文课程评价应准确反映学生的学习水平和学习状况，全面落实语文课程目标。应充分发挥语文课程评价的多重功能，恰当运用多种评价方式，注重评价主体的多元与互动，突出语文课程评价的整体性和综合性。要根据不同年龄学生的学习特点，按照不同学段的课程目标，抓住关键，突出重点，采用合适方式，提高评价效率。语文课程评价应该改变过于重视甄别和选拔的状况，突出评价的诊断和发展功能。

1. 充分发挥语文课程评价的多种功能

语文课程评价具有检查、诊断、反馈、激励、甄别和选拔等多种功能，其目的是考察学生实现课程目标的程度，检验和改进学生的学习和教师的教学，改善课程设计，完善教学过程。应发挥语文课程评价的多种功能，尤其应注意发挥其诊断、反馈和激励的功能，有效地促进学生的发展。

2. 恰当运用多种评价方式

形成性评价关注**学习过程**，有利于及时揭示问题、及时反馈、及时改进教与学活动。总结性评价关注**学习结果**，有利于对教学活动作出总结性的结论。形成性评价和总结性评价都是必要的。应加强形成性评价，注意收集、积累能够反映学生语文学习与发展的资料，可采用成长记录袋等各种方式，记录学生的成长过程。对学生语文学习的日常表现，应以表扬、鼓励等积极的评价为主，采用激励性的评语，从正面加以引导。

要坚持定性评价和定量评价相结合，全面反映学生语文学习的状态及水平。评价方法除了纸笔测试以外，还有平时的行为观察与记录、问卷调查、面谈讨论等各种方法。语文学习具有重情感体验和感悟的特点，更应重视定性评价。学校和教师要对学生的成长记录和考试结果进行分析，评价结果的呈现方式除了等级或分数以外，还可用代表性的事实客观描述学生语文学习的进步，并提出建议。

各种评价方法都有其一定的适应性，在评价的客观性和深刻性上也各有差别，因此，评价设计要注重可行性和有效性，力戒繁琐，防止片面追求形式。

3. 注重评价主体的多元与互动

应注意将教师的评价、学生的自我评价及学生之间的相互评价相结合，加强学生的自我评价和相互评价，促进学生主动学习，自我反思。评价要理解和尊重学生的自我评价与相互评价。要尊重学生的个体差异，有利于每个学生的健康发展。

根据需要，可让学生家长、社区、专业人员等适当参与评价活动，争取社会对学生语文学习的更多关注和支持。

4. 突出语文课程评价的整体性和综合性

语文课程评价要体现语文课程目标的整体性和综合性，全面考察学生的语文素养。应注意识字与写

字、阅读、写作、口语交际和综合性学习五个方面的有机联系，注意知识与能力、过程与方法、情感态度与价值观的交融、整合，避免只从知识、技能方面进行评价。

5. 具体建议

（1）关于识字与写字的评价

汉语拼音学习的评价，重在考察学生认读和拼读的能力，以及借助汉语拼音认读汉字、说普通话、纠正地方音的情况。

识字的评价，要考察学生认清字形、读准字音、掌握汉字基本意义的情况，以及在具体语言环境中运用汉字的能力，借助字典、词典等工具书查检字词的能力。第一、第二学段应多关注学生主动识字的兴趣，第三、第四学段要重视考察学生独立识字的能力。

写字的评价，要考察学生对于要求“会写”的字的掌握情况，重视书写的正确、端正、整洁，在此基础上，逐步要求书写流利。第一学段要关注学生写好基本笔画、基本结构和基本字，第二、第三学段还要关注学生的毛笔书写，第四学段还要关注学生基本行楷字的书写和对名家书法作品的临摹。义务教育的各个学段的写字评价都要关注学生写字的姿势与习惯，引导学生提高书写质量。

评价要有利于激发学生识字、写字的兴趣，帮助学生养成写规范字的习惯，减少错别字。

［2021 金华永康小学，填空，3 分］识字的评价，要考察学生________、________、________的情况，以及在具体语言环境中运用汉字的能力，借助字典、词典等工具书查检字词的能力。

答案：认清字形；读准字音；掌握汉字基本意义

（2）关于阅读的评价

阅读的评价，要综合考察学生阅读过程中的感受、体验和理解，要关注其阅读兴趣与价值取向、阅读方法与习惯，也要关注其阅读面和阅读量，以及选择阅读材料的能力。重视对学生多角度、有创意阅读的评价。语文知识的学习重在运用，其概念不作为考试内容。

能用普通话正确、流利、有感情地朗读课文，是朗读评价的总要求。根据阶段目标，各学段的要求可以有所侧重。评价学生的朗读，可从语音、语调和语气等方面进行综合考察，评价“有感情地朗读”，要以对内容的理解与把握为基础，防止矫情做作。

诵读的评价，重在提高学生的诵读兴趣，增加积累，发展语感，加深体验和领悟。在不同学段，可在诵读材料的内容、范围、数量、篇幅、类型等方面逐渐增加难度。

默读的评价，应从学生默读的方法、速度、效果和习惯等方面进行综合考察。

精读的评价，重点评价学生对阅读材料的综合理解能力，要重视评价学生的情感体验和创造性的理解。第一学段可侧重考察对文章内容的初步感知和文中重要词句的理解、积累；第二学段侧重考察通过重要词句帮助理解文章，体会其表情达意的作用，以及对文章大意的把握；第三学段侧重考察对文章表达顺序和基本表达方法的了解领悟；第四学段侧重考察理清思路、概括要点、探究内容等方面的情况，以及读懂不同文体文章的能力。

略读的评价，重在考察学生能否把握阅读材料的大意。浏览的评价，重在考察学生能否从阅读材料中捕捉有用信息。

文学作品阅读的评价，着重考察学生感受形象、体验情感、品味语言的水平，对学生独特的感受和体验应加以鼓励。第一学段侧重考察学生能通过朗读和想象等手段，大体感受作品的情境、节奏和韵味；第二学段侧重考察在阅读全文基础上对重要段落和语句的细致阅读，具体感受作品的形象和语言；第三、第四学段，可通过考察学生对形象、情感、语言的领悟程度，以及自己的体验，来评价学生初步鉴赏文学作品的水平。

评价学生阅读古代诗词和浅易文言文，重点考察学生的记诵积累，考察他们能否凭借注释和工具书理解诗文大意。词法、句法等方面的概念不作为考试内容。

要重视学生课外阅读的评价。应根据各学段的要求，通过小组和班级交流、学习成果展示等方式，了解学生的阅读量和阅读面，进而考察其阅读的兴趣、习惯、品位、方法和能力。

(3)关于写作的评价

写作的评价，应按照不同学段的目标要求，综合考察学生写作水平的发展状况。第一学段主要评价学生的写话兴趣；第二学段是习作的起始阶段，要鼓励学生大胆习作；第三、第四学段要通过多种评价，促进学生具体明确、文从字顺地表达自己的见闻、体验和想法。对于作文的评价还须关注学生汉字书写的情况。

写作的评价，要重视学生的写作兴趣和习惯，鼓励表达真情实感，鼓励有创意的表达，引导学生热爱生活，亲近自然，关注社会。

写作材料准备过程的评价，不仅要具体考察学生占有材料的丰富性、真实性，也要考察他们获取材料的方法。要引导学生通过观察、调查、访谈、阅读等途径，运用多种方法搜集材料。

重视对作文修改的评价。要考察学生对作文内容、文字表达的修改，也要关注学生修改作文的态度、过程和方法。要引导学生通过自改和互改，取长补短，促进相互了解和合作，共同提高写作水平。

评价结果的呈现方式，根据实际需要，可以是书面的，可以是口头的；可以用等级表示，也可以用评语表示；还可以采用展示、交流等多种方式。

提倡学生在成长记录中收存有代表性的课内外作文和有价值的典型案例分析，以反映写作的实际情况和发展过程。

(4)关于口语交际的评价

口语交际的评价，须注重提高学生对口语交际的认识和表达沟通的水平。考察口语交际水平的基本项目可以有讲述、应对、复述、转述、即席讲话、主题演讲、问题讨论等。

口语交际的评价，应按照不同学段的要求，综合考察学生的参与意识、情意态度和表达能力。第一学段主要评价学生口语交际的态度与习惯，重在鼓励学生自信地表达；第二、第三学段主要评价学生日常口语交际的基本能力，学会倾听、表达与交流；第四学段要通过多种评价方式，促进学生根据不同的对象和内容，文明地进行人际沟通和社会交往。评价宜在具体的交际情境中进行，让学生承担有实际意义的交际任务，并结合学生在日常生活和学习活动中的表现，综合考察学生真实的口语交际水平。

(5)关于综合性学习的评价

综合性学习的评价，应着重考察学生的语文综合运用能力、探究精神与合作态度。主要着眼于学生在

综合性学习过程中的表现，如是否能积极参与活动，是否能主动提出问题，还有搜集整理材料、综合运用语文知识探究问题、展示与交流学习成果等方面的情况。第一、第二学段要较多地关注学生参与语文学习活动的兴趣与态度。第三、第四学段要多关注学生在语文活动中提出问题、探究问题以及展示学习活动成果的能力。各个学段综合性学习的评价都要着眼于促进学生提高语文水平的效率，并有助于他们扩大视野，更好地掌握学习语文的方法。

评价要尊重和保护学生学习的自主性和积极性，鼓励学生运用多种方法，从不同的角度进行探究。要充分注意学生解决问题的思路和方法。对有新意的思路和表达以及有特点的展示方式，尤其要给予足够的重视。除了教师的评价之外，要多让学生开展自我评价和相互评价。

考点 3 教材编写建议

1. 教材编写应依据课程标准，全面有序地安排教学内容，设计教学活动，并注意体现基础性和阶段性，关注各学段之间的衔接。

2. 教材应体现时代特点和现代意识，关注现实，关注人类，关注自然，理解和尊重多样文化，有助于学生树立正确的世界观、人生观、价值观。

3. 教材要注重继承与弘扬中华民族优秀文化和革命传统，有助于增强学生的民族自尊心和爱国主义感情。

4. 教材应符合学生的身心发展特点，适应学生的认知水平，密切联系学生的经验世界和想象世界，有助于激发学生的学习兴趣和创新精神。

5. 教材选文要文质兼美，具有典范性，富有文化内涵和时代气息，题材、体裁、风格丰富多样，各种类别配置适当，难易适度，适合学生学习。要重视开发高质量的新课文。

6. 教材应注意引导学生掌握语文学习的方法，养成良好的学习习惯。课文注释和练习等应少而精，具有启发性，有利于学生在探究中学会学习。

7. 教材内容的安排要避免繁琐，简化头绪，突出重点，加强整合，注重情感态度、知识能力之间的联系，致力于学生语文素养的整体提高。

8. 教材的体例和呈现方式应灵活多样，避免模式化。设计的体验性活动和研究性专题要体现语文特点，内容适量，便于实施。

9. 教材要有开放性和弹性。在合理安排基本课程内容的基础上，给地方、学校和教师留有开发、选择的空间，也为学生留出选择和拓展的空间，以满足不同学生学习和发展的需要。

10. 教材编写应努力追求设计的创新和编写的特色。要重视现代教育技术在语文课程中的运用。编写语言应准确、规范。

考点 4 课程资源开发与利用的建议

1. 语文课程资源包括课堂教学资源和课外学习资源，例如：教科书、相关配套阅读材料、其他图书、报刊、工具书、教学挂图，电影、电视、广播、网络，报告会、演讲会、辩论会、研讨会、戏剧表演，生产劳动与社会实践场所，图书馆、博物馆、纪念馆、展览馆，布告栏、报廊、各种标牌广告，等等。

自然风光、文化遗产、风俗民情、方言土语，国内外的重要事件，日常生活的话题等也都可以成为语文课程的资源。

2. 各地都蕴藏着多种语文课程资源。学校要有强烈的资源意识，认真分析本地和本校的特点，充分利用已有的资源，积极开发潜在的资源，特别是人的资源因素和在课程实施过程中生成的资源因素。

3. 学校应积极创造条件，努力为语文教学配置相应的设备；还应当争取社会各方面的支持，与社区建立稳定的联系，给学生创设语文实践的环境，开展多种形式的语文学习活动。

4. 语文教师应高度重视课程资源的开发与利用，创造性地开展各类活动，增强学生在各种场合学语文、用语文的意识，通过多种途径提高学生的语文素养。

第四节　《普通高中语文课程标准》(2017年版)节选

一、课程性质与基本理念　【单选、简答】★★★

《普通高中语文课程标准》(2017年版)

考点1　课程性质

语言文字是人类社会最重要的交际工具和信息载体，是人类文化的重要组成部分。语言文字的运用，包括生活、工作和学习中的听说读写活动以及文学活动，存在于人类社会的各个领域。

语文课程是一门学习祖国语言文字运用的综合性、实践性课程。工具性与人文性的统一，是语文课程的基本特点。语文课程应引导学生在真实的语言运用情境中，通过自主的语言实践活动，积累言语经验，把握祖国语言文字的特点和运用规律，加深对祖国语言文字的理解与热爱，培养运用祖国语言文字的能力；同时，发展思辨能力，提升思维品质，培育社会主义核心价值观，培养高尚的审美情趣，积累丰厚的文化底蕴，理解文化多样性。

普通高中语文课程，应使全体学生在义务教育的基础上，进一步提高语文素养，形成良好的思想道德修养和科学人文修养，为终身学习奠定基础，为传承和发展中华文化、增强民族凝聚力和创造力发挥独特的功能，为培养德智体美劳全面发展的社会主义建设者和接班人发挥应有的作用。

考点2　基本理念

1. 坚持立德树人，增强文化自信，充分发挥语文课程的育人功能

祖国语文是中华儿女的精神家园，语文课程对继承和弘扬中华优秀传统文化、革命文化、社会主义先进文化，培养文化自信，推动文化的创新发展，具有不可替代的优势。

普通高中语文课程，必须以习近平新时代中国特色社会主义思想为指导，坚持立德树人，弘扬民族精神，融入社会主义核心价值观教育，培养热爱中华文明、热爱祖国、热爱人民、热爱中国共产党的深厚感情，以及热爱美好生活和奋发向上的人生态度，使学生逐步形成自己的思想、行为准则，增强为中华民族伟大复兴而努力的历史使命感和社会责任感。坚持加强语文课程内容与学生成长的联系，引导学生积极参与实践活动，学习认识自然、认识社会、认识自我、规划人生，在促进学生全面而有个性的发展方面发挥应有的功能。

2. 以核心素养为本，推进语文课程深层次的改革

随着社会和教育事业的发展，语文课程更加强调以核心素养为本。要进一步改革语文课程的目标

和内容，既要关注知识技能的外显功能，更要重视课程的隐性价值，还要关注语文课程在社会信息化过程中新的内涵变化；通过改革，让学生多经历、体验各类启示性、陶冶性的语文学习活动，逐渐实现多方面要素的综合与内化，养成现代社会所需要的思想品质、精神面貌和行为方式。

普通高中语文课程应继续引导学生丰富语言积累，培养良好语感，掌握学习语文的基本方法，养成良好的学习习惯，提高运用祖国语言文字的能力；语言文字运用和思维密切相关，语文教育必须同时促进学生思维能力的发展与思维品质的提升；语文教育也是提高审美素养的重要途径，要让学生在语言文字运用的学习中受到美的熏陶，培养自觉的审美意识和高尚的审美情趣，培养审美感知和创造表现的能力；语言文字的运用体现时代的发展状况和人的文化修养，语文课程应该引导学生自觉继承中华优秀传统文化和革命文化，吸收世界各民族文化精华，积极参与中国特色社会主义先进文化的建设与传播。

3. 加强实践性，促进学生语文学习方式的转变

语文课程作为一门实践性课程，应着力在语文实践中培养学生的语言文字运用能力。学习运用祖国语言文字的资源和实践机会无处不在，应增强学生学语文、用语文的自觉意识，积极利用信息技术以及身边的各种资源和机会，通过阅读与鉴赏、表达与交流、梳理与探究等语文实践，积累言语经验，把握语文运用的规律，学会语文运用的方法，有效地提高语文能力，并在学习语言文字运用的过程中促进方法、习惯及情感、态度与价值观的综合发展。

语文课程还应当适应当代社会的发展需要，为培养创新人才发挥重要作用。要引导学生在语言文字运用的过程中发现问题，培养探究意识和发现问题的敏感性，探求解决问题和语言表达的创新路径。

4. 注重时代性，构建开放、多样、有序的语文课程

普通高中语文课程应适应社会对人才的多样化需求和学生对语文教育的不同期待，精选学习内容，变革学习方式，确保全体学生都获得必备的语文素养；帮助学生认识自己语文学习的已有基础、发展需求和方向，激发学习兴趣和潜能，在跨文化、跨媒介的语文实践中开阔视野，在更宽广的选择空间发展各自的语文特长和个性。

普通高中语文课程应具有相对稳定的结构和富有弹性的实施机制。应在课程标准的指导下，提高教师水平，发展教师特长，引导教师开发语文课程资源，有选择地、创造性地实施课程；把握信息时代新特点，积极利用新技术、新手段，建设开放、多样、有序的语文课程体系，使学生语文素养的发展与提升能适应社会进步新形势的需要。

二、学科核心素养与课程目标 【单选、填空】★★★

考点 1 学科核心素养

学科核心素养是学科育人价值的集中体现，是学生通过学科学习而逐步形成的正确价值观、必备品格和关键能力。语文学科核心素养是学生在积极的语言实践活动中积累与构建起来，并在真实的语言运用情境中表现出来的语言能力及其品质；是学生在语文学习中获得的语言知识与语言能力，思维方法与思维品质，情感、态度与价值观的综合体现。主要包括"语言建构与运用""思维发展与提升""审美鉴赏与创造""文化传承与理解"四个方面。

1. 语言建构与运用

语言建构与运用是指学生在丰富的语言实践中，通过主动的积累、梳理和整合，逐步掌握祖国语言文字特点及其运用规律，形成个体言语经验，发展在具体语言情境中正确有效地运用祖国语言文字进行交流沟通的能力。

2. 思维发展与提升

思维发展与提升是指学生在语文学习过程中，通过语言运用，获得直觉思维、形象思维、逻辑思维、辩证思维和创造思维的发展，促进深刻性、敏捷性、灵活性、批判性和独创性等思维品质的提升。

3. 审美鉴赏与创造

审美鉴赏与创造是指学生在语文学习中，通过审美体验、评价等活动形成正确的审美意识、健康向上的审美情趣与鉴赏品位，并在此过程中逐步掌握表现美、创造美的方法。

4. 文化传承与理解

文化传承与理解是指学生在语文学习中，继承和弘扬中华优秀传统文化、革命文化、社会主义先进文化，理解与借鉴不同民族和地区的文化，拓展文化视野，增强文化自觉，提升中国特色社会主义文化自信，热爱祖国语言文字，热爱中华文化，防止文化上的民族虚无主义。

语文学科核心素养的四个方面是一个整体。语言是重要的交际工具，也是重要的思维工具；语言的发展与思维的发展相互依存，相辅相成。语言文字是文化的载体，又是文化的重要组成部分；学习语言文字的过程也是文化获得的过程。语言文字作品是人类重要的审美对象，语文学习也是学生审美能力和审美品质发展的重要途径。语言建构与运用是语文学科核心素养的基础，在语文课程中，学生的思维发展与提升、审美鉴赏与创造、文化传承与理解，都是以语言的建构与运用为基础，并在学生个体言语经验发展过程中得以实现的。

考点 2 课程目标

学生通过阅读与鉴赏、表达与交流、梳理与探究等语文学习活动，在语言建构与运用、思维发展与提升、审美鉴赏与创造、文化传承与理解几个方面都获得进一步的发展；坚定文化自信，自觉弘扬社会主义核心价值观，树立积极向上的人生理想，为全面发展和终身发展奠定基础。

1. 语言积累与建构。积累较为丰富的语言材料和言语活动经验，形成良好的语感；在已经积累的语言材料间建立起有机的联系，在探究中理解、掌握祖国语言文字运用的基本规律。

2. 语言表达与交流。能凭借语感和对语言运用规律的把握，根据具体的语言情境和不同的对象，运用口头和书面语言文明得体地进行表达与交流；能将具体的语言文字作品置于特定的交际情境和历史文化情境中理解、分析和评价。

3. 语言梳理与整合。通过梳理和整合，将积累的语言材料和学习的语文知识结构化，将言语活动经验逐渐转化为具体的学习方法和策略，并能在语言实践中自觉地运用。

4. 增强形象思维能力。获得对语言和文学形象的直觉体验；在阅读与鉴赏、表达与交流、梳理与探究活动中运用联想和想象，丰富自己对现实生活和文学形象的感受与理解，丰富自己的经验与语言表达。

5. 发展逻辑思维。能够辨识、分析、比较、归纳和概括基本的语言现象和文学现象，并能有理有据地表达自己的观点和阐述自己的发现;运用基本的语言规律和逻辑规则,判别语言运用的正误,准确、生动、有逻辑地表达自己的认识;运用批判性思维审视语言文字作品,探究和发现语言现象和文学现象,形成自己对语言和文学的认识。

6. 提升思维品质。自觉分析和反思自己的语文实践活动经验,提高语言运用的能力,增强思维的深刻性、敏捷性、灵活性、批判性和独创性。

7. 增进对祖国语言文字的美感体验。感受祖国语言文字独特的美,增强热爱祖国语言文字的感情。

8. 鉴赏文学作品。感受和体验文学作品的语言、形象和情感之美,能欣赏、鉴别和评价不同时代、不同风格的作品,具有正确的价值观、高尚的审美情趣和审美品位。

9. 美的表达与创造。能运用祖国语言文字表达自己的审美体验,表达自己的情感、态度和观念,表现和创造自己心中的美好形象;讲究语言文字表达的效果及美感,具有创新意识。

10. 传承中华文化。通过学习运用祖国语言文字,体会中华文化的博大精深、源远流长,体会中华文化的核心思想理念和人文精神,增强文化自信,理解、认同、热爱中华文化,继承、弘扬中华优秀传统文化和革命文化。

11. 理解多样文化。通过学习语言文字作品,懂得尊重和包容,初步理解和借鉴不同民族、不同区域、不同国家的优秀文化,吸收人类文化的精华。

12. 关注、参与当代文化。关注并积极参与当代文化传播与交流,在运用祖国语言文字的过程中,坚持文化自信,提高社会责任感,增强为中华民族伟大复兴而奋斗的使命感。

三、课程结构 【填空】★★★

考点1 设计依据

1. 以中国特色社会主义理论体系为指导,落实立德树人根本任务,遵循教育规律,着力发展学生的核心素养,促进学生全面而有个性地发展,设计基础性与选择性相结合的课程。

2. 从祖国语文的特点和高中生学习语文的规律出发,以语文学科核心素养为纲,以学生的语文实践为主线,设计"语文学习任务群"。"语文学习任务群"以任务为导向,以学习项目为载体,整合学习情境、学习内容、学习方法和学习资源,引导学生在运用语言的过程中提升语文素养。若干学习项目组成学习任务群。学习任务所涉及的语言学习素材与运用范例、语文实践的话题与情境、语体与文体等,覆盖历来语文课程所包含的古今"实用类""文学类""论述类"等基本语篇类型。学习任务群的设计着眼于培养语言文字运用基础能力,充分顾及问题导向、跨文化、自主合作、个性化、创造性等因素,并关注语言文字运用的新现象和跨媒介运用的新特点。

3. 学习任务群以自主、合作、探究性学习为主要学习方式,凸显学生学习语文的根本途径。这些学习任务群追求语言、知识、技能和思想情感、文化修养等多方面、多层次目标发展的综合效应,而不是学科知识逐"点"解析、学科技能逐项训练的简单线性排列和连接。学习任务群的设计,旨在引领高中语文教学的改革,力求改变教师大量讲解分析的教学模式。

4. 整体设计,统筹安排,体现层次性与差异性。必修课程和选修课程均由若干学习任务群构成。不同学习任务群具体的学习内容有所区别,体现不同的学习要求;必修的学习任务群构成普通高中语文课

第二部分

程目标、内容的基本框架，体现高中阶段对每个学生基本、共同的语文素养要求；选修的学习任务群则是在此基础上的逐步延伸、拓展、提高和深化，以满足学生对不同发展方向、不同发展水平语文素养的要求。

考点 2 结构

普通高中语文课程由必修、选择性必修、选修三类课程构成。三类课程分别安排7—9个学习任务群。中华优秀传统文化、革命文化和社会主义先进文化方面的内容始终贯串必修、选择性必修、选修。

必修课程7个："整本书阅读与研讨""当代文化参与""跨媒介阅读与交流""语言积累、梳理与探究""文学阅读与写作""思辨性阅读与表达""实用性阅读与交流"。

选择性必修课程9个："整本书阅读与研讨""当代文化参与""跨媒介阅读与交流""语言积累、梳理与探究""中华传统文化经典研习""中国革命传统作品研习""中国现当代作家作品研习""外国作家作品研习""科学与文化论著研习"。

选修课程9个："整本书阅读与研讨""当代文化参与""跨媒介阅读与交流""汉字汉语专题研讨""中华传统文化专题研讨""中国革命传统作品专题研讨""中国现当代作家作品专题研讨""跨文化专题研讨""学术论著专题研讨"。

考点 3 学分与选课

必修课程8学分；选择性必修课程6学分；选修课程设计12学分，供学生自由选择。

必修课程，每名高中学生必须修习；选择性必修课程，学生根据个人需求与升学考试要求选择修习；选修课程，学生可自由选择学习。对于选择性必修课程和选修课程，教师应根据学生个人未来发展的意愿和学业状况，有针对性地给予指导，使学生获得良好的发展方向和空间。

高中语文学习任务群的比重按学分计，安排如下。

普通高中语文课程结构及学分

<table>
<tr><th>必修(8学分)</th><th>选择性必修(6学分)</th><th>选修(任选)</th></tr>
<tr><td>整本书阅读与研讨(1学分)</td><td colspan="2" rowspan="3">(整本书阅读与研讨、当代文化参与、跨媒介阅读与交流在选择性必修和选修阶段不设学分，穿插在其他学习任务群中)</td></tr>
<tr><td>当代文化参与(0.5学分)</td></tr>
<tr><td>跨媒介阅读与交流(0.5学分)</td></tr>
<tr><td>语言积累、梳理与探究(1学分)</td><td>语言积累、梳理与探究(1学分)</td><td>汉字汉语专题研讨(2学分)</td></tr>
<tr><td rowspan="2">文学阅读与写作(2.5学分)</td><td>中华传统文化经典研习(2学分)</td><td>中华传统文化专题研讨(2学分)</td></tr>
<tr><td>中国革命传统作品研习(0.5学分)</td><td>中国革命传统作品专题研讨(2学分)</td></tr>
<tr><td rowspan="2">思辨性阅读与表达(1.5学分)</td><td>中国现当代作家作品研习(0.5学分)</td><td>中国现当代作家作品专题研讨(2学分)</td></tr>
<tr><td>外国作家作品研习(1学分)</td><td>跨文化专题研讨(2学分)</td></tr>
<tr><td>实用性阅读与交流(1学分)</td><td>科学与文化论著研习(1学分)</td><td>学术论著专题研讨(2学分)</td></tr>
</table>

四、课程内容 【单选】★★★

考点 1 学习任务群

1. 学习任务群1：整本书阅读与研讨

本任务群旨在引导学生通过阅读整本书，拓展阅读视野，建构阅读整本书的经验，形成适合自己的读书方法，提升阅读鉴赏能力，养成良好的阅读习惯，促进学生对中华优秀传统文化、革命文化、社会主义先进文化的深入学习和思考，形成正确的世界观、人生观和价值观。

本任务群的学习贯串必修、选择性必修和选修三个阶段。

（1）学习目标与内容

①在阅读过程中，探索阅读整本书的门径，形成和积累自己阅读整本书的经验。重视学习前人的阅读经验，根据不同的阅读目的，综合运用精读、略读与浏览的方法阅读整本书，读懂文本，把握文本丰富的内涵和精髓。

②在指定范围内选择阅读一部长篇小说。通读全书，整体把握其思想内容和艺术特点。从最使自己感动的故事、人物、场景、语言等方面入手，反复阅读品味，深入探究，欣赏语言表达的精彩之处，梳理小说的感人场景乃至整体的艺术架构，理清人物关系，感受、欣赏人物形象，探究人物的精神世界，体会小说的主旨，研究小说的艺术价值。

③在指定范围内选择阅读一部学术著作。通读全书，勾画圈点，争取读懂；梳理全书大纲小目及其关联，做出全书内容提要；把握书中的重要观点和作者的价值取向。阅读与本书相关的资料，了解本书的学术思想及学术价值。通过反复阅读和思考，探究本书的语言特点和论述逻辑。

④利用书中的目录、序跋、注释等，学习检索作者信息、作品背景、相关评价等资料，深入研读作家作品。

⑤联系个人经验，深入理解作品；享受读书的愉悦，从作品中汲取营养，丰富自己的精神世界，逐步形成正确的世界观、人生观和价值观。用自己的语言撰写全书梗概或提要、读书笔记与作品评介，通过口头、书面形式或其他媒介与他人分享。

（2）教学提示

本任务群在必修阶段安排1学分，18课时。应完成一部长篇小说和一部学术著作的阅读，重在引导学生建构整本书的阅读经验与方法。在选择性必修和选修阶段要运用这些经验与方法阅读相关作品，不专门安排学分。

①指定阅读的作品，应语言典范，内涵丰富，具有较高的思想水平和文化价值。根据学生的生活实际和发展需要，注意选择反映中华优秀传统文化、革命文化和社会主义先进文化的作品。指定阅读的作品可从教材课文节选的长篇作品中选择，也可由师生共同商定3—5部作品，学生从中选择一部阅读；选择相同作品的学生可以自由组合，进行交流讨论。

②课时可安排在两个学期，宜集中使用，便于学生静下心来，集中时间和精力，认真阅读一本书。学生在反复阅读过程中，每读一遍，重点解决一两个问题，有些地方应仔细推敲，有些地方可以略读或浏览。阅读要有笔记，记下自己思考、探索、研究的心得。

③阅读整本书，应以学生利用课内外时间自主阅读、撰写笔记、交流讨论为主，不以教师的讲解代替或限制学生的阅读与思考。教师的主要任务是提出专题学习目标，组织学习活动，引导学生深入思考、讨论与交流。教师应以自己的阅读经验，平等地参与交流谈论，解答学生的疑惑。

④教师应善于发现学生阅读整本书的成功经验，及时组织交流与分享。应善于发现、保护和支持

学生阅读中的独到见解。

2. 学习任务群2:当代文化参与

本任务群旨在引导学生关注和参与当代文化生活,学习剖析、评价文化现象,积极参与中国特色社会主义先进文化的传播和交流,增强文化自信。

本任务群的学习贯串必修、选择性必修和选修三个阶段。

(1)学习目标与内容

①聚焦特定文化现象,自主梳理材料,确定调查问题,编制调查提纲,访问调查对象,记录调查内容,完成调查报告,就如何传播社会主义核心价值观、弘扬中华文化精神、反映中国人审美追求等专题展开交流研讨。

②关注当代文化生活,开展社区文化调查,搜集整理材料,对社区的文化生活方式、风俗习惯、思想观念、生活演变等进行分析讨论,增强弘扬社会主义核心价值观的自觉性。通过各种传媒,关注当代文化生活热点,聚焦并提炼问题,展开专题研讨,解释文化现象,积极参与社会主义先进文化建设,提高对各种文化现象的认识能力和阐释自己见解的能力。

③建设各类语文学习共同体(如文学社团、新闻社、读书会等),在阅读、表达中探析有关文化现象,拓展视野,培养多方面语文能力;通过社会调查、观看演出、参与文化公益活动等,丰富语文学习的方式,积极参与当代文化生活。

(2)教学提示

本任务群在必修阶段安排0.5学分,9课时;可由教师根据教材相关内容或学校实际情况,在三类学习内容中有选择地组织教学。在选择性必修和选修阶段不单设学分,可与其他学习任务群组合,设计一些课内外相结合的学习活动。

①以参与性、体验性、探究性的语文学习活动为主,增强课程内容与学生成长的联系,通过开放式学习,引导学生积极参与当代文化生活;注意调查访问与书面学习相结合,现状调查与比较研究相结合,分析研究与参与传播建设相结合,提高学生语文综合运用的能力。

②引导学生自主创建各类社团,开展各类语文学习活动,如读书交流、习作分享、辩论演说、诗歌朗诵、戏剧表演等。

③利用家庭资源以及学校图书馆、校史馆、档案馆等,研究社会生活中的文化现象;利用图书馆、博物馆、纪念馆、文化馆、美术馆、音乐厅、影剧院、名人故居、革命遗址、名胜古迹,以及其他文化遗产等,通过实地考察,深化对某一文化现象的认识。

3. 学习任务群3:跨媒介阅读与交流

本任务群旨在引导学生学习跨媒介的信息获取、呈现与表达,观察、思考不同媒介语言文字运用的现象,梳理、探究其特点和规律,提高跨媒介分享与交流的能力,提高理解、辨析、评判媒介传播内容的水平,以正确的价值观审视信息的思想内涵,培养求真求实的态度。

本任务群的学习贯串必修、选择性必修和选修三个阶段。

(1)学习目标与内容

①了解常见媒介与语言辅助工具的特点。掌握利用不同媒介获取信息、处理信息、应用信息的能

力。学习运用多种媒介展开有效的表达和交流。

②知道信息来源的多样性、真实性，辨识媒体立场，多角度分析问题，形成独立判断。

③关注当代网络文学和网络文化，坚持正确的价值导向，辩证分析网络对语言、文学的影响，提高语言、文学的鉴赏能力。

④建设跨媒介学习共同体，丰富语文学习的手段。

（2）教学提示

本任务群在必修阶段安排0.5学分，9课时，选择性必修和选修阶段不安排学分，渗透在其他任务群的学习过程之中。

①教师可引导学生自主选择有关跨媒介的普及性著作进行研习。通过纸质文本、电子文本的阅读，或参观展览等途径，了解跨媒介的特点。

②教师要在学生感兴趣的媒介应用领域，创设应用场景，引导学生在实践中了解有关媒介对人们学习、工作、生活等方面的影响，并归纳分析，形成学习成果。

③通过实例分析，研讨多种媒介信息存储、呈现与传递的特点，分析合理选择、恰当运用不同类型的媒介对表现主题、传递信息、促进交往所产生的影响，加以总结，形成结论。

④教师应主要引导学生理解多种媒介运用对语言的影响，提高学生综合运用多种媒介有效获取信息、表达交流的能力，培养学生求真求实的态度。

4. 学习任务群4：语言积累、梳理与探究

本任务群旨在培养学生丰富语言积累、梳理语言现象的习惯，在观察、探索语言文字现象，发现语言文字运用问题的过程中，自主积累语文知识，探究语言文字运用规律，增强语言文字运用的敏感性，提高探究、发现的能力，感受祖国语言文字的独特魅力，增强热爱祖国语言文字的感情。

本任务群的学习贯串必修、选择性必修两个阶段。

（1）学习目标与内容

①在语文活动中，积累有关汉字、汉语的现象和理性认识，了解汉字在汉语发展和应用中的重要作用，巩固和加深义务教育阶段所学的汉字知识；体会汉字、汉语与中华传统文化的关系及汉语的民族特性，增强热爱祖国语言文字的感情。

②通过在语境中解读词汇、理解语义的过程，树立语言和言语的相关性和差别性的观念。

③通过文言文阅读，梳理文言词语在不同上下文中的词义和用法，把握古今汉语词义的异同，既能沟通古今词义的发展关系，又要避免用现代意义理解古义，做到对中华优秀传统文化作品的准确理解。

④在自主修改病句和分析句子结构的过程中，体会汉语句子的结构特点和虚词的作用，进一步领悟语法规律。在学习文学作品时，观察词语的活用、句子语序的变化等，体会文学语言的灵活性和创造性。

⑤在运用口语和书面语表达的过程中，对比两种语体用词和造句的差别，体会口语与书面语的风格差异。

⑥反思和总结自己写作时遣词造句的经验，建构初步的逻辑和修辞知识，提高语用能力，增强表达的个性化。

(2)教学提示

本任务群贯串整个高中阶段，既有课内活动，也应有课外任务。必修和选择性必修阶段，均安排1个学分，选修阶段不安排学分。

①积累、梳理要有系统、有计划，要有步骤地、持续地进行。积累既是丰富学生词汇、表达方式等的需要，也是为以后的梳理所做的准备。要有布置，有鼓励和督促，持之以恒。

②本任务群的课时，在必修和选择性必修阶段，可以有两种分配方式：或集中安排，或穿插在其他学习任务群中。如何分配课时，由教材编者设计或教师根据自己的教学计划安排。

③本任务群在必修和选择性必修阶段，应贯串其他所有的学习任务群，与各个学习任务群中阅读与鉴赏、表达与交流、梳理与探究的语文活动有机结合在一起。每一个学习任务群，都要为"语言积累、梳理与探究"学习任务群提出问题，提供资料，准备必要的条件；有些学习任务群也可以与本任务群共同完成。例如，在既有书面语读写，又有口语活动的学习任务群中，即可探讨语体风格的问题。

④积累、整合与探究，都要边积累，边记录。必修阶段主要写语言札记，随时记录点滴材料。选择性必修阶段可试写短文，整合和解释有关现象。

⑤本任务群重在过程的典型性，不论是积累、梳理还是探究，都注重发展语感，增强对语言规律的认识，不追求知识点的全面与系统，切忌违背学生自主学习的精神，生硬灌输一些语言学条文。

⑥在完成任务的过程中，针对学习内容，可通过专门文章的阅读，引导学生深入思考。

5. 学习任务群5：文学阅读与写作

本任务群旨在引导学生阅读古今中外诗歌、散文、小说、剧本等不同体裁的优秀文学作品，使学生在感受形象、品味语言、体验情感的过程中提升文学欣赏能力，并尝试文学写作，撰写文学评论，借以提高审美鉴赏能力和表达交流能力。课内阅读篇目中中国古代优秀作品应占1/2。

(1)学习目标与内容

①精读古今中外优秀的文学作品，感受作品中的艺术形象，理解欣赏作品的语言表达，把握作品的内涵，理解作者的创作意图。结合自己的生活经验和阅读写作经历，发挥想象，加深对作品的理解，力求有自己的发现。

②根据诗歌、散文、小说、剧本不同的艺术表现方式，从语言、构思、形象、意蕴、情感等多个角度欣赏作品，获得审美体验，认识作品的美学价值，发现作者独特的艺术创造。

③结合所阅读的作品，了解诗歌、散文、小说、剧本写作的一般规律。捕捉创作灵感，用自己喜欢的文体样式和表达方式写作，与同学交流写作体会。尝试续写或改写文学作品。

④养成写读书提要和笔记的习惯。根据需要，可选用杂感、随笔、评论、研究论文等方式，写出自己的阅读感受和见解，与他人分享，积累、丰富、提升文学鉴赏经验。

(2)教学提示

本任务群为2.5学分，45课时。写作次数不少于8次(不含读书笔记和提要)。

①运用专题阅读、比较阅读等方式，创设阅读情境，激发学生阅读兴趣，引导学生阅读、鉴赏、探究与写作。

②文学作品的阅读与写作，应以学生自主阅读、讨论、写作、交流为主。应结合作品的学习和写作实践，由学生自主梳理探究，使所学的文学知识结构化。

③教师应向学生提供有效的学习支持。如做好问题设计，提供阅读策略指导，适时组织经验分享和成果交流活动；在学习过程中相机进行指导点拨，组织并平等参与问题讨论；引导学生制订阅读计划，并要求阅读一定数量的经典文学作品，包括反映党领导人民进行革命、建设、改革伟大历程的作品，关心当代文学生活；鼓励和引导学生自主组织、举办诗歌朗诵会、读书报告会、话剧表演等活动，丰富学生的审美体验；创造更多展示交流学生作品的机会或平台，激发学生文学创作的成就感；引导学生进行自我反思性评价，为学生提供观察记录表、等级量表等自评互评的工具，促进学生不断进步。

6. 学习任务群6：思辨性阅读与表达

本任务群旨在引导学生学习思辨性阅读和表达，发展实证、推理、批判与发现的能力，增强思维的逻辑性和深刻性，认清事物的本质，辨别是非、善恶、美丑，提高理性思维水平。课内阅读篇目中中国古代优秀作品不少于1／2。

(1)学习目标与内容

①阅读古今中外论说名篇，把握作者的观点、态度和语言特点，理解作者阐述观点的方法和逻辑。阅读近期重要的时事评论，学习作者评说国内外大事或社会热点问题的立场、观点、方法。在阅读各类文本时，分析质疑，多元解读，培养思辨能力。

②学习表达和阐发自己的观点，力求立论正确，语言准确，论据恰当，讲究逻辑。学习多角度思考问题。学习反驳，能够做到有理有据，以理服人。

③围绕感兴趣的话题开展讨论和辩论，能理性、有条理地表达自己的观点，平等商讨，有针对性、有风度、有礼貌地进行辩驳。

(2)教学提示

本任务群为1.5学分，27课时。写作3篇以上，专题讨论与辩论不少于3次。

①以专题性学习为主要方式。选择日常生活和学习中、历史或当今社会中学生共同关心的话题，要求学生通过阅读与鉴赏、表达与交流、梳理与探究等语文学习活动，阅读古今中外典型的思辨性文本，学习并梳理论证方法，学习用口头与书面语言阐述和论证自己的观点，驳斥错误的观点。

②教学过程要注重对学生思维过程和思维方法的引导，注意发展学生的辩证思维和批判性思维，注重培养学生思维的逻辑性。结合学生阅读和表达中遇到的实际问题，适时适度地引导学生学习必要的逻辑知识；相关知识的教学要简明、实用，能有效地帮助学生解决概念、判断、推理等方面遇到的问题；避免进行不必要的、机械的训练。

7. 学习任务群7：实用性阅读与交流

本任务群旨在引导学生学习当代社会生活中的实用性语文，包括实用性文本的独立阅读与理解，日常社会生活需要的口头与书面的表达交流。通过本任务群的学习，丰富学生的生活经历和情感体验，提高阅读与表达交流的水平，增强适应社会、服务社会的能力。

(1)学习目标与内容

①学习多角度观察社会生活，掌握当代社会常用的实用文本，善于学习并运用新的表达方式。

②学习运用简明生动的语言，介绍比较复杂的事物，说明比较复杂的事理。

③具体学习内容，可选择社会交往类的，如会谈、谈判、讨论及其纪要，活动策划书、计划、制度等常见文书，应聘面试的应对，面向大众的演讲、陈述和致辞；也可选择新闻传媒类的，如新闻、通讯、调查、访谈、述评，主持、电视演讲与讨论，网络新文体（包括比较复杂的非连续性文本）；还可选择知识性读物类的，如复杂的说明文、科普读物、社会科学类通俗读物等。

（2）教学提示

本任务群为1学分，18课时。

①教学以社会情境中的学生探究性学习活动为主，合理安排阅读、调查、讨论、写作、口语交际等活动。

②社会交往类内容，在社会调查与研究过程中学习。

③新闻传媒类内容，在分析与研究当代社会传媒的过程中学习。如自主选择、分析研究一份报纸或一个网站一周的内容。分析其栏目设置、文体构成、内容的价值取向，撰写文字分析报告，多媒体展示交流。推荐最精彩的一个栏目、不同体裁的精彩文章若干篇，并说明理由。尝试选择传统媒体和新媒体写作。

④知识性读物类内容，自主选择一部介绍最新科技成果的科普作品或流行的社会科学通俗作品阅读研习。

8. 学习任务群8：中华传统文化经典研习

本任务群旨在引导学生通过阅读中华传统文化经典作品，积累文言阅读经验，培养民族审美趣味，增进对中华优秀传统文化的理解，提升对中华民族文化的认同感、自豪感，增强文化自信，更好地继承和弘扬中华优秀传统文化。

（1）学习目标与内容

①选择中国文化史上不同时期、不同类型的一些代表性作品进行精读，体会其精神内涵、审美追求和文化价值。

②在特定的社会文化场景中考察传统文化经典作品，以客观、科学、礼敬的态度，认识作品对中国文化发展的贡献。

③梳理所学作品中常见的文言实词、虚词、特殊句式和文化常识，注意古今语言的异同。

④阅读作品应写出内容提要和阅读感受。选择一部（篇）作品，从一个或多个角度讨论分析，撰写评论。

⑤学习传统文化经典作品的表达艺术，提高自己的写作水平。

（2）教学提示

本任务群为2学分，36课时。

①重视诵读在培养学生语感、增进文本理解中的作用，引导学生积累古代作品的阅读经验。

②引导学生借助注释、工具书独立研读文本，并联系学习过的古代作品，梳理常用文言实词、虚词和特殊句式，提高阅读古代作品的能力。

③多角度、多层面地组织主题学习单元，引导学生合理运用精读、略读的方式，由点到面地体会中

华传统文化的精深和丰富，初步认识所读作品在中国文化史上的贡献。

④组织学生在具有一定阅读量的基础上，展开交流和专题讨论，就传统文化的历史价值、时代意义和局限等问题，用历史和现代的观念进行审视，表达自己的看法。

⑤引导学生坚持在研读的过程中勤查资料，勤做笔记；围绕所读作品，利用图书馆、互联网查阅相关注释、评点等资料，加深和拓展对作品的理解；学习运用评点方法，记录自己的感受和见解，不断提高独立阅读能力。

9. 学习任务群9：中国革命传统作品研习

本任务群旨在阅读和研讨语言典范、论辩深刻、时代精神突出的革命传统作品，深入体会革命志士以及广大群众为民族解放事业英勇奋斗、百折不挠的革命精神和革命人格；学习在社会主义革命、建设、改革过程中涌现的英雄模范事迹，感受其无私无畏的爱国精神，体认为社会主义建设无私奉献、辛勤劳动、不断创造的高尚品质；进一步发展语言运用能力、思维能力和审美鉴赏能力；陶冶性情，坚定志向，形成正确的世界观、人生观和价值观。

本任务群的学习内容贯串必修、选择性必修和选修三个阶段。

（1）学习目标与内容

①诵读革命先辈的名篇诗作，体会崇高的革命情怀。精读反映革命传统的优秀文学作品，特别注意选择反映党领导人民进行革命、建设、改革伟大历程的作品，感受作品中革命志士、英雄人物和劳动模范的艺术形象，弄清作品的时代背景，把握作品的内涵，理解作者的创作意图，获得审美体验。结合自己的生活经验和阅读写作经历，发挥想象，加深对作品的理解，力求有自己的独到认识。

②阅读阐发革命精神的优秀论文与杂文，特别注意选择具有理论高度和引领作用的论著，分析其中论证的逻辑性和深刻性，体会革命理论著作严密逻辑和崇高精神有机结合的特点，提高理性思维水平。

③阅读关于革命传统的新闻、通讯、报告、演讲、访谈、述评等实用性文体的优秀作品，联系思想实际和亲身见闻，以正确的价值观，深入理解其内容，学习其写作手法。

（2）教学提示

本任务群为0.5学分，9课时。

①在选择阅读材料时，既要关注作品的思想深刻性和语言规范性，又要尽量有针对性；同时要视野开阔，努力发掘新的材料，尤其是具有现实意义的新材料，使这一任务群的内容，逐渐丰富起来。

②教师应利用多种形式，针对学生思想实际，敏锐发现热门话题，开展研讨活动，增强学生的论辩能力。也可在学生充分发表不同意见的基础上，邀请观点正确、有影响力的专家来指导、答疑或总结，以引导学生形成正确的结论。

③重视对作品有关背景的深入了解，可通过实地考察、人物访谈等课外活动，获取真实资料，撰写读书笔记，整理采访记录，撰写学习体会和感想，以加深对革命活动背景和英雄人物思想境界的深刻理解。也可与历史课、地理课结合，组织跨学科的学习活动，在提高思想水平的同时，提高学生口头交流、现场记录、文稿整理、理论论证的能力和水平。

10. 学习任务群10:中国现当代作家作品研习

本任务群研习中国现当代代表性作家作品，包括反映改革开放以来的社会主义先进文化的作品，旨在大体了解现当代作家作品概貌，培养阅读现当代文学作品的兴趣，以正确的价值观鉴赏文学作品，进一步提高文学阅读和写作能力，把握中国现当代文学作品思想性、艺术性、观赏性有机统一的价值取向。

(1)学习目标与内容

①精读代表性作家作品，把握其精神内涵与艺术价值。至少选读10位现当代代表性作家的诗歌、散文、小说、戏剧方面的作品，大体了解现当代文学的发展概貌。

②关注当代文学创作动态，选读新近发表的有影响的作品及相关评论。

③养成撰写读书笔记的习惯，阅读作品应写出内容提要和阅读感受。选择喜欢的作品，从不同角度撰写作品评论，发表自己的见解。

④可根据自己的兴趣，选择喜欢的文学体裁，练习创作短篇作品。

(2)教学提示

本任务群为0.5学分，9课时。

①阅读材料可以是单篇作品，包括作家作品专集的选篇，也可以是长篇著作的节选。建议从体裁特征、题材内容、文学发展阶段等不同角度，组织现当代作家作品研习的专题内容。其中，反映社会主义先进文化的作品要占一定比例。

②要有足够的课时保证学生独立自主阅读，设计促进学生个性化体验的阅读活动。如创设多样化的学习活动，丰富学习体验；朗诵不同流派或作家的诗歌、散文，体悟作品的情感特点和语言风格；阅读剧本，把握戏剧冲突，并选择片段尝试表演。

③要有一定的课时开展研讨活动，交流阅读和写作的体会与感悟。重视学生研读后的交流和评价活动。如为“现当代作家作品研习读书报告会”做一份文案设计；在读书报告会上，推荐一部现当代作家作品，并说明理由；制作一份“现当代作家作品研读情况”调查问卷。

11. 学习任务群11:外国作家作品研习

本任务群旨在引导学生研习外国文学名著名篇，了解若干国家和民族不同时期的社会文化面貌，感受人类精神世界的丰富，培养阅读外国经典作品的兴趣和开放的文化心态。

(1)学习目标与内容

①阅读外国文学经典作品，认识所读作品的地位和价值。

②撰写读书笔记，阅读作品应写出内容提要和阅读感受。选择感兴趣的作家、作品或话题，撰写评论。

③尝试探讨不同民族文学之间的共同话题和文化差异，尊重文化多样性，提升文化鉴别力。

(2)教学提示

本任务群为1学分，18课时。

①引导学生深入阅读作品，整体把握作品的情感基调与思想内涵。设计有挑战性的学习任务，激发学生阅读外国文学作品的兴趣，引导学生广泛阅读不同时期、不同国家的优秀文学作品。

②调动学生关于世界历史、地理以及不同民族文化的知识，促进对外国文学作品中的社会生活及心灵世界的理解。

③组织学生选择自己感兴趣的作家作品或专题，充分利用各种学习资源，拓展阅读，研讨交流。

12. 学习任务群12：科学与文化论著研习

本任务群研习自然科学和社会科学论文、著作，旨在引导学生体会和把握科学与文化论著表达的特点，提高阅读、理解科学与文化论著的能力，开阔视野，培养求真求实的科学态度和勇于探索创新的精神。

（1）学习目标与内容

①选择阅读简明易懂的自然科学和社会科学类论文、著作（节选），领会不同领域科学与文化论著的内容，培养科学态度和创新精神。

②撰写内容提要和读书笔记，学习体验概括、归纳、推理、实证等科学思维方法，把握科学与文化论著观点明确、逻辑严密、语言准确精练等特点。

（2）教学提示

本任务群为1学分，18课时。

①选择适合高中生阅读的有关科学技术和社会发展的论文和著作（节选），引导学生理解文本内容，体会科学与文化论著的表述方式，提高阅读科学与文化论著的能力。

②引导学生结合所学的其他学科知识，借助工具书、资料，了解文本中的基本概念和观点，理清文本结构脉络、论证逻辑；还可以通过撰写读书笔记，加深对论著的理解。

③组织交流和讨论，分享学习成果，研讨学习中遇到的问题。

13. 学习任务群13：汉字汉语专题研讨

本任务群是在必修和选择性必修“语言积累、梳理与探究”的基础上，就汉字或汉语的某一问题，加以归纳、梳理，训练学生从应用中观察语言文字现象的能力和总结规律的综合、分析能力，旨在加深学生对汉字、汉语的理性认识。

（1）学习目标与内容

①有意识地在义务教育和高中必修阶段积累的基础上，发现与汉字、汉语有关的某些问题，结合汉字、汉语普及读物的阅读，进行归纳梳理，验证汉字、汉语的理论规律，例如汉字的表意性质、汉语的韵律特点、词汇意义的系统性、文学语言的灵活性、口语与书面语的不同特点等，提高对语言现象的理性认识。

②针对语言生活中的现实问题，例如网络语言与汉字汉语规范问题、方言与普通话关系问题、成语典故运用问题等，阅读相关论著，整理事实与数据，对社会上出现的语言热点问题展开讨论，用正确的观点与方法分析问题，得出结论，在实际语言运用中努力促进祖国语言文字健康发展。

③学生以撰写读书报告、语言专题调查报告、小论文等形式呈现学习成果，并在专题讨论会上发表自己的成果。

（2）教学提示

本任务群为2学分，36课时。建议设置4—6个专题，每个专题6—9课时。

①要恰当选择专题。专题应是各阶段学习中已经积累的并有利于将来长期应用的问题，同时要注意现有研究成果是否足以供学生参考。

②要配备适用的学习材料。可选用或专门编写主题明确、语料充分、具有启发性的学习材料来引

领学习。

③要充分利用先进的媒介手段。观察事实、收集数据、贮存资料、分析问题、发表成果要充分利用先进的信息手段，发挥网络等信息工具的优势，优化研究方法，提高研究质量。

14. 学习任务群14：中华传统文化专题研讨

本任务群是在“中华传统文化经典研习”的基础上，选择中华优秀传统文化的内容组成专题进行深入研讨，旨在加深对传统文化的认识和理解，增强传承、弘扬中华优秀传统文化的自信心、责任感。

（1）学习目标与内容

①选读体现传统文化思想精华的代表作品，参阅相关的研究论著，确定专题，进行研讨。加强理性思考，增进对中华文化核心思想理念和中华人文精神的认识和理解，体会中华文化创造性转化和创新性发展的趋势。

②阅读应做读书笔记。围绕中心论题进行有准备的研讨，围绕专题选择合适的方式展示探究的成果。

③进一步提高文言文阅读能力。尝试阅读未加标点的文言文。阅读古代典籍，注意精选版本。

（2）教学提示

本任务群为2学分，36课时。建议设置3—4个专题，每个专题9—12课时。

①教师依据传统文化学习内容、学生兴趣、学习资源等，推荐相关专题，供学生选择学习。学生也可自主设计，确定学习专题。

②专题的角度可以是多样的。参阅阐释经典的作品应作为研读原著的辅助手段，可以将经典作品与参阅的研究论著结合起来学习。

③设计多种专题研讨与交流活动。可以引导学生在独立完成相关专题研习的基础上，从研究的资料、过程、方法、收获等多个角度展示研究成果，并且围绕学习中的若干问题，组织交流讨论、合作探究等活动，要求学生尝试把自己的探究发现用论文形式呈现出来。

15. 学习任务群15：中国革命传统作品专题研讨

本任务群在“中国革命传统作品研习”的基础上，选择反映中国革命传统的代表性作品，设置相关研究专题进行深入学习，旨在进一步认识中国革命、建设和改革的历程，加深对中国革命传统的认识和理解，激发热爱中国共产党、热爱社会主义祖国的情感，进一步提升研究性学习的能力。

（1）学习目标与内容

①精读一部老一辈无产阶级革命家的诗文专集，参阅传记和相关研究文献，围绕作品的思想内涵和语言风格确定具体的研究专题；开展合作学习，撰写专题研究报告，组织专题报告会，深入理解老一辈无产阶级革命家的革命精神和人格品质，感受思想和语言的力量。

②精读一部反映党领导人民进行革命、建设、改革伟大历程的长篇文学作品，参阅相关研究文献，理解作品的时代背景、思想内涵和艺术特点。结合具体作品，选择一两个角度，撰写文学评论，组织专题研讨会，深入理解革命志士以及广大群众为民族解放事业英勇奋斗、百折不挠的革命精神和革命人格，学习在中国特色社会主义建设过程中涌现的英雄事迹，感受其无私无畏的爱国精神。

③学习整理研究资料的方法，做读书笔记和摘要；结合研究专题，进行调查、访问，提升思想认识水平和语言运用能力。

（2）教学提示

本任务群为2学分，36课时。建议设置3—4个专题，每个专题9—12课时。

①教师要注意激发学生的情感，引导学生深入阅读指定作品，从多角度理解、分析作品。例如，鲁迅作品的时代精神、艺术特色，革命传统经典中的英雄形象、理想信念等。要做好相关阅读资料的推荐工作；同时，要结合作品和学生的实际，帮助学生确定适合的研究题目，注重研究思路和方法的指导。

②在教学过程中，教师要充分利用地方课程资源，将本任务群的专题学习与综合实践活动有机结合起来。有条件的地方和学校，要通过组织学生参观爱国主义教育基地、革命博物馆，访问革命前辈、英雄模范人物等活动，深化学生对中国革命历程的切身体验。

③要与政治、历史等学科的教师组成专题指导组，引导学生开展跨学科的研究，以深化学生对革命传统的理解和认识。

16. 学习任务群16：中国现当代作家作品专题研讨

本任务群在“中国现当代作家作品研习”的基础上，就我国现当代作家作品的若干专题深入研讨，进一步培养理性思维与探究能力，提高学生对现当代文学的理解和认识，提升鉴赏品位，把握时代精神和时代走向。

（1）学习目标与内容

①梳理影响中国现当代文学发展的重要作家作品，发现有价值的文学现象与问题，从中选择自己感兴趣的专题进行研讨。

②阅读新近发表的有影响的文学作品，尝试参与文学评论。关注近期文学热点问题，了解不同观点，深入思考研讨，提高探究能力。

③每读一篇必做读书笔记。围绕中心论题进行有准备的研讨，围绕专题选择合适的方式展示探究的成果。

（2）教学提示

本任务群为2学分，36课时。建议设置3—4个专题，每个专题9—12课时。

①所设立的专题涉及的作家不宜过多，角度可以多样。

②教师可以依据学习内容、学生兴趣、学习资源等，推荐相关专题，供学生选择学习。学生也可自主设计，确定学习专题。

③反映社会主义先进文化的作品要占一定比例。

17. 学习任务群17：跨文化专题研讨

本任务群是在“外国作家作品研习”的基础上，深入研讨外国文学名著和文化经典的若干专题，旨在引导学生思考丰富多样的人类文化，汲取人类思想精华，培养开放的文化心态，发展批判性思维，增强文化理解力。

（1）学习目标与内容

①研讨不同时期、不同国家与民族的文学、文化经典作品，增进对人类文明史上多样文化并进的事实及全球化背景下文化多样性的理解。

②选读一本外国文学理论名著，了解世界文学批评中某一流派的基本主张和文学解读方法；或者选读一本研究中外文学或文化比较的著作，尝试运用其中的观点研读以前读过的作品。

③借助已有的阅读经验，选择合适的内容进行跨文化专题研究，在中外文化的比较中，深化对中华优秀传统文化的理解，增强对中国特色社会主义文化的自信。

（2）教学提示

本任务群为2学分，36课时。建议设置4—6个专题，每个专题6—9课时。

①可以根据"学习目标与内容"①②③分别设立专题，以内容①为主；也可以将内容①②③有机整合，设立专题。

②激发学生兴趣，在阅读外国文学、文化经典的基础上，指导学生选择有意义的课题，开展跨文化专题研究，组织专题研讨与交流，选择合适的方式呈现研究成果。

③积极拓展学习渠道，如组织学生利用社会实践参与跨文化的交流，利用网络参与跨文化课题讨论。向学生推荐跨文化研究的文章或专业杂志，促进学习活动的深化。

18. 学习任务群18：学术论著专题研讨

本任务群旨在引导有这方面追求的学生阅读学术论著，体验学者发现问题、探索解决问题的路径，以及陈述学术见解的思维过程和表述方式，尝试写作小论文。

（1）学习目标与内容

①根据个人的阅读兴趣和平时积累、思维特点以及未来发展方向，选择适宜的学术著作深入研讨，撰写研讨笔记。

②将研读学术著作过程中生成的关注点、问题点、质疑点等进行梳理概括，形成专题，深入研讨；或围绕相关学术话题，组织研讨活动。

③整理提炼专著研读或专题研讨的成果，借鉴专业学术论文的形式写成学术性小论文，相互交流。

（2）教学提示

本任务群为2学分，36课时。建议学术著作选读为22课时，学术专题研讨为8课时，学术性小论文写作为6课时。

①学术著作选读，应在"科学与文化论著研习"学习的基础上，结合"整本书阅读与研讨"进行，以学生自主研读为主。选读的学术著作篇目，可由教师充分考虑各类学术著作的特质，参照本地、本校的图书、网络等资源向学生推荐；学生也可依据自身阅读兴趣、发展方向，自主选择。

②学术专题研讨在研读著作的基础上进行，由参与这项学习的学生各自报告阅读心得，交流研讨；也可以围绕与所读学术著作相关或相近的话题组织研讨。学术专题研讨倡导平等对话、学术自由，坚持学术规范；表达观点有理有据，符合逻辑。

③学术性小论文不同于一般的议论文，其写作的重点在表达研究成果，可参阅学术论著的基本格式和语言表达。理论推导、数据引用等应坚持学术规范，不作假，不抄袭，不强词夺理。尊重他人研究成果，引用资料应注明出处，文末应注明参考书目。

考点 2 学习要求

1. 必修课程学习要求

（1）多读多想多写，多角度地观察生活，多方面地增进语文积累，丰富自己的精神世界、生活经历和情感体验，完善自我人格，提升人生境界。培养广泛的阅读兴趣，努力扩大阅读视野。学会正确、自主地选择阅读材料，读好书，读整本书，多媒介获取信息，提高文化品位，提高阅读与表达能力。必修阶段各类文本的阅读量不低于150万字。学会灵活使用常用语文工具书和网络，检索所需的信息和资料。学会以多种形式表达和交流自己对自然、社会与人生的感受和思考。

（2）发展独立阅读的能力。灵活运用精读、略读、浏览等阅读方法，从整体上把握文本内容，理清思路，概括要点，理解文本所表达的思想、观点和感情。努力从不同的角度和层面进行阐发、评价和质疑，对文本作出自己的分析判断。能借助注释和工具书，阅读中国古代作品，读懂文章内容，背诵一定数量的名篇。注重个性化阅读，学习探究性阅读和创造性阅读。养成相互切磋的习惯，乐于与他人交流自己的阅读鉴赏心得，展示自己的学习成果。

（3）阅读实用类文本，能准确、迅速地把握主要内容和关键信息，对文本所涉及的材料有自己的思考和评判。阅读论述类文本，能准确把握和评价作者的观点与态度，辨析观点与材料（道理、事实、数据、图表等）之间的联系。阅读古今中外文学作品，注重审美体验，能感受形象，品味语言，领悟作品的丰富内涵，体会其艺术表现力；努力探索作品中蕴含的民族心理和时代精神，了解人类丰富的社会生活和情感世界，增强民族文化自信。

（4）自主写作，自由表达，以负责的态度陈述自己的看法，表达真情实感，培育科学理性精神。书面表达观点明确，内容充实，感情真实健康；思路清晰连贯，能围绕中心选取材料，合理安排结构；进一步提高运用记叙、说明、描写、议论、抒情等表达能力的能力，并努力学习综合运用多种表达方式，力求有个性、有创意地表达。能推敲、锤炼语言，表达力求准确、鲜明、生动。学会用现代信息技术辅助交流。能独立修改自己的文章，乐于相互展示和评价写作成果。45分钟能写600字左右的文章。课外练笔不少于2万字。

（5）增强人际交往能力，在口语交际中树立自信，尊重他人，文明得体，仪态大方，善于倾听，敏捷应对。注意口语的特点，能根据不同的交际场合和交际目的，恰当地进行表达。借助语调和语气、表情和手势，增强口语交际的效果。学会演讲，做到观点鲜明，材料充实、生动，有说服力和感染力，力求有个性和风度。在讨论或辩论中积极主动地发言，恰当地应对和辩驳。朗诵文学作品，能准确把握作品内容，传达作品的思想内涵和感情倾向，具有一定的感染力。

（6）在语文学习中养成有意识地积累的习惯，积累有利于丰富自己运用的字词句篇语文素材、语言运用典型案例等。在积累的过程中，注重梳理。通过归纳、分类，逐步领悟语文运用的规律，自主建构相关的知识。尝试梳理文学作品的基本样式和概念，了解文学鉴赏的基本方法，在文学阅读过程中领悟鉴赏和创作的规律。注意观察语言、文学和中外文化现象，学习从习以为常的事实和过程中发现问题，培养探究意识和发现问题的敏感性。在探究活动中，勇于提出自己的见解，尊重他人的成果，不断提高探究能力，逐步养成严谨、求实的学风。

2. 选择性必修和选修课程学习要求

（1）学习多角度、多层次地阅读，对优秀作品能够常读常新，获得新的体验和发现。借助工具书、图书馆和网络查找有关资料，加深对作品的理解。选择性必修阶段各类文本的阅读总量不低于150万字。在阅读鉴赏中，了解诗歌、散文、小说、戏剧等文学体裁的基本特征及主要表现手法，了解相关的中国古代文化常识，丰富传统文化积累，汲取思想、情感和艺术的营养，培养健康高尚的审美情趣，丰富、深化对历史、社会和人生的认识。

（2）选读古今中外文化论著，在整体了解论著内容的基础上，把握论著的主要观点和基本倾向，了解用以支撑观点的关键材料，拓宽文化视野和思维空间，提高文化修养。以发展的眼光和开放的心态看待传统文化和外来文化，关注当代文化生活，能通过多种途径开展文化专题研讨。学会尊重、理解作品所体现的不同时代、不同民族、不同流派风格的文化，尝试对感兴趣的古今中外文学作品进行比较研究或专题研究，理解作品所表现出来的价值判断和审美取向，作出恰当的评价。

（3）注意在生活和跨学科的学习中学语文、用语文，在学习和运用的过程中提高表达、交流能力。能综合运用在语文与其他学科中获得的知识、能力和方法，运用多种方式展开交流和讨论。留心观察社会生活，丰富人生体验，有意识地积累写作素材，广泛搜集资料，根据表达需要和体裁要求，尝试多种文本的写作，相互交流。在实践活动中增强口头应用的能力，能根据交际的需要，选择恰当的时机和场合，提出话题，敏捷应对，注意表达效果。参加演讲与辩论，学习主持集会、演出等活动。

（4）了解语言文字法规的有关内容，增强规范意识，学会辨析和纠正错误，提高语言文字运用的正确性和有效性。掌握学习语文的基本方法，学会灵活运用合适的方法解决语言文字运用中的问题。根据自己的特点，借鉴经验，适时总结，逐步形成富有个性的语文学习方式。

五、学业质量

考点 1 学业质量内涵

学业质量是学生在完成本学科课程学习后的学业成就表现。学业质量标准是以本学科核心素养及其表现水平为主要维度，结合课程内容，对学生学业成就表现的总体刻画。依据不同水平学业成就表现的关键特征，学业质量标准明确将学业质量划分为不同水平，并描述了不同水平学习结果的具体表现。

考点 2 学业质量水平

水平	质量描述
1	1-1 有主动积极的意识，不断扩展自己的语文积累，能对学过的各类语言材料进行归类；留心观察生活，记录对生活的观察和感受；能主动将自己的积累用于语言理解和表达。能注意语境与交流的关系，能根据具体的语言环境理解语言，能凭借语感和积累及时调整自己的语言表达，力求使语言表达准确清晰。有反思和总结自己语文学习经验的意识，关注语文学习方法的学习。 1-2 在理解语言时，能提取和概括主要信息，能区分事实和观点，分析各部分内容之间的关系，发现观点和材料之间的联系；能利用获得的信息解决具体的实际问题。在表达时，能做到观点明确、内容完整、结构清楚。 1-3 有欣赏文学作品的兴趣，能整体感受作品中的形象，把握作品的思想观点和情感倾向；能运用口头语言和书面语言传达自己对作品的感受和理解。在文学鉴赏中，有正确的价值观。 1-4 有通过语文学习理解文化的意愿，能通过阅读文学作品，扩展自己的视野，丰富自己的人生体验，感受和理解不同时代和地区的文化。能主动梳理语文课程中涉及的文化现象，了解其中包含的中国传统文化内容，重视优秀传统文化的继承。

续表

水平	质量描述
2	2-1 具有主动积累的习惯，能进一步扩展语言积累，运用多种方法整理自己积累的语言材料，发现其中的联系。能凭借语感，结合具体语境理解重要词语的隐含意思，体会词句所表达的情感；能发现语言运用中存在的比较明显的问题，并运用自己掌握的语言知识予以纠正。具有反思并整理语文学习经验的意识。能用多种形式整理、记录自己学习、生活中的所得。 2-2 在理解语言时，能区分主要信息和次要信息，理解并准确概括其内容、观点和情感倾向；能对获得的信息及其表述逻辑作出评价；能利用获得的信息分析并解决具体问题。在表达时，能注意自己的语言运用，力求概念准确、判断合理、推理有逻辑。 2-3 喜欢欣赏文学作品，能整体感受作品的语言、形象和情感，展开合理的联想和想象；能对作品的内容和形式作出自己的评价。在文学鉴赏中，有正确的价值观，有追求高尚审美情趣和审美品位的意愿。 2-4 表现出对中华优秀传统文化的兴趣，喜欢学习汉语和汉字，喜欢积累优秀古代诗文，能主动梳理和探究语言材料中蕴含的中国传统文化内容。能在自己的表达中运用富有文化意蕴的语言材料和语言形式，增强语言的表现力。能理解各类作品中涉及的文化现象和观念，能理解和包容不同的文化观念，能运用所学的知识对学习中遇到的一些文化现象发表自己的看法。关注当代语言文化现象，积极参与相关的多种语文实践活动。
3	3-1 在扩展和整理自己语文积累的过程中，能发现联系，探索规律，尝试结合具体的语言材料，说明自己对语言运用规则的理解。能借助已有的语言知识和语感，结合具体语境分辨词语语义和情感上的细微差别；能凭借语感推断结构比较复杂的语句的意思，能体味重要语句在语言环境中的意义和作用。能根据具体的语境和表达的目的、要求，运用口头和书面语言，文从字顺、清晰明了地表达自己的真情实感。在总结语文学习经验的基础上，能有意识地规划自己的语文学习，提高学习质量和效率。 3-2 在理解语言时，能准确概括观点和情感，能分析并解释观点和材料之间的关系；能比较两个文本或材料，能在各部分信息之间建立联系，把握主要信息，分析、说明复杂信息中可能存在的多种关系；能就文本内容和形式进行质疑，并能主动查找相关资料支持自己的观点，利用文本中的相关信息解决具体问题。在表达时，讲究逻辑，做到中心突出、内容具体、语篇连贯、语言简明通顺。 3-3 喜欢欣赏文学作品，借助联想和想象丰富自己对文学作品的体验和感受，能品味语言，感受语言的美；能运用多种形式表达自己的体验和感受；能对具体作品作出评论。在鉴赏中，能坚持正确的价值观，体现高雅的审美追求。 3-4 关注语言与文化的关系，有探究文化问题的意识；对汉语、汉字和中华优秀传统文化有较浓厚的兴趣，有主动积累、梳理、探究富有文化意蕴的语言材料的习惯。有比较、分析古今中外各类作品所反映的文化现象、文化观念的意识，能根据语文课程学到的内容，对阅读和表达交流中涉及的有关文化现象展开讨论，有依据、有逻辑地阐明自己的观点。关心当代语言文化现象，积极参与多种实践活动，通过调查访问、辩论演讲、专题讨论等活动发展自己的文化理解与探究能力。
4	4-1 能不断扩展自己的语文积累，自觉整理在学习中获得的语言材料和言语活动经验；在梳理的基础上，尝试进行专题探究，发现其中蕴含的语言运用规律，并能用自己的语言加以解释；能将发现的语言运用规律用于自己的语文学习实践。能敏锐地感受文本或交际对象的语言特点和情感特征，迅速判断其表达的正误与恰当程度，察觉其言外之意和隐含的情感倾向；能根据具体的语境和表达的目的、要求，运用口头和书面语言，文从字顺、准确生动地表达自己的真情实感。乐于与他人分享自己的学习经验，主动吸收他人成功的经验。 4-2 在理解语言时，能准确、清楚地分析和阐明观点与材料之间的关系，能就文本的内容或形式提出质疑，展开联想，并能找出相关证据材料支持自己的观点，反驳或补充解释文本的观点。能比较、概括多个文本的信息，发现其内容、观点、情感、材料组织与使用等方面的异同，尝试提出需要深入探究的问题。能用文本中提供的事实、观点、程序、策略和方法解决学习和生活实际中遇到的具体问题。在表达时，讲究逻辑，注重情感，

第二部分

续表

水平	质量描述
4	能综合运用多种表达方式，从多个角度、多个方面表达自己的理解和感受，力求做到观点明确，内容丰富，思路清晰，感情真实健康，表达准确、生动。 4-3 在鉴赏活动中，能结合作品的具体内容，阐释作品的情感、形象、主题和思想内涵，能对作品的表现手法作出自己的评论。能比较两个以上的文学作品在主题、表现形式、作品风格上的异同，能对同一个文学作品的不同阐释提出自己的看法或质疑。喜欢尝试用不同的语言表现形式表达自己的思想和情感，尝试创作文学作品。在文学鉴赏和语言表达中，追求正确的价值观、高尚的审美情趣和审美品位。 4-4 有通过语言学习深入理解、探究文化问题的浓厚兴趣和意愿，能在阅读和表达交流中探析有关文化现象；能结合具体作品，分析、论述相关的文化现象和观念，比较、分析古今中外各类作品在文化观念上的异同。能主动参与语言文化问题的讨论和相关的社会实践活动，能综合运用所学的知识，对自己感兴趣的某些语言、文学、文化现象及社会热点问题进行专题探究，尝试撰写相关调查报告或专题研究报告，发展自己的文化理解与探究能力，主动吸收先进的文化，传承中华优秀传统文化。
5	5-1 有探索语言运用规律的兴趣，能主动收集、整理、探究生活中常见的语言现象；能发现所学的语言文学作品中的各类联系，对学过的重要作品和具有典型性的语言材料进行分类整理，加深自己对各类作品的理解和领悟。在整理过程中，能提出自己感兴趣的问题，尝试用所学的知识解决相关问题。能根据具体的语境组织表达内容，选择合适的表达方式，有效地运用口头和书面语言实现沟通交流。能自觉、有效地规划自己的语文学习，乐于与同学分享自己的学习经验，主动帮助他人共同提高语文学习的质量和效率。 5-2 在理解语言时，能从多角度、多方面获得信息，有效地筛选信息，比较和分析其异同；能清晰地解释文本中事实、材料与观点、推断之间的关系，分析其推论的合理性，或揭示其可能存在的矛盾、模糊或故意混淆之处等；能依据多个信息来源，对文本信息、观点的真实性、可靠性作出自己的判断，并逻辑清晰地阐明自己的依据；能从多篇文本或一组信息材料中发现新的关联，推断、整合出新的信息或解决问题的策略、程序和方法，并运用于解决自己学习和生活中遇到的相关问题。能围绕某一方面的问题组织专题探讨，形成自己的观点。在表达时，讲究语言运用，追求独创性，力求用不同的词语准确表达概念，用多种语句形式表达自己的判断和推理；喜欢尝试用多种文体、语体、多种媒介，多样地表达自己的思想和情感，追求表达的准确性、深刻性、灵活性、生动性。 5-3 在鉴赏活动中，能从不同角度、不同层面鉴赏文学作品，能具体清晰地阐释自己对作品的情感、形象、主题和思想内涵、表现形式及作品风格的理解。能比较多个不同作品的异同，能对同一作品的不同阐释发表自己的观点，且内容具体，依据充分。能对作品的艺术形象及价值有独到的感悟和理解。有文学创作的兴趣和愿望，愿意用文学的形式表达自己的情感，追求正确的价值观、高尚的审美情趣和审美品位。 5-4 有通过语言学习深入理解、探究文化问题的浓厚兴趣和意愿，能在阅读和表达交流中探析有关文化现象；具有文化批判和反思的意识，能结合具体作品，从多角度、多层面分析、论述相关的文化现象和观念。能主动参与语言文化问题的讨论和相关的社会实践活动，能综合运用所学的知识，对生活中自己感兴趣的某些语言、文学、文化现象及社会热点问题进行专题探究，写相关调查报告或专题研究报告，组织专题讨论和报告会；尝试用历史眼光和现代观念，辩证地审视和评论古今中外语言文学作品的内容和思想倾向，对当代文化建设发表自己的见解。

考点 3 学业质量水平与考试评价的关系

本标准将学生的学习结果划分为五个级别的水平。水平一和水平二是必修课程学习的要求，水平三和水平四是选择性必修课程学习的要求，水平五是选修课程学习的要求。水平二是语文学科高中学业水平考试的依据，水平四是高校考试招生录取的依据，水平五则是为对语文课程更有兴趣的学生所设的较高要求，修习情况可供高校或用人单位参考。

六、实施建议 【单选】★

考点 1 教学与评价建议

1. 教学建议

(1)发挥语文课程的独特功能,促进学生语文学科核心素养全面发展。

普通高中语文课程应重视对学生情感、态度与价值观的正确引导。教学时应注意教学内容的价值取向,发挥语文课程的熏陶感染作用。尊重学生独特的学习体验,引导学生在语文学习中接受优秀文化的熏陶,获得丰富的审美体验,形成良好的人文修养,树立正确的世界观、人生观和价值观。

语文学科核心素养的四个方面既各自独立,又相互依存;既各有侧重,又相互融通。必修和选修课程都应该围绕核心素养,整合阅读与鉴赏、表达与交流、梳理与探究,引导学生积极参与丰富多彩的语文实践活动,促进学生在语言建构与运用、思维发展与提升、审美鉴赏与创造、文化传承与理解等方面的全面发展。

(2)充分理解学习任务群的特点,处理好学习任务群之间的关系。

普通高中语文课程设计了18个学习任务群,每个任务群都有各自的学习目标与内容,彼此之间又渗透融合、衔接延伸。教师可根据学习任务群的特点、学生的学习程度,结合自身的专业优势、教学风格,有规划、创造性地实施教学。教学中应统筹考虑各个学习任务群的特点,要明确不同学习任务群的定位和功能,妥善处理各个学习任务群之间的关系,避免遗漏缺失;要关注共同任务群在必修、选择性必修、选修课程中学习重点、呈现方式和深度广度的差异,避免简单重复。

(3)创设综合性学习情境,开展自主、合作、探究学习。

应关注学生学习方式的转变,做好学生语文学习活动的设计、引导和组织,注重学习的效果。根据学生的发展需求,围绕学习任务群创设能够引导学生广泛、深度参与的学习情境。可通过多样的语文实践活动,融合听说读写,跨越古今中外,打通语文学科和其他学科、语文学习和学生的生活世界,运用优质的素材和范例,激发学生的学习兴趣和动力,提高语言文字运用能力。加强课程实施的整合,通过主题阅读、比较阅读、专题学习、项目学习等方式,实现知识与能力,过程与方法,情感、态度与价值观的整合,整体提升学生的语文素养。

鼓励学生根据个人兴趣、能力和特长,自主选择学习内容和学习方式,学会自我监控和学习管理,探索个性化的学习方法。要坚守语文课程的基本要求,恰当把握教学容量,不任意增加学生的学习负担,同时也要鼓励对语文学习有兴趣而且学有余力的学生追求更高的目标。

要根据学生身心发展和语文学习的特点,保护学生的好奇心、求知欲,鼓励自主阅读、自由表达,激发问题意识,引导他们体验发现问题、解决问题的过程。积极倡导基于学习任务群的专题学习,围绕语言和文化、经典作家作品、科学论著等,组织学生开展合作探究、研讨交流活动,鼓励学生以各种形式相互协作,展示与交流学习成果。合理利用信息技术,优化整合课堂教学,促进知识的迁移与运用。教师要注意引导学生在自主学习的基础上,学会倾听和分享、沟通和协作,掌握探究学习的方法,提高实践和创新能力。

(4)整体把握必修和选修课程，加强课程之间的衔接和统整。

教学时要特别注意加强必修、选择性必修、选修三类课程之间的衔接和统整。既要整体把握必修和选修课程的关系，更要注意不同课程专属任务群和共同任务群的衔接。

必修课程的教学应立足于共同基础，重视日常语文积累，为学生学习选修课程奠定坚实根基。教学时要重点培养学生基本的语言文字运用、思考表达、文学作品阅读与鉴赏，以及文化传承、理解与创新等方面的素养。

选修课程的教学应突出差异性和层次性，鼓励开展个性探究，充分激发学生的学习兴趣和潜能。教学时要进一步培养学生的语言梳理和建构能力、文学作品的个性化体悟能力、科学思维和问题解决能力、文化理解和批判能力。选择性必修应注重学习“面”的广度，选修应注重学习“点”的深度。

(5)探索信息化背景下教与学方式的转变。

要改变因循守旧的语文教学习惯，也要打破唯技术至上的观念，把握好技术与语文的关系，合理利用信息技术。要创设运用语言文字的真实情境，形成有意义的互动学习环境，帮助学生有效投入语文实践；要借助信息技术优化整合课堂教学，引导学生经历多样化的学习过程，促进学生在更广阔的语言环境中主动学习，实现知识的迁移与运用。要积极探索基于网络的教学改革，利用具有交互功能的网络学习空间，创设线上线下一体化的“混合式”学习生态，为课堂教学和课外学习服务。在信息化环境下，需要进一步探索教学流程、资源支持、教学支持、学习评估等影响学生学习的各种要素所发生的新变化，积极探索信息化环境下的语文教学模式。

(6)提高课程开发与设计的能力，实现教师与课程同步发展。

教师要具有专业发展意识，努力建构教学共同体；应努力适应、积极参与语文课程改革，持续学习，更新观念，改进实践，提升教学水平；要善于与同行、学生合作，在集体备课、案例研讨等对话交流中学会自我反思，实现教学相长；应遵循语文学习任务群的教学规律，根据教学的实际需要，整合相关课程资源，拓展学生的学习视野，提高日常教学效率；要注意利用本学校、本地区的特色资源，关注教学过程中生成的资源，引导学生学习从现实生活中发现问题，提出活动主题，增强在各种场合学语文、用语文的意识，多方面地提高学生的语文素养。

2. 评价建议

(1)着眼于核心素养的整体发展。

语文课程评价的根本目的在于全面提高学生的语文学科核心素养。评价的过程即学生学习的过程，应围绕阅读与鉴赏、表达与交流、梳理与探究等学习活动，在具体的语文学习情境和活动任务中，全面考查学生核心素养的发展情况。

语文课程评价要综合发挥检查、诊断、反馈、激励、甄别、选拔等多种功能，不宜片面强调评价的甄别和选拔功能。评价不仅要关注学生外在的学习结果，更要关注内在的学习品质。注意通过评价引导学生学会学习，自觉提升语文学科核心素养。

语文教师要有意识地利用评价过程与结果，发现学生学习的个性特点和具体问题，及时引导，提出有针对性的建议，激发学生学习的动力。同时，依据评价结果反思日常教学，优化教学内容，调整教学

策略，完善教学过程，为学生语文学科核心素养的发展提供有力支持。

（2）全面把握学习任务群的特点。

语文课程评价要把握学习任务群的特点，综合统筹评价过程。每个任务群的学习目标与内容，各自独立又彼此关联。评价时既要突出每个任务群的学习重点，又要兼顾任务群之间的联系，体现学习目标、内容与评价的一致性。

评价时要充分考虑语文实践活动的特点，注意考查学生在活动中表现出来的参与程度、思维特征，以及沟通合作、解决问题、批判创新等能力，记录学生真实、完整的任务群学习过程。

（3）倡导评价主体的多元化。

语文课程评价应面向全体学生，尊重学生的主体地位。评价要注重展示学生自我发展的过程。在保证基本目标达成的基础上，评价要考虑学生的个体差异，关注学生的不同兴趣、表现，满足不同发展需求。在具体学习任务的评价中，语文教师应提供细致的描述性反馈，提出具有操作性的建议，引导学生通过评价反馈，调整学习进程，梳理学习方法，确立学习目标，制订学习规划。

鼓励学生、家长、教师、教学管理人员等参与课程评价。语文教师应利用不同主体的多角度反馈，帮助学生更好地认识语文学习与个人发展的关系，学会自我监控和管理。学校应创造条件，引导学生参与多种评价活动，建构学习与评价的共同体，学会持续反思、终身学习。

（4）选用恰当的评价方式。

语文学科核心素养需要在真实的语文学习任务情境中综合考查。语文教师应根据实际需要，整合诊断性评价、形成性评价、终结性评价等多种评价方式，考查学生核心素养的发展情况。每种评价方式都有自身的优势和局限，教师应根据特定的评价目的选择使用。可采用纸笔测试、现场观察、对话交流、小组分享、自我反思等多种评价方式，提高评价效率，增强评价的科学性和可靠性。对学生的评价，既要有对基本目标的确定性要求，确保底线；也要注意以恰当的方式对希望继续提高的学生予以引导。

学生语文学科核心素养的发展呈现鲜明的个体特点。教师要注意搜集学生在语文实践活动中产生的各类材料，如测试试卷、读书笔记、文学作品、小组研讨成果、调查报告、体验性表演活动和个人反思日志等。通过这些材料了解学生在任务群学习中表现出的个性品质和精神态度，建立完整的学习档案，全面记录学生核心素养的发展轨迹。有条件的地方，可以运用信息技术，丰富学生的表现性评价，形成多样化的学生成长记录，全面而科学地衡量学生的发展。

（5）明确必修和选修课程评价的重点和联系。

必修课程评价应立足于共同基础，考查学生在不同学习情境和实践活动中学习和运用语言文字的基本能力。重点考查学生语文学习过程中的体验和感受、学习策略，以及梳理、探究能力，尤其是基于社会情境的阅读、表达与交流的能力，读写活动中的思维表现以及不同体裁文学作品的审美感知、评价欣赏、独立创作情况；还要考查对多样文化的理解，对当代文化现象的关注和评析，以及对未来文化发展的思考和展望等。

选择性必修和选修课程评价，要在关注共同基础的前提下，突出差异性和层次性，以促进学生的个性发展。

选择性必修的评价应该更关注学生语文学习内容“面”的广度。评价重点包括:语言积累、梳理与迁移运用能力;在独立研习古今中外经典作品过程中阐释文本阅读体验的能力;语言实践中的逻辑推理能力和实证意识,以及运用科学思想方法解决实际问题的能力;古代文化遗产的辨别,中外文化要义的理解,以及对科技文化的理解与反思等。

选修的评价应更关注学生语文学习内容“点”的深度。评价要注重学生在专题研讨中对语言运用现象和规律的探究,对学术论著语言特点的把握,语文实践活动中思维的严密性、深刻性和批判性;注重学生个性化地理解古今中外经典作家作品及其思想内涵、艺术价值;注重学生的多样文化认知,跨文化理解,文化批判、反思和创造等。

要明确必修课程评价与选修课程评价的区别和联系,选修课程评价要注意与必修课程衔接,在衔接中呈现体系和梯度。尤其是“整本书阅读与研讨”“当代文化参与”“跨媒介阅读与交流”“语言积累、梳理与探究”四个学习任务群,它们贯串必修课程和选修课程,在两类课程中有不同的广度、深度和难度。评价要注意区分重点和层次,考查学生完成不同难度的学习任务时语文学科核心素养发展的不同表现。

第二部分

考点 2 课程资源的利用与开发

1. 为满足普通高中语文课程多样化和选择性的需要,必须增强课程资源意识。语文课程资源形式多种多样,可以是纸质文本,也可以是多媒体资源、网络资源。各地区都蕴藏着自然、社会、人文等方面的语文课程资源,应积极利用和开发。自然风光、文物古迹、革命传统、风俗民情、国内外的重要事件、学生的家庭生活,以及日常生活话题等,都可以成为语文课程的资源。

2. 课程资源建设和学生的学习活动关联密切,既是师生动态运用资源的过程,也是不断生成资源的过程。应通过学习活动的设计,营造语言文字运用的情境,引导学生结合资源进行自主、合作、探究式学习。语文学习过程中随时生成的各种话题、问题、拓展材料以及学生成果等,也是非常有意义的课程资源。

3. 语文教师应充分发挥自身的潜力,参与必修课程和选修课程的建设,积极利用与开发各种课程资源,创造性地开展各类活动,提升自身的教学水平;应引导学生从现实生活中发现问题,提出活动主题,增强在各种场合学语文、用语文的意识,多方面地提高学生的语文素养;应聚焦课程目标,明确问题,整理、优化课程资源库,通过必要的精简、调整、补充,加强语文学习活动中内容和目标的整合,形成与教材相呼应的开放的教学格局,拓展学生的视野,促进学科核心素养的建构和发展。

4. 各地区、各学校应增强语文课程资源共建的意识,树立动态的资源观念,有计划地建设课程资源系统,精选教学案例、学习资源,通过点评、归纳与整理,完善资源库的建设;要让教师能够在教学中利用资源,优化教与学活动,推动课程教学的优化实施,促进语文课程教学的均衡发展、协调发展、特色发展;要通过校本教研、区域教研、网络教研等活动,以主题研修、课例研究等方式,引导教师分析问题、搜集材料、积累案例,不断丰富课程资源;要高度重视信息化环境下的资源建设,引导师生运用多种媒介和信息技术手段呈现学习内容,开展教学活动,促进教师自觉开发和利用语文课程资源,并为教学提供全方位的解决方案；可创造条件建立中小学、高校和研究机构联合的学习共同体，形成共建共享的资源建设机制。

5. 各地区、各学校的课程资源是有差别的，应认真分析本地和本校的资源特点，充分利用已有的资源，积极开发潜在的资源；应积极创造条件，努力为语文教学配置相应的硬件环境与资源系统；在充分利用已有资源，逐步推动语文课程新资源生成的同时，也应该注意学校之间资源的互补与共享；还应当争取社会各方面的支持，与社区、图书馆、博物馆、文化馆、科技馆、爱国主义教育基地等建立稳定的联系，给学生创设语文实践的环境，开展多种形式的语文学习活动。

考点 3 地方和学校实施本课程的建议

1. 要充分认识语文学科在立德树人方面的独特作用，以及在整个课程体系中的基础地位。依据国家课程方案和语文课程标准的要求全面落实课程建设，鼓励和引导教师充分利用地方和学校的资源，根据学生语文生活的实际实施课程，注重效果和质量。

2. 应引导和鼓励教师遵循语文教育规律，变革教学方式，在丰富多样的语文实践活动中培养学生的语文素养，注重教师对学生学习活动的指导，抓好阅读与鉴赏、表达与交流、梳理与探究等语文实践活动；应防止过于偏重技能的倾向，更不能要求教师把大量时间用于做题操练。

3. 要积极探索新的课程开发和管理方式，为国家课程的有效实施提供充分的师资准备和资源保障。要根据语文课程实施的需要，组织安排好实践活动，做好时间、空间、资源的规划和准备；要加强学校的图书资料和信息技术资源的建设，为语文课程的有效实施创造必要的物质条件。

4. 加强语文课程评价的研究，遵循语文课程标准的要求，多角度、多种方式评价学生的语文素养和教师的教学工作，注重学生语文素养的整体提升；应防止单纯以纸笔测验分数的高低来评价学生的语文学习和教师的教学成效，反对追求语文教学的短期效应，反对用频繁考试的方式评价学生的语文素养。

5. 高度重视语文教师的专业发展，要有计划、有针对性地组织好教师的专业学习和课程研究活动，要注意帮助语文教师更新专业知识，提高专业技能，引导教师研究学生的语文学习规律，了解语言、文学、文化研究的前沿成果，在语文课程实践和研究中提升自身的专业素养。

边缘考点

三级课程

三级课程指国家课程、地方课程和校本课程，是国务院和教育部为保障和促进课程对不同地区、学校和学生的要求而提出的。三者彼此关联、内在整合。

国家课程，是国家教育行政部门规定的统一课程，是一个国家基础教育课程计划框架的主体部分。地方课程，由省一级教育行政部门或其授权的教育部门依据当地的政治、经济、文化、民族等发展需要而开发的课程。校本课程，充分利用当地社区和学校的课程资源，根据学校的办学思想而开发的多样性的、可供学生选择的课程。其中，地方课程既是国家课程的有机补充，又是校本课程的重要依据。

核心考点回顾

1.《义务教育语文课程标准》(2022年版)的课程理念与课程目标是什么?(参见本书P305～307)

2.《义务教育语文课程标准》(2022年版)中课程内容是什么?(参见本书P313～323)

3.《义务教育语文课程标准》(2011年版)的课程基本理念是什么?(参见本书P334～335)

4.《义务教育语文课程标准》(2011年版)的课程总体目标要求有哪些?(参见本书P336)

5.《义务教育语文课程标准》(2011年版)各学段目标要求的是什么?(参见本书P336～342)

6.《义务教育语文课程标准》(2011年版)的教学建议有哪些?(参见本书P342～346)

7.《普通高中语文课程标准》(2017年版)课程性质与基本理念是什么?(参见本书P350～351)

8.《普通高中语文课程标准》(2017年版)的课程结构是什么?(参见本书P353～354)

达标测评

建议用时	实际用时	测评总分	实际得分
60分钟	____分钟	102分	____分

一、单选题(每小题2分，共40分)

根据《义务教育语文课程标准》(2022年版)内容，完成1～7小题;根据《义务教育语文课程标准》(2011年版)内容，完成8～15小题，根据《普通高中语文课程标准》(2017年版)内容，完成第16～20小题。

1. 下列不属于语文课程理念的一项是(　　)

A. 构建语文学习任务群，注重课程的阶段性与发展性。

B. 突出课程内容的时代性和典范性，加强课程内容整合。

C. 增强课程实施的情境性和实践性，促进学习方式变革。

D. 倡导课程评价的阶段性和整体性，重视评价的导向作用

2. 义务教育语文课程培养的核心素养，是学生在积极的语文实践活动中积累、建构并在真实的语言运用情境中表现出来的，是文化自信和语言运用、思维能力、(　　)的综合体现。

A. 审美能力　　B. 审美意识

C. 审美创造　　D. 审美判断

3. “热爱国家通用语言文字，感受语言文字及作品的独特价值”是《义务教育语文课程标准》(2022年版)中(　　)的内容。

A. 第一学段　　B. 第二学段　　C. 第三学段　　D. 总目标

4. 义务教育语文课程内容的主题与载体形式不包括(　　)

A. 中华优秀传统文化　　B. 历史文化

C. 革命文化　　D. 社会主义先进文化

5. 关于学习任务群，义务教育语文课程第二个层面包含的学习任务群是(　　)

①实用性阅读与交流　②语言文字积累与梳理

③文学阅读与创意表达　④思辨性阅读与表达

A. ①②③　B. ②③④　C. ①③④　D. ①②④

6. (　　)评价建议提出：教师应树立“教—学—评”一体化的意识。

A. 课堂教学　B. 作业　C. 过程性　D. 阶段性

7. 下列不属于命题材料选取的要求的一项是(　　)

A. 时代性　B. 典型性　C. 多样性　D. 思想性

8.《义务教育语文课程标准》(2011年版)在课程基本理念中指出：语文课程是实践性课程，应着重培养学生的语文实践能力，而培养这种能力的主要途径也应是(　　)

A. 课堂教学　B. 课外阅读　C. 课内外结合　D. 语文实践

9. 以下关于《义务教育语文课程标准》(2011年版)中总目标的表述错误的一项是(　　)

A. 语文课程标准规定学生要认识3500个左右常用汉字，能正确工整地书写汉字。

B.《义务教育语文课程标准》(2011年版)中有关总目标的规定前五条侧重宏观角度，后五条侧重具体描述。

C. 总目标强调了在教学过程中教师的主体地位。

D. 语文课程是实践性课程，在语文课程总目标中得到了充分的凸显。

10. “在理解课文的过程中，体会顿号与逗号、分号与句号的不同用法”是《义务教育语文课程标准》(2011年版)中(　　)学段的阅读教学目标。

A. 第一　B. 第二　C. 第三　D. 第四

11.《义务教育语文课程标准》(2011年版)指出：阅读教学的重点是(　　)

A. 培养学生自读能力　B. 归纳段落大意和中心思想

C. 理解课文　D. 培养学生具有感受、理解、欣赏和评价的能力

12. 在语文教学评价中，形成性评价和总结性评价都是必要的，但应加强(　　)

A. 总结性评价　B. 定性评价

C. 形成性评价　D. 定量评价

13. 下列选项中不是对精读评价的要求的是(　　)

A. 重点评价学生对读物的综合理解能力。

B. 要重视评价学生的情感体验和创造性的理解。

C. 具体考察学生在词句理解、文意把握等方面的表现。

D. 重在考察学生能否把握阅读材料的大意。

14. 阅读简单的(　　)，能从图文等组合材料中找出有价值的信息。

A. 连续性文本　B. 叙事性作品

C. 非连续性文本　D. 说明性文章

15. 语文课程评价要体现语文课程目标的(　　),全面考察学生的语文素养。

A. 整体性和综合性　　B. 整体性和阶段性

C. 阶段性和综合性　　D. 层次性和综合性

16. 下列句子中,表述不正确的一项是(　　)

A. 语言文字是人类社会最重要的交际工具和信息载体,是人类文化的重要组成部分。

B. 语文课程是一门学习祖国语言文字运用的综合性、实践性课程。

C. 语文课程的基本特点是工具性与文学性的统一。

D. 语言建构与运用是语文学科核心素养的基础。

17. 下列不属于《普通高中语文课程标准》(2017年版)基本理念的是(　　)

A. 以语文课程的特殊性为本,推进语文课程深层次的改革。

B. 坚持立德树人,增强文化自信,充分发挥语文课程的育人功能。

C. 注重时代性,构建开放、多样、有序的语文课程。

D. 加强实践性,促进学生语文学习方式的转变。

第二部分

18. 下列有关《普通高中语文课程标准》(2017年版)的表述不正确的是(　　)

A. 学科核心素养是学科育人价值的集中体现。

B. 学科核心素养是教师通过学科学习而逐步形成的正确价值观念、必备品格和关键能力。

C. 语文学科核心素养是学生在积极的语言实践活动中积累与构建起来的。

D. 语文学科核心素养是学生在语文学习中获得的语言知识与语言能力,思维方法与思维品质,情感、态度与价值观的综合体现。

19. 下列不属于学科核心素养的是(　　)

A. 语言交际与运用　　B. 思维发展与提升

C. 审美鉴赏与创造　　D. 文化传承与理解

20. 下列有关《普通高中语文课程标准》(2017年版)"课程目标"的表述不正确的是(　　)

A. 积累较为丰富的语言材料和言语活动经验,形成良好的语感。

B. 能凭借语感和对语言运用规律的把握,根据具体的语言情境和不同的对象,运用口头和书面语言文明得体地进行表达与交流。

C. 能将具体的语言文字作品置于日常生活情境中理解、分析和评价。

D. 运用基本的语言规律和逻辑规则,判别语言运用的正误,准确、生动、有逻辑地表达自己的认识。

二、填空题(每空1分,共50分)

根据《义务教育语文课程标准》(2022年版)内容,完成1~9小题;根据《义务教育语文课程标准》(2011年版)内容,完成10~19小题。根据《普通高中语文课程标准》(2017年版)内容,完成第20~22小题。

1. 义务教育语文课程结构遵循学生身心发展规律和核心素养形成的内在逻辑,以生活为基础,以语文________活动为主线,以________为引领,以学习任务为载体,整合学习内容、________、方法和资源等要素,设计语文学习任务群。

2. 义务教育语文课程________要有利于促进学生学习，改进教师教学，全面落实语文课程目标。

3. ________既是文化的载体，又是文化的重要组成部分。

4. ________是学生通过课程学习逐步形成的正确价值观、必备品格和关键能力，是课程________价值的集中体现。

5. 义务教育语文课程学段要求第二学段“________”中提出“学习修改习作中有明显错误的词句。根据表达的需要，正确使用________、引号等标点符号”。

6. “拓展型学习任务群”包括________和________，后者“教学提示”要求评价以________为主，既充分肯定学生的发现和创造，又引导学生自我反思提升。

7. 学业质量描述要求第________学段学生“乐于参与________，敢于发表自己的意见”“独立阅读________、小说、诗歌等文学作品，在阅读过程中能获取主要内容，用朗读、________等自己擅长的方式呈现对作品内容的理解”。

8. 义务教育语文课程要求“关注不同学习任务群之间的内在联系，以及同一学习任务群在不同学段的________和________”。

9. 学业水平考试命题原则包括：坚持________，坚持依标命题，坚持________。

10. ________评价应发挥多元评价主体的积极作用。

11. 汉语拼音教学的要求是：读准声母、韵母、声调和________。准确拼读________，正确书写声母、韵母和音节。认识大写字母，熟记________。

12.《义务教育语文课程标准》(2011年版)提出：“综合性学习有利于学生在感兴趣的自主活动中全面提高语文素养，有利于培养学生________、________、________的精神，应该积极提倡。”

13. 语文教学应激发学生的学习兴趣，培养学生________的意识和习惯。

14. 语文课程应注重引导学生多读书、________，重视________的实践，在实践中领悟文化内涵和语文应用规律。

15.《义务教育语文课程标准》(2011年版)关于“写作”的目标，第二学段开始习作，这是为了降低学生写作起始阶段的难度，重在培养学生的________和自信心。

16. 课程目标从________、________、________三个方面设计。三者相互渗透，融为一体。目标的设计着眼于________的整体提高。

17.《义务教育语文课程标准》(2011年版)总目标指出，能主动进行________学习，激发想象力和创造潜能，在________中学习和运用语文。

18. ________是语文学习的主体，________是学习活动的组织者和引导者。语文教学应在________的过程中进行。

19. 能用普通话________、________、________地朗读课文，是朗读评价的总要求。

20. ________是指学生在语文学习中，通过审美体验、评价等活动形成正确的________、健康向上的审美情趣与鉴赏品位，并在此过程中逐步掌握表现美、创造美的方法。

21. 普通高中语文课程由必修、________、________三类课程构成。三类课程分别安排________个学习任务群。

22. “________”任务群旨在引导学生通过阅读整本书，拓展阅读视野，建构阅读整本书的经验，形成适合自己的读书方法，提升阅读鉴赏能力，养成良好的阅读习惯，促进学生对中华优秀传统文化、革命文化、________的深入学习和思考，形成正确的世界观、人生观和价值观。

三、简答题(每小题4分，共12分)

根据《义务教育语文课程标准》(2022年版)内容，完成第1题；根据《义务教育语文课程标准》(2011年版)内容，完成第2题。根据《普通高中语文课程标准》(2017年版)内容，完成第3小题。

1. 请简要概述语文课程实施的教学建议。

2. 请简要概述语文课程基本理念的内容。

3.《普通高中语文课程标准》(2017年版)的评价建议包括哪几方面？

参考答案及解析

一、单选题

1. D [解析]D项，《义务教育语文课程标准》(2022年版)指出语文课程理念要倡导课程评价的过程性和整体性，重视评价的导向作用。

2. C [解析]《义务教育语文课程标准》(2022年版)指出：义务教育语文课程培养的核心素养，是学生在积极的语文实践活动中积累、建构并在真实的语言运用情境中表现出来的，是文化自信和语言运用、思维能力、审美创造的综合体现。

3. D [解析]《义务教育语文课程标准》(2022年版)总目标指出：热爱国家通用语言文字，感受语言文字及作品的独特价值，认识中华文化的丰厚博大，汲取智慧，弘扬社会主义先进文化、革命文化、中华优秀传统文化，建立文化自信。

4. B [解析]课程内容的主题与载体形式包括中华优秀传统文化、革命文化、社会主义先进文化，且体现中华优秀传统文化、革命文化、社会主义先进文化的作品，应占60%～70%。

5. C [解析]义务教育语文课程按照内容整合程度不断提升，分三个层面设置学习任务群，其中第二层设“实用性阅读与交流”“文学阅读与创意表达”“思辨性阅读与表达”3个发展型学习任务群。

6. A [解析]课堂教学评价建议提出：课堂教学评价是过程性评价的主渠道。教师应树立“教—学—评”一体化的意识，科学选择评价方式，合理使用评价工具，妥善运用评价语言，注重鼓励学生，激发学习积极性。

7. D [解析]命题材料的选取要具有时代性、典型性和多样性，充分体现语文课程特点。

8. D [解析]《义务教育语文课程标准》(2011年版)注重通过语文实践培养学生的语文实践能力。

9. C [解析]总目标强调了学生在语文学习中的主体地位，故C项错误。

10. C [解析]“在阅读中体会句号、问号、感叹号所表达的不同语气”是对第一学段学生的阅读要求，“在理解语句的过程中，体会句号与逗号的不同用法，了解冒号、引号的一般用法”是对第二学段学生的阅读要求，“在理解课文的过程中，体会顿号与逗号、分号与句号的不同用法”是对第三学段学生的阅读要求。

11. D　[解析]《义务教育语文课程标准》(2011 年版)指出“阅读教学应注重培养学生感受、理解、欣赏和评价的能力”。

12. C　[解析]《义务教育语文课程标准》(2011 年版)指出“形成性评价和总结性评价都是必要的。应加强形成性评价,注意收集、积累能够反映学生语文学习与发展的资料,可采用成长记录袋等方式,记录学生的成长过程”。

13. D　[解析]D 项是对略读的评价要求。

14. C　[解析]《义务教育语文课程标准》(2011 年版)关于第三学段阅读教学目标与内容指出:阅读简单的非连续性文本,能从图文等组合材料中找出有价值的信息。

15. A　[解析]《义务教育语文课程标准》(2011 年版)评价建议指出:语文课程评价要体现语文课程目标的整体性和综合性,全面考察学生的语文素养。

16. C　[解析]C 项,《普通高中语文课程标准》(2017 年版)指出:“语文课程的基本特点是工具性与人文性的统一。”

17. A　[解析]A 项,《普通高中语文课程标准》(2017 年版)的基本理念为:以核心素养为本,推进语文课程深层次的改革。

18. B　[解析]B 项,《普通高中语文课程标准》(2017 年版)中指出:学科核心素养是学科育人价值的集中体现,是学生通过学科学习而逐步形成的正确价值观念、必备品格和关键能力。

19. A　[解析]A 项,《普通高中语文课程标准》(2017 年版)中指出:学科核心素养主要包括“语言建构与运用”“思维发展与提升”“审美鉴赏与创造”“文化传承与理解”四个方面。

20. C　[解析]C 项,《普通高中语文课程标准》(2017 年版)中指出:能将具体的语言文字作品置于特定的交际情境和历史文化情境中理解、分析和评价。

二、填空题

1. 实践;学习主题;情境

2. 评价

3. 语言文字

4. 核心素养;育人

5. 表达与交流;冒号

6. 整本书阅读;跨学科学习;鼓励

7. 三;讨论;散文;复述

8. 连续性;差异性

9. 素养立意;科学规范

10. 过程性

11. 整体认读音节;音节;《汉语拼音字母表》

12. 主动探究;团结合作;勇于创新

13. 自主学习

14. 多积累;语言文字运用

15. 写作兴趣

16. 知识与能力;过程与方法;情感态度与价值观;语文素养

17. 探究性;实践

18. 学生;教师;师生平等对话

19. 正确;流利;有感情

20. 审美鉴赏与创造;审美意识

21. 选择性必修;选修;7~9

22. 整本书阅读与研讨;社会主义先进文化

三、简答题

1. 参考答案:①立足核心素养,彰显教学目标以文化人的育人导向。

②体现语文学习任务群特点,整体规划学习内容。

③创设真实而富有意义的学习情境,凸显语文学习的实践性。

④关注互联网时代语文生活的变化,探索语文教与学方式的变革。

2. 参考答案:①全面提高学生的语文素养。

②正确把握语文教育的特点。

③积极倡导自主、合作、探究的学习方式。

④努力建设开放而有活力的语文课程。

3. [参考答案]①着眼于核心素养的整体发展。

②全面把握学习任务群的特点。

③倡导评价主体的多元化。

④选用恰当的评价方式。

⑤明确必修和选修课程评价的重点和联系。

第二章 语文教学基础知识

思维导图

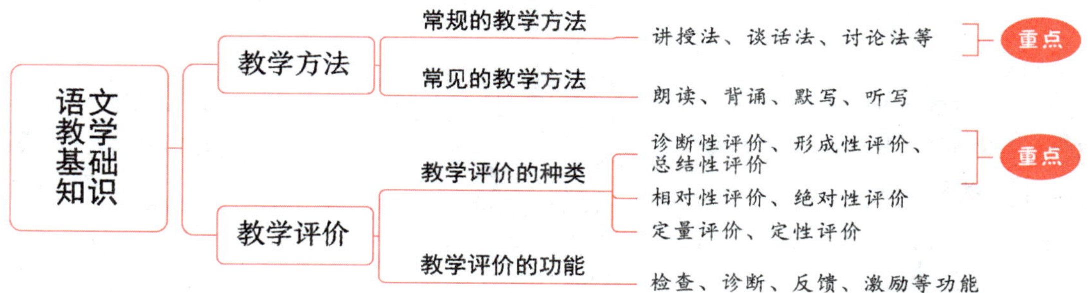

浙江考向

本章属于课程与教学论的辅助性章节，没有明确的考题。在备考时，考生只需理解常规和常见的教学方法、教学评价的种类和功能的内容即可。预计在明年招教考试中，本部分知识点仍旧属于次要内容。因此，不再对本章进行浙江考向分析。

核心考点

第一节 教学方法

一、常规的教学方法

教学方法是在教学过程中所采用的手段，为了达到教学目标，必须科学地设计和运用教学方法。没有教学方法，教学内容就永远不能转化成学生的知识和能力。转化过程是一条河，没有教学方法作为船和桥，教学内容就只能永远停留在学生的对岸。

教学方法		内容	优缺点	要求
讲授法	讲述	教师向学生描绘学习的对象、介绍学习材料、叙述事物产生变化的过程等。	优点：能够充分发挥教师的作用；能使教师在传授知识的同时，潜移默化提高学生的人生观、价值观。 缺点：学生活动少，教师得到的反馈就少；教师讲得多，学生消化困难；忽视启发学生的思维，易使学生处于被动地位。	①内容要具有科学性和思想性、系统性和逻辑性。 ②用讲授法一定要有启发性。 ③语言要清晰、简练、生动。
	讲演	全面描述事实，深入分析和论证事实并归纳、概括科学的结论。		
	讲解	对概念、原理、规律等进行解释说明和论证。		

第二部分

续表

教学方法	内容	优缺点	要求
谈话法（问答法）	以师生的相互谈话和问答为主要方式来组织课堂教学活动。	优点：有助于激发学生的思维，调动学生的学习积极性，培养独立思考和语言表述的能力。	①准备好问题和谈话计划。 ②正确对待学生的提问。 ③要善于启发诱导。 ④做好归纳、总结，使学生的知识系统化、科学化。
讨论法	学生在教师指导下为解决某个问题而进行探讨，辨明是非真伪，以获取知识。	优点：能更好地发挥学生的主动性、积极性，有利于培养学生的独立思维能力、口头表达能力，促进学生灵活地运用知识。	①讨论的问题要有吸引力。 ②要善于在讨论中启发引导学生。 ③教师要有民主的态度。
演示法	通过展示实物、直观教具，进行示范性实验，或采取现代化视听手段等，指导学生获得知识或巩固知识。	优点：加强教学的直观性，它不仅是帮助学生感知、理解基本知识的手段，也是学生获得知识、信息的重要来源。	①用于演示的对象要有典型性，能够突出显示所学材料的主要特征。 ②要使学生明确演示的目的、要求和过程，主动、积极、自觉地投入观察与思考中。 ③使学生能清楚、准确地感知演示对象，并引导他们在感知过程中进行综合分析。
练习法	学生在教师指导下运用知识去完成一定的操作并形成技能、技巧。	优点：能提高学生的实际操作能力和运用知识的能力。	①使学生明确练习的目的与要求，掌握练习的原理和方法。 ②精选练习材料，确定适当的练习频率，结合多样化练习方式，循序渐进，逐步提高。 ③无论是口头练习、书面练习或操作练习，都要严肃认真。
自学法	也称自主学习法，是学生在教师指导下，以自主学习为主，培养学生自主学习能力和习惯的一种教学方法。	优点：使学生学会学习，形成独立的学习能力，是学生将来立足社会、适应生活需要所需具备的基本技能。	①要明确目标。 ②重视学生自学意识的激发。 ③引导学生掌握自学过程与方法。
读议讲练法	让学生“读一读”，师生“议一议”，然后由教师“讲解”，最后由学生“练一练”。	优点：全面结合，全面训练，能提高学生阅读水平，帮助学生掌握知识，并提高其对知识的运用能力。	“读”是基础，“议”是关键，“讲”是解疑，“练”是应用，教师的指导要贯穿始终。

二、常见的教学方法

1. 朗读

朗读又称吟诵性阅读或品味性阅读，是把有形而无声的书面语言，借助形与声之间的特定关系，变成无形而有声的口头语言，两种语言同时作用于大脑而产生意念，把单纯的视觉活动转化为复杂的综合感知活

动，从而加强对书面语言的感知和理解。汉语音调鲜明，音韵优美，富有音乐性，具有特殊的魅力。朗读能使沉睡的语言符号跳动起来，能够增强阅读的感受力、理解力、欣赏力，而且可以激活思维，陶冶情操，培养语感。科学实验证明，在相同的时间里对于相同的语言材料，单纯通过视觉学习能接受语言的25%；通过视觉、动觉、听觉的综合作用，能接受语言的65%。

朗读训练的基本要求就是**语音和语调的规范化**，语音包括读音正确、停顿恰当、音质自然、音量适中；语调包括高低适度、强弱适中、快慢适宜。具体要求有：普通话标准、语言流畅、感情充沛、节奏鲜明等。

考点 再拔高

▼ 诗歌教学中的朗读指导

(1)欣赏读。这种朗读方式适合语言和意境较优美的诗歌和散文，可以先范读或采用录音带朗诵，让学生模仿，再朗读。

(2)音乐渲染，营造美的氛围。教学中借助音乐调动情感，烘托、渲染诗歌的内容，创造美的氛围，有助于学生理解诗意。在理解诗意的基础上，配乐让学生练习吟诵，更能激发学生的积极性，使教学收到良好效果。

(3)运用多媒体提高朗读水平。运用多媒体教学手段，创设情境，可以更快地让学生进入角色，在体验中获得美感，提高朗读水平。

(4)充分地读，感悟美的韵律。古诗教学中，还可采取大声朗读、独自朗读、加手势吟诵等多种形式，让学生在读、吟诵中体味、感悟诗的韵律美。

2. 背诵

背诵作为传统古诗文教学的基本环节，历来为语文教学所重视，已经证明是切实有效的教学方法。

(1)大声诵读

把理解和诵读结合起来是指导背诵的最基本的方法，学生会随着诵读遍数的增加而逐渐加深对文章内容的理解。

(2)抓住关键词语

所谓关键词语，一是指需要背诵的文句、语段的领头字词；二是紧紧抓住容易联想背诵内容支撑点的关键性动词。

(3)利用课文画面

如果文章画面感强，以画面形象来辅助记忆就是一种良好的方法。这也有助于培养学生的联想和想象能力。如李白的《望天门山》，可先按诗的意境勾画出一幅山、水、日、帆组合而成的简笔画。依此背诵，不仅有利于加强对诗文意思的理解，也有助于记忆。

(4)遵循写作顺序

文章的写作顺序主要有时间顺序、空间顺序、逻辑顺序。按照写作顺序来梳理文章的思路，寻找利于背诵的策略也是常见的背诵方法。

(5)整、分、联背诵法

整、分、联背诵法是指整体背诵法、分段背诵法与联合背诵法，这几种方法各有不同的特点、用途，并有一定的联系。一般而言，整、分、联背诵法要求学生先对课文进行整体阅读，然后对每个语段进行分别背诵，将每个段落背熟记牢，然后再将所有的段落联合起来进行记忆。对于较长篇幅的古诗文背诵篇目，这种方法是切实有效而便捷的。

(6)限时强制记忆

这是强制记忆法之一，要求在规定的某个时间段内完成对某些内容的快速记忆。用这种方法配合适当的检查就会强化背诵的效果。

3. 默写

背熟文章之后，便要保证字的正确率，所以一定要重视默写。根据知识近期遗忘最快的特点，把背诵与默写结合起来，每背诵完一册或一个阶段后，就进行默写比赛，了解掌握情况并及时评价，指出存在的问题，同时也要肯定成绩、表扬先进，进一步调动学生的积极性。这样既可以把背诵记忆性内容分散进行，使其反复出现，使所背的内容在头脑中得以保持、巩固下来，终身受益；同时又改变了只背不写的做法，避免写错别字，提高了学习效率。

4. 听写

第二部分

听写是语文教师常用的教学方法之一。一般来说，在听写时，都是教师念一个词，学生写一个词；听写结束后，再由教师进行批改，让学生进行订正，然后再批改、再订正。这样的听写形式操作简单且有一定的效果，但在教学实践中，被动、机械地重复是听写形式的最大缺点，它影响了学生的积极性、自主性，学生容易产生厌烦情绪。

第二节　教学评价

一、教学评价的种类

从不同的角度和标准出发，教学评价可以划分出不同的类型。在教学活动中，不同类型的教学评价有着不同的特点、内容和用途。

1. 根据评价在教学活动中作用的不同，可以分为诊断性评价、形成性评价和总结性评价

评价种类	评价阶段	作用	操作方法
诊断性评价	教学或学习计划实施的前期阶段。	检查学生的学习准备情况；了解学生学习上的个别差异；辨别造成学生学习困难的原因。	教学前的提问、考核。
形成性评价	教学进行过程中。	为改进和完善教学活动，使教学在不断的测评、反馈、修正或改进过程中趋于完善。	在单元教学或新概念、新技能的初步教学完成后进行的测试。
总结性评价	课程或一个教学阶段结束后。	评定学生的学业成绩，确定学生达到教育目标的程度，证明学生掌握知识、技能的程度；为确定在后继教程中学生的学习起点、成功的可能性，以及制订新的教育目标提供依据。	期中考试、期末考试或考查以及毕业会考。

2. 根据评价所运用的方法和标准的不同,可以分为相对性评价和绝对性评价

评价种类	依据	作用	实际应用
相对性评价(常模参照性评价)	学生个人的学习成绩在该班学生成绩序列或常模中所处的位置(不考虑是否达到教学目标的要求)。	根据学生在该班中的相对位置和名次,确定他的学习成绩在该班中是属于"优""中",还是"差"。	作为选拔人才、分类排队的依据。
绝对性评价(目标参照性评价)	依据教学目标和教材编制试题测量学生的学业成绩,判断学生是否达到了教学目标的要求(不以评定学生之间的差异为目的)。	衡量学生的实际水平,了解学生对知识、技能的掌握情况。	用于升级考试、毕业考试和合格考试。(不适用于甄选人才)

3. 按照评价方法的不同,还可分为定量评价与定性评价

方式	方法	着重点	作用	弊端
定量评价	采用数学的方法收集和处理数据资料。	强调数量计算,以教育测量为基础。	满足了以选拔、甄别为主要目的的教育需求。	忽略了难以量化的重要品质与行为,忽视个性发展与多元标准。
定性评价	根据评价者对评价对象平时的表现、现实的状态或文献资料的观察和分析而直接作出判断。	强调观察、分析、归纳与描述,更关注学生"质"的发展,关注教育结果与目标的一致性。	关注更广泛的教育目标及学习结果。	定性评价有时使评价结果模糊笼统,弹性较大,难以精确把握。

二、教学评价的功能

语文教学评价贯穿于语文教学的全过程,渗透于语文教学的各个环节和层面,它的功能是多种多样的,常用的主要有以下几种:

1. 检查功能

"检查"的形式是多样的,每篇课文后面的练习,每次课内外的语文作业,单元练习里的每项内容,每次课堂习作及大大小小的练笔,根据本班实际情况让学生所做的练习与测试,每次语文实践活动,都可以让评价发挥其"检查"的功能。

2. 诊断功能

评价是对教学结果及其成因的分析过程,通过了解分析教学情况,对其成效和缺陷、矛盾和问题作出判断,对于教师来说,诊断功能不仅可以帮助他们估计教学目标的实现程度,而且也能解释他们成绩不良的原因,如学校、家庭、社会和个人中哪方面的因素是主要的;对于学生个人来说,诊断功能可以帮助他们分析出成绩不良是受智力因素,还是学习动机等其他非智力因素的影响,抑或是两者兼而有之。可见教学评价如同身体检查,是对教学进行的一次严谨的科学诊断。

3. 反馈功能

教学评价的结果为学生在学习上的进步情况提供反馈,通过教学评价,学生可以有机会了解自己学会

了什么，学习的程度如何，是进步了还是退步了，是比其他同学学得好，还是比其他同学学得差。教学评价作为对学生学习结果的反馈，可以进一步增强学生的学习动力。

4. 激励功能

激励功能主要体现在评价对教学过程有监督和控制的作用，对教师和学生则有促进和强化的作用。通过评价反映出教师的教学效果和学生的学习成绩。有研究表明，在一定限度内，经常进行记录成绩的测验对学生的学习具有很大的激发作用，当评价较高时，可以使教师和学生在心理上和精神上得到鼓舞，可以激发他们向更高目标努力的积极性，即使评价较低，也能催人深思，激起师生奋进的情绪，起到推动和督促作用。

5. 甄别和选拔功能

能检查学生学习内容的掌握是否达到了规定要求，鉴别其语文知识和能力的高低优劣，用分数的价值给学生分等，并为选拔提供依据。"甄别"侧重于对"检查"结果的真伪、优劣进行审查辨别，这不仅是总结性评价功能的需要，在阶段性、形成性评价中也需要大量发挥"甄别"的功能。

"选拔"，顾名思义，是挑选出优秀者，即从一个水准相当的群体中，按照一定的标准和需要来挑选一部分合格者。当前的演讲比赛、知识竞赛等，就是依靠评价的选拔功能。

核心考点回顾

1. 常规的教学方法有哪些？（参见本书P383～384）
2. 朗读训练的基本要求和具体要求有哪些？（参见本书P385）
3. 教学过程中的教学评价分为哪几类？有什么作用？（参见本书P386～387）

达标测评

建议用时	实际用时	测评总分	实际得分
20分钟	_____分钟	30分	_____分

案例分析题（每小题10分，共30分）

1.［案例］下面是一位教师关于"打"字的教学：

师：小朋友，你是用什么方法记住"打"字的？

生1："打"字就是一个提手旁加一个"丁"，我是用加一加的方法来记住的。

师：加一加是个识字的好方法。

生2：我在电梯里面见过这个"打"，是提醒我们电梯出现故障就要拨打电话。

师：你是个善于观察的孩子，在生活中识字也是个好办法。

生3：大课间活动时间我们打球就是这个"打"（学生做动作）。

师：通过做动作来识字更容易让我们记住它。

生4：我还有一种方法，那就是丁老师爱打人。

师：你的识字方法很独特，但老师想问问你，丁老师真的打过你吗？她是怎么打你的？

生5:丁老师偶尔会高高举起教鞭,但是打在我手上一点也不疼。

师:其实这不是真正的打,而是一种特别的爱,相信你会深深地记住这个特殊的“打”字(学生一脸幸福,高兴地坐下)。

[问题]请用《义务教育语文课程标准》(2022年版)的相关理念,分析以上案例。

2. [案例]“测验的时候,有一道题是作文。我看不大懂题目的要求,很想举手问老师,可我不敢,怕老师骂我。老师经常说,要学会审题,考试的时候她是一句话都不会说的,就像毕业考试一样严格,这样考出来的分数才真实。我只好猜了猜,凭自己的感觉写了作文。结果我还是理解错了,作文被扣了25分!我真觉得冤枉,我不是不会写啊,只不过是走题了!我前面的基础部分不是考得很好吗?如果考试没有作文就好了,或者不懂能问也行呀!”

A教师认为:案例中的老师,在平时考试的时候不给学生任何指导是对的,因为这样可以给学生一个真实的应考环境,帮助学生应对未来将要经历的毕业考试,所以学生在考试的时候是不能问的。

B教师认为:评价应该重结果,更应该重过程,学生学习水平的真实,比分数的真实更重要。所以平时考试的时候,老师可以给学生适当的点拨。

[问题]A、B两位教师的观点,你是如何看待的?请结合《义务教育语文课程标准》(2011年版)的内容进行分析。

3. 阅读下面的教学实录(片段),请从教学内容和教学方法方面谈谈你对该教师教学的看法。

(以下是某教师执教《鸿门宴》一课时,师生关于“三起三落”的讨论)

师:在充分理解文言字词、句式和文意的基础上,有人将宴会上的情节概括为三起三落。三起:一起是“范增数目项王,举所佩玉玦”示意项羽杀掉刘邦,气氛顿趋紧张;二起是范增见项羽“默然不应”,于是叫项庄以舞剑为由,趁机刺杀掉刘邦,形势极为严峻。三起是樊哙撞倒守门卫士而入帐,怒视项羽,严辞斥责,情节发展到最高潮,紧张气氛达到了极点。三落:一落是对樊哙闯帐,项羽不仅不怒,反而称为“壮士”;二落是项羽赐酒赐肉,被樊哙斥责之后反而赐座;三落是刘邦以“如厕”为由逃离项羽军营。对这一说法,你们怎么看?请展开讨论。

生1:对“三起”的概括应该说是准确的。范增举玦、项庄舞剑和樊哙闯帐三处情节或者说细节确实充满了杀机,大有一触即发的危险,让人为刘邦的命运深感忧虑。

生2:“起”和“落”是相对的,有起才有落,它们应该在同一条横轴上展开……

生3:是啊,一落是项王“默然不应”,视而不见;二落应该是“项伯亦拔剑起舞,常以身翼蔽沛公”,而项羽对此置若罔闻,让人为刘邦暂时松了一口气。

生4:樊哙闯入帐内,项王“按剑而跽”,高度警觉,而当明了他的身份后,称之为“壮士”,先是赐酒,后又赐彘肩,一声不响地听了斥责以后又赐座,大有惺惺相惜之意。到这里,刘邦所受到的生命威胁应该说是基本上消除了。这就是“落”。把后来刘邦托辞逃席看成三落是不恰当的。

师:同学们分析得很有道理。宴席上杀不杀刘邦是斗争的焦点,而杀不杀刘邦的关键看项羽的态度。三起三落是对应的,宴席上闪耀着刀光剑影,但又张中有弛,跌宕起伏。这一场面描写实在是“史家之绝唱”的最典型的体现。

第二部分

参考答案及解析

案例分析题

1. 参考答案:(1)该教师的教学引导学生体会语言文字的特点,同时引导学生自主学习、主动积累和积极探究,如请学生自己说怎么记住这个字。

(2)该教师的教学注重课程内容与生活的联系,体现语文实践的理念,在语文实践中培养学生的语文素养。

(3)该教师的教学体现了关注学生生活中主动识字的兴趣,引导学生建立汉字与生活中事物、行为的联系,发展学生独立识字能力。

(4)该教师在教学评价中,以鼓励为主,既充分肯定学生的发现和创造,又引导学生自我反思提升。

2. 参考答案:我赞同B教师的看法。我认为考试是另一种学习,因此对待考试,教师应将终结性评价和形成性评价相结合,应注重过程方法、情感态度,帮助个体建立自信,寻找改进问题的办法。A教师过于看重结果,这种评价方式是片面的,它很难体现出感性积累、情感体验等许多更为本质的信息。(答案合理即可)

3. 参考答案:(1)该教师尊重学生的主体地位。在该教学片段中,学生根据教师提出的问题展开讨论,能更好地发挥学生的主动性、积极性,培养学生的独立思考能力、口头表达能力,让学生学习表达和阐发自己的观点,学习多角度思考问题。

(2)普通高中语文课程应使全体学生在义务教育的基础上进一步提高语文素养。《鸿门宴》是《史记》中最精彩的篇章之一,也是中国文学史上最优秀的作品之一。对于这样的作品,应该多角度、多方面地进行立体教学,从整体上丰富和提高学生的语文素养。在该教学片段中,教师在学生理解文章大意的基础上,引导学生在讨论"三起三落"的过程中领悟对比、张弛等表现艺术,提倡思想交锋,从而提高学生的思辨能力和表达能力。

第三章　语文教学基本能力

思维导图

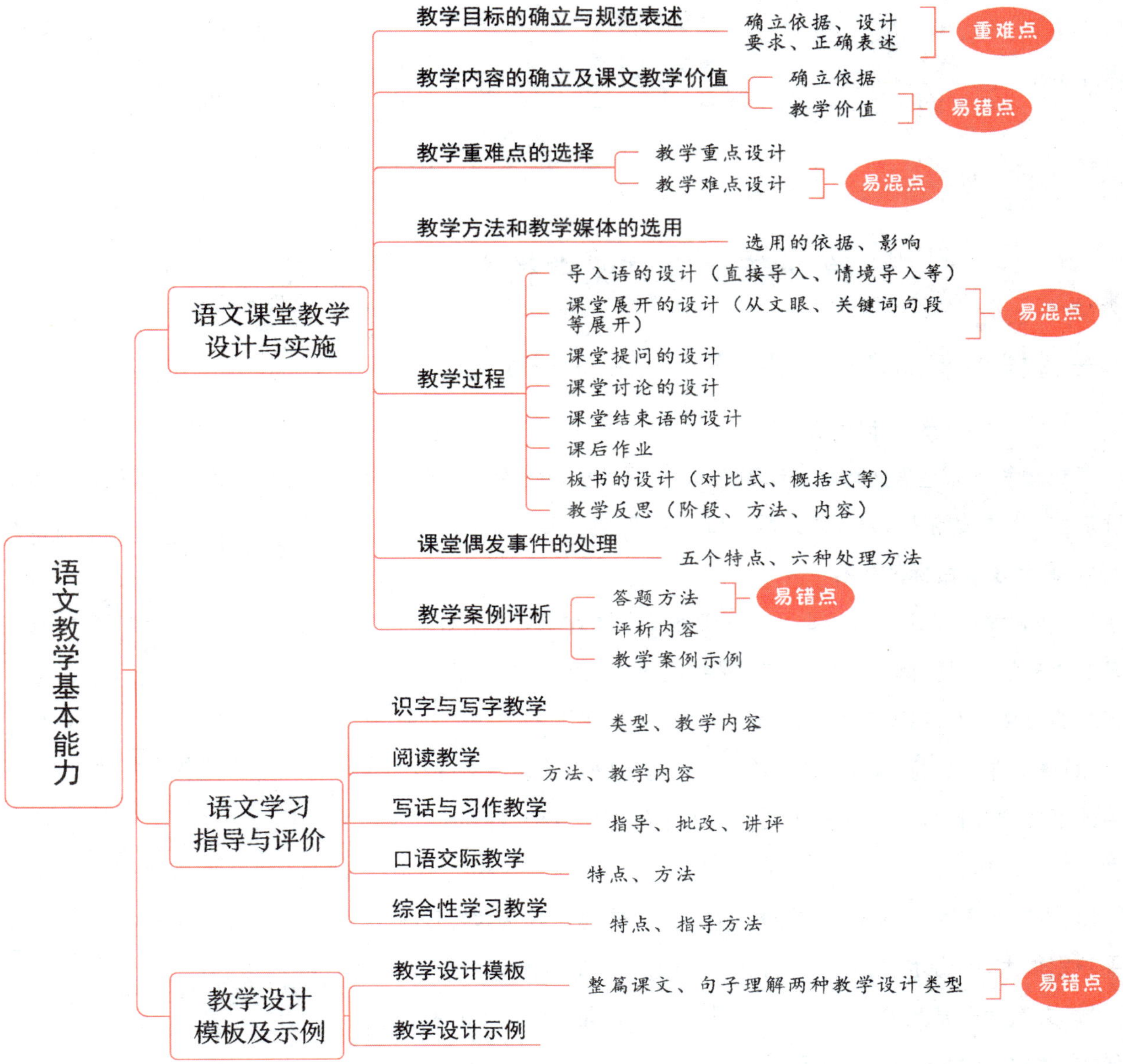

- 语文教学基本能力
  - 语文课堂教学设计与实施
    - 教学目标的确立与规范表述
      - 确立依据、设计要求、正确表述（重难点）
    - 教学内容的确立及课文教学价值
      - 确立依据
      - 教学价值（易错点）
    - 教学重难点的选择
      - 教学重点设计
      - 教学难点设计（易混点）
    - 教学方法和教学媒体的选用
      - 选用的依据、影响
    - 教学过程
      - 导入语的设计（直接导入、情境导入等）
      - 课堂展开的设计（从文眼、关键词句段等展开）（易混点）
      - 课堂提问的设计
      - 课堂讨论的设计
      - 课堂结束语的设计
      - 课后作业
      - 板书的设计（对比式、概括式等）
      - 教学反思（阶段、方法、内容）
    - 课堂偶发事件的处理
      - 五个特点、六种处理方法
    - 教学案例评析
      - 答题方法（易错点）
      - 评析内容
      - 教学案例示例
  - 语文学习指导与评价
    - 识字与写字教学
      - 类型、教学内容
    - 阅读教学
      - 方法、教学内容
    - 写话与习作教学
      - 指导、批改、讲评
    - 口语交际教学
      - 特点、方法
    - 综合性学习教学
      - 特点、指导方法
  - 教学设计模板及示例
    - 教学设计模板
      - 整篇课文、句子理解两种教学设计类型（易错点）
    - 教学设计示例

第二部分

浙江考向

本章属于课程与教学论的应用性章节，也是浙江省中小学语文教师招聘考试重点考查的章节，需要理解的知识较多，在考试中常以教学设计题和案例分析题的形式考查。现对本章浙江考向分析如下：

考点类型	地区	高频考点	常考题型	能力层级	考查热度
常规考点	统考	教学目标的确立与规范表述、课文教学价值的确定、教学过程	教学设计	理解	★★★
		教学案例评析	案例分析	理解	★★★
		教学设计模板	教学设计	理解	★★★
	非统考	教学目标的确立与规范表述、教学过程	教学设计	理解	★★★
		教学案例评析	案例分析	理解	★★★
		教学设计模板	教学设计	理解	★★★
预测考点	统考	教学重难点的选择	教学设计	理解	★★
	非统考	教学重难点的选择	教学设计	理解	★★

核心考点

第一节　语文课堂教学设计与实施

一、教学目标的确立与规范表述 【教学设计】 ★★★

考点1 教学目标的确立

语文教学目标是语文教学活动的方向，也是评价每一次教学是否有效的依据。确定语文教学目标要注意确定教学目标的依据，设计语文教学目标的要求。

1. 确定教学目标的依据

(1)基础教育课程改革的要求。基础教育课程改革要求构建素质教育的语文教学目标体系，要求语文课程必须面向全体学生，使学生获得基本的语文素养，体现基础教育新课程的价值追求。

(2)语文课程目标、阶段目标、单元目标与教学目标。语文课程标准中的语文课程目标与要求及语文教科书中的单元目标，是确定语文教学目标的依据。

(3)语文师资水平和学生语文学习水平。我国地域辽阔，教育发展水平差别很大，师资水平参差不齐，学生人数众多，必须从调查研究入手，以语文教学改革实验为基础，以科研人员的研究成果为参照系，从现代化手段统计材料中取得各种数据，作为确定语文教学目标的实践性依据。

2. 设计语文教学目标的要求

(1)促进学生个性发展。每一个学生的才能、气质、理想、信念、思想、情操、意志等，都应得到培养和发展。现代教育理念要求，语文教育

重难点解读

确定教学目标要注意以下四点：

(1)“准”。在依据大纲基础上，做到教学目标既符合这一课，又符合这一班。这就是说要找“准”教材的要求点、重点、特点，摸准学生的基点、难点、需要点。

(2)“少”。一节课的时间有限，需给学生主动、充裕的学习时间，教学目标要少，要集中。

(3)“精”。“精”乃精华之意，即必须抓住与全面发展的内在联系，选择能牵一发而动全身的“点”，点中开花，全面发展。

(4)“明”。教学目标不仅教师要清清楚楚，学生也要明明白白。师生亲密合作，才能完成学习任务。

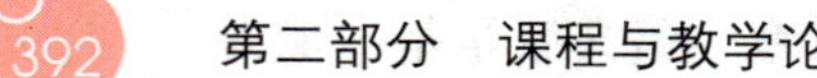

目标不能单纯地只从培养语文能力着眼，而应为了使语文教学面向全体学生，使每位学生的个性得到全面发展。

(2)体现语文学科的性质和特点。设计语文教学的各项具体目标，都要为全面提高学生的语文素养服务。培养学生热爱祖国语言的思想感情，指导学生正确理解和运用祖国语言，丰富语言积累，培养语感，发展思维，使他们具有适应社会生活需要的识字与写字能力、阅读能力、写作能力、口语交际能力。语文课程还应重视提高学生的品德修养和审美情趣，使他们逐步形成良好的个性和健全的人格，促进德、智、体、美的和谐发展。

(3)适应社会生活需要。语文教学必须与社会前进的步伐合拍。改革开放和经济、科技发展极大地增加了整个社会的信息量，传播媒体多样化，要求人们提高吸收和处理信息的能力，促进人与社会、人与自然的和谐。

考点2 语文教学目标的正确表述

(1)行为主体应是学生，而不是教师。判断教学价值的根本依据是学生有无具体的进步，这也是判断教学是否有效、教师是否完成教学任务的根本依据。尽管有时“学生”两字并未出现，但也必须隐含着学生是行为主体。例如《火烧云》教学目标设计：

使学生会认、会写课后要求的生字词；让学生积累描写颜色的词语。(行为主体是教师，错误)

会认、会写课后要求的生字词；积累描写颜色的词语。(行为主体是学生，正确)

(2)行为动词尽可能是可测量、可评价、可理解的。目标的行为动词要尽可能具有质和量的具体规定，以便教学时把握和评价时使用。

(3)要有产生目标指向的结果行为条件。行为条件是影响学生产生学习结果的特定的限制或范围，为评价提供参照。如“借助汉语拼音……”“结合上下文了解……”等。

(4)要有具体的表现程度。表现程度指学生学习之后预期达到的最低表现水准，用以评价学习表现或学习结果所达到的程度。如“45分钟能完成不少于500字的习作。”

考点3 教学目标设计示例

1.《荷花》教学目标设计

(1)能正确读写“荷花、挨挨挤挤、莲蓬、饱胀、仿佛”等词语；背诵自己喜欢的部分，积累优美语言。

(2)有感情地朗读课文，体会作者丰富的想象，学习边阅读边想象画面的读书方法。

(3)理解课文内容，感受荷花的美丽，培养爱美的情趣和热爱大自然的感情。

2.《爬山虎的脚》教学目标设计

(1)认识、会写课后要求的生字词；朗读课文，理解课文内容，了解爬山虎的特点。

(2)正确、流利、有感情地朗读课文，理清课文的叙述顺序；学习作者的观察方法，培养细致、有序的观察习惯。

(3)学习作者细心观察事物的方法，培养留心周围事物的意识；要有像爬山虎一样的向上精神。

真题面对面

[2022年6月杭州中小学，教材教法，20分]选做题，根据你报考的小学、初中、高中岗位，选择相应学段的教学内容，完成该教学内容的教学目标和教学过程设计。

（一）小学教学内容

六年级上册第一单元课文《丁香结》中的内容，本单元语文要素是“阅读时能从所读的内容想开去”。

丁香结

今年的丁香花似乎开得格外茂盛，城里城外，都是一样。城里街旁，尘土纷嚣之间，忽然呈出两片雪白，顿使人眼前一亮，再仔细看，才知是两行丁香花。有的宅院里探出半树银妆，星星般的小花缀满枝头，从墙上窥着行人，惹得人走过了还要回头望。

城外校园里丁香更多。最好的是图书馆北面的丁香三角地，种有十数棵的白丁香和紫丁香。月光下白的潇洒，紫的朦胧。还有淡淡的幽雅的甜香，非桂非兰，在夜色中也能让人分辨出，这是丁香。

在我断断续续住了近三十年的斗室外，有三棵白丁香。每到春来，伏案时抬头便看见檐前积雪。雪色映进窗来，香气直透毫端。人也似乎轻灵得多，不那么浑浊笨拙了。从外面回来时，最先映入眼帘的，也是那一片莹白，白下面透出参差的绿，然后才见那两扇红窗。我经历过的春光，几乎都是和这几树丁香联系在一起的。那十字小白花，那样小，却不显得单薄。许多小花形成一簇，许多簇花开满一树，遮掩着我的窗，照耀着我的文思和梦想。

古人诗云：“芭蕉不展丁香结”“丁香空结雨中愁”。在细雨迷蒙中，着了水滴的丁香格外妩媚。花墙边两株紫色的，如同印象派的画，线条模糊了，直向窗前的莹白渗过来。让人觉得，丁香确实该和微雨连在一起。

只是赏过这么多年的丁香，却一直不解，何以古人发明了丁香结的说法。今年一次春雨，久立窗前，望着斜伸过来的丁香枝条上一柄花蕾。小小的花苞圆圆的，鼓鼓的，恰如衣襟上的盘花扣。我才恍然，果然是丁香结。

丁香结，这三个字给人许多想象。再联想到那些诗句，真觉得它们负担着解不开的愁怨了。每个人一辈子都有许多不顺心的事，一件完了一件又来。所以丁香结年年都有。结，是解不完的；人生中的问题也是解不完的，不然，岂不太平淡无味了吗？

（二）初中教学内容

初一上册第六单元《赫耳墨斯和雕像者》。

赫耳墨斯和雕像者

《伊索寓言》

赫耳墨斯想知道他在人间受到多大的尊重，就化作凡人，来到一个雕像者的店里。他看见宙斯的雕像，问道：“值多少钱？”雕像者说：“一个银元。”赫耳墨斯又笑着问道：“赫拉的雕像值多少钱？”雕像者说：“还要贵一点儿。”后来，赫耳墨斯看见自己的雕像，心想他身为神使，又是商人的庇护神，人们对他会更尊重些，于是问道：“这个值多少钱？”雕像者回答说：“假如你买了那两个，这个算添头，白送。”

这故事适用于那些爱慕虚荣而不被人重视的人。

参考答案：(一)小学教学内容

《丁香结》教学设计

教学目标：

1. 准确、流畅地朗读课文，感受丁香的特点。

2. 联系自身的生活经验来理解、感悟丁香结的象征意义和作者的情感。

3. 品味、积累文章优美且富有哲理的语言。

教学过程：

一、导入

1. 让学生举出在文学作品中具有象征意义的花草树木。

2. 通过展示图片，让学生对丁香花的形象有所了解，为理解“丁香结”的内涵作铺垫。

二、人文初探“丁香”

1. 先从题目入手，关注“丁香结”。

这个词对学生来说有些陌生，不易读懂。可以在要求学生初读课文时，一方面读准字音，读不通顺的句子多读几遍；另一方面引导学生提取“丁香结”相关句子，看看文中哪些地方提到了“丁香结”，把相关句子用横线画出来。启发学生关注“丁香结”出现的位置——多集中在文中后三段，由此引出对文章结构内容的关注。

2. 理清写作思路。

提出问题：作者在写“丁香结”之前，用较多的篇幅写了什么？引导学生划分课文结构。

明确：课文的前3段写的是丁香花，后3段写的是丁香结。前3段写“赏花”，后3段写“悟花”。厘清课文脉络。

三、研读“丁香花”的描写

1. 作者在文中描写了哪四幅丁香图？

明确：①城里丁香花；②城外丁香花；③斗室外三棵白丁香；④雨中丁香图。

2. 描写角度有哪几个？

明确：①颜色；②形貌；③气味；④姿态。(视觉、嗅觉)

3. 写出了丁香什么特点？

明确：①繁密耀目；②幽雅的甜香；③娇俏灵动；④鲜润妩媚。

四、感悟“丁香结”

1. 结合文章，说说作者为什么把丁香花喻为“丁香结”？

2. 围绕“丁香结”意象展开梳理：

(1)出示丁香花蕾图和中式衣襟盘扣图。

(2)理解古人何以发明“丁香结”一词。

(3)理解作者流露的情感。

五、结合自身经历，赏析文中哲理性的语句“结，是解不完的；人生中的问题也是解不完的，不然，岂不太平淡无味了吗？”给我们怎样的人生启示？

六、作业

体会学习本文的写法，选择你喜欢的一种花，写一个小片段，150字左右。

七、板书

丁香图	角度(视觉、嗅觉)	特点	
①城里丁香花	①颜色	①繁密耀目	象征烦恼、愁怨
②城外丁香花	②形貌	②幽雅的甜香	解不完
③斗室外三棵白丁香	③气味	③娇俏灵动	从容豁达
④雨中丁香	④姿态	④鲜润妩媚	无惧无畏

(二)初中教学内容

《赫耳墨斯和雕像者》教学设计

教学目标：

1. 了解寓言故事情节，体味蕴含在寓言中的寓意。

2. 多角度提炼寓意，培养发散性思维。

3. 展开联想和想象，续写寓言，领悟生活哲理。

教学过程：

一、导入

今天我们来学习一篇寓言。对寓言，同学们并不陌生，同学们能举几个你听过或读过的寓言吗？(中国的寓言大多凝成四言成语：同学们熟悉的如《拔苗助长》《刻舟求剑》《守株待兔》等，外国寓言如《狼和小羊》《乌龟和兔子》《农夫和蛇》等)

总结：寓言往往都通过一个故事告诉我们道理，那么如何从故事中提炼出寓言的寓意呢？今天让我们通过学习《伊索寓言》中的《赫耳墨斯和雕像者》，一起来探究。

二、初读课文，整体感知

1. 学生自由朗读课文，读准、读通课文。

2. 学生示范朗读，其他同学认真听，从字词读音、朗读节奏、语气表达等方面进行评价。

3. 全班齐读课文，读后用自己的话复述寓言故事的内容。

4. 总结寓言寓意。(课文最后一句话)

三、抓住联系，深入体悟

1. 找出课文中表现赫耳墨斯爱慕虚荣的语句，并朗读。

2. 注意文中词语的变化，讨论人物的心理变化。

明确：想知道—问道—笑着问道—心想—问道。为什么赫耳墨斯先问宙斯和赫拉的？是看见了，还是特意找的？如果连赫耳墨斯的雕像都没有会怎么样？“笑着问道”赫耳墨斯笑的背后内心在想什么？

3. 多角度提炼寓言寓意。

如:(1)人要有自知之明,清楚地认识自己。

(2)在一个岗位要尽到自己的责任。

(3)人的价值不是通过地位的高低决定的,而是看一个人为社会做了多少贡献。

(4)不被人重视的人不等于没有价值。

四、发挥想象,续写故事

寓意来源于故事,那如果故事的结尾不一样,那寓言的寓意会不会改变呢?

思考:赫耳墨斯听说自己的雕像只能算“添头”,白送后,内心会怎么想?他会说些什么?又会做些什么呢?请同学们发挥想象,为这则寓言续写一个结尾,并思考寓意是否发生变化。

五、拓展延伸

阅读《伊索寓言》中的《樵夫与赫耳墨斯》,从该故事中多角度提炼寓意。

六、总结

寓言是一个怪物,当它朝你走过来的时候,分明是一个故事,生动活泼;而当它转身要走开的时候,却突然变成了一个哲理,严肃认真。希望同学们走进寓言时能看到生动活泼的故事,离开时能带走更多属于自己的体验。

二、教学内容的确立及课文教学价值 【教学设计】

考点 1 确定语文教学内容的依据

1. 依据课程标准的目标与要求

在确定具体的一篇课文的教学内容之前,教师要对课程标准非常熟悉,尤其是对阶段目标与要求要了如指掌,否则,就会造成教学内容的失当。如有位老师在教一年级小朋友学习《春到梅花山》时,除了引导学生体会梅花的漂亮、梅花山的热闹外,还引导学生体会梅花高洁的品格,补充了毛泽东的《卜算子·咏梅》。尽管老师讲得激情四溢,但是一年级的孩子还是大眼瞪小眼——一点也不理解,有不少孩子忍不住开起了小差。老师让学生诵读这首诗时,学生的声音稀稀拉拉的,这显然与他们根本不能理解这首诗有关,更与教者不清楚学段目标,将低段教学高段化有关。

2. 依据各单元的单元导语

一篇文章,其内涵固然丰厚,语言固然精妙,涉及的语文知识点固然繁多,但哪些是这篇课文的教学重点,哪些是这一课时要解决的、要训练的,应根据单元重点与编者意图来定。认真阅读单元导语,明确教材的编写意图是设计教学内容时不可忽略的环节。

3. 依据课文特征和课后练习

在确定教学内容时,要特别注意课文特征与课后练习。一篇课文的内容是极为庞杂的,我们要选择那些最能体现课文特征的内容来教,而课后练习是语文课程内容建设一个不可或缺的组成部分。它的重要性在语文课程中要远远高于其他学科,其他学科的练习题最多只是课程内容的重现,有的只属于教学领域,作为一种教学手段，对课程本身并没有很大影响。但语文课程不同，语文课“教什么”在很大程度上是由课后练习或明或暗指示给教师的。

考点 2 语文教学内容设计的具体要求

1. 教学内容要恰当

语文教学内容的设计安排要根据语文教学目标确定。

2. 教学内容要充实

要求通过内容的教学，能达到教学目标，完成教学任务。所以，在语文教学设计中，内容不足的需补充，内容冗余的需删减。

3. 教学内容要做到重点突出、难点分散、疑点明确

课堂教学内容，切忌面面俱到，一定要做到**重点突出**，才能有针对性地解决问题；对于教学难点，应该划分层次，设置阶梯，一步一步来解决；对于疑点，要充分**考虑学生实际**，真正做到有疑而问，有问有答，解疑到位。

考点 3 各类文体教学内容的确立 ★

1. 文言文

(1)认清字形，读准字音。特别注意不常见的生僻字、通假字、古今字、形同异义异读字的认读及理解。

(2)理解词义，掌握文言词汇。要能根据注释和工具书理解字词句的含义。

(3)分析句子，理解内容。要具体分析句子，理解文言文的内容。

(4)翻译训练。学习翻译的方法。

(5)深刻解读。理解文言文所表达的思想感情，说明的道理及其深刻内涵等。

2. 记叙文

(1)记叙文六要素

记叙文六要素包括：时间、地点、人物，事件的起因、经过、结果。要抓住复杂事件中的代表性人和事，把握文章的主题，研究人物形象和表现方法。

(2)记叙文中材料的选择

把握内容的详略，点面结合，引导学生领会作者围绕中心选择、组织材料的匠心，懂得选择感情的聚焦点来反映生活，表达感情。

(3)记叙文的结构

主要研究各段之间的联系及其对表达主题的作用。探究记叙文的结构，从把握文章线索，理解文章的开头、结尾、过渡和照应的作用等方面入手。

(4)记叙文的表达方式

记叙文的主要表达方式是叙述和描写，议论和抒情也常用。叙述和描写主要是再现画面，议论和抒情主要是渲染主题，增强文章的艺术感染力。

(5)记叙文的语言

记叙文的语言以朴素无华为主要特征，同时又具有丰富多彩的特点，讲究准确、鲜明、生动、形象。学习

记叙文的语言，要抓住关键字、词、句，引导学生深入领悟，理解事件本质和人物形象。

3. 说明文

(1)说明对象的特征

准确、清晰地指出说明对象的特征，了解说明对象。指导学生通过明确事物的特征来把握说明文的主要内容，让学生懂得在观察事物或表现事物的同时，还应该善于抓住事物的特征。

(2)说明的顺序

指导学生了解说明顺序，理清文章脉络和说明对象，训练思维。

(3)说明方法

分析文章使用的说明方法，认识作者使用的说明方法的合理性，把握事物的特征，学会准确说明事物；抓住最突出、最能体现课文特点的地方作深入分析。

(4)说明文的语言特色

启发学生体会文章的语言特点，学会准确使用词语。使学生明白，说明文在准确、通俗的前提下，为了增强文章的可读性和趣味性，也可呈现多样性的语言。

4. 议论文

(1)中心论点

引导学生找出文章的中心论点，研究中心论点与分论点之间的逻辑关系。深入领会文章思想的深刻性、观点的科学性，并鼓励学生联系生活实际做出自己的判断。

(2)论据

明确论据自身的意义，分清论据的种类，理解论据与论点之间的关系。

(3)论证过程和方法

教会学生辨析论点和论据的关系，认识文章论证的逻辑过程，加深对文章的理解，训练学生的思维。结合课文的具体内容明确论证方法，使学生掌握一些常用的论证方法。

(4)论证结构和语言

分析文章的论证结构及语言表达，联系课文实际有重点地进行分析，帮助学生认真体会、揣摩。

5. 诗歌

(1)领会意境，体会感情

分析诗歌的意境，感受诗人的感情，把握诗歌的感情和艺术特色，认识诗歌的审美价值。

(2)品味语言，分析形象

要抓住诗眼和关键词语，推敲品味语言，分析形象。

(3)分析艺术构思和表现手法

引导学生分析诗人是如何描写事物的，寄予了怎样的感情，从而把握诗人要表达的主题。

(4)引导联读与仿写

联读是从教学的深度和广度出发，找到具有相同主题、相同题材的诗作进行比较阅读，让学生能更好地理解诗歌的思想情感。仿写是培养学生语文实践能力的重要手段，既能使学生充分感悟诗歌的语言奥妙，又能提高学生遣词造句的能力，提升学生理解、想象的能力。

6. 散文

(1)抓住线索，理清结构

引导学生抓住全文线索，分析全文的材料是怎样围绕线索布局的，归纳文章的主题。分析线索的同时，重视讲练结合、读写结合，提高学生的写作能力。

(2)品味语言，学习写法

引导学生分析和品味字、词、句，体会作者在“炼字”“炼句”上下的功夫，以此丰富学生的语言积累，提高学生理解、运用语言的能力。

(3)感受意境，领会情思

指导学生切分画面，了解并体会最主要画面的意境，丰富补充言外之意、画外之象。抓住关键性词语，进行细致的描摹，领会其中显性和隐性的含义。调动学生的生活经验和想象力，使学生进入作者所创造的意境中，感受作者的思想感情，并产生自己的情感体验。鼓励学生选择自己所喜欢的表达方式，将自己对意境的理解和自己的阅读感受表达出来，并与他人交流。

7. 小说

(1)理清故事情节

抓住中心事件，理清情节的基本线索，分清故事场面。

(2)分析人物形象

分析惟妙惟肖的肖像描写，分析个性化的语言，分析行动描写，分析心理描写。

(3)明确典型环境

引导学生认识人物生活的环境，重点分析社会环境，明确人物性格形成和发展的根源，认识小说所反映的社会生活，理解小说的主题。

(4)概括主题意义

引导学生在分析情节、人物和环境的过程中，把握作品的主题。可通过适当地介绍或指导学生查找有关资料，使学生了解与作品相关的作家经历、写作背景、创作动机以及作品的社会影响，加深对作家作品的理解。

考点4 课文教学价值的确定 ★★★

1. 课文教学价值的内容

(1)语文课程标准内容

一篇课文要想有教学价值首先要符合课标的要求，考生在答题时要根据课文年级、课文内容、课文分析明确写出相对应的课标的内容。

(2)课文分析

课文分析主要包括文体、主要内容、表达方式、思想情感、文章结构等内容，要求考生能够准确分析课

文，理解课文。

(3)学生能力提升

学生能力提升要求写出学生学了该课文后能获得哪些知识、能力与技巧。

2. 课文教学价值答题模板

语文课程标准要求学生要×××(教学目标中的相关内容)，学习×××(文体)时要×××，语文教学建议指出×××(教学建议中的相关内容)。《×××》是一篇×××(文体)，运用×××的表达方式，×××的结构，讲述了×××的内容，表达了×××的思想情感。学习该课文，可以让×年级的学生感受文章的×××(语言特色)，获得×××的积累，理解×××的思想感情，学会使用×××的方法，获得×××的能力……

易错点提示

课文教学价值的确定需要考生分析课文得出结论，每篇课文的重点不一样，因此，答题时要结合实际，并不一定要严格按照答题模板表述。

三、教学重难点的选择 【教学设计】 ★★

考点 1 教学重点设计

语文教学重点是指为了达到教学目标而必须着重引导学生理解和掌握的内容，是那些最重要、最基本的，带有规律性的语文知识。

1. 教学重点的确定标准

教材中的教学重点，可依据五个标准确定：

(1)最基本的，即基本性知识，如基本概念、基础知识、基本方法等。

(2)最核心的，即在知识的整体结构中居于核心的层次或地位的，能支配或影响知识的其他方面或部分。如一篇课文的主题思想，一句问话的真实含义等。

(3)最主要的。教材内容有主次之分，如主要章节、主要段落、主要问题、主要人物、主要词语等，应作为重点处理。

(4)最有用的。有些内容虽在教材内容体系中不是主要的或基本的，但对学生的心智发展却有着重要作用，也可作为重点来处理。

(5)最关键的。即对实现教学目标起到举足轻重作用的，能牵一发而动全身的那“一发”，要作重点处理。

以上五条标准有时不一致，要具体分析来做出合理的选择。

2. 教学重点的确定要求

教学重点的确定不是主观随意的，而是客观的，符合教学规律和学生认识规律的。它是建立在明确各阶段教学目标、要求，深入钻研教材，切实了解学生学情的基础之上的。因此，在确定课文教学重点时必须做到：

(1)要从单元之间的联系中确定重点。要研究各单元之间在教学重点上的联系，再进一步确定每篇课文在单元中所处的位置，从而明确课文教学重点。

（2）要从各课文之间的联系中确定重点。要研究每篇课文内容与相邻课文之间的内在联系，如某一内容是最基本、最主要的，或是解决其他问题的关键，这一内容就是重点。在确定其是否作为重点时，还应考虑“重点内容”在前面课文中是否出现或已经当作重点讲授过。如果是已经讲授过的内容，就要对它重新处理。

（3）要从每篇课文的内容中确定。主要研究每篇课文在言语形式上的特点，如在语音、选词、造句、组段、谋篇等方面与相邻课文的不同，选择一两个突出的特点作为教学重点。

（4）要依据学生拥有的知识、技能的水平确定重点。绝大多数学生已经掌握或极易掌握的内容，即使是最基本的、最有用的内容，也不必列入教学重点。

考点再拔高

▼ 教学重点和教学难点的区别与联系

一般来说，教学重难点是教学目标的具体化，语文课的教学目标，我们基本上可以把它分解为教学重点和难点。教学重点是教材中举足轻重的、关键性的、最重要的中心内容，是课堂结构的主要线索，掌握了这部分内容，对于巩固旧知识和学习新知识都起着决定性作用。教学难点是教学中难以理解或领会的内容，可以是情感、态度、价值观，或较抽象，或较复杂，或较深奥。当然，一堂课的重点和难点，既有区别又有联系。有时重点和难点也会交织在一起，出现一个知识点既是重点又是难点的现象。因此，设计好一节课的教学重难点也就成了教学设计的重中之重。

考点2 教学难点设计

语文教学难点是指教材难度大，内容抽象或内容复杂、纷繁，学生理解困难、理不出头绪、抓不住要点、搞不明白的内容。

设置每一节课的教学难点要根据教学的环境，学生的认知能力、理解能力、接受能力精心设计。对于不同的地区、不同学校和不同学生，教师在讲授同一节课的内容时，教案中设置的教学难点也会有所不同。同一个教师所教授的同一节课，在（1）班的课堂教学中不是难点的地方，在（2）班就有可能是教学的难点。

易混点辨析

教学难点不同于教学重点。教学重点主要由它在知识结构中的特定地位和作用决定，教学难点则与学生的认知能力有关。

教材中出现的一些重点也可能是难点，但并不是所有的重点都是难点，二者不能等同。难点有时可以通过点拨一次性解决。但因为其难，更多的时候适宜于分散解决。

小香有话说

真题面对面

［2021金华永康小学，教学设计题，17分］以下是人教版五年级下册电子课本，请根据教材内容，编写《杨氏之子》的教学设计，包括教学目标、教学重难点、教学过程、教学反思等内容。（附：教材内容节录）

21 杨氏之子[①]

梁国杨氏子九岁，甚聪惠[②]。孔君平诣(yì)[③]其父，父不在，乃[④]呼儿出。为设果，果有杨梅。孔指以示[⑤]儿曰："此是君家果。"儿应声答曰："未闻孔雀是夫子[⑥]家禽(qín)。"

注释

① 本文选自《世说新语·言语》。
② 〔惠〕同"慧"。
③ 〔诣〕拜访。
④ 〔乃〕就，于是。
⑤ 〔示〕给……看。
⑥ 〔夫子〕古时对男子的敬称，这里指孔君平。

诣 禽

梁	诣	禽

正确、流利地朗读课文，读好下面的句子。背诵课文。

- 孔指以示儿曰："此是君家果。"
- 儿应声答曰："未闻孔雀是夫子家禽。"

借助注释了解课文的意思，说说从哪里可以看出杨氏之子的机智。

参考答案：

《杨氏之子》教学设计

教学目标：

1. 会写3个生字，会认2个生字，能正确读写文中词语。

2. 正确、流利地朗读课文，理解课文内容，理解文中含义深刻的句子。

3. 紧扣重点词句，感悟杨氏之子的"甚聪惠"；初步感受文言文简约的特点，体会故事中孩子应对语言的巧妙。

教学重点：

体会故事中孩子应对语言的巧妙。

教学难点：

理解课文的意思，感悟杨氏之子的"甚聪惠"。

教学过程：

一、导入新课

1. 古人写的诗叫古诗，那古人写的文章叫——古文。古文又叫文言文，它语句简短，字词的意思与我们现在的语言文字差别很大。今天，老师要带着大家一起去学一篇文言文，去认识一个聪慧的小孩。(板书课题)

2. 引导学生读课题"杨氏之子"。提问：谁知道课题的意思?(学生回答，教师相机引导、点拨)

二、初通课文，理解句子意思

1. 学习文言文，朗读很重要，你们会读吗？先请大家自由朗读课文，要求结合工具书读准字音。

2. 指名学生朗读，教师为学生正音。

3. 教师范读，引导学生注意教师的朗读节奏及语气、语调的变化。

4. 学生齐读课文，要求要正确、流利。

5. 引导学生结合课文注释和工具书逐字逐句理解课文内容，并小组讨论，思考文章主要讲了件什么事情。

6. 请学生回答问题，其他学生补充，教师从旁引导、点拨。

7. 提问：知道了课文大意，你能告诉老师你读懂哪些句子的意思了吗？（教师带领学生逐字逐句理解文章内容）

三、再读课文，深入理解

1. 朗读课文，理解句意

（1）孔君平诣其父，父不在，乃呼儿出。

同学们知道孔君平来干什么吗？“其”在这里是“他的”，“他的”指谁的？你怎么知道？（引导学生懂得联系上下文理解词句）

（2）为设果，果有杨梅。

谁给谁端来了水果？是哪一种水果？

（3）孔指以示儿曰：“此是君家果。”

“此”指的是什么？你怎么知道的？君家指谁家？君家和下文的夫子家都是尊称，夫子家就是您家（孔家）。（再次引导学生联系上下文理解词句）

（4）儿应声答曰：“未闻孔雀是夫子家禽。”

①“应声”指的是什么？“未闻”又是什么意思？请同学们联系语境推测一下。

②提醒学生注意这里的“家”和“禽”各自表示独立的意思，禽是鸟类。

2. 做游戏，加深对课文的理解

（1）教师说出句子意思，学生快速找到对应的句子。

（2）师生问答、抢答：杨氏子何许人也？为何设果？孔如何曰？儿又如何曰？

3. 配乐再读课文，要求把文言文的韵味读出来。

四、咬文嚼字，探究生趣

1. 细读课文，找出你认为“杨氏子甚聪惠”的原因。

（1）理解孔君平的话

①你听懂了孔君平的言外之意了吗？为什么孔君平单单指着杨梅说，不说其他水果呢？

②这么巧妙的弦外之音杨氏子听出来了吗？他是怎么应答的？

③那么杨氏子的言下之意是什么呢？这说明杨氏子怎么样？（不但会听，还会说）

（2）理解杨氏子的回答

比较“未闻孔雀是夫子家禽”和“孔雀是夫子家禽”这两句话，你发现了什么？

①用“未闻”显得不卑不亢，彬彬有礼。

②一般有文化、有涵养的成年男子，可以称为夫子。杨氏子称孔君平为“夫子”显得有礼貌。

（3）理解“应声答曰”

这么巧妙的回答，杨氏子思考的时间长吗？从哪里看出来的？由此看出杨氏子是一个怎样的孩子呢？

2. 小结

读书就是要咬文嚼字，要细细品味，这样才能把话中话读出来。这杨氏之子思维之敏捷，言语之巧妙，让人回味无穷！让我们拿起课本，把这个聪慧的孩子记进心里。(齐读全文)

3. 小练笔

如果你是孔君平，听到杨氏子巧妙又不失礼貌的回答，会怎么夸杨氏子？而聪慧的杨氏子又如何应答呢？我们试着来写写他们俩后来的对话。

五、课外延趣

1.《杨氏之子》这个故事出自《世说新语》。这部书共有一千多个有趣的故事，记载了东汉后期到晋宋间一些名士的言行与轶事。

2. 拓展阅读。出示《口中狗窦》一文，引导学生结合注释自己读一读，争取读懂，然后讲给别人听，与他人分享阅读的快乐。

六、作业

推荐同学们课下读一读《世说新语》，希望课后同学们多读些古文，搜集一些精妙的语言，如谚语、幽默故事、对联、歇后语等，和同学们交流。也可以搜集相声、评书或影视剧的精彩对白，试着演一演，我们一起来开展一次语文综合性学习活动。

七、板书设计

杨氏之子(甚聪惠)

孔君平　　　杨梅 杨家果

杨氏子(未闻)孔雀 孔家禽

八、教学反思

本文是一篇简短的文言小说，学习本课要引导学生理解课文内容，感受故事中人物语言的风趣机智。本课在教学时要一步一步，从易到难，从其文中之意到其文外之意，引导学生理解其语言、思想的精妙。所以在教学中从朗读入手引导学生理解大意，激发学生的学习兴趣，接着进入正题学习正文，同时，在学习结束时，安排拓展环节培养学生的阅读兴趣，检验学生本节课学习的文言文阅读方法。之后的作业则激发了学生学习文言文的兴趣，提高了学生学习的积极性，为之后的综合性学习奠定了基础，充分尊重了语文课程的实践性和综合性。

四、教学方法与教学媒体的选用 【案例分析】 ★

考点 1 教学方法的选用

1. 依据教学目标选择教学方法

(1)要求达到识记、了解层次的，可选用讲授法、介绍法和朗读法等。

(2)要求达到理解、领会层次的，可选用讲授法、探究法和谈话法等。

(3)要求达到应用层次的，可选用练习法和讲评法等。

(4)高层次的目标如分析、综合、评价，可选用比较法、讨论法等。

2. 依据教学内容的特点选择教学方法

不同学科的知识内容与学习要求不同，不同阶段、不同单元、不同课时的内容与要求也不一致，这些都要求教学方法的选择要具有多样性和灵活性。例如，科学领域的内容一般可采用发现法、问题解决法、实验法等；社会领域的内容比较适合采用游戏法、参观法、谈话法等；而艺术领域的内容则更适合采用欣赏法和练习法。此外，选择教学方法除了考虑不同领域知识差异外，还必须考虑同一领域内知识的具体差异。

3. 依据学生的实际特点选择教学方法

在选择教学方法时，教师必须考虑学生的自身情况，如学生的年龄特征、兴趣、需要和学习基础等。不同年龄阶段的学生其思维发展的水平不同，教学方法的选用如果超出了学生思维发展的水平，就极有可能达不到应有的教学效果。对于小学低年级学生或思维水平低下的学生，发现法和讨论法往往不能达到预期的教学目标，而角色扮演法往往更有利于激发他们学习的动机和兴趣。若学生认知结构中包含与新知识相关联的若干观念或概念，教师就可以采用启发式的谈话法。

4. 依据教师的自身素质选择教学方法

任何一种教学方法，只有适应了教师的素养条件，并能为教师充分理解和把握，才有可能在实际教学活动中有效地发挥其功能和作用。因此，教师在选择教学方法时，还应当根据自己的实际优势，扬长避短，选择与自己最相适应的教学方法。如有的教师语言表达能力较好，能用生动、简洁、有趣的语言吸引学生，则可适当多采用语言为主的方法；有的教师善于制作、运用直观教具，则可以充分发挥自己的想象力，多做一些教具，并结合观察、演示、示范等方法；擅长多媒体的教师可以通过使用教学软件，将现代化教学手段引入教学。

5. 依据教学的组织形式、时间、设备条件选择教学方法

有些教学方法适用于小组教学或班级教学，而有些教学方法适用于个别教学。现代科学技术手段向教学手段的渗透和转化，引起了教学方法的根本变革，远程教学、人机对话等新式的教学方法，将越来越丰富，越来越普及。

考点 2 教学媒体的选用

所谓教学媒体，是指在传播知识或技能过程中呈示信息的手段或工具。它有广义、狭义之分。狭义的教学媒体专指语言、粉笔、黑板、图片、模型等传统教学工具与投影、幻灯、电影、录像、多媒体电脑等现代化教学工具；广义的教学媒体还包括讲授、讨论、实验、参观等教学方法在内。以下着重讨论语文课堂教学媒体（狭义）的选用问题。

1. 教学媒体选择的依据

(1)依据教学目标。每门课程、每个单元、每节课都有一定的教学目标，为了达到不同的教学目标常常需要使用不同的媒体去传递教学信息。比如要使学生知道某个概念，或理解某种原理，或掌握某项技能等，可选择图表、实物或三维动画等。为了激发兴趣、升华情感可选取音频和视频媒体。

(2)依据教学内容。不同的学科内容不同,对教学媒体也会有不同的要求。如在语文教学中,可以借助于录像等视听媒体向学习者提供一定的情境,如图片、风光片、故事片等视听媒体,使学习者有身临其境的感受,以加深他们对课文的理解和体会。

(3)依据教学对象。不同年龄阶段的学习者对事物的接受能力不一样,选用教学媒体时必须顾及他们的年龄和心理特征及知识背景。另外,在两种效果接近的媒体中进行选择时,也可适当考虑学生的习惯和爱好。如为低年级学生可多选择动画、投影、视频媒体;为高年级学生选择媒体可增加一些分析、综合、抽象、概括等理性认识的分量,重点应放在揭示事物的规律上。

(4)依据媒体特征。各种教学媒体具有不同的适用性。在实际应用中,只有最适用的媒体,而没有最好的媒体。只有充分了解各个媒体的优点和局限性,才能在使用中扬长避短,对它们进行综合应用。

(5)依据教学条件。教学中能否选用某种媒体,还要看当时当地的具体条件,其中包括资源状况、经济能力、师生技能、使用环境、管理水平等因素。因此,理论上的最适用媒体,不等于实际上的最适用媒体。

2. 教学媒体的正面影响

(1)发挥多媒体教学图文声像一体化的集约性特点,调动多种感官、创设真实情境,化静为动,有利于激发学生的学习兴趣,调整注意力,辅助突破语文教学的重难点。

①提供良好的学习诱因,激发学习动机。多媒体教学是一个良好的学习诱因,多媒体辅助教学交互性强,操作界面生动多变,可以多角度、全方位地调动学生的感知,激发其学习动机。

②调动多种感官,增强学习效果。语文课堂教学中使用多媒体,可使学生眼、耳、鼻、舌、手各种感官得到综合刺激,拓展语文教学的信息通道,使学生能更好地获取和占有信息和知识,强化对课文内容的理解和感悟,提高学习效率。

③创设真实情境,辅助突破教学重难点。多媒体教学能打破时空的限制,拓宽和延伸教学时空,能多角度、全方位、多层面地展示事物,使复杂抽象的事物变得具体可感,便于突破学习难点,把握学习重点。

(2)多媒体教学的超文本性,利于扩充课堂容量,加大信息密度,节约教学时间,提高课堂效率。

①合理的图文声像结合,突破了黑板加课文的信息呈现媒介的局限,利于信息的扩充和流动,减少了教师口头表述和呈现内容的时间。

②多媒体技术的超级链接功能增加了信息渠道,更利于补充学生经验和知识的不足,节约了熟悉学习对象的时间,增强了师生的对话效果。

(3)多媒体教学的动态性、交互性特点,利于突破传统语文教学中平面、封闭的局限,建立多元、开放的语文课堂。

多媒体的动态性使课堂变得丰富、立体,更利于建立起多元的对话空间,丰富语文课堂教学模式;其交互性特点,拓展、延伸了语文课堂教学的时间和空间,一定程度上突破了时空的局限性,沟通课内外,课堂语文和生活语文结合,更利于学生的语文学习和语文实践。

3. 教学媒体的负面影响

(1)多媒体的图、文、声、像一体化的特点,满足了学生的多感官需求,但可能限制学生的想象和情感体验，让学生形成先入为主的印象，还会因此扼杀学生的感受力、联想力、想象力和思考力，从而降低语言文字的魅力。

(2)多媒体的超文本性，利于语文知识的获取，但有可能忽略语感的训练，淡化语文的味道。语文的核心任务之一是语感能力的培养，过分依赖多媒体，就可能喧宾夺主，淡化语感能力的训练，偏离语文教学的目标。

(3)多媒体是人的延伸，多媒体利用得越多，人的主体性就越有可能被弱化，不利于人这个最好的活媒体作用的发挥。不能将人利用工具发展自己，变为利用工具替代自己，这是舍本逐末的做法。

(4)过多的人机对话替代课堂的师生交往，有可能疏远师生关系。语文教学的过程是教师和学生依凭教材进行对话的过程，也是一个心灵沟通和交往的过程。如果太沉溺于呆板、冷漠的人机对话，就有可能影响师生的交流。

五、教学过程 【教学设计】 ★★★

教学过程就是达到教学目标的途径。教学过程是在人类的一般认识过程和训练过程的基础上，运用教学手段所进行的特殊的认识过程和训练过程，其基本特点是简捷性。

第二部分

考点 1 导入语的设计

课堂导入是教师在一个新的教学内容或教学活动开始时，引导学生进入学习的行为方式。

1. 直接导入

直接导入即一上讲台就开门见山，教师的开场白是直接点题，用准确精练的语言，主动提出一堂课的教学内容，给学生一个整体的感觉。例如《蝙蝠和雷达》的导入语：

同学们，今天我们学习《蝙蝠和雷达》一课，请同学们翻开课本，我们一起学习课文。

2. 情境导入

教师用生动的语言，进行直接描绘，或巧妙地运用电视机、幻灯机、录音机、电脑等电教用具，通过欣赏音乐，观看电视、录像、电影等方式，激活学生的艺术细胞，提高学生学习的兴趣。例如《桂林山水》的导入语：

(播放桂林山水风景小视频)同学们，我们伟大的祖国是一个美丽的大花园，而桂林则是这个大花园中一颗璀璨的明珠。那里的山是那么奇，那么险，那么秀；那里的水是那么清，那么绿，那么静。不论是谁到了那儿，都会被那奇特的风景所吸引，被那美妙的景色所感染。今天老师就带大家去走一走，看一看。

3. 故事导入

少年儿童都是故事迷，特别是科学性、哲理性很强的故事更受他们的欢迎。教师可通过寓言、故事、典故或传说等激发学生的兴趣，开发学生的思维。在作文教学、知识短文讲授中，如果这种方法运用得巧，可收到更好的效果。例如《卖火柴的小女孩》的导入语：

有一个漂亮的小女孩，长长的金黄色的头发，大大的眼睛，她从小没有了妈妈，靠卖火柴维持生活。今天是大年夜，天冷极了，还下着雪，这天没有人买她的火柴，已经很晚很晚了，她还在街上走着，走着……

该导入语讲述了与主人公命运相关的故事，引起学生对课文内容的关注，激发学生的阅读兴趣。

4. 悬念导入

俗语云："好奇之心，人皆有之。"借鉴说书人"且听下回分解"的奥妙就在于讲到最扣人心弦的时候，有意避而不讲，吸引听众非听完不能满足心愿这种心理。说穿了，就是善于设置悬念，紧紧抓住听者的注意力。这种技巧运用于新课的导入之中，以悬念作为激起学生好奇心的触发点，同时也会使学生产生一种想了解的强烈欲望。利用悬念激人好奇，催人思索，往往能收到事半功倍的效果。例如《草船借箭》的导入语：

《草船借箭》是根据我国著名古典历史小说《三国演义》改写的。东汉末年，曹操、刘备和孙权各据一方，称魏、蜀、吴三国。当时曹操刚刚打败刘备，又攻打孙权。于是刘备和孙权联合起来抗曹，刘备派出杰出的政治家、军事家诸葛亮到孙权那里助战，孙权手下的大将周瑜嫉妒诸葛亮的才能，想陷害他。诸葛亮是怎样对待的呢？最后的结果怎样呢？我们一起来读课文。

5. 质疑导入

利用设疑导入，可以把学生的注意、兴趣、思维一下子吸引到所提的核心问题上来，并促使学生围绕核心问题阅读、思考，这极大地诱发了学生的求知欲，从而为整堂课的成功教学奠定了基础。例如《苏州园林》的导入语：

我国不少城市都有自己的美称，例如上海又叫不夜城，广州又叫羊城，南昌又叫英雄城，那么苏州叫什么城呢？同学们猜猜。(生猜)猜不到吗？老师告诉你们吧，苏州又叫园林城。苏州之所以叫园林城，是因为园林多，有"苏州园林甲江南"的美称。那苏州园林到底好在哪里呢？让我们一起从课文中寻找答案。

6. 审题导入

上课伊始，教师先板书课题，然后从探讨题意入手，引导学生分析课题导入新课。一般来说，语文课题都有一定的语法结构，教师可引导学生找出修饰语和中心语(题眼)，中心语一般已指明文章的写作内容或中心思想。关键是教师善于针对教材，围绕课题精心设计一系列问题，然后循循善诱，使学生思维迅速定向，很快进入对中心问题的探讨。例如《卧薪尝胆》的导入语：

师：(板书课题)同学们，你们知道"卧"是什么意思吗？(生答)

师：那"薪"又是什么意思呢？(生答)

师：(总结)"卧薪尝胆"即夜间睡在柴草上，在自己的住处悬挂苦胆，吃饭、睡觉之前，都要尝尝那胆的苦味儿，以激励自己。现在大家了解了这个题目的字面意思，由这个题目你会想到什么呢？为什么要尝苦胆呢？现在让我们一起来学习课文《卧薪尝胆》。

该教师从分析课题入手导入新课，帮助学生把握学习方向，明确学习的重点。这样的导入使学生既了解了题目的意思，也对课文的学习目的有了一个大概的轮廓。

7. 介绍作者导入

教师在讲解那些比较著名的作者的作品之前，可以先从介绍作者入手导入新课。这样的导语，由作者到作品，顺理成章，引入自然。

8. 复习导入

复习导入是导入新课的常用方法。孔子云："温故而知新。"回顾与课文有关的过去学过的知识，不仅能唤起学生对旧知的记忆，还能让学生产生一种亲切感，增强学生学习的信心。例如《玲玲的画》的导入语：

同学们，请大家回想一下我们上节课刚学完的《曹冲称象》一文，它说明了什么道理呢？再看看这篇课文与我们今天所要学的《玲玲的画》所说的道理一样吗？这两篇课文告诉了我们什么道理呢？

该教师通过复习学过的知识导入与新课有关的知识。这样的导入语可以引发学生对疑问的注意，从而使学生全力以赴地投入到探求新知识中去，这样不仅巩固了学生对旧知识的掌握，也调动了学生进一步学习新知识的热情。

9. 联想导入

联想导入即提出与新课有关的内容，引起学生回忆，加以联想，来启发学生思维的一种方法。例如《海底世界》的导入语：

提到大海，同学们都会联想到蔚蓝色的海水，一望无际的海面，还有那点点白帆、群群海鸥。然而说到海底，同学们了解的并不是很多。那么，今天我们通过学习《海底世界》一文，将会对海底世界有一个更加鲜明、更加深刻的了解。

用人们对海面熟悉，而对海底较为陌生的谈话导入新课，使学生先联想到大海，进而激发学生探知海底世界奥秘的兴趣。

第二部分

考点 2 课堂展开的设计

教师要根据当堂教学的任务目标、课文的自身特征，确定教学的重点、难点，从而展开课堂教学，引领学生进入阅读主阵地，控制学习制高点。

1. 从文眼展开

教师在教学中对课堂展开的选取如能够抓住"文章之眼"，对于帮助学生理解文章深意大有裨益。例如《桂林山水》课堂展开：

文章第二段主要讲了桂林水的特点——静、清、绿。请同学们朗读第二段，思考作者是怎样描写桂林水的静、清、绿的，又用了哪种修辞手法。

2. 从关键词、句、段展开

关键词、句、段能够集中揭示文章的中心，能够表达情感、塑造形象，能够展现文章风格。关键词、句、段是一篇文章的神经中枢和信息节点。教学时抓住这些关键之处，就能够帮助学生理解文章主旨及写作技巧。例如《自己的花是给别人看的》的课堂展开：

易混点辨析

课堂展开与导入语既有相同点又有不同点。其相同点在于二者作用相同，都是为了激发学生的阅读期待，迅速抓住学生的注意力。区别在于课堂展开高于导入语，是解决文章内容和教学重点的一个策略，在形式上是搭建文本与学生已有知识结构之间的"桥"。而教学导入语是教学过程中的起始环节，是教师引导学生进入新授课的起始环节，是教师在一个新的教学内容或教学活动开始时，引导学生进入学习的课堂行为方式。

我们知道，德国的确是个爱花的民族。但是他们为什么要把花都栽种在临街窗户的外面呢？找出文中最能说明这一问题的一个句子，并把句子反复读一读，说说自己的理解。

3. 从学生的兴趣点切入

传统教学总是遵循故事情节发展的顺序进行，我们的教学应该打破陈规，直接从学生的兴趣点入手，适

应学生需求展开教学。例如《少年闰土》的课堂展开：

读完这篇课文之后，你们觉得最有趣的是什么？捕鸟、看瓜刺猹还是看跳鱼儿？这些有趣的事情你们做过吗？让我们一起来看看闰土是怎样做的吧！

4. 从文章的插图切入

现行的小学语文教材中，部分课文配有插图，教师如能充分利用，就可达到良好的教学效果。一般做法是在导入新课之前，让学生认真欣赏和仔细观察插图，培养学生的形象思维，然后让学生把图画用口头语言讲述出来。例如《金色的草地》的课堂展开：

请同学们翻开课本，看本课下面的插图，插图中画了什么？给大家三分钟的时间思考，用自己的话说一说。

该教师采用了看图说话的方式，这种方式学生极为熟悉，先引导学生争相发言，互相补充，再因势利导地把学生带进课文，让大家对照比较：自己是怎么讲的，作者又是怎么写的。作者笔下的内容之生动，语言之精彩，手法之高超，经过教师稍微剖析，学生就心领神会、豁然开朗了。这种领悟是自悟自得的，效果极佳。

考点 3 课堂提问的设计

精心设计提问是提高语文课堂教学有效性的关键所在，因为每节课里教师都会提出这样或那样的问题。教师的课堂提问与能否成功地诱导学生发现问题、思考问题、解决问题有着密切的联系。

1. 课堂提问设计的方法

(1)紧扣课题来设计提问

有不少课文，一看它的题目就能使人产生一定的好奇心和联想，那我们就完全可以利用该课题去吸引学生，进行思考和探究。例如《月亮的心愿》课堂提问：

师：(板书“心愿”两个字)同学们，你们的心愿是什么？

师：(在“心愿”的前面加上“月亮的”三个字)月亮能有什么心愿呢？看到题目你想到了哪些问题？

该教师通过引发性提问方式，激发学生的情感，引发学生的想象，使学生产生阅读兴趣。这一提问使学生打开了思路，促使学生带着强烈的求知欲去阅读课文。

(2)抓住课文中的关键词句来设计提问

要突破难点，抓住课文中的关键词句，尽可能地多设计几个“牵一发而动全身”的问题，使学生在讨论中受到启发，得到暗示，使他们通过自己的努力，得到问题的答案。在设计中，要舍繁弃杂，把宝贵的时间花在讲解重点上，并让后进生有一些发表意见的机会。例如《清平乐·村居》课堂提问：

师：“最喜小儿亡赖”中的“亡赖”是什么意思？

师：如果“亡赖”指的是游手好闲，品质不好，那么小儿怎么还会讨人喜欢呢？请同学们开动脑筋，结合上下词句，思考“亡赖”在句中的含义。

该教师针对“最喜小儿亡赖”一句中的关键词“亡赖”，绕道迂回，问在此，而意在彼，使提问别具一格，新颖有趣，富于启发性。这种提问方式促使学生积极动脑思考、讨论，使学生理解了这里的“亡赖”不是指“游手好闲，品质不好”，而是“顽皮”的意思，从而理解词句的含义。

(3)要抓住难点来设计提问

在设计问题时，要强调少而精，尽量不出现无效提问。所以，要多设计能激起学生好奇心的问题，设计一些有一定思考难度的问题，把课文的上下文连起来思考，把一个问题分几步、几个方面来思考。例如《把我的心脏带回祖国》课堂提问：

师：肖邦带着亡国之恨在异国他乡与世长辞，他姐姐真的把他的心脏带回祖国了吗？怎样带回去的呢？

生1：怎么可能只将伟人的心脏带回国，这是对他的不尊重！

生2：在19世纪初，只带肖邦的心脏回国满足他的遗愿，很正常！

对于处于现代社会的学生来说，他们只知道人死后都要进行火化，对于把“心脏带回祖国”疑虑重重。对此，该教师的问题激起了两种观点的激烈辩论。

(4)变顺向提问为逆向提问

例如《田忌赛马》课堂提问：

田忌赛马获胜，离不开谁的什么妙计？同时也离不开当时什么样的条件和因素？

如果按照课文的叙述顺序来提问，仅是课本的情节就能问好多的问题：“田忌和谁赛马？一共赛了几次？结果如何呢？这说明了什么？”但如果能抓住事情的结果来问，那么学生学课文的兴趣将更大，他们的思路也就会变得更加活跃，就会从两条线索上综合去考虑。该教师改变了提问的顺序，既省去了烦琐的小问题，又激发了学生的好奇心。这样提问，拓宽了学生的思路，能使教学收到事半功倍的效果。

(5)在创新思维处提问

学生在学会知识的同时，若能用所学知识分析问题、解决问题，这就是创新。这时教师应善于设计有启发性的问题，引导学生积极思考。例如《郑成功》课堂提问：

郑成功收复台湾后，台湾同胞带着粮食、海鲜等慰劳郑军官兵，郑成功也赠给他们绸布和烟草表示感谢。如果你是台湾同胞，你会对郑军官兵说些什么？如果你是郑成功，你会对台湾同胞说些什么？

该教师的问题引导学生从已学知识出发，结合全文内容，发展学生的思维能力和表达能力，引导学生积极思考，可以使学生更好地理解课文内容，使课堂教学取得最佳的效果。

2. 提问的技巧

(1)精心选择问点

所谓问点，就是提问的切入点。语文教材中可以设问的地方很多，这些问点也有一定的规律可循，综合当前的经验可总结为“五点十处”。“五点”即重点、难点、疑点、兴趣点、思维点，“十处”即关键处、空白处(指语文教材中对某些内容故意不写，或写得很简略，给读者留下了无限的想象空间和思考余地的地方)、疑难处、模糊处、含蓄处、矛盾处、变化处、重复处(指一个句子往往要反复说一次或两次，或在文章中重复几次，以强调某种特殊的感情的地方)、对比处、延伸处。当然，教学目标不同，教材内容有异，这些“点”“处”也会不同。

(2)发问技能

①掌握发问的时机

问题应围绕教学任务，适时而问。一般可在以下情况时提出问题：学生注意力集中，可利用问题导出学

习任务；学生处于“愤”“悱”状态；学生思绪找不到突破口；学生注意力不集中，思维跑偏。

②灵活运用多样的发问方法

教师提出的问题应趋向开放性，师生的问答应朝着不同的方向扩散，不拘泥于一个途径、一种方法，而是求得多种合乎条件的答案。教师也可在教学提问中设置悬念，这样易引发学生的好奇心，使其对教学内容产生强烈的期待，带着好奇心去主动思维和想象。

(3)候答技能

①依据问题的情况，留给学生足够的思考时间。

②在没有给予学生足够的线索或时间帮助他们思考之前，避免使用“想一想”的指令。

③促使学生在等候过程中逐渐养成良好的思维习惯。

④在学生百思不得其解时，教师应该适时对其进行引导、点拨。

(4)理答技能

理答就是教师对学生回答问题后的反应和处理，是课堂提问的重要组成部分。理答的常见策略有：

①激励性理答。当学生对教师(或学生)所提问题回答正确时，教师应及时运用表扬、鼓励的形式予以肯定；当回答不理想时，教师应先肯定其优点，然后指出或引导其认识到自己的不足。

②发展性理答。在学生回答不出、回答不完整或回答不确切的情况下，进行引导、点拨，并再次组织问题，进行理答。

③诊断性理答。重复学生的回答，把模糊在学生回答中的关键词通过重复点出来；当学生的回答不够完整的时候，教师在学生回答的基础上加以补充说明；当学生回答出现错误时，教师及时指出其错误并引导其更正。

④再组织理答。教师在理答的最后阶段，可对学生过于零散的回答重新组织或概括，给学生一个更加准确、清晰、完整的答案，使学生的思路更加清楚，答案更加明晰，帮助学生形成正确的态度和价值观。

考点 再拔高

▼ 理答误区

1. 廉价地肯定。对学生的回答，正确与否都予以表扬。

2. 简单地否定。面对不是自己期待的答案，轻易地否定。

3. 不置可否。对于学生的回答，没有明确的评价，含糊其辞。

4. 错误理答。因学生的独特见解和教师自身理解的矛盾而否定、扼杀学生的个性化见解。

3. 提问的作用

(1)提问是最好的课堂效果反馈方式。它可以使教师当堂了解学生对知识的理解和掌握程度，从而及时地调整教学程序，改变教学策略，使学生能更加积极主动地参与教学活动。

(2)提问可以提高学生听课的注意力。课堂提问能紧紧地把学生的思维钳住，激发学习兴趣，赋予学习动机，从而收到良好的教学效果。

(3)提问可以让学生发现不足。教师在课堂上提出的问题,能引起学生思考,帮助学生克服盲目的自满情绪,这样对提高学习效率、突破教学难点很有用。

(4)提问可以培养学生的思维能力。提问可以拓宽学生的视野,诱发学生发散思维,增强学生的应变能力,培养思维的广阔性和深刻性。

(5)提问可以提高学生的语言表达能力和观察能力。学生思维能力的发展总是和语言分不开的,课堂提问便是培养学生正确地提高学科语言表达能力的契机。发现问题、提出问题也是一种重要的能力,教师应鼓励学生大胆质疑,对学生提出的问题,要冷静考虑,合理处置。

(6)提问可以让教师直接表达关心学生的思想情感,让学生体验学习的乐趣和发现的喜悦,有利于师生之间的相互沟通和信息交流。

4. 提问的形式

(1)启发式提问

启发式提问是通过具有启发性的问题进行教学的方法。提问过程中,宜注意其和谐性和培养性、计划性和灵活性、普及性和群众性。此法一般有以下一些类型:

①为引导学生掌握文章的思路和脉络,使之迅速深入课文、理解作者写作主旨的提问。

②为唤起学生的回忆、想象、联想,使之能运用已学知识、已有经验,顺利地攻克新知识中的重点、难点、疑点的提问。

③为诱导学生对某个问题产生浓厚兴趣,引起争论的提问。

④为在学生答问中专门训练学生的某种能力,如抽象概括、具体分析、形象口述、准确讲解、丰富想象、自然联想等能力而设的提问。

⑤为了达到上述目的而进行的简单易答的搭桥铺路式的提问。

(2)疏导式提问

有的问题教师提出后学生答不上来,形成僵局,教师可以改变角度,提出与之相关的其他问题,点拨提示。

(3)质疑式提问

质疑式提问就是教师在教学过程中以质疑的方式进行提问,引导学生理解课文。质疑式提问有质疑文本题目、质疑文本的矛盾点、质疑学生摇摆不定的答案等类型。在具体的教学过程中,课堂提问的方式多种多样,而质疑式提问能够在最短的时间内激发学生探究文本的兴趣,引导学生积极走进文本探究,甚至为学生指明文本学习的方法,引导学生抓住文本的关键进行解读。

(4)探究式提问

探究式提问是教师通过问题启发学生对所学进行深入的思考与探寻,培养学生全面性思考、探索性思考的能力的方法。这需要教师在保证学生掌握必要基础知识的同时,研读教材,研究学生,提出富于探究性,富于思考价值的问题,鼓励学生立足课本,细致研读,深入分析,融入个人情感和理解,得出有个性的见解和论断。

这类问题的设计不是停留在浅思维层面,用是或不是可以回答的,而是在对课本、学生进行充分研究的

基础上进行，要有利于学生思维深刻性、发散性、独特性的形成。

真题面对面

[2021金华、绍兴诸暨中小学，单，1分]某语文老师一般在授课前，会用提问引起学生对问题的独立思考和自主判断，这种提问形式是(　　)

A. 启发式提问　　B. 疏导式提问　　C. 质疑式提问　　D. 探究式提问

答案：A。该教师运用提问引起学生的独立思考与自主判断，这属于启发式提问。

考点4　课堂讨论的设计

课堂讨论是一种最基本的教学方式，也是一种最普通的学习方式。

1. 讨论的环节及内容

讨论前，教师要列出讨论题目，提出讨论要求，指导学生搜集有关资料，写好发言提纲，做好充分准备。

讨论中，教师要引导学生围绕主题各抒己见，畅所欲言，并始终紧扣重点，突破难点，联系疑点，要以谦虚好学的态度，倾听别人的发言并认真做好记录。

讨论后，教师要及时总结，对各种不同观点和意见进行综合分析，得出科学的结论并进行必要的说明。

2. 讨论内容的组织

(1)选择有价值的内容

有思考价值的问题能使学生产生强烈的求知欲望，调动学生的积极性。组织学生进行课堂讨论，教师必须把握教材的重点、难点，越是教材的核心问题越需要学生去理解，要使学生积极参与，进入角色，才能产生预期的效果。例如，《伟大的友谊》课堂讨论：

《资本论》的最后几卷是由恩格斯尽全力完成的，为什么只署马克思的名字，只说建立了伟大的马克思主义？这与课文标题“伟大的友谊”有什么关系呢？

(2)选择能展开的内容

①从学生认知情感方面展开

要使课堂讨论能够展开，教师要善于寻找疑点，巧设问题，使学生形成认知冲突。

②从议题的难易度方面展开

把握议题的难易度，应以学生的知识基础和认识水平为主要依据，提出问题的难易度应略高于全班的中等平均水平。

3. 讨论的注意事项

(1)目的明确

课堂讨论的着重点不是讨论的结果如何，而在于教给学生讨论的方法，培养学生讨论的习惯，充分展现学生的想法(思维)。所以，在课堂教学中，教师应有明确的目的，或为提高学生的辨析能力，或为加强知识间的联系等。根据小学生的心理特点，讨论问题的选择应遵循小而具体、新而有趣、有适当的难度、有启发性、符合学生原有的认知水平等原则。

(2)把握时机

①当需要突出重点时

课堂教学必须集中精力解决主要问题，做到重点突出，而组织课堂讨论，则是突出重点的方法之一。这样不仅解决了这节课的教学重难点，而且促进了学生思维的发展。

②当需要扩展和深化知识时

课本中的有些内容可以根据学生的接受能力予以扩展和深化，以启迪和发展学生的思维。

③当学生的认识普遍发生偏差时

学生学习中产生的认识偏差(或错误)，来源于学习活动本身，利用它引发讨论，对激发学生的学习兴趣、唤起学生的求知欲、纠正学生的错误具有特殊作用。

④当教师的提问出现"卡壳"时

在教学过程中，由于受认知结构等智力因素的制约和注意、兴趣等非智力因素的影响，学生对教师提出的问题出现"卡壳"的现象并不少见。遇到这种情况，可组织学生展开讨论，通过发挥学生集体的智慧，达到使"卡壳"学生茅塞顿开的目的。

⑤当学生的思维处于"低谷"时

课堂上，学生的思维并非时刻都处于亢奋状态，一旦发现学生的思维处于"低谷"，教师可及时组织讨论，将学生的思维重新推向高潮。

⑥当学生产生"愤悱"的心理状态时

这种心理状态易使学生对自己的想法产生怀疑，他们希望能从别人的发言和与别人的交流中得到启发。所以，恰如其分地组织讨论，效果往往非常良好。

⑦当学生产生认知冲突时

当学生产生认知冲突时，教师要留出足够的时间让学生思考、质疑并鼓励学生大胆提问，哪怕是有当堂解决不了的，也为教师课后提供了素材。教师要对学生提出的具有探讨价值的问题，认真启发引导，组织讨论。例如，《嘱咐》课堂讨论：

"我"欺负弱小，母亲十分生气，但为什么高高举起的手掌落在我身上会觉得不疼呢?

此处是作者落墨的着力之处，组织讨论可以引导学生更加深刻地理解课文，诱导学生进一步体会母亲教子疼子的复杂情感，领悟文章中心。因此当学生在认知冲突下提出问题，教师组织讨论是十分必要的。

(3)把握火候

组织讨论时，教师要把握好火候，可以概括为"四度"，即梯度(如设置知识台阶)、跨度(如知识模块之间的联系)、深度(如要求的难易)、密度(如容量的多寡)。

(4)形式多变

①指导式讨论

教师结合教学目的、内容提出一些问题，把学生分成若干小组，让他们围坐在一起就教师提出的问题各抒己见，教师则不时地参与讨论，或作一些提示、释疑。

②自主式讨论

教师把学生分成若干小组后，让学生自学教材，自己发现问题，并进行自由式的讨论，寻找答案。在组织学生讨论时，教师应指定学生担任组长，负责记录、归纳本组学生的意见，分组讨论后，还应让各组进行交流，教师发表自己的看法。

此外，也可以分成两组就某个问题进行辩论。

(5)延缓评价

在讨论中，教师要尽可能延缓评价，在学生思路穷尽时，切不可“强行”向学生推出标准答案。在找出最佳方案之前，应让“劣质”方案充分表演。评价的重点应放在讨论的过程上，引导学生积极思考，学会反思、归纳和总结，提高自我评判能力。评价的语言应精练，要切中要害，对学生在讨论过程中的表现，应作出恰如其分的评价，激励学生积极参与。

(6)营造民主的课堂氛围

教师应该把话语说得亲切、和蔼、富有感染力，拉近彼此间的距离。这样，易让学生克服胆怯心理，敢于大胆发言。

4. 课堂讨论的作用

(1)可以激发学习兴趣。课堂讨论可以最大限度地激发学生的学习兴趣，充分调动学生学习的主动性、积极性。

(2)可以提高教学效果。课堂讨论的过程中，学生的思维呈开放的状态，不同的见解、不同的思路在讨论中碰撞、反馈，可以激发学生的想象力，促进学生思维的有序发展，提高思维活动的有效性，从而收到较为显著的教学效果。

(3)能更好地发挥学生的主动性、积极性。课堂讨论有利于培养学生的独立思考、口头表达能力和创新精神，有利于提高学生灵活运用知识的能力，提高学生分析问题、解决问题的能力。

考点 5 课堂结束语的设计

如何设计课堂的结束语，要根据不同的教学内容而定。从不同的角度看，可把结束语分为不同的类型。

1. 结束语的类型

(1)归纳式结束语

归纳式结束语是在课堂教学即将结束时，教师、学生或师生共同用准确的语言，提纲挈领地对本节课的重点、难点、知识结构、基本原理、基本技能等进行梳理和概括，从而结束课堂教学的一种方式。归纳式结束语条理清晰、中心突出、言简意赅，可以使学生对教学内容有系统、完整的印象，促使学生加深对所学知识的理解和记忆，增加综合概括能力。因此，归纳式结束语成为最常用的结束语之一。例如《卧薪尝胆》结束语：

同学们，越王勾践虽然在会稽一战中打了败仗，在吴国当奴仆，受尽屈辱。但回国后，他仍能卧薪尝胆，不忘国耻，艰苦奋斗，使自己的国家由弱变强，打败了敌人，这就是我们今天学习的课文的主要内容。

(2)悬念式结束语

悬念式结束语是教师通过设置疑问、留下悬念来激发学生学习兴趣和求知欲望，启发学生思考的一种承上启下的结束课堂教学的方式。教师在运用悬念式结束语时要注意，设置的问题应具有启发性，以疑促思，给学生留下思考的空间，激发学生的学习兴趣。例如《牛郎织女》结束语：

一个凄美的故事传了一代又一代，牛郎织女只能隔河相望，今天，我们仰望星空，还可以看到被天河阻隔的牵牛星和织女星。那么，牛郎和织女每年一次的会面，又会发生什么事情呢？请同学们展开想象的翅膀，想一想牛郎和织女相会之后发生的故事。

该教师根据课文内容设置悬念，让学生带着问题走出课堂，继续思考。这种结束语给予课文更多的生命力，能更加有效地培养学生的质疑、解疑能力且为学生提供了一个想象的空间，培养了他们的想象能力。

(3)延伸式结束语

延伸式结束语是教师把教学内容作进一步延伸拓展以结束课堂教学的方式。延伸式结束语常常要跳出教材，把学生的目光引向课外，开辟广阔的第二课堂，让他们自己去获取知识。教师要结合教学内容，或者鼓励学生主动探求，或者要求学生用所学知识进行实践，或者水到渠成地给学生介绍课外读物，或者造成悬念引导学生到课外去猎取同类相关知识，或者课内学习的是节选文字，课外则指导学生阅读原著，等等。教师在运用延伸式结束语时要注意，提出的要求应是学生能够做到的，要考虑到学生课外资源的利用程度，避免提出的教学要求落空。例如《云雀的心愿》结束语：

森林需要保护，环境需要保护，地球需要保护，可现在污水、黑烟等，已逐渐威胁到我们的环境、我们的地球。我们都知道只有大家一起去保护地球，地球才会更美。那怎样才能让大家都知道去保护森林、保护地球呢？同学们课下找找资料，看有什么办法。

(4)震颤式结束语

震颤式结束语是教师以触动学生心灵的方式结束课堂教学的方式。这种方式可以使学生的情思震颤不已，心潮久久不能平静，收到发人深省的教学效果。教师运用震颤式结束语，要注意密切结合教学内容，紧紧抓住学生心理，寻找能够拨动学生情思的结合点。“感人心者，莫先乎情”，运用震颤式结束语要充分发挥教师情感与学生情感的作用。震颤式结束语的情是水到渠成的，教师绝不可为结课而造情。教师自己首先要情感到位，以情感人，以情促人。震颤式结束语在动情的基础上还要引人深思、发人深省。例如《丰碑》结束语：

因为有了这样一支队伍，才走完了雪山、草地，二万五千里长征，使中国革命发生了巨大的转变；因为有了这样一支队伍，才赶走了外国侵略者，推翻了压在人民头上的三座大山，建立了新中国；因为有了这样一支队伍，才保障了祖国四化的顺利进行，才使中国这艘世纪之舟行驶在万里海疆而永不沉没！

(5)作业式结束语

一节课结束，适当地为学生留下一些作业，有助于学生巩固在课堂上所学的知识，并将知识与运用结合起来。因此，在课堂教学结束时，要抓住一堂课或一篇课文的某个点，设计一些精巧的问题，通过学生的动脑、动口、动手，强化和巩固所学内容，以实现知识和技能的迁移。例如，《望月》结束语：

写得美，读得也美。大作家罗丹曾经说过一句话：“美是到处都有的，对我们的眼睛来说缺少的不是美，而是发现。”比如月亮吧，“今人不见古时月，今月曾经照古人”。从古至今都是这一个月亮，但是那么多作家笔下的月亮为什么都不一样，都那么美呢？今天的作业是：在有月亮的晚上，同学们观察一下月亮，再观察一下周围的景物，如山、树、人、房屋都是什么样的。仔细观察，用心幻想，大家的笔下一定会有一篇篇优美的文章诞生。

(6)照应式结束语

照应式结束语是教师用精练的语言对教学导入或教学过程中提出的问题进行回应，从而结束课堂教学的方式。前有伏笔，后有照应，教师在教学导入或教学过程中会提出一些关键性或目标性的问题，在教学结束时需要总结照应。运用照应式结束语，教师不仅要回答、照应前边提出的问题，而且要在已学习的基础上升华学生对问题的认识。例如《“绿色的办公室”》结束语：

现在我们来思考刚上课时老师给大家布置的问题，本课题目为什么叫“绿色的办公室”？又为什么在题目上加一个双引号？（生答）同学们说对了，实际上没有什么办公室，“绿色的办公室”指的是“湖边的森林”。这里是用一种专有事物的名称指代列宁当时艰苦的革命斗争环境，所以在题目上用了双引号。

该教师在完成讲析课文的任务之后，指导学生回过头来审清课文题目含义，这样结束讲课，紧扣全文，画龙点睛，简洁明快，中心突出，给人留下深刻的印象，对培养学生的回忆、联想和思维能力，大有好处。

(7)激励式结束语

激励式结束语是教师结合本节课的教学内容，用富有激励性的语言对学生进行激励以结束课堂教学的方式。学生正处于青春年少的时期，他们往往激情满怀、豪情万丈，并且具有很强的好奇心和求知欲，教师如果能密切结合教学内容对他们进行激励，可以起到很好的教育效果。例如《再见了，亲人》结束语：

让我们爱朝夕相处的骨肉至亲，是他们给了我们生命中最初的阳光；让我们爱情同手足的老师、同学，是他们让我们平凡的生活泛起欢快的浪花；让我们爱每一个需要帮助的人，以心感动心，以火点燃火。当亲人的含义普遍超越了家庭，世界将无比的温馨和美好！

2. 结束语的作用

(1)加深学生对课堂所学知识的记忆，沟通知识联系。

(2)让学生肯定学习成功之处，发现学习中存在的问题，从感性认识上升到理性认识，认识学习的方法、规律，为今后更好地完成学习任务提供经验，逐渐做到“学会学习”。

(3)培养策略性思维能力。

(4)课后总结可以作为学习资源，在学生之间交流借鉴。

(5)课后总结还可以作为教学资源，为教师改进语文教学服务。

考点6 课后作业

作业是学科教学的延伸和补充，是对单位时间内所学知识的复习与巩固，是教师用来检查教学效果、指导学生学习的教学手段之一。

1. 课后作业设计的要求

(1)关注学生学习兴趣

简单机械地抄写，不能起到帮助学生掌握知识、运用语言的作用。在布置作业时，需要设计一些既符合学生学习兴趣，又能结合教学需要，具有创新意义的练习与活动。这样的作业能给学生发挥才能的空间，帮助学生主动探索，并最终让他们体验到成功的喜悦。例如，《古诗词三首》(《牧童》《舟过安仁》《清平乐·村居》)作业设计：

摘抄一首自己喜欢的古诗，并配上反映故事内容的图画，用自己喜欢的语言向大家介绍这首古诗。

(2)注重作业多样化

教师要保护学生语文学习的兴趣，就需要设计多样化的作业，给予学生自主学习的途径与方法，创造语言学习的环境。

①设计读写结合作业。例如，《白杨》作业设计：

阅读茅盾先生的《白杨礼赞》，并与《白杨》进行比较；运用借物喻人的方法仿写一段话，将自己观察到的和体验到的东西写下来。

②设计情景作业。例如，《东郭先生和狼》作业设计：

小组合作，自主查找相关资料，试着为本篇课文编排课本剧。

③设计主题性作业。例如，《桂林山水》作业设计：

假如你是一名导游，请你为桂林山水的美丽风光写一篇导游词，并能为游客声情并茂地讲解。

(3)注重分层作业

在满足学生学习兴趣的同时，作业设计也要注重分层，使全体学生都能在自己能力范围以内得到有效的训练。教师设计难易度不同的作业，可以使得不同层次、不同能力的学生都能结合自己的实际完成作业，真正体现了因材施教的教学原则。例如，《古诗词三首》(《乡村四月》《四时田园杂兴》《渔歌子》)作业设计：

①背诵《乡村四月》《四时田园杂兴》《渔歌子》，并将它们翻译成白话文。

②选择其中自己喜欢的一首诗(词)，在理解的基础上，加上自己的观察体验，写一篇写景小作文。

③自主阅读《四时田园杂兴》的第二、三首，写读后感。

④为同学推荐自己自学并已熟悉的写景诗，互动交流。

2. 课后作业的类型

(1)理解型

这类作业主要是帮助学生理顺课文脉络，理解课文内容，体会文章所包含的情感。如果做更细致的划分，可分为初读尝试性作业和精读理解体味性作业。初读尝试性作业的作用在于帮助学生在初读课文的时候把握文章大意，理顺关系；精读理解体味性作业的目的在于帮助学生理解课文的关键之处，体会作者寄予的情感态度，更加深入地理解课文。

(2)积累型

这类作业包括字词句、语言素材的积累，语言基础知识的点拨，文章作法的讨论等。积累是学习语文的基础，在课程标准提出不刻意追求语文知识的系统和完整的背景下，把语文知识的介绍、语言素材的积累放在课后作业中，是一种很好的措施。这种作业要求学生在平常的学习中主动搜集、摘抄材料，积累重要字词句及经典诗歌和文章。

(3)迁移运用型

这类作业包括复述、朗读、缩写、仿写、改写、扩写等，意在增强学生的语言运用能力和培养学生良好的学习习惯。

(4)拓展延伸型

这类作业意在加强语文课程内部诸要素的联系、语文课程与社会生活的联系、语文课程与其他课程的联系，引导学生积极参与实践，动手动脑，培养学生搜集资料的能力、分析判断的能力和想象的能力。

3. 作业的作用

(1)巩固与延伸功能

作业能让学生消化和巩固课堂上学习的知识点，将理论与实践结合起来。除此之外，教师在课堂上往往不能面面俱到，这样，就必然要通过练习来达到延伸、拓宽、深化知识的目的，从而使学生比较全面、系统地掌握知识。

(2)培养与发展功能

学生做作业的过程是培养其意志力、学习兴趣等非智力因素的一个重要的途径，同时也能发展学生的智力因素，做作业的过程是学生独立地自我劳动的过程，在很大程度上，能促进学生的思维能力、观察能力、计算能力、表达能力、操作能力等智力因素的发展。

(3)反馈与交流功能

教师的教学效果如何，学生究竟掌握到什么程度，这些除通过课堂提问得到及时反馈外，更多是通过课内外作业的完成情况来反馈的。教师可根据反馈的信息，进行查漏补缺，调整教学内容，改进教学方法，以便更有效地提高教学质量。反馈之后，教师对作业进行恰到好处的评改，又反作用于学生。这一封闭的反馈系统，使得师生之间不仅得到了知识上的交流，也获得了思想感情上的交流，能更好地激励学生。

考点 7 板书的设计

板书是指教师和学生根据教学的需要，在黑板上用文字、图形、线条、符号等再现和突出教学主要内容的活动，又被称为教师的微型教案。板书设计，是小学语文课堂教学的重要组成部分，是一种重要的教学手段。板书设计要力求简明实用、形象直观、构思精巧，以增强课堂教学的吸引力、启发性和感染力。

具体说来板书有以下几点作用：激发学习兴趣，有利于培养学生注意力；彰显文章思路，有利于学生理清文章脉络；浓缩教学内容，有利于学生感知与理解课文主旨；升华文章主题，有利于学生领悟课文中心内容；展示内在联系，有利于发展学生思维。

1. 夸张式板书

用夸张的艺术手法故意夸大或缩小或借助一些技术手段进行处理，更集中、深刻地揭示事物的本质特征。如《渔夫和金鱼的故事》可以这样设计：

老太婆：

要木盆	要木房	要做贵妇人	要做女皇	要当海上女霸王
贪	贪	贪	贪	一无所有

四个“贪”字，一个比一个大，充满诙谐色彩，又具有一定的讽刺性，充分暴露了老太婆贪得无厌的本质特征，也暗示了老太婆定将落得“一无所有”的可悲下场。其次，“贪”字从小到大，又深刻地揭露了老太婆变得“一无所有”的实质性原因。

2. 简笔画式板书

借用简笔画——一种无声的语言，把语言文字转化成直观、形象的画面。借助画面的艺术表现能力，加深对文字内容的理解，在实践操作中，往往需要教师精彩动情的解说加以润饰，才能使无声的字变得有声有形。如《桂林山水》一课的板书设计：

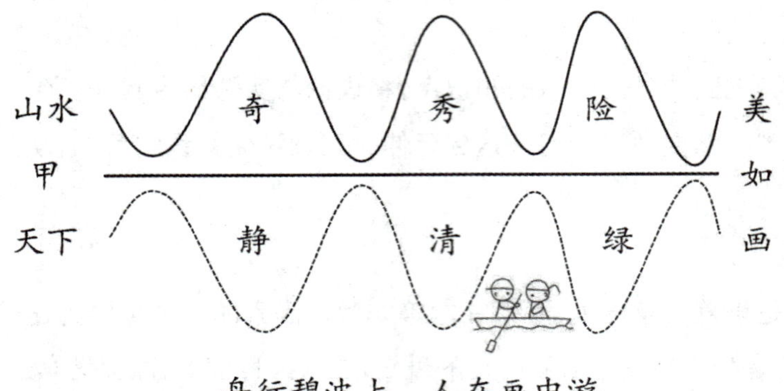

舟行碧波上，人在画中游

该板书利用简笔画的形式不仅体现出了桂林山水的特点，也点出了《桂林山水》一文中的开头“桂林山水甲天下”和结尾“舟行碧波上，人在画中游”。重点突出，直观形象地呈现出了课文的重要信息。

3. 对比式板书

把相近或截然相反的两件事物放在一起进行比较，分析其特点，进一步揭示事物的本质特征和发展规律。如《从百草园到三味书屋》可以这样设计：

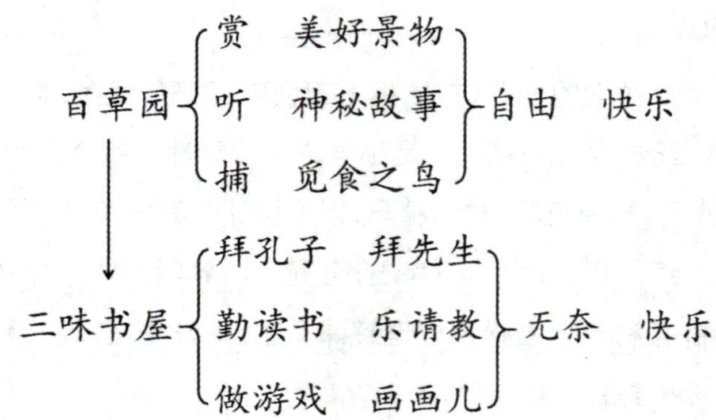

通过这样设计，把百草园和三味书屋两个地方的活动进行对比，让学生从内容的异同上发现，无论在什么地方，做了哪些事，在鲁迅的心目中，都是快乐的。同时，这个板书也能帮助学生理顺文章的内容结构及核心思想。

4. 概括式板书

把课文的内容用精练、简洁的词语进行概括性地说明。如《落花生》可以这样设计：

种花生→收花生→吃花生→议花生

这样处理，简单明了，条理性强，脉络清晰，有助于学生理清文章线索。板书的内容既体现了作者的写作思路，又反映了作者的写作意图。

5. 线条连接式板书

在板书设计中借助于各种线条的穿梭和连接，直观而确切地表达出文章各部分内容之间的联系。其中，线条可以表示连接、跳跃、总括、强调等多种含义，直观形象，使人一目了然，为学生理解文章内容搭桥铺路，降低了坡度。

6. 图解式板书

图解式板书是用文字、线条、箭头、贴图、简笔画等形象地设计和呈现板书内容的方式。它能直观地展示教学内容，揭示内容之间的关系，便于理解和记忆，还可增加板书的直观性与新颖性。如《落花生》可以这样设计：

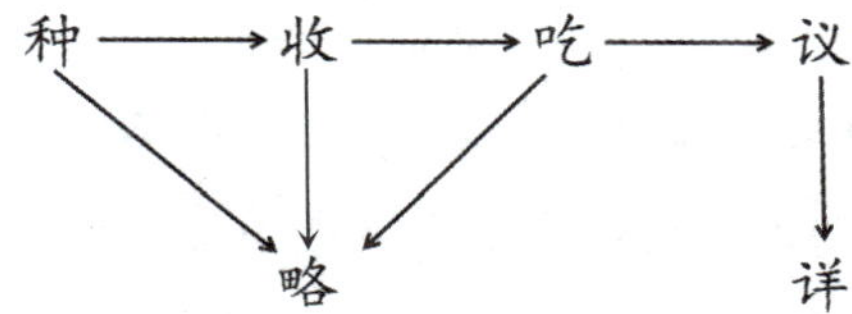

要做花生那样有用的，不是外表好看的人

这则板书简明扼要，学生能清楚地了解文章的思路及中心思想。同时还说明了文章中的详略关系。

7. 表格式板书

表格式板书是根据教学内容中可以明显区分的特点，运用文字、表格等形象地设计和呈现板书内容的方式。对于复杂且异同区分较明显的教学内容，可采用此类方式设计，易于学生明确知识的联系，进而辨别异同，归纳概括。

真题面对面

[2019统考小学，教学设计，17分]《火烧云》是部编版小学语文三年级下册的一篇课文，如果你来执教这篇课文，请按要求完成教学设计。

火烧云

晚饭过后，火烧云上来了。霞光照得小孩子的脸红红的。大白狗变成红的了。红公鸡变成金的了。黑母鸡变成紫檀色的了。喂猪的老头儿在墙根靠着，笑盈盈地看着他的两头小白猪变成小金猪了。他刚想说“你们也变了……”，旁边走来个乘凉的人对他说：“您老人家必要高寿，您老是金胡子了。”

天上的云从西边一直烧到东边，红彤彤的，好像是天空着了火。

这地方的火烧云变化极多，一会儿红彤彤的，一会儿金灿灿的，一会儿半紫半黄，一会儿半灰半百合色。葡萄灰、梨黄、茄子紫，这些颜色天空都有。还有些说也说不出来、见也没见过的颜色。

一会儿，天空出现一匹马，马头向南，马尾向西。马是跪着的，像等人骑上它的背，它才站起来似的。过了两三秒钟，那匹马大起来了，腿伸开了，脖子也长了，尾巴却不见了。看的人正在寻找马尾巴，

第二部分

那匹马变模糊了。

忽然又来了一条大狗。那条狗十分凶猛,在向前跑,后边似乎还跟着好几条小狗。跑着跑着,小狗不知哪里去了,大狗也不见了。

接着又来了一头大狮子,跟庙门前的石头狮子一模一样,也那么大,也那样蹲着,很威武很镇静地蹲着。可是一转眼就变了,再也找不着了。

一时恍恍惚惚的,天空里又像这个又像那个,其实什么也不像,什么也看不清了。必须低下头,揉一揉眼睛,沉静一会儿再看。可是天空偏偏不等待那些爱好它的孩子。一会儿工夫,火烧云就下去了。

(1)简述这篇课文的教学价值。

(2)为本文教学制定三维融合的教学目标。

(3)设计一个教学环节,引导学生理解品味文中含义深刻的语句。

(4)设计完整的板书。

参考答案:(1)《义务教育语文课程标准》(2011年版)第二学段“阅读”教学目标指出:“积累课文中的优美词语、精彩句段,以及在课外阅读和生活中获得的语言材料。”《火烧云》是一篇非常优美的写景之作,作者以多个不同构词形式的词语和排比的修辞手法勾画了一幅绚丽多姿的火烧云图景,描写了火烧云的全过程,渲染了红霞飞舞、瞬息万变、目不暇接的奇妙景观。该课文可以使三年级的学生感受文章的语言美,激发学生的想象力,使学生在阅读中积累课文中的优美词语和精彩句段,达成第二学段的课程目标。

(2)教学目标:

①会认、会写课后要求的生字词;积累描写颜色的词语;背诵第3~6自然段。

②通过有感情地朗读课文,理解课文内容,在朗读中想象火烧云的奇异景象,体会火烧云的特点,体会作者赞美自然景象的心境。

③感受火烧云的景色美,培养热爱大自然的思想感情;学习在仔细观察的基础上展开想象来描写景物的表达方法。

(3)教学环节

A. 自由读读第三段,说说火烧云的什么在变化。(颜色)

a.你从天空中找到了哪些颜色?你有什么感觉?(颜色真多呀)

b.这么多的颜色,怎样把它印在脑海中呢?试着把这些颜色分分类,说说为什么这样分。

明确:红彤彤、金灿灿;半紫半黄、半灰半百合色;葡萄灰、梨黄、茄子紫。

“葡萄灰”“梨黄”“茄子紫”这三种颜色,能不能分别用“像……一样的……色”的句式描述一下?

c.天空中是不是只有这些颜色?你是从哪句话中看出来的?那么我们试着说说这些说也说不出来、见也没见过的颜色。

除了用“葡萄灰”“梨黄”“茄子紫”这种带比喻的形式来说,你还能用其他几种形式来说说天空中的颜色吗?

d.天空中这么多的颜色交织在一起,多美呀!能不能用恰当的词语概括出火烧云颜色变化之多呢?

B.再读读这段话,比一比谁能读出作者对火烧云的赞美之情。(学生齐读、指名读,教师适当引导、点拨)

(4)板书设计:

- 火烧云
  - 上来了　云霞
    - 脸、胡子
    - 狗、鸡、猪
  - 变化着
    - 颜色
      - 快:一会儿
      - 多:说不出、没见过
    - 形状
      - 快:一会儿、突然
      - 多:马、狗、狮子
  - 下去了　恍恍惚惚

考点 8　教学反思

1. 教学反思的阶段

教学反思主要包括教学前反思和教学后反思两个阶段。

教学前反思主要指教师对自己的教案及教学活动设计的思考,是教师对教学设计的查漏补缺、吸收和内化的过程;是教师关注学生、体现以学生为主体的教学理念的过程。教学前反思能有效地修正教学设计中的不足,增加教师对学生特征的了解和确定教学起点的合理性。

教学后反思主要是教学后的反思,在教学实践后及时地进行反思,不仅能使教师及时总结教学中的长处,发现问题,找出问题的原因及解决问题的办法,进一步研究教材和教法,优化教学手段,丰富自己的教学经验,而且是将实践经验系统化和理论化的过程,有利于提高教学水平,提高教师的教学总结能力和评价能力。

2. 教学反思的方法

(1)行动研究法

行动研究法即把自己的教学实践作为一个认识对象进行思考和梳理,同时不断地获取学生的反馈意见,并把它作为一个认识对象进行分析,最后把两个具体的认识对象糅在一起进行整合思考。教学反思贯穿于教师整个教学生涯,而不是某一阶段的特殊任务。为了弄明白课堂上所遇问题的实质,探索用以改进教学的行动方案,教师与研究者需合作进行调查和实验研究。它不同于研究者进行的旨在探索普遍法则的研究,而是直接着眼于教学实践的改进。

(2)比较法

教学反思需要跳出自我,反思自我。所谓跳出自我就是经常开展听课交流,研究别人的教学长处,尤其是要研究优秀教师的教学思想,通过学习比较,找出理念上的差距,分析手段、方法上的差异,从而提升自己。当然,无论是运用行动研究法还是比较法,我们都需要学习先进的教育教学理论,提高自己的理论水平,达到“会当凌绝顶,一览众山小”的境界。

(3)教学日志

教学日志是指教师记录自己每天进行的教学活动以及这些活动实施的效果、影响课堂教学的关键细节等情况，有意识地、主动地表达教师自己的活动，是教师很好地认识自己的一种方法。教学日志是教学质量监控系统的一个重要组成部分，它以日记的形式如实地从授课时间、学生出勤、授课内容、授课方法、学生反映、学生状态等方面全方位地去记录整个教学过程，配合学生评价、满意度测评，共同成为监督教学质量的重要保障，也成为评判教学秩序的重要参考资料。

(4)教师成长档案袋

教师成长档案袋就是教师专业成长的记录袋，它记录着教师在专业成长过程中的收获与困惑、感悟与感动、智能与情感、自我评价与他人评价，一个教师的成长档案袋就是一段教师成长历程的缩影。教师成长档案袋就是教师工作和思想的“博物馆”，展示着他们的成果、经历和梦想；教师成长档案袋就像一面镜子，虽然有时会有一些扭曲，但是更多的时候是对“自我”的一种真实反映。教师成长档案袋记录着教师对教学目标和标准以及学校目标的理解、教师对自我教学的反思性评价、教师创新的教学设计案例、教育管理者和指导专家的建议与评价等，这一切构成了一个多元化的评价体系。教师成长档案袋是教师反思的“引擎”，教师成长档案袋的建设过程其实就是一个反思学习、表现学习和优化学习的过程。没有比这更好的方式能够促进教师再度审视他们教学中的问题，当初预设的教学目标和计划以及为解决问题、执行计划和实现目标所采取的种种策略。教师成长档案袋的建设就是要培养教师善于反思、勤于发现、追求卓越的学习习惯。因此，教师成长档案袋的建设过程比最终的结果更有意义。

3. 教学反思的内容

(1)反思教学行为

教师的教学行为规范还是失范，学生看在眼里，记在心里，模仿在行动上。因此首先要反思我们自身的行为。一个优秀的教师，总是行为规范，率先垂范，借助自己的一言一行、举手投足来教育感染学生。经常进行教学行为的反思，也是一位教师走向优秀和成熟的标志。

(2)反思教学理念

理念是课堂教学的灵魂，应作为反思的重要内容，如以人为本理念、自主合作理念、生成发展理念等。在反思中要分析教与学的情况，关注教学理念；总结经验与教训，提升教学理念；揭示教与学的规律，创造教学理念。

(3)反思学习目标

要从教学实践中，看教学目标制订得是否得当，认知目标、人文目标是否全面，基础目标与发展目标是否协调统一，达成度如何，为今后制订学习目标提供参照。

(4)反思教材处理

课前虽已对教材做过钻研并设计好教学过程，但在教学实践中，会对教材有深入的理解和感悟，会在内容的处理上有新的构想和调整，把它记录下来，有利于今后参考，以更好地利用、挖掘、补充、开发课程资源。

(5)反思教学活动

教学过程始终贯穿着以教为主导、以学为主体的活动。在反思中，要看教学过程是否合理，师生活动是否和谐，教学手段、方式方法的选择和运用是否得当，学生所提问题与解答情况如何，自主、合作、探究状态怎样，教师素养反映得怎么样。通过反思，促进教与学的完善，实现教与学的统一。

（6）反思教学效果

高效是课堂教学所追求的目标。在反思中，要将教学结果与教学过程并重，要看学生学到了什么，情绪怎样，问题是什么，解决得怎样。学生是否在走着一条爱学、会学、善学之路。进而从学生身上审视自己的情感、态度、思维、知识、能力、策略、手段、方法等。

六、课堂偶发事件的处理 ★ 【案例分析】

课堂偶发事件是指与课堂教学目的、教学计划无关而出乎教师意料之外突然发生的，直接影响和干扰课堂教学过程的事件。

考点1 课堂偶发事件的特点

1. 突发性：它往往是突然发生、意料之外的。

2. 偶然性：它是偶然发生的，不是经常的和固定的。

3. 新异性：它是课堂教学中一种无关的新异刺激，它干扰或破坏了课堂教学活动的正常进行。

4. 不定性：它表现不一，有时明显，有时隐蔽。

5. 两极性：对它处理是否得当，会带来积极或消极两种不同的结果。

考点2 课堂偶发事件的处理方法

1. 冷却处理法

冷却处理法是指教师在课堂上对一些偶发事件给予**暂时冷却**，仍按照原教学计划进行教学，等到课后的其他时间再作处理的方法。此法能使教师有比较充裕的时间去考虑，进而选择恰当的教育方案，能够冷静地处理偶发事件。例如课堂上的钉子事件：

（某班学生做完早操回到教室上课，忽然有人发出“哎哟”的叫声，老师发现原来有人在班干部的凳子上反钉了几个钉子）

师：请其他同学坐在自己的座位上，翻开课本，预习今天我们要学习的课文。（教师帮助学生把钉子敲平）现在我们开始上课。

…………

师：请同学们课下查找相关安全知识，下节课我们一起召开“板凳上的钉子从何而来”的主题班会。

该教师面对这一课堂突发事件，没有立刻查找肇事者，而是选择了照常上课，将偶发事件暂时冻结，仍按原计划进行教学活动，课后计划召开“板凳上的钉子从何而来”的主题班会，给肇事者反省自己的机会，体现了该教师的教育机智。

2. 趁热打铁法

趁热打铁法是指在课堂教学中，当偶发事件发生时，教师应抓住时机，马上给予处理，以取得最佳教育效果。此法往往能使偶发事件及时得到解决，并给学生以强烈的思想震动和深刻影响，对日后偶发事件的产生起震慑作用。例如意外的作文课：

（教师刚跨进教室，发现学生都望着天花板，原来一条凳子的坐垫挂在天花板露在外面的电灯线上）

师：同学们都在看什么呢？原来是天花板上的坐垫啊！坐垫怎么会挂在天花板上呢？是它自己飞上去的吗？今天就让我们以此为题，写一篇命题作文吧！（板书：《由坐垫飞到屋顶上谈起》）

该教师在课堂偶发事件发生时，抓住了机会，趁热打铁，让学生写一篇命题作文，起到了良好的教育效果。学生经过亲身感受，写出的作文更加真实生动。但要注意的是趁热打铁法往往会占用一部分教学时间，甚至改变教师原有的教学计划，影响教学任务的完成，教师选择此法的时候应当注意该问题。

3. 以静制动法

面对课堂上的偶发事件，教师只有沉着冷静，才有可能找出解决问题的最佳方案。例如老师的画像：

（教师走进教室，发现黑板上画了一幅他的画像，引得课堂一阵骚乱）

师：画得多好啊，确实像我。希望这位同学以后为我们班的黑板报画画刊头、题花，大家说好吗？上课！

师：（下课铃响，教师惋惜地合上书本）唉，时间不够了。

该教师面对课堂偶发事件时，极力控制住了自己的感情，以静制动，保证了正常的教学活动。下课时，以“时间不够了”作结，敏感的学生马上听出教师的“弦外之音”，懂得了课堂出乱子会影响大家的学习。

第二部分

4. 幽默带过法

课堂上有些偶发事件使教师处于窘境，查处拖延时间，不理睬又损害教师威信。在这种情况下，教师可采用幽默法，暂时让自己摆脱窘境。例如扣错扣子：

（教师走上讲台，同学们忽然大笑起来）

生：老师，你的扣子扣错了。

（教师发现第四颗扣子扣在第五个扣眼里）

师：老师想心事了，匆匆赶着与你们——来——相——会（唱）。昨天我们有的同学做练习时，就是这样张冠李戴的。

该教师用幽默、自嘲的语言既为自己解了围，又批评了学生不认真做练习的错误，还活跃了课堂气氛。当然，运用幽默自嘲的语言必须注意分寸，不能伤害学生的自尊心，降低教师的威信。

5. 因势利导法

学生在上课时，往往会把由课前发生的事件所引发的情绪带到课堂上来，如果不因势利导，正确处理，就会影响整个课堂的教学气氛。例如课堂上的讨论：

（教师走上讲台，学生正在为昨夜看的奥运会比赛议论纷纷，激动不已）

师：同学们在讨论什么呀？讨论得这么激烈。

生：我们在讨论昨天晚上的奥运会比赛。

师：原来如此。老师昨天也看了奥运会比赛，中国奥运健儿的胜利为中国人争得了荣誉，证明了中国人的伟大。但是中国在科学技术、经济建设上还不十分发达，我们也要有中国奥运健儿这种拼搏精神，把我们

的科学技术、经济建设搞上去！所以，从现在开始，我们就得好好学习，抓紧每一分钟，听好每一堂课。

在这则教学案例中，该教师抓住了学生在这个偶发事件中表现出的强烈的爱国情感，将之巧妙地引到教学中来，调和了学生的情绪，使之趋于平静，专心听课。既顺应了学生的好奇心，满足了学生的求知欲，又保证了教学秩序，扩充了课堂教学信息。

6. 自然转移法

偶发事件中有这么一种情况：学生在课堂上会提出一些与教学联系不大或毫无联系的问题，如果教师围着学生的问题回答，往往影响正常教学。所以教师应该掌握主动权，伺机自然地转移话题。例如毫无关联的发问：

（教师在教学《少年闰土》一课）

生：跳鱼怎么会有青蛙似的两只脚呢？

师：是啊，鱼怎么会有脚？

生：有！

师：什么鱼啊？

生：娃娃鱼。（笑）

师：啊，你真见多识广！我想跳鱼也有两只脚，可我没有看到过，你们有谁看到过？

生：（齐）没有。

师：可是少年闰土就知道这种跳鱼，这说明了什么？

生：说明少年闰土见多识广，他"心里有无穷无尽的希奇的事，都是我往常的朋友所不知道的"。

该教师用巧妙的回避，自然的转移，圆满地解决了这样很难正面回答的问题。他从课堂偶发事件的积极因素出发，让偶发事件服务于教学、教育活动。

七、教学案例评析 【案例分析】 ★★★

考点 1 教学案例评析答题方法

1. 解题步骤

（1）读题，作出判断。判断题目是分析教师行为，还是找出教师在教学中存在的问题等。

（2）提炼观点，适当举例，原理分析。

可从以下几个方面提炼观点与原理：

①教学目标：目标是否明确恰当，重点难点是否指向语文学习等。

②教学内容：是否充分并恰当地运用教材等文本资源、学生动态学习资源及其他母语资源等。

③教学过程：学生为主体，学习实践探究过程是否丰满；教师引导是否有效适当等。教学方式方法是否能帮助学生达成目标。

④教学评价：诊断是否准确；激励是否有效；能否根据反馈信息，灵活调节教学进程；评价方式是否得当；是否重视全面育人等。

（3）如果是反面案例，可提出恰当的做法与改进措施。

2. 答题模板

(1)结合案例中的内容，分点解析。(理论+对理论的简要解释+结合相应材料分析)如：《义务教育语文课程标准》(2022年版)指出：要充分尊重学生的主体地位。教师在教学中引导学生注重积累，勤于思考，乐于实践，勇于探索，培养学生自主学习的习惯，而不是一味地灌输知识。在材料中，该教师在学生回答不出问题时，没有对学生加以引导，而是直接说出答案，这种做法没有充分尊重学生的主体地位。

(2)总结案例中的教师行为优劣和对学生学习的影响，如果教学内容存在不当之处，还要简述正确的做法。如：该教师的教学没有充分调动起学生学习的积极性，教师回答代替学生回答不利于学生学习兴趣的激发和学习能力的提升。该教师在教学时应将课堂还给学生，充分激发学生的学习兴趣，创设高效的学习环境。

易错点提示

在作答案例分析题时，考生可以两个都用，也可以选择其中一个形式进行，但要注意，模板只是提供给学生思路与方法，并不是万能的，考生要学会根据实际情况灵活掌握。这需要考生多做题，多分析答案。

3. 评析内容

(1)教师教学工作

环节	评价内容
教学目标	教学目标是否明确。教学目标的制定应该体现语文课程标准的要求，并根据学生的实际情况和各自特点，把体现在教材中的目标内容具体化和细化，做到明确、具体、可行。
教学内容	①选择的教学内容是否科学合理。 ②教师能否能动地驾驭教材，并根据学生的实际发展水平特点，创造性地使用教材，科学地阐发重点，合理地拆分难点。 ③教师是否重视教学内容的文化内涵，体现科学性、人文性和社会性的融合。
教学过程	①教学设计是否合理有效。 ②教学设计是否以学情估量为起点、以学习目标为终点。 ③教师能否为学生提供主动参与学习、合作学习和自主学习的时间和空间，创设具有挑战性的形式和方法，营造能够激发学生学习兴趣和求知欲望的氛围，培养学生由学会知识提升为学会学习。
教学方法	①教师是否注重个性能力的培养。 ②教师是否理解和尊重学生的个体差异和发展权利，对学生个性差异的诱导和个性能力的培养有无创造性。 ③教师是否做到因材施教，使每一个学生都在自己的最近发展区内获得进步。
教学能力	①教师是否有良好的教学组织能力，能顺利地引导学生发现问题、解决问题。 ②教师是否善于启发诱导，激发学生兴趣。 ③教师是否能集中学生注意力，善于机智地处理偶发事件等。

(2)学生学习效果

环节	评价内容
学习方式	①自主学习:学生在学习时间、内容、方式等方面是否拥有较大的自主性,是否有自我评价学习的机会。 ②合作学习:能否根据不同学生的个性、特长,组织开展合作学习,学生参与的热情、情感体验如何。 ③探究学习:学生能否通过探究问题获取知识、学习有关技能和科学研究的方法,领悟科学的思想和精神。
参与程度	①参与的学生人数是否是大多数,是否涉及学生的各个层面。 ②学生是否参与课堂教学的各个环节,时间上是否有保证。 ③学生在参与教学活动中所解决的问题是否是深层次的问题,是以一种积极主动的姿态参与,还是被动的参与。
学习效果	①学生是否掌握了课程标准要求掌握的新知识,是否了解所学知识在生活中的应用,有关技能是否得到了有效的训练和提高,是否能在学习中生成新的问题。 ②学生通过探究活动获取知识的同时,他们的信息资料的搜集处理能力、合作交流能力和实践创新能力是否得到相应的发展和提高。 ③学生的学习兴趣、自信心是否进一步提高,与他人合作交流的愿望和求知欲是否增强,是否逐步形成各种良好的习惯与科学的价值观,师生间的关系是否更加融洽。

(3)课程标准

①考查内容

案例分析题中《义务教育语文课程标准》(2022年版)的考查内容主要包括:课程理念、课程目标、课程内容、课程实施的相关内容等。关于《义务教育语文课程标准》(2011年版)的考查内容主要包括:课程性质、课程基本理念、课程目标与内容、教学实施建议。关于《普通高中语文课程标准》(2017年版)的考查内容主要包括:学科核心素养与课程目标、课程内容、实施建议等。考生在答题时可以根据题干和材料内容选择相应的课标内容进行作答。

②答题要点

部分案例分析题的题干设置与语文课程标准紧密结合,考生答题时要重点突出课标的内容并结合材料进行分析,即理论结合实际。

真题面对面

1. [2021金华永康小学,案例分析题,8分]以下是某教师在指导四年级下册习作例文《颐和园》时的教学片段:

师:同学们,我们通过《海上日出》《记金华的双龙洞》两篇课文学习了描写景物的方法,你们还记得他们是怎么介绍观察到的景物的吗?

生:《海上日出》按照早晨太阳变化的顺序,描绘了海上日出的壮观景象。

生:《记金华的双龙洞》按照游览的顺序依次介绍去双龙洞路上、洞口、外洞、孔隙、内洞的见闻感受及出洞情况。

师：真不错！聪明的你能不能找到这两篇课文在写作上的共同点呢？

生：我发现他们观察得很细致，让人身临其境。

生：我发现这两篇文章都是按一定的顺序写的。

生：我发现描写景物也不能随意乱写，要有一定顺序，不然可能会让人摸不着头脑或者头晕眼花。

师：你们真棒，善于总结、梳理，那么，如果让你按照游览的顺序写一个地方，把游览的过程写清楚，你准备怎么写呢？这节课我们要通过一篇习作例文的学习，进一步感知写景的方法，这篇例文是《颐和园》。

[问题]试着从学情、文本、教学方法等方面分析该教师的片段教学设计。

参考答案：(1)该教师能准确把握学情，在教学过程中及时引导学生复习旧知识，注重新旧知识的联系。在教学习作例文《颐和园》时，通过复习《海上日出》《记金华的双龙洞》两篇课文的写景方法引入新课的教学，让学生能够将新旧知识联系起来，有利于之后的习作教学。

(2)在教学过程中该教师遵循阅读教学是学生、教师、教科书编者、文本之间对话的过程这一理念，紧密结合文本，引导学生钻研文本，在主动积极的思维和情感活动中，加深理解和体验，有所感悟和思考。

(3)该教师运用提问的方法引导学生一步步进入新课教学，同时在教学过程中对学生的回答采取激励的评价方法，有利于提高学生学习的积极性。

2.[2019统考小学，案例分析，8分]以下是某教师在教学《鹿柴》时的教学片段。

师：同学们，“鹿柴”是什么意思？谁能告诉老师？

(学生交头接耳，没有人举手回答)

师：××，你来回答。

生：……(回答不出)

师：坐下吧。同学们，在这首诗中，“柴”同“寨”，栅栏的意思，“鹿柴”在这里是一个地名，是王维辋川别墅胜景之一。

师：那么，谁能来翻译一下这篇课文？(学生翻译不出来)

师：不会吗？那大家一起来看课件。

(出示PPT：“空山不见人”——幽静的山谷里看不见人；“但闻人语响”——只听得到说话的人语声响；“返景入深林”——落日的影晕映入了深林；“复照青苔上”——又照在幽暗处的青苔上。)

师：大家一起来读一读，并背诵下来。

(生读，背诵)

师：好了，同学们已经知道了这首诗的意思了，那么，谁能说说这首诗的语言特色？(无人应答，教室里一片沉静)

师：那么我们先从第一句说，“空山不见人”这句话从正面描写了空山的杳无人迹……(师讲解)

[问题]结合新课标分析该教师的行为。

参考答案：(1)关于诗文的阅读，课标的教学目标中要求：诵读优秀诗文，注意在诵读过程中体验情感，展开想象，领悟诗文大意。在该教学案例中教师自己直接讲解对诗文的赏析，不利于学生学习诗文能力的提升。要让学生在实践中提高学习能力。

(2)学生是语文学习的主体，教师是学习活动的组织者和引导者。该教师的教学没有尊重学生的主体地位，也没有发挥教师的点拨、引导作用，应在学生回答不出时对学生进行引导、点拨，不应直接说出答案。

(3)教师不应以教师的分析代替学生的阅读实践，不应以模式化的解读代替学生的体验和思考。该教师在学生回答不出时，直接以教师的回答代替了学生的回答，没有起到锻炼学生的作用。

(4)兴趣是最好的老师，在教学中要激发学生的学习兴趣。该教师的教学枯燥无味，没有充分调动起学生学习的积极性，教师回答代替学生回答更是使课堂成为教师的表演场，不利于学生学习兴趣的激发和学习能力的提升。

考点2 教学案例示例

1. 识字与写字

案例	分析
某教师在上课伊始就创设了浓厚的识字氛围："干"对"千"说："你把帽子带歪了。""日"对"曰"说："小胖墩，你要减肥了！""开"对"并"说："扎上羊角辫，就是好看。"这样的导入，极大地调动了学生认识汉字的兴趣，使学生初步感知了中国汉字的丰富多样。①	①教学切入巧妙，一下子就能勾起学生的兴趣，带动学生思考。教学目标明确——识字。
该教师在学生正确认读生字后，追问学生："你是怎么记住这个字的？说说你的识字方法。"学生在课堂上交流着自己的识字方法：加一加、减一减等。这样充分尊重了学生的自主学习，尊重了学生的认知方法和规律。②	②及时的师生互动，调动学生积极主动参与到识字的学习之中，尊重学生学习的主体地位。
该教师出示了十二种动物的图片，让学生用"我喜欢________，因为________"这样的固定句式来说话，把识字与说话紧密结合起来，训练了学生们的口语表达能力。③	③展示图片，是形象直观的教学手段。由识字上升到说话，体现了语文实践性和综合性的特点。
把词语整体连起来，进行词串教学时，该教师采取了多种朗读方式：教师范读、指生读、生上台演示读、打着节奏读、男女生分开读、全体起立读、边读边想象画面等，使词语富有了韵味，朗朗上口，便于记忆和背诵。④	④该环节打破传统的教学方式，创设丰富多彩的教学情境，趣味性十足。

[问题]结合识字与写字教学的相关知识，针对该教师在识字教学中的做法，谈谈你对小学识字教学问题的看法。(从教学内容与教学方法入手)

参考答案：(1)《义务教育语文课程标准》(2022年版)要求，识字与写字教学应结合学生的生活经验，采用形象直观的教学手段，创设丰富多彩的学习情境，综合运用多种识字方法，逐步发展学生的识字、写字能力。该教师在识字教学过程中利用有趣的生字对话为学生创设了一个有趣的教学情境，提高了学生学习的兴趣，调动了学生学习的积极性。

(2)让学生交流识字的方法有助于学生之间互通有无，掌握多种识字方法。同时，学生之间的交流也有利于提高学生的学习效率，尊重了学生学习的主体地位。

(3)该教师在教学中努力体现了语文的实践性和综合性特点。在教学生识字的同时，将识字与写字、阅读与鉴赏、表达与交流结合起来，促进了学生综合素养的整体提高。

2. 阅读

案例1	分析
师：作者是怎样写出漓江水的特点的？ 生：漓江的水真静啊！漓江的水真清啊！漓江的水真绿啊！ 师：哪位同学来说一说你喜欢漓江的水的哪个特点以及喜欢的原因。 生：我喜欢“漓江的水真绿啊！”，这句运用比喻手法，写出绿的特点。 师：应该用怎样的语气读呢？ 生：应该读得活泼、跳跃一点。①	①通过品味语言指导学生朗读，既锻炼了学生有感情地朗读的能力，又让学生通过朗读感悟文章情感。
师：喜欢水清的同学，说说你们喜欢的理由。 生：漓江的水清得可见江底的沙石。 师：漓江的水到底有多清呢？我们可以把一枚硬币放入水中，透过江水可以看见江底硬币上的字。那如何朗读呢？喜欢的同学读一读。(生读) 师：请同学们评一评，他们读得如何。(师范读并指导，该句应读得平整，然后，全班读一遍)老师也喜欢这一段，现在老师读前半句，你们读后半句。(师生接读)这种句子有什么特点？ 生：后面半句强调前半句。 师：这是排比，作者本写水，为何要提到大海、西湖？ 生：对比、比较。②	②教师教学的这句话是一个排比句，在文中有重要作用，但该教师缺少对该修辞手法的引导和点拨。

[问题]阅读上面这则案例，根据语文课程标准的理念对案例中老师的教学行为和方法进行分析。

参考答案：(1)《义务教育语文课程标准》(2022年版)各学段关于阅读与鉴赏的目标中都要求“有感情地朗读课文”。这就要求学生在阅读过程中能获取主要内容，用朗读、复述等自己擅长的方式呈现对作品内容的理解，能品味作品中重要的语句和富有表现力的语言，注意词语的感情色彩，通过多种方法记录自己的阅读感受和体验，表达自己对感人情境和形象的理解与审美体验。

(2)该教师在指导此段的阅读理解时，对读的辅导非常到位，读得很细致，做到朗读与理解相结合，并且根据学生的学习反馈情况及时调整教学状态，让学生及时反馈评价；教师富有激情的范读、领读对学生有感情地朗读起到了很好的示范作用。

(3)美中不足的是学生的朗读缺乏个性，写漓江水的特点的三个分句都是写漓江的美，对每一分句的前后半句之间的关系应加以点拨，使学生更好理解，让学生明白把这些意思密切关联的句子排成结构相同或者相似的一串句子，能加强语势，给人留下鲜明、深刻的印象。

案例2

阅读下面一则案例,评析该教师的教学。

师:我觉得“浅浅的”用得不好,我想改为“深深的”,我这样一改就强调了台湾跟大陆隔离的状况,大家赞不赞成?赞成我的举手。呀!一个也没有。那不赞成的举手。哟,全都不赞成啊!那你们说说理由,要说服我!噢,这位学生已经举过多次手了。①

生1:因为“浅浅”的海峡,比喻一种可以逾越的希望,作者的希望是有一天台湾可以回归嘛!

师:回归?

生:台湾回归到祖国母亲的怀抱!

师:特别地纠正一下,“回归祖国怀抱”说法不妥。香港、澳门被外国人占领了,后来回归到祖国的怀抱。台湾曾经被日本人占领,抗战胜利后,已经回到祖国的怀抱,现在是中国人在掌权呢,不是外国人,台湾与大陆是“统一”问题,不是“回归”祖国怀抱的问题。明白吗?这句话说得不妥当。但是,她表达的意思很好,觉得用“浅浅的”,祖国统一就有希望。②

生2:我觉得这是一种反衬手法,前面“小小的”“窄窄的”“矮矮的”都是反衬,“浅浅的”反衬出那一代人对回归祖国的乡愁的深度。

师:用“小小的”“窄窄的”“矮矮的”“浅浅的”反衬作者乡愁之浓、之深。还有没有?你们开始说服我了。确实是“浅浅的”好像更好,不仅是跟前面的用词取得一致,还说明台湾、大陆本来就没有不可逾越的鸿沟。现在的分裂完全是人为的原因。大陆和台湾一定要统一,一定会统一。③

①通过举手表示赞成或不赞成的态度,让全班学生都参与到了课堂教学中,促进学生自主、合作、探究学习。

②教师及时指出了学生表述方面的问题并给予指导,指出了只有一个中国的原则问题。

③通过分析“浅浅的”一词,使学生了解了反衬的修辞手法,引导学生理解本课的主题思想。

[问题]结合课标的内容,评价该教师的教学行为。

参考答案:(1)该案例中教师的教学行为能帮助学生理解《乡愁》的主题。通过对“浅浅的”一词的分析,学生明白了这个词比“深深的”一词好,还理解了反衬手法在这里的妙处,即反衬作者乡愁之浓、之深,进而引出对国家统一问题的认识。案例中教师引导学生探究得很到位。

(2)案例中教师要求学生通过举手表示赞成或不赞成的态度很值得在课堂上提倡。举手表达自己对问题的看法,是全班参与的方式之一,也促进学生自主、合作、探究学习。学生举手表达对问题的看法,是自主性学习的表现。在学习过程中学生要结合自己原有的知识水平和理解能力得到新的、独特的内心体验。要让学生乐学,教师就要做到乐教、善教,营造良好的课堂气氛,引起学生学习与探究的兴趣,促使他们达到求知的最佳境界,激发学生的好奇心、想象力、求知欲,然后用查资料、探讨等方法自行解决问题,促进学生自主、合作、探究学习。

(3)案例中教师在学生思考发言过程中注重阅读引导。课堂要想引发学生的共鸣,引起学生的兴趣,光靠教师一个人在讲台上从头讲到尾是绝对不行的，教师必须精心设置一些问题，让学生也参与到课堂中来。上课时边讲课边提相应的问题，既锻炼了学生的思考能力，增强了他们的学习兴趣，也提高了教师的反应能力，因为学生的答案总是五花八门的，也不一定准确，教师必须加以引导。事实证明，提问能有效地提高课堂的听课效率。

3. 习作

案例1

师：现在请同学们静下心来回忆一下，你怎么会想到这些东西要写？你的理由是什么？

（学生思考中）

师：刚才没有讲的同学也想一想：我的同学提到了这些地方，他为什么会提这些地方呢？①

生：因为这些地方都在我们身边，我们常常接触到。

师：哦，是我们身边的。

生：而且很有标志性。

师："身边的""常常接触到"，换一个表达方式是我们很……

生：熟悉。

师：非常好，这是我们写作中非常需要的一种态度。还有她刚刚讲的另外一点是什么啊？

生：有标志性。

师：标志性就是这个学校的特色。标志性的，你这个讲的比"特色"好。还有吗？还有什么原因吗？她一下子贡献了两点哦，同学们！很好！这就比刚刚想写哪里的问题要有挑战多了！你凭什么想到这些地方？②

生：有自己的回忆。

师：有自己的回忆！这个"回忆"好，也就是说，有你自己的生活感受、经历。非常好！你有感受的东西。（对另一举手学生）好，你来。

生：自己喜欢。

师：嗯，太好了。他从自己的回忆进一步讲到是自己喜欢的。大家发现没有，"身边的"是谁身边的？

生：（齐声）我们。

师：嗯，自己身边的，自己熟悉的，是不是？是自己学校标志性的。是这样吗？我们发现，有一个什么问题？我们所有的出发点都在哪里呀？

生：（齐声）自己！③

分析

①通过提问引导学生知道写作中要写自己身边的熟悉的事情。

②在教学中指导学生选材，符合新课标的要求。

③教师强调写作教学要与"自己"紧密相连，突出了写作要真实，内容要与生活息息相关，符合新课标的要求。

［问题］上面的案例是某教师在针对以"我们的学校"为题的作文选材进行的教学，对该教师的教学进行评价。

参考答案：（1）写作教学应贴近学生实际，让学生易于动笔，乐于表达，应引导学生关注现实，热爱生活，积极向上，表达真情实感。该教师从生活实际指导学生写作，降低了写作难度，提高了学生的写作兴趣。

(2)写作教学应抓住取材、立意、构思、起草、加工等环节，指导学生在写作实践中学会写作。该教师针对“我们的校园”这一题目，在实践中指导学生的选材，能促进学生的理解，缓解学生对写作的畏难情绪。

(3)在写作教学中，应注重培养学生观察、思考、表达和创造的能力；要求学生说真话、实话、心里话。在该教学过程中，教师一直在强调“自己的”，所有的出发点都是“为自己”。写作的一个很重要的目的当然是抒发自己的感受、叙写自己的见闻。

案例2	分析
师：同学们，看过祖国大好河山的图片后，你们有什么感受呢？① 生：山川让人震撼，河流让人沉醉…… 师：庄子云，天地有大美而不言。那我们在交流中应如何表现大自然的景物美呢？ 生：去实地欣赏风景，然后在与游客的言语交流中逐步表现景物美。 师：对，而且在言语交流中，我们不仅能表现景物美，还能从不同角度感受景物美。 生：还可以用心去观察特定景物的某一特征，尝试用笔记录下来。	①通过提问引导学生将写作与自己的生活感受相结合。
师：非常好！那我们该如何用手中的“笔”抓住大自然的景物特征来写景呢？ 生：可以借助动静结合、侧面描写等景物描写的方法来突出景物的特征。② 师：是的。接下来我们通过阅读文学作品来感受一下他们是如何抓住景物特征来写景的。 （学生阅读文学作品，并讨论从中学到了什么写作技巧） 师：通过阅读《三峡之秋》，我们可以了解到想要抓住景物自身的特征，必须得在写作之前先学会…… 生：观察。 师：说得对。只有先学会观察，才能突出景物客观之美，给读者身临其境之感。那么，通过阅读《雨的四季》，我们能掌握什么写作技法呢？	②在教学中，注重引导学生自主梳理探究，了解写作的步骤。
生：可以从多种角度，运用多种技巧来描摹，并把自己的感情巧妙融合进景中。③ 师：是的。同学们是不是已经发现了，这正如我们课堂开始时说的那样。写作要把自己的感官、感情等与景物结合，才能抓住景物特征。	③通过阅读文学作品，引导学生进行写作。

[问题]上面的案例是某教师在针对以“亲近自然”为题的作文选材进行的教学。请对该教师的教学进行评价。

参考答案：(1)该教师的教学注重多角度观察生活，引导学生发现生活的丰富多彩，学会抓住事物的特征进行写作。写作要有真情实感，能够表达自己对自然、社会、人生的感受、体验和思考。该教师从生活实际入手，引导学生表达自己的感受和观点，了解写作的步骤。

(2)该教师通过让学生阅读表现人与自然的优秀文学作品，从而引导学生体会作者通过语言和形象构建的艺术世界，能够借鉴其中的写作手法，表达自己对自然的观察和思考，抒发自己的情感。

4. 口语交际

案例

针对爷爷和孙子谁应该骑驴，应该听谁的这个问题，某教师组织了一次口语交际活动。内容如下：①

师：课文中哪些人对爷爷和孙子的不同做法有评论？用你喜欢的符号勾画出这几种人物说的话。你支持谁的观点呢？②

师：支持老人观点的请举手，说一说你的想法。

生：老师，我认为走路其实不累，那天我跟着妈妈走了一天的路，也不觉得累。所以我觉得应该让爷爷骑驴，孙子走路。况且孙子精力充沛，朝气蓬勃，有的是力气。

生：老师，我想小孩说的也对。孩子小，正处在长身体的阶段，如果长时间走路，易疲劳，影响身体发育。

师：我刚才发现你站在那边，怎么又跑到这边来了呢？你的立场怎么这么不坚定，当“叛徒”了，现在就请你说一说自己怎么想的。

生：我开始时想，作为孩子，我应当支持小孩子的观点，因为这也是实情，孩子小走不了那么长的路。可后来一想，爷爷爱我们，我们也应当爱爷爷，所以就跑来这边了。

师：你也改变了当初的想法，说一说你的转变过程吧。

生：我开始想，让孩子骑驴，因为孩子小，力气也小，后来想，爷爷年纪大了，腿脚不灵便，也不合适，就转而支持种菜人的观点。

师：种菜人什么观点？那你认为谁骑好呢？爷爷骑？孙子骑？③

生：我给他设计了一种新方法，先让孙子骑一会儿，当爷爷走累了，孙子下来，爷爷骑驴，孙子累了，爷爷下来，这样交替骑既可做到尊敬老人，又能关爱孩子。

师：你说得真好！我们一起表扬他。看他的观点多么新颖，真是个有创意的想法。同学们可以开动脑筋，看谁能想出更绝妙的方法来。可以小组四个人一起讨论，想出你最有创意的方法。

生：老师，我们的方法是用一辆车，让驴拉车，这样爷爷和孙子就可以一起坐车走了，而且还不重。

师：这是一个好主意，你们组的同学真聪明，特别善于利用外界事物。

生：老师，可不可以这样，让爷爷和孙子一起骑，骑一会儿，感觉到驴累了，受不住了，就下来，让驴一边吃草，一边休息。祖孙二人则一起欣赏美丽的田园风光，休息一段走一段。

师：你们的想法很有诗情画意，很有情调。不错！④

分析

①教师设置了具体的交际情景。

②提出问题，引导学生进行说话练习。

③教师提出问题引导学生回答，并在回答的过程中给予点拨。

④教师适时表扬、鼓励，提高学生的学习积极性。

［问题］结合口语交际教学的要求，针对该教师的教学，谈谈你的看法。

参考答案：(1)口语交际是听与说双方的互动过程，教学活动主要应在具体的交际情境中进行。该教师提出问题，为学生创造了一个口语交际的语言情境，打开了学生思维的闸门，激起学生表达的欲望，为学生营造了一个想表达又乐于表达的交际氛围。

(2)《义务教育语文课程标准》(2022年版)指出要增强语文课程内容的丰富性和课程实施的开放性。该案例中，教师安排了多次师生互动的交流，由于学生对自己熟悉的话题感兴趣，所以持不同意见的学生就争先恐后地进行激烈的思维碰撞和言语交锋。

(3)该教师在教学中充分发挥了教师主导的作用，在教学中，该教师的质疑是学生思考的前提，是对学生思考的引导，是激烈的思维碰撞和言语交锋的前提。

(4)教师应树立"教—学—评"一体化的意识，科学选择评价方式，合理使用评价工具，妥善运用评价语言，注重鼓励学生，激发学习积极性。在学生回答过程中，注重对学生的引导、启发和鼓励，在每一位同学说出不同意见后都会对学生进行表扬和激励。

(5)在整个口语训练中，教师与学生之间的双向交流，碰撞出了思维的火花，促进了学生潜能的发挥。学生交流的热情被点燃，课堂上充溢着学生充满童趣的语言。

5. 综合性学习

案例	分析
某教师在二年级教学《我们的画》中设计了以下几组活动：①	①采用多种形式进行综合性学习活动。
活动一：教师在课前把教室布置成刚刚举办过"二年级画展"的样子，让学生自由观赏，与环境互动，自然地萌发办自己班级画展的愿望。	
活动二：让学生以小组为单位，介绍自己的画，请小组里的伙伴对自己的画提出修改意见，并进行修改。	
活动三：教师出示自己的画，进行示范介绍，请学生针对介绍和绘画作品提建议，为学生提供交际案例，让学生仿照教师的样子，自然、大方、有礼貌地向好朋友介绍自己的画，把话说完整，把图画的内容说清楚。好朋友要仔细倾听，认真评价。②	②教师示范引导，利于学生回答问题。
活动四：以小组为单位，推选评委，带领大家评选"最受欢迎的画"，推荐参加班级画展，为了本组的画能被选中，小组的同学必须想办法说好推荐的理由，说服其他组的同学，其他组里的同学可以提出不明白的问题，或提出自己的意见。 活动五：请获奖的同学在音乐声中上台领奖，其余学生当好小记者，采访获奖的同学，让他们谈谈获奖时的感受、创作的过程等。③	③小组讲解、点评，评选优异者，有利于提高学生的综合性学习能力，提高学生学习的积极性。

[问题]阅读上面的案例，结合课标的内容评析该教师的教学。

参考答案：(1)《义务教育语文课程标准》(2022年版)第一学段"梳理与探究"指出："观察大自然，热心参加校园、社区活动，积累活动体验。结合语文学习，用口头或图文等方式整理、表达自己在活动中的见闻和想法。对周围事物有好奇心，能就感兴趣的内容提出问题，结合其他学科的学习和生活经验交流讨论，尝试提出自己的看法。"

(2)在这个教学案例中,教师针对话题本身和第一学段学生的特点,采用灵活多变的形式组成口语交际活动,即在"举办画展"的大情境统领下,先后设计了小组合作说画、评画,教师示范说画、评画,向好朋友介绍自己的画,推荐评委说画、评画,说服同学说画、评画,小记者采访等多个回合的交际情境。在不同的情境中,交际主体身份也各不相同:小组交流时是组员,教师示范时是学生,评选时是评委,采访时是记者。

(3)该教师在教学中,始终要求交际对象认真倾听,并能就自己的理解对交际主体所展示的交际内容提出自己的意见和建议,让交际主体根据不同的交际情境灵活应答。从而充分调动学生的参与热情,优化交际活动的效果,提高学生的交际能力。

第二节　语文学习指导与评价

一、识字与写字教学

考点 1 识字教学活动类型

1. 比较联系法识字,区分形近字

在学习生字的过程中,让相似的字一起出现,在比较中识字,在联系中区别。如在学习"晴"字时,把"晴、情、请、清"出示在黑板上,让学生观察、比较和总结。

2. 趣味识字,培养识字兴趣

①猜谜语识字。低段学生往往对谜语有着浓厚的兴趣,我们可以利用学生的这一心理特点,把猜谜和识字联系起来,激发他们识字的愿望。

②编顺口溜识字。

3. 创设游戏情境,培养识字能力

①开火车认字。它可以面向每一位学生,让老师及时发现学生对生字的掌握情况,对于识字能力差的,可以及时地进行指导,不至于掉队。

②小老师领读。老师是学生心目中的偶像,特别是低年级的学生,他们很喜欢模仿老师的一举一动。在课堂上,给他们这样一个表现自我的机会,能使他们产生主动识字的兴趣。

③添加笔画识字。中国的汉字的确十分奇妙,给汉字加一笔、减一笔、变一笔,都会出现不同的字。

④摘果子游戏。这种识字游戏一般用于把同一偏旁的生字进行归类,通过小组间的竞争来激发学生的识字兴趣。

此外,在识字的过程中,我们还可以模拟、设计其他一些活动情境,帮助学生识字,让学生乐于识字,从形象感知达成目的,强化学生有意识的独立识记能力。

4. "犯错"识字,通过对比加深印象

错误有时候也是教师教学和学生学习的一块有机肥料。在教学中,教师也可以有意犯错,让学生发现错误,替你纠正错误,从而体验到成功的快乐。

5. 运用语文方法识字

①熟字带生字法。利用学过的熟字进行形近字对比、同音字对比、去掉偏旁、拆分部件、减笔画、添笔画

等方式变换成生字。

②同偏旁部首识字法。在教学认识同一类偏旁的生字时，鼓励学生自己去探索它们的秘密，发现它们的共同点，揭示构字的规律，初步掌握构字特点。

考点2 识字教学内容

教学生字必须把字的音、形、义紧密地结合起来，但不同年级和不同的字应当有不同的侧重点。

①初入学的学生要突出字形的教学，因为初入学的学生在入学之前，就已经掌握不少字词的音和义，但不认识字形。

②随着年级的升高，应适当突出字义的教学。

此外，对每个字还要具体分析。就低年级来说，和口语有差别、学生不易读准的字要注意指导字音；字义较抽象、离学生生活较远的字应侧重字义。学生升入中、高年级以后，虽然有了掌握字形的能力，但对字形繁难的字，教师在教学中也应当着重检查指导。

教学生字时要及时复习，防止学生把音、形、义割裂开来。可把字的复习巩固放到语言环境之中，联系听、说、读、写，复习巩固识字。复习巩固生字新词的具体方法有：阅读、写话（习作）、做游戏、猜字谜、不同形式的竞赛等。

考点3 写字教学内容

1. 指导

指导要突出重点和难点，开始时要讲清要领，重点笔画要引导学生观察笔画的形态特点。教师在分析笔画时，要指导学生运笔，掌握正确的运笔方法。

2. 示范

要让学生看清每一笔画的起笔、行笔、收笔以及运笔时的提、按、快、慢。对相似的笔画和字形，要在示范中进行比较，指出可能出现的不正确的写法。示范和指导要结合起来进行。边示范边指导，形象直观，效果较好。

3. 练习

低年级学生练习书写之前，可以先看着范字进行练习，作为练写的过渡。学生练习写字时，教师要巡视指导，发现带有普遍性的错误的，应该立即在全班予以纠正，对写字较差的学生要加强个别辅导。

4. 批改讲评

教师应该认真批改学生的写字作业，根据批改的情况，对学生的写字作业进行分析、评价，这是提高学生书写水平的重要一环。教师还可启发学生自己讲评，逐步提高学生的观察能力和鉴别能力。

二、阅读教学

考点1 阅读教学的方法

1. 以学生原有知识积累和生活经验为教学切入点，促进新知识的建构

教师在阅读教学中应把学生的个人知识、直接经验、生活世界当作重要的课程资源，尽可能以学生原有的知识积累和生活经验作为教学的切入点，使学生产生阅读期待，从而激发学生主动学习与探究的兴趣，更有效地促进学生新知识的建构。

2. 注重学生的阅读感受与体验，营造平等、民主、开放的教学氛围

阅读教学要营造师生平等、民主、开放的课堂气氛，淡化教参、教师的权威意识，尊重学生独立思考的结果，保护学生的好奇心和想象力，鼓励学生敢于发表自己的意见，使教学过程成为师生分享彼此思考体验观念、实现教学相长的互动过程。

(1)提问设计要有开放的意识

在开课之初，教师习惯于设计一两个问题让学生带着问题去阅读。这里，教师应根据学生的个性、思维的差异，设计具有开放性的提问，给学生更多表达自己看法的机会和更自由的思维空间。

(2)教师及时介入，引领、促进及提升

在阅读教学中，教师要懂得在细心聆听学生对文本的感受与见解的同时及时介入，善于评价、总结、拓展、补充、提升，不能整节课都让学生说了算，因为虽然学生对文本有自己的感受、体会，但对文本的理解可能是肤浅的，甚至出现错误。

3. 重视课程资源的开发、整合、利用，拓展延伸学习的视野和空间

(1)善于挖掘教材

教材本身就是重要的课程资源，要善于利用教材中的学习资源，力求最大限度地发挥其学习价值。特别是在学校图书资源、学生家庭藏书严重不足的落后山区，教师应善于挖掘教材中的内容，把其变为更有利于学生学习、发展的内容。

(2)加强课内外学习资源的有机结合

要实现由课内到课外、由书本到生活、由学习到实践的拓展与延伸。拓展的方式是多样的：以某篇课文为基点，向同类题材的作品拓展；以节选的文章为基点，向整部著作拓展；以某位作家的某一作品为基点，向该作家的其他作品拓展。

教师在教学中善于引入与课文内容相关的生活中的素材性资源，可以赋予课文新的时代色彩和生命力。

4. 注重指导学生对课文的积累与借鉴

教师在阅读教学中要指导学生积累、借鉴作家的语言和写作技巧。引导积累，即着重指导学生理解、欣赏、记忆课文中的好词好句，做好积累，并在此基础上进行一些必要的仿写、改写等写作训练，使其逐步转化成学生自己的语言，在写作中灵活运用。

考点 2 阅读教学内容

1. 基本知识

认识字形、读准字音、弄懂字义、了解文意、初步感知作品中生动的形象和优美的语言等。要求能与他人交流自己的阅读感受。

2. 理解

理解既有对词、句的理解，又有对段、篇的理解；既要通过课文言语认识课文表达的内容，进而领会作者的思想感情，又要认识作者是如何运用语言来表达情意的，进而体会表达的精妙，学习语言表达技巧。

3. 欣赏

欣赏指在全面理解的基础上，上升到对作品思想内容和语言形式的审美，要求驱遣想象，反复涵泳，实现情感体验，获得审美享受。这是一种较高层次的阅读能力。在欣赏文章时，要充分联系自己直接的或间接的生活经验，开展积极的思维活动，运用想象把文章中写的各种情景事物再现出来，使人如临其境，如见其物。

4. 评价

评价指在全面、深刻理解的基础上，对作品内容和形式的是非、优劣、得失进行理性的鉴别和评判，实现价值评估。它要求读者跳出作品之外，与作者保持一定的距离，依靠作品内在的证据和外在的准则，出入作品内外，反复对照权衡，客观公正地作出科学评价。

5. 迁移

迁移力指在理解鉴赏的基础上，触类旁通，举一反三，完成文本向实践的迁移，完成语文知识向阅读能力的迁移，完成阅读能力向语文素养的各个方面的迁移。

6. 创造

创造指在阅读中有新的发现，提出或解答作品原有内容之外的新问题。

三、写话与习作教学

1. 习作的指导

(1)平时指导

①指导学生从生活实践中积累材料。

学生习作的内容主要来自生活实践，习作的欲望和激情也主要来自生活实践。生活越充实，感受越深刻，习作的基础也就越扎实。

②指导学生从阅读中积累材料。

读书，是知识的重要来源，也是习作内容的重要来源。学生通过读书，可以间接地看到许多平时生活中未曾见到的事物，学到许多未曾学到的知识，同时也提高了认识，陶冶了感情，丰富了语言，这些都是习作必不可少的准备。

(2)习作课上学生动笔前的指导

①激发习作的兴趣。

要通过指导，让学生感到习作是一件愉快的事，把习作练习当作一种想把自己的话告诉别人的愿望。

②开阔思路，放飞想象，鼓励幻想。

教师的习作前指导要能打开学生的思路，启发想象，善于联想，鼓励学生们“异想天开”。允许学生虚构，只要是学生自己写的，是自己的真情实感，近乎生活情理，就应当给予肯定。

③明确训练的要求。

每次习作练习都要有具体的要求。每次习作的具体要求应包括两层意思：一层是常规要求，如内容具体，感情真实，语句通顺，书写工整，注意不写错别字，会用常见标点符号，写完认真修改等；一层是特定要求，即这次习作与别次习作的不同要求，如静态、动态描写，场面描写等。

2. 习作的批改

（1）教师改与学生改结合，培养学生自己修改习作的能力

学生的习作是学生用自己的话表达自己要说的意思。写出来的习作与自己想要表达的意思是否一致，表达出了几分，学生自己最清楚，所以修改习作应该是学生自己分内的事。只有学会了修改文章，学生的习作能力才能不断提高。

（2）习作批改要从实际出发，实事求是，讲求实效

习作批改要考虑不同阶段学生的习作能力和修改能力的实际，不能总是停留在一个水平上。

习作批改还要考虑学生的不同实际。要坚持从每个学生的实际出发，实事求是，使每个学生的习作能力都在自己原有的基础上不断地得到训练和提高。

（3）习作批改要尊重学生的原意，鼓励学生的点滴进步

批改学生习作时应多留少删，多就少改，重内容轻形式，不求全责备。这样有利于保护学生写话、习作的积极性，也有利于学生语言表达能力的健康发展。

3. 习作的讲评

（1）对习作的交流和品味。做法是：先让写得有特色的学生朗读自己的习作，在读的过程中，教师适时地加以评点和赞扬，使较多的同学得到当众倾吐表达的机会，体会到成功的愉悦。

（2）对习作得失的分析。教师在批改时，若发现学生在习作中带有共性的问题，如语句是否通顺，是否有条理等方面的问题，要选取一两篇较典型的习作，印发给学生，师生共同讨论分析。以便让学生知道这篇习作的长处、优点是什么，有哪些不足之处，进而从中受到启发，体会习作应该怎样写才会更好。

（3）对文字的推敲。从学生习作中选择一些有"疑义"的词句，引导学生共同来分析推敲。通过对这类有"疑义"的词句的辨析推敲，让学生领会到习作时要在用词造句上多下功夫，同时也可丰富学生的语言积累。

真题面对面

[2016统考小学，技能应用，10分]下面是一篇学生的习作，请仔细阅读，然后完成后面的题目。

心里那个梦想

从小时候开始，我便有一个美丽璀璨的歌星梦想，大家都说我是个傻瓜，明明作文写得挺好，非要去当什么歌星，而这时，我也只是淡然一笑，因为，我喜欢那种自己的歌能带给别人欢乐的感觉……

终于有一天，有人认可了我。那一次，是全班同桌练习对唱林妙可的《低碳贝贝》，我便和身旁的同桌颇有劲头地练了起来，轮到我唱歌了，于是，我对着他，放声唱了出来，我本以为我是烂嗓子，可是，同桌却为我鼓掌道："嗯！唱得还不错哦！"我笑了，我的梦想就这样被点亮。

我每天清晨都会打开窗户，放声歌唱，尽管这样，我还是有一个天生的缺点——怯场，我这人很怪，哪

怕一个人和我一起站在台上,我都可以放声大胆地唱,但是,如果只有我一个人,我的声音只会越唱越小。

我多么渴望有人能开心地,耐心地听我唱一首歌,一小段也好。

就是这样一个简单的心中梦想,我却没有能力和机会将它实现,好失望……

只不过,我会开心的努力,因为我的心里有一个信念,只要自己努力了,就一定会有回报！加油,心里有梦想的朋友们。

(1)写一篇短文,对这篇习作进行比较全面的评析。

(2)为这篇习作拟写一则简短的作文评语。

参考答案:(1)新课标提出写作是学生认识世界、认识自我、创造性表述的过程,要求学生说真话、实话、心里话,注重培养学生的写作兴趣。本篇习作的小作者以“梦想”为主题,写出了自己的真实想法,想当歌星但是没有机会,为此甚至产生了悲观情绪。内容比较丰富,结构也较完整,但是小作者对标点符号的用法还没有清晰地掌握,经常一逗到底,而且还会出现一些不恰当的词语,比如“开心的努力”。小作者作文的前后内容有不一致,第一段说有一个“歌星梦想”,最后却变成了渴望有人能听“我”唱歌。相信只要改掉这些不足之处,这一定会是一篇优秀的作文。

(2)读了你的作文,老师发现你是个努力和开朗的孩子,你的作文写出了自己的真情实感,老师相信你肯定能够实现自己的梦想。这篇作文写得很精彩,把自己内心的想法都展现出来了,老师都被你感动了。但是也有描写不当的地方,你的作文前后的梦想不一致,这是一个很大的问题,需要注意。希望你能继续坚持下去,在班上活动中多表现自我。另外,老师还希望你再多多学习标点符号和词语的用法。我们一起加油!

四、口语交际教学

1. 口语交际教学的特点

特点	要求	作用
情境性	注重创设交际情境,引导学生在贴近自身生活的情境中,真实地进行倾听、表达和交往。	提高口语交际能力。
实践性	让学生参与言语实践。	学习口语交际的基础知识,掌握口语交际的基本技巧,形成口语交际技能。
整体性	把各种相关的能力因素看作一个整体,协同训练,共同发展。以听、说为突破口,整体培养听、说、交往等能力。	有效地培养学生的口语交际能力。
互动性	创造条件使学生由单向个体变为不同的双向或多向组合,在双向或多向互动中进行动态的口语交际训练。	促进学生在不断的言语信息传递与交往中,增强言语表达能力,提高思维的敏捷性、条理性、深刻性和独创性。
同步性	在抓好言语训练的同时,还要抓好思维训练。	训练学生思维的条理性、灵活性和独立性,使其言语流畅,富有个性。

2. 口语交际教学的方法

(1)寻找贴近学生生活的话题

话题的选择要源于学生自身或周围的事物,要以学生的需要为前提,要遵循学生的年龄特征。

(2)精心创设交际情境

口语交际是在特定的话题情境中产生的言语活动,这种言语活动离开了“特定的话题情境”就无法进行。因此,我们在进行口语交际训练时要做到:

①交际情境的创设必须贴近学生的生活实际。

②交际情境的形式要多样。

(3)努力实现口语交际的双向或多向互动

“口语交际”与“听话、说话”之间的本质区别在于“交际互动”,它是交际双方双向或多向互动的过程。只有交际双方处于互动状态,才能实现真正意义上的口语交际。

五、综合性学习教学

1. 综合性学习的特点

特点	体现
综合性	体现在学习目标、学习内容、学习方式及学习途径等多个层面。
实践性	重参与、重体验、重语文实践活动。让学生在人人参与、全程参与之中,在丰富多彩的语文实践活动中体验综合性学习。
开放性	内容:一切语文课程资源均可为“我”所用。 途径:广阔的时空均可成为综合性学习的“课堂”。

2. 综合性学习的指导方法

(1)确定学习内容——提出综合性学习的主题

如果是依教材的安排进行综合性学习,要明确学习主题的内涵,使主题变得具体、集中、明确、便于操作。如果让学生自己确定学习主题,就要集思广益,认真筛选,主题要适合本学段的学生,要有研究价值,有可操作性。

(2)策划并开展综合性学习

首先是根据此次综合性学习的主题和学习目标,让学生群策群力,共同策划怎样开展这次综合性学习。教会学生应该采取哪些方式步骤,时间怎样安排,用哪些形式来体现学习的成果等。应在学生群体(全班或小组)中达成共识,形成切实可行的学习活动计划。

(3)重视综合性学习的交流、总结与评价

综合性学习一般分组进行。在学习活动中要重视组与组之间的交流,因为交流本身就是一种学习。在每次综合性学习之后,要鼓励各组用自己喜欢的方式向全班汇报,教师还应组织全班学生用办手抄报、写简单的调查报告、写建议书等形式,深化学习活动,总结学习成果,发现存在的问题。此外,要引导学生对自己

和他人在综合性学习中的表现，作出自我评价和相互评价。评价重在激励，可从态度、参与情况、合作精神、学习成果等方面进行。

(4)综合性学习要体现阶段性

由低年级到高年级要体现阶段性和渐进性。低年级的综合性学习，主题要小，要简单，活动要少而易，时间要短，也可在老师带领下，通过一两个具体活动，体验一下综合性学习。中年级可结合语文教材中的专题，在依教科书进行教学的同时，开展综合性学习。高年级可安排结合通常意义的语文课堂教学进行的综合性学习，向前再走一步，用任务驱动的方式进行语文综合性学习。

第三节　教学设计模板及示例

一、教学设计模板 【教学设计】 ★★★

考点1 整篇课文的教学设计

1. 师生互动，激趣导入

导入语有多种，教师可以根据课文内容，选择合适的导入语，主要有直接导入、故事导入、情境导入、设置悬念导入等。同时，教师也可以适当地加入作者介绍、课文背景介绍等，为学生的学习做初步的准备。

2. 初读课文(泛读)，整体感知

一般地说，在教学一篇课文之初，应要求学生认真读一读整篇课文。整体感知环节，教师一般通过图片、影像、识字游戏、工具书、预习展示等各种方式帮助学生认识生字，扫除阅读障碍。也可通过预习展示、师生分享、故事会等方式使学生了解常识、作者及写作背景。通过初读课文，使学生整体感知整篇课文，初知大意，在读中有所感悟。其间包括预习性阅读解题这一环节，旨在使学生大体读通文句，提出疑难问题。

充分地读，可以让学生大体了解课文内容，知道课文都讲了些什么；也可以让学生做到心中有数，哪些地方自己已经读懂了，哪些地方还不懂，把不懂的地方提出来，与老师、同学共同讨论。初读课文，学生获得了对课文的整体认识，不过这种认识还比较肤浅，有待在继续学习的过程中逐步深化。

3. 细读课文(精读)，深入领悟

细读课文时，教师会引导学生深入思考，激发学生探究热情。一般会通过合作探究、问题设置、导读、自读等方式，引导学生品词析句，体会文本的思想情感，强化阅读体验。同时在品味语言的过程中掌握写作手法，进行听说读写的训练。在读、悟、议、赏、再读的一系列过程中，让学生加深理解和体验，有所感悟和思考，从而受到情感熏陶，获得思想启迪。该环节可以从以下几方面进行设计：

(1)把握文脉

从抓住文眼、理清线索、分析句子三个角度入手，把握文章思路，深入理解文章内容。

(2)品味语言

作者的人生经验，通过精准的言语表达展现在文章中，所以阅读教学需要教师引导学生把握作者的独特经验，感受作者的语言文字。教师可以通过指导学生朗读让学生感受语言，也可以让学生在辨析讨论中体味语言。

(3)感受手法

每一篇文章都是作者经过精心锤炼写成的，在学习课文的过程中只有细细品味文中运用的写作手法，才能体会文字背后所蕴藏的感情，感受其中的魅力。比如《荷塘月色》这篇优美散文，在赏析“月下荷香”这一段极富诗情画意的语段时，我们可以引导学生揣摩比喻、通感、拟人等修辞手法在表情达意上的丰富内涵，领会“羞涩”“袅娜”等词语表现出的内容。

(4)理解

主要包括课文内容的整体感知，小说要素的辨识，情节的归纳概括，人物形象的整体理解，描写方式的辨识，字词的含义、情感色彩及表达作用的阐释，重点段落的品读，文段作用的理解与分析，等等。

(5)赏析

主要包括主旨的理解，线索的分析，人物形象的鉴赏，语言艺术的欣赏，构思艺术的品味，人物塑造手法的品析，环境描写的技法及表达作用的理解，作品的思想感情倾向的评价，读者获得的对自然、社会、人生的有益启示及其使用的表达方法，等等。

(6)体会哲理

作者的文章，表达了他们独特的情感认知，将他们日常生活中的发现和感悟通过文字流露出来。教师应运用问题引导或其他手段指导学生阅读，让学生从课文中体会日常生活中所没有、所不可能经历的人生经历，感受作者道出的人生哲理。

4. 熟读回顾，拓展延伸

“熟读回顾，拓展延伸”是对本堂课所学知识进行拓宽、加深，目的在于加深学生的理解，增加学生的知识积累，激发学生探求知识的愿望，培养学生的创造性思考。迁移运用方法多样，主要有：

(1)结合文章，设置开放性的问题引发思考，进行口语表达。

(2)结合文章或者实际，推荐相关文章拓展阅读，丰富积累。

(3)结合课文中的词、句、段落，进行仿写或扩写、缩写。

(4)运用课文中出现的表达技巧进行小练笔。

5. 回顾小结，布置作业

该环节可以将小结与作业单独设置，也可以一起设置。其中，小结即课堂结束语，作业即课后作业，这两个知识点在前面都有叙述。需要注意的是考生在进行设计时要依据自己前面几个环节的内容进行，不可将前后割裂开来。

6. 板书设计

设计板书时考生要选择自己最有把握，同时也能凸显自身教育特色的类型，要一目了然、重点突出、特色鲜明，让人眼前一亮。

7. 教学反思

写教学反思时除了依照前文讲的理论知识之外，还要根据文章特色、教学内容、教学方法、教学价值、改

进意见等进行。(题目没有明确要求的可不放该环节)

真题面对面

1.[2020年1月杭州中学，教材教法，20分]《我不能失信》是部编版小学语文教科书三年级下册的一篇略读课文。请你完成一份教学设计，教学设计包括教学目标和教学过程。

我不能失信

一个风和日丽的早晨，宋耀如一家用过早餐，准备到一位朋友家去做客。二女儿宋庆龄特别高兴，她早就盼着到这位伯伯家去了。伯伯家养的鸽子，尖尖的嘴巴，红红的眼睛，漂亮极啦！伯伯还说准备送她一只呢！

她刚走到门口，突然停住了脚步，皱起了眉头。

爸爸看见了，奇怪地问："庆龄，你怎么不走啦？"

"爸爸，我不能去了！我昨天和小珍约好了，今天她来我们家，我教她叠花篮。"庆龄说。

"你不是一直想去伯伯家吗？改天再教小珍吧。"爸爸说完，拉起庆龄的手就要走。

"不行！不行！我走了，小珍来了会扑空的，那多不好啊！"庆龄边说边把手抽回来。

"那……回来你去小珍家解释一下，表示歉意，改天再教她叠花篮，好不好？"妈妈在一旁说。

"不，妈妈。您说过，做人要信守诺言。如果我忘记了这件事，见到她时向她道歉是可以的，但我已经想起来了，就不能失信了！"庆龄坚定地说。

"我明白了，我们的庆龄是个守信用的孩子。"妈妈望着庆龄笑了笑，说，"那你就留下来吧！"

送家里人出门后，庆龄一个人回到房间里，耐心地等候着。她一会儿拿起一本书看，一会儿又坐到琴凳上弹钢琴，平时很熟的曲子，今天却总是弹不准。可是，直到全家人吃过午饭回来，小珍也没有来。妈妈心疼地说："我的女儿一个人在家，该多没意思啊！"庆龄仰起脸回答道："一个人在家，是很没劲。可是，我并不后悔，因为我没有失信。"

参考答案：教学目标：

(1)正确、流利地朗读课文，联系上下文揣摩人物心理，有感情地朗读人物之间的对话。

(2)把握文章的主要内容，通过朗读感悟、思考和交流理解，感受小庆龄诚实守信的可贵品质，联系生活实际在做人做事上获得启示。

(3)运用默读、朗读等方法培养独立阅读的能力。

教学过程：

环节一：板书课题，谈话导入

(1)同学们，今天老师要和大家一起来学习一篇有关名人小时候的故事，题目是《我不能失信》。谁能说说"失信"的意思？(失去信用)你知道"失信"的反义词是什么吗？(守信)这个题目还可以怎样说？(我要守信)

(2)课题质疑："我"指的是谁呢？是说她在哪件事情上不能失信呢？

(3)宋庆龄是怎样的一个人物？PPT出示资料袋，自由读“资料袋”里的内容。今天我们就来学习一个宋庆龄小时候的故事——《我不能失信》。齐读课题。

环节二：初读课文，感知“信”

(1)课件出示朗读要求，学生齐读。

①借助拼音读课文。

②难读的地方多读几遍，把课文读通顺，读流利。

③用序号标出自然段。

(2)开火车读课文，检查自读情况，纠正字音。同时出示本文的生词及几个难读的词让学生认读：早餐、叠花篮、解释、歉意、道歉。

(3)小组探讨交流：想想课文讲了一件什么事？故事告诉我们什么？(出示课件，提示概括课文内容的方法)

①故事发生在什么时间？

②文中提到了哪几个人？他们之间有着什么样的关系？

③事情的经过是什么，结果又怎样？

(4)填空概括故事内容。(出示课件)

课文讲了一个星期天(时间)，宋耀如一家准备到一位朋友家去，二女儿宋庆龄很想去，可是她突然想起上午要教小珍叠花篮，爸爸妈妈都劝她改天再教，但她为了不失信决定留下来。最终，小珍没有来，妈妈心疼庆龄一个人在家没意思，庆龄却说一个人在家是很没劲，可是她并不后悔，因为她没有失信。(人物、事情经过、结果)

这个故事告诉我们……(学生自由发言)

环节三：读悟结合，品味“信”

(1)默读课文，思考：课文从哪些语句看出宋庆龄守信用呢？画出相关语句，在旁边简单批注感受。

(2)“‘不行！不行！我走了，小珍来了会扑空的，那多不好啊！’庆龄边说边把手抽回来。”这里可以看出什么？

(3)面对妈妈的提议，庆龄觉得这样好不好？为什么？

(4)回家后，妈妈知道了小珍没来，庆龄白等了一上午非常心疼。而庆龄却仰起脸回答：“一个人在家，是很没劲。可是，我并不后悔，因为我没有失信。”想象一下庆龄说这句话时会是怎样的语气和态度？根据理解朗读语句。

(5)加入人物对话，根据对话你能否在宋庆龄说的每句话中恰当地加上一个表示语气的词？(学生默读思考，作批注，交流。教师指导朗读)

(6)除了对话，还有哪些语句能看出宋庆龄守信用呢？

A.“送家里人出门后，庆龄一个人回到房间里，耐心地等候着。她一会儿拿起一本书看，一会儿又坐到琴凳上弹钢琴，平时很熟的曲子，今天却总是弹不准。”联系第一自然段理解，小庆龄本来是想留在家里的吗？从课文中找出理由。

B.师生接读宋庆龄守信用的语句。

小结：通过品读人物语言和动作，一个坚持守信的小庆龄仿佛站在我们面前。本单元的习作就是写一个你熟悉的人，要想使你写的人也能像宋庆龄这样特点鲜明，大家一定要注意描写这个人物的语言、动作。

环节四：讨论交流，深化“信”

(1)最后小庆龄说：“一个人在家，是很没劲。可是，我并不后悔，因为我没有失信。”你能谈谈对这句话的理解吗？

(2)你在日常生活中有没有遇到过类似的事？你是怎么处理的？读了本文后有什么感想？

环节五：课堂小结

“一诺值千金”，守信是做人处事的基本准则，希望同学们也能像宋庆龄一样守信用，重诺言。

环节六：布置作业，延伸“信”

课外收集有关诚实守信的成语、俗语记在日记本上，找有关诚实守信的故事读一读。

环节七：板书设计

我不能失信

宋庆龄　遵约定　守信用

（语言、动作）

2.［2019年5月杭州小学，教材教法，20分］假如下面这篇文章是五年级下册的一篇精读课文，请完成一份教学设计，教学设计包括教学目标和教学过程。

手　指

丰子恺

我们每个人，都随时随地随身带着十根手指，永不离身。一只手上的五根手指，各有不同的姿态，各具不同的性格，各有所长，各有所短。

大拇(mǔ)指在五指中，形状实在算不上美。身体矮而胖，头大而肥，构造简单，比人家少一个关节。但在五指中，却是最肯吃苦的。例如拉胡琴，总由其他四指按弦(xián)，却叫他相帮扶住琴身；水要喷出来，叫他死力抵住；血要流出来，叫他死命按住；重东西要翻倒去，叫他用劲顶住；要读书了，叫他翻书页；要进门，叫他揿(qìn)电铃。讨巧的事，却轮不上他。例如招呼人，都由其他四指上前点头，他只能呆呆站在一旁；给人搔(sāo)痒，人舒服后，感谢的是其他四指。

常与大拇指合作的是食指。他的姿态可不如其他三指窈窕(yǎotiǎo)，都是直直落落的强硬的线条。他的工作虽不如大拇指吃力，却比大拇指复杂。拿笔的时候，全靠他推动笔杆；遇到危险的事，都要他去试探或冒险；秽(huì)物、毒物、烈物，他接触的机会最多；刀伤、烫伤、轧(yà)伤、咬伤，他消受的机会最多。他具有大拇指所没有的“机敏”，打电话、扳枪机必须请他，打算盘、拧(nǐng)螺丝、解纽(niǔ)扣等，虽有大拇指相助，终是要他主干的。

五指中地位最优、相貌最堂皇的，无如中指。他居于中央，左右都有屏障。他个子最高，无名指、食指贴身左右，像关公左右的关平、周仓，左膀右臂，片刻不离。他永远不受外物冲撞，所以曲线优美，处处显示着养尊处优的幸福。每逢做事，名义上他是参加的，实际并不出力。他因为身体最长，取物时，往往最先碰到物，好像取得这物是他一人的功劳。其实，他碰到之后就退在一旁，让大拇指和食指去出力，他只是在旁略为扶衬而已。

无名指和小指，体态秀丽，样子可爱。然而，能力薄弱也无过于他们了。无名指多用于研脂粉、蘸药末、戴戒指。小指的用处则更渺(miǎo)小，只是掏掏耳朵、抹抹鼻涕(tì)而已。他们也有被重用的时候。在丝竹管弦上，他们的能力不让于别人。舞蹈演员的手指不是常作兰花状吗？这两根手指正是这朵"兰花"中最优美的两瓣。除了这等享乐的风光事以外，遇到工作，他们只是其他手指的附庸(yōng)。

手上的五指，我只觉得姿态与性格，有如上的差异，却无爱憎在其中。手指的全体，同人群的全体一样，五根手指如果能一致团结，成为一个拳头，那就根根有用，根根有力量，不再有什么强弱、美丑之分了。

拇　弦　揿　搔　窈　窕　秽　轧　拧　纽　仓　薄　庸　憎

拇	搔	痒	秽	轧	拧	螺	纽	扣	貌	仓	渺	享	庸	憎

◎默读课文，结合课文内容，说说五个手指各有什么作用。

◎课文的语言很风趣，如，"他永远不受外物冲撞，所以曲线优美，处处显示着养尊处优的幸福"。找出类似的语句体会一下，再抄写下来。

◎作者笔下的大拇指和食指分别让你联想到了生活中的哪些人？和同学交流。

◎小练笔：仿照课文的表达特点，从人的五官中选一个，写一段话。

(1)教学目标设计。

(2)教学过程设计。

参考答案：(1)教学目标：

①读读记记"堂皇、养尊处优、渺小、附庸"等词语。概括课文主要内容，了解五根手指的不同特点。

②通过朗读，了解作者描写手指的方法。

③领悟课文蕴含的道理，感悟人生哲理。

(2)教学过程：

环节一：谈话导入

生活中平凡的人和事，常常会带给我们启示，像那个"我"至今还常常想起的顶碗少年，还有那一棵棵优雅自在，显示着勃勃生机的桃花心木。其实，生活中还有许多普普通通的事物，对于他们的存在，我们常常司空见惯、熟视无睹，可是，如果我们仔细观察、认真思考，这些普通的事物也会带给我们耐人寻味的启示。比如我们每个人手上的五根手指。今天，我们一起学习《手指》。

环节二：阅读质疑，自主体验

①想知道本文主要写了什么吗？请同学们快速打开课本，同桌互读课文，注意读准字音，读通句

子，难读字词多读几遍。

②出示黑板检查字词。（指生读，齐读）

③请同学们默读课文，边读边想：课文主要写了什么？

④指名说，生补充，同桌互说。

⑤了解了课文内容之后，相信大家脑海里一定又产生了很多疑问，同桌之间先互相交流一下吧？

⑥质疑：A. 课文写了五指的什么特点？B. 运用了什么样的表达方法？C. 从中明白了什么道理？

环节三：合作质疑，互动体验

①请同学们按照自学要求，默读课文第2～5自然段，自学解决这些问题：

A. 画出描写五个手指特点的关键词语。

B. 思考作者是用什么方法将五指的特点表达这么具体的。

C. 把自己觉得有意思的部分多读几遍。

②交流汇报：谁找到了描写五指特点的关键词语？（指名说，生补充）作者是用什么方法把五指特点表达具体的？（指名说，生补充）

③哪位同学愿意把自己觉得最有意思的部分读给大家听？（指导朗读）

④小结：我们可以看出，在作者的笔下，五指的神态栩栩如生，性格迥然不同，语言风趣幽默，结构清晰严谨，而这一切，都源于作者运用了多种表达方法，如果写作中也运用多种表达方法，相信大家的作文一定会越来越出色！

环节四：变式质疑，深入体验

①丰老先生介绍完五指特点以后，又告诉我们一个道理，请大家齐读最后一个自然段。

②从这段文字中你明白了什么？

环节五：应用质疑，矫正体验

①进行课堂小练笔的活动。

②请同学们用自己平日的观察和自己积累的描写动作、神态的词语，来写一写其余四指是怎样为自己争功的？

环节六：课堂小结

今天我们学习了《手指》，了解了五指的特点，同时也懂得了一个道理，让我们再次朗读丰子恺文中说的最后一段话来结束这节课。（生齐读）

考点 2 句子理解教学环节设计

1. 朗读课文，找出文中含义深刻的句子

(1)从作用上说，是指那些能点明主旨的语句，或能显示脉络层次的关键性语句，即人们常说的“文眼”。

(2)从语句特点上说，是指那些在文中起重要作用的中心句、总结句、过渡句，对文脉的推进与转接有关键作用的句子。

(3)从内容上说,是指那些内涵较为丰富而且具有提示性或引导性作用的语句。

(4)从表达上说,是指那些表达方式多样的,比较含蓄的有深层含义的语句。

(5)从结构上说,是指那些结构比较复杂,对理解文意有直接影响的语句。

此外,从出现的频率来说,反复出现的句子也是重要的句子。

2. 引导学生理解品味文中含义深刻的语句

(1)句子朗读

①朗读句子,理解句子内容。

②在朗读过程中通过查字典等方式解决句中的生字词,并知道重要词语的意思。

例如,学习叶圣陶先生的《荷花》第二自然段描写荷叶和荷花的句子:

A. 朗读句子,理解荷叶是"挨挨挤挤"的,荷花是"冒"出来的,体现她顽强的生命力。

B. 对"展开、饱胀、破裂"这些重点词语进行朗读,查字典,理解其意思。

C. 根据这些词语加以想象,在头脑中形成一幅生机勃勃的画面。

D. 有感情地朗读句子,读出喜爱赞美之情。

(2)句子理解

①品析句中字词,分析句中标点的作用。

②划分句子层意,欣赏句子形式,划分句子结构,分析句中修辞手法等。

例如,《鸟的天堂》最后一句的理解:

A. 理解句中词语的意思。(带引号的鸟的天堂指的是"大榕树";"的确"就是"确实"的意思;不带引号的天堂是"乐园"的意思)

B. 理解全句的意思。(那大榕树确实是鸟的乐园啊!)

C. 句中感叹号表达了什么内容?(抒发了作者喜爱大榕树、赞美大榕树的感情)

D. 这句话在文章中有什么作用?(点明中心)

(3)句子辨析

①揣摩句子的内涵、含义,品析句子的意味。

②品味句子表达特点与内在情感。

③探究句子的表达手法,研讨句子的表达作用,分析句子的表达效果。

④探讨句子在文中的作用,连接句子与生活实际。

(4)句子的积累与运用

①抄写句子、缩写句子、扩写句子、仿写句子、变换句式等。

②联系实际生活进行理解。

由于句子形式变化多端,不同句子所表达的内容也各不相同,因此该模板只是提供作答的一个大方向,在具体做句子教学设计时,考生需根据句子的实际情况进行适当的变化,以教会学生理解句子所表达的深刻含义为准。

真题面对面

[2018统考小学,教学设计,17分]《匆匆》是人教版小学语文六年级下册的一篇课文,如果你来执教这篇课文(2课时),请按要求完成教学设计。

匆　匆

朱自清

燕子去了,有再来的时候;杨柳枯了,有再青的时候;桃花谢了,有再开的时候。但是,聪明的,你告诉我,我们的日子为什么一去不复返呢?——是有人偷了他们吧:那是谁?又藏在何处呢?是他们自己逃走了吧:现在又到了哪里呢?

我不知道他们给了我们多少日子,但我的手确乎是渐渐空虚了。在默默里算着,八千多日子已经从我手中溜去,像针尖上一滴水滴在大海里,我的日子滴在时间的流里,没有声音,也没有影子。我不禁头涔涔而泪潸潸了。

去的尽管去了,来的尽管来着,去来的中间,又怎样地匆匆呢?早上我起来的时候,小屋里射进两三方斜斜的太阳。太阳他有脚啊,轻轻悄悄地挪移了,我也茫茫然跟着旋转。于是——洗手的时候,日子从水盆里过去;吃饭的时候,日子从饭碗里过去;默默时,便从凝然的双眼前过去;我觉察他去得匆匆了,伸出手遮挽时,他又从遮挽的手边过去;天黑时,我躺在床上,他便伶伶俐俐地从我身上跨过,从我脚边飞走了;等我睁开眼和太阳再见,这算又溜走了一日;我掩面叹息,但是新来的日子的影儿又开始在叹息里闪过了。

在逃去如飞的日子里,在千门万户的世界里的我能做什么呢?只有徘徊罢了,只有匆匆罢了。在八千多日的匆匆里,除徘徊外,又剩些什么呢?过去的日子如轻烟,被微风吹散了,如薄雾,被初阳蒸融了。我留着些什么痕迹呢?我何曾留着像游丝样的痕迹呢?我赤裸裸来到这世界,转眼间也将赤裸裸地回去吧?但不能平的,为什么偏要白白走这一遭啊?

你聪明的,告诉我,我们的日子为什么一去不复返呢?

(1)简述这篇课文的教学价值。

(2)为本文教学制定三维融合的教学目标。

(3)设计一个教学环节,引导学生理解品味文中含义深刻的语句。

(4)设计完整的板书。

参考答案:(1)教学价值:

《义务教育语文课程标准》(2011年版)第三学段"阅读"教学目标中指出:"在阅读中了解文章的表达顺序,体会作者的思想感情,初步领悟文章的基本表达方法。在交流和讨论中,敢于提出看法,作出自己的判断。"本文是现代著名作家朱自清写的一篇脍炙人口的散文。文章紧扣"匆匆"二字,细腻地刻画了时间流逝的踪迹,表达了作者对时光流逝的无奈和惋惜。全文围绕"匆匆"展开叙述,先写日子一去不复返的特点;再写自己八千多个日子的来去匆匆和稍纵即逝,作者思绪万千,由景及人,叹息不已。

最后，作者发出内心的感叹。将本文放在第三学段进行教学符合六年级学生的认知特点，使学生初步了解散文这一文体，在体会文中优美词句的同时感受作者对时光流逝的无奈和惋惜。

(2)教学目标：

①会写本课2个生字，正确读写“挪移、徘徊、蒸融”等词语。

②有感情地朗读课文，在朗读中了解课文的主要内容，体会、揣摩课文的表达顺序，体会作者表达的思想感情，感受课文的语言美，领悟作者细致描写、多用修辞等方法。

③抓住重点句段，体会作者表达的思想感情，懂得时间的宝贵，树立珍惜时间的意识。

(3)教学环节：

出示句子：我不知道他们给了我们多少日子，但我的手确乎是渐渐空虚了。在默默里算着，八千多日子已经从我手中溜去，像针尖上一滴水滴在大海里，我的日子滴在时间的流里，没有声音，也没有影子。

A. 读了这段话，你有了什么样的感受?(感觉到时间过得太快了；觉得时间在不经意的时候就悄悄地溜走了)

B. 引导想象一滴水滴在大海里的情景。同学们，你看得到那一滴水吗？你听得到那一滴水的声音吗?(看不见，听不到)

C. 你又联想到了什么呢?(一滴清透的小水珠落进了一望无际的大海里，我们根本就来不及看到，根本听不见它的声音；时间就好像这一滴水，一去不复返了)

D. 是啊，作者的八千多个日子就这样无声无息，稍纵即逝啊！把作者的叹息通过你的读表达出来吧。(生有感情地朗读)

E. 体会用词的准确：算一算，八千多日子是多少年呢?(二十多年)为什么作者不用年，却要用千呢?(更显得数字多，逝去的年月多，更让人惋惜)

F. 体会作者的心情：当作者突然间想到了自己的二十多个青春年华已一去不复返，他会有什么样的心情呢？你能用一个词形容吗?(焦急、难受、猛醒、后悔、紧张、痛惜，害怕等)

G. 引导学生有感情地朗读：把你体会到的作者的这种情感，通过你的读表达出来吧！

(4)板书设计：

匆 匆

朱自清

一去不复返、无影无踪 ——→ 留恋

像针尖上的一滴水 ——→ 短暂

跨过、飞走、溜走、闪过 ——→ 无奈

如轻烟、如薄雾 ——→ 惭愧

一去不复返？ ——→ 珍惜时间

二、教学设计示例

示例 1

阅读下面这首诗，写出完整的教学思路。

我们站在高高的山巅

冯　至

我们站立在高高的山巅
化身为一望无边的远景，
化成面前的广漠的平原，
化成平原上交错的蹊径。

哪条路、哪道水，没有关联，
哪阵风、哪片云，没有呼应；
我们走过的城市、山川，
都化成了我们的生命。

我们的生长，我们的忧愁
是某某山坡的一棵松树，
是某某城上的一片浓雾；

我们随着风吹，随着水流，
化成平原上交错的蹊径，
化成蹊径上行人的生命。

参考答案：教学目标：

(1)了解十四行诗，学习诗歌的阅读方法。

(2)通过诵读全诗，感知诗歌情感，品味诗歌语言，欣赏诗歌艺术表现手法。

(3)探究“诗中有我”“诗是经验”的审美视角和艺术手法。

教学过程：

(1)导入

图片展示冯至的画像，与学生分享冯至的生平事迹，多媒体展示文学常识，让学生理解诗歌的特点，掌握阅读的方法，并播放诗歌的诵读。

(2)感知诗歌情感

①教师范读诗歌，学生作批注，记录阅读中的发现和思维，教师作朗读指导。

②诵读第一节，诗人登高望远，自“山巅”“平原”“蹊径”，宏观感受自然之壮观，表达了热爱自然的情愫。

③诵读第二节，诗人关照自然，从“路”“水”“风”“云”“城市”“山川”，具体感知生命的运动与声息相通，表达了对自然的钟爱之情。

④诵读第三节，诗人将我们人类的情感转化为“松树”“浓雾”等自然事物，整体感知人与万物生命信息的沟通关联。

⑤诵读第四节，诗人从“风”“水流”“蹊径”“行人”，发现生命循环转化的意义，表达对生命本源穷根究底的探索之情。

⑥诵读全诗，把握主旨：本诗以山巅所见所想为对象，从诗人的人生体验、生命能量的转换、人与万物生命信息沟通关联等三个方面，用比喻、排比、联想等手法表达了人类与万物相互渗透、相互作用的真谛。

(3)品味诗歌语言

①朴实平易，风格内敛，意境深沉，耐人寻味。

②对比遣词，“无边”“广漠”与“棵”“片”，有大有小，形成巨大的视觉反差。

③动静相宜，“风吹”“水流”与“平原”“蹊径”，一动一静，表现生命的盎然生机。

(4)探究艺术手法

①开头与结尾内容遥相呼应，采用排比、类叠的修辞手法，强调了我们的人生经验散布在大自然的每一处。

②里尔克称“诗是经验”，这首诗充分表现了诗人对生命的独特体验和感悟。

示例2

阅读下面的文言文，写出完整的教学设计。

烛之武退秦师

晋侯、秦伯围郑，以其无礼于晋，且贰于楚也。晋军函陵，秦军氾南。

佚之狐言于郑伯曰：“国危矣，若使烛之武见秦君，师必退。”公从之。辞曰：“臣之壮也，犹不如人；今老矣，无能为也已。”公曰：“吾不能早用子，今急而求子，是寡人之过也。然郑亡，子亦有不利焉。”许之。

夜缒而出，见秦伯，曰：“秦、晋围郑，郑既知亡矣。若亡郑而有益于君，敢以烦执事。越国以鄙远，君知其难也。焉用亡郑以陪邻？邻之厚，君之薄也。若舍郑以为东道主，行李之往来，共其乏困，君亦无所害。且君尝为晋君赐矣，许君焦、瑕，朝济而夕设版焉，君之所知也。夫晋，何厌之有？既东封郑，又欲肆其西封，若不阙秦，将焉取之？阙秦以利晋，唯君图之。”秦伯说，与郑人盟。使杞子、逢孙、杨孙戍之，乃还。

子犯请击之，公曰：“不可。微夫人之力不及此。因人之力而敝之，不仁；失其所与，不知；以乱易整，不武。吾其还也。”亦去之。

参考答案：教学目标：

(1)①学习本文精彩的人物语言——说理透辟，善于辞令，以及起伏跌宕、生动活泼的情节。②掌握文章中出现的古代汉语常识，注意多义词在不同语境中的不同意义和用法，训练古文句读能力和概括能力。

(2)通过自主、合作、探究的学习方式，理解关键词句的含义，用现代汉语复述课文内容。

(3)①学习烛之武在国家危难之际置个人安危于不顾,维护国家安全的爱国主义精神。②了解烛之武说服秦伯的方法——善于利用矛盾,采取分化瓦解的方法,认识烛之武机智善辩的外交才能。

教学过程:

环节一:古诗回顾,导入新课

"老骥伏枥,志在千里。烈士暮年,壮心不已。"古往今来,有多少志存高远之士,不论社会、命运对他如何不公,到了紧要关头,都会挺身而出,为国家、为苍生献出自己的一份光和热。烛之武就是这样一个让我们敬佩不已的人,今天我们来学习《烛之武退秦师》。

环节二:学生自读,解决问题

(1)借助工具书,通读原文。

(2)初步了解故事情节,特别注意对烛之武这个中心人物的把握。

环节三:厘清层次

第一段:秦、晋围郑。

第二段:临危受命。

第三段:说退秦师。

第四段:迫晋退兵。

环节四:学生讨论

(1)主要人物在什么情况下出场?

(2)晋军为什么不愿向秦军进攻?

(3)烛之武是怎样一步一步说服秦穆公的?

环节五:分析课文中的人物形象

烛之武——志士、勇士、辩士。

郑君——善于纳谏、勇于自责、精于言辞。

佚之狐——是一个"慧眼识英雄"的伯乐,是一个胸藏韬略、临危不惧、遇事冷静、能谋善断、高瞻远瞩的杰出之士。

环节六:课外迁移

佚之狐知道烛之武很有才能,为什么以前不推荐给郑君,而在国难当头才想起烛之武?

环节七:板书设计

烛之武退秦师

文章脉络:秦晋围郑——临危受命——智退秦师——晋师撤离

劝说艺术:

第一步:欲扬先抑,以退为进(郑既知亡矣)

第二步:阐明利害,动摇秦君(邻之厚,君之薄也)

第三步：替秦着想，以利相诱（君亦无所害）

第四步：引史为例，挑拨秦晋（君之所知也）

第五步：推测未来，劝秦谨慎（唯君图之）

示例3

《那个星期天》是人教版小学语文六年级下册的一篇课文，如果你来执教这篇课文（一课时），请按要求完成教学设计。

那个星期天

史铁生

我还记得我的第一次盼望。那是一个星期天，从早晨到下午，一直到天色昏暗下去。

那个星期天母亲答应带我出去，去哪儿已经记不清了，可能是动物园，也可能是别的什么地方。总之她很久之前就答应了，就在那个星期天带我出去玩，这不会错。一个人平生第一次盼一个日子，都不会错。而且就在那天早晨，母亲也还是这样答应的：去，当然去。我想到底是让我盼来了。

起床，刷牙，吃饭，那是个春天的早晨，阳光明媚。走吗？等一会儿，等一会儿再走。我跑出去，站在街门口，等一会儿就等一会儿。我藏在大门后，藏了很久。我知道不会是那么简单的一会儿，我得不出声地多藏一会儿。母亲出来了，可我忘了吓唬她，她手里怎么提着菜篮？您说了去！等等，买完菜，买完菜就去。买完菜马上就去吗？嗯。

这段时光不好挨。我踏着一块块方砖跳，跳房子，等母亲回来。我看着天看着云彩走，等母亲回来，焦急又兴奋。我蹲在院子的地上，用树枝拨弄着一个蚁穴，爬着去找更多的蚁穴。院子里就我一个孩子，没人跟我玩。我坐在草丛里翻看一本画报，那是一本看了多少回的电影画报。那上面有一群比我大的女孩子，一个个都非常漂亮。我坐在草丛里看她们，想象她们的家，想象她们此刻在干什么，想象她们的兄弟姐妹和她们的父母，想象她们的声音。去年的荒草丛里又有了绿色，院子很大，空空落落。

母亲买菜回来却又翻箱倒柜忙开了。走吧，您不是说买菜回来就走吗？好啦好啦，没看我正忙呢吗？真奇怪，该是我有理的事啊？不是吗，我不是一直在等着，母亲不是答应过了吗？整个上午我就跟在母亲腿底下：去吗？去吧，走吧，怎么还不走啊？走吧……我就这样念念叨叨地追在母亲的腿底下，看她做完一件事又去做一件事。我还没有她的腿高，那两条不停顿的腿至今都在我眼前晃动，它们不停下来，它们好几次绊在我身上，我好几次差点儿绞在它们中间把它们碰倒。

下午吧，母亲说，下午，睡醒午觉再去。去，母亲说，下午，准去。但这次怨我，怨我自己，我把午觉睡过了头。醒来时我看见母亲在洗衣服。要是那时就走还不晚。我看看天，还不晚。还去吗？去。走吧？洗完衣服。这一次不能原谅。我不知道那堆衣服要洗多久，可母亲应该知道。我蹲在她身边，看着她洗。我一声不吭，盼着。我想我再不离开半步，再不把觉睡过头。我想衣服一洗完我马上拉起她就走，决不许她再耽搁。我看着盆里的衣服和盆外的衣服，我看着太阳，看着光线，我一声不吭。看着盆里揉动的衣服和绽开的泡沫，我感觉到周围的光线渐渐暗下去，渐渐地凉下去沉郁下去，越来越远越来越缥缈，我一声不吭，忽然有点儿明白了。

我现在还能感觉到那光线漫长而急遽的变化，孤独而惆怅的黄昏的到来，并且听得见母亲咔嚓咔嚓搓衣服的声音，那声音永无休止就像时光的脚步。那个星期天。就在那天。母亲发现男孩儿蹲在那儿一动不动，发现他在哭，在不出声地流泪。我感到母亲惊惶地甩了甩手上的水，把我拉过去拉进她的怀里。我听见母亲在说，一边亲吻着我一边不停地说："噢，对不起，噢，对不起……"那个星期天，本该是出去的，去哪儿记不得了。男孩儿蹲在那个又大又重的洗衣盆旁，依偎在母亲怀里，闭上眼睛不再看太阳，光线正无可挽回地消逝，一派荒凉。

(1)简述这篇课文的教学价值。

(2)为本文教学制定教学目标。

(3)设计一个教学环节，引导学生理解品味文中含义深刻的语句。

(4)设计完整的板书。

参考答案：(1)教学价值：

《义务教育语文课程标准》(2022年版)要求"在阅读中了解文章的表达顺序，体会作者的思想感情，初步领悟文章的基本表达方法"。《那个星期天》是一篇记叙文，文中运用大量的细节描写，融情于景，细腻而生动地表现了主人公一天中开始的既兴奋又满怀期待，后来的焦急万分，最后的失望、委屈乃至"绝望"的心理变化过程。学习该课文，可以让六年级的学生梳理、总结、体会作者细节描写和融情于景的表达方法，感悟作者的思想感情。

(2)教学目标：

①会认、会写课后要求的生字词，理解课文中重点词语的意思；理解课文内容，能了解"我"心情变化的过程。

②正确、流利、有感情地朗读课文，品读分析关键语句，学习运用语言描写、动作描写等人物描写表现人物心情的方法，感受融情于景的语言魅力，感受作者细腻真挚的情感。

③比较《匆匆》和《那个星期天》在表达情感的方式上的相同点和不同点。

④感受孩子的失落与母亲的无奈，辩证理解母亲的形象，加深对责任与爱的理解。

(3)含义深刻的语句：我现在还能感觉到那光线漫长而急遽的变化，孤独而惆怅的黄昏的到来，并且听得见母亲咔嚓咔嚓搓衣服的声音，那声音永无休止就像时光的脚步。那个星期天。就在那天。

教学环节：

环节一：朗读句子，梳理句子内容

①朗读句子，说一说句中讲了什么内容。

②查字典，理解"急遽、惆怅、咔嚓"的读音和词语意思。

环节二：理解句子意思

①作者为什么说"我现在还能感觉到那光线漫长而急遽的变化"？句中"还能"在这里表达的是什么意思？

明确："还能"说明作者对这件事印象深刻，到现在还记得。

②“漫长”和“急遽”分别是什么意思？作者为什么说“光线漫长而急遽的变化”？用在这里互相矛盾吗？为什么？

明确：“漫长”意为“长得看不见尽头的（时间、道路等）”，“急遽”意为“急速”。用在这里并不互相矛盾，“漫长”是说母亲洗衣服时间的漫长，而“急遽”则是说时间的快速流失，作者用“漫长而急遽”写出了作者的焦急与无奈。

环节三：句子辨析

①这个句子表现了“我”怎样的心情？为什么不直接写心情，而是写“那个星期天”的光线和声音？

明确：表现了“我”知道不可能出去以后失望、难过的心情。作者不直接写心情，而是写“那个星期天”的光线和声音，从环境和声音的描写衬托出“我”当时的心情，侧面烘托出“我”的失望与悲伤。

②再读一读这个句子，想想作者是怎样在具体细致的叙述中，真实自然地表达内心的感受的。

明确：作者在这句话中运用侧面烘托的方法，通过光线的变化和母亲洗衣服的声音，从侧面烘托出作者的心情，达到了借景抒情，寓情于景的效果。

（4）板书设计：

那个星期天

史铁生

表达方式	表达内容
动作描写	踏着、看着、蹲、念念叨叨、流泪、依偎、闭上
心情变化	兴奋期待——耐心等待——焦急无奈——失望委屈
环境变化	阳光明媚——暗下去——消逝

示例4

《白鹭》是人教版小学语文五年级上册的一篇课文，如果你来执教这篇课文（一课时），请按要求完成教学设计。

白　鹭

郭沫若

白鹭是一首精巧的诗。

色素的配合，身段的大小，一切都很适宜。

白鹤太大而嫌生硬，即使如粉红的朱鹭或灰色的苍鹭，也觉得大了一些，而且太不寻常了。

然而白鹭却因为它的常见，而被人忘却了它的美。

那雪白的蓑毛，那全身的流线型结构，那铁色的长喙，那青色的脚，增之一分则嫌长，减之一分则嫌短，素之一忽则嫌白，黛之一忽则嫌黑。

在清水田里，时有一只两只白鹭站着钓鱼，整个的田便成了一幅嵌在琉璃框里的画。田的大小好像是有心人为白鹭设计的镜匣。

晴天的清晨，每每看见它孤独地站立于小树的绝顶，看来像是不安稳，而它却很悠然。这是别的鸟很难表现的一种嗜好。人们说它是在望哨，可它真是在望哨吗？

黄昏的空中偶见白鹭的低飞，更是乡居生活中的一种恩惠。那是清澄的形象化，而且具有生命了。

或许有人会感到美中不足，白鹭不会唱歌。但是白鹭本身不就是一首优美的歌吗？

——不，歌未免太铿锵了。

白鹭实在是一首诗，一首韵在骨子里的散文诗。

(1)简述这篇课文的教学价值。

(2)为本文教学制定教学目标。

(3)设计一个教学环节，引导学生理解品味文中含义深刻的语句。

(4)设计完整的板书。

参考答案：(1)教学价值：

《义务教育语文课程标准》(2022年版)指出：阅读与鉴赏类问题或任务要立足文本信息的提取、归纳、概括，考查学生对作品思想内容、篇章结构、表现手法、语言风格的理解和把握，引导学生对作品的创作动机、表达效果作出合理评价。《白鹭》是郭沫若先生写的一首文质兼美、清纯自然，别有情趣的散文诗。作者善于运用形象和色彩来刻画事物，运用新奇贴切的比喻描绘清丽悠远的意境，使全文洋溢着浓浓的诗情画意，是一曲自然美的颂歌。学习这篇课文可以引导学生体会文中优美的语言，初步了解借助具体事物抒发情感的方法，培养学生良好的审美情趣和热爱大自然的思想感情。

(2)教学目标：

①会认、会写课后要求的生字词；能用普通话正确、流利、有感情地朗读课文，积累文中优美的语句，凭借具体的语言材料，感受、想象白鹭的美。

②朗读课文，能边读边想象画面，初步了解课文借助具体事物抒发感情的方法；联系课文内容，讨论、探究"白鹭是一首精巧的诗"这个句子的意思。

③受到美的陶冶，情的感悟，用审美的眼光去关注自然和人生，激发对鸟类，对大自然的热爱。

(3)含义深刻的语句：白鹭实在是一首诗，一首韵在骨子里的散文诗。

教学环节：

环节一：朗读句子，梳理句子内容

环节二：句子理解与辨析

①通常的诗有什么特点？(语言精练、节奏感强、充满意境)

②为什么说白鹭是一首精巧的诗、韵在骨子里的诗？在文章哪几部分可以体现？小组讨论、交流，以小组为单位回答，教师根据学生的回答进行点拨与引导。

明确：A. 文章第2～5段写的是白鹭的精巧，第2段是总写，第3～5段是具体的描写。

B. 文章第6～8段写的是白鹭的韵味无穷，作者从白鹭觅食、栖息、飞行这几方面写出了白鹭的韵。

③这句话在文章结构中有什么作用？学生讨论分析，教师适当点拨、引导。

明确：这句话与文章首句相照应，首尾圆合，深化了文旨。

④小结。

白鹭这首精巧的诗,这首韵味无穷的诗,深深地感染了郭沫若老先生,因而诞生了这篇如诗如歌如画的美文,再细细品读这句话,感悟字里行间饱含着的作者对白鹭深深的赞美和喜爱。

环节三:句子积累与运用

①读了课文之后,你觉得白鹭还是什么?仿照该句再写一个句子。

②说说自然界里还有哪些情景充满韵味。

(4)板书设计:

白鹭
- 精巧的诗
  - 颜色的配合
  - 身段的大小
- 韵味无穷的诗
  - 觅食　白鹭觅食图
  - 栖息　白鹭瞭望图
  - 飞行　白鹭低飞图

核心考点回顾

1. 教学目标应包含哪些方面的内容?(参见本书P392~393)
2. 导入语应如何设计?(参见本书P408~410)
3. 板书有哪几种类型?(参见本书P421~423)
4. 如何评价教师的教学案例?(参见本书P430)
5. 如何对整篇课文进行教学设计?(参见本书P447~449)

达标测评

建议用时	实际用时	测评总分	实际得分
50分钟	______分钟	70分	______分

一、案例分析题(每小题10分,共30分)

1. 以下是某教师在教学《节约用水》综合性学习时的片段。

师:水与人类的关系是怎样的呢?现在我们有请第一小组——鱼水情深组的成员上台汇报。

生:大家好,我是第一小组的小组长。现在,我们小组以各种形式向大家汇报水与我们的关系。首先,让我们欣赏小组四个同学为大家带来的剧本表演——《停水了》。(生表演剧本)

生:这个剧本表演告诉大家,水与我们是密不可分的。洗脸、打扫卫生、冲马桶等都需要水。接下来,有请我们组的两位小记者来发布有关水的报道。(生报道——"科技博览播报")

生:水是生命之源,我们做事都离不开水,由此可见,水与我们的关系十分密切。接下来,我们来欣赏由第一小组给大家带来的诗歌朗诵——《我是一滴水》。(生诗朗诵)

生:我们小组汇报完毕,谢谢大家!

师：感谢第一小组的成员。水真的是“取之不尽，用之不竭”的吗？现在我们有请第二小组——饮水思源组的成员上台汇报。

生：大家好，我是第二小组的组长。我们小组调查的是水资源现状。现在就先由我为大家播放一下关于水资源现状的课件。(生用课件演示)

生：欣赏完课件，我们了解了水资源现状。现在请××同学用直观的方式展现水资源现状。(生用苹果做实物演示)

生：我们小组在活动过程中还写了一份活动日记，就由××同学为大家汇报吧。(生读活动日记)

生：最后，我们小组还出了几张手抄报，请大家欣赏。(生展示手抄报)

生：我们组的汇报结束，谢谢大家！

[问题]结合《义务教育语文课程标准》(2022年版)的内容，从教学内容方面分析该教师的教学。

2. 以下是某教师在教学《荷花》时指导学生朗读的教学片段。

师：咱们就以小组为单位自学第四段内容，你喜欢哪句话就和小组同学读一读，说一说，还可以演一演。(小组合作、讨论)

生：我喜欢第一句话，在这句话里作者把自己说成是一朵荷花，我想他是被荷花深深地陶醉了，但是我有一点不明白，作者说自己是一朵荷花，为什么在前面还要加“仿佛”一词呢？

师：你不仅能领悟作者的感情，还能提出问题，看书看得真仔细，谁能回答这个问题？

生：我认为“仿佛”是“好像”的意思。作者把自己说成是“荷花”，可他不是真的荷花，而是被荷花陶醉了，所以加上“仿佛”一词。

生：我的看法跟他不一样，把自己想象成荷花但不是真的，所以加上“仿佛”一词。

师：同学们说得真好！请继续说一说。

生：老师，我们组经过讨论知道作者为什么会“穿着雪白的衣裳”，因为荷花是白色的，用“雪白”这个词还能表现荷花的美。

师：我很赞成你的看法，看来大家已经理解这句话了，那么这句话该怎样读呢？谁愿意给大家读这句话？(生读)

师：你们认为他读得好不好？具体表现在哪里？

生：他读得好。他读时语调很轻柔，感情充沛，让人感受到了荷花的美。

生：我喜欢第2、3、4句。风起时荷花飞舞，随风舞动，风止时静静地站在那儿，我觉得作者好像一个荷花仙子。

师：你的想法很好，作者的想象的确很美，怎么读才能把这种美读出来呢？谁愿意来试一试？(生读)

师：我看大家听得都入迷了，是不是都想读一读？那咱们齐读这三句话。(生读)

师：好，把荷花的美读出来了，我似乎看到了一大池荷花就展现在我眼前。请继续汇报。

生：我们小组喜欢最后两句，在这两句话中作者与蜻蜓、小鱼成了朋友，他把自己真的当成荷花了，我觉得

像童话，我们还想演一演。(生表演)

师：(鼓掌)表演得真好，那么如果你也变成了荷花，想象一下会有哪些动物来告诉你什么？

生：小蜜蜂会飞过来告诉我采蜜的快乐……

师：同学们的想象太精彩了，此时作者已与荷花相依相伴，完全忘掉自己了。

[问题]结合《义务教育语文课程标准》(2011年版)的内容，简要评析该教师的阅读教学。

3. 阅读下面一则案例(一位初中语文教师的自述)，针对案例中出现的现象以及这位教师的思考，谈谈你对指导学生写好作文(比如教师评语等)的见解。

记得我读初中时，作文结尾总爱揭示一番“意义”：记一次劳动，要讲到对思想改造的意义；记一次春游，也要加一句“啊！我爱祖国的美丽和伟大”。我的语文老师有次在作文评语中写了一首诗：“不必刻意寻‘意义’，写出‘意思’乃本事。若要文章有意思，平常事中觅意趣。”这首关于“意义”和“意思”的小诗，一下子点醒了我。“意义”和“意思”虽一字之差，内涵却大不相同。一个能把世俗生活过得有意思、写得有意思的人，一定是懂得生活真谛，有审美趣味的人。

二、教学设计题(每小题20分，共40分)

1.《猫》是人教版四年级下册的一篇课文，请你完成一份教学设计，教学设计包括教学目标和教学过程。

猫

老　舍

猫的性格实在有些古怪。

说它老实吧，它的确有时候很乖。它会找个暖和的地方，成天睡大觉，无忧无虑，什么事也不过问。可是，它决定要出去玩玩，就会出走一天一夜，任凭谁怎么呼唤，它也不肯回来。说它贪玩吧，的确是啊，要不怎么会一天一夜不回家呢？可是，它听到老鼠的一点儿响动，又是多么尽职。它屏息凝视，一连就是几个钟头，非把老鼠等出来不可！

它要是高兴，能比谁都温柔可亲：用身子蹭你的腿，把脖子伸出来让你给它抓痒，或是在你写作的时候，跳上桌来，在稿纸上踩印几朵小梅花。它还会丰富多腔地叫唤，长短不同，粗细各异，变化多端。在不叫的时候，它还会咕噜咕噜地给自己解闷。这可都凭它的高兴。它若是不高兴啊，无论谁说多少好话，它也一声不出，连半朵小梅花也不肯印在稿纸上！

它什么都怕，总想藏起来。可是它又那么勇猛，不要说见着小虫和老鼠，就是遇上蛇也敢斗一斗。

这种古怪的小动物，真让人觉得可爱。

满月的小猫们就更好玩儿了，腿脚还不稳，可是已经学会淘气。妈妈的尾巴，一根鸡毛，都是它们的好玩具，耍个没完没了。一玩起来，它们不知要摔多少跟头，但是跌倒了马上起来，再跑再跌。它们的头撞在门上，桌腿上，和彼此的头上，撞疼了也不哭。它们的胆子越来越大，逐渐开辟新的游戏场所。它们到院子里来了。院中的花草可遭了殃。它们在花盆里摔跤，抱着花枝打秋千，所过之处，枝折花落。你见了，绝不会责打它们，它们是那么生气勃勃，天真可爱！

2. 如果你来给九年级学生执教高尔基的《海燕》(1课时),请按要求完成教学设计。

海 燕

高尔基

在苍茫的大海上,狂风卷集着乌云。在乌云和大海之间,海燕像黑色的闪电,在高傲地飞翔。

一会儿翅膀碰着波浪,一会儿箭一般地直冲向乌云,它叫喊着,——就在这鸟儿勇敢的叫喊声里,乌云听出了欢乐。

在这叫喊声里——充满着对暴风雨的渴望!在这叫喊声里,乌云听出了愤怒的力量、热情的火焰和胜利的信心。

海鸥在暴风雨来临之前呻吟着,——呻吟着,它们在大海上飞窜,想把自己对暴风雨的恐惧,掩藏到大海深处。

海鸭也在呻吟着,——它们这些海鸭啊,享受不了生活的战斗的欢乐:轰隆隆的雷声就把它们吓坏了。

蠢笨的企鹅,胆怯地把肥胖的身体躲藏在悬崖底下……只有那高傲的海燕,勇敢地,自由自在地,在泛起白沫的大海上飞翔!

乌云越来越暗,越来越低,向海面直压下来,而波浪一边歌唱,一边冲向高空,去迎接那雷声。

雷声轰响。波浪在愤怒的飞沫中呼叫,跟狂风争鸣。看吧,狂风紧紧抱起一层层巨浪,恶狠狠地把它们甩到悬崖上,把这些大块的翡翠摔成尘雾和碎末。

海燕叫喊着,飞翔着,像黑色的闪电,箭一般地穿过乌云,翅膀掠起波浪的飞沫。

看吧,它飞舞着,像个精灵,——高傲的、黑色的暴风雨的精灵,——它在大笑,它又在号叫……它笑那些乌云,它因为欢乐而号叫!

这个敏感的精灵,——它从雷声的震怒里,早就听出了困乏,它深信,乌云遮不住太阳,——是的,遮不住的!

狂风吼叫……雷声轰响……

一堆堆乌云,像青色的火焰,在无底的大海上燃烧。大海抓住闪电的箭光,把它们熄灭在自己的深渊里。这些闪电的影子,活像一条条火蛇,在大海里蜿蜒游动,一晃就消失了。

——暴风雨!暴风雨就要来啦!

这是勇敢的海燕,在怒吼的大海上,在闪电中间,高傲地飞翔;这是胜利的预言家在叫喊:

——让暴风雨来得更猛烈些吧!

(1)请对这篇课文的内容作简要说明。(3分)

(2)请为这篇课文设计教学目标。(5分)

(3)设计一个教学片段,引导学生通过朗读来理解课文。(7分)

(4)设计完整的板书。(5分)

参考答案及解析

一、案例分析题

1. 参考答案:这堂课上,老师以学习语文为出发点,运用各科资源,开展跨学科活动和教学。

(1)语文知识与能力的结合。《义务教育语文课程标准》(2022年版)在教学建议中提出要"创设真实而富有意义的学习情境,凸显语文学习的实践性",而语文学习情境的创设"应整合关键的语文知识和语文能力"。该教师紧密结合语文教学,设计语文综合性学习的内容,以训练学生对语文知识和能力的综合运用能力。

(2)语文学科与其他学科的整合。《义务教育语文课程标准》(2022年版)指出:要注意语文学科与其他学科的关联,提高跨学科整合课程资源的意识和能力。该教师在开展语文综合性学习的教学过程中,鼓励学生运用所学的各科知识解决综合学习中遇到的问题,正体现了这一点。

(3)语文学习与社会生活的融合。《义务教育语文课程标准》(2022年版)要求语文教师要高度重视课程资源的开发与利用。该教师引导学生运用社会资源搜集资料,取得结论,正实践了这一点。

2. 参考答案:(1)各个学段的阅读教学都要重视朗读和默读。在该教学片段中,教师把读的权利还给学生,自由读、小组合作读、齐读,让学生在朗读中自悟自得,感受朗读的乐趣。

(2)阅读是学生的个性化行为,教师要珍视学生独特的感受、体验和理解。在该教学片段中,教师努力创设了一种民主、平等、宽容、和谐的课堂氛围,充分尊重学生的独特感受,让学生根据自己的理解,读出了不同的感情色彩,品味出不同的思想内涵。

(3)《义务教育语文课程标准》(2011年版)的目标要求要能对课文中不理解的地方提出疑问,能与他人交流自己的阅读感受。在该教学片段中,教师给学生提供读悟表达的空间和自由,让学生自己去读、去悟、去说、去演,充分锻炼了学生的口语交际能力,加深了对课文的理解。

(4)学生是语文学习的主体,教师是学习活动的组织者和引导者。该教师在教学中鼓励学生大胆地发表自己的见解,体现了以学生为主体的教学理念。同时,该教师在教学过程中也能在适当的时候对学生进行引导、点拨,体现了教师的主导作用。

3. 参考答案:(1)指导学生尽量表达自己的真实感受,抒发真情实感。文章以情动人,这"情"指真情实感。要使文章的思想感情真实,用词造句就要准确、实在、恰如其分。

(2)指导学生广泛阅读课外书籍,积累书本上的知识。学生书读得多了,既从中汲取了知识,也开阔了眼界,丰富了语言,还能学到一些他人的写作技巧。写作时,学生自然觉得思路开阔,得心应手。

(3)指导学生留心观察生活,培养学生敏锐的观察力。只有积累了丰富的写作材料,才能为文章的内容提供取之不尽的源泉。

(4)开展形式多样的活动,丰富学生的生活,培养学生的写作兴趣。

(5)多用激励性语言鼓励学生,提高学生写作的积极性。

二、教学设计题

1. 参考答案:教学目标:

①会认、会写课后要求的生字,正确理解“无忧无虑”“贪玩”“尽职”“任凭”等词语。理解课文内容,概括文章大意。

②正确、流利、有感情地朗读课文,认识猫的特点,体会作者对猫的感情;小组合作学习,体会作者是如何把猫的特点写具体,并表达出自己对猫的喜爱之情的。

③激起热爱生活的情趣,激发课外观察动物的兴趣。

教学过程:

一、创设情境,谈话交流

同学们,今天老师给大家带来了一位动物朋友,我们来看一下。(出示猫的图片)这个动物给你留下了什么印象?(可爱)今天我们学一篇关于《猫》的课文。这只猫是老舍爷爷家的,他有什么与众不同呢?让我们一起来学习课文吧!

二、初读课文,整体感知

1. 朗读课文,思考:这篇课文讲了什么内容?

2. 这篇课文分别写了什么时候的猫?哪些段落写长大的猫?哪些段落写满月的猫?

3. 生自由读课文,思考:长大的猫性格有什么特点?

三、再读课文,深入理解

(一)学习第二自然段

1. 猫的“古怪”表现在哪里?

2. 课文中哪些句子描写猫的老实?(指名回答,体会拟人的写法)

3. 猫贪玩的时候又表现的怎么样呢?找出相应的句子来体会。(指名回答)再读一读这个句子,你从这个句子体会到了什么?

4. 这么贪玩的猫,工作起来却又很尽职,找出作者描写它尽职的句子,细细品味。

(1)“屏息凝视”是什么意思?

(2)带领学生亲身体会“屏息凝视”,提问:感觉如何?

(3)得出结论:我们才体验了10秒钟,而猫一连就是几个钟头,可见猫是多么的——(尽职)。

(4)从句子“非……不可”你又能体会到什么呢?(体会到猫等老鼠的决心与耐心,还有专心,突出了猫的尽职)

(二)学习第三自然段

1. 猫的古怪还表现在哪里呢?请同学们自由读第三自然段。

2. 明确:高兴——温柔可亲;不高兴——一声不出。

3. 出示:用身子蹭你的腿,把脖子伸出来让你给它抓痒。

(1)“蹭”是什么意思?(磨、擦)

(2)齐读句子,从这个"蹭"字中能读出什么?

(3)当猫的身体接触到老舍爷爷的腿时,作者所感觉到的不是猫碰了他,而是猫像一个可爱的小孩在亲昵地蹭着他。这一蹭,蹭出了人和猫之间的真情。你能用你的朗读表现出他们之间的感情吗?(指名读)

4. 出示:或是在你写作的时候,跳上桌来,在稿纸上踩印几朵小梅花。

(1)"小梅花"指什么?(猫爪印)

(2)老舍是一位作家,写作是一件多么重要的事啊,猫能在稿纸上踩出脚印,可见老舍先生对猫的喜爱。让我们一起读一读,读出这种感觉。

5. 出示:它还会丰富多腔地叫唤,长短不同,粗细各异,变化多端。

(1)让我们一起体会"丰富多腔"。

(2)一起朗读这句话,读出猫"丰富多腔"的声音的美妙。

6. 出示:它若是不高兴啊……连半朵小梅花也不肯印在稿纸上!

(1)这时,你仿佛看到了一只什么样的猫?(冷漠)

(2)这句话我们该怎么读? 一起读一读。

(三)学习第四自然段

1. 梳理内容。

胆小——藏;勇猛——斗。

2. 总结:难怪老舍先生说:"猫的性格实在有些古怪。"

(四)自主学习第六自然段

四、谈话交流,情感提升

1. 老舍爷爷用了这么多的具体事例描写了小猫的可爱,猫的古怪,以后同学们写自己喜欢的小动物时,也可以用具体事实来表现动物的特点。同学们,老舍爷爷是这么的喜欢猫,你们喜欢猫吗?

2. 老舍爷爷喜欢猫,猫也喜欢老舍爷爷,同学们喜欢猫,猫肯定也喜欢同学们,由此可见"人爱猫,猫亲人"。所以我们要从小爱护小动物,做到人与动物,人与大自然的和谐相处。

五、板书设计

猫

老舍

猫{古怪 / 淘气}喜爱之情

2. **参考答案:**(1)《海燕》是高尔基创作的一篇著名散文诗。海燕在暴风雨来临之前,常在海面上飞翔。因此,在俄文里,"海燕"一词含有"暴风雨的预言者"之意。这篇课文按海面景象的发展变化分成三部分,描绘了海燕面临狂风暴雨和波涛翻腾的大海时的壮丽场景。作者通过对海燕在暴风雨来临之际勇敢欢乐的形象的描写,深刻反映了俄国革命前夕急剧发展的革命形势,热情歌颂了俄国无产阶级革命先驱坚强无畏的战斗精神,预言沙皇的黑暗统治必将崩溃,预示无产阶级革命即将到来并必将取得胜利的前景，并且号召广大劳动人民积极行动起来，迎接伟大的革命斗争。

(2)教学目标：

①初步了解作者及课文的写作背景，整体感知课文。

②理解象征、烘托、对比手法在课文中的运用。

③品味语言、体会作品表达的思想感情，培养勇敢、顽强、乐观、自信的品质，培养积极的情感态度。

(3)教学片段：

①师范读课文。

②感受形象，体味情感。

A. 这是一只怎样的海燕？表现了作者怎样的情感态度？

B. 课文写了哪几幅画面？海燕各有怎样的表现？

③指名学生朗读第4～6段，用文段中的词句概述这些海鸟在暴风雨来临之前的种种丑态，思考作者为什么要描写这些海鸟。

④作者对这些海鸟怀有怎样的思想感情？

⑤再读课文，找出自己喜欢的语句赏析。

⑥联系社会生活：在每个人的生活中，都既有温煦的爱的阳光照耀，也有各种各样的“暴风雨”的考验，结合自己的实际，想一想，《海燕》给我们的生活带来什么启示？(把握形象，展开联想、想象，然后作出有条理的分析，同学们可以根据自己的理解，大胆地发表看法，言之有理即可)

(4)板书：

- 海燕
  - 感:三个方面
    - 来临
    - 逼近
    - 到来
  - 品:海燕形象
    - 搏击风浪的勇士
    - 英勇无畏的精灵
    - 胜利的预言家
  - 悟:写作手法
    - 象征手法
    - 正面和侧面描写
    - 修辞手法

附录Ⅰ　常考文学作家、作品汇总

时期 / 国家	代表作家	代表作品
先秦	——	《诗经》(《硕鼠》《伐檀》《关雎》)
	左丘明	《左传》(最早的编年体史书)《国语》(最早的国别体史书)
	刘向(重新整理)	《战国策》(国别体)
	孔子弟子及其再传弟子	《论语》(《季氏将伐颛臾》《荷蓧丈人》)
	墨子、墨子的弟子及其再传弟子	《墨子》(《公输》)
	孟子及其弟子	《孟子》(《得道多助,失道寡助》《生于忧患,死于安乐》《鱼我所欲也》《庄暴见孟子》《齐桓晋文之事》《孟子见梁襄王》《齐人有一妻一妾》《学弈》)
	庄子及其后学	《庄子》(《庖丁解牛》《秋水》《逍遥游》)
	吕不韦及其门客	《吕氏春秋》
	刘向搜集整理屈原、宋玉等人作品	《楚辞》
	屈原	《离骚》《天问》《九歌》《九章》(《涉江》)
秦汉	贾谊	《吊屈原赋》《鹏鸟赋》《过秦论》《论积贮疏》
	司马迁	《史记》(《陈涉世家》《廉颇蔺相如列传》《屈原贾生列传》)《报任安书》
	班固	《汉书》(《苏武传》)《两都赋》
	张衡	《二京赋》《归田赋》《四愁诗》
	汉代文人	《古诗十九首》(《迢迢牵牛星》)
魏晋南北朝	曹操	《龟虽寿》《观沧海》《短歌行》
	曹丕	《燕歌行》《典论·论文》
	曹植	《七步诗》《洛神赋》《白马篇》
	陈寿	《三国志》(《隆中对》)
	诸葛亮	《出师表》
	王羲之	《兰亭集序》
	陶渊明	《归园田居》《饮酒》《归去来兮辞》《桃花源记》《五柳先生传》
	鲍照	《代白头吟》《拟行路难》
	郦道元	《水经注》
	北朝民歌	《敕勒歌》《木兰诗》
	干宝	《搜神记》
	刘义庆	《世说新语》
	范晔	《后汉书》
	刘勰	《文心雕龙》
	萧统	《文选》
	徐陵	《玉台新咏》

附录

续表

时期／国家	代表作家	代表作品
隋唐五代	王勃	《送杜少府之任蜀州》《滕王阁序》
	杨炯	《从军行》(烽火照西京)
	卢照邻	《行路难》(君不见长安城北渭桥边)
	陈子昂	《登幽州台歌》
	孟浩然	《过故人庄》《春晓》
	王维	《使至塞上》《九月九日忆山东兄弟》
	高适	《燕歌行(并序)》
	岑参	《白雪歌送武判官归京》
	王昌龄	《从军行七首》《芙蓉楼送辛渐》《出塞》
	李白	《行路难》《蜀道难》
	杜甫	“三吏三别”、《秋兴》《登高》
	白居易	《秦中吟》《琵琶行》《钱塘湖春行》
	韩愈	《昌黎先生集》(《祭十二郎文》)
	柳宗元	《永州八记》《捕蛇者说》
	杜牧	《泊秦淮》《清明》
	李商隐	《无题》《夜雨寄北》
	刘禹锡	《乌衣巷》《陋室铭》
	温庭筠	《商山早行》《望江南·梳洗罢》
	李煜	《虞美人》《相见欢》
宋辽金	范仲淹	《岳阳楼记》《渔家傲·秋思》
	柳永	《乐章集》(《望海潮》《雨霖铃》《满江红》)
	欧阳修	《朋党论》《醉翁亭记》
	王安石	《答司马谏议书》《游褒禅山记》
	苏洵	《六国论》
	苏轼	《石钟山记》《赤壁赋》《念奴娇·赤壁怀古》
	秦观	《鹊桥仙》《浣溪沙》
	李清照	《漱玉词》(《一剪梅》《如梦令》《醉花阴》)
	杨万里	《小池》《晓行望云山》
	陆游	《关山月》《游山西村》《临安春雨初霁》
	辛弃疾	《清平乐·村居》《水龙吟·登建康赏心亭》
	文天祥	《过零丁洋》
	司马光等人	《资治通鉴》
	沈括	《梦溪笔谈》
元	关汉卿	《窦娥冤》《救风尘》《望江亭》
	王实甫	《西厢记》
	马致远	《汉宫秋》
	白朴	《梧桐雨》
	郑光祖	《倩女离魂》
	高明	《琵琶记》

续表

时期/国家	代表作家	代表作品
明	杨慎	《临江仙》《宿金沙江》
	归有光	《项脊轩志》
	徐霞客	《徐霞客游记》
	罗贯中	《三国演义》
	施耐庵	《水浒传》
	吴承恩	《西游记》
	冯梦龙	《喻世明言》《警世通言》《醒世恒言》
	凌濛初	《初刻拍案惊奇》《二刻拍案惊奇》
	汤显祖	《牡丹亭》
清	蒲松龄	《聊斋志异》
	吴敬梓	《儒林外史》
	曹雪芹	《红楼梦》
	孔尚任	《桃花扇》
	洪昇	《长生殿》
	李汝珍	《镜花缘》
	刘鹗	《老残游记》
	李宝嘉	《官场现形记》
	吴沃尧	《二十年目睹之怪现状》
	曾朴	《孽海花》
	龚自珍	《己亥杂诗》
	王国维	《人间词话》
现当代	鲁迅	《呐喊》《彷徨》《热风》《野草》《朝花夕拾》
	叶圣陶	《倪焕之》《稻草人》
	冰心	《繁星》《春水》《寄小读者》《往事》
	郁达夫	《沉沦》《银灰色的死》
	徐志摩	《翡冷翠的一夜》《猛虎集》《志摩的诗》
	闻一多	《红烛》《死水》
	郭沫若	《女神》《屈原》《虎符》
	朱自清	《背影》《你我》《踪迹》
	茅盾	《蚀》《子夜》《林家铺子》
	老舍	《骆驼祥子》《茶馆》《龙须沟》
	巴金	“激流三部曲”(《家》《春》《秋》)

续表

时期／国家	代表作家	代表作品
现当代	沈从文	《边城》《长河》
	柔石	《二月》《一个伟大的印象》
	戴望舒	《望舒草》《灾难的岁月》《雨巷》
	赵树理	《小二黑结婚》《李有才板话》
	丁玲	《莎菲女士的日记》《太阳照在桑干河上》
	周立波	《暴风骤雨》
	曹禺	《雷雨》《原野》
	艾青	《艾青诗选》(《大堰河——我的保姆》)
	钱锺书	《围城》《写在人生边上》
	孙犁	《荷花淀》《风云初记》
	柳青	《创业史》《牺牲者》《地雷》
	梁斌	《红旗谱》
	杨沫	《青春之歌》《红红的山丹花》
	林海音	《城南旧事》
	曲波	《林海雪原》
	茹志鹃	《百合花》《剪辑错了的故事》
	郭小川	《将军三部曲》《白雪的赞歌》《甘蔗林——青纱帐》
	余光中	《听听那冷雨》《舟子的悲歌》《乡愁》
	罗广斌、杨益言	《红岩》
	贺敬之	《白毛女》(和丁毅合作)《回延安》
	刘心武	《班主任》《钟鼓楼》
	王蒙	《组织部来了个年轻人》《青春万岁》
	席慕蓉	《七里香》《有一首歌》
	高晓生	《陈奂生上城》
	贾平凹	《腊月·正月》《月迹》《空白》
	林清玄	《莲花开落》《冷月钟笛》
	海子	《土地》《海子的诗》
	舒婷	《致橡树》《双桅船》《会唱歌的鸢尾花》
	铁凝	《哦，香雪》《没有纽扣的红衬衫》
古希腊	荷马	《荷马史诗》
	伊索	《伊索寓言》
	埃斯库罗斯	《被缚的普罗米修斯》

附录

续表

时期／国家	代表作家	代表作品
古希腊	索福克勒斯	《俄狄浦斯王》
	欧里庇得斯	《美狄亚》
意大利	但丁	《神曲》(《地狱》《炼狱》《天堂》)
	彼特拉克	《歌集》《阿非利加》
	薄伽丘	《十日谈》
英国	莎士比亚	《威尼斯商人》《哈姆雷特》《奥赛罗》《李尔王》
	笛福	《鲁滨逊漂流记》
	斯威夫特	《格列佛游记》
	拜伦	《唐璜》
	雪莱	《西风颂》
	狄更斯	《双城记》《匹克威克外传》《大卫·科波菲尔》
	夏洛蒂·勃朗特	《简·爱》
	艾略特	《荒原》
	哈代	《德伯家的苔丝》
	伏尼契	《牛虻》
	萧伯纳	《伤心之家》
法国	拉伯雷	《巨人传》
	莫里哀	《伪君子》《悭吝人》
	司汤达	《红与黑》《拉辛与莎士比亚》
	伏尔泰	《俄狄浦斯》《穆罕默德》《老实人》《天真汉》
	巴尔扎克	《人间喜剧》
	大仲马	《基督山伯爵》《三个火枪手》
	小仲马	《茶花女》
	福楼拜	《包法利夫人》
	雨果	《克伦威尔》《巴黎圣母院》《悲惨世界》《笑面人》
	罗曼·罗兰	《约翰·克里斯托弗》《名人传》
	莫泊桑	《羊脂球》《项链》《我的叔叔于勒》
德国	格林兄弟	《格林童话》(《灰姑娘》《白雪公主》《小红帽》)
	海涅	《德国，一个冬天的童话》
	歌德	《少年维特之烦恼》《浮士德》
	席勒	《阴谋与爱情》

续表

时期 / 国家	代表作家	代表作品
苏联、俄国	普希金	《上尉的女儿》《叶甫盖尼·奥涅金》
	果戈里	《死魂灵》《钦差大臣》
	屠格涅夫	《猎人笔记》《父与子》《罗亭》
	陀思妥耶夫斯基	《罪与罚》
	列夫·托尔斯泰	《战争与和平》《安娜·卡列尼娜》《复活》
	契诃夫	《变色龙》《装在套子里的人》
	尼古拉·奥斯特洛夫斯基	《钢铁是怎样炼成的》
	高尔基	《海燕之歌》《童年》《在人间》《我的大学》
	肖洛霍夫	《静静的顿河》《新垦地》
欧洲其他国家	卡夫卡(奥地利)	《变形记》《城堡》
	易卜生(挪威)	《玩偶之家》《社会支柱》《群鬼》
	安徒生(丹麦)	《安徒生童话》(《皇帝的新装》《丑小鸭》《卖火柴的小女孩》)
	伏契克(捷克斯洛伐克)	《绞刑架下的报告》
	塞万提斯(西班牙)	《堂吉柯德》
美国	梭罗	《瓦尔登湖》
	惠特曼	《草叶集》
	斯托夫人	《汤姆叔叔的小屋》
	马克·吐温	《哈克贝利芬历险记》《汤姆索亚历险记》
	杰克·伦敦	《马丁·伊登》《野性的呼唤》
	欧·亨利	《麦琪的礼物》《警察与赞美诗》《最后的常春藤叶》
亚非拉	川端康成(日本)	《雪国》《伊豆的舞女》
	马尔克斯(哥伦比亚)	《百年孤独》
	(阿拉伯)	《一千零一夜》
	泰戈尔(印度)	《吉檀迦利》《飞鸟集》《新月集》
	纪伯伦(黎巴嫩)	《先知》《流浪者》《暴风雨》

附录

附录Ⅱ　常考古诗文重点句

1. 百川东到海，何时复西归？少壮不努力，老大徒伤悲。（《长歌行》汉乐府）

2. 解落三秋叶，能开二月花。过江千尺浪，入竹万竿斜。（《风》李峤）

3. 碧玉妆成一树高，万条垂下绿丝绦。不知细叶谁裁出，二月春风似剪刀。（《咏柳》贺知章）

4. 少小离家老大回，乡音无改鬓毛衰。儿童相见不相识，笑问客从何处来。（《回乡偶书》贺知章）

5. 羌笛何须怨杨柳，春风不度玉门关。（《凉州词》王之涣）

6. 白日依山尽，黄河入海流。欲穷千里目，更上一层楼。（《登鹳雀楼》王之涣）

7. 葡萄美酒夜光杯，欲饮琵琶马上催。醉卧沙场君莫笑，古来征战几人回。（《凉州词》王翰）

8. 秦时明月汉时关，万里长征人未还。但使龙城飞将在，不教胡马度阴山。（《出塞》王昌龄）

9. 洛阳亲友如相问，一片冰心在玉壶。（《芙蓉楼送辛渐》王昌龄）

10. 空山不见人，但闻人语响。返景入深林，复照青苔上。（《鹿柴》王维）

11. 渭城朝雨浥轻尘，客舍青青柳色新。劝君更尽一杯酒，西出阳关无故人。（《送元二使安西》王维）

12. 独在异乡为异客，每逢佳节倍思亲。遥知兄弟登高处，遍插茱萸少一人。（《九月九日忆山东兄弟》王维）

13. 大漠孤烟直，长河落日圆。萧关逢候骑，都护在燕然。（《使至塞上》王维）

14. 日照香炉生紫烟，遥看瀑布挂前川。飞流直下三千尺，疑是银河落九天。（《望庐山瀑布》李白）

15. 桃花潭水深千尺，不及汪伦送我情。（《赠汪伦》李白）

16. 孤帆远影碧空尽，唯见长江天际流。（《黄鹤楼送孟浩然之广陵》李白）

17. 朝辞白帝彩云间，千里江陵一日还。两岸猿声啼不住，轻舟已过万重山。（《早发白帝城》李白）

18. 天门中断楚江开，碧水东流至此回。两岸青山相对出，孤帆一片日边来。（《望天门山》李白）

19. 杨花落尽子规啼，闻道龙标过五溪。我寄愁心与明月，随君直到夜郎西。（《闻王昌龄左迁龙标遥有此寄》李白）

20. 长风破浪会有时，直挂云帆济沧海。（《行路难》李白）

21. 千里黄云白日曛，北风吹雁雪纷纷。莫愁前路无知己，天下谁人不识君。（《别董大》高适）

22. 两个黄鹂鸣翠柳，一行白鹭上青天。窗含西岭千秋雪，门泊东吴万里船。（《绝句》杜甫）

23. 野径云俱黑，江船火独明。晓看红湿处，花重锦官城。（《春夜喜雨》杜甫）

24. 迟日江山丽，春风花草香。泥融飞燕子，沙暖睡鸳鸯。（《绝句》杜甫）

25. 黄师塔前江水东，春光懒困倚微风。桃花一簇开无主，可爱深红爱浅红。（《江畔独步寻花》杜甫）

26. 荡胸生曾云，决眦入归鸟。会当凌绝顶，一览众山小。（《望岳》杜甫）

27. 国破山河在，城春草木深。感时花溅泪，恨别鸟惊心。（《春望》杜甫）

28. 安得广厦千万间，大庇天下寒士俱欢颜！风雨不动安如山。呜呼！何时眼前突兀见此屋，吾庐独破受冻死亦足！（《茅屋为秋风所破歌》杜甫）

29. 月落乌啼霜满天，江枫渔火对愁眠。姑苏城外寒山寺，夜半钟声到客船。(《枫桥夜泊》张继)

30. 独怜幽草涧边生，上有黄鹂深树鸣。春潮带雨晚来急，野渡无人舟自横。(《滁州西涧》韦应物)

31. 天街小雨润如酥，草色遥看近却无。最是一年春好处，绝胜烟柳满皇都。(《早春呈水部张十八员外》韩愈)

32. 故虽有名马，祇辱于奴隶人之手，骈死于槽枥之间，不以千里称也。(《马说》韩愈)

33. 西塞山前白鹭飞，桃花流水鳜鱼肥。青箬笠，绿蓑衣，斜风细雨不须归。(《渔歌子》张志和)

34. 湖光秋月两相和，潭面无风镜未磨。遥望洞庭山水翠，白银盘里一青螺。(《望洞庭》刘禹锡)

35. 九曲黄河万里沙，浪淘风簸自天涯。如今直上银河去，同到牵牛织女家。(《浪淘沙》刘禹锡)

36. 沉舟侧畔千帆过，病树前头万木春。(《酬乐天扬州初逢席上见赠》刘禹锡)

37. 苔痕上阶绿，草色入帘青。谈笑有鸿儒，往来无白丁。可以调素琴，阅金经。无丝竹之乱耳，无案牍之劳形。(《陋室铭》刘禹锡)

38. 乱花渐欲迷人眼，浅草才能没马蹄。最爱湖东行不足，绿杨阴里白沙堤。(《钱塘湖春行》白居易)

39. 蓬头稚子学垂纶，侧坐莓苔草映身。路人借问遥招手，怕得鱼惊不应人。(《小儿垂钓》胡令能)

40. 春种一粒粟，秋收万颗子。四海无闲田，农夫犹饿死。(《悯农》李绅)

41. 千山鸟飞绝，万径人踪灭。孤舟蓑笠翁，独钓寒江雪。(《江雪》柳宗元)

42. 潭中鱼可百许头，皆若空游无所依，日光下澈，影布石上。佁然不动，俶尔远逝，往来翕忽。似与游者相乐。(《小石潭记》柳宗元)

43. 松下问童子，言师采药去。只在此山中，云深不知处。(《寻隐者不遇》贾岛)

44. 远上寒山石径斜，白云生处有人家。停车坐爱枫林晚，霜叶红于二月花。(《山行》杜牧)

45. 清明时节雨纷纷，路上行人欲断魂。借问酒家何处有？牧童遥指杏花村。(《清明》杜牧)

46. 千里莺啼绿映红，水村山郭酒旗风。南朝四百八十寺，多少楼台烟雨中。(《江南春》杜牧)

47. 折戟沉沙铁未销，自将磨洗认前朝。东风不与周郎便，铜雀春深锁二乔。(《赤壁》杜牧)

48. 烟笼寒水月笼沙，夜泊秦淮近酒家。商女不知亡国恨，隔江犹唱后庭花。(《泊秦淮》杜牧)

49. 不论平地与山尖，无限风光尽被占。采得百花成蜜后，为谁辛苦为谁甜。(《蜂》罗隐)

50. 江上往来人，但爱鲈鱼美。君看一叶舟，出没风波里。(《江上渔者》范仲淹)

51. 浊酒一杯家万里，燕然未勒归无计。羌管悠悠霜满地，人不寐，将军白发征夫泪。(《渔家傲·秋思》范仲淹)

52. 不以物喜，不以己悲；居庙堂之高则忧其民；处江湖之远则忧其君。是进亦忧，退亦忧。然则何时而乐耶？其必曰“先天下之忧而忧，后天下之乐而乐”乎。(《岳阳楼记》范仲淹)

53. 爆竹声中一岁除，春风送暖入屠苏。千门万户曈曈日，总把新桃换旧符。(《元日》王安石)

54. 京口瓜洲一水间，钟山只隔数重山。春风又绿江南岸，明月何时照我还。(《泊船瓜洲》王安石)

55. 茅檐长扫净无苔，花木成畦手自栽。一水护田将绿绕，两山排闼送青来。(《书湖阴先生壁》王安石)

56. 不畏浮云遮望眼，自缘身在最高层。(《登飞来峰》王安石)

57. 黑云翻墨未遮山，白雨跳珠乱入船。卷地风来忽吹散，望湖楼下水如天。(《六月二十七日望湖楼醉书》苏轼)

58. 水光潋滟晴方好，山色空蒙雨亦奇。欲把西湖比西子，淡妆浓抹总相宜。（《饮湖上初晴后雨》苏轼）

59. 竹外桃花三两枝，春江水暖鸭先知。蒌蒿满地芦芽短，正是河豚欲上时。（《惠崇春江晓景》苏轼）

60. 横看成岭侧成峰，远近高低各不同。不识庐山真面目，只缘身在此山中。（《题西林壁》苏轼）

61. 人有悲欢离合，月有阴晴圆缺，此事古难全。但愿人长久，千里共婵娟。（《水调歌头》苏轼）

62. 庭下如积水空明，水中藻荇交横，盖竹柏影也。（《记承天寺夜游》苏轼）

63. 生当作人杰，死亦为鬼雄。至今思项羽，不肯过江东。（《夏日绝句》李清照）

64. 梅子黄时日日晴，小溪泛尽却山行。绿阴不减来时路，添得黄鹂四五声。（《三衢道中》曾几）

65. 死去元知万事空，但悲不见九州同。王师北定中原日，家祭无忘告乃翁。（《示儿》陆游）

66. 三万里河东入海，五千仞岳上摩天。遗民泪尽胡尘里，南望王师又一年。（《秋夜将晓出篱门迎凉有感》陆游）

67. 莫笑农家腊酒浑，丰年留客足鸡豚。山重水复疑无路，柳暗花明又一村。（《游山西村》陆游）

68. 昼出耘田夜绩麻，村庄儿女各当家。童孙未解供耕织，也傍桑阴学种瓜。（《四时田园杂兴·其三十一》范成大）

69. 梅子金黄杏子肥，麦花雪白菜花稀。日长篱落无人过，惟有蜻蜓蛱蝶飞。（《四时田园杂兴·其二》范成大）

70. 泉眼无声惜细流，树阴照水爱晴柔。小荷才露尖尖角，早有蜻蜓立上头。（《小池》杨万里）

71. 毕竟西湖六月中，风光不与四时同。接天莲叶无穷碧，映日荷花别样红。（《晓出净慈寺送林子方》杨万里）

72. 胜日寻芳泗水滨，无边光景一时新。等闲识得东风面，万紫千红总是春。（《春日》朱熹）

73. 半亩方塘一鉴开，天光云影共徘徊。问渠那得清如许？为有源头活水来。（《观书有感》朱熹）

74. 山外青山楼外楼，西湖歌舞几时休？暖风熏得游人醉，直把杭州作汴州。（《题临安邸》林升）

75. 应怜屐齿印苍苔，小扣柴扉久不开。春色满园关不住，一枝红杏出墙来。（《游园不值》叶绍翁）

76. 绿遍山原白满川，子规声里雨如烟。乡村四月闲人少，才了蚕桑又插田。（《乡村四月》翁卷）

77. 我家洗砚池头树，朵朵花开淡墨痕。不要人夸好颜色，只留清气满乾坤。（《墨梅》王冕）

78. 千锤万凿出深山，烈火焚烧若等闲。粉骨碎身浑不怕，要留清白在人间。（《石灰吟》于谦）

79. 咬定青山不放松，立根原在破岩中。千磨万击还坚劲，任尔东西南北风。（《竹石》郑燮）

80. 草长莺飞二月天，拂堤杨柳醉春烟。儿童散学归来早，忙趁东风放纸鸢。（《村居》高鼎）

81. 关关雎鸠，在河之洲。窈窕淑女，君子好逑。（《诗经·关雎》）

82. 蒹葭苍苍，白露为霜。所谓伊人，在水一方。（《诗经·蒹葭》）

83. 树木丛生，百草丰茂。秋风萧瑟，洪波涌起。（《观沧海》曹操）

84. 采菊东篱下，悠然见南山。山气日夕佳，飞鸟相与还。此中有真意，欲辨已忘言。（《饮酒》陶渊明）

85. 土地平旷，屋舍俨然，有良田美池桑竹之属。阡陌交通，鸡犬相闻。其中往来种作，男女衣着，悉如外人。黄发垂髫，并怡然自乐。（《桃花源记》陶渊明）

86. 海内存知己，天涯若比邻。无为在歧路，儿女共沾巾。（《送杜少府之任蜀州》王勃）

87. 前不见古人，后不见来者。念天地之悠悠，独怆然而涕下！（《登幽州台歌》陈子昂）

88. 海日生残夜，江春入旧年。乡书何处达？归雁洛阳边。（《次北固山下》王湾）

89. 晴川历历汉阳树，芳草萋萋鹦鹉洲。日暮乡关何处是？烟波江上使人愁。（《黄鹤楼》崔颢）

90. 黑云压城城欲摧，甲光向日金鳞开。角声满天秋色里，塞上燕脂凝夜紫。（《雁门太守行》李贺）

91. 君问归期未有期，巴山夜雨涨秋池。何当共剪西窗烛，却话巴山夜雨时。（《夜雨寄北》李商隐）

92. 相见时难别亦难，东风无力百花残。春蚕到死丝方尽，蜡炬成灰泪始干。（《无题》李商隐）

93. 无言独上西楼，月如钩。寂寞梧桐深院锁清秋。（《相见欢》李煜）

94. 无可奈何花落去，似曾相识燕归来。小园香径独徘徊。（《浣溪沙》晏殊）

95. 何处望神州？满眼风光北固楼。千古兴亡多少事？悠悠。不尽长江滚滚流。（《南乡子·登京口北固亭有怀》辛弃疾）

96. 醉里挑灯看剑，梦回吹角连营。八百里分麾下炙，五十弦翻塞外声，沙场秋点兵。（《破阵子·为陈同甫赋壮词以寄之》辛弃疾）

97. 人生自古谁无死？留取丹心照汗青。（《过零丁洋》文天祥）

98. 枯藤老树昏鸦，小桥流水人家，古道西风瘦马。夕阳西下，断肠人在天涯。（《天净沙·秋思》马致远）

99. 九州生气恃风雷，万马齐喑究可哀。我劝天公重抖擞，不拘一格降人才。（《己亥杂诗》龚自珍）

100. 浩荡离愁白日斜，吟鞭东指即天涯。落红不是无情物，化作春泥更护花。（《己亥杂诗》龚自珍）

101. 学而时习之，不亦说乎？有朋自远方来，不亦乐乎？人不知而不愠，不亦君子乎？（《论语》）

102. 学而不思则罔，思而不学则殆。（《论语》）

103. 知之者不如好之者，好之者不如乐之者。（《论语》）

104. 三人行，必有我师焉。择其善者而从之，其不善者而改之。（《论语》）

105. 逝者如斯夫，不舍昼夜。（《论语》）

106. 博学而笃志，切问而近思，仁在其中矣。（《论语》）

107. 生亦我所欲，所欲有甚于生者，故不为苟得也；死亦我所恶，所恶有甚于死者，故患有所不辟也。（《孟子》）

108. 富贵不能淫，贫贱不能移，威武不能屈，此之谓大丈夫。（《孟子》）

109. 故天将降大任于是人也，必先苦其心志，劳其筋骨，饿其体肤，空乏其身，行拂乱其所为，所以动心忍性，曾益其所不能。（《孟子》）

110. 亲贤臣，远小人，此先汉所以兴隆也；亲小人，远贤臣，此后汉所以倾颓也。（《出师表》诸葛亮）

111. 春冬之时，则素湍绿潭，回清倒影，绝巘多生怪柏，悬泉瀑布，飞漱其间，清荣峻茂，良多趣味。（《三峡》郦道元）

112. 醉翁之意不在酒，在乎山水之间也。山水之乐，得之心而寓之酒也。若夫日出而林霏开，云归而岩穴暝，晦明变化者，山间之朝暮也。野芳发而幽香，佳木秀而繁阴，风霜高洁，水落而石出者，山间之四时也。（《醉翁亭记》欧阳修）

113. 予独爱莲之出淤泥而不染，濯清涟而不妖，中通外直，不蔓不枝，香远益清，亭亭净植，可远观而不可亵玩焉。（《爱莲说》周敦颐）

114. 湖上影子，惟长堤一痕、湖心亭一点，与余舟一芥、舟中人两三粒而已。(《湖心亭看雪》张岱)

115. 风急天高猿啸哀，渚清沙白鸟飞回。无边落木萧萧下，不尽长江滚滚来。万里悲秋常作客，百年多病独登台。艰难苦恨繁霜鬓，潦倒新停浊酒杯。(《登高》杜甫)

116. 三岁为妇，靡室劳矣。夙兴夜寐，靡有朝矣。(《诗经·氓》)

117. 十五从军征，八十始得归。/兔从狗窦入，雉从梁上飞。中庭生旅谷，井上生旅葵。舂谷持作饭，采葵持作羹。(《十五从军征》)

118. 万里赴戎机，关山度若飞。朔气传金柝，寒光照铁衣。将军百战死，壮士十年归。/当窗理云鬓，对镜帖花黄。(《木兰诗》北朝民歌)

119. 蜀道之难，难于上青天！蚕丛及鱼凫，开国何茫然！尔来四万八千岁，不与秦塞通人烟。西当太白有鸟道，可以横绝峨眉巅。地崩山摧壮士死，然后天梯石栈相钩连。上有六龙回日之高标，下有冲波逆折之回川。黄鹤之飞尚不得过，猿猱欲度愁攀援。青泥何盘盘，百步九折萦岩峦。扪参历井仰胁息，以手抚膺坐长叹。/连峰去天不盈尺，枯松倒挂倚绝壁。飞湍瀑流争喧豗，砯崖转石万壑雷。(《蜀道难》李白)

120. 千古江山，英雄无觅孙仲谋处。舞榭歌台，风流总被雨打风吹去。斜阳草树，寻常巷陌，人道寄奴曾住。想当年，金戈铁马，气吞万里如虎。元嘉草草，封狼居胥，赢得仓皇北顾。四十三年，望中犹记，烽火扬州路。可堪回首，佛狸祠下，一片神鸦社鼓。凭谁问：廉颇老矣，尚能饭否？(《永遇乐·京口北固亭怀古》辛弃疾)

121. 北风卷地白草折，胡天八月即飞雪。忽如一夜春风来，千树万树梨花开。散入珠帘湿罗幕，狐裘不暖锦衾薄。将军角弓不得控，都护铁衣冷难着。瀚海阑干百丈冰，愁云惨淡万里凝。/山回路转不见君，雪上空留马行处。(《白雪歌送武判官归京》岑参)

122. 千呼万唤始出来，犹抱琵琶半遮面。/大弦嘈嘈如急雨，小弦切切如私语。嘈嘈切切错杂弹，大珠小珠落玉盘。间关莺语花底滑，幽咽泉流冰下难。冰泉冷涩弦凝绝，凝绝不通声暂歇。别有幽愁暗恨生，此时无声胜有声。银瓶乍破水浆迸，铁骑突出刀枪鸣。/东船西舫悄无言，唯见江心秋月白。/同是天涯沦落人，相逢何必曾相识！/浔阳地僻无音乐，终岁不闻丝竹声。(《琵琶行并序》白居易)

123. 春花秋月何时了，往事知多少。小楼昨夜又东风，故国不堪回首月明中。雕栏玉砌应犹在，只是朱颜改。问君能有几多愁，恰似一江春水向东流。(《虞美人》李煜)

124. 大江东去，浪淘尽，千古风流人物。故垒西边，人道是，三国周郎赤壁。乱石穿空，惊涛拍岸，卷起千堆雪。江山如画，一时多少豪杰。遥想公瑾当年，小乔初嫁了，雄姿英发。羽扇纶巾，谈笑间，樯橹灰飞烟灭。故国神游，多情应笑我，早生华发。人生如梦，一尊还酹江月。(《念奴娇·赤壁怀古》苏轼)

125. 老夫聊发少年狂，左牵黄，右擎苍，锦帽貂裘，千骑卷平冈。/会挽雕弓如满月，西北望，射天狼。(《江城子·密州出猎》苏轼)

126. 寻寻觅觅，冷冷清清，凄凄惨惨戚戚。/满地黄花堆积，憔悴损，如今有谁堪摘？/梧桐更兼细雨，到黄昏、点点滴滴。这次第，怎一个愁字了得！(《声声慢》李清照)

注：诗句中加黑的字为易错字，考生在复习备考时可多加留意。

附录

真题面对面

1.［2022年6月杭州中小学，基础知识，3分］下列句子中古诗文引用不正确的一项是（　　）

A. 世界人民都热爱和平，不喜欢战争，俄乌军事冲突再一次提醒我们要铭记历史，不要让"烽火连三月，家书抵万金"这样兵火断乡信的悲剧重演。

B. 生活中难免会遇到不顺心的事，在跌宕起伏中要努力保持一颗平常心，"不以物喜，不以己悲"，为自己创造一个从容的生活环境。

C. 柔美的江南，层层梨白中映衬着粉色的桃红，充满浪漫色彩，真是"忽如一夜春风来，千树万树梨花开"。

D. 古往今来，大批仁人志士为了信仰鞠躬尽瘁，死而后已。当代"牧羊人"杨善洲就是"落红不是无情物，化作春泥更护花"的典范，退休后植树造林，至死不懈。

答案：C。C项，"忽如一夜春风来，千树万树梨花开"运用比喻的修辞手法，将大雪落满枝头的景象比喻成梨花盛开，并不是描写梨花，不能用来形容梨花盛开的景象。

2.［2021年1月杭州小学，基础知识，3分］以下诗句，表述正确的请打"√"，表述错误的请打"×"。

（1）《滁州西涧》是唐朝诗人韦应物的写景名篇。其中，最被后人称道又极富有情感的诗句是"春潮带雨晚来急，野渡无人舟自横"。（　　）

（2）"中庭地白树栖鸦，寒食东风御柳斜"出自唐朝诗人王建的《十五夜望月》这首诗。诗人运用了形象的语言描绘出一幅寂寥、清冷的画面。（　　）

（3）"千里莺啼绿映红，水村山郭酒旗风"出自唐朝诗人杜牧《江南春》这首诗，描绘了明媚的江南春光。（　　）

答案：（1）√。《滁州西涧》全诗为：独怜幽草涧边生，上有黄鹂深树鸣。春潮带雨晚来急，野渡无人舟自横。

（2）×。王建的《十五夜望月》全诗为：中庭地白树栖鸦，冷露无声湿桂花。今夜月明人尽望，不知秋思落谁家。"寒食东风御柳斜"出自韩翃的《寒食》，全诗为：春城无处不飞花，寒食东风御柳斜。日暮汉宫传蜡烛，轻烟散入五侯家。

（3）√。《江南春》描绘了明媚的江南春光，再现了江南烟雨蒙蒙的楼台景色，以轻快的文字，极具概括性的语言描绘了一幅生动形象、丰富多彩而又有气魄的江南春画卷，呈现出一种深邃幽美的意境，表达出一缕缕含蓄深蕴的情思，千百年来素享盛誉。

3.［2021金华永康小学，填空，4分］（1）________________，________________。醉卧沙场君莫笑，古来征战几人回？（王翰《凉州词·其一》）

（2）竹外桃花三两枝，春江水暖鸭先知。________________，________________。（苏轼《惠崇春江晚景·其一》）

（3）渔舟唱晚，________________；雁阵惊寒，________________。（王勃《滕王阁序》）

答案：（1）葡萄美酒夜光杯；欲饮琵琶马上催

（2）蒌蒿满地芦芽短；正是河豚欲上时

（3）响穷彭蠡之滨；声断衡阳之浦

附录

图书反馈

重磅！真题重奖征集！

「凡提供当年度考试真题者，根据真题完整度，可获得0~500元现金奖励。」

具体请联系QQ:1831595423

（温馨提示：所提供真题须是当年度考试真题，且真实有效。最终解释权归山香教育所有）

亲爱的考生：

感谢您对山香教育的信任和支持，您的建议是我们前进的动力！为进一步提高图书质量，我们特向全国各地的考生开展有奖反馈活动。

1. **凡通过研发部QQ提供山香图书错题反馈者，均能获得价值99元的山香网课《高频考点》（基础版）大礼包1份。**
2. **凡通过图书反馈链接提供山香图书意见反馈者，可获得价值299元的山香网课《高频考点》（豪华版）超级大礼包1份。**

¥99
大礼包

¥299
超级大礼包

图书反馈链接

联系方式：400-600-3363　　研发部QQ：1831595423

招教网
招考资讯抢先知晓

山香官网
一站式考编服务平台

山香网校
线上学习方便快捷

图书订正链接
全面勘误及时更新